Hans-Werner Sinn

AUF DER SUCHE NACH DER WAHRHEIT

Autobiografie

HERDER
FREIBURG · BASEL · WIEN

© Verlag Herder GmbH, Freiburg im Breisgau 2018
Alle Rechte vorbehalten
www.herder.de

Die verwendeten Fotos stammen, sofern nicht anders gekennzeichnet, aus dem Privatarchiv des Autors. Die Rechte liegen in diesen Fällen bei ihm. Die weiteren Rechte: S. 657 Mitte links: Herr Kossiek, Brake; S. 660 oben: Karl Otto, Bielefeld; S. 668 unten: Eleana Hegerich, München; S. 670 oben: Bayerische Staatskanzlei / Rolf Poss; S. 670 Mitte: Bayerische Akademie der Wissenschaften / F. Schmidt; S. 672 oben: Deutscher Hochschulverband, Kornelia Danetzki; S. 672 mitte: CESifo. Bei der Suche nach sonstigen Rechteinhabern sind wir sorgfältig vorgegangen, dennoch ließen sich nicht alle Rechte abschließend klären. Falls Sie Ihre Rechte berührt sehen, setzen Sie sich bitte mit dem Verlag Herder in Verbindung.
Abdruck des Tagesspiegel-Interviews vom 27. Oktober 2008 auf S. 206–208 mit freundlicher Genehmigung Verlag Der Tagesspiegel GmbH/Carsten Brönstrup, Stefan Kaiser

Satz: Daniel Förster, Belgern
Herstellung: CPI books GmbH, Leck

Printed in Germany

ISBN 978-3-451-34783-2
ISBN E-Book 978-3-451-80777-0

Hans-Werner Sinn

AUF DER SUCHE NACH DER WAHRHEIT

Für Gerlinde,
für unsere Kinder und Schwiegerkinder
sowie unsere Enkel

Inhalt

Anstatt eines Vorworts – Auf der Suche nach der
Wahrheit 15

    Was mich antreibt 15
    Den eigenen Weg gehen 17
    Vom Kampf gegen die Alternativlosigkeit, meinen Wurzeln und
        dem Wert eines guten Biers 18
    Reisen des Lebens: Aufstieg, Ökonomenwelten, große Liebe 21

1 Der Abstieg vom Elfenbeinturm 25

    Glasperlenspiele 26
    Mein Schlüsselerlebnis: Die deutsche Wiedervereinigung 28
    Eine Frage des Geldes: Währungsumstellung und *Kaltstart* 30
    Persönlich betroffen und Zeuge des Mauerbaus 35
    Perspektivenwechsel: Los Altos Hills und Palo Alto 37
    »Für Krieg, Revolution und Frieden«: Die Hoover-Enttäuschung 40
    Paul Samuelson und wie die westdeutschen Arbeitgeber und
        Gewerkschaften den Menschen in den neuen Ländern ihre
        Chancen nahmen 42
    Ein Meer von Deutschlandfahnen 47
    Beim IWF: Politische Spiele 51
    Drohungen muss man trotzen 53
    Albert O. Hirschman und die Junker 55
    Operettenstoff aus Bolivien: Gonzalo Sánchez de Lozada 58
    Wieder ein Fehler: Wohnen im Osten 60

2 Wie ich zum Volkswirt wurde 65

Am liebsten Biologie. Ökonomie als zweite Wahl 66
Reise in eine unbekannte, freie, offene Welt 70
Liebe meines Lebens 72
Der Zauber ägyptischer Musik, Mohammed und die Versteckaktion 75
Meine ersten Lehrmeister: Herbert Timm und John Maynard Keynes ... 79
Keynesianismus, Neoklassik und die Schizophrenie
    der Volkswirtschaftslehre 83
Die Musgrave-Schule 87
Sinn, der Marxist? 90
Ein Gläschen Piccolo 93
Inspiration ohne Ende: Nach Mannheim in den Ökonomen-Olymp 95
Forscher-Take-off: Erste Erfolge 98
Mehr als er hat, kann man ihm nicht nehmen: Warum die Banken
    Glücksspiele spielen 102
Sturm und Drang: Die Habilitation 106
Buffalo, Gießen oder München? Es hätte auch anders ausgehen können 111

3 Frühe Prägungen: Kleine Verhältnisse und darüber hinaus 115

Ein armer Junge mit Wurzeln im Westen und in Pommern 116
Heimat, Brake, westfälisches Land 118
Von der Dorfschulklasse als Einziger aufs Gymnasium in der Stadt 123
Neue Horizonte: Lehrmeister und Lernlust 126
Vatererbe: Arbeit, Unternehmerfleiß, Durchsetzungskraft 128
Starke Autos, echte Freundschaften: England und Frankreich 134
Spachteln für das Nordkap. Und das Ende meiner Jugend 137

4 Missionar oder Revolutionär? 141

Die Schule des Mittelstreckenlaufs, Albert Schweitzer und die Löwen .. 142
Bei den Falken: Freie Gedanken und Willy Brandt 145
Atemlos in der Mitte des Sees und auf dem Gipfel: Lektionen
    im Zeltlager 148

Ein Bewusstsein für historische Schuld: Oradour-sur-Glane und Lidice . 152
In Israel: Kibbuzerfahrung und ein denkwürdiger Auftritt 154
»Mit jedem Schritt, mit jedem Tritt«: Gegen Nazis, Wiederbewaffnung,
  Atomkraft und Kommunisten 158
Polarisierende Zeiten: Sozialdemokratischer Hochschulbund,
  Studentenbewegung und linkes Leben 164
Prager Frühling als Lokaltermin 169
Ausflug nach Sarajevo 172
Die Prüderie der Achtundsechziger 175
Rechte Gefahr: In den Fängen von Thaddens 177

5 Die Schatten der Vergangenheit 179

Mein Albtraum 180
September 11 182
Vertreibung, Aussöhnung mit Tschechien und imposante Politiker 185
Der Großvater in Kolberg: Sozialdemokrat, Nazi-Gegner, KZ-Häftling . . . 191
»Sin«: Was für ein passender Name für einen Deutschen 194
Ein Bild von Deutschland. Und ein Brief an Helmut Kohl 196
Komplexe Schuld-Verhältnisse: Heinrich von Stackelberg und
  seine Schule 199
Weltfinanzkrise, die »Neunmalklugen« und ein Besuch
  bei Charlotte Knobloch 202
Juden und Manager: Sturm der Entrüstung über einen
  missglückten Vergleich 205

6 Die Grenze zwischen Markt und Plan 217

Von links zur Erkenntnis: Der Sieg der »unsichtbaren Hand« 218
Effiziente Märkte, Kochtöpfe und warum Hayek recht hat 221
Idealbild Markt und der Volkswirt als Arzt: Beispiel Umwelt und
  warum es keinen Gegensatz von Ökonomie und Ökologie gibt 225
Der Homo Oeconomicus 229
Der methodologische Individualismus und die Nöte eines deutschen
  Wissenschaftlers 232
Anarchie, Ordoliberalismus und Neoliberalismus 238

Von Ronald Coase bis Max Weber: Wilder Westen, Migration und
Eigentumsrechte 244
Öffentliche Güter, Steuern und Staatsschulden: Die Finanzwissenschaft
und ihr großartiger Vater 251
Warum Politiker ihre eigene Agenda verfolgen und warum der
Volkswirt das Volk beraten sollte 259
»Zwei gegensätzliche Visionen des Staates«:
Die Buchanan-Musgrave-Debatte 264

7 Die wichtigste Frage: Wie wird der Wohlstand verteilt, und wie sollte er verteilt werden? 267

Neymar, Topmanager & Co: Wer was bekommt und was das mit
Migration und Gerechtigkeit zu tun hat 268
Von reich zu arm: Der Schleier des Unwissens und warum die
staatliche Umverteilungspolitik grundsätzlich nützlich ist 274
Die EU, die Sozialmigration und das Wohlfahrts-Trilemma 281
Gut gemeint, aber nicht gut getan: Der falsch konstruierte Sozialstaat ... 289
... und warum die Agenda 2010 und der aktivierende Sozialstaat
der Ausweg gewesen sind 292
Wolfgang Wiegards Dienst, Gerhard Schröders Preis und
ein Theaterstück................................... 301
Große Enttäuschung Angela Merkel: Das Leipziger CDU-Programm
und seither sehr viele Schritte zurück 303

8 Eine Frage der Verantwortung: Klima, Umwelt und Energie 309

Weckruf des Club of Rome 310
Früh dabei: Das deutsche Zentrum der Umweltforschung 314
Größte Herausforderungen: Treibhauseffekt und Klimawandel 317
Falsche Politik: Der Emissionshandel und das Erneuerbare-Energien-
Gesetz beißen sich 323
Das Grüne Paradoxon 326
Warum man kein Kohlenstoffbudget braucht, wohl aber die Extraktion
verlangsamen sollte 331
Es geht nur global 333
Der grüne Flatterstrom und warum wir die Wende der Wende brauchen .. 337

9 Die Entdeckung der Welt............................. 345

   Unterwegs sein 346
   Verspätete Hochzeitsreise: Aufbruch ins Franco-Spanien 348
   ... und tief versunken im Maghreb 355
   Japanischer Zauber und drei Affen: »Sage nicht kekko, bevor du Nikko gesehen hast« 366
   Mongolische Wunder: Schlechte Deals und weise Kamele 375
   Englische Lektionen: Die Höhen der London School of Economics und die Kehrseite von Maggie Thatcher 384
   Western Ontario: Das wichtigste Jahr meiner akademischen Laufbahn . 389
   Wir Kanadier 395
   Auf hoher See nach Hause: Wehmut, Luxus und die Entdeckung der Langsamkeit 402

10 Frischluft dringend benötigt: Eine bessere Ökonomie für eine bessere Gesellschaft 407

   Der Knoten platzt: Höchste Zeit für Veränderung 408
   Die Vereinigung der Europäischen Ökonomen 411
   In München: Als »Küken« gestartet und dann schnell die Fenster auf ... 413
   Bewertete Professoren, »Ehemalige« und Medaillen 422
   Eine neue Zeitschrift für die Wirtschaftspolitik 425
   Der Verein für Socialpolitik, die Kathedersozialisten und was heutige Ökonomen von ihnen lernen können 429
   Schon früher: Zarte Versuche der Öffnung 434
   Mehr Jugend und Internationalisierung 436
   Schwärmt aus! 439
   Auf zum Tanz: Im Weltverband der Finanzwissenschaftler 441

11 Auch in München: Modernisierung durch Internationalisierung 445

   Herr Zimmermann und die Schweiz. Die Geburt des Center for Economic Studies (CES) 446
   Vollkontakt für junge Wissenschaftler: Direkt an der Forschungsfront .. 451
   Auf nach Amerika! 455

Das CES bei der Arbeit: Im Hintergrund und an der Spitze 457

Ein Leuchtturm: Die Munich Lectures in Economics 464

Viele Versuchungen und ein Schubladenplan: Die Gründung
des CESifo-Forschernetzwerks 467

Dynamische Entwicklung: CESifo hebt ab und wirkt in die Welt 475

Viele Begegnungsräume: Fachtagungen und ein Irrenhaus in der Nähe
von Venedig 478

Kein Zuckerschlecken: Heftiger Widerstand aus London 481

Näher ran an die Politik: Eine Top-Konferenz in München und endlich
ein »Europäischer Wirtschaftsbericht« 484

12 Das ifo Institut: Vom Sanierungsfall zum Champion 495

Das Institut am Boden: Finanzprobleme, Teilabwicklung und ermüdende
Verhandlungen 496

Ein Ruck in der Belegschaft und große Baumaßnahmen 506

Mehr Wirkung durch eine Medienoffensive: Zeitschriften, Buchreihen,
Internet 510

DICE: Eine neue Datenbank für Europa als zweites Standbein 520

Eine neue Philosophie für bessere Forschung: »Ordentliche Professoren«
müssen her 523

Ehre, Öre und die wissenschaftliche Freiheit an den Instituten 527

Ein Auftrag für mehr Qualität: Lunchtime und Arbeit in den Ferien 530

Konferenzen und Veröffentlichungen: Durchbruch an die Spitze
auf breiter Front 533

Evaluierungen ohne Ende: Das große Zittern und Erleichterung 535

Präsidiales Multitasking: Institutsleitung, Forschung und öffentlicher
Diskurs 539

Der Erfolg hat viele Väter 549

»Beim Barte des Propheten« 557

13 Wo bleibt mein Europa? 561

Währung, Brexit, Flüchtlinge, Ukraine: Aus der Traum? 562

Hauptproblem Euro: Wie er die Schuldenlawine in Gang setzte,
Industrien zerstörte und die Parteienlandschaft umpflügte 569

Das Eurosystem als WG-Kasse: Teure Krisen-Scheinlösung mit der
Druckerpresse und wie es besser gegangen wäre 575
Die Target-Salden (1): Detektivische Entdeckung, große Aufregung
und Kampf um die Deutungshoheit 583
Die Target-Salden (2): Wertlose Forderungen statt wachsender
Goldschatz, der Flügelschlag des Schmetterlings und
Mario Draghi beim Papst 589
Der OMT-Beschluss der EZB: Wie Kanzlerin und Gerichte es zuließen,
dass die Staatspapiere Südeuropas am Bundestag vorbei in
Eurobonds verwandelt wurden 596
Eine Diskreditierung und ein Husarenstück namens QE zulasten
Deutschlands 599
Die große Entwertung: Wehe, wenn die Baby-Boomer ihr Geld
zurückhaben wollen 608
Unser Euro? Mein Europa! 614

Epilog – Die Rolle des Ökonomen in einer mündigen Gesellschaft 621

Schemen im Nebel 623
Von der Beratungsresistenz der Politik 625
Wider Ideologie und Denkverbot 626
Auf der Suche bleiben 627

Danksagung 631

Werkverzeichnis (Auswahl) 635

Personenverzeichnis 645

Stimmen zum Autor 653

Eine Chronologie – auch in Bildern 657

Anstatt eines Vorworts – Auf der Suche nach der Wahrheit

Was treibt mich an, wohin führt mein Weg? Welchen Beitrag leiste ich für die Gesellschaft – welchen für Familie, Freunde, mir anvertraute Menschen, Kollegen? Halte ich mich an die Prinzipien und Gebote, die mir Eltern, Großeltern und andere Lehrmeister mitgaben? Wer und was ist mir wirklich wichtig, für wen und für welche Ideale lohnt es sich zu kämpfen?

Für jeden bewusst, vernünftig und verantwortungsvoll agierenden Menschen ist es unverzichtbar, sich diese vielleicht philosophisch anmutenden Fragen immer wieder zu stellen, um so sein Leben auf Kurs zu halten.

Aber keine Sorge: Ich bin Volkswirt und damit Sozialwissenschaftler, und kein Philosoph. Ich frage, denke und schreibe anders. Und doch habe ich in jenen rund sieben Jahrzehnten, die mein Leben nun umfasst, diese Fragen mit mir geführt. Ich stellte sie mir schon früh und immer wieder, und ich versuchte, sie auch dann im Auge zu behalten, als mich die ungeheure Dynamik meiner beruflichen Verpflichtungen, insbesondere das Amt als Präsident des *ifo Instituts*, bis an die Grenzen meiner Kräfte forderte. Im Rückblick will es mir manchmal sogar scheinen, dass sie mich geleitet haben. Aber weiß ich das? Ich will da nichts hineinkonstruieren.

Was mich antreibt

Was ich aber weiß, ist, dass ich mit diesem Buch, meiner Autobiografie, auch diese Fragen zu beantworten versuche.

Anstatt eines Vorworts – Auf der Suche nach der Wahrheit

Seit meiner Jugend treibt mich die Neugier, und deshalb stand für mich fest, dass ich Wissenschaftler werden wollte. *Rerum cognoscere causas* – »Den Grund der Dinge erkennen« – ist ein auf den römischen Dichter Vergil zurückgehender Leitspruch der Wissenschaften, den ich schon früh verinnerlicht habe, lange bevor ich im Lateinunterricht davon erfuhr.

Er leitet mich bis heute. Und bis heute interessiert mich stets das Neue, das mir Unbekannte. Ich will wissen, wie die Dinge zusammenhängen, ich will verstehen. Und wenn ich verstanden habe, mache ich mich alsbald auf zu einer neuen Suche nach dem Neuen, um auch das zu verstehen.

Als ich das Gymnasium in Bielefeld verließ, hätte ich am liebsten gleich mehrere Fächer parallel studiert, so hatte mich der Schulunterricht fasziniert und motiviert. Und als ich mich dann schließlich für die Volkswirtschaftslehre entschieden hatte, wollte ich am liebsten in allen wichtigen Teilgebieten des Faches tätig werden. Nichts beschreibt vielleicht besser, wie sehr mich die »Suche nach der Wahrheit« schon immer beseelte. Nicht von ungefähr also ist dies nun auch der Titel dieser Autobiografie.

Ich gebe zu: Bis zum Schreiben der vielen Seiten, die sie nun umfasst, war mir dieses Leitmotiv meines Lebens nicht voll und ganz bewusst. Aber, wie ich im Epilog am Ende dieses Buches noch ausführen werde, bin ich ein Mensch, der beim Schreiben lernt. Vor allem beim Schreiben eines Buches – auch dieses Buches, das so ganz anders ist als alles, was ich bislang geschrieben habe.

Die Vergangenheit ist nie abgeschlossen. Auch die eigene nicht. Das gilt für jeden – auch für mich. Die Sicht auf sie – und die Geschichte, die wir über sie erzählen – wird bestimmt durch das Hier und Jetzt. Und so wandeln sich mit dem Fluss der Ereignisse auch die Antworten auf die Lebensfragen.

Allerdings wandeln sie sich wohl immer weniger, je älter man wird und je bewusster man lebt. Ich bin nun, mehr als fünfzig Jahre seit dem Beginn meines Studiums der Volkswirtschaftslehre – das war im Herbst des Jahres 1967 –, um einige Erkenntnisse reicher, die aus vielen beruflichen und persönlichen Erfahrungen und dem Nachdenken darüber resultieren. Ich betrachte sie als Geschenk des Älterwerdens. Zugleich hat mein langes Wirken als Forscher und Hochschullehrer im In- und Ausland, als Buchautor, Vortragsredner, Präsident nationaler oder internationaler Fachverbände und öffentlicher Streiter für ökonomische Vernunft mein Bewusstsein auch tief und nachhaltig geprägt und geschärft. Ich glaube daher sagen zu können: »Auf der Suche nach der Wahrheit« wird mir wohl auch in zehn Jahren oder später als Leitmotiv meines Lebens gelten können, wenn es mich dann noch gibt.

Den eigenen Weg gehen

Die Neugier und die kompromisslose Suche nach der Wahrheit hat meine Karriere als Hochschullehrer, als Wissenschaftler und als Anwalt für eine bessere Wirtschaftspolitik geprägt, der – ich gebe es zu – keiner Kontroverse aus dem Weg ging. Nachdem ich zunächst an den Universitäten Münster und Mannheim sowie in Kanada studiert, geforscht und unterrichtet hatte, schlossen sich über dreißig Jahre als aktiver Hochschullehrer an der *Ludwig-Maximilians-Universität München* (LMU) an. Insgesamt komme ich so über mein gesamtes Leben hinweg gerechnet auf 82 Semester universitärer Lehre – wobei die vielen Wochenenden, die ich für Verwaltungsakademien tätig war, eigentlich noch hinzuzuzählen wären. Ich kann es selbst kaum glauben. Viele Generationen von Studenten besuchten meine Vorlesungen, viele Doktoranden promovierten bei mir, weitere Forscher habe ich auf die eine oder andere Art und Weise unterstützen können, indem ich ihre Habilitationen begleitete, also jene wissenschaftlichen Arbeiten, die die Voraussetzung dafür sind, dass man ein ordentlicher Professor an einer Universität werden kann.

Meine Studenten, Doktoranden und Habilitanden bekleiden nun wichtige Posten in dieser Gesellschaft, und einige meiner akademischen Schüler lehren heute an angesehenen Universitäten. Ich verhehle nicht, dass mich das ein wenig mit Stolz erfüllt, einem Stolz, den man mir verzeihen möge. Eine »Sinn-Schule« der Ökonomie, vor der sich manche »Sinn-Opponenten« in Politik und einigen Medien nun womöglich fürchten mögen, gibt es aber nicht. Jeder Student, jeder akademische Schüler, ob jünger oder älter, hat seinen eigenen, von ihm selbst gewählten Weg der Erkenntnis und der Einflussnahme auf die Wissenschaft und die reale Welt der Wirtschaft zu gehen. So wie ich ihn auch selbst suchte und fand. Wenn ich aber »meinen« Schülern – neben der sauberen Anwendung der ökonomischen Methode als Wissenschaft auf welchen Forschungszweig und auf welche Forschungsfrage auch immer – eines zu vermitteln trachtete, dann war es dieses: Die

Suche nach der Wahrheit, die das Ziel der volkswirtschaftlichen Forschung ist, mag zwar nicht selten mühsam sein und nur in kleinen Schritten vorangehen. Aber sie darf innere und äußere Widerstände nicht scheuen und muss mutig sein. Anders ist jene Wahrheit, der sich – wie ich denke – ökonomische Forscher verpflichtet fühlen sollten, nicht zu haben.

Für manche mag das lebensfern klingen. Kann sein. Natürlich weiß ich, dass ein jeder im Leben Kompromisse machen muss, in der Politik, als Mitarbeiter im Unternehmen, im Sportklub, in der Familie. Doch unberührt davon bin ich entschieden der Ansicht: Die Wahrheit bleibt doch die Wahrheit und sie muss ausgesprochen werden, damit die Dinge sich zum Besseren ändern können.

Allerdings sollte ein Leben, das der Suche nach ihr gewidmet ist, auch Spaß machen. Was wäre das sonst auch für ein Leben? Nur Kopfarbeit allein macht nicht glücklich. Um den Kopf freizubekommen, muss man nicht nur Texte oder Bücher schreiben und denken, sondern auch einmal – zum Beispiel – Tore köpfen. Das zumindest habe ich, solange meine Gelenke und Sehnen es zuließen, mit Begeisterung getan. Mit meinen wissenschaftlichen Assistenten, mit Gastforschern oder anderen Kollegen haben wir über viele Jahre hinweg regelmäßig im Münchner Englischen Garten gekickt. Wir hätten eigentlich einmal untersuchen sollen, wie das die Qualität unserer Arbeit beeinflusst hat. Besser gefühlt haben wir uns auf jeden Fall. War ich ein Leistungsträger beim Fußball? Nun ja ... Wie viel Tore ich geschossen habe? Nun ja ... Man verlange nicht zu viel von einem Verteidiger. Letztlich war ich wohl doch besser am Schreibtisch aufgehoben. Aber trotzdem ...

Vom Kampf gegen die Alternativlosigkeit, meinen Wurzeln und dem Wert eines guten Biers

Ich komme aus den einfachen dörflichen Verhältnissen einer jungen Familie in Westfalen mit mütterlichen Wurzeln im Osten. Ich weiß, was es heißt, arm zu sein, und ich kenne die Nöte des Alltags, ja die Armut. Ich bin auch deswegen Ökonom geworden, weil ich die Gesellschaft besser machen wollte – zugunsten gerade der einfachen Menschen, auch jener, die weniger gute Start- und Entwicklungschancen haben als andere. Für manche mag das romantisch klingen, für manche idealistisch, für manche gar gefährlich utopisch. Das ficht mich nicht an. Genauso wenig wie es mich anficht, wenn man mich – der ich in wirtschafts- und sozialpolitischen Debatten immer wieder eindringlich Stellung bezogen habe – hin und wieder als »Marktradikalen« oder »Neoliberalen« zu verunglimpfen sucht. Beides ist grober Unfug, jedenfalls so, wie es gemeint ist.

Hat es mich trotzdem genervt? Manchmal schon. Auf jeden Fall hat es mich angespornt. Und mit meinem idealistischen Antrieb habe ich selbst ja auch andere genervt. Hin und wieder sogar mich selbst ... Ein gutes Bier und eine deftige Brotzeit, die ich als Neu-Bayer schätze, haben dann bisweilen geholfen. Wirklich!

In diesem Zusammenhang frage ich mich im Übrigen nicht selten: Bin ich mittlerweile eigentlich fast schon »richtiger« Bayer oder bin ich noch »echter« Westfale? Das weiß ich oft selbst nicht. Als ich in diesem Buch über meine westfälische Heimat schrieb, war ich ganz und gar eingetaucht in die damalige Zeit auf dem Lande, zwischen den Fachwerkbauten und den schweren Ackergäulen, während die immerwährende warme Brise, die vom weiten Meer kam, mein Gesicht umwehte. So jedenfalls erinnere ich mich auch an meine Wurzeln in meinen Kinder- und Jugendtagen.

Doch wenn ich mich heute umschaue, dann bin ich eben im Freistaat – und das ja sehr gerne und bereits seit mehreren Jahrzehnten. Dann sehe ich meine ganz und gar bayerischen Enkel vor Bergen und Seen im Schnee und in der gleißenden Sonne. Ich tauche beim Oktoberfest auf der Münchner Theresienwiese ein in die Massen der schunkelnden Menschen, deren Vitalität und Fröhlichkeit ich mich spätestens nach der ersten Maß weder entziehen kann noch will.

Und bin ich nach zwei langen Aufenthalten in Kanada nicht auch ein wenig Kanadier? Wenn ich mich mit dem Rucksack auf Skiern durch die verschneite Winterlandschaft stapfen sehe, wenn ich im Herbst die roten Ahornwälder durchwandere oder im Sommer die Gischt des Eriesees inhaliere, wenn ich *Thanksgiving* feiere und mir die in Butter gebackenen Pfannkuchen mit Ahornsirup in den Mund schiebe: Ja, dann bin ich tatsächlich ein Kanadier durch und durch. Und will es immer sein.

Kein Zweifel, meine Wurzeln haben sich im Laufe meiner Lebensjahre verbreitert und verästelt. Und das ist auch gut so, denn so nähren sie mich und geben mir Halt.

Doch zurück zu meinem Antrieb, der mich einst zum Volkswirt machte mit dem Ziel, einen Beitrag für eine bessere Gesellschaft zu leisten: Er ist im Laufe der Zeit immer weiter gewachsen, und heute ist er größer denn je. Denn auch die Herausforderungen sind größer geworden. Ich habe Kinder und Enkel, denen gegenüber ich mich verantwortlich fühle. Auch meine Nachbarn und Freunde hierzulande, ja meine Landsleute, meine Freunde und Bekannten in Europa und die Menschen überall auf der Welt haben Kinder und Enkel. Alle Nachkommen haben ein Recht darauf, sich in Frieden nach eigenen Fähigkeiten entfalten zu können. Es ist die Aufgabe der ökonomischen Forschung, dazu beizutragen, dass auch ihre Lebenschancen gewahrt werden, statt einfach zuzuschauen, wenn aktuelle Politikergenerationen sie ihnen nehmen.

Deswegen ging ich als Präsident des ifo Instituts für Wirtschaftsforschung, dessen Rettung aus einer existenzbedrohenden Krise und dessen Wiederaufbau ich 17 Jahre harter Kärrnerarbeit widmete, in die Medien und suchte den Kontakt zu den Menschen. In Radio- und Fernsehsendungen, in Talkshows, Nachrichtensendungen oder auch anderen Formaten mischte ich mich ebenfalls ein. Auch deswegen schrieb ich allgemein verständliche Artikel in deutschen und internationalen Zeitungen und initiierte ein europäisches Forschernetzwerk – das heute im Übrigen in der Volkswirtschaftslehre eines der größten der Welt ist. Und ich schrieb zudem Bücher zu zentralen wirtschaftlichen Problemen und Krisen, die einerseits den harten internationalen Forschungsstandards entsprachen, andererseits aber doch so verfasst waren, dass sie auch gebildete, ökonomischen Wahrheiten gegenüber aufgeschlossene Leser verstehen.

Probleme und Krisen, zu denen man als Volkswirt gefragt war, gab es in den letzten knapp dreißig Jahren ja genug: die Wiedervereinigung und die damit verbundenen wirtschaftspolitischen Fehler zulasten der Menschen in Ostdeutschland; die Standortthematik und die »Heilung« des »kranken Manns« in Europa, der die Bundesrepublik bis weit in die 2000er-Jahre hinein war; der trügerische Jubel über die Exportweltmeisterschaft Deutschlands; die massiven Fehler in der Umwelt- und Energiepolitik; die Weltfinanzkrise und das wachsende Unbehagen am Kapitalismus; die Deutschland bis in die ferne Zukunft billionenschwer belastende Eurokrise; die Zuwanderung in den Sozialstaat durch die ebenfalls politisch fahrlässig gelenkte Migration; das Versagen der EU beim Brexit und anderes mehr.

Die Bücher zu diesen Themen wurden allesamt zu Bestsellern. Dass mir das als Autor schmeichelt: geschenkt. Viel wichtiger ist, dass sie zu dem wurden, was mir wichtig war und bis heute ist: zu einer Grundlage für eine andere Argumentation als jene bequeme »alternativlose«, die sich die vor allem an der Wiederwahl in Ämter interessierte Politik immer häufiger zu eigen macht.

Schon in meiner Jugend und dann noch mehr im Zuge zunehmender Begeisterung für mein Studium entschied ich: Ich will nicht in den Tag hineinleben, sondern mit Blick auf die Gesellschaft verantwortlich handeln. Beides will ich noch immer. Meine Bücher waren und sind, wie ich finde, so, wie ich sie geschrieben habe, ein Ausdruck dieser Lebensphilosophie.

Reisen des Lebens: Aufstieg, Ökonomenwelten, große Liebe

»Auf der Suche nach der Wahrheit« – diese Autobiografie also – ist schließlich auch eine Reise. Und sie ist es auf mehreren Ebenen.

Sie beschreibt zum einen die Reise eines kleinen Jungen aus anfänglich armer Familie, dem es gelang – früh unterstützt durch fürsorgliche Eltern und Großeltern sowie durch exzellente Lehrer und Professoren im In- und Ausland –, seinen Weg in die vorderen Ränge der ökonomischen Wissenschaft und öffentliche Wirtschaftsdebatten zu finden. Sie ist damit zugleich eine Geschichte des geistigen und sozialen Aufstiegs zunächst in Zeiten des Wirtschaftswunders und später der Nachwendezeit.

Sie beschreibt damit zum anderen eine Reise des Aufbruchs in eine neue Welt, die von Ideologien nichts wissen will. Und diese Reise war weit. In meiner Jugend im westfälischen Brake wurde ich eher »links« geprägt, auch durch meine Familie. So war ich unter anderem sehr aktives Mitglied der Falken, der Jugendorganisation der SPD, denen ich vieles zu verdanken habe. Etwa die kritische Thematisierung der Nazi-Vergangenheit, die in der Schule nicht stattfand. Oder Auslandsreisen nach Frankreich, die meine Eltern sich nie hätten leisten können und die den Grund legten für meinen bis heute andauernden Einsatz für das Friedensprojekt Europa.

Andererseits aber lernte ich in meinem Studium der Ökonomie auch, dass mich »linke«, durchaus gut gemeinte Gesinnung, die mit Blick auf praktische Wirtschaftspolitik allzu oft auf eine bloße Umverteilungspolitik zugunsten der nicht Arbeitenden abstellt, nicht weiterführt. Das Ziel, alle arbeitsfähigen Menschen in den Arbeitsprozess und damit in das stabilisierende Gefüge einer Kollegenschaft einzugliedern, ließ sich – so verstand ich – auf diese Weise nicht realisieren. Ich nahm daher nach und nach Abschied von allem Ideologischen – mit den »Rechten« hatte ich mich ohnehin noch während meines Studiums geprügelt –, ohne mich dabei im Mindesten einer Partei verbunden oder gar verpflichtet zu fühlen. »Meine« Partei wurde vielmehr die der Wissenschaft und der wissenschaftlich basierten Aufklärung der Öffentlichkeit über das, was ökonomisch vernünftig ist und was infolgedessen wirtschafts- und sozialpolitisch getan werden muss.

Dieses Buch beschreibt ferner eine Reise in das, was wissenschaftlich ambitioniert betriebene Volkswirtschaftslehre früher war und heute ist und sein muss, damit sie erfolgreich bleibt – an Universitäten, in Forschernetzwerken oder an Wirtschaftsforschungsinstituten wie dem ifo Institut. Es lotet dabei auch ihre Möglichkeiten und Grenzen aus und gibt zugleich – quasi en passant – einen Überblick zu wichtigen ökonomischen Herausforderungen, Denkströmungen, Institutionen und Personen: Wie viel Markt, wie viel Staat, wie viel Plan? Was ist gerecht, und wie viel Umverteilung ist richtig? Wie sieht ein richtig konstruierter Sozialstaat aus – und was ist dabei mit Blick auf die Migration zu beachten? Welche Gestalt hat eine ökonomisch sauber fundierte, passgenaue Klima-, Umwelt- und Energiepolitik? Was läuft in Europa und mit dem Euro falsch, und wie ginge es besser? Wie ist den Auswüchsen des Kasino-Kapitalismus Einhalt zu gebieten?

»Die Suche nach der Wahrheit« ist ebenfalls eine Reise an internationale Institutionen wie den *Internationalen Währungsfonds* oder die *Europäische Zentralbank* und Top-Universitäten in den USA, Großbritannien oder eben Kanada, dieses Land, das meine Frau Gerlinde und ich durch zwei längere Lehr- und Forschungsaufenthalte über alle Maßen schätzen gelernt haben.

Und so ist denn dieses Buch – *last but not least* – auch eine Reise des Lebens, das ich so nur zusammen mit meiner Frau erfahren, bestehen und gestalten konnte. Gewiss, ich lege hier vor allem Zeugnis ab von dem, was ich beruflich und wissenschaftlich voranbringen konnte, und dies vor dem Hintergrund vielschichtiger ökonomischer, politischer und gesellschaftlicher

Veränderungen in Deutschland, Europa und der Welt. Vieles davon ist geglückt, manches nicht.

Vollständig geglückt aber ist mein Leben mit meiner Frau Gerlinde; sie habe ich im ersten Semester unseres gemeinsamen Ökonomiestudiums in Münster kennen- und lieben gelernt; mit ihr zusammen habe ich arbeiten und publizieren können; mit ihr habe ich eine wunderbare Familie gegründet; sie war und ist meine erste Ansprechpartnerin in allen wichtigen Fragen; mit ihr habe ich atemberaubend schöne und prägende Reisen nach Nordafrika, Japan, China, Nordamerika, Bolivien, die Mongolei und in viele andere Länder der Welt unternommen, von denen ich hier auch erzählen werde.

Sie ist die Liebe meines Lebens. Noch vor der Ökonomie. Ob sie mir das glaubt? Ich höre sie schon lachen.

Hans-Werner Sinn *München, Januar 2018*

1

Der Abstieg vom Elfenbeinturm

Glasperlenspiele • Mein Schlüsselerlebnis: Die deutsche Wiedervereinigung • Eine Frage des Geldes: Währungsumstellung und Kaltstart • Persönlich betroffen und Zeuge des Mauerbaus • Perspektivenwechsel: Los Altos Hills und Palo Alto • »Für Krieg, Revolution und Frieden«: Die Hoover-Enttäuschung • Paul Samuelson und wie die westdeutschen Arbeitgeber und Gewerkschaften den Menschen in den neuen Ländern ihre Chancen nahmen • Ein Meer von Deutschlandfahnen • Beim IWF: Politische Spiele • Drohungen muss man trotzen • Albert O. Hirschman und die Junker • Operettenstoff aus Bolivien: Gonzalo Sánchez de Lozada • Wieder ein Fehler: Wohnen im Osten

1 Der Abstieg vom Elfenbeinturm

Glasperlenspiele

»Betreiben Sie keine Glasperlenspiele!« Mit diesen Worten, die auf Hermann Hesses Roman *Das Glasperlenspiel* Bezug nahmen, entließ mich mein sehr geschätzter Münsteraner Professor Herbert Timm im Jahr 1974 an die *volkswirtschaftliche Fakultät der Universität Mannheim*. Meine Frau, Gerlinde Sinn, und ich hatten von seinem akademischen Schüler Hans Heinrich Nachtkamp Angebote erhalten, an dessen neuem Institut wissenschaftliche Assistenten zu werden, und diese Angebote auch angenommen. Für uns stellten sie eine großartige Chance dar, die nächsten Schritte unserer Zukunft auch ein Stück weit beruflich gemeinsam zu gehen und räumlich nicht mehr getrennt zu sein, denn ich arbeitete in Münster und meine Frau in Dortmund.

Nachtkamp hatte sich gerade habilitiert, also die hierzulande höchstrangige wissenschaftliche Lehrberechtigung erworben, und übernahm nun eine Professur in Mannheim, wohin wir ihm gemeinsam folgen konnten. Zwar wäre ich überaus gerne und wohl auch viel lieber in Münster geblieben – zu inspirierend war dort die wissenschaftliche Arbeit und auch das menschliche Miteinander. Aber da Timm kurz vor der Pensionierung stand und die Möglichkeit, bei einem anderen Kollegen als Assistent zu bleiben, immer noch keine Familienzusammenführung bedeutet hätte, hatte ich eigentlich keine echte Wahl. So nahm ich einerseits mit Vorfreude, andererseits schweren Herzens von meinem Lehrmeister Abschied.

Herbert Timm selbst sah diesen Abschied ebenfalls mit gemischten Gefühlen, wenn auch aus anderen Gründen. Die Universität Mannheim galt damals in der Volkswirtschaftslehre als ein Zentrum der theoretisch-mathematischen Forschung. Timm verhehlte nie, dass er diese für gleichsam esoterisch und weltabgewandt hielt. Er hatte es zwar durchaus verstanden, Theorie und Praxis in einer für uns Studenten faszinierenden Weise zu verbinden, und er präsentierte uns des Häufigeren sparsam gestrickte und gerade deshalb nützliche mathematische Modelle zu Teilaspekten des Wirtschaftsablaufs. Mit zunehmendem Alter und zunehmender Erfahrung neigte er allerdings mehr und mehr einer politikorientierten, an praktischen ökonomischen Problemen orientierten Forschung zu und lehnte eine selbstreferenziell betriebene Wirtschaftswissenschaft ab, die nach seiner Meinung dazu neigte, entrückte ökonomische Probleme zu erfinden, um sie dann theoretisch-mathematisch zu lösen.

Timms an mich gerichtete Warnung vor der Glasperlenspielerei war in gewisser Weise berechtigt. Er war in Sorge, dass mich die Mannheimer Fakultät für Volkswirtschaftslehre mit ihrer mathematischen Orientierung auf den falschen Pfad bringen würde. Seine Warnung habe ich nie vergessen, auch wenn ich ihre Bedeutung aufgrund meiner damaligen Unerfahrenheit wohl nicht ganz erfassen konnte. Heute aber, nach vielen Jahren auch theoretischer Forschung, weiß ich seine Haltung besser einzuordnen als zu jener Zeit – und auch noch besser wertzuschätzen. Zwar bin ich nach wie vor der Meinung, dass die mathematisch-theoretische Forschung für einen jungen Volkswirt das unabdingbare Rüstzeug ist, auf dem er später im Leben seine Politikempfehlungen aufbauen kann. Und ich möchte auf keinen Fall die großartigen Jahre in Mannheim missen, die mir quasi ein zweites Ökonomiestudium mit großer theoretischer Tiefe ermöglichten, obwohl ich mein Diplom als Volkswirt längst in der Tasche hatte. Doch sehe ich auch die Gefahr einer Verselbstständigung der theoretischen und ökonometrischen Forschung, die sich mehr auf mathematische Methoden statt auf institutionelles Wissen, praktische ökonomische Relevanz und wirtschaftspolitisch nützliche Ergebnisse bezieht. So mancher Professor agiert heute tatsächlich als *Magister Ludi*, wie ihn Hermann Hesse beschreibt, also als ein Schulmeister des esoterischen Spiels einer von der Welt abgekoppelten geistigen Elite. Die gleichsam auf sich selbst bezogene Forschung, der gelehrte Diskurs über Themen, die für die Praxis irrelevant sind, eine bloß rituelle Befolgung der Regeln der Wissenschaft: Die Entwicklung der ökonomischen Wissenschaft zeigt diese Tendenzen, und hat damit Ähnlichkeit mit dem, was Hesses Protagonist Josef Knecht in der rituellen Kunstwelt der »Pädagogischen Provinz« Kastalien erlebt. Auch ich war ein Magister Ludi.

Dabei möchte ich nicht missverstanden werden: Es gibt viele inhaltlich sehr gehaltvolle Arbeiten, die sich auf hohem theoretischen Niveau bewegen und ökonometrische Methoden auf wichtige Fragestellungen anwenden. Die Theorie versucht komplexe ökonomische Zusammenhänge mithilfe der analytischen, nicht-numerischen Mathematik zu durchdringen. Dank wachsender Computerleistungen avancierte die Ökonometrie in den letzten Jahren zu einem immer bedeutsamer werdenden Teilgebiet der Wirtschaftswissenschaften, bei dem es darum geht, numerische Daten mittels statistischer Methoden im Hinblick auf kausale Zusammenhänge zu durchforsten. Immer wieder kommen mir theoretische und ökonometrische Arbeiten zu Gesicht und begeistern mich. Ich bin dezidiert der Auffassung, dass eine an aktuellen Problemen orientierte Ökonomie eine starke theoretische Basis braucht, um im Nebel des Geschehens Strukturen zu erkennen. Ebenso haben die Methoden der Ökonometrie ihren unschätzbaren Wert bei dem Versuch, aus bereits vorhandenen Datensätzen empirische Zusammenhänge zu suchen, die man sonst nicht erkennen würde.

Einerseits. Denn andererseits habe ich das Gefühl, dass die Zahl der Studien, die sich unter Verwendung komplexer Methoden im Prinzip trivialen Inhalten zuwendet, noch immer erstaunlich hoch ist und sogar stark zugenommen hat. Das ist keine gute Entwicklung, und wir Ökonomen tun gut daran, zu überdenken, wie wir sie korrigieren können.

Verwundert bin ich überdies, wenn ich sehe, wie Ökonomen – ob etabliert oder erst am Anfang ihrer Karriere stehend – bei ihrer Suche nach zeit- und raumlosen Wahrheiten nicht einmal aufblicken, wenn um sie herum die Wogen großer Krisen hochschlagen und die Welt der Wirtschaft aus den Fugen gerät. Auch dies ist keine gute Entwicklung.

Mein Schlüsselerlebnis: Die deutsche Wiedervereinigung

Das Schlüsselereignis, das mich selbst gezwungen hat, auf den festen Boden der Analyse echter Probleme zurückzukehren, die die Welt bewegten, war ohne Zweifel die deutsche Wiedervereinigung. So gesehen freue ich mich nicht nur immer noch, dass ich sie miterleben durfte. Ich bin auch dankbar, dass sie zudem mein wissenschaftliches Denken und Handeln, meine eigene Suche nach der Wahrheit maßgeblich verändert hat. Und diese Veränderung begann, als ich im Herbst 1989 – ich war damals schon fünf Jahre auf meinem Lehrstuhl in München –, nur kurz nach dem Fall der Berliner Mauer auf Empfehlung meines Amtsvorgängers Hans Möller vom *Wissenschaftlichen Beirat beim Bundesministerium für Wirtschaft* kooptiert wurde.

Die Wurzeln dieses altehrwürdigen Wissenschaftlichen Beirats gehen zurück bis ins Jahr 1943. In seiner heutigen Form indes war er ein Jahr vor der Gründung der Bundesrepublik im Jahr 1948 geschaffen worden, um die Wirtschaftspolitik der Westzonen und später der Bundesrepublik zu gestalten. Hans Möller trat ihm 1950 bei, war lange Vorsitzender und nahm über den Beirat maßgeblich auf die Wirtschaftsgesetze der Bundesrepublik Einfluss. Auch deshalb hatte seine Empfehlung einiges Gewicht.

Noch heute gilt dieser Beirat als *der* wissenschaftliche Beirat schlechthin, weil er der erste war und weil in ihm die ordnungspolitischen Grundregeln der Bundesrepublik Deutschland definiert wurden, die Ludwig Erhard dann im Rahmen seines Konzepts der Sozialen Marktwirtschaft umsetzte. Bekanntermaßen formten diese Grundregeln die Basis des deutschen Wirtschaftswunders nach dem Krieg.

Als die Mauer fiel, war fast automatisch auch die Agenda des Beirats für die kommende Zeit vorherbestimmt. Als Erstes schrieben wir einen wohlwollenden Kommentar zu Helmut Kohls legendärem »Zehn-Punkte-Programm«. Dann folgten verschiedene Gutachten zum sich anbahnenden Vereinigungsprozess, die von der Währungsumstellung über die Privatisierung bis zur Lohnpolitik reichten. Unsere Aufgabe bestand letztlich darin, uns mit den konkreten wirtschaftspolitischen Optionen für die Gestaltung eines solchen Prozesses auseinanderzusetzen und Handlungsempfehlungen abzugeben. Mit einem Schlag lag die ausschließlich theoretische Welt der ökonomischen Wissenschaft hinter mir. Nun galt es ausgehend vom theoretischen Denken praktische und zeitaktuelle ökonomische Probleme zu verstehen und an ihrer Lösung mitzuwirken.

Wir im Beirat standen im Prinzip auf Kohls Seite. Helmut Kohl hatte die Zeichen der Zeit erkannt und sich zum Motor des Vereinigungsprozesses gemacht. Er war zwar anfangs auf dem falschen Fuß erwischt worden. So erinnere ich mich noch gut an den 9. November 1989, als die Mauer gefallen war und meine Frau und ich, vor Freude weinend, vor dem Radio saßen, um die Dinge zu verfolgen. Das Interview, das Kohl damals gab, schien indes nicht davon zu zeugen, dass er der Situation gewachsen war. Er wiegelte ab und stammelte Dinge, die bei mir eher den Eindruck entstehen ließen, als kämen ihm die Ereignisse ungelegen. Ich war wütend, weil er nicht zu begreifen schien, was hier passiert war. Sollte er wirklich nicht verstehen, dass das Wunder einer Wiedervereinigung, das viele von uns nicht mehr zu erhoffen gewagt hatten, nun dabei war, Realität zu werden?

Aber Helmut Kohl hat damals vermutlich doch erheblich mehr begriffen, als er im Radio zum Ausdruck bringen wollte. Ich nehme an, dass er bereits die Probleme vor sich sah, die der Widerstand anderer Nationen bringen würde, und deshalb zu diesem frühen Zeitpunkt keinen der Nachbarn und Großmächte mit womöglich missverständlichen Aussagen irritieren wollte. Auch kann man es ihm im Rückblick betrachtet kaum verdenken, dass er und seine Berater die eigentlich für alle vollkommen überraschende Situation zunächst einmal gründlich analysieren mussten, bevor er sich festlegte. Als er nur wenig später sein Zehn-Punkte-Programm zur Wiedervereinigung vorlegte, hatte er die Dinge definitiv im Griff. Dieses Programm war gründlich konzipiert, und es enthielt konkrete Schritte zu einer Annäherung beider deutscher Staaten unter einem gemeinsamen europäischen Dach.

Das Programm hatte Kohl weder mit François Mitterand noch mit Margaret Thatcher abgestimmt. Er wusste, dass sie dagegen sein würden. Und er wusste, dass die Opposition noch härter gewesen wäre, wenn er sie vorher konsultiert und dann seine Vorschläge dennoch unterbreitet hätte. In der Tat wollten Thatcher und Mitterand die Wiedervereinigung verhindern. Letztlich aber sahen sie kaum noch eine Möglichkeit, diese Haltung gegen die deutlich anderen Positionen der Großmächte USA und Sowjetunion durchzusetzen, die sich einer Wiedervereinigung nicht in den Weg stellen wollten. Sie mussten nachgeben. Mitterand rang Kohl immerhin noch den endgültigen Verzicht auf die alten deutschen Ostgebiete sowie die Zusage einer Änderung der Europäischen Verträge ab, die dann ja auch auf dem Gipfel von Maastricht im Jahr 1991 beschlossen wurde.

Eine Frage des Geldes: Währungsumstellung und *Kaltstart*

Dass der Kern dieser Änderung der Europäischen Verträge die Aufgabe der D-Mark sein würde, wussten wir damals noch nicht, denn zunächst einmal ging es darum, die Mark der DDR durch die D-Mark abzulösen. Wir vom Wissenschaftlichen Beirat erstellten dazu zu Beginn des Jahres 1990 ein Gutachten, in dem die Modalitäten der Währungsumstellung, insbesondere der Umrechnungskurs, diskutiert wurden. Das Gutachten teilte die Skepsis der Bundesbank gegenüber einer Währungsumstellung aller Vermögenswerte zum Kurs 1:1, weil das einen inflationären Geldüberhang erzeugt hätte. Es wäre also mehr Geld in Umlauf gebracht worden, als für die laufenden Transaktionen der Volkswirtschaft erforderlich gewesen wäre, was eine Inflationsgefahr heraufbeschworen hätte. Doch während die Bundesbank vorschlug, alle Vermögenstitel zum Satz 2:1 umzustellen, empfahlen wir im Beiratsgutachten, zwar alles zum Satz 1:1 umzurechnen, aber nur einen Teil als Bargeld auszuzahlen und einen anderen Teil als bloße Vermögenstitel auf Sperrkonten festzulegen, die man dann zu einem späteren Zeitpunkt freigeben würde. Ähnlich war schon 1948 bei der Einführung der D-Mark im Westen verfahren worden. Für diesen Vorschlag sprach, dass es auch in der DDR Vermögenstitel wie Spargurthaben und Lebensversicherungen gab, die nicht in Geldform vorlagen, sondern nur in Geldwerten ausgedrückt waren.

Tatsächlich entschied sich die Bundesregierung letztlich für einen Mittelweg zwischen den Vorschlägen der Bundesbank und des Beirats. Etwa ein Drittel der Vermögenswerte wurde zum Kurs 1:1 umgetauscht, und zwei Drittel zum Kurs 2:1, freilich ohne unserem Vorschlag der Einrichtung von Sperrkonten zu folgen.

Sämtliche Lohnkontrakte wurden zudem, wie wir vom Beirat es empfohlen hatten, 1:1 umgestellt. Damit setzte sich unsere Position gegenüber jener der Bundesbank durch. Die Bundesbank hatte zugunsten ihres Vorschlags, alle Vermögenstitel im Verhältnis 2:1 umzustellen – also auch die Löhne – im Prinzip zu Recht angeführt, dass für die umfangreichen Exporte der DDR nach Westdeutschland ein wesentlich niedrigerer Umtauschkurs als 1:1 angesetzt worden war, um die Ostprodukte hierzulande auch wettbewerbsfähig zu halten. In der Tat betrug dieser Kurs über alle Warengruppen gerechnet im Schnitt etwa 4,3 Mark Ost je D-Mark West, und zu diesem Kurs waren die von der DDR nach Westdeutschland exportierten Produkte im Westen auch wettbewerbsfähig. Die aus dem Osten stammenden Möbel von Ikea oder auch die Orwo-Filme, die das Versandhaus Quelle vertrieb, hatten zwar keine hohe Qualität, aber sie waren immerhin billig genug, um sich so auf dem Westmarkt halten zu können. Würde man die Löhne nun mit einem Schlag 1:1 umstellen, so befürchtete die Bundesbank, dann würde die ostdeutsche Wirtschaft mit einem Schlag ihre Wettbewerbsfähigkeit verlieren.

1 Der Abstieg vom Elfenbeinturm

Das stellte zwar eine im Prinzip plausible Position dar, die man nicht einfach so und a priori verwerfen konnte. Dennoch waren wir im Beirat davon überzeugt, dass man die damit verbundene Strategie der ostdeutschen Bevölkerung nicht zumuten durfte, denn die sogenannte Kaufkraftparität bezüglich der Güter des täglichen Lebens, also nicht bezüglich der Exportprodukte lag nahe bei dem Wert 1:1. Mit anderen Worten: Die Grundnahrungsmittel im Osten waren in Mark Ost etwa so teuer wie im Westen in Einheiten von D-Mark. Die Aufrechterhaltung des Lebensstandards der Bevölkerung verlangte unserer Ansicht nach eine gleichwertige Umstellung aller Vermögenstitel – mit der oben genannten Einschränkung, einige Vermögenswerte temporär zu sperren – sowie auch die gleichwertige Umstellung der Lohnkontrakte. Dass die Löhne dann für die Wettbewerbsfähigkeit der Treuhandbetriebe zu hoch sein würden, war uns bewusst. Andererseits schöpften wir aus dem Umstand, dass sie dennoch bei nur einem Drittel der Löhne des Westens liegen würden, die Hoffnung, dass die Produktivität der ostdeutschen Betriebe nach einer Übernahme westlichen Know-hows hinreichend schnell steigen würde, um eine solche Lohnumstellung auch unter Wettbewerbsgesichtspunkten zu rechtfertigen.

Ich fand diese und andere Fragestellungen rund um die sich anbahnende Wiedervereinigung faszinierend und die Diskussion im Beirat, dem ein Großteil der Elite der deutschen Wirtschaftswissenschaft angehörte, in hohem Maße spannend. Auf einmal ging es nicht mehr um abstrakte mathematische Modelle, deren Variablen aus abstrakten Buchstaben bestanden, sondern um die Menschen selbst und um konkrete Politikempfehlungen. Das war ein anderes Verantwortungsniveau, als man es für die akademisch-theoretische Forschung benötigte. Entsprechend hart und ernsthaft verliefen unsere Debatten im Beirat.

Kein Zweifel, in der Rückschau haben mein ökonomisches Wissen und mein Problembewusstsein durch die schließlich viele Jahre währende Arbeit im Beirat immer wieder einen Schub bekommen, von dem ich lange zehren konnte. Eigentlich zehre ich sogar bis heute davon. Und mehr noch: Die Arbeit für den Beirat veränderte nicht nur mein Denken, sondern auch mein Schreiben. Sie legte damit auch den Grund für meine allmählich wachsende Sichtbarkeit in der Öffentlichkeit, in den Debatten um wirklich wichtige wirtschaftliche Fragestellungen Deutschlands und Europas.

Das gilt bereits für das Buch zu den ökonomischen Herausforderungen rund um die deutsche Vereinigung mit dem Titel *Kaltstart*, das meine Frau und ich über den folgenden Winter und zum Beginn des Jahres 1991 fertigstellten. Das Buch hat maßgeblich von den Diskussionen im Beirat profitiert, weil sie mir das Problembewusstsein und die innere Unruhe schufen, ohne die man ein so komplexes Werk nicht angehen kann. Aber erst durch die täglichen Diskussionen mit meiner Frau Gerlinde entwickelte sich das Wissen und die Vorstellung von der Struktur des Buches, die uns in die Lage versetzten, gemeinsam zur Feder zu greifen.

Das Buch erschien anfangs in einer akademischen Aufmachung, doch weil es sich gut verkaufte, wurde die dritte Auflage als Taschenbuch mit einem Foto auf dem Titelblatt herausgebracht. Auf dem Foto sind meine Frau und ich mit einem Mercedes und einem Trabi zu sehen. Um die Schwierigkeiten eines Kaltstarts zu verdeutlichen – wie ihn unseres Erachtens die ostdeutsche Wirtschaft vor sich hatte – verbanden wir für das Coverfoto beide Autos mit einem Starterkabel. Es entstand im März in unserem Garten. Wir hatten eigentlich schon lange die Idee zu dem Foto gehabt, doch plötzlich war der Schnee weg und die Not groß. Dann schneite es überraschend doch noch einmal, und das Foto musste nun schnell gemacht werden. Die Frage war indes: Wo bekommen wir jetzt einen Trabi her? Nach langem Telefonieren fanden wir einen Autoverleiher in München, der einen im Angebot hatte. Sofort machte ich mich auf den Weg, holte ihn ab und fuhr ihn in unseren Garten. Ein Nachbar stand schon bereit und schoss das Foto. Man konnte ja nicht wissen, wie lange der Schnee noch liegen würde.

Doch die Geschichte geht noch weiter. Als ich nämlich den Trabi zurückbrachte, fragte ich den Verleiher, was er für das Auto bezahlt hatte. Statt zu antworten wollte er wissen, ob ich es denn nicht kaufen wolle. Ich zögerte – allerdings nicht lange. Ich habe schon, dachte ich kurz, dümmere Sachen in meinem Leben gekauft. Und so willigte ich kurz entschlossen ein und erwarb für 1.000 D-Mark einen Trabi. Tatsächlich fuhren wir ihn auch einige Jahre lang und hatten viel Spaß mit ihm – bis unser älterer Sohn Philipp 18 wurde und ihn übernahm, freilich nur in der Absicht, ihn alsbald zu verkaufen, um einen alten VW-Golf dafür zu erwerben. Bis auf den Umstand, dass mein Sohn etwas ungehalten war, weil ich den Verkaufspreis auf 500 D-Mark gedrückt hatte, ist die Zeit, als wir den Trabi besaßen, eine sehr schöne Episode meines Lebens, auf die ich mit etwas Wehmut

1 Der Abstieg vom Elfenbeinturm

zurückblicke. Ich fand, dass 500 D-Mark ausreichend waren, nachdem wir den Wagen so lange genutzt hatten, und hatte auch etwas Mitleid mit den armen Schluckern, die sich da gemeldet hatten, um das Auto vom Sohn eines nicht unvermögenden Professors zu kaufen. Mein Sohn war mit dem Geschenk der 500 D-Mark immer noch gut bedient.

Kaltstart war primär für volkswirtschaftliche Fachkollegen geschrieben, doch fand es auch viel Aufmerksamkeit in der Politik und in der allgemeinen Öffentlichkeit. Es legte den Grundstein für eine ganze Serie von Monografien, die ich später nach ähnlichem Muster schrieb und deren Wirkung immer stärker über die Grenzen der Fachdisziplin hinausstrahlte. Stets war es mein Bemühen, über neue zeit- und raumgebundene Politikprobleme zu schreiben und sie faktenreich und auf dem soliden Boden der volkswirtschaftlichen Theorie zu untersuchen, ohne dabei im Fachjargon zu versinken. Immer habe ich mich bemüht, eine Sprache zu verwenden, die jeder verstehen würde, denn ich will nicht einsehen, dass nur das Wissenschaft und Erkenntnis ist, was so kompliziert geschrieben ist, dass es nur von anderen Fachleuten verstanden wird.

Die Regierung Kohl mochte zwar von alternativen Analysen und Handlungsoptionen zum wirtschaftlichen Vereinigungskurs, um die es uns in unserem Buch ja vor allem ging, nichts mehr wissen und beschleunigte den Schritt auf dem einmal eingeschlagenen Weg eher noch. Doch wurde – wie erwähnt – *Kaltstart* durchaus breiter diskutiert. Auch Bundespräsident Richard von Weizsäcker interessierte sich sehr und lud mich in die Villa Hammerschmidt ein. Er hörte sehr aufmerksam zu, stellte tiefgehende Fragen und beglückwünschte mich und auch meine Frau, die nicht dabei sein konnte, zum Inhalt.

Das Buch erschien übrigens nicht nur in Deutschland. Es erschien auch auf Englisch bei MIT-Press, dem Verlag des renommierten *Massachusetts Institute of Technology*, sowie in französischer, russischer und koreanischer Sprache. Jahrzehnte später kam es zudem auf Chinesisch heraus.

Die Südkoreaner zeigten sich erwartungsgemäß besonders interessiert. Meine Frau und ich wurden zu einer Vortragsreise eingeladen, um über die deutschen Erfahrungen zu berichten. Die deutsche Wiedervereinigung stellte für unsere Gastgeber ein Experiment dar, von dem sie hofften, aus ihm womöglich unmittelbare Schlüsse für die Möglichkeiten einer Wiedervereinigung von Süd- und Nordkorea herleiten zu können – auch wenn die

Verhältnisse auf der koreanischen Halbinsel viel schwieriger sind, u. a. auch deswegen, weil der Norden im Verhältnis zum Süden viel größer ist als Ostdeutschland im Verhältnis zu Westdeutschland.

Persönlich betroffen und Zeuge des Mauerbaus

Die Überwindung der deutschen Teilung im Jahr 1990 stellt das wichtigste historische Ereignis meines Lebens dar. Allerdings nicht nur deswegen, weil ich mich fortan immer mehr von der ökonomisch-theoretischen Kunstwelt verabschiedete und mich verstärkt den praktischen ökonomischen Fragestellungen zuwandte, sondern auch deswegen, weil mich die Teilung genauso wie ihre Überwindung sehr persönlich betraf. Vermutlich hätte ich – hätten meine Frau und ich – unser Buch ohne diese persönliche Prägung kaum schreiben können.

Die Teilung hat mich nicht nur berührt, weil ich viele Verwandte in Ostdeutschland und Berlin hatte, sondern auch, weil ich tatsächlich unmittelbarer Zeitzeuge beim Bau der Mauer war. Am Samstag, dem 12. August 1961 – ich war damals 13 Jahre alt – fuhren wir nämlich mit dem Lloyd Alexander TS meines Vaters vom Westteil Berlins, wo wir bei einer Schwester meiner Mutter wohnten, in den Osten, um dort Tante Lieschen zu besuchen, eine Schwester meiner Großmutter. Tante Lieschen war dort nach einer geschiedenen Ehe mit einem russischen Geschäftsmann hängen geblieben und schrieb uns stets liebe Briefe. Der Weg führte am späten Vormittag mitten durch das Brandenburger Tor zur Senefelder Straße, wo sie uns schon zum Essen erwartete.

Bei der Rückkehr am frühen Nachmittag erlebten wir dann aber eine unerwartete Überraschung, die wir zunächst nicht recht deuten konnten. Soldaten hatten das Brandenburger Tor verstellt und rollten Stacheldraht aus. Schnell war klar: Auf diesem Weg kamen wir nicht mehr in den Westteil, und so wurden wir stattdessen durch einen anderen Ausgang herausgeleitet. Zurück auf der anderen Seite der Grenze klebten unsere Verwandten bereits am Radiosender – anders konnte man es nicht nennen – und versuchten zu verstehen, was sich da ereignete. Am nächsten Tag, dem historischen 13. August, zeigte es sich dann für jedermann: Die Grenze war in der Nacht geschlossen worden.

1 Der Abstieg vom Elfenbeinturm

Was bedeutete das? Niemand wusste es. Die ganze Stadt geriet in Aufruhr, und in Windeseile verbreitete sich Angst, Angst vor dem, was nun noch geschehen würde, Angst auch davor, dass nun die Sowjets kommen und die US-Amerikaner ihren Schutz für den Westteil beenden könnten.

Ich machte mich in dieser aufwühlenden Situation mit Straßenbahn und S-Bahn auf den Weg zum Brandenburger Tor, um selbst nachzuschauen, freilich ohne zu sagen, wohin ich gehen würde. Dass meine Familie beunruhigt sein würde, weil ich lange nicht zurückkam, verdrängte ich angesichts der Dramatik der Ereignisse. Ich war einfach zu neugierig.

Und was ich sah, war in der Tat aufregend. Auf der Westseite des Tors hatten sich Menschenmassen versammelt, ein hölzernes Podest war aufgebaut, und ein Redner sprach zur Menge. Ich hörte zu, verstand aber vieles nicht, machte einige Fotos mit meiner Agfa Clack und fuhr später wieder nach Hause, wo ich schon ungeduldig und in großer Sorge erwartet wurde.

Seit diesem Ereignis hat mich Ostberlin fasziniert. Jedes Mal, wenn wir seither die Stadt besuchten, versuchte ich wieder, in den Osten zu gelangen, um nachzusehen, was dort geschah. Wir Westdeutschen durften ja nach Ostberlin, während den Westberlinern der Zutritt verwehrt blieb. Diesen Spielraum nutzte ich: So ging ich also, als ich bereits älter war, regelmäßig ins *Brecht-Theater* am Schiffbauerdamm und in die *Distel*, jenes derbe legendäre politische Kabaretttheater, das im Osten Kultstatus genoss und auch im Westen bekannt war. Diese Vergnügungen waren damals billig zu haben.

Später, nachdem Willy Brandt im Rahmen seiner Ostpolitik für die Westdeutschen das Recht ausgehandelt hatte, auch die Verwandten in der DDR zu besuchen, fuhr ich mit meiner Frau und anderen gelegentlich nach Oberschlema, einem Ort in der Nähe der Grenze zur Tschechoslowakei. Die langen Warteschlangen und die detaillierten, erniedrigenden Grenzkontrollen, die ich so nie wieder irgendwo auf der Welt erlebt habe, prägten sich in meinem Gedächtnis ein und ließen den Groll auf das ostdeutsche System wachsen. Auch das erklärt die tiefe Emotion, die mich erfasste, als die Mauer fiel.

Tante Lieschen war da schon lange tot. Wenige Wochen nach dem Fall der Mauer starb auch meine Tante Ilse, die Schwester meiner Mutter, bei der ich zu wohnen pflegte, wenn ich in Berlin war. Zum Begräbnis, in den ersten Tagen des Januar 1990, fuhr ich mit meiner Frau, und wir trauerten um meine liebe Tante. Danach aber wollten wir nachschauen, was nun mit der Mauer geschah. Beim Fußweg durch den Tiergarten hörten wir ein dumpfes, monotones Brummen, das immer lauter wurde, auf das wir uns aber keinen Reim machen konnten. Schließlich sahen wir die Ursache: Das Brummen stammte von Tausenden von Hämmern, mit denen die Menschen die Mauer zertrümmerten, um sie zu zerstören, aber auch, um sich Souvenirstücke abzuschlagen.

Ein Foto, das in der Sammlung dieses Buches enthalten ist, zeigt meine Frau. Ich nahm es von innen, also von Osten her, auf, nachdem ich zuvor durch das Loch in der Mauer dorthin geklettert war. Sofort nach dem Schnappschuss ermahnte mich einer jener dort postierten »Vopos«, ein Volkspolizist der DDR, wieder in den Westen zurückzukehren – was ich auch brav tat.

Wichtiger aber ist: Das Erlebnis schließt für mich einen Erinnerungskreis von fast 29 Jahren meines Lebens, während derer sich mein politischer Geist geformt und die Kenntnis der inneren Abläufe und Beharrungskräfte politischer Systeme gewachsen war. Nicht zuletzt deswegen steht das Foto heute in meinem Arbeitszimmer, und ich schaue nicht selten darauf.

Das Interesse an den Geschehnissen im Osten und die Zuneigung zu den Landsleuten, die nach dem Krieg die schlechteren Karten gezogen hatten, ließen mich seither nie wieder los. Auch meine Kinder wollte ich mit diesem Teil der deutschen Geschichte vertraut machen. So unternahmen wir im Sommer 1992 zusammen mit ihnen eine lange Radtour durch die neuen Bundesländer. Da man auch zu jener Zeit noch im Vorhinein kaum etwas organisieren konnte, fuhren wir mit vollen Satteltaschen von Celle bei Hannover gen Osten und machten dabei einen großen Halbbogen am Arendsee vorbei über Perleberg zur Müritz, und von dort nach Rheinsberg, nicht ohne dort die gleichnamige Novelle von Kurt Tucholsky zu lesen. Dann ging es weiter am Stechlinsee vorbei bis in das Zentrum von Berlin. In Jugendherbergen und Gasthöfen kamen wir stets ohne Probleme unter und genossen dieses Land, das uns so fremd gewesen war und uns nun mit der Schönheit seiner Natur gleichsam umarmte.

Perspektivenwechsel: Los Altos Hills und Palo Alto

Zurück zur Entstehung von *Kaltstart*. Nicht nur die Diskussionen im Wissenschaftlichen Beirat oder meine persönliche Geschichte, von der ich berichtet habe, lieferten Anstöße zu diesem Buch. Unschätzbar wichtig waren vielmehr

1 Der Abstieg vom Elfenbeinturm

auch viele Gespräche und Begegnungen in den USA. Dorthin nämlich reiste ich unmittelbar nach Abschluss des Währungsgutachtens des Beirats für ein Forschungsfreisemester. Ich ging zunächst an die Universität *Stanford*, die mich zu einem längeren Gastforscheraufenthalt eingeladen hatte. Anerkannte Größen der Ökonomie wie Kenneth J. Arrow, damals bereits Nobelpreisträger, Joseph E. Stiglitz, der gut zehn Jahre später ebenfalls den Nobelpreis erhielt, und John Shoven hatten sich für die Einladung stark gemacht.

Die Reise warf mich zwar zunächst in eine andere Umgebung, für die die Ereignisse in Deutschland fern zu sein schienen, doch währte die Distanz nicht lange. Im Frühsommer 1990 lud mich nämlich der Verwaltungsrat der Universität Stanford ein, vor einem ausgewählten Publikum einen Vortrag zu den ökonomischen Aspekten der deutschen Vereinigung zu halten. Das war eine Herausforderung, der ich mich nicht entziehen konnte und wollte. Ich kam nicht wenig ins Schwitzen, denn mein Bewusstsein mit Blick auf die praktischen wirtschaftlichen Herausforderungen der Wiedervereinigung war damals noch ziemlich unterentwickelt. In den deutschen Zeitungen, die ich zur Vorbereitung nun eifrig konsultierte, fand ich auch nicht viel zur ökonomischen Seite des Geschehens. Da ging es eher um die Frage, ob die Ostkindergärten erhalten blieben, als um das, was mit den Firmen der DDR passieren würde. Zum Glück hatte ich durch die Debatten im Beirat zur Währungsumstellung bereits einiges an relevanten Informationen gesammelt, um die Diskussion mit dem Verwaltungsrat in Stanford leidlich zu überstehen.

Die dominante Figur bei dem Treffen war George P. Shultz, der zu Beginn des Vorjahres im Kabinett Ronald Reagans noch als Außenminister der USA amtiert hatte. Er stellte die meisten Fragen und trug auch selbst stark zur Diskussion bei. Er hob die besondere Leistung von Helmut Kohl im Prozess der sich anbahnenden Wiedervereinigung hervor und betonte, dass dieser Prozess ohne dessen Entschlossenheit nicht so weit gediehen wäre. Mir bot die Zusammenkunft Anlass und Ansporn, in den folgenden Wochen und Monaten immer tiefer in die ökonomische und politische Problematik der deutschen Vereinigung einzusteigen und den Fortgang des Einigungsprozesses über die deutschen und US-amerikanischen Medien intensiv zu verfolgen.

Ich sah George Shultz übrigens zum Jahresbeginn 2015 in Stanford wieder, als ich beim Jahresfest des Alumni-Klubs der Universität den

Festvortrag zur europäischen Eurokrise hielt. Er war nun ein betagter Herr in den Neunzigern, doch immer noch erstaunlich frisch und im Vollbesitz seiner geistigen Kräfte. Wir haben uns freundlich die Hände geschüttelt und Erinnerungen ausgetauscht. Die Alumni-Klubs der Universitäten sind Vereinigungen ehemaliger Studenten, die in den USA eine große Bedeutung haben und die beim Studium geknüpften Beziehungen ein Leben lang erhalten. Sie generieren für die Universitäten im Vergleich zu dem, was in Europa üblich ist, ein hohes Spendenaufkommen, das eine wichtige Rolle im Budget der Universität spielt.

Die Zeit, die wir – meine Familie und ich – 1990 in Kalifornien verbrachten, war wunderschön. Ich reiste schon im März dorthin, direkt nach dem Ende des deutschen Wintersemesters. Erst lebte ich allein in einem kleinen, etwas heruntergekommenen Kutscherhäuschen, das sich im Park einer prächtigen Villa in Los Altos Hills befand, einem mondänen Ort im Küstengebirge des Pazifik, der das Silicon Valley überblickt. Ich kaufte mir für 3.000 Dollar einen riesigen weißen Kombi der Marke Chrysler mit einem Acht-Zylinder-Motor, einen typischen amerikanischen Straßenkreuzer also, der mich – anders als deutsche Autos es täten – nicht auf straffem Kurs durch die Kurven und über die Bodenwellen führte, sondern behäbig, schwer und ruhig über der Straße zu schweben schien. Der Wagen hatte bereits 160.000 Meilen auf dem Buckel, war aber ausgezeichnet erhalten. Am liebsten hätte ich ihn später nach Deutschland importiert, so sehr war ich von seiner Qualität angetan, doch das lohnte sich angesichts der damit verbundenen Transport- und Umbaukosten nicht.

Mit dem Wagen fuhr ich täglich zu der in einem romanischen Stil gebauten und von Palmen umrankten Universität. Die Gründerfamilie Stanford hatte sich unverkennbar ein großes Schweizer Skihotel als Modell für die zentralen Universitätsbauten ausgesucht. Und ihrer Universität hatte sie den auf den deutschen Humanisten Ulrich von Hutten zurückgehenden, hier ins Deutsche übersetzten Leitspruch »Die Luft der Freiheit weht« gegeben, der noch heute im Wappen so geführt wird. Angesichts derart großer kultureller Schnittstellen konnte ich mich fast wie in der Heimat fühlen.

Und das war auch in anderer Hinsicht so. Wenn ich etwa am Abend in mein Stanforder Zuhause kam, erwartete mich der Hund meiner Wirtin, ein braun-schwarz-weiß gefleckter Beagle, schon freudig mit seinem Schwanz wedelnd. Ich musste mit ihm erst einmal eine Weile spielen – was ich gerne tat –, bis er mich losließ und ich mein Essen kochen konnte, während ich zugleich auf dem Weltempfänger, den ich mir vor Ort gekauft hatte, auf Kurzwelle die Nachrichten aus Deutschland hörte. In dieser spannenden Zeit der sich 1990 vollziehenden Wiedervereinigung war ich geradezu süchtig danach, täglich die neuesten Entwicklungen zu erfahren. Auch die Telefongespräche mit meiner Frau drehten sich nicht selten um diese Entwicklungen.

Im Frühsommer, zwei Monate vor dem Beginn der Sommerferien, kam dann meine Frau mit unseren Kindern nach. Sie hatten so früh freibekommen, weil wir versprochen hatten, dass sie in Stanford die *Summer School* besuchen würden, was sie dann auch mit großer Begeisterung taten. Nun reichte der Platz im kleinen Kutscherhäuschen nicht mehr, und ich mietete für ziemlich viel Geld auf dem erweiterten Campus das Haus eines indischen Professors, der in Stanford arbeitete und nun ein *Sabbatical*, also ein Freisemester für die Forschung, in seiner Heimat wahrnahm. Dort, in Palo Alto, lebten wir, wie man nur in Amerika leben kann. Der Kühlschrank mit der Eiswürfel-Automatik, die großzügigen, weiß gehaltenen Räumlichkeiten, der prächtige Garten: All dies schuf die perfekte amerikanische Idylle, vervollkommnet durch ein Schwimmbecken unter Palmen und einen Jacuzzi, etwas, das wir in Deutschland zu jener Zeit kaum kannten. Im Jacuzzi haben wir so manchen Abend mit einem Glas kalifornischem Wein in der Hand gesessen, in die Sterne geschaut, von den USA geschwärmt und überlegt, was nun wohl in der Heimat los war. Und angesichts der sich abzeichnenden Wiedervereinigung war ja eine Menge los.

»Für Krieg, Revolution und Frieden«: Die Hoover-Enttäuschung

Bei meiner Arbeit saß ich in einem Zimmer der *Hoover Institution*, welches sich auf der anderen Straßenseite gegenüber der *Encina Hall*, dem Hauptgebäude der volkswirtschaftlichen Fakultät, befand. Der Platz dort war beengt, und so wies man mir einen Raum an der Hoover Institution zu, jenem legendären, fast 100 Jahre alten Think Tank, der zwar zur Stanford Universität gehört, aber von einem eigenen Gremium beaufsichtigt wird.

Meine Nachbarin im Nebenzimmer am Institut erzählte mir allerlei interessante Dinge. Zum Beispiel, dass sich der Straßenasphalt vor dem Gebäude wie Meereswellen bewegte, als Kalifornien im Winter ein schweres Erdbeben hatte, das zum Einsturz vieler Häuser und sogar einer Highway-Brücke geführt hatte. Noch interessanter war freilich, was sie über die Stimmung im Think Tank nach dem Fall des Eisernen Vorhangs zu berichten hatte, und die war alles andere als gut.

Die Hoover Institution trägt den Beinamen *for War, Revolution, and Peace*, also »für Krieg, Revolution und Frieden«. Sie gilt als ein erzkonservatives Institut, das sich mit den wichtigen strategischen Fragen der Weltpolitik beschäftigt. Hier werden Armeen in Planspielen bewegt, Länder unter Kontrolle gebracht, Ölquellen gesichert und Handelsbeziehungen geplant, um das amerikanische Weltreich zu entwickeln und zu stabilisieren. Auch mir gegenüber wurde dort über die Bestrebungen nach amerikanischer Hegemonie mit einer Selbstverständlichkeit geplaudert, die mir als Europäer – zumal als Deutschem, der Hegemonialüberlegungen mit einer anderen, einer schrecklichen Ära der Geschichte in Verbindung zu bringen pflegt – den Schauder über den Rücken trieb.

Man könnte nun denken, dass in dieser Institution der Jubel der Mitarbeiter über den Fall der Mauer und des Eisernen Vorhangs groß war. Doch davon konnte nicht die Rede sein. Vielmehr überwog die Tristesse, denn über kurz oder lang drohte nun all das Wissen, das man sich in Jahren mühsamer Recherche über das sowjetische Wirtschaftssystem und die sowjetische Einflusssphäre erarbeitet hatte, zu Makulatur zu werden. Aufsatz-Manuskripte, die geschrieben, aber noch nicht veröffentlicht waren, verloren ihren Wert, und die halb fertigen Bücher über den Kommunismus, die in der Pipeline steckten, konnte man nun in den Papierkorb werfen. Keine angenehme Aussicht. Und offenbar konnten der Gewinn und die Freiheit für Millionen von Menschen in Ostdeutschland und Osteuropa die Trauer über die eigenen Bedeutungsverluste nicht aufwiegen. Mich hat das seltsam berührt, gerade dort, in den USA, dem selbst ernannten Hort der Freiheit, eine solche Einstellung zu erleben. Mehr noch: Ein derart krudes Verständnis von Verantwortung hat mich verblüfft.

Die in jeder Hinsicht spannende Zeit in Stanford ging bald zu Ende, und wir brachen auf in Richtung *Princeton*, der Universitätsstadt an der Ostküste, wo ich den Herbst verbringen wollte, bevor das Wintersemester in

Deutschland begann. Wir packten all unser Hab und Gut in und auf unseren riesigen weißen Chrysler-Kombi und durchkreuzten Nordamerika – mittlerweile übrigens zum fünften Mal, nachdem wir bei früheren Aufenthalten in Kanada schon zweimal hin- und hergefahren waren. Die reine Fahrtzeit für eine solche Durchquerung muss man mit einer Woche bis zu zehn Tagen veranschlagen, was für deutsche Standards nach viel klingen mag. Das liegt daran, dass man in den USA auch auf den Autobahnen nur 55 Meilen pro Stunde, also etwa 90 Stundenkilometer fahren darf und dass die Entfernungen einfach riesig sind. Allein die Luftlinie von Palo Alto bis Princeton bemisst sich auf über 4.000 Kilometer. Zum Vergleich: Vom nördlichen Hamburg bis ins südliche München sind es, Luftlinie, gut 600 Kilometer.

Auf unserer Route lernten wir auch endlich den Süden der USA kennen, den wir bislang nicht gesehen hatten, und gewannen einen guten Eindruck vom Leben in einer Hochzivilisation in semiariden, also halbtrockenen Gebieten, das auf der Basis fossiler Wasservorräte und nur aufgrund eines enorm hohen Energieeinsatzes für die Klimageräte möglich ist.

Wir lernten ebenfalls die großzügige Wesensart vieler Menschen in den Südstaaten kennen. Das gilt besonders für die Mormonen. Nachdem sich meine Frau in St. George im Bundesstaat Utah im Südwesten der USA einer Blinddarm-Operation unterziehen musste, lud der Operateur, ein Mormone, unsere Kinder nicht nur in sein Schwimmbad ein, er überließ uns auch einige Tage unentgeltlich seine Ferienwohnung in den Bergen, weil er meiner Frau die sofortige Autofahrt nicht zumuten wollte.

Paul Samuelson und wie die westdeutschen Arbeitgeber und Gewerkschaften den Menschen in den neuen Ländern ihre Chancen nahmen

Auf dem Weg nach Princeton machten wir auch in der Hauptstadt Washington Halt. Der *Council of Economic Advisors*, wichtiges Beratungsgremium des US-Präsidenten, hatte mich eingeladen, zur deutschen Vereinigung zu referieren. Auch dort war man begierig zu erfahren, was sich in Deutschland ereignete. Nachdem ich meinen Vortrag gehalten hatte, schloss sich eine intensive Diskussionsrunde an. Vor allem eine Frage brachte mich dabei in Verlegenheit. Sie kam von Paul A. Samuelson, Nobelpreisträger und wohl berühmtester Ökonom der Nachkriegszeit, der damals dem Beratungsgremium angehörte.

Samuelson wollte wissen, wie es denn in Deutschland um die Lohnpolitik bestellt sei. So recht wusste ich keine Antwort darauf. Das Thema sei extrem wichtig, insistierte Samuelson und fügte auch gleich ein Beispiel an. Als Puerto Rico den USA als selbstständiges Territorium angegliedert wurde, habe sich gezeigt, dass die Übertragung der US-amerikanischen Mindestlöhne und sozialstaatlichen Leistungen auf dieses rückständige Land zu einer Massenarbeitslosigkeit führte. Deutschland solle aufpassen, dass ähnliche Effekte nicht im Osten des vereinigten Staatsgebietes eintreten.

Das war eine wahrlich weise Bemerkung, die unser Augenmerk bei der Abfassung unseres Buchs *Kaltstart* in der Folge verstärkt auf die Wirkungen des Sozialstaates und die Regeln zur Lohnbildung lenkten. Zu unserer Bestürzung mussten wir dann allerdings auch feststellen, dass die deutsche Politik die Brisanz dieses Themas nicht erkannte. In der Tat bahnte sich nun das an, wovor Samuelson warnen wollte, nur etwas anders:

Die Kohl'schen Versprechen von den »blühenden Landschaften« und einer Angleichung der Lebensumstände in nur wenigen Jahren nahmen die Gewerkschaften und Arbeitgeber des Westens zum Anlass, im Osten ihre Dependancen aufzumachen und die Lohnverhandlungen an sich zu ziehen, um die Löhne so rasch wie möglich auf das Westniveau zu hieven. Es wurden Tarifverträge abgeschlossen, die eine vollständige Angleichung aller Löhne und Lohnnebenleistungen innerhalb von nur fünf Jahren an das Westniveau vorsahen, und das bei Lohnkosten, die ursprünglich nur 7 Prozent des Westniveaus betrugen. Das waren zwar nicht die Reallöhne, die die Kaufkraft der DDR-Bevölkerung maßen. Die lagen bei etwa 30 Prozent des Westniveaus, weil die Güter des täglichen Lebens extrem billig waren. Es waren aber die Lohnkosten, die sich aufgrund des Wechselkurses von 4,3 Mark Ost für eine D-Mark ergaben, mit denen die DDR sich begnügen musste, um im innerdeutschen Handel wettbewerbsfähig zu sein. IG-Chemie-Chef Hermann Rappe sagte damals, man werde den Weg der raschen Lohnangleichung gehen, auch wenn er eine Massenarbeitslosigkeit von einem Drittel bis zu 40 Prozent bedeuten würde.

Aber es waren nicht nur die Arbeitnehmer, die hohe Löhne anstrebten. Auch die Arbeitgeber taten es. Allerdings waren es nicht die ostdeutschen

1 Der Abstieg vom Elfenbeinturm

Arbeitgeber, die noch unter der bereits Mitte 1990 gegründeten Treuhandanstalt zusammengefasst waren, sondern westdeutsche Arbeitgeber, die im Osten ihre Büros aufgemacht hatten und nun Stellvertreter-Lohnverhandlungen für ihre potenziellen Konkurrenten aus dem Osten führten. Die Treuhandanstalt selbst, die sich einer Entwertung des ihr als Schutzinstitution übertragenen Vermögens durch exzessive Lohnerhöhungen eigentlich hätte entgegenstellen müssen, verhandelte nicht.

Die Treuhandanstalt war eine staatliche Auffangbehörde, der unmittelbar nach der Vereinigung sämtliche Industriebetriebe des Ostens samt ihrer Liegenschaften und Ferienheime übertragen wurden. Sie hatte die Aufgabe, diese Betriebe zunächst weiterzuführen, diese aber nach den Grundsätzen der Sozialen Marktwirtschaft so rasch wie möglich zu privatisieren, wenn dies möglich war, und wenn dies nicht möglich war, sie zu schließen. Als ihr erster Vorsitzender amtierte Detlev Rohwedder, zuvor Chef des Stahlkonzerns Hoesch und davor u. a. langjähriger Staatssekretär im Bundeswirtschaftsministerium in den Kabinetten von Willy Brandt und Helmut Schmidt. Ich lernte Rohwedder anlässlich eines beeindruckenden Vortrags im Wissenschaftlichen Beirat zu Beginn des Jahres 1991 kennen, also nur kurz, bevor er mutmaßlich von einem Scharfschützen der Roten Armee Fraktion (RAF) umgebracht wurde. Mein Eindruck an jenem Tag: Da stand schon der richtige Mann an der Spitze der Treuhand.

Nach dem Mord an Rohwedder übernahm Birgit Breuel dessen Amt. Breuel, die einer der angesehensten Hamburger Kaufmanns- und Bankiersfamilien entstammt, den Münchmeyers, war zuvor lange niedersächsische Wirtschafts- und Verkehrsministerin und danach Finanzministerin gewesen. Es oblag nun ihr, das Privatisierungsprogramm für die Treuhand durchzuführen, indem sie die Unternehmen zur Gänze an Interessenten aus aller Welt, faktisch aber vornehmlich an Westdeutsche verkaufte.

Ich traf Birgit Breuel damals auf einer Konferenz und fragte sie, warum sie sich an den Lohnverhandlungen in den neuen Ländern nicht beteiligt habe. Sie sei doch qua Amt und durch das Treuhandgesetz festgelegt die Treuhänderin des Volksvermögens der Ostdeutschen und hätte eigentlich die Aufgabe, es gegen die Entwertung durch exzessive Lohnanstiege zu schützen. Sie erklärte mir daraufhin, sie habe die sehr klare Anweisung erhalten, sich aus den Lohnverhandlungen herauszuhalten. Kein Zweifel, es war auch diese Abstinenz, die es den westdeutschen Konkurrenten der ostdeutschen Firmen ermöglichte, an deren Stelle in die Lohnverhandlungen einzutreten, obwohl sie zu dem Zeitpunkt der ersten Tarifabschlüsse für die neuen Länder noch keine Ostbetriebe erworben hatten. Das wiedervereinigte Deutschland wiederholte damit, wenn auch aufgrund eines anderen Wirkungsmechanismus, den großen Fehler, den die USA in Puerto Rico gemacht hatten und vor dem Samuelson so eindringlich gewarnt hatte.

Das implizite Ziel, das die westdeutschen Konkurrenten bei den Lohnverhandlungen verfolgten, bestand darin, einen Niedriglohnstandort Ostdeutschland zu verhindern, denn man hatte damals große Angst vor den zu jener Zeit starken japanischen Großunternehmen und anderen Investoren aus dem Ausland. Man befürchtete, dass sie sich der Treuhand-Firmen bemächtigen und dann mit ihrem eigenen Know-how, ihren eigenen Produkten und ihrer Marktkenntnis den westdeutschen Firmen in Deutschland und der EU Konkurrenz machen würden. Das heimliche Motto der westdeutschen Unternehmensvertreter lautete deshalb: Wenn sie, die ausländischen Firmen, denn kommen wollten, um in ihre Märkte einzutreten, dann sollten sie gefälligst auch die westdeutschen Löhne zahlen.

Nach außen hin verkaufte man diese Lohnpolitik mit dem Argument, dass es andernfalls zu einer Wanderung von Ost nach West gekommen wäre. Als ob das ein Nachteil gewesen wäre! Eine sinnvolle Transformationsstrategie hätte ganz im Gegenteil eine temporäre Wanderung von Arbeitskräften in den Westen verlangt, während gleichzeitig Kapital, angezogen durch die niedrigen Löhne, in den Osten gegangen wäre. Das hätte ein Wirtschaftswunder erzeugt, ähnlich wie es Irland und andere Länder nach dem EU-Beitritt erlebten. Die stürmische Wirtschaftsentwicklung hätte die Löhne im Schlepptau der wachsenden Produktivität sehr schnell erhöht und eine Rückwanderung der Arbeitskräfte bewirkt, die auch noch das Know-how des Westens in den Osten hätten tragen können. Genau diese Argumentation konnte dann auch in unserem Buch *Kaltstart* nachgelesen werden.

Aber die Verhandlungsführer – jene unselige Allianz von westdeutschen Unternehmen und Gewerkschaftsführern – waren nicht an einer solchen Erfolgsgeschichte interessiert. Sie wollten vielmehr ihre Position in den alten Bundesländern absichern. Und sie taten dies zulasten der Wirtschaft und der Menschen in den neuen Ländern. Der Kollateralschaden,

den IG-Chemie-Chef Rappe und andere bereit waren, in Kauf zu nehmen, trat dann auch ein. Von den ursprünglich 4,08 Millionen Industriearbeitsplätzen der DDR blieben weniger als 900.000 übrig. Dafür hatten zwar die westdeutschen Firmen zunächst gut zu tun. Die Folge für das gesamte Deutschland aber war, dass sich die Wanderungen der Arbeitskräfte von Osten nach Westen beschleunigten und die Konvergenz der Wirtschaftsentwicklung bereits nach fünf Jahren ins Stocken geriet.

Von 1995 bis heute sind die ostdeutschen Länder nicht schneller, sondern eher noch etwas langsamer als die Länder in der alten Bundesrepublik gewachsen, und die statistische Konvergenz der Pro-Kopf-Werte des Bruttoinlandsprodukts auf 71 Prozent, die sich ein Vierteljahrhundert nach der Vereinigung messen ließ, war großenteils auf den Einschluss Westberlins, auf die Abwanderung und auf die Lohnerhöhungen im staatlichen Sektor zurückzuführen, die die Statistik mangels besserer Schätzwerte rechnerisch als Wirtschaftswachstum erfasst. Das im privaten Sektor der ehemaligen DDR erzeugte Bruttoinlandsprodukt je Kopf der Bevölkerung lag demgegenüber erst bei 62 Prozent. So jedenfalls hatten meine Frau und ich es für einen Artikel in der *Frankfurter Allgemeinen Zeitung*, der im Herbst 2015 erschien, errechnet. Eine, wie ich finde, niederschmetternde Bilanz.

Das heißt freilich nicht, dass sich der Lebensstandard von Ost und West nicht doch weitgehend angeglichen hat. Allerdings wurde dies nicht allein durch eine überproportional wachsende Wertschöpfung und Produktivität im Osten erreicht, sondern vor allem durch massive staatliche Transfers auf dem Wege der überproportional mit West-Steuern finanzierten Bundesausgaben und Sozialleistungen. Zuletzt machten diese Transfers pro Jahr noch ca. 70 Milliarden Euro aus. Auf diese Weise wuchs das verfügbare Einkommen pro Kopf im Osten auf 82 Prozent des Westniveaus. Und die Renten je Rentenbezieher lagen zuletzt sogar bei 118 Prozent des Westniveaus. In realer, also kaufkraftbereinigter Rechnung lagen diese Werte ein Vierteljahrhundert nach der Vereinigung bei 89 Prozent bzw. 128 Prozent des Westniveaus.

Es heißt auch nicht, dass der Lebensstandard nicht hätte angeglichen werden sollen. Selbstverständlich ist es ein erstrebenswertes Ziel, überall in Deutschland ähnliche Lebensstandards zu schaffen. Nur hätte es nach unserer Auffassung dafür einen schnelleren, nachhaltigeren und billigeren Weg gegeben als den, den die Politik gewählt hatte. Leider haben die beschriebenen Transfers die neuen Bundesländer ihres Vorteils beraubt, den sie gegenüber den anderen osteuropäischen Gebieten zum Zeitpunkt des EU-Beitrittes hatten. Hätte die Politik ökonomisch richtig gehandelt und die Anwendung des westdeutschen Tarifrechts bis auf die Zeit nach der Privatisierung verschoben, also bis zu dem Zeitpunkt, an dem überhaupt ostdeutsche Unternehmer für die Tarifverhandlungen zur Verfügung standen, dann hätte sich eine nachhaltigere und raschere Transformation ergeben, nur eben eine, die die westdeutsche Industrie einem höheren Konkurrenzdruck ausgesetzt hätte – zum langfristigen Nutzen des Ostens *und* des Westens.

Ein Meer von Deutschlandfahnen

Nach dem Zwischenstopp in Washington fuhren wir nach Princeton weiter, wo ich als Gastforscher an der *Woodrow Wilson School of Public and International Affairs* tätig sein durfte. Wir wurden damals sehr freundlich von David Bradford und seiner deutschen Frau Gundel aufgenommen. Bradford war ein Finanzwissenschaftler und angesehener Steuerexperte, der sich u. a. durch die *Blueprints for Basic Tax Reform* aus dem Jahr 1977 einen Namen gemacht hatte und von 1991 bis 1993 auch im Council of Economic Advisors von Präsident George H. W. Bush saß. Die Finanzwissenschaft ist die Lehre von der Rolle des Staates in der Wirtschaft. Bradford unterstützte mich sehr und hatte mich bereits 1988 zuvor zum Fellow des *National Bureau of Economic Research* (NBER) in Cambridge gemacht, wo er einen Arbeitsbereich leitete und wo ich seitdem immer wieder zu Vorträgen und Konferenzbesuchen geweilt habe. Das NBER ist ein mehr als 1.000 Mitglieder umfassendes Netzwerk von vornehmlich US-amerikanischen Ökonomen, die sich regelmäßig zu Konferenzen treffen und dort ihre in Arbeit befindlichen *Working Papers* untereinander verteilen, um sie durch die Diskussion mit den Fachkollegen weiter verbessern zu können und so die Basis für eine spätere Veröffentlichung in internationalen Fachzeitschriften zu legen. Das NBER war für mich allerdings nicht nur für meine Forschung von großer Wichtigkeit. Er war auch insofern prägend, als ich später nach seinem Modell in Europa das *CESifo-Forschernetzwerk* schuf, mittlerweile eines der größten seiner Art weltweit. Zu Bradford und diesem Forschernetzwerk werde ich mehr an späterer Stelle sagen.

1 Der Abstieg vom Elfenbeinturm

Nach einigen Tagen in Princeton verabschiedete ich meine Familie, denn die Kinder mussten wegen der Schule zurück nach Hause, und bezog ein Zimmer im altehrwürdigen *Nassau Club*, der sich nur wenige Meter entfernt von jenen Häusern befand, in denen einst Albert Einstein und Thomas Mann gelebt hatten. Nicht nur der köstliche Porridge zum Frühstück an weiß gedeckten Tischen ist mir eine bleibende Erinnerung an diesen Club, sondern auch die vielen Deutschlandfahnen, die dort in der Woche der deutschen Vereinigung innen und außen angebracht waren. Das hatte ich so nicht erwartet.

Mehr noch: Die Deutschland-Begeisterung, die ich 1990 überall in den USA erlebte, war eine großartige Erfahrung, für die ich bis heute dankbar bin. Da ich mich in den Jahren zuvor nicht selten daran gestoßen hatte, dass die US-Presse häufig einen grundsätzlich kritischen Ton gegenüber Deutschland einschlug und Deutschland, wie mir schien, vor allem im Lichte der Gräueltaten im Zweiten Weltkrieg bewertete, ohne das moderne, demokratische, durch die intensive Auseinandersetzung mit der Nazi-Vergangenheit geläuterte Nachkriegsdeutschland zu sehen, war ich sehr überrascht, als ich jetzt oft spürte, welch unglaublichen Rückhalt Deutschland in der US-Bevölkerung genoss.

Ein Grund für diesen Rückhalt mag darin liegen, dass doch sehr viel mehr Amerikaner deutsche Vorfahren haben, als uns bewusst ist. So zeigte die große Volksbefragung von 2002, dass deutsche Einwanderer mit deutlichem Abstand noch vor den Briten die bei Weitem größte ethnische Gruppe in den USA darstellen. Ein weiterer Grund mag auch mit der in den USA weit verbreiteten Angst vor dem Kommunismus zu tun haben, der nun endlich besiegt war. Welche Gründe auch immer die richtigen sein mögen: Das Erlebnis, als Deutscher von den Wogen der amerikanischen Sympathie getragen zu werden, war überwältigend. Wohin man auch kam: Überall hingen an den Privathäusern und den Geschäften deutsche Fahnen. Und überall wurde das Gespräch gesucht und fast leidenschaftlich Unterstützung ausgedrückt.

Diese Grundeinstellung der Bevölkerung war sicher auch einer der Beweggründe dafür, dass sich der amerikanische Präsident George H. W. Bush so stark für die Wiedervereinigung eingesetzt hatte. Ohne sein Engagement hätte das zögerliche Russland nicht überzeugt und der Widerstand Frankreichs und Großbritanniens nicht überwunden werden können. Als ich George Bush Jahre nach seiner Präsidentschaft einmal mit seiner Frau

Barbara, einer resoluten und freundlichen Dame, in München traf und wir in einem kleinen Kreis zu Abend aßen, nutzte ich die Gelegenheit, um mich bei ihm für diese Unterstützung zu bedanken.

Die Begeisterung der US-Amerikaner zeigte mir auch, dass wir in den USA mehr Freunde haben, als manche von uns glauben mögen. Das sollten wir uns bewusster machen, auch im Licht jüngster Ereignisse. So frage ich mich immer öfter – gerade wenn ich mir die Bilder von den Hakenkreuzfahnen vergegenwärtige, die den deutschen Politikern während der Eurokrise in Südeuropa begegneten –, ob wir die Schwerpunkte bei unserer Außenpolitik richtig setzen. Liegt die Kanzlerin wirklich richtig, wenn sie nach dem Amtsantritt von Präsident Donald Trump betont, dass wir nun in den USA nicht mehr den verlässlichen Verbündeten hätten wie einst? Donald Trump mag ihr Schwierigkeiten machen. Er mag zu überraschendem Handeln neigen. Auch mag seine Art zu kommunizieren sehr gewöhnungsbedürftig sein. Die Kanzlerin sollte aber nicht übersehen, dass auch Trump nur für eine begrenzte Zeit gewählt ist. Trump ist nicht Amerika. Das Grundvertrauen und die Zuneigung, die die Amerikaner uns Deutschen gegenüber immer wieder gezeigt haben, nicht zuletzt bei der Unterstützung für die deutsche Vereinigung selbst, währen bereits lange und sitzen tief. Auf beides sollten wir vertrauen und uns nicht beirren lassen.

In Deutschland selbst wäre ein flächendeckendes Fahnenmeer, wie ich es damals in den USA erlebte, zur Zeit der deutschen Vereinigung unvorstellbar gewesen. Das erste Ereignis, bei dem ich ähnlich viele Deutschlandfahnen sah, war das Eröffnungsspiel der Fußball-Weltmeisterschaft im Jahr 2006 gegen Costa Rica in der Münchner Allianz-Arena. Irgendwer, vielleicht jemand von der Fifa, hatte wohl gemeint, dass die Gastgeber ihre Fahnen schwenken müssten. Oder waren es spontane Aktionen vieler Einzelner? Vielleicht auch das. Jedenfalls war das Stadion voller schwarz-rot-goldener Fahnen.

Deutschland als Flagge zeigender Fußballklub – das geht noch an, daran haben wir uns mittlerweile gewöhnt. Das Hissen der Flagge als Referenz an die Nation aber, etwa im privaten Umfeld, ist bei uns wohl nach wie vor kaum denkbar – anders als bei den Amerikanern, die das eben nicht nur mit den Fahnen für das eigene Land, sondern offenbar auch für andere Länder tun.

In meiner Generation, d. h. als ich aufwuchs und auch noch Jahrzehnte danach, wurden keine Deutschlandfahnen geschwenkt. Ich weiß noch, wie befremdlich ich es fand, als ich bei meinen Besuchen in den USA sah, dass viele Amerikaner in ihren Vorgärten ihre eigenen Fahnen hissten. Auch wenn der Umgang mit deutschen Fahnen und ihrem Schwenken in den letzten Jahren deutlich unverkrampfter geworden ist: Ich müsste mir, ehrlich gesagt, erst einmal einen Ruck geben. Und ob der ausreichen würde, weiß ich noch nicht einmal. Nach wie vor kann ich mit der jubelnden Begeisterung für die Nation persönlich nicht allzu viel anfangen. Andererseits identifiziere ich mich mit ihr, weil ich die deutsche Nationalität nun einmal geerbt habe. Als Sozialwissenschaftler halte ich mich im Übrigen lieber an die objektiven Aufgaben und Funktionen, die einer Nation zukommen bzw. auch deren Rolle begrenzen.

Andererseits halte ich es für eine normale Entwicklung, dass sich junge Deutsche, die Urenkel der Kriegsgeneration, heute wieder stärker mit ihrer Nation identifizieren und ein »normaleres« Verhältnis zu ihr gewinnen – eines, das weniger von historischer Schuld und Scham infolge der Nazi-Gräuel geprägt ist –, auch wenn die Erinnerung daran gepflegt werden muss und die damit einhergehende Verantwortung ebenfalls.

Jedenfalls hat mich das Meer der deutschen Fahnen in den USA verblüfft, konsterniert, verlegen gemacht und doch auch gefreut. Nach Jahren einer weniger erfreulichen Berichterstattung über Deutschland in den US-amerikanischen Medien war dies ein unerwartetes Korrektiv. Und wer sollte sich auch nicht freuen über die Beseitigung der Grenze in Deutschland, die Familien getrennt und ein Unrechtssystem erhalten hatte.

Die deutsche Vereinigung am 3. Oktober 1990 konnte ich dank der Zeitverschiebung im Übrigen zweimal feiern. Das erste Mal feierte ich sie, als sich der 2. Oktober in den USA dem Abend näherte, denn da war in Deutschland schon Mitternacht durchschritten. Ich hatte an der *Universität Pittsburgh* einen Vortrag gehalten und war zum Abendessen mit Fakultätskollegen geladen. Ich hielt eine kleine Tischrede zur deutschen Vereinigung und stieß mit den Anwesenden an, die alle von der Tiefe des Augenblicks überwältigt waren. Auch mein jüdischer Kollege Andrew Abel war ergriffen und toastete mir zu, was mich besonders berührte.

Das zweite Mal feierte ich am Folgetag in Bloomington, Indiana, wohin ich tagsüber geflogen war, um dort ebenfalls einen Vortrag zu halten. Im Anschluss an den Vortrag war ich zusammen mit anderen Kollegen bei der deutsch-amerikanischen Familie des Ökonomen Georg von Fürstenberg eingeladen. Zufällig war auch mein Münchner Kollege Franz Gehrels, der in den Semesterferien temporär zu seiner Alma Mater zurückgekehrt war, mit seiner Frau zugegen. Georg von Fürstenberg war gebürtiger Deutscher, lebte aber mit seiner Frau schon seit Jahrzehnten in Bloomington, wo er eine Universitätsprofessur wahrnahm. Franz Gehrels war demgegenüber ein gebürtiger, deutschstämmiger Amerikaner, der im Alter von ca. 50 Jahren unter dem Einfluss seiner deutschen Frau nach Deutschland gezogen war. Die Konstellation dieser Teilnehmer garantierte tiefschürfende, kundige und engagierte Gespräche zur Rolle der Deutschen in den USA. Dass die Deutschen nach den Umfragen die größte ethnische Gruppe in den USA darstellen und über ihre dominante Rolle im Mittleren Westen maßgeblich zum Aufbau der US-amerikanischen Kultur beigetragen hatten, war mir bis dahin nicht in der Klarheit bewusst.

Ich sollte betonen, dass es Gehrels war, der mir bereits im Januar 1989 in München gesagt hatte, bald werde es in Deutschland zur Wiedervereinigung kommen. Ich hielt ihn damals für einen Fantasten, so weit war mein in Deutschland geformtes Bewusstsein von der Realität und ihren Möglichkeiten entfernt.

Die Begebenheit zeigt, dass man mit einem gewissen Abstand die Dinge nicht selten realistischer beurteilen kann, als wenn man Teil des Geschehens ist. Gehrels hatte einen solchen Abstand. Der USA-Aufenthalt, den meine Frau und ich gerade im Jahr 1990 absolvieren durften, ermöglichte uns, ebenfalls ein wenig Distanz zum »Vereinigungs-Hype« in unserer Heimat zu gewinnen und uns von den Themen zu lösen, welche die deutschen Medien und die Politik für wichtig hielten. So trug unsere Amerika-Reise dazu bei, die ökonomischen Probleme der deutschen Vereinigung für unser Buch *Kaltstart* mit etwas wacheren und kritischeren Augen zu sehen und auf den Punkt zu bringen, als dies in Deutschland möglich gewesen wäre.

Beim IWF: Politische Spiele

Von Princeton aus fuhr ich ein weiteres Mal nach Washington, um einen vierzehntägigen Forschungsaufenthalt beim *Internationalen Währungsfonds* (IWF) anzuschließen. Eingeladen hatte mich der renommierte italienische Finanzwissenschaftler Vito Tanzi, der dem *Fiscal Affairs Department* als Direktor vorstand. Dort forschte ich nicht über die deutsche Vereinigung, sondern schrieb ein Working Paper über die Zinseffekte der Fiskalpolitik von Ronald Reagan, dem US-Präsidenten von 1981 bis 1989. Ich wies nach, dass sein Programm der Abschreibungsvergünstigungen für Investitionen, das einer Sofortabschreibung nahekam – er nannte es *Accelerated Cost Recovery System* –, nicht nur die Investitionsneigung von Unternehmen sehr stark erhöhte, sondern auch ganz maßgeblich zum weltweiten Zinsanstieg in den 1980er-Jahren beigetragen hatte. Mit guten Gründen argumentierte ich, dass dieser Zinsanstieg die Hauptursache für jene desaströse lateinamerikanische Schuldenkrise war, die nacheinander Mexiko, Peru, Argentinien und Brasilien in den Konkurs trieb.

Wissenschaftlich betrachtet bin ich auf dieses Working Paper auch heute noch ein wenig stolz. Im IWF indes war es seinerzeit nicht überall willkommen. Zwar hatte mein Seminar zu dem Thema viel Zustimmung unter den Teilnehmern hervorgerufen. Doch der Aufsatz, den ich als schriftliches Kondensat meiner Arbeit anbot, wurde nach längerer Prüfung nicht als IWF-Paper veröffentlicht. Vito Tanzi sagte mir Jahre später, dass es aus seiner Sicht ausgezeichnet gewesen sei, dass seine Veröffentlichung aber aus politischen Gründen von den im IWF dominanten amerikanischen Kräften abgeblockt worden sei. Die USA wollten nämlich nicht als Verursacher der Schuldenkrise gelten, und zwar unter anderem deshalb nicht, weil ihnen eine solche Sicht schlechte Karten bei den Verhandlungen über die notwendigen Schuldenschnitte gebracht hätte.

Das Paper habe ich dann 1989 im Tagungsband der inzwischen wohl eingestellten *Ottobeurener Gespräche* in Deutschland veröffentlicht. Leider wurde es damit einigermaßen sicher vor den Augen der Weltöffentlichkeit verschlossen. Wie fast alles, was wir in hiesigen Fachmedien publizieren, geschieht dies aus der Perspektive der internationalen Fachöffentlichkeit im Verborgenen.

Die Blockade beim IWF zeigte mir früh, in welch politisch vermintem Umfeld man sich als Ökonom bewegt, sobald man sich mit praktischen Fragestellungen befasst. Betreibt man die schon erörterte gleichsam esoterische Forschung über zeit- und raumlose Wahrheiten und kaum relevante Belanglosigkeiten, wird man im politischen Raum gerne akzeptiert. Die Politik bezahlt die ökonomischen Fakultäten gerne, wenn sie davon ausgehen kann, dass die Ökonomen sich mit sich selbst beschäftigen und ihnen nicht in die Quere kommen. Doch wehe, die Ökonomen wagen es, der Politik durch alternative Analysen und konkrete Handlungsempfehlungen in die Parade zu fahren. Dann wird es sehr schnell ernst, man wird abgeblockt und vielleicht auch abgestraft. Das habe ich selbst immer wieder erlebt, nicht nur mit dem eben beschriebenen Working Paper, sondern auch später, vor allem, aber nicht nur im Zusammenhang mit meiner Kritik an der Europolitik der Bundesregierung oder der Politik der Europäischen Zentralbank.

Drohungen muss man trotzen

Auch *Kaltstart* selbst fällt in die Kategorie der politisch unliebsamen Stellungnahmen, denn das Buch enthielt eine heftige Kritik an der Privatisierungsstrategie der Treuhandanstalt, auf die die Politik allergisch reagierte. Tatsächlich riet mir Horst Siebert, mein geschätzter akademischer Lehrer an der Universität Mannheim, als er schon Präsident des Kieler *Instituts für Weltwirtschaft* war, ich solle meine Finger doch besser vom Thema der Privatisierung lassen. Damit würde ich mich verheben, und wenn ich weiter so schriebe, könnte das negative Konsequenzen für meine Karriere haben. Mir schien, dass er mir das nicht sagte, weil es seine Meinung war. Vielmehr erweckte er den Eindruck, dass ihm das jemand aus Kreisen der Regierung mit der Bitte gesteckt hatte, es an mich weiterzuleiten. Kein Zweifel: Siebert hat es mit seiner »Warnung« ganz gewiss nicht böse gemeint, denn wir verstanden einander gut, und er hatte mich, als wir noch gemeinsam in Mannheim waren, in meiner Karriere durchaus gefördert. Aber ich verstand, dass er es doch ernst meinte – um meinetwillen.

Zur Ehrenrettung unserer besonders damals und auch heute noch jungen Demokratie muss ich freilich sagen: Es hat mir nicht geschadet, dass ich zu meiner Auffassung stand und bei der Kritik an der Treuhandanstalt und ihrer Privatisierungsstrategie nicht lockerließ, jedenfalls nicht in einer für mich erkennbaren Art und Weise. Oder ich habe einfach Glück gehabt.

In jedem Fall gilt: Kritische fundierte Worte hört die Politik nicht gerne. Und jene Ökonomen, die unabhängig genug sind, sie trotzdem zu äußern, müssen mit teils erheblichem Widerstand rechnen. Ich kann nach meinen Erfahrungen nur jedem jungen Ökonomen raten, dennoch kein Blatt vor den Mund zu nehmen und Opponenten zu widerstehen. Es kommt später, wenn man richtiglag, die Phase der Anerkennung, in der bisweilen selbst die einstigen Widersacher ihren Respekt bezeugen. Wie sagte doch Peter Rühmkorf, einer der großen Lyriker und Essayisten der Nachkriegszeit: »Bleib erschütterbar und widersteh.«

Meine Frau und ich argumentierten in *Kaltstart*, dass es nicht möglich sei, den Kapitalstock einer ganzen Volkswirtschaft, also die Summe der Fabriken, Maschinen und anderen produktiven Vermögensgüter, auf einmal zu veräußern. Das müsse zu einer Ramschaktion mit dramatisch fallenden Werten der Vermögensobjekte führen und komme einer Enteignung der Bürger der Ex-DDR gleich, die nach dem Treuhandgesetz vom Sommer 1990 und dem Einigungsvertrag vom Herbst desselben Jahres am ehemals volkseigenen Vermögen hätten beteiligt werden sollen. Im Einigungsvertrag hieß es nämlich, dass Möglichkeiten geschaffen werden sollten, den Bürgern der neuen Länder ein verbrieftes Anteilsrecht am ehemals volkseigenen Vermögen zu übereignen, und nicht etwa, dass die Bürger nach Möglichkeit beteiligt werden sollten, wie manchmal kolportiert wird. Das immer wieder vorgebrachte Argument, die DDR-Betriebe seien Schrott gewesen und deshalb sei da nichts zu verteilen gewesen, geht an diesem Auftrag vorbei, denn die Frage der Werthaltigkeit stellt sich bei einer Verteilung von Anteilsrechten gar nicht.

Wir empfahlen stattdessen mit Nachdruck *Joint Ventures*, also gemeinsam betriebene Aktiengesellschaften, an denen die Bürger der ehemaligen DDR eine Minderheitsbeteiligung und ein kompetenter Investor aus dem Westen, der bereits erfolgreich auf dem jeweiligen Weltmarkt aktiv war, eine Mehrheitsbeteiligung erhalten würde. Natürlich hatten wir nicht die Illusion, dass die Treuhandbetriebe in der alten Form, mit ihren alten Maschinen und alten Produkten, hätten weiterbetrieben werden können. Doch wir wussten, dass die Belegschaften dieser Betriebe großenteils gut ausgebildet waren und ein Wertschöpfungspotenzial darstellten, das ein Investor mit seinem Know-how über Märkte, Produkte und Produktionsmethoden würde sinnvoll nutzen können – wenn man ihn denn ließe. Für seine Investitionen und sein Know-how hätte der Investor Anteilsrechte bekommen, während die Treuhandanstalt – als Vertreterin der Bürger der ehemaligen DDR – Anteilsrechte gemäß dem Wertschöpfungspotenzial der Belegschaft und dem Wert der Grundstücke und Gebäude erhalten hätte. Kurzum, was uns vorschwebte, war eine Privatisierung ohne Barverkauf, die die alten Betriebe im Sinne von Kooperationsgemeinschaften von Menschen und weniger im Sinne einer Ansammlung von Maschinen erhalten und in eine neue Rechtsform eingebracht hätten.

Was wir empfahlen und in *Kaltstart* beschrieben, war im Übrigen ziemlich genau das, was Volkswagen kurz danach mit Skoda in der damals noch existierenden Tschechoslowakei realisierte. Die alte Firma Skoda blieb erhalten, doch Volkswagen trat hinzu, brachte frisches Kapital und erhielt dafür eine Mehrheitsbeteiligung, während der tschechoslowakische Staat bzw. später die Belegschaft eine Minderheitsbeteiligung behielt, die den Wert der Ländereien, Fabriken und vor allem der gut ausgebildeten Belegschaft widerspiegelte. Kein Zweifel, der Deal stellte für alle Beteiligten ein ausgezeichnetes Geschäft dar, denn alsbald wurden wettbewerbsfähige Autos produziert, die sich in alle Welt verkaufen ließen. Die Absatzzahlen stiegen von Jahr zu Jahr, und schon im Jahr 2014 wurde die Millionen-Marke überschritten. Heute gilt Skoda als eine der erfolgreichsten Automobilmarken Europas.

Nach meiner Rückkehr aus den USA behandelte auch der Wissenschaftliche Beirat beim Wirtschaftsministerium das Thema der Privatisierung der Ostbetriebe in einem Gutachten. Im Beirat diskutierten wir heftig. Am Ende aber stellte sich der Beirat mehrheitlich hinter die Strategie »Privatisierung durch Verkauf«, wie sie die Treuhandanstalt schließlich auch realisierte, und dies, obwohl ich Detlev Rohwedder bei seinem Besuch im Beirat mit Blick auf diese Strategie als erstaunlich skeptisch erlebt hatte. Ich jedenfalls hielt überhaupt nichts von ihr und schrieb für den Beirat – oder sollte ich sagen: gegen ihn? – ein saftiges Minderheitsvotum. Ich hätte mit diesem Votum ganz allein dagestanden, wenn mir Hans Möller aus Loyalität mit dem jungen Nachfolger seines ehemaligen Lehrstuhls in München nicht mit einer zweiten Unterschrift unter das Votum zur Seite gestanden hätte.

Albert O. Hirschman und die Junker

Meine Auffassung zur Privatisierungsstrategie war im Übrigen durch lange Gespräche mit Albert O. Hirschman entstanden, der als Emeritus in Princeton am *Center for Advanced Studies* eine Forschungsposition

1 Der Abstieg vom Elfenbeinturm

innehatte. Hirschman war einer der wirklich großen und wirklich originellen Ökonomen und Soziologen dieser Welt. Sein Buch *Exit, Voice, and Loyalty* – zu Deutsch: »Abwanderung, Widerspruch und Loyalität«, eigenartigerweise veröffentlicht unter dem widersinnig verkürzten Titel *Abwanderung und Widerspruch* – ist nicht nur geistig hochinspirierend, es spiegelt auch die inneren Spannungen wider, die Intellektuelle während der Nazi-Zeit aushalten mussten. Hirschman, damals noch mit dem zweiten »n« geschrieben, stammte nämlich aus einer jüdischen Familie in Berlin, emigrierte 1933 nach Frankreich und ging dann in den offenen Widerstand gegen Hitler-Deutschland. Er nahm am Spanischen Bürgerkrieg teil, wirkte in den italienischen und französischen Widerstandsbewegungen mit und schloss sich schließlich der US-Armee an. Durch seine Lehrtätigkeit an den Universitäten Yale, Columbia und Harvard sowie sein umfangreiches Schrifttum gelangte er zu internationaler Berühmtheit.

Ich führte mit Hirschman im September 1990 intensive Diskussionen, weil mich dieser Mann faszinierte und er umgekehrt neugierig auf Informationen aus Deutschland war. Hirschman war ein drahtiger Mann mit wachen Augen, der mit einer freundlichen, aber bestimmten Stimme redete und sich sehr präzis artikulierte. Als ich mit ihm sprach, war es mir, als hätte uns eine Zeitmaschine zurück in die Dreißigerjahre des letzten Jahrhunderts versetzt. Dieser Mann nutzte die geschliffene Sprache eines deutschen Intellektuellen, frei von jedem Akzent und ohne irgendwelche amerikanischen Einfärbungen, so, als säßen wir in einem Berliner Café.

Hirschman sprach auch die Privatisierungsstrategie im Osten an, und wie bereits Samuelson mit seiner Frage zu den Löhnen erwischte auch er mich auf dem falschen Fuß, denn auch vom Thema der Privatisierung hatte ich zu jener Zeit kaum eine Ahnung. Gewiss, zur Geld- und Währungsumstellungsproblematik konnte ich wegen des – vor meiner Reise in die USA – mit verfassten Gutachtens des Beirats Einiges sagen. Auch wusste ich inzwischen manches zu den *makroökonomischen* Aspekten des Zusammenschlusses von West- und Ostdeutschland, also den statistischen Aggregatgrößen und den großen Fragen der Währungs- und Lohnumstellung, weil ich dazu einen Aufsatz vorbereitet hatte, den ich im Herbst auf einer Konferenz an der *Georgetown University* in Washington vortragen wollte. Doch zur Privatisierung, eigentlich die Hauptsache bei der Überführung einer kommunistischen Wirtschaft in die Marktwirtschaft, hatte ich mir noch keine tieferen Gedanken gemacht.

Hirschman ging es allerdings nicht in erster Linie um die Treuhandbetriebe, auch wenn unsere Gespräche diese Problematik mit umfassten. Ihn interessierten vor allem die Ländereien im Osten, die einst den bei den Linken verhassten Junkern gehörten und die von den Sowjets in der Zeit zwischen 1945 und 1949 enteignet worden waren. Er warnte davor, diese Enteignungen rückgängig zu machen, denn das würde die alten Machtverhältnisse wiederherstellen. Das ist eine Position, die ja auch von der im März 1990 gewählten neuen ostdeutschen Regierung geteilt wurde und die Helmut Kohl bei seiner Vereinigungspolitik respektierte, um nicht weitere Widerstände zu provozieren. Bekanntlich hatte er zudem in der Öffentlichkeit behauptet, die Sowjetunion habe den Verzicht auf die Restitution zur Bedingung für die Zustimmung zur Wiedervereinigung gemacht, woran sich Gorbatschow später nicht mehr erinnern konnte.

Auf jeden Fall übernahmen wir die Position Hirschmans in unser Buch *Kaltstart*, wenngleich wir dort das Hauptaugenmerk auf die Treuhandbetriebe lenkten. Heute frage ich mich allerdings, ob die Restitution der von den Russen enteigneten Ländereien nicht doch besser gewesen wäre, denn die Alternative, die dann realisiert wurde, war auch nicht gut. Die umfangreichen Ländereien der von der DDR geschaffenen sogenannten *Landwirtschaftlichen Produktionsgenossenschaften* (LPG), die im Wesentlichen den ehemaligen Gutshöfen entsprachen, wurden am Ende nämlich zu Spottpreisen an Investoren verkauft, unter ihnen holländische und schwedische Agrarkonzerne, die an die landwirtschaftlichen Fördertöpfe der EU heranwollten und alles andere im Sinn hatten, als die alten, von den riesigen LPGs zerstörten arten- und facettenreichen Kulturlandschaften wiederherzustellen. Im Gegenteil: Diese Investoren haben die erworbenen Ländereien bisweilen mitsamt der in ihnen befindlichen Ortschaften veröden lassen, um mit den Stilllegungsprämien den Kaufpreis zu bezahlen.

Für mich war das Gespräch mit Hirschman auch deswegen besonders interessant, weil ich so ebenfalls von seinen Verbindungen zu meinem Vorgänger auf dem Münchner Lehrstuhl für Volkswirtschaftslehre und Versicherungswissenschaft Hans Möller erfuhr. Obwohl diese beiden Ökonomen in anderen Welten lebten, kannten sie sich gut, weil sie beide aus Berlin stammten und weil sie beide Mitglied der *Sozialistischen Arbeiterjugend* (SAJ) gewesen waren. Hirschman war sogar Leiter jener SAJ-Gruppe gewesen, der auch Hans Möller angehörte hatte. Es war eine ganz und gar unerwartete Koinzidenz, dass sie nun über den Kontakt mit mir wieder zusammenfanden. Denn das taten sie. Und dass nun gerade Möller, einer der Urväter des deutschen Liberalismus, der letzte Überlebende des Konklave von Rothwesten – wo unter der Leitung der Amerikaner die Einführung der D-Mark beschlossen wurde –, diese Verbindungen hatte, fand ich bemerkenswert. Vielleicht war diese über mich erneuerte Verbindung zwischen ihm und Hirschman, die ja auch ein geistiges Band sichtbar werden lässt, der letzte Anlass dafür, dass sich Möller beim Minderheitsvotum zum Beiratsgutachten über die Privatisierungsfrage auf meine Seite gestellt hatte. Rothwesten ist übrigens eine kleine Gemeinde in der Nähe von Fulda, wo 1948 unter strengster Geheimhaltung die Einführung der D-Mark durch eine internationale Fachkommission unter Leitung der Alliierten vorbereitet wurde. An dem Konklave hatte Möller von deutscher Seite teilgenommen. Er war der letzte Überlebende überhaupt und wurde in dieser Funktion anlässlich des 50-jährigen Jubiläums der D-Mark im Jahr 1998 häufig vom Fernsehen interviewt. Möller starb bald darauf, nachdem er unter den Klängen der Fanfaren direkt nach dem feierlichen Einmarsch der Mitglieder der *Bayerischen Akademie der Wissenschaften* bei der Jahresfestveranstaltung und geschmückt mit seinem Talar in ein Koma fiel, von dem er nicht mehr erwachte. Die D-Mark starb ein Jahr nach ihrem 50. Geburtstag, weil sie durch den Euro ersetzt wurde und ab 1999, obgleich noch drei Jahre im Umlauf, nur noch als rechtliche Untereinheit zum Euro fungierte.

Operettenstoff aus Bolivien: Gonzalo Sánchez de Lozada

Unsere Vorstellungen einer gelingenden Privatisierungsstrategie, die einen Kernpunkt unseres Buchs *Kaltstart* ausmachten, führten im Übrigen 1993, nur kurz nach dem Erscheinen, zu einer fast unglaublichen Begebenheit, die zu einer Operette taugen würde. Meine Frau und ich saßen zu Hause mit Freunden am Abendtisch, als das Telefon schellte. Es meldete sich eine fern klingende Stimme in perfektem amerikanischen Englisch, die ich etwa so übersetzen kann: »Ich bin Goni, der neu gewählte Präsident Boliviens.

Operettenstoff aus Bolivien: Gonzalo Sánchez de Lozada

Zurzeit bin ich in Kalifornien und rufe von dort aus an. Nächste Woche haben wir eine Konferenz in La Paz. Da soll mein Regierungsprogramm vorbereitet werden. Zum Thema der Privatisierungen der Minen würden wir gerne mehr über Ihr Modell der Privatisierung ohne Verkauf erfahren. Können Sie und Ihre Frau kommen?« Ich glaubte zunächst an einen schlechten Scherz, den mir irgendein Freund machen wollte, so unglaublich schien mir dieser Anruf zu sein. Aber es war kein Scherz. Goni, mit vollem Namen Gonzalo Sánchez de Lozada, hatte nämlich nach unserer Fax-Nummer gefragt und lud uns dann tatsächlich mit offiziellem Schreiben nach La Paz ein, wo wir unser Modell präsentieren sollten.

Der Hintergrund dieser Begebenheit war, dass die neuen Herrscher in Bolivien die bei MIT Press erschienene englische Übersetzung unseres Buchs mit dem Titel *Jumpstart* gelesen hatten und das dort dargelegte Privatisierungsmodell attraktiv fanden, weil die bolivianische Verfassung den Verkauf der Minen verbot. Sie wollten sich aber unbedingt das technische Know-how internationaler Großfirmen zunutze machen. Und außerdem erwogen sie, nach dem Muster Chiles, ein kapitalgedecktes Rentensystem einzuführen, für das sie die Beteiligungsrechte an den Minen brauchten. Beides ließ sich mit unserem Joint-Venture-Modell einer Privatisierung ohne Verkauf realisieren.

Meine Frau und ich flogen also in die bolivianische Hauptstadt La Paz und berieten uns mit den Vertrauten des neuen bolivianischen Präsidenten und anderen Ökonomen, darunter Jeffrey Sachs, der sich als Berater von Ländern in Schwierigkeiten schon damals einen Namen gemacht hatte. Am Rande nutzten wir einige freie Stunden, um uns La Paz, insbesondere auch die Indianerstadt El Alto, anzuschauen, wurden Augenzeugen einer Indio-Massenhochzeit und bewunderten die starken und wohlgenährten Frauen mit ihren Festgewändern, denen erstaunlich schmächtige und unscheinbare Männer zugeordnet waren.

Die Höhe setzte uns in Bolivien stark zu, denn La Paz liegt etwa 3.600 Meter über dem Meeresspiegel und El Alto nochmals 500 Meter darüber. Aber wir überwanden die für Fremde fast unvermeidlichen Kopfschmerzen mit Litern von Mate-Tee und versuchten, bei der Konferenz konzentriert mitzuarbeiten. Das war nicht ohne Erfolg, denn die Regierung war von unserem Vorschlag angetan und wollte ihn weiterverfolgen. Der Finanzminister lud uns nach der Konferenz zu einer Abendgesellschaft in sein streng bewachtes Privathaus ein, um uns anderen Politikern vorzustellen, und am nächsten Tag flogen wir mit ihm und seiner Delegation nach Washington zur Weltbank, um auch die dortigen Geldgeber von unserem Plan zu überzeugen.

Zurück in Deutschland legten wir unsere Pläne schließlich in Form eines Working Papers für die bolivianische Regierung dar. Soweit ich weiß, hat man unsere Pläne dann umgesetzt. Goni, der eigentlich ein waschechter Amerikaner mit einem bolivianischen Hintergrund war, rieb sich allerdings später in Konflikten mit den Indios auf, verantwortete hässliche Militäraktionen und musste später in die USA zurückkehren, wo er Asyl erhielt. Mittlerweile hat der Indio Evo Morales, den wir schon damals bereits als zweiten Mann auf Gonis Wahlplakaten sehen konnten, die Macht übernommen und kämpft für die Rechte der Coca-Bauern gegenüber den Amerikanern, die den Kokainhandel unterbinden wollen. Das wird kaum reichen, um sein Land voranzubringen.

Wieder ein Fehler: Wohnen im Osten

Neben der Aufgabe in Bolivien hatte *Kaltstart* auch noch eine Reihe anderer Funktionen, die mir angetragen wurden, zur Folge. So berief mich die damalige FDP-Wohnungsbauministerin Irmgard Schwaetzer zum Leiter einer Regierungskommission zur Analyse der Wohnraumversorgung in Ost- und Westdeutschland. Zu der Kommission gehörten Schwergewichte der Volkswirtschaftslehre, der Rechtswissenschaft und der Wohnungswirtschaft. Ich war mit meinen damals 45 Jahren das jüngste Mitglied der Kommission, doch stellte ich mich dieser spannenden Herausforderung. Gemeinsam erarbeiteten wir ein Gutachten für Gesamtdeutschland und eines speziell für die neuen Bundesländer, bei dem ich mich in besonderer Weise einbrachte. Dazu bereisten wir eine Reihe von ostdeutschen Städten, unter anderem Halle-Neustadt, um dort die Block- und Plattenbauten zu besichtigen, alles in allem ernüchternde Einblicke in die Realität des sozialistischen Wirtschaftswunders.

Im Gutachten für die neuen Bundesländer gelang es mir – trotz der Skepsis der Vertreter der Wohnungswirtschaft in der Kommission –, ein Plädoyer für die Privatisierung der Wohnungsbestände zugunsten der Mieter unterzubringen. Wenn nun schon die Treuhandbetriebe nicht an die Ostdeutschen gingen, so wollte ich doch wenigstens auf diese Weise dafür werben, den neuen Bundesbürgern marktfähige Eigentumstitel am ehemals volkseigenen Vermögen zuzuweisen. Auch dieser Vorschlag wurde leider von der Politik nicht oder nur zu winzigen Teilen realisiert. Man zog es vor, die Bestände an Großinvestoren zu verkaufen, die dann anschließend von den Mietern zum Teil saftige Mieterhöhungen einforderten und die Bestände nicht selten an weltweit tätige Investorengruppen abtraten. Keine Frage: Auch diese politische Entscheidung war falsch und ging zulasten der Menschen im Osten Deutschlands.

Um ein Haar wäre ich im Übrigen selbst zu einem Bewohner der neuen Länder geworden, denn im Jahr 1992 erhielt ich – zeitgleich mit Manfred Streit und Alfred Schüller – einen Ruf als Professor und Direktor des ersten ökonomischen *Max-Planck-Instituts* in Deutschland. Es sollte in Ostdeutschland gegründet werden. Rufe sind rechtsverbindliche Festlegungen der jeweiligen Institution, die dem Gerufenen aber noch die Möglichkeit der Ablehnung lassen. Normalerweise wird man an ein existierendes Institut gerufen. Da im Osten jedoch ohnehin alles erst im Aufbau begriffen war, ergingen die Rufe an uns bereits vor der Festlegung des endgültigen Standorts.

Uns fiel dabei auch die Aufgabe zu, mögliche infrage kommende Standorte mit den neuen Landesregierungen zu verhandeln und der Max-Planck-Gesellschaft Vorschläge zu machen. Als Optionen schälten sich die Städte Halle an der Saale, Leipzig und Jena heraus. In Halle wurde uns ein kleines Schlösschen auf dem Heinrich-Heine-Felsen am Saale-Hochufer vorgeschlagen. In Leipzig hätten wir eine alte Schule in einem prächtigen Backsteingebäude der Gründerzeit beziehen können. In Jena wurde uns im Stadtzentrum das ebenfalls aus der Gründerzeit stammende prächtige Gebäude einer Klinik angeboten.

Ich selbst machte mich für Halle stark, zumal dort der zuvor an der *Ludwig-Maximilians-Universität München* (LMU) tätig gewesene Kanzler Wolfgang Matschke wirkte, der mich kannte und für eine verlässliche Zusage und weitere Unterstützung stand. Der Kanzler ist der oberste Verwaltungsbeamte der Universität und erfüllt seine Funktion in enger Abstimmung mit dem Rektor oder Präsidenten, der in der Regel ein Universitätsprofessor ist. Wegen des eifrigen Werbens Matschkes war ich schon in einem durchaus überzeugend geführten Gymnasium in der Nähe des Instituts gewesen, um mich nach Plätzen für meine Kinder zu erkundigen, und hatte außerdem bereits nach einem Wohnhaus für die Familie Ausschau gehalten.

Der sächsische Ministerpräsident Kurt Biedenkopf, mit dem wir persönlich verhandelten, kämpfte verständlicherweise für den Standort Leipzig. Und meine Kollegen Schüller und Streit präferierten Jena, wohl vor allem, weil die dortige volkswirtschaftliche Fakultät sehr wenig volkswirtschaftliche Theorie betrieb.

Ich erinnere mich noch genau an jenen Freitag, für den Hans Zacher, der Präsident der Max-Planck-Gesellschaft, uns zu sich eingeladen hatte, um seine Entscheidung zu verkünden. Er begann mit den Worten, dass er mich enttäuschen müsse, weil man sich nun für Jena entschieden habe. Gegen Halle sprach nach seiner Meinung der Umstand, dass dort schon ein anderes Max-Planck-Institut im Aufbau befindlich war.

Ernüchtert ging ich in das Wochenende. Am Montag kam ein Brief des Dekans Peter Oberender aus Jena, indem er den Direktoren in spe mitteilte, er habe nun noch ein besseres Objekt für uns gefunden als das ursprünglich avisierte, und er teilte uns die Adresse mit. Sofort organisierte ich mir einen Flug nach Leipzig und fuhr mit dem Taxi nach Halle. Das war damals ein kompliziertes Unterfangen, weil die Straßen total verstopft und neue Autobahnen noch nicht gebaut waren. Ich fand ein zwar nicht unschönes, aber doch viel zu kleines Gebäude. Es lag noch dazu nicht mehr im Stadtzentrum, sondern, im Gegenteil, ziemlich weit außerhalb der Stadt. Damit nicht genug, denn direkt hinter dem Gebäude fuhr die Eisenbahn und vorne gab es ein durch die Luft führendes dickes, hässliches Rohr für Warmwasser oder Chemikalien, wie es in der DDR üblich gewesen war.

Keine Frage, der neue Standort war in keiner Weise vergleichbar mit dem Standort, auf dessen Basis die Entscheidung getroffen worden war. Es hatte sich nämlich herausgestellt, dass sich das Klinikgebäude, das uns zugesagt worden war, nicht freiräumen ließ. Hinzu kam, dass man den Glasbau nicht realisieren konnte, den Lothar Späth, der als Jenoptik-Chef damals in Jena die Fäden zog, von Stuttgarter Architekten um die Klinik herum hatte planen lassen, um die Max-Planck-Gesellschaft zu beeindrucken. Daher nun also diese zweitklassige »Ersatzlösung«. Enttäuscht sagte ich Hans Zacher ab.

Zacher kam später, als ich den Ruf an das *ifo Institut* in München angenommen hatte, noch einmal auf diese Absage zurück, als ich ihn zufällig traf. Bei dem Gespräch drückte er mir gegenüber sein Unverständnis über meine Wahl aus, weil er der Überzeugung war, dass das damals in ernsten Schwierigkeiten befindliche ifo Institut in einer anderen, deutlich tieferen Liga spielte. Jena wäre in jedem Fall die bessere Wahl gewesen, versicherte er mir.

Doch Zacher täuschte sich sehr. Weitere zehn Jahre später, als offenkundig war, wie erfolgreich sich das ifo Institut zwischenzeitlich entwickelt hatte, versicherte er mir, meine Entscheidung sei doch richtig gewesen. Das Jenaer Institut entwickelte sich nämlich nicht so, wie es die Max-Planck-Gesellschaft erhofft hatte, und war alles andere als erfolgreich. Alfred Schüller zog sich kurz nach meiner Absage aus Krankheitsgründen zurück und Manfred Streit, der das Institut dann zunächst allein aufbauen sollte, erkrankte nach einiger Zeit ebenfalls. Die vakanten Stellen mussten nachbesetzt werden, doch so exzellent die Personen waren, die man als Nachbesetzungen rief, es kam zwischen ihnen nie zu der Forschungskooperation, die für eine erfolgreiche Institutsentwicklung wünschenswert gewesen wäre. Inzwischen ist das Institut sogar umgewidmet und betreibt überhaupt keine volkswirtschaftliche Forschung mehr. Erfolgsgeschichten sehen anders aus.

Auch wenn ich selbst die richtige Entscheidung getroffen haben mag: Es ist trotzdem bedauerlich – gerade für den Osten Deutschlands –, dass das erste wirtschaftswissenschaftliche Max-Planck-Institut einen solchen Weg nehmen musste.

2

Wie ich zum Volkswirt wurde

Am liebsten Biologie. Ökonomie als zweite Wahl • Reise in eine unbekannte, freie, offene Welt • Liebe meines Lebens • Der Zauber ägyptischer Musik, Mohammed und die Versteckaktion • Meine ersten Lehrmeister: Herbert Timm und John Maynard Keynes • Keynesianismus, Neoklassik und die Schizophrenie der Volkswirtschaftslehre • Die Musgrave-Schule • Sinn, der Marxist? • Ein Gläschen Piccolo • Inspiration ohne Ende: Nach Mannheim in den Ökonomen-Olymp • Forscher-Take-off: Erste Erfolge • Mehr als er hat, kann man ihm nicht nehmen: Warum die Banken Glücksspiele spielen • Sturm und Drang: Die Habilitation • Buffalo, Gießen oder München? Es hätte auch anders ausgehen können

Am liebsten Biologie. Ökonomie als zweite Wahl

Mit der deutschen Wiedervereinigung fand ich mich also – zu meiner eigenen Überraschung – erstmals mit Fragen ganz praktischer Wirtschafts- und Sozialpolitik konfrontiert. Bis dahin war ich eher der mathematisch-theoretischen Forschung verhaftet, soweit man das bei einem Vertreter der Finanzwissenschaft überhaupt sagen kann. Als Finanzwissenschaftler bearbeitet man ja ein Themengebiet, das im Vergleich zu anderen ökonomischen Teildisziplinen ohnehin viel mit der Wirtschaftspolitik befasst ist.

Zwar hatte ich die Warnung meines ersten akademischen Lehrmeisters Herbert Timm vor den »Glasperlenspielen« nie vergessen. Mein Interesse als junger Wissenschaftler lag aber dennoch zunächst eindeutig bei der reinen, kompromisslosen, meist hoch mathematisierten Theorie und weniger bei deren Anwendung in einer komplexen Wirklichkeit. Timms Warnung hatte zwar ihre Berechtigung, doch war sie nicht als Ablehnung jeglicher Theorie gemeint. Es ging ihm nur darum, das Anwendungsziel im Auge zu behalten. Bevor sich ein junger Ökonom mit seinem anfangs begrenzten Wissen über die Grundzusammenhänge des Wirtschaftens komplexen Anwendungsfragen zuwendet, sollte er zunächst in die Tiefen der Theorien abtauchen, um erst einmal Grundsätzliches über die vielfältigen Wirkungszusammenhänge der Wirtschaft zu lernen. Tut er das nicht, dann bleibt das, was er zu sagen hat, fast zwangsläufig an der Oberfläche und ist nur allzu häufig, wie ich immer wieder feststellen musste, bloße Semantik ohne Tiefgang, bloße Sprechblase ohne Substanz.

Es gilt also auch hier: Alles hat seine Zeit! Und es bedeutet: Harte Theorie in den jungen Jahren, wenn man gut denken kann, aber wenig von der Wirklichkeit weiß, und praktische Anwendung für den politischen Raum später in der Karriere. Bereitschaft und Fähigkeit, sich wochenlang durch komplizierte mathematische Beweise zu quälen, haben dann zwar nachgelassen. Doch hat man genug Lebenserfahrung und Detailwissen über die konkreten institutionellen Grundlagen der Volkswirtschaft akkumuliert, um zu einem belastbaren Urteil über reale ökonomisch-politische Zusammenhänge gelangen zu können, wie etwa bei der Wiedervereinigung, der Eurokrise oder dem Brexit.

Dass ich mich freilich überhaupt der Ökonomie zuwenden sollte, war bei näherer Betrachtung nicht selbstverständlich. Denn nach dem Abitur wusste ich keineswegs sofort, was ich studieren sollte. Ich hegte schon eine große Vorliebe für die Naturwissenschaft, die am Helmholtz-Gymnasium in Bielefeld hervorragend unterrichtet wurde. Der Physikunterricht mit seinen praktischen Experimenten und theoretischen Erklärungen, der von Johannes Kenter angeboten wurde, faszinierte mich. Aber noch mehr hatte es mir die Biologie angetan. Sowohl mein Biologielehrer Werner Schramm als auch ein Referendar, der ihm zugeteilt worden und frisch von der Universität gekommen war, boten einen aufrüttelnden und wissenschaftlich hochstehenden Unterricht, der insbesondere auch die Evolutionstheorie und die molekulare Genetik in vollem Detail präsentierte. Und dies, obwohl die zugrunde liegenden Forschungsergebnisse von Francis Crick und James Watson damals ganz frisch waren. Lange erwog ich deshalb, Biologie zu studieren.

Das Problem war allerdings, dass ich kein wirklich spannendes Berufsbild damit verbinden konnte, und Biologielehrer wie Schramm wollte ich nicht werden. Wer weiß: Hätte ich damals auch nur geahnt, welchen dramatischen Fortschritt die Biologie im Allgemeinen und die Genforschung im Besonderen seit jener Zeit machen würde, ich hätte mich vermutlich für das Biologiestudium entschieden. Und hätte es keine zeitliche Rivalität zwischen den Fächern gegeben, hätte ich eigentlich sogar gerne mehrere zugleich studiert, in jedem Fall Ökonomie und Biologie nebeneinander.

So aber folgte ich »nur« meiner zweiten Präferenz und wandte mich den Wirtschaftswissenschaften zu, weil ich die gesellschaftlichen Probleme, die sie analysierte, auch vor dem Hintergrund unseres exzellenten Deutsch- und Geschichtslehrers Jürgen Schettler als drängend und wichtig ansah. Mich interessierte die Volkswirtschaftslehre als Instrument der Erkenntnis gesellschaftlicher und wirtschaftlicher Entwicklungen, das mehr Gerechtigkeit, Effizienz und Massenwohlstand in dieser komplexen und verworrenen Welt ermöglichen soll. Das mag idealistisch klingen. Doch bekenne ich mich zu diesem Idealismus. Auch heute noch. Noch immer will ich die – aus meiner Sicht – ökonomisch getriebene Welt besser verstehen und suche dabei nach überprüfbaren Wahrheiten, insbesondere jenen, die herrschenden Ideologien widersprechen und mithelfen, sie als Ergebnis interessengeleiteter Kommunikationsstrategien zu entlarven. Noch immer will ich dazu beitragen, die Welt ein Stück besser zu machen und den Massenwohlstand zu heben, um alle Staatsbürger, auch jene anderer Länder, in das marktwirtschaftliche System unserer modernen Gesellschaft zu integrieren und ihnen gerechte Teilhabe zu ermöglichen.

Nur wollte ich nie naiv sein, sondern mein Urteil auf der Basis objektiver Fakten und gesicherter Wirkungszusammenhänge fällen. Das galt für die Zeit, als ich mich entschloss, »VWL« – wie das Fach bis heute ja verkürzt genannt wird – zu studieren, und das gilt auch heute noch. Meine Faszination für die ökonomische Wissenschaft hat daher auch nie nachgelassen. Sicher, es gab hie und da mal Selbstzweifel, ob ich richtig unterwegs war. Aber das waren eher Mikroerschütterungen, wie sie wohl zu jedem Leben dazugehören.

Ich bin also – immer noch, und mehr denn je – ein überzeugter Volkswirt. Ein Volkswirt aus Leidenschaft und dennoch, so hoffe ich, im Besitz der wissenschaftlichen Disziplin, die nötig ist, um Wunschdenken von Wahrheiten zu unterscheiden und die Fakten so zur Kenntnis zu nehmen, wie sie sind. Echte Hilfe für die Menschen zu geben verlangt, die tatsächlichen Wirkkräfte des Wirtschaftsprozesses zu verstehen, einen kühlen Kopf zu bewahren und sich vom gesellschaftlichen Konsens über die bloß kommunizierten Wahrheiten zu lösen, gerade auch dann, wenn andere die dabei herauskommenden Aussagen als unbequem empfinden.

Natürlich wusste ich das alles so genau noch nicht, als ich meine Studienwahl traf. Aber vielleicht ahnte ich es bereits?

Ich hatte im Übrigen auch erwogen, Soziologie, Politologie oder Betriebswirtschaftslehre (BWL) zu studieren. Doch die Soziologie und die Politologie schienen mir zu ideologielastig, und die BWL war mir von den mich interessierenden gesellschaftspolitischen Fragen zu fern. Die BWL bot zwar schon zu jener Zeit besonders attraktive Karrierechancen. Aber ich wollte nach einer wissenschaftlichen Gymnasialausbildung, die mich in ihren Bann gezogen hatte, keine Kompromisse machen und bloß des Geldes wegen in dieses Fach wechseln. Nicht dass mir Geld unwichtig war. Angesichts meiner Herkunft aus ärmlichen Verhältnissen konnte ich diesen Aspekt nicht vernachlässigen und fühlte mich auch insofern bei einem wirtschaftsnahen Fach besser aufgehoben. Aber die Präferenz für das Geld ging auch wiederum nicht weit genug, um bloß deswegen BWL zu studieren. Obwohl ich wusste, dass ich als Volkswirt weniger Berufsoptionen haben würde als ein Betriebswirt, einfach weil es weniger Völker als Betriebe gibt, entschied ich mich für die Volkswirtschaftslehre. Bis heute habe ich diese Entscheidung nicht bereut.

Die Biologie blieb aber mein Steckenpferd, und parallel zu meinem VWL-Studium habe ich so allerlei an evolutionsbiologischer Literatur gelesen, von Theodosius Dobzhansky über John Maynard Smith und Edward O. Wilson bis hin zu Richard Dawkins und anderen mehr. Und in gewisser Weise hat mich die Biologie auch als Ökonom nie ganz verlassen, denn im Rahmen meiner Forschungen habe ich mich immer wieder mal auch biologischen Sachverhalten zugewandt, um zu schauen, wie sie für ökonomische Erkenntnisse nutzbar gemacht werden können.

So auch bereits in meiner 1977 fertiggestellten Doktorarbeit, die sich mit ökonomischen Entscheidungen bei Ungewissheit beschäftigte, ein sehr wichtiger Bereich in der VWL. Bei meinen Studien war ich so fasziniert von möglichen Schnittstellen von Ökonomie und Biologie, dass ich sogar die lateinische Abhandlung Ernst-Heinrich Webers, die 1834 mit dem Titel *De pulsu, resorptione, auditu et tactu* erschienen war, verschlang – und dabei im Übrigen auch sehr zufrieden war, nun endlich einmal mein großes Latinum anwenden zu können, nachdem es mir bis dato noch nicht einmal geholfen hatte, die abgekürzten Inschriften auf römischen Grabsteinen zu entziffern. Konkret habe ich im Rahmen meiner Doktorarbeit Bezug genommen auf das sogenannte Weber-Fechnersche Gesetz, nach dem der gesamte Empfindungsapparat der Lebewesen einschließlich des Menschen an relativen und nicht an absoluten Reizintensitäten ausgerichtet ist, was eine spezielle Form der Risikopräferenzen begründet, die man als »konstante relative Risikoaversion« bezeichnet.

Das klingt abstrakt, ist aber sehr konkret. Die konstante relative Risikoaversion zeigt sich zum Beispiel darin, dass ein reicher Mensch für die Versicherung seines Vermögens einen ähnlichen Prozentsatz seines Vermögens als Prämie zu zahlen bereit ist wie ein armer Mensch. Das klingt zwar plausibel, ist aber keineswegs selbstverständlich, denn der mögliche Vermögensverlust ist ja bei einem reichen Menschen größer, eben weil er mehr Eigentum hat. Und weil das so ist, könnte man auch annehmen, er sei bereit, einen höheren Prozentsatz des Vermögens für die Versicherung seines Vermögens zu zahlen. Genau das aber ist wohl nicht der Fall, weil wir Menschen stets in Relationen denken. Wir verstehen ein Wort, egal ob es laut oder leise gesprochen wird, weil das Muster des relativen Schalldrucks dasselbe ist; wir erkennen einen Gegenstand unabhängig davon, ob er nah oder fern ist, weil die Größenproportionen des Netzhautbildes gleich sind:

wir erkennen eine Melodie unabhängig von der Oktave, in der sie gespielt wird, weil die Frequenzrelationen der Töne gleich sind, und so weiter. Die Beispiele illustrieren also: Unser gesamter Reizempfindungsapparat ist an relativen Größen orientiert. Ein paar Jahre später gelang es mir, diesen Gedanken in einem Aufsatz in der Fachzeitschrift *Journal of Economic Psychology* zu publizieren.

Später drang ich auf der Basis meiner damals gewonnenen Erkenntnisse sogar noch ein Stück weiter in die Welt der Biologie vor, nämlich zu Berührungspunkten von Ökonomie und Evolution sowie Genetik. Verkürzt ausgedrückt entwickelte ich ein statistisches Modell des evolutionären Wettlaufs von tierischen oder pflanzlichen Populationen mit genetisch »fest verdrahteten« Risikopräferenzen, mit dem ich zeigen konnte, warum sich die konstante relative Risikoaversion tatsächlich auch durch Versuch, Irrtum und Selektion aus zufälligen Genmutationen ergeben muss. Ich konnte ferner zeigen, dass unter plausiblen realitätsnahen Annahmen jede andere Präferenzstruktur als die der konstanten relativen Risikoaversion (in der Spezialform der sogenannten logarithmischen Erwartungsnutzenfunktion) zu geringeren, ja anteilig verschwindenden Populationsgrößen führen musste, und damit heute nicht mehr existent ist. Das Papier zu diesem hochmathematischen Modell wurde in den *Geneva Papers for Risk and Insurance* veröffentlicht.

Reise in eine unbekannte, freie, offene Welt

Das Studium der Volkswirtschaftslehre begann ich zum Wintersemester 1967/68 an der Universität Münster, Westfalen, denn das war für einen Braker, der am Wochenende nach Hause zurückmusste, um im elterlichen Betrieb zu helfen, die günstigste Möglichkeit. Ich erinnere mich noch an die langen, bis auf den Hof reichenden Schlangen vor dem Münsteraner Schloss, in die man sich einreihen und stundenlang warten musste, um sich dann immatrikulieren zu können. Ich mietete ein Zimmer, das so klein war, dass ich darin nicht mehr stehen konnte, wenn mein Klappbett heruntergefahren war. Trotzdem war ich glücklich damit, denn endlich hatte ich meine eigene »Bude«.

Das Studium ging ich mit großem Elan an. Ich begeisterte mich zunächst insbesondere für die Statistik, wie sie uns von Josef Bleymüller im neuen

Hörsaalgebäude mithilfe modernster Overhead-Technik präsentiert wurde. Bleymüller war in seinen Vorlesungen, in denen sich Hunderte von Studenten drängelten, so präzis und klar, dass mir fast fehlerfreie Klausuren gelangen. Das waren erste schöne Erfolgserlebnisse. Aber auch die Einführungsvorlesung seines volkswirtschaftlichen Fachkollegen Bernhard Gahlen, dem es mehr um die Grundfragen des Wirtschaftsablaufs ging, brachte uns viele neue Erkenntnisse.

Mit der volkswirtschaftlichen Gesamtrechnung hingegen, die uns auf Basis des Lehrbuchs von Alfred Stobbe vermittelt wurde, den ich später in Mannheim als Professor persönlich erleben durfte, verhielt es sich anders. Es bot zwar wichtiges Grundlagenwissen – von dem ich mir nicht sicher bin, ob es heute noch überall unterrichtet wird. Ich muss aber zugestehen, dass mir das Thema der »volkswirtschaftlichen Gesamtrechnung« zu Studienzeiten noch als wenig prickelnd erschien. Später verstand ich, dass man ohne profundes Wissen zu ihren Methoden und Erkenntnissen kein guter Volkswirt sein kann.

Mit der volkswirtschaftlichen Gesamtrechnung (VGR) lernt man zum Beispiel, dass der Leistungsbilanzüberschuss einer Volkswirtschaft, also der Überschuss der Exporte und der im Ausland netto bezogenen Kapitaleinkommen über die Importe, identisch ist mit dem Kapitalexport der Volkswirtschaft. Man lernt ebenfalls, dass die Netto-Auslandsposition eines Landes der Überschuss der Inländern gehörenden Vermögenstitel im Ausland über die Ausländern gehörenden Vermögenstitel im Inland ist und somit der Summe der über die Zeit aufsummierten Leistungsbilanzüberschüsse gleichkommt. Man lernt auch, dass das Sozialprodukt eines Landes identisch mit der Summe aller von Inländern verdienten Einkommen ist, was die häufig gestellte Frage, ob die Menschen überhaupt genug Einkommen haben, um das zu kaufen, was sie produzieren, obsolet werden lässt. Insgesamt ist die VGR zwar keine Theorie, sondern bietet »nur« klar Definitionen volkswirtschaftlich relevanter Kenngrößen. Die Kenntnis dieser Größen ist indes die Basis für viele Theorien und erleichtert damit die Analyse und Beurteilung des Zustandes einer Volkswirtschaft.

Es gab noch viele andere Vorlesungen, die mich faszinierten. Insofern war ich ein glücklicher Student. Über sie alle hier ausführlich zu berichten, überschreitet den Rahmen dieses Buches. Einige möchte ich aber doch noch erwähnen. So etwa die Vorlesungen zur mikroökonomischen Verteilungstheorie von Jochen Schumann. In ihnen lernte ich unter anderem, dass in einer funktionierenden Marktwirtschaft keine »gerechten Löhne« gezahlt werden – auch wenn sich das schön anhört –, sondern Knappheitslöhne, also Löhne, deren Höhe und Entwicklung von der Knappheit der auf dem Arbeitsmarkt angebotenen und nachgefragten Fähigkeiten abhängen. In Kapitel 7 werde ich auf Verteilungsfragen noch einmal zurückkommen.

Erwähnen möchte ich ferner noch die Vorlesungen zur Theorie des Wachstums von Volkswirtschaften von Ernst Helmstädter, in denen wir unter anderem lernten, warum die Zunahme der Arbeitsproduktivität und der Löhne im Zuge der wirtschaftlichen Entwicklung maßgeblich auf die Akkumulation von Vermögen bzw. Kapital zurückzuführen ist, die selbst wiederum das Wesenselement des kapitalistisch-marktwirtschaftlichen Systems ist.

Besonders in Erinnerung geblieben sind mir schließlich auch die Vorlesungen von Erik Boettcher, einem beeindruckenden Baltendeutschen alter Schule, der uns die Public-Choice-Theorie nahebrachte, einem damals noch sehr jungen, aufstrebenden Zweig in der Finanzwissenschaft. Ich werde auch auf diese Theorie in Kapitel 6 noch ausführlich zurückkommen.

Alles in allem habe ich das Studium als faszinierende Reise in eine mir bis dahin völlig unbekannte, freie und offene Welt erlebt – eine Reise, die ein immer klarer werdendes Licht auf die vielen verwirrenden Eindrücke des Lebens warf, die mir als jungem Menschen begegneten. Kein Zweifel, im Verlauf dieser Reise entstanden Ordnung und Transparenz, Klarheit und Logik, Nachvollziehbarkeit und Erkenntnis. All dies begeisterte mich. Denn es zeigten sich faszinierende Denkgebäude vor meinem geistigen Auge. Sie boten Großräumigkeit und Freiheit, sie boten Flure, die ich gerne weiterging, sie boten Treppen zu Türmen, die ich hinaufeilte, um von oben in die Ferne zu schauen, sie boten Kreuzgänge, die zur Besinnung einluden, aber auch Bilder und Klänge evozierten, die berauschten und süchtig machten. Mein Studium verwandelte mich – intellektuell wie auch emotional.

Liebe meines Lebens

Allerdings galt das nicht nur für mein Studium. Denn noch mehr als das Studium zog mich Gerlinde Zoubek in ihren Bann, eine von vielleicht drei Frauen unter rund 100 Studenten der VWL in Münster. Heute sind die

Studenten dieses Fachs etwa zur Hälfte männlich und zur Hälfte weiblich. Damals gab es fast nur junge Männer, und da galt es sich zu beeilen, wenn man bei einem der Mädchen landen wollte. Die zunächst zwanglosen Kontakte, die sich mit Gerlinde ergaben, wurden alsbald durch eine Einladung zum selbst gemachten Essen ergänzt, und dann kam eins zum anderen.

Vor 50 Jahren also fanden wir uns – und haben uns seither nicht mehr losgelassen. 1970 verlobten wir uns und bereits im November 1971 heirateten wir, also noch während des Studiums. Die Eltern meiner Frau waren nicht so euphorisch wie ich – oder wie wir –, aber am Ende stellten sie sich nicht in den Weg. Ich war damals 23 und meine Frau 22 Jahre alt.

Einen nicht unwichtigen Anlass für die Entscheidung, so früh zu heiraten, gab ein Erlebnis bei einer Maklerin, bei der wir nach einer gemeinsamen Wohnung suchten. Als sie erfuhr, dass wir Studenten der Volkswirtschaft waren, erklärte sie uns, dass ihr Verlobter BWL studieren würde, sie ihn aber nicht ehelichen wollte, bevor er sein Diplom hatte, damit sie sicher sein konnte, keine Fehlentscheidung zu treffen.

Eine solche, aus unserer Sicht auch ökonomisch motivierte Einstellung zu Liebe und Hochzeit fanden wir geradezu empörend. Von ihr wollten wir uns unbedingt abgrenzen, und so gingen wir zum Standesamt, bevor wir wussten, wie das Examen ausgehen würde. Noch während des Studiums zu heiraten gilt nicht nur heute, sondern galt vor allem damals als extrem ungewöhnlich. Und so wurde unsere Entscheidung auch von manchen unserer Kommilitonen und Freunde mit hochgezogenen Augenbrauen quittiert. Für meine Frau war die Umstellung besonders gewöhnungsbedürftig, weil sich die Professoren über den neuen Namen wunderten. Sie hieß nun Gerlinde Sinn. Aber als sie den Grund erfuhren, gratulierten sie artig.

Wir bezogen eine kleine Wohnung, etwa so groß wie jene, die meine Eltern besessen hatten, als ich ein Kind war. Ein Zimmer diente uns abwechselnd als Küche und Schlafzimmer, und ein rollbarer Tisch, den ich dazu gebastelt hatte, half beim Umbau, je nachdem, ob wir den Raum zum Kochen oder zum Schlafen nutzen wollten. Unsere Kommilitonen beneideten uns damals sehr um unseren Quelle-Geschirrspüler. Ich war es, der auf seiner Anschaffung bestanden hatte, um das bis dahin allzu oft durchlittene Elend überquellender Berge schmutzigen Geschirrs in der Wohngemeinschaft, in der ich bis dahin mit einem anderen Studenten gelebt hatte, gar nicht erst aufkommen zu lassen.

Seit meine Frau und ich uns fanden, sind wir zusammen durch dick und dünn, durch Höhen und Tiefen gegangen, wir haben gemeinsam die Welt bereist, wir haben unsere Kinder großgezogen und erfreuen uns nun an unseren Enkeln. Die von manchen gescholtene traditionelle Arbeitsteilung erwies sich – wie bei vielen anderen Paaren auch – in unserem Falle als sinnvoll. Als die Kinder auf die Welt kamen, konzentrierte sich meine Frau auf ihre Erziehung und den Haushalt, während ich meine Kraft stärker für die Wissenschaftler-Karriere einsetzte. Es ist fast unmöglich, dass Mann und Frau in der Weise beruflich »powern«, wie ich es über viele Jahre geglaubt habe tun zu müssen, wenn man zugleich drei Kinder großzieht. Zumindest haben wir es so erlebt. Im Übrigen bedeutete unsere Form der Arbeitsteilung nicht, dass unsere Bereiche nicht doch auch durchlässig waren. Dass meine Frau und ich gemeinsam das Buch *Kaltstart* schrieben, von dem ich im vorigen Kapitel berichtet habe, illustriert das nur allzu deutlich.

Bin ich, weil ich dies hier schreibe, nun ein Macho? Mancher mag das so sehen. Für meine Frau und mich hingegen ging es um eine sinnvolle Lebensorganisation. Gerade auch sie vertritt die Position der Notwendigkeit einer klug dem Leben angepassten Arbeitsteilung mit Nachdruck.

Wenn ich eben von meinem »Powern« sprach, so gilt das Gleiche indes für meine Frau, und dies je nach Lebensphase auf unterschiedliche Art. In den ersten Jahren, bis wir nach Abschluss meiner Dissertation nach Kanada gingen, war sie noch als wissenschaftliche Assistentin an der Uni tätig, doch alsbald forderten die Kinder ihre Aufmerksamkeit. Als sie aus dem Gröbsten heraus waren und mehr noch danach, als ein Kind nach dem anderen das Haus verließ, setzte sie sich alsbald wieder sehr intensiv für die akademische Welt ein, in der ich mit immer neuen Aufgaben unterwegs war.

So unterstützte sie an der volkswirtschaftlichen Fakultät der Universität München 25 Semester lang mit allwöchentlichen Vorlesungen die Ausbildung von Lehrern im Fach Volkswirtschaftslehre. Das tat sie mit einem wegen der Prüfungskorrekturen umfangreichen Arbeitspensum und unentgeltlich. Gerade die ökonomische Ausbildung der Lehrer ist enorm wichtig für die Gesellschaft, denn nur über sie lassen sich breite Bevölkerungskreise von der Funktionsfähigkeit des marktwirtschaftlichen Systems überzeugen.

Außerdem kümmerte sich meine Frau mit großem Einsatz um die Betreuung der Forschungsgäste des Gastforscherzentrums *Center for Economic Studies* (CES), das ich in den 1990er-Jahren an der Fakultät aufbaute, sowie später auch um die Forschungsgäste am *ifo Institut*. Sie unternahm mit ihnen immer wieder Ausflüge, um ihnen jenseits ihrer akademischen Tätigkeiten das Umland zu zeigen und ihnen Erinnerungen für den Heimweg mitzugeben.

Seit unserem gemeinsamen Studium bis heute ist sie zudem eine meiner wichtigsten intellektuellen Sparringspartner. Sie begleitet meine Forschungsarbeiten und Bücher kritisch und unterstützend zugleich. Und wenn es wieder einmal eine Attacke gegen den angeblich marktradikalen Ehemann gibt, ist sie es, mit der ich mich zuerst beratschlage, was zu tun ist.

Auf unseren vielen, nicht zuletzt beruflich notwendig gewordenen Reisen ist es zudem sie, die immer wieder kommunikative Tore öffnet, auch mir. Das gelingt ihr durch ihre direkte und freundliche Art und weil sie nicht nur ein exzellentes Englisch spricht, sondern auch recht gut französisch und italienisch. Seit einigen Jahren lernt sie nun auch Tschechisch.

Es gibt wenige Menschen, die ich so bewundere wie sie. Nein, es gibt keine. Gerlinde ist die Liebe meines Lebens.

Der Zauber ägyptischer Musik, Mohammed und die Versteckaktion

Zurück zum Studium – und zu jener Zeit, als ich noch nicht verheiratet war. Nachdem ich das erste Semester in meinem nur klappbettgroßen Zimmer gewohnt hatte, kam mir das Angebot eines Kommilitonen gerade recht, mit ihm eine Wohngemeinschaft zu bilden. Der Kommilitone hieß Mohammed Ortani. Er war Palästinenser, zehn Jahre älter als ich und in Deutschland bereits gut integriert. Seine Familie hatte man aus dem heute in Israel liegenden Jaffa nach Amman in Jordanien vertrieben. Er war zum Studium nach Münster gekommen und hatte eine Deutsche geheiratet, die nach der Geburt des ersten Kindes zurück zu ihren Eltern ins Sauerland zog, denn sie war berufstätig und brauchte, während sie arbeitete, die Eltern zur Beaufsichtigung des Kindes.

An manchen Wochenenden besuchte sie Mohammed oder er fuhr zu ihr. Da sie aber in der Woche nicht bei Mohammad sein konnte und ich samstags und sonntags und in den Semesterferien zu Hause bei meinem

Vater arbeitete, wie ich es im nächsten Kapitel noch erläutern werde, bot es sich an, dass ich Mohammeds Untermieter wurde.

Für mich stellte jenes eine Jahr, in welchem ich in der WG mit ihm lebte, nicht nur eine deutliche räumliche Verbesserung dar, sondern es war auch eine in jeder Hinsicht lebhafte Erfahrung. Anfangs studierten wir noch recht ernsthaft und verbrachten viel Zeit mit dem Nacharbeiten der Vorlesungen. Fast schien es mir, als hätte Mohammed, der erhebliche Schwierigkeiten bei den Klausuren hatte, einen Tutor bei sich einstellen wollen, und dieser Tutor sollte nun ich sein. Doch unser Elan fand bald andere Ziele.

Wir diskutierten nämlich ausführlich und ausdauernd über Politik. Wir studierten ja genau zu jener Zeit, als sich die 68er-Bewegung formte und aktiv war, auch im damals sehr verträumten Münster. Besonders der Sechstagekrieg vom Juni 1967 zwischen Israel auf der einen Seite und Ägypten, Jordanien und Syrien auf der anderen Seite wurde oft zum Gegenstand unserer Gespräche. Er war zwar im Prinzip beendet, aber das Thema ließ Mohammed nicht los. Und das war mehr als verständlich, denn dieser Krieg verschob die geopolitischen Kräfte in der Region einschneidend und bis zum heutigen Tag, weil Israel in ihm die Sinai-Halbinsel, den Gazastreifen, Ostjerusalem, das Westjordanland und die Golan-Höhen eroberte und diese Gebiete fortan kontrollierte.

Die Kriegsauswirkungen betrafen Mohammed als Palästinenser also sehr direkt und persönlich. Er erzählte viel über »sein« Land, das es als Staat damals ja gar nicht gab, und über die Schönheit des Orients, vor allem des Libanon, den er sehr liebte, über dessen Lebensart, den Reichtum und über die unnachahmliche Kombination aus mondäner Kultur an der Küste und den Dörfern in den Wäldern, die sich unter den schneebedeckten Bergen, alles nur eine Autostunde entfernt, erstreckten. Er tat das auf eine so lebendige Art, dass ich mich fast dorthin sehnte. Mag sein, dass bei Mohammeds Erzählungen viel Fantasie im Spiel war, denn er schwärmte auch von den schönen Frauen und den Vergnügungen, die sich einem Mann in seiner Heimat boten. Aber er war auch ein höflicher Mann, der die Scham seines staunenden jungen Kommilitonen nicht überstrapazieren wollte. Keiner von uns konnte zu jener Zeit ahnen, dass der Sechstagekrieg lediglich der Anfang war für immer neue Formen der Auseinandersetzung im Nahen Osten, der seither nicht zur Ruhe kommt.

Oft, wenn die Stimmung melancholisch war, hörten wir Umm Kulthum, jene ägyptische Sängerin, die Mohammed so mochte. Wir lauschten ihr stundenlang und mithilfe aller Platten, derer er habhaft werden konnte. Anfangs ließ mich ihre Musik kalt, doch mit der Zeit fand ich großen Gefallen an ihr, an diesen langen und scheinbar eintönigen, in Wahrheit jedoch kunstvoll geschwungenen Vokalen und an der variablen, bisweilen dramatisch anmutenden Rhythmik, die das *Maqam*, das arabische Tonsystem, auszeichnen.

Heute bin ich wie elektrisiert, wenn ich orientalische Musik höre, und kann mich manchmal gar nicht mehr lösen, so faszinierend finde ich sie. Wenn Umm Kulthums Gesänge durch unser Haus schallen, sucht meine Frau zwar das Weite, ich aber gebe mich ihr voll und ganz hin.

Gegen Abend drehte Mohammed meist erst so richtig auf, nicht nur mit Blick auf die Musik. Denn wenn sich Mitternacht näherte, fing er an zu kochen und zauberte wundervolle Gerichte. Hummus in jedweder Form, etwa als gestampfter Brei oder als im Fett ausgebackene Kügelchen; auch länglich gerollte Hackfleischbällchen mit Bergen von gehackter Petersilie darin; dazu klebrige, sehr klebrige Süßspeisen, wie man sie heute aus türkischen Läden kennt; die Liste seiner Kunstwerke aus der Küche war lang.

Besonders imponiert hat mir Mohammeds Lammfleisch-Gulasch. Es wurde in einem hohen Topf geschmort, bis es fast weich war. Dann legte man Klebereis darauf und einen ganzen umgestülpten Blumenkohl, der wieder mit etwas Reis gefüllt wurde. Mit ausreichend Wasser gegart entstand so eine feste Masse, die man umstülpte und die so zu einer Art Kuchen mit einer Gulaschschicht auf der Oberseite wurde. Ein überaus »köstlicher« Kuchen, dem ich nie wiederstehen konnte. Am besten schmeckte er, wenn man heißen Tee bester Qualität dazu trank, wenn möglich mit frischen Pfefferminzblättern.

So lernte ich die palästinensisch-orientalische Küche auf eine Weise schätzen, wie es schöner nicht sein konnte. Als ich später, gegen Ende der 1990er-Jahre, Gastprofessor an der *Hebräischen Universität in Jerusalem* war, fand ich in der gut geführten Kantine, die den Fakultätsmitgliedern zur Verfügung stand, viele jener wunderbaren Gerichte wieder, die mir Mohammed damals kredenzt hatte. Ein großer Unterschied zwischen der israelischen und der palästinensischen Küche ist mir dabei nicht aufgefallen.

Die Zeit mit Mohammed war intensiv, und die Nächte waren lang. Häufig wurde es hell, bis wir endlich zu Bett gingen. Doch das führte auch dazu, dass wir so manche Vorlesung am Vormittag schwänzten. Und dass man nicht alles durch die Bücher nachlernen konnte, merkten wir schnell. Meine Freundin Gerlinde merkte ebenfalls einiges. Eines Mittags schellte sie an der Tür, und als ich ihr schlaftrunken in meinem Schlafanzug aufmachte, sah sie mich zunächst nur erstaunt und ein wenig erschrocken an. Ihr Blick wandelte sich aber alsbald von Erstaunen zu offenem Protest, woraufhin sie auf dem Absatz kehrtmachte und verschwand. Da wusste ich, dass es Handlungsbedarf gab – und dass ich diesen Lebenswandel so nicht fortsetzen sollte. Um meiner Beziehung willen, aber auch um meiner Studien willen. Ich sprach mit Mohammed, er verstand, und bald darauf bezog ich mit meinem Freund und Studienkollegen Roland Seeling eine gemeinsame Wohnung. Unsere Freundinnen und späteren Frauen besuchten uns dort, und wir hatten nicht nur eine gute, sondern auch eine gut organisierte Zeit, in der wir uns in verschiedenen Arbeitsgruppen sehr konzentriert dem Studium widmeten.

Mohammed gehörte aber weiterhin zum Freundeskreis, und er wurde auch Teil unserer Arbeitsgruppen. Wir schleppten ihn quasi mit durchs Studium, wenn man so will, unterstützten ihn, wo wir konnten. So beteiligten wir uns mit Textbausteinen an so manchen seiner Seminararbeiten und halfen ihm auch noch, als er den zweiten Versuch unternahm, das Examen zu bestehen.

Zu jener Zeit, im Jahr 1972, hatte ich mit meiner Frau bereits eine neue, richtige Wohnung am Südrand der Stadt bezogen. Wir konnten sie uns leisten, weil ich nach dem Ende unseres Studiums eine gut bezahlte Assistentenstelle am finanzwissenschaftlichen Institut angenommen hatte und sie ebenfalls eine solche am Lehrstuhl für Zeitreihenstatistik von Siegfried Heiler an der Universität Dortmund, wo sie sich in den höheren Sphären der Spektralanalyse bewegte, einem sehr speziellen Teilgebiet der Zeitreihenstatistik.

1972 war indes auch das Jahr der Olympischen Spiele in München, bei denen ein palästinensisches Terrorkommando einen weltweit Entsetzen auslösenden Anschlag auf israelische Sportler unternahm. Die Politik reagierte auf diesen Anschlag, indem sie nach allen Arabern in Deutschland fahndete und viele von ihnen mit einer Ausweisung bedrohte. Schnell begriffen wir, dass das auch Mohammed betreffen konnte. In der Tat kam er zu uns und bat um Hilfe.

Was sollten wir tun? Das Hilfegesuch ablehnen? Für uns stellte sich die Frage nicht wirklich, denn wir kannten Mohammed und entschieden schnell, ihn für einige Wochen in unserer Wohnung zu verstecken, bis sich die Aufregung gelegt hatte. Auch meinen Chef Herbert Timm informierten wir, und ohne jedes Zögern deckte er unser Vorgehen, denn auch er kannte Mohammed und wusste, dass er keiner Fliege etwas zuleide tat. So konnte er sich bei uns in Ruhe auf den zweiten Versuch vorbereiten, sein Examen zu bestehen, was dann auch gelang.

Natürlich freuten wir uns mit ihm und feierten das ordentlich. Allerdings fand meine Frau seine Gegenwart mit der Zeit auch etwas störend, denn er lag mitten im Wohnzimmer auf einer Matratze und erwartete, von ihr bedient zu werden. Mir war das lange nicht aufgefallen, erst meine Frau machte mich darauf aufmerksam. Obwohl wir verstanden, dass diese Haltung auch kulturell geprägt war, war klar, dass es so nicht weitergehen konnte. Und als sich die Atmosphäre nach dem Münchner Attentat wieder etwas beruhigt und Mohammed sein Examen in der Tasche hatte, verließ er uns.

Zunächst blieben wir in Kontakt. Nach einigen Jahren in Deutschland ging er dann allerdings, während seine Frau in Deutschland blieb, wieder zurück nach Jordanien und wurde dort Geschäftsmann. Trotz der Bemühungen unserer Freundesgruppe, mit ihm in Verbindung zu bleiben, rissen die Beziehungen irgendwann ab. Wir hörten später von einem anderen Kommilitonen, dessen Ehefrau noch mit Mohammeds Frau Kontakt hielt, dass es ihm offenbar gut ging. Bei einem anschließenden Besuch dieses Kommilitonen in Jordanien wollte Mohammed ihn aber offenbar – wenn auch erfolglos – in nicht ganz durchsichtige Geschäfte verwickeln. Mag sein. Für mich bleibt Mohammed trotzdem ein sehr lieber Kommilitone, von dem ich früh sehr viel über eine mir völlig fremde Welt gelernt habe.

Meine ersten Lehrmeister: Herbert Timm und John Maynard Keynes

Nach der Phase mit Mohammed ging mein Studium der Volkswirtschaftslehre flott voran. Wir besuchten eine Vielzahl von Vorlesungen und Seminaren, und die Arbeitsgruppen machten mir fast immer großen Spaß.

2 Wie ich zum Volkswirt wurde

Neben den schon genannten Vorlesungen faszinierten mich insbesondere die finanzwissenschaftlichen Seminare bei Herbert Timm. Timm hatte 1938, nur zwei Jahre nachdem John Maynard Keynes seine legendäre *General Theory* veröffentlicht hatte, seine Habilitationsschrift mit dem Titel *Das Grundproblem der modernen Vollbeschäftigung* eingereicht, in dem er sich mit Keynes' damals radikal neuen Thesen auseinandersetzte.

John Maynard Keynes' Hauptwerk *The General Theory of Employment, Interest and Money* (in der deutschen Ausgabe: *Die Allgemeine Theorie der Beschäftigung, des Zinses und des Geldes*) gilt als einflussreichstes ökonomisches Buch des 20. Jahrhunderts und er selbst als der große Revolutionär der Volkswirtschaftslehre. Seine intellektuelle Brillanz muss, wie viele seiner Zeitzeugen berichten, atemberaubend gewesen sein. Auf ihn und seine Werke geht der Begriff »Keynesianismus« zurück, dem sich kein Student der Ökonomie entziehen kann. Und auch kein gestandener Volkswirt.

Unter dem Eindruck der ab Ende der 1920er-Jahre wirkenden Weltwirtschaftskrise hatte der geniale Brite, der in Cambridge seinen Hauptstudienabschluss in Mathematik gemacht und auch abseits seiner ökonomischen Forschungen ein schillerndes Leben in Kunst, Kultur und Politik geführt hatte, eine Theorie entwickelt, die in der Lage war, die in der Krise abgelaufenen kurzfristigen Verwerfungsprozesse formal abzubilden.

Mit seiner frühen Auseinandersetzung im Rahmen seiner Habilitationsschrift wurde Herbert Timm quasi zu einem Keynesianer der ersten Stunde. Auch mehr als dreißig Jahre später noch spürten wir seine Begeisterung über Keynes' Werk in unseren Vorlesungen, und so stiegen wir in dessen Denken mit allen seinen Verästelungen gründlich ein. Natürlich habe ich selbst Keynes nie kennenlernen können, denn er starb – gerade einmal 62-jährig – bereits 1946, nur drei Jahre, nachdem er als britischer Chefunterhändler bei der Bretton-Woods-Konferenz an zentraler Stelle bei den Verhandlungen zur Neuordnung der Weltwirtschaft nach dem Krieg mitgewirkt hatte. Aber durch Herbert Timm wurde »der große Keynes« für uns Studenten wieder lebendig. Fast schien es uns, als hätte er selbst am Katheder gestanden.

Die Grundlogik der Keynes'schen Krisentheorie lässt sich schnell verstehen. Aus irgendeinem Grunde, ob rational begründbar oder nicht, konsumieren die Menschen weniger und sparen ihr Geld, doch statt das Geld der Bank zu geben oder es sonst wie zu verleihen, was dann ja die Investitionsgüternachfrage beleben würde, horten sie es. Angesichts schlechter werdender Absatzerwartungen fragen sich die Investoren nun auch selbst ängstlich, ob sich ihre Investitionen am Ende wirklich lohnen werden, und sie rufen Geldmittel, die verfügbar wären, gar nicht ab, was die Horte abermals anschwellen lässt. Der Rückgang der Investitionen und des Konsums impliziert, dass die Produzenten weniger Aufträge erhalten und Mitarbeiter entlassen müssen. Diese Menschen verfügen nun über weniger Einkommen und konsumieren in der Folge auch weniger, was die Auftragslage der Produzenten abermals verschlechtert und zu neuen Entlassungen führt. Auf dieses Weise setzt eine Abwärtsspirale oder, wie man auch sagt, ein negativer Multiplikatorprozess ein, der zu einem ökonomischen Abschwung und bei dramatischem Verlauf womöglich gar zu einer großen Krise führt. Ausgehend von dieser Logik, so Keynes, ist klar, was zu tun ist: In der mehr oder minder heftig sich drehenden Abwärtsspirale darf der Staat nicht nichts tun – wie das der *Laissez-faire-Staat* in der Weltwirtschaftskrise fatalerweise tat. Vielmehr muss der Krise durch staatliche, kreditfinanzierte Ausgabenprogramme entgegengewirkt werden, um auf diese Weise die ökonomische Dynamik zu ändern und die Abwärtsspirale zu einer Aufwärtsspirale zu machen.

Nach der bis dahin üblichen ökonomischen Argumentation konnte eine Krise wie die Weltwirtschaftskrise eigentlich gar nicht passieren. Nach dieser Argumentation bedeutet ein Konsumverzicht nämlich stets eine Erhöhung der Ersparnis und damit der Mittel, die den Investoren zur Verfügung stehen. Das Mehr an Investitionsgüternachfrage belebt die Wirtschaft in der Investitionsgüterbranche, was dann die Flaute der Konsumgüterbranche kompensiert. Der Fehler dieser Theorie liegt offenkundig darin, dass sie die Geldhorte vernachlässigt. Wenn nämlich die Geldmittel, die nicht mehr für den Konsum eingesetzt werden, gehortet werden, anstatt in Investitionen zu fließen, dann kommt die kompensierende Erhöhung der Investitionsgüternachfrage nicht zustande. Dann passiert, was oben schon beschrieben wurde: Firmen drosseln ihre Produktion und entlassen Teile der Belegschaft, und die Wirtschaft kommt in die skizzierte Abwärtsspirale.

Wie schon gesagt: Herbert Timm war fasziniert von dieser Keynes'schen Sicht auf die Volkswirtschaft und die Möglichkeit, den Konjunkturverlauf gezielt zu beeinflussen. Und er ließ sich von ihr zu eigenen Forschungen inspirieren. So beschäftigte er sich – basierend auf den Überlegungen von

Keynes und anderen Ökonomen – auch mit der Geldtheorie und ihrer Anwendung auf konkrete Politikfragen. Davon profitierten auch wir Studenten. Seine Vorlesung *Geld, Kredit und Währung*, die ich später in München unter dem gleichen Titel – natürlich ergänzt um viele neue und eigene Themen – fortführte, war über die Grenzen der Uni Münster hinaus legendär. Wenn man zwischen Zentralbankgeld und Buchgeld der Banken unterscheiden wollte, wenn man lernen wollte, wie die Banken die Kreditgeldschöpfung quasi »aus dem Nichts heraus« organisieren, wenn man wissen wollte, wie Wechselkurse bestimmt waren, dann war man bei Herbert Timm richtig aufgehoben.

So auch ich. Und als ich mich viele Jahre später intensiv mit der Eurothematik beschäftigte, konnte ich auf mein früh bei Herbert Timm gelerntes, exzellentes Basiswissen aufbauen. Es war später zwar durch meinen Forschungsaufenthalt an der *University of Western Ontario* unter dem Einfluss der dort tätigen Monetaristen erheblich erweitert worden. Die tragende Basis jedoch, die lernte ich bei Herbert Timm.

Für ihn wie für viele andere Ökonomen seiner Zeit war in der keynesianischen Theorie die zentrale Legitimation für eine antizyklische Fiskalpolitik des Staates angelegt, also eine Politik, die die Schwankung der privaten Nachfrage durch gegenläufige Variation der staatlichen Nachfrage zu kompensieren versucht – zum Beispiel, indem eine schwindende private Nachfrage mit mehr staatlichen Investitionen in Infrastruktur beantwortet wird. Allerdings war Timm beileibe kein Nur-Keynesianer, und er hat immer wieder betont, dass die keynesianische Theorie nur für die kurze Frist galt und für die Beurteilung langfristiger, struktureller Fragen des Wirtschaftsablaufs nicht viel hergab. Aus seiner Sicht war die keynesianische »Hortungskrankheit« nur eine aus einer großen Zahl möglicher Krankheiten der Marktwirtschaft, die jeweils mit anderen staatlichen Medikamenten behandelt werden mussten. So wies er immer wieder auch auf die schädlichen Auswirkungen der Marktmacht hin, die Problematik externer Effekte im Umweltbereich, die Möglichkeit der Arbeitslosigkeit aufgrund von Lohnstarrheit nach unten, die Gefahr ruinösen Wettbewerbs bei Größenvorteilen in der Produktion, das Problem der Einkommensverteilung in der Gesellschaft und auf viele weitere Defizite des marktwirtschaftlichen Prozesses, die Staatsinterventionen in den Wirtschaftsablauf begründen konnten.

Herbert Timm hat mich mit diesen Fragen, die im Kern die Rolle des Staates in einer funktionierenden Marktwirtschaft berühren, geprägt. Gerade für einen Finanzwissenschaftler sind dies zentrale Fragen. Im Verlaufe dieses Buches werden manche von ihnen wieder auftauchen.

Keynesianismus, Neoklassik und die Schizophrenie der Volkswirtschaftslehre

Obgleich Herbert Timm gelernter Keynesianer war, blickte er also über das keynesianische Theoriengebäude hinaus. So legte er auch stets viel Wert darauf, dass der Staat die ordnungspolitischen Grundlagen der Marktwirtschaft durch ein verlässlich funktionierendes Rechtssystem zu legen hatte. Darüber hinaus sollte der Staat nur dort eingreifen, wo es mit Blick auf die Gewährleistung marktwirtschaftlicher Prozesse – wozu er die Krisenbewältigung zählte – nötig war. Insofern sah er immer die grundsätzlichen Vorteile der Marktwirtschaft bei der Überwindung der Knappheit und für die Schaffung von Massenwohlstand, der für ihn im Letzten die entscheidende Voraussetzung für eine stabile Gesellschaft darstellte.

Dazu entwickelten er und seine Münsteraner Professorenkollegen ihre Gedanken zumeist auf der Basis der sogenannten neoklassischen Theorie. Diese Theorie, die in der Volkswirtschaftslehre heute das vorherrschende Paradigma ist, verwirft die keynesianischen Gedanken zwar nicht vollständig, sieht sie aber nur als Spezialfall einer kurzfristig relevanten Konjunkturkrise an, die zwar möglich ist, doch nur eine aus einer Vielzahl von möglichen Krankheiten der Wirtschaft darstellt. Diese anderen Krankheiten lassen sich eher mit der neoklassischen Theorie erklären.

In der neoklassischen Theorie geht es vor allem um langfristige Fragen des Wirtschaftsablaufs und die Bildung der Preise für Güter, Kapital und menschliche Leistungen. Während sich die keynesianische Theorie, wie beschrieben, auf Multiplikatorprozesse konzentriert, die aufgrund von konjunkturellen Schwankungen und wachsenden oder schrumpfenden Geldhorten zustande kommen, betrachtet die neoklassische Theorie sogenannte Marktgleichgewichte, die sich im Zusammenspiel der Anpassung von Preisen, Nachfrage und Angebot ergeben.

Ein Marktgleichgewicht ist eine Situation, in der sich der Preis so eingespielt hat, dass die Firmen gerade das anbieten, also verkaufen wollen, was die Kunden kaufen wollen bzw. nachfragen. Ein höherer Preis würde bedeuten, dass mehr Firmen rentabel anbieten können, doch Kunden abspringen. Das dann bestehende Überschussangebot würde den Preis drücken und ihn zum Gleichgewicht zurückführen. Ein niedrigerer Preis hätte zur Folge, dass Firmen mit hohen Produktionskosten aus dem Markt ausscheiden, während die Kunden zugleich mehr kaufen wollen. Die Überschussnachfrage würde nun den Preis erhöhen, was ebenfalls eine Bewegung zum Gleichgewicht wäre, nun aber von unten. Die Keynesianer studieren Marktbewegungen in der kurzen Frist, bevor die Preise ihre Gleichgewichtswerte gefunden haben, die Neoklassiker hingegen abstrahieren von der kurzen Frist und untersuchen die Gleichgewichte selbst, die sich nach erfolgter Preisanpassung ergeben. Im Zentrum der neoklassischen Theorie steht die Allokationsfrage. Das ist die Frage danach, wer wann was in der Wirtschaft tut bzw. tun sollte. Es geht hier also um ein Strukturproblem im weitesten Sinn.

»Neoklassisch« heißt die Theorie, weil sie im Gegensatz zur klassischen Theorie keinesfalls davon ausgeht, dass Marktprozesse stets effizient sind, sondern die klassische Theorie nur verwendet, um Marktfehler zu untersuchen. Die neoklassische Theorie ist eine Theorie der schleichenden chronischen Krankheiten, die zunächst unspektakulär daherkommen, letztlich einen Verzicht auf Wohlstand bedeuten und allenfalls langfristig in einer abrupten Krise enden mögen.

Da geht es zum Beispiel um dauerhafte Verzerrungen im Wirtschaftsablauf, die aufgrund unflexibler Preise und Löhne zustande kommen, die sich nicht durch das Spiel von Angebot und Nachfrage auf den Märkten ergeben. So kann zum Beispiel eine Arbeitslosigkeit perpetuiert werden, wenn die Löhne trotz Arbeitslosigkeit nicht nachgeben, denn dann können auch bei den Unternehmen keine neuen Geschäftsmodelle und neue Arbeitsplätze entstehen.

Ein typisches Beispiel für Marktfehler bei der Produktion ist die allmähliche Verschlechterung der Umweltqualität aufgrund von Nachteilen für Dritte, für die die Firma nicht bezahlen muss und gegen die sie deshalb nicht genug tut. Dabei kann es sich um gesundheitliche Schäden handeln oder auch um Kosten, die zur Beseitigung von Umweltschäden anfallen. Man denke nur an das Thema des Klimawandels und die Gefahr eines

Anstiegs des Meeresspiegels. Man spricht hier von sogenannten negativen externen Effekten. Das Thema wird in Kapitel 8 wieder aufgegriffen.

Ein weiteres Beispiel liegt in der Frage, warum auf Gebrauchtwagenmärkten nur die schlechten Autos verkauft werden. Das liegt daran, dass zwar die Besitzer der alten Autos wissen, welche versteckten Fehler ihre Autos haben, aber die Käufer das auf die Schnelle nicht feststellen können. Da alle Verkäufer behaupten, dass ihre Autos gut sind, und der Marktpreis die wirkliche Qualität wegen der Informationsasymmetrie zwischen Käufern und Verkäufern nicht widerspiegeln kann, werden alte Autos, die tatsächlich gut sind, weitergefahren, und nur die schlechten Autos mit den versteckten Mängeln landen auf dem Markt. Man spricht hier von der Theorie der asymmetrischen Information. Diese Theorie wurde dogmengeschichtlich erst relativ spät, etwa ab den 1970er-Jahren entwickelt.

Solche Beispiele für Themen, mit denen sich die neoklassische Theorie beschäftigt, gibt es zuhauf. Diese Theorie behandelt auch zum Beispiel die Frage, warum Deutschland seine Exporterfolge erzielt, warum die südeuropäischen Länder in einer Dauerkrise stecken, warum die Weltmeere überfischt werden, warum so wenige Kinder geboren werden, warum die Häuserpreise und Mieten steigen und vieles, vieles mehr. Selbst die Frage, warum die Banken zocken und das Finanzsystem so instabil machen, gehört zu den Themen der neoklassischen Theorie. Diese Theorie umfasst eben praktisch alles bis auf die Konjunkturtheorie, und selbst da gibt es Erklärungsansätze, die mich aber ehrlich gesagt nicht überzeugen. Ich würde schätzen, dass mindestens 90 Prozent aller in volkswirtschaftlichen Fachzeitschriften publizierten Beiträge zu politisch relevanten Fragestellungen neoklassischer Natur und maximal 10 Prozent der keynesianischen Denkrichtung entstammen.

Wir Studenten empfanden das Nebeneinander von keynesianischer und neoklassischer Theorie als störend, wenn nicht schizophren, weil die jeweils betonten Wirkungsmechanismen so gar nichts miteinander zu tun hatten, wie es schien. Die keynesianische Theorie war wesentlich einfacher und süffiger, wenn man so sagen darf, aber wer sie beherrschte, hatte damit noch keinerlei Basis, um auch die Klausuren in neoklassischer Theorie zu bestehen, zumal diese Theorie, wie erläutert, ein deutlich breiteres Themenspektrum abdeckte. Ich knobelte und überlegte, ob es nicht eine übergeordnete Theorie geben könnte, die beide Denkwelten miteinander verband, doch fand ich sie zunächst nicht.

Tatsächlich gelang den amerikanischen Ökonomen Robert Barro und Gene Grossman im Jahr 1971 die Synthese zwischen der neoklassischen und der keynesianischen Denkwelt mit ihrer Theorie des temporären Gleichgewichts. Im Kern war diese Theorie durchaus neoklassisch in dem Sinne, dass sie flexible Preise hatte, die sich durch Angebot und Nachfrage bilden, und den Modellakteuren wurde explizit optimierendes Verhalten unterstellt. Indes wurde realistischerweise angenommen, dass sich die Preise nur verzögert an exogene Störungen anpassen können, und zwar erst, nachdem die Firmen merken, dass sie falsch sind, weil es entweder ein Überangebot auf dem Markt oder einen Lieferengpass gibt. Um das zu merken, müssen sie den Tauschversuch unternehmen, also nach Markpartnern suchen, und erst wenn sie die nicht finden, wissen sie, dass die Preise falsch sind.

Bei einem Nachfrageeinbruch auf den Märkten, zum Beispiel einem solchen, wie er von Keynes aufgrund einer plötzlichen Verstärkung der Geldhortung beschrieben wurde, kommt es im Barro-Grossman-Modell erst bei den alten Preisen zu einem negativen Einkommens- und Beschäftigungsmultiplikator à la Keynes, doch dann setzt eine iterative Preisanpassung auf dem Güter- und Arbeitsmarkt ein, wie sie auch in der Neoklassik behauptet wird. Während die Neoklassik gar nicht betrachtet, was passiert, wenn zu falschen Preisen getauscht wird, betrachtet die Theorie des temporären Gleichgewichts die Zwischenstadien, bis ein Gleichgewicht erreicht ist, die durchaus viele Monate umfassen können und deshalb nicht irrelevant sind.

Mich selbst hat die Synthese beider Denkrichtungen sehr interessiert, weil es die Kopfschmerzen aufgrund der Schizophrenie des Faches beseitigte. Einer meiner aus subjektiver Sicht wichtigsten Aufsätze trägt den Titel »The Theory of Temporary Equilibrium and the Keynesian Model«. Er erschien 1980 in der *Zeitschrift für Nationalökonomie*, nachdem er ein wirklich rigoroses, über mehrere Runden laufendes »Referee-Verfahren« hinter sich gebracht hatte. Ich versuchte dort das Standard-Lehrbuchmodell der keynesianischen Theorie (das sogenannte IS-LM-Schema) unter Beibehaltung zentraler Gestaltungselemente quasi minimalistisch um zentrale Elemente der neoklassischen Theorie zu erweitern, um so beide Modellwelten in einem gemeinsamen Modell zu verbinden, das extrem einfach zu handhaben war. Dieses Modell war in seinem ökonomischen Kern dem Barro-Grossman-Modell ähnlich, doch bedurfte es keiner grundlegend neuen Modellstruktur und konnte mit den Studenten bekannten Instrumenten der keynesianischen Theorie weiterarbeiten. Das Modell hat mir und meinen Studenten jahrzehntelang in der Lehre nützliche Dienste geleistet, weil es trotz seiner Einfachheit die umfassende neoklassisch-keynesianische Synthese bot und – was für Fachleute wichtig ist – vollständig mikrofundiert war, also alle Entscheidungen der Marktakteure aus rationalem, optimierenden einzelwirtschaftlichen Modellansätzen herleitete.

Auch später, als ich als Präsident des ifo Instituts einerseits die Forschung über die Konjunktur und andererseits über alle möglichen sonstigen strukturellen Probleme der Volkswirtschaft beaufsichtigte, bot mir dieses Modell den richtigen Referenzrahmen und schützte mich davor, mich in widersprüchliche Aussagen zu verstricken. Die Konjunkturanalyse des ifo Instituts war nämlich strikt keynesianisch aufgebaut, doch die restliche Forschung, die in sieben von acht Bereichen betrieben wurde, war neoklassischer Natur, eben weil in den Bereichen unterschiedliche Fragestellungen bearbeitet wurden.

Die Musgrave-Schule

Die unterschiedlichen Theorierichtungen spiegeln sich auch in den unterschiedlichen Aufgaben des Staates wieder. Nach dem legendären deutschamerikanischen Finanzwissenschaftler Richard A. Musgrave, der mir später ein guter Freund wurde und über den ich in diesem Buch noch berichten werde, kann man die Aufgaben des Staates gedanklich in die Bereiche Allokationspolitik, Stabilisierungspolitik und Verteilungspolitik aufspalten. Die Allokationspolitik, die sich mit Fragen der langfristigen Wirtschaftsstruktur beschäftigt, bedient sich des neoklassischen Instrumentariums. Die Stabilisierungspolitik behandelt das Konjunkturproblem und ist, trotz aller Versuche, es anders zu machen, heute bei den Wirtschaftsforschungsinstituten und den internationalen Organisationen wie dem *Internationalen Währungsfonds* (IWF) oder der *Organisation für wirtschaftliche Zusammenarbeit und Entwicklung* (OECD) immer noch faktisch keynesianisch fundiert. Die Verteilungspolitik beschäftigt sich mit der Frage, in welchem Maße und mit welchen sozialpolitischen Instrumenten der Staat die Einkommensverteilung beeinflussen kann. Sie wiederum ist weitgehend neoklassisch basiert, stellt aber die institutionellen Regelwerke des Staates in den Mittelpunkt.

Auch Herbert Timms Vorlesungen haben sich stets an dieser Dreiteilung orientiert. Doch waren sie angereichert mit neuen Theoriethemen und durchlässig für die Diskussion konkreter Politikprobleme aus dem Deutschland der Nachkriegszeit. So beschäftigten wir uns damals etwa mit der Frage, wie die geplante und von Frankreich importierte Mehrwertsteuer funktionieren würde. Wir diskutierten das Stabilitäts- und Wachstumsgesetz der Bundesrepublik, mithilfe dessen Wirtschaftsminister Karl Schiller und Finanzminister Franz Josef Strauß (»Plisch und Plum«) in der Zeit der ersten Großen Koalition von 1966 bis 1969 die Rezession bekämpfen wollten. Oder wir diskutierten, ob es mittels einer Staatsverschuldung möglich sein würde, Lasten von heutigen auf morgige Generationen zu verschieben oder ob die Lasten nicht doch immer bei der laufenden Generation liegen würden.

Timm hatte einige Jahre als Vorsitzender des *Wissenschaftlichen Beirats beim Bundesministerium der Finanzen* amtiert, und so flossen seine Beiratserfahrungen ebenso in seine wissenschaftliche Arbeit ein, wie dies Jahre später auch bei mir der Fall sein sollte, als ich zusammen mit meiner Frau das Buch *Kaltstart* und noch später weitere Bücher zu ganz praktischen ökonomischen Herausforderungen schrieb, wie zum Standort Deutschland, zur Umweltpolitik, zum Euro und anderen Themen mehr.

Wie nachhaltig Timms Vorlesungen, Denken und Handeln auch auf andere Weise auf mich gewirkt haben müssen, erkannte ich vor einigen Jahren, als mir zufällig einmal ein Vorlesungsmanuskript von Kai Konrad, einem meiner eigenen akademischen Schüler, in die Hände fiel. Konrad ist heute Direktor am *Max-Planck-Institut für Steuerrecht und öffentliche Finanzen*. Aufbau und Struktur dieses Skripts sowie auch manche Themen erinnerten mich sofort an Herbert Timm, und dies obwohl Kai Konrad, soweit mir bekannt ist, ihn nie kennengelernt hat.

Der Transfer muss also »irgendwie« über mich erfolgt sein, erkannte ich. Und bei näherer Betrachtung ist das auch nicht verwunderlich. Denn es gibt ja in den Wissenschaften nicht nur die schriftliche Tradition des formalisierten veröffentlichten Wissens, sondern auch eine mündliche Tradition, die sich nicht nur über Vorlesungen von Forschergeneration zu Forschergeneration fortschreibt, sondern die auch zahlreiche kleine Details enthält, die die Vorlesung interessant und lehrreich machen, ohne dass sie je den Weg in eine formelle Veröffentlichung gefunden hätten.

Kai Konrad ist übrigens auch insofern ein Nachfolger von Herbert Timm – einer seiner akademischen Enkel sozusagen –, als er, wie auch Timm, einige Zeit als Vorsitzender des Wissenschaftlichen Beirates beim Bundesfinanzministerium wirkte. Und wie auch Timm ist Konrad ein unerschrockener Wissenschaftler, der sich nicht scheut, unbequeme Wahrheiten auszusprechen und mit ihnen notfalls anzuecken. Im Kapitel 13 werde ich auf Konrad deswegen noch einmal zu sprechen kommen.

Herbert Timm verstand es auf faszinierende Weise, mit uns Studenten konkrete wirtschaftspolitische Fragestellungen mit Blick auf ihren theoretischen Hintergrund zu diskutieren. In seinen Seminaren bekamen wir oft die Aufgabe, anhand konkreter wissenschaftlicher Fachaufsätze einen ökonomischen Sachverhalt zunächst theoretisch zu erfassen und dann das Ergebnis vorzutragen. Sofort schlossen sich intensive und kontroverse Diskussionen an, bis der Sachverhalt theoretisch wirklich sauber verstanden war und sich auch die daraus ergebenden möglichen Politikoptionen zur Lösung des ökonomischen Problems deutlich herausschälten. Nicht nur die Studenten mussten sich in diesem Disput behaupten, auch die wissenschaftlichen Assistenten, die allesamt zugegen waren, und natürlich auch der Professor, also Timm, selbst. Zu den Assistenten, die sich damals einbrachten, gehörte auch mein späterer Chef an der Universität Mannheim Hans Heinrich Nachtkamp. Zu den Assistenten gehörte ferner Peter Friedrich, der heute in Dorpat bzw. Tartu in Estland lehrt. Und zu den Assistenten gehörte vor allem Georg Milbradt, der nach der Wende zusammen mit Kurt Biedenkopf als Finanzminister Sachsens die gesamte Finanzverwaltung des Freistaates aus dem Boden stampfte und später sächsischer Ministerpräsident wurde.

Die Leidenschaft, mit der Nachtkamp, Milbradt und die anderen Assistenten mit Argumenten aufeinander losgingen, hat mir sehr imponiert und mich auch inspiriert. Außenstehende hätten den Disput womöglich als das Zeichen eines persönlichen Konflikts angesehen, doch davon konnte nicht die Rede sein. Im Gegenteil, nach teilweise erbitterten Debatten trank man nachher ein Bier und lachte zusammen.

Auch wenn die intensive Lektüre wissenschaftlicher Fachaufsätze wichtig ist: Ich habe damals verstanden, dass sich Ökonomie im Disput besser lernen lässt, als wenn man sie nur als trockene Materie in sich hineinstopft. Ein gestiegener Adrenalinspiegel, wie er sich in einer Debatte einstellt, schärft den Verstand. Und wichtig ist – natürlich – auch die Entspannung danach.

Georg Milbradt ist einer der klügsten Ökonomen, die mir in meinem Leben je begegnet sind. Schon damals in Münster war er unglaublich schnell im Denken und tiefgründig in seinen Analysen. Wir Studenten konnten nur staunen, wenn wir erlebten, mit welcher Bravour er seinen Chef und alle anderen Assistenten argumentativ in Schach hielt. Damals waren wir noch keine Freunde, und das hatte auch politische Gründe. Während er sich nämlich beim RCDS (*Ring Christlich Demokratischer Studenten*) engagierte, stand ich zu jener Zeit eher links und war Mitglied im SHB, dem *Sozialdemokratischen Hochschulbund*. Doch wir respektierten uns von Beginn an sehr und entwickelten später dann eine großartige Freundschaft, die mich bis heute bereichert.

Mit großer Bewunderung denke ich im Übrigen auch heute immer wieder einmal an das Seminar für die eigentlich recht trockene mikroökonomische Steuerwirkungslehre, die Milbradt uns mit wenigen Formeln und Grafiken beibrachte. Es gab Parallelübungen mit mehreren Assistenten, und keiner durfte im Stoff vorauseilen. Milbradt war aber stets fertig, lange bevor die für »seine« Übung angesetzte Zeit zu Ende war. Er erklärte alles sehr einfach und so glasklar, dass man es sofort verstand und die veranschlagte Zeit nicht vollständig benötigt wurde.

Sinn, der Marxist?

Georg Milbradt war es denn wohl auch, der seinem Chef Herbert Timm vorschlug, mich die Diplomarbeit zu Karl Marx schreiben zu lassen, konkret zum »Gesetz des tendenziellen Falls der Profitrate«, das Marx im dritten Band des Werkes *Das Kapital* formuliert hatte. Ich ärgerte mich darüber sehr, denn ich hatte mich bei Timm als Erstgutachter meiner Diplomarbeit angemeldet, um eine Arbeit über irgendein klassisches finanzwissenschaftliches Thema zu verfassen. Aber daraus wurde nun nichts. Denn wir Studenten hatten, anders als heute, keinen Einfluss auf die Wahl des Themas der Abschlussarbeit. So musste ich mich also wohl oder übel auf den Hosenboden setzen, Karl Marx im Original sowie eine Menge Sekundärliteratur lesen und dann versuchen, etwas Überzeugendes zu Papier zu bringen. Und all dies auch noch ziemlich schnell, denn ich hatte lediglich drei Monate Zeit und keinen Tag mehr.

Ich arbeitete hart, fast ohne Pause, außer zum Essen und Schlafen. Vor allem las ich die drei Bände von Marx' *Kapital* und versuchte seine Aussagen zur Entwicklung von kapitalistischen Volkswirtschaften im Lichte der modernen Theorie des wirtschaftlichen Wachstums zu interpretieren. Am Ende standen 140 eng beschriebene Schreibmaschinenseiten, auf denen ich Marx mit den formalen Methoden der Wachstumstheorie widerlegte, indem ich zeigte, dass seine Behauptung einer ständig wachsenden Kapitalintensität der Produktion, also einer laufenden Zunahme der Kapitalausstattung je Arbeitsplatz, seiner Behauptung einer wachsenden industriellen Reservearmee von Arbeitslosen widerspricht. Wenn es nämlich stimmen würde, dass der Kapitalismus zu einem wachsenden Heer von Arbeitslosen führt, die zu Hungerlöhnen zu arbeiten bereit sind, dann bräuchten sich die Unternehmer nicht anzustrengen, sie durch Kapital zu ersetzen und dabei eine laufende Verringerung ihrer Kapitalrenditen in Kauf zu nehmen. Die laufende Erhöhung des Kapitaleinsatzes pro Arbeiter, die das wesentliche Kennzeichen des kapitalistischen Wachstums der letzten 200 Jahre war, wurde vielmehr durch die wachsende Knappheit der Facharbeiterschaft und die daraufhin wachsenden Löhne getrieben.

Heute bin ich etwas nachsichtiger mit Karl Marx, als ich es damals war. So finde ich, dass seine Theorie der periodischen Entwertung des Kapitals durch Krisen, die er ebenfalls im dritten Band des *Kapital* entwickelte und die ich damals nur am Rande streifte, einen wichtigen und wahren Kern enthält. Nicht von ungefähr wurde sie später von Joseph A. Schumpeter mit seiner »Theorie der schöpferischen Zerstörung« wieder aufgegriffen. Schumpeter ist ein 1883 in Mähren geborener Ökonom, der nach einer universitären Karriere in Österreich und Deutschland 1932 in die USA emigrierte und dann als Professor in Harvard lehrte. Im Jahr 1942 veröffentlichte er sein bahnbrechendes Buch *Capitalism, Socialism and Democracy*, das aber auf wesentliche Erklärungsmuster zurückgriff, die schon in seinem 1911 erschienenen, noch auf Deutsch verfassten Werk *Theorie der wirtschaftlichen Entwicklung* dargelegt waren. Seine Theorie der »schöpferischen Zerstörung« hat Weltruhm erlangt.

Wie später Schumpeter beschrieb Marx die wirtschaftliche Entwicklung als eine Abfolge von langen Zyklen. Im Aufschwung steigen die Einkommen und die Preise der Aktien und Kapitalgüter. Das suggeriert den Investoren, dass es sich lohnt, sich noch mehr zu verschulden und noch mehr zu investieren, was die Preise und Einkommen noch schneller wachsen lässt und noch positivere Erwartungen erzeugt, wodurch es abermals zu steigenden Investitionen kommt. Der Aufschwung trägt eine Weile, wird aber ab einem bestimmten, nur schwer vorherzusehenden Punkt durch die sich selbst verstärkenden, immer irrationaler werdenden Erwartungen über den Verlauf der Zukunft zu einer Blase, die irgendwann platzt. In der Folge fallen die Preise der Aktien und Kapitalgüter in den Keller, viele Unternehmen und Investoren gehen in den Konkurs, und auf den Ruinen der alten Unternehmen können junge Start-ups, wie man heute sagen würde, von Neuem beginnen. Sie können nun die Maschinen und Immobilien günstig erwerben, und es stehen ihnen nun ebenfalls billige Arbeitskräfte zur Verfügung, die zuvor in der Krise ihre Anstellung verloren haben.

Marx sprach in diesem Zusammenhang von einer »Entwertungskrise«, der ein neuer Aufschwung folge, Schumpeter von der »schöpferischen Zerstörung«. Gemeint haben beide das Gleiche. Der Unterschied war eigentlich nur, dass Marx in der Abfolge, der durch die Dynamik der Marktwirtschaft getriebenen Krisen, den in naher Zukunft bevorstehenden Untergang des Kapitalismus entdecken wollte – der dem von ihm präferierten Sozialismus den Weg bereiten würde und sollte –, während Schumpeter eine solche Entwicklung eher befürchtete. Der im Osten verehrte Vater des Kommunismus und der im Westen gelobte Theoretiker das Kapitalismus lagen in ihrer Analyse also bei Weitem nicht so weit auseinander, wie es ihre unterschiedlichen Bewertungen vermuten lassen.

Ich teile Marx' Präferenz für den Sozialismus nicht, und ich finde auch seine Theorie vom tendenziellen Fall der Profitrate aus den genannten Gründen nicht überzeugend. Allerdings sehe ich in der von Marx entwickelten Theorie marktwirtschaftlicher Krisen einen außerordentlich wichtigen Beitrag zur Theoriegeschichte, der uns auch heute noch nützlich sein kann, etwa, wenn man auf wesentliche Aspekte der großen Verwerfungen der letzten Jahrzehnte blickt. Die Liste dieser Verwerfungen ist in der Tat lang: die Schuldenkrise der lateinamerikanischen Länder in den 1980er-Jahren, die *Savings & Loan*-Krise der Sparkassen in den USA im gleichen Jahrzehnt, die Dotcom-Blase Ende der 1990er-Jahre und um die Jahrtausendwende, die Lehman-Krise samt Weltfinanzkrise ab 2008 und die Krise der südeuropäischen Länder kurz darauf: Immer waren der Krise blasenhafte Entwicklungen vorausgegangen, wie sie Karl Marx – und auch Schumpeter – beschrieben hatten. Und meistens setzte nach dem Platzen der Blase und einer Entwertung des Kapitals mit ökonomischem Abschwung bald darauf auch wieder ein neues Wirtschaftswachstum ein. Nur in Südeuropa war das so nicht der Fall, wofür es im Umfeld der Euro-Rettungspolitik gute Gründe gibt, ein Thema, auf das ich in Kapitel 13 noch ausführlicher zu sprechen kommen werde.

Kein Zweifel: Auch wenn ich zunächst kein Interesse an einer näheren Beschäftigung mit Karl Marx hatte, hat der von meinem Lehrmeister Herbert Timm und Georg Milbradt gleichsam erzwungene Ausflug in den Marxismus meiner Bildung als Ökonom sehr gut getan. Und auch sonst wurde ich dafür belohnt. Denn meine Diplomarbeit wurde am Ende von Herbert Timm mit einem Notenvorschlag beurteilt, der eigentlich im Notenschlüssel gar nicht zulässig war.

Doch damit genug. Wesentliche Teile der Diplomarbeit wurden anschließend in der *Zeitschrift für die gesamte Staatswissenschaft* veröffentlicht, die damals als eine der wichtigsten Fachzeitschriften für Volkswirtschaftslehre in Europa galt. Vor allem aber freute ich mich, dass man mir daraufhin eine Stelle als wissenschaftlicher Assistent am Institut für Finanzwissenschaft in Münster anbot. Ohne großes Zögern nahm ich sie an. Dort wurde ich zwar dem frisch zum Professor berufenen Kollegen Ingolf Metze zugeordnet, doch blieb Timm meine erste Bezugsperson.

Ein Gläschen Piccolo

So blieb ich Herbert Timm also nah, lernte weiter von ihm und pflegte einen engen Austausch, während ich zugleich für Ingolf Metze arbeitete und auch dadurch hinzulernte.

Unter Timm hatte ich 1972 auch mein erstes Lehrsemester zu absolvieren. Als Übungsleiter musste ich den Stoff der Timm'schen Vorlesung nochmals mit den Studenten durchgehen und vertiefen. Ich weiß noch gut, wie aufgeregt ich war, als sich die allererste Übungsstunde des Semesters näherte, denn ich wusste, dass Timm zugegen sein würde, um mich zu kontrollieren und gegebenenfalls zu korrigieren.

Als mir vor Aufregung buchstäblich das Herz bis zum Hals schlug, erinnerte ich mich an die Empfehlung meines Deutschlehrers Jürgen Schettler auf dem Gymnasium. Wenn man vor einem Vortrag nervös sei, solle man sich ein Fläschchen Piccolo genehmigen. Dann habe man mehr Mut und komme besser an. Nun beherzigte ich diesen Ratschlag, holte mir im Bäckerladen, der sich gleich nebenan befand, ein Fläschchen Piccolo und wollte es sofort öffnen. Der Korken saß allerdings sehr fest. Ich mühte mich ab, um ihn herauszuziehen, doch das wollte zunächst nicht gelingen. Plötzlich allerdings schoss er doch heraus und mit ihm ergoss sich der Sekt schwallartig über meine Hose. Ich war klitschnass – und fühlte mich mit einem Schlag wie gelähmt.

Keine Frage, so konnte ich nicht in die Übung gehen, die in einer halben Stunde beginnen sollte. Was nur tun? Nachdem ich wieder zu mir gekommen war, schnappte ich mir mein Fahrrad und raste zu unserer Wohnung. Der Weg war nicht kurz, ich musste einige Kilometer zurücklegen, und das mit großer Geschwindigkeit. Schnell zog ich mir eine andere Hose an und radelte mit noch größerer Geschwindigkeit und immer stärker schwitzend zurück. Mit hängender Zunge kam ich schließlich gerade noch pünktlich im Übungsraum an. Herbert Timm wartete schon und dies – wie ich sofort sah – überaus ungeduldig. Wie ich schließlich die Übung durchstand, ist mir nicht mehr so recht in Erinnerung. Jedoch hatte der Rat des Deutschlehrers genau das Gegenteil von dem bewirkt, was er bezweckt hatte. In jedem Fall war ich nach diesem Parforceritt auf dem Fahrrad übernervös und hatte zwischendurch Schwierigkeiten, mich zu konzentrieren. Dennoch schien Timm mit mir am Ende leidlich zufrieden zu sein, denn in den folgenden Wochen ließ er mich allein gewähren. Was für ein Anfang als akademischer Lehrer!

Aber er war schnell vergessen. Mehr noch: Ich arbeitete damals bis spät in die Nacht, weil ich vor allem im Laufe des Schreibens meiner Diplomarbeit immer mehr Feuer für die Forschung entwickelt hatte. Die Begeisterung für die gute Sache, für das Grundsätzliche, zu der – wie ich überzeugt bin – jeder junge Mensch fähig ist, wenn ihm dazu die Möglichkeiten geboten werden und er sie tatkräftig ergreift, diese Begeisterung also zeigte sich bei mir in der wachsenden Leidenschaft für die Forschung. Wahrscheinlich war es in dieser Zeit, dass ich ernsthaft und mit zunehmender Hingabe anfing, mich auf die Suche nach überprüfbaren ökonomischen Wahrheiten zu machen. Und dies an vielen Fronten, denn plötzlich interessierte mich fast alles. Ich rechnete komplizierteste Modelle zur Erklärung von Wirtschaftswachstumsprozessen durch. Ich beschäftigte mich mit einem Potpourri von ökonomischen Fragen, die von der Besteuerung bis zur Bevölkerungsentwicklung reichten.

Zudem lernte ich die Programmsprache *Fortran* und programmierte selbst, ein Prozess, der damals noch über die Füllung von Kisten mit Lochkarten ablaufen musste, und ich baute meine ersten sogenannten *Do-Schleifen*, mit denen ich unseren Olivetti-Computer am Lehrstuhl zu stundenlangem Rechnen animieren konnte. Die Welt der ökonomischen Wissenschaft war meine eigene geworden und sie war mir heilig. Alle anderen, alle weltlichen Dinge sozusagen, hatten ebenso plötzlich hintanzustehen.

Besonders deutlich wird mein damals wohl fast grenzenloser Idealismus mit Blick auf das »Heilige« an einer kleinen Begebenheit im Institut für Finanzwissenschaft an der Uni. Ich saß des Abends noch in meinem Büro und las intensiv, als ein älterer Kollege, Jürgen Hinnendahl, an meine Tür klopfte. Er steckte den Kopf herein und lud mich ein, mit ihm und anderen ein Spiel der deutschen Fußballnationalmannschaft im Rahmen der Europameisterschaft von 1972 zu verfolgen. Etwas gelangweilt winkte ich ab und fühlte Verwunderung, wenn nicht gar Missachtung darüber, dass ein Wissenschaftler wie er sich solch profanen Dingen wie einem Fußballspiel im Fernsehen zuwenden konnte. Ich kickte zwar selbst einmal wöchentlich, doch Fußball auf dem Bildschirm zu verfolgen und dafür meine Forschungen zu vernachlässigen, kam mir nicht in den Sinn.

Heute, bald ein halbes Jahrhundert später, kann ich altersmilde über mein Verhalten schmunzeln, denn wenn irgend möglich lasse ich mir wichtige Spiele der deutschen Nationalmannschaft nicht entgehen. Aber die Begebenheit zeigt doch, wie Josef Knecht aus Hermann Hesses Roman *Das Glasperlenspiel* sich gleichsam an die Institution verlierend in einer geistigen, der profanen Welt entrückten Sphäre gefühlt haben mag. Und sie zeigt, dass ich selbst im Begriff war, ein solcher Josef Knecht zu werden.

Inspiration ohne Ende: Nach Mannheim in den Ökonomen-Olymp

Die Zeit als wissenschaftlicher Assistent an der Universität Münster war schnell vorbei, denn schon zum Sommersemester 1974 folgte ich Hans Heinrich Nachtkamp zusammen mit meiner Frau Gerlinde an die Universität Mannheim, wohin Nachtkamp nach seiner Habilitation einen Ruf auf eine Professorenstelle erhalten hatte. Den Tipp, uns beiden das Angebot zu machen, wissenschaftliche Assistenten bei ihm zu werden, hatte Nachtkamp von Georg Milbradt bekommen, der unsere Verhältnisse kannte und wusste, wie schwierig für meine Frau die tägliche Fahrerei nach Dortmund bzw. die schließlich daraus resultierende Wochenendehe war.

In Mannheim würden wir, meine Frau und ich, wieder wirklich zusammenleben können. Es stand daher außer Frage, dass wir Nachtkamps Angebot annahmen. Aber die volkswirtschaftliche Fakultät der Universität Mannheim hatte auch einen exzellenten Ruf in der theoretischen Forschung. Ein Grund mehr – trotz Herbert Timms warnender Worte –, gen Süden zu ziehen.

Schnell wurde uns klar: Hier wehte in der Tat ein anderer Wind als im beschaulichen Münster, und dies in vielerlei Hinsicht. Die Lehrstühle lagen dicht beieinander, und es gab intensiven Austausch zwischen den Assistenten und den anderen Professoren. Einmal in der Woche fand ein Fakultätsseminar mit einem externen Gast statt, an dem auch die Assistenten teilnahmen und heftig mitdebattierten. Die Diskussionen bewegten sich auf hohem theoretischem Niveau, was mich außerordentlich inspirierte. Dabei ging es hart zur Sache, und wenn man seine Unkenntnis durch ungeschickte Fragen zeigte, wurde man auch schon einmal vom Magister Ludi zurechtgewiesen, d. h. von Heinz König, ein schon damals legendärer Ökonometriker. Die Ökonometrie, von der früher schon die Rede war, kann heute, im digitalen Zeitalter, als die Kunst gelten, mittels rechenstarker Computer große Datensätze auf Korrelationen und Kausalitäten zwischen ökonomischen Variablen zu durchsuchen. Sie stellt die ökonomische Forschung auf eine neue empirische Basis und ist in der Lage, ökonomische Theorien zu überprüfen und ggf. zu verwerfen.

Heinz König war eine außergewöhnlich energische und durchsetzungsstarke Persönlichkeit. Und auch sein Werdegang muss als außergewöhnlich bezeichnet werden. Denn er hatte erst eine Tischlerlehre gemacht, es auf dem zweiten Bildungsweg dann an die Universität geschafft und schließlich dort eine bewundernswerte Karriere hingelegt, die ihn zu einem der führenden Ökonometriker des deutschen Sprachraums machte. Unter Kollegen gab es keinen Zweifel, dass er maßgeblich für das hohe Niveau und den Erfolg der volkswirtschaftlichen Fakultät der Universität Mannheim war. Insbesondere sorgte er dafür, dass beständig erstklassige Professoren berufen wurden. Und es war ihm zu verdanken, dass die Fakultät zu einer weltoffenen Einrichtung wurde, in der laufend internationale Forscher zu Gast waren. Später baute er zudem das *Zentrum für Europäische Wirtschaftsforschung* (ZEW) auf, das heute zu jener Gruppe der fünf wichtigsten deutschen Wirtschaftsforschungsinstitute gehört, in der sich ja auch das ifo Institut befindet. Nach seiner Pensionierung übergab er die Leitung des ZEW an Wolfgang Franz, der lange Vorsitzender des *Sachverständigenrates zur Begutachtung der gesamtwirtschaftlichen Entwicklung* war und als angesehener Experte für Arbeitsmarktforschung gilt. Auf ihn folgte dann für kurze Zeit Clemens Fuest, der aber alsbald – und zu meiner großen Freude – mein eigener Nachfolger beim ifo Institut wurde.

Die Fakultät, die ich in Mannheim vorfand, war also vor allem dank des Einsatzes von Heinz König zu einer großartigen Einrichtung der ökonomischen Wissenschaft geworden, die ihre Qualität bis heute immer wieder unter Beweis stellt. Vermutlich war sie damals neben der volkswirtschaftlichen Fakultät der Universität Bonn die beste Fakultät im deutschsprachigen Raum. Zwar stand sie auch für die Riten der modernen, mathematisch orientierten Wirtschaftsforschung, vor der mich Herbert Timm gewarnt hatte. Aber sie war gerade deshalb exzellent, und Timms Warnungen verdrängte ich angesichts täglicher geistiger Inspiration einstweilen in die hinterste Ecke meines Bewusstseins.

Stattdessen ergriff ich jede Gelegenheit, die vielfältigen Angebote in Mannheim auch zu nutzen. So habe ich mir – obwohl ich bereits wissenschaftlicher Assistent war, der selbst unterrichtete – die Freiheit genommen, in viele der angebotenen Vorlesungen für die Studenten und in die Seminare zu gehen. So gesehen habe ich dort ein zweites Mal Volkswirtschaftslehre studiert, auch wenn ich keinen formalen Abschluss machte, weil ich den ja schon hatte.

Kein Zweifel, die Zeit in Mannheim war inspirierend. Und es mag kein Zufall gewesen sein, dass aus den jungen Talenten, die sich damals in der volkswirtschaftlichen Fakultät tummelten, zahlreiche Forscher hervorgingen, die später auch die Landschaft der führenden ökonomischen Forschungsinstitute prägten: Wolfgang Franz, der, wie schon erwähnt, das Zentrum für Europäische Wirtschaftsforschung (ZEW) übernahm; Klaus Zimmermann, der Chef des *Deutschen Instituts für Wirtschaftsforschung* (DIW) in Berlin wurde; Horst Siebert, der Herbert Giersch als Präsident des *Instituts für Weltwirtschaft* (IfW) in Kiel nachfolgte; und ich selbst, der lange dem ifo Institut in München vorstand.

Horst Siebert, der Älteste von uns, war damals bereits nicht nur Professor, der sich auch spannenden Zukunftsfragen wie Umwelt und Nachhaltigkeit zuwandte. En passant lernte ich bei ihm auch, wie wichtig es ist, sich dem Management ökonomischer Forschung – das ja später als ifo-Chef zu meinen Aufgaben gehörte – nicht zu verschließen. Konkret: Siebert kümmerte sich auch darum, dass jenseits der normalen Finanzierung weiteres Geld für die Forschung an die Fakultät floss. So leitete er zu jener Zeit u. a. einen Sonderforschungsbereich der *Deutschen Forschungsgemeinschaft* (DFG), jener fast vollständig von Bund und Ländern finanzierten, heute europaweit größten Forschungsförderungsinstitution. Mit den Mitteln der DFG wurden nicht nur neue Stellen geschaffen, sondern auch viele Gastforscher geholt, die Vorlesungen für die Studenten und auch Seminare für Doktoranden anboten.

Ich muss zugeben, dass mir selbst der Sonderforschungsbereich eher ein Gräuel war, weil ich auch für meinen Chef Hans Heinrich Nachtkamp immer wieder umfangreiche Anträge ausfüllen und Ergebnisberichte schreiben musste, ohne dass ich selbst je von der DFG finanziert worden wäre. Dabei lernte ich zwar früh – sehr nützlich für die spätere Karriere, auch für meine Zeit am ifo Institut–, was bei diesen Prozessen zu beachten ist, um Mittel auch tatsächlich zu bekommen. Doch viel wichtiger waren mir die Forschung und der Kontakt mit den neuen Gastforschern, die das Wissen aus der ganzen Welt nach Mannheim brachten.

Forscher-Take-off: Erste Erfolge

Das erste Gastforscher-Seminar, an dem ich in Mannheim teilnahm, behandelte geldpolitische Fragen und wurde von Jürg Niehans abgehalten, einem Schweizer, der an der *John Hopkins University* in Washington lehrte. Die Geldpolitik beschäftigt sich mit der Rolle der Zentralbank und der Wirkungsweise der Finanzmärkte. Mich faszinierte Niehans' theoretischer Ansatz, der die neuesten Erkenntnisse der volkswirtschaftlichen Risikotheorie mit der betriebswirtschaftlichen Portfoliotheorie verband und dabei auch die mathematische Wahrscheinlichkeitstheorie verwendete.

Ich empfand Niehans' Arbeit als besonders originell, und sie inspirierte mich, mich an einem Dissertationsthema festzubeißen. Im Gegensatz zu meiner Diplomarbeit hatte ich ja nun – den Usancen in der VWL entsprechend – die Freiheit, mir, in Abstimmung mit meinem Doktorvater, selbst ein Thema zu suchen. Dabei ein Forschungsfeld zu finden, bei dem ich wirklich etwas Neues beitragen konnte, war für mich besonders wichtig und galt ohnehin schon als die halbe Miete.

Auch vorher hatte ich nach einem geeigneten Forschungsthema gesucht, war aber nicht so recht fündig geworden. In Münster nämlich hatte ich mich, begleitet von Herbert Timm, bereits mit der Demografie, mit der Scheingewinnbesteuerung durch die inflationäre Entwertung von steuerlichen Abschreibungsmöglichkeiten und mit der Spekulation beschäftigt. Dazu schrieb ich einiges zusammen, ich wurde aber nie richtig warm mit diesen Themenkomplexen. Entweder sah ich die ökonomischen Probleme nicht, oder die technischen Probleme wurden so groß, dass ich nicht weiterkam. Erst Jahre später, als ich mich erneut mit diesen oder aber verwandten Themen beschäftigte, kam manches von dem, was ich zu jener Zeit angedacht und (zumindest für mich) auch zu Papier gebracht hatte, gedanklich wieder in mir hoch. Und ich war froh, auf meine Vorarbeiten zurückgreifen zu können.

Mit dem Seminar bei Jürg Niehans platzte jedenfalls der Knoten, und ich legte richtig los. Auch der Umstand, dass sich um diese Zeit, im Jahr 1975, unsere Tochter Annette ankündigte, beflügelte mich. Nun war klar, dass ich jetzt eine noch größere Verantwortung hatte, bald fertig zu werden, um zügig die nächsten beruflichen Schritte gehen zu können.

Ich verfasste eine Doktorarbeit zum Thema *Ökonomische Entscheidungen bei Ungewißheit*, damals noch mit einem »ß« statt mit »Doppel-s« geschrieben, reichte sie 1977 ein – und freute mich bald über die bestmögliche Note. Auch Heinz König – neben Hans Heinrich Nachtkamp, dem Erstkorrektor, der zweite Gutachter meiner Arbeit – war von ihr sehr angetan. Er erreichte sogar, dass sie mit dem ersten Preis der Universität ausgezeichnet und 1980 in der interdisziplinären Buchreihe *Die Einheit der Gesellschaftswissenschaften* veröffentlicht wurde, bei der Wilhelm Krelle, der Altmeister der ökonomischen Theorie in Deutschland, als Mitherausgeber amtierte. Später, im Jahr 1983, kam die Arbeit auch bei dem internationalen Fachverlag North Holland Publishing Company unter dem

Titel *Economic Decisions under Uncertainty* heraus. Beides bedeutete für mich eine Art Ritterschlag. Mehr konnte man als junger Forscher kaum erreichen.

Wilhelm Krelle, Professor in Bonn, zeigte nach der Lektüre meines Buches großes Interesse an meinen Arbeiten, und wir traten anschließend auch über viele andere theoretische Probleme in Kontakt. So gab es einen ausführlichen Briefwechsel – in der Tat noch mit handschriftlich geschriebenen Briefen, weil man so die Formeln leichter niederschreiben konnte – über sein Modell des wirtschaftlichen Wachstums, an dem er gerade arbeitete. Auch im Wissenschaftlichen Beirat beim Bundeswirtschaftsministerium und bei vielen anderen Gelegenheiten konnte ich von ihm lernen. Krelle gilt als der wichtigste deutsche Theoretiker seiner Generation im Bereich der Volkswirtschaftslehre. Er schrieb wichtige Bücher zur Preistheorie, zum Wirtschaftswachstum und auch zur Vermögensverteilung, und er war nach der Wende Gründungsdekan der volkswirtschaftlichen Fakultät der Humboldt-Universität in Berlin. Die volkswirtschaftliche Fakultät der Universität Bonn hatte er in Deutschland an die Spitze geführt. Er verstarb im Jahr 2004 im Alter von 88 Jahren.

Meine Dissertation umfasste eine Vielzahl von Unterthemen. Neben der schon erwähnten, von der Biologie inspirierten Integration des sogenannten Weber-Fechnerschen Gesetzes gehörten dazu unter anderen die intertemporale Portfoliooptimierung, das Prinzip des Unzureichenden Grundes und Risikoentscheidungen mit beschränkter Haftung.

Bei der intertemporalen Portfoliooptimierung geht es um die Frage, was heute für die Strukturierung eines Vermögensportfolios folgt, wenn man zu einem bestimmten fernen Zeitpunkt ein möglichst hohes Vermögen akkumuliert haben möchte. Wie überträgt sich die Risikoeinschätzung der Zukunft auf das periodisch neu zu strukturierende Portfolio? Sollte man mit einer geringen Risikoaversion anfangen und später vorsichtiger werden oder umgekehrt? Durfte man gar auf das sogenannte Gesetz der Großen Zahlen vertrauen, was darauf hinauslief, stets so zu investieren, dass der durchschnittlich erwartete Ertrag pro gewählter Periode maximiert wird? Das waren komplexe Fragen, aber sie faszinierten mich, weil ich feststellte, dass sie sich mathematisch exakt beantworten ließen. Interessanterweise kam bei meinen Forschungen zum Beispiel heraus, dass es durchaus rational war, bei der Wahl der optimalen Portfoliostruktur anfangs mehr zu wagen als später, quasi vor Toresschluss, weil man dann weniger Ausgleichsmöglichkeiten in Form neuer Chancen hatte.

Das Prinzip des Unzureichenden Grundes – also der zweite gedankliche Eckpfeiler meiner Dissertation – ist eine alte Kernaussage der Wahrscheinlichkeitstheorie, die auf den französischen Mathematiker, Physiker und Astronomen Pierre-Simon Laplace zurückgeht, der seine Erkenntnisse bereits Anfang des 19. Jahrhunderts niederschrieb. Das Prinzip besagt, dass man dann, wenn man die Wahrscheinlichkeiten für unterschiedliche mögliche Ergebnisse einer ökonomischen Wahlhandlung nicht kennt, rationalerweise so entscheiden sollte, als seien alle diese Wahrscheinlichkeiten objektiv bekannt, ähnlich wie bei einem Glücksspiel. Damit wurde der Unterschied zwischen Ungewissheit und Risiko hinfällig.

Ein konkretes Beispiel, auf das schon der US-Ökonom Daniel Ellsberg verwies, kann die Sinnhaftigkeit dieses Prinzips verdeutlichen – übrigens der gleiche Ellsberg, der in seiner Eigenschaft als Friedensaktivist 1971 die Pentagon-Papiere veröffentlichte und so die Täuschung der Öffentlichkeit durch US-Verteidigungsministerium und Weißes Haus über wesentliche Teile des Vietnamkrieges aufdeckte.

So lautet Ellsbergs Beispiel: Ein Spieler hat die Wahl zwischen zwei Urnen, wobei jede dieser Urnen weiße und schwarze Kugeln enthält. Er darf sich für eine Urne entscheiden und dann darf er eine Farbe wählen. Danach wird blind eine Kugel aus der gewählten Urne gezogen, und wenn dabei die gewählte Farbe herauskommt, erhält der Spieler 100 Dollar.

Während die erste Urne genau 50 weiße und 50 schwarze Kugeln enthält, ist von der zweiten Urne nur bekannt, dass sie die beiden Farben in einem unbekannten Mischungsverhältnis enthält. Experimentell kann man zeigen, dass die meisten Menschen die erste Urne viel attraktiver finden als die zweite. Müssten sie einen Einsatz für die Beteiligung an diesem Gewinnspiel zahlen, würden sie die erste Urne wählen und dann die Farbe festlegen, um anschließend den Zufallszug realisieren zu lassen.

Damit machen sie aber einen Denkfehler, denn wenn man die Menschen vor dem Spiel fragt, ob es ihre Bewertung ändern würde, wenn man bei der zweiten Urne durch einen Münzwurf bestimmt, auf welche Farbe man dort setzen soll, verneinen sie das in aller Regel. Der Denkfehler liegt insofern vor, als man mathematisch beweisen kann, dass die objektive Wahrscheinlichkeit bei der zweiten Urne, zu den 100 Dollar zu kommen, genau 50 Prozent ist wie bei der ersten Urne. Insofern ist es irrational, die erste Urne der zweiten vorzuziehen. Beide Wahlalternativen sind mathematisch identisch, denn sie führen beide im Falle einer häufigen Wiederholung des jeweiligen Spiels auf die Dauer in der Hälfte der Fälle zum Gewinn. Die mathematische Gewinnwahrscheinlichkeit ist deshalb in jedem Fall exakt 50 Prozent.

Mein eigener Beitrag zu dieser Thematik bestand darin, diesen Gedanken zu verallgemeinern und das Prinzip des Unzureichenden Grundes aufgrund einer allseits schon bekannten Axiomatik für Rationalverhalten zu etablieren. Axiome sind in der Wissenschaft einfache und möglichst als wahr und unbestreitbar geltende Annahmen. In diesem Fall ging es um ganz einfache Axiome über rationales, logisches Verhalten. Ein wichtiges Axiom ist zum Beispiel, dass wenn ein Mensch Äpfel Birnen vorzieht und Birnen Orangen, er auch Äpfel Orangen vorziehen sollte. Aus solchen und ähnlichen, fast trivialen Axiomen kann man zum Beispiel herleiten, dass sich rationale ökonomische Entscheidungsträger implizit, ohne es zu wissen, bei Ungewissheit so verhalten, als ob sie den sogenannten *Erwartungsnutzen* maximieren wollten, also als ob sie den Mittelwert der Nutzenwerte der Konsequenzen ihrer Handlungen maximieren wollten, wobei der Mittelwert unter Verwendung von Wahrscheinlichkeiten für diese Konsequenzen zu berechnen ist. Während diese Implikationen der Axiomatik lange bekannt waren, konnte ich zeigen, dass dieselbe Axiomatik auch das Prinzip des Unzureichenden Grundes implizierte. Mein Beitrag wurde nicht nur als Teil meiner Dissertation, sondern isoliert auch im *Quarterly Journal of Economics* als eigenständiger Aufsatz veröffentlicht und damit quasi geadelt, denn diese Zeitschrift gehört weltweit zu den fünf besten Fachzeitschriften der Volkswirtschaftslehre überhaupt.

Mehr als er hat, kann man ihm nicht nehmen: Warum die Banken Glücksspiele spielen

So wichtig diese Erkenntnisse aus wissenschaftlicher Sicht gewesen sein mögen, im Hinblick auf die Erfahrungen, die die Welt mit der Finanzkrise machen musste, die im Jahr 2008 mit dem Kollaps der Lehman-Bank ihren vorläufigen Höhepunkt erreichte, erwies sich das Thema der Risikoentscheidungen mit begrenzter Haftung – also der dritte gedankliche Eckpfeiler meiner Dissertation – als bedeutsamer. Hier ging es um Risikoentscheidungen, die Entscheidungsträger, also Menschen oder Institutionen, treffen, die mit dem Rücken zur Wand stehen und im Falle eines Unglücks nicht mehr viel zu verlieren haben, weil sie über ihr Vermögen oder Eigenkapital hinaus nicht haften können oder müssen. Ich konnte zeigen, dass solche Entscheidungsträger dazu neigen, übermäßig riskante Entscheidungen zu treffen, sogar Entscheidungen, die im Mittel Verluste statt Gewinne implizieren. Die Haftungsbeschränkung auf das kaum noch vorhandene Vermögen hat nämlich zur Folge, dass die Entscheidungsträger asymmetrisch an den mit einer Handlung verbundenen Gewinnen und Verlusten beteiligt sind. Die Gewinne werden privatisiert, das heißt, sie gehören dem Entscheidungsträger, wenn sie auftreten. Die Verluste hingegen, die möglicherweise nur selten, dann aber in großem Umfang auftreten, werden größtenteils sozialisiert, jedenfalls insoweit, als sie das Vermögen oder Eigenkapital des Entscheidungsträgers übersteigen. In einem solchen Fall ist bei ihm ja nichts mehr zu holen, sodass entweder der Geschäftspartner den Verlust trägt oder der Staat, der zur Rettung herbeieilt – genau das ist mit »Sozialisierung der Verluste« gemeint.

Entscheidungsträger, die mit dem Rücken zur Wand stehen, wie ich das beschrieben habe, neigen wegen der asymmetrischen Beteiligung an Gewinnen und Verlusten dazu, bei ihrem Entscheidungsverhalten zu Hasardeuren zu werden, also extrem große Risiken zu suchen, um eine der Gewinnchancen zu erhaschen, wohl wissend, dass sie den möglichen Verlusten würden ausweichen können. Dafür verwendete ich den deutschen Begriff *Maehkminn-Regel* als Akronym für »Mehr als er hat, kann man ihm nicht nehmen«. Die englische Übersetzung enthielt für den gleichen Sachverhalt den Begriff *Bloos Rule*, wobei »Bloos« für das bekannte englische Sprichwort *You cannot get blood out of a stone* steht, was wörtlich übersetzt heißt: »Aus einem Stein lässt sich kein Blut pressen«.

Ich wandte die Regel auf eine Vielzahl von Entscheidungssituationen an, welche die Relevanz für den Alltag sofort erkennbar werden lassen: auf den Betreiber einer Seilbahn, der zu wenig in die Sicherheit investiert; auf die kleine oder konkursreife Fluggesellschaft, die im Falle des Absturzes nicht mehr viel zu verlieren hat; den Betreiber eines Atomkraftwerks, der gar nicht für die Schäden haften kann, die seine Nachlässigkeit möglicherweise impliziert; auf Devisenspekulanten, die auf Kursverluste wetten (sogenannte *short sales*); auf allzu waghalsige Autofahrer und vieles mehr. Und ich folgerte, dass mehr Haftungskapital oder Pflicht-Haftpflichtversicherungen, welche die Größe der Risiken in die Entscheidungen einpreisen, die richtigen Politikmaßnahmen zur Eindämmung der Fehlanreize wären – in den beschriebenen Beispielen, aber eben auch in vielen vergleichbaren Fällen.

Gibt es aber diese Fehlanreize, weil die Entscheidungsträger nicht oder nicht in vollem Umfang für die Folgen ihrer Entscheidungen haften, dann kommt es in Serie zu jenen Entscheidungen, für die andere als die eigentlich Verantwortlichen »bluten« müssen.

Dass man für die Folgen seiner Entscheidungen haften muss, ist nun einmal das Grundprinzip der Marktwirtschaft als jener Wirtschaftsform, die auf der Idee der Selbststeuerung des Wirtschaftsablaufs durch die einzelnen Firmen und Haushalte basiert. Diese via funktionierende Märkte erfolgende Selbststeuerung hat sich gegenüber der Steuerung durch einen Zentralplaner wie im kommunistischen System als überlegen erwiesen – darauf werde ich in Kapitel 6 noch ausführlich zurückkommen. Doch funktioniert sie eben nur, wenn derjenige, der eine Entscheidung trifft, die aus seiner Entscheidung resultierenden möglichen Gewinne und Verluste behalten darf bzw. tragen muss. Fehlt aber die Beteiligung am Verlust, dann entwickeln sich die Entscheidungsträger zu den genannten Hasardeuren, die ein Glücksspiel zu Lasten anderer beginnen und ganze Gesellschaften ins Verderben stürzen können.

Diesen dritten Eckpfeiler meiner Dissertation aus dem Jahre 1977, die Theorie der Risikoentscheidungen mit beschränkter Haftung, hatte vor mir noch kein Ökonom analysiert. Erst mehr als 15 Jahre später, im Jahr 1993, nach der schon kurz erwähnten Krise der amerikanischen Sparkassen in den 1980er-Jahren, wurde sie von Jean Tirole – einem französischen Ökonomen, der 2014 für andere Arbeiten mit dem Wirtschaftsnobelpreis ausgezeichnet wurde – und dem Belgier Matthias Dewatripont – heute Professor an der Universität Brüssel – quasi neu entdeckt, und zwar offenbar ganz unabhängig von mir. Sie analysierten, wie die US-Sparkassen ihre Kunden unter dem Schutz der gemeinsamen Einlagensicherung mit niedrigen Zinsen verlocken konnten, ihnen mehr und mehr Ersparnisse anzuvertrauen. Die Kunden wähnten sich sicher, weil der Einlagensicherungsfonds der Banken die Sicherheit zu garantieren schien. So bekamen die Banken immer mehr Geld in die Hand, das sie in fragwürdig und extrem riskante Projekte investierten. Lange Zeit ging dieses Spiel gut, die Gewinne wurden eilig an die Aktionäre der Banken ausgeteilt, und neue Sparer wurden angelockt. Doch um das Jahr 1986 brach eine große Krise aus, weil sich zeigte, dass die Banken viel zu viel Schrottpapiere erworben hatten. Auf einmal fiel diese ganze Konstruktion wie ein Kartenhaus ein. Über 1000 Sparkassen, etwa ein Drittel des Gesamtbestandes, brach zusammen, und der amerikanische Staat musste mit 125 Milliarden US-Dollar aushelfen, um die Einleger zu retten.

Auch in Europa kann sich Ähnliches wiederholen, wenn, wie es die EU plant, eine gemeinsame Einlagensicherung für die Banken eingeführt wird. Das ist der Grund dafür, dass im Jahr 2012 unter Führung des Dortmunder Statistikprofessors Walter Krämer eine Gruppe von 270 deutschen Ökonomieprofessoren, zu denen auch ich gehörte, gegen die Einlagensicherung Stellung bezog. Dass inzwischen vom Internationalen Währungsfonds zu hören ist, dass 18 Prozent der ausgereichten Kredite der italienischen Banken von den Kreditnehmern nicht mehr regelmäßig bedient werden, was 85 Prozent des Eigenkapitals der italienischen Banken betrifft, zeigt, wie berechtigt die Warnungen dieser Professoren waren. Auch die Kritik, die diesen Professoren von den Investorenhochburgen in London und New York entgegenbrandete, bestätigt ihre Sorgen. Offenkundig waren sie im Begriff, ein bedeutsames Geschäftsmodell der Finanzwelt zu zerstören.

Schon in meinen *Yrjö-Jahnsson Lectures*, einer prestigeträchtigen Vorlesungsreihe in Helsinki, die 2003 als Buch mit dem Titel *The New Systems Competition* bei Basil Blackwell herauskam, hatte ich meine »alte« Theorie aus der Dissertation auf das Bankverhalten angewandt und vor den sich anbahnenden Gefahren aufgrund unzureichender Eigenkapitalvorschriften gewarnt. Ebenso tat ich es auch später mit dem Buch *Kasino-Kapitalismus*, das 2009 auf Deutsch und 2010 auf Englisch bei Oxford University Press herauskam.

Nie werde ich übrigens vergessen, wie einst der dritte Gutachter meiner Dissertation, der Versicherungsökonom Elmar Helten, mir sagte, ohne dass er es aufschrieb, meine Dissertation sei ja ausgezeichnet, nur jenen Teil, der sich mit den Haftungsbeschränkungen befasse, fände er nicht überzeugend. Dass die Firmen Entscheidungen treffen, bei denen sie die Möglichkeit der Verluste mit einplanen und darauf spekulieren, dass sie durch die

Übertragung der Verlustrisiken auf andere mit dem blauen Auge davonkommen, das halte er für wirklichkeitsfremd. Ich schätze Helten sehr und ich habe in seinen Vorlesungen viel von ihm gelernt, aber in diesem Punkt war ich dezidiert anderer Meinung.

Nun, die Lehman-Krise, die das Weltfinanzsystem um ein Haar in den Abgrund gestürzt hätte, hat in aller Deutlichkeit die Relevanz meiner Theorie untermauert. Hier wurde wie in einem Brennglas erkennbar, dass die Banken und die anderen Finanzinstitute tatsächlich mit minimalem Eigenkapital herumgezockt und unglaubliche, ja abenteuerliche Investitionen in den amerikanischen Immobilienmarkt getätigt hatten. Dadurch waren Forderungstitel entstanden, die nach vielfachem Um- und Verpacken in zweifelhafte, kaum werthaltige Wertpapiere schließlich auch in den Büchern der deutschen Landesbanken und einiger privater deutscher Banken landeten. Als die Finanzmärkte in der Folge des Zusammenbruchs der Lehman-Bank kollabierten, drohten auch die deutschen Banken in den Strudel gerissen zu werden, mit unabsehbaren Folgen für die Gesamtwirtschaft und den sozialen Frieden. Der deutsche Staat sah sich zur Gründung von *Bad Banks* im Volumen von 280 Milliarden Euro gezwungen, um die Banken zu retten. Dadurch schnellte die deutsche Staatsschuldenquote um acht Prozentpunkte hoch. Bad Bank nennt man eine Bank, in die die betroffenen Banken im Austausch für vom Staat gesicherte Forderungstitel ihre faulen Kreditforderungen auslagern dürfen.

Sturm und Drang: Die Habilitation

Das Verfassen der Dissertation war anstrengend – aber es war auch faszinierend. Und es war erfolgreich. Die nächsten Schritte kamen nun fast von selbst.

Nach der Doktorarbeit, der Geburt unseres Sohnes Philipp im Jahr 1978 und einem Jahr der Unterbrechung für ein Austauschprogramm mit Kanada, über das ich später noch schreiben werde, bot mir mein Chef Hans Heinrich Nachtkamp an, mich bei ihm zu habilitieren. Sollte ich das tun?

Traditionell entsteht eine deutsche Hochschulkarriere ja so, dass man auf das Gymnasium geht, dann an der Universität sein Diplom erwirbt, dann promoviert und sich schließlich habilitiert, was im Schnitt – über alle

Fächer hinweg betrachtet – damals meistens in der zweiten Hälfte der Dreißiger passierte, also mit etwa 35 bis 38 Jahren.

Mit der Habilitation erhält man die sogenannte *Venia Legendi*, d. h. das Recht des öffentlichen Unterrichts an der Universität für die Studenten, ein Recht, das nicht an ein Arbeitsverhältnis geknüpft ist und jederzeit, wenn auch notfalls ohne Bezahlung ausgeübt werden kann.

Die Venia Legendi leitet sich einerseits aus der deutschen Tradition der Privatdozenten ab, die mit der Venia in der Tasche früher sogar auf eigene Rechnung unterrichten durften, und andererseits aus der im Grundgesetz Artikel 5, Absatz 3, verbürgten Freiheit von Lehre und Forschung. Forschung ist nach einem Urteil des Verfassungsgerichts eine Tätigkeit, die nach Inhalt und Form als ernsthafter planmäßiger Versuch zur Ermittlung der Wahrheit anzusehen ist, wie sie an Universitäten und Forschungsinstituten betrieben wird. Und die Lehre ist die Übermittlung des durch Forschung entstandenen Wissens an die Studenten und die Öffentlichkeit. Finden Forschung und Lehre in der Universität statt, sind sie in besonderem Maße durch das Grundgesetz geschützt, und zwar selbst dann, wenn sie dem Gesetzgeber oder der Regierung nicht gefallen und wenn sie vom Steuerzahler bezahlt werden. Kurzum: Wenn ein Professor Dinge sagt, die dem Minister oder der Regierung nicht gefallen, was bei mir gelegentlich der Fall war, gibt es keine Möglichkeit, seine Stimme durch Schließen des Geldhahns oder andere Maßnahmen zum Verstummen zu bringen, ein Thema, das ich in Kapitel 12 noch einmal aufgreifen werde.

Für die Habilitation war es zu meiner Zeit üblich, ein zweites großes wissenschaftliches Werk in Form einer geschlossenen Monografie über ein Themengebiet vorzulegen, das dann ähnlich wie die Dissertation von Gutachtern geprüft wurde. Die Habilitationsschrift stellte also eine Art zweite Doktorarbeit auf höherem Niveau dar. Heute sind diese Regeln insofern aufgeweicht worden, als meistens »kumulativ«, nämlich durch Vorlage von mehreren in Fachzeitschriften publizierten wissenschaftlichen Aufsätzen habilitiert wird. Das wäre zur Zeit meiner Habilitation zwar auch möglich gewesen, aber es war nicht üblich. Ich selbst etwa hatte an die dreißig solcher Aufsätze verfasst und hätte mich insofern leicht auch ohne die Habilitationsschrift bewerben können. Aber das wollte ich nicht.

Nach Abgabe und Prüfung der Habilitationsschrift – oder eben nach Abgabe der wissenschaftlichen Artikel – muss ein Habilitationskandidat in unserem Fachgebiet außerdem noch einen überzeugenden Fachvortrag vor der versammelten Professorenschaft der volks- und betriebswirtschaftlichen Fakultäten halten. Erst wenn auch diese Hürde genommen ist, wird die Venia Legendi in Volkswirtschaftslehre erteilt. Tragisch ist es, wenn Wissenschaftler, die so weit gekommen sind, anschließend keine Professur finden und dann mit dem Titel des Privatdozenten geschmückt auf der Straße sitzen, was nicht gerade selten passiert.

Als Hans Heinrich Nachtkamp mir also anbot, mich bei ihm zu habilitieren, warnte er mich freilich zugleich. »Ich weiß nicht, ob ich Ihnen raten kann, sich zu habilitieren, denn auf zwölf Habilitanden kommt in den nächsten Jahren eine Professorenstelle«, sagte er mir unter Anspielung auf eine in Fachkreisen viel beachtete Erhebung des Münsteraner Statistikprofessors Herbert Gülicher. Aber wenn ich das Risiko eingehen wolle, würde er mich dabei unterstützen.

Ich wollte das Risiko eingehen, denn ich hatte so gewaltig Feuer gefangen für die Volkswirtschaftslehre, dass ich nicht mehr davon loskommen wollte. Die Habilitation als solche war mir dabei aber zunächst weniger wichtig als der Umstand, dass ich bei Hans Heinrich Nachtkamp nun eine Habilitationsstelle hatte, die mir für zwei Mal drei Jahre zur Verfügung stand und mir, abgesehen von der Lehrverpflichtung an der Universität, genug Freiraum für meine Forschungen gab. Es war die Stelle eines sogenannten Hochschulassistenten (C1), die es damals in deutschen Universitäten gab, um den Einstieg in eine spätere Professorenlaufbahn zu erleichtern oder gar zu ermöglichen.

Genau den wollte ich auch haben. Und so schwirrten mir damals viele Themen durch den Kopf, und ich schrieb sehr viele wissenschaftliche Aufsätze für internationale Fachzeitschriften, sodass sich sehr rasch ein erkleckliches Œuvre ansammelte. Ich deshalb hatte keine wirkliche Angst davor, womöglich keine Professorenstelle zu bekommen. Wenn es in Deutschland nicht geklappt hätte, dann wäre ich mit meiner Familie ausgewandert, nach Kanada, in die USA, nach Australien oder anderswohin, denn die Möglichkeiten boten sich ohnehin.

In Kanada etwa, wo ich ja kurz zuvor ein später noch ausführlicher zu beschreibendes Gastforscherjahr verbracht hatte, hätte ich als *Assistant Professor*, der ich ein Jahr lang ohnehin schon war, weiterarbeiten können. In Christ Church, Neuseeland, hätte ich als *Senior Lecturer* anfangen können, was eine hochstehende Position in der Lehrhierarchie knapp unterhalb des normalen Professors ist, etwa vergleichbar mit dem deutschen W2-Professor. Eine ebensolche Stelle hätte ich auch an der *University of New South Wales* haben können, zu deren Annahme mich Murray C. Kemp, der dort Professor war, wiederholte Male und mit Nachdruck bewegen wollte. Kemp hatte bei seinen Besuchen als Gastforscher in Mannheim Gefallen an mir gefunden, was unter anderem in einem gemeinsamen Forschungsaufsatz seinen Niederschlag gefunden hatte.

Insofern war es auch keine Frage für mich, dass ich nicht in die Wirtschaft gehen würde. Das Angebot der Unternehmensberatung *McKinsey*, dort als Berater anzufangen, habe ich niemals ernsthaft erwogen. Die Firma hätte mir das Doppelte dessen gezahlt, was ich als wissenschaftlicher Assistent an der Uni verdienen konnte, und die Einkommensaussichten für die Zukunft waren ungleich attraktiver als das, was im Universitätsbereich zu erwarten war. Doch von der Wissenschaft, der Suche nach überprüfbaren ökonomischen Wahrheiten, die mich faszinierte und inspirierte, wollte ich nun nicht mehr lassen.

Als Habilitationsthema wählte ich die Kapitaleinkommensbesteuerung, also die Besteuerung von Unternehmensgewinnen im Allgemeinen und von Zinsen, Dividenden und einbehaltenen Gewinnen im Besonderen. Konkret ging es mir um die sogenannten intertemporalen, die internationalen und die intersektoralen Allokationswirkungen dieser Besteuerung.

Gemeint ist damit die Analyse der Verhaltenswirkungen der Besteuerung. Jede Steuer hat ja eine Bemessungsgrundlage, die an ganz bestimmte ökonomische Tatbestände anknüpft, die durch die Entscheidungen des Besteuerten verändert werden können. Und da keiner gerne Steuern zahlt, kann man davon ausgehen, dass sich das Verhalten der Besteuerten unter dem Einfluss der Besteuerung stets so verändert, dass sich die Bemessungsgrundlage bei gegebenen Steuersätzen verringert.

Diese Verhaltensänderungen rufen aber eine Abweichung von den volkswirtschaftlich optimalen Verhaltensweisen hervor und bedeuten deshalb in aller Regel, dass der Wohlstand der Bevölkerung insgesamt kleiner wird, als er sonst hätte sein können. So kann eine Besteuerung der Kapitaleinkommen bedeuten, dass die Menschen weniger sparen und investieren, was einer Verlagerung des Konsums von der Zukunft auf die Gegenwart gleichkommt und das Wirtschaftswachstum verringert. Ferner können die Unternehmen geneigt sein, sich der Besteuerung in einem bestimmten Land durch Abwanderung des Firmensitzes oder zumindest die Verlagerung des Anlagekapitals ins Ausland zu entziehen. Ebenso kann es infolge einer solchen Besteuerung innerhalb einer Volkswirtschaft zu einer Verschiebung der wirtschaftlichen Aktivitäten von den stark zu den weniger stark besteuerten Sektoren kommen.

Zur Wahl dieser Thematik trieb mich zweierlei. Erstens erinnerte ich mich an Herbert Timms Mahnung, keine »Glasperlenspiele« zu betreiben. Ich wollte also wieder näher ran an mein eigentliches Fachgebiet, die Finanzwissenschaft, für ich dank Timm gleich in den ersten Studiensemestern Feuer gefangen hatte.

Zweitens fand ich das Thema insofern wichtig, als die Akkumulation von Kapital durch Ersparnis und die Allokation bzw. Lenkung des Kapitals auf rivalisierende Verwendungen das zentrale wirtschaftliche Thema einer »kapitalistischen« Marktwirtschaft überhaupt ist. In welchen Branchen und Regionen die Wirtschaft boomt und wo sie zurückfällt, hängt entscheidend damit zusammen, wohin das knappe Kapital fließt bzw. gelenkt wird. Und ob überhaupt genug Kapital akkumuliert wird zur Finanzierung jener komplexen Produktionsprozesse, denen die Menschen letztlich ihren Lebensstandard verdanken, hängt maßgeblich davon ab, wie der Staat die steuerlichen Anreize für die Bildung und Investition von Kapital setzt.

Der Mensch ist heute noch derselbe wie zum Beginn der Industrialisierung vor mehr als 200 Jahren, als Adam Smith mit seinem für die heutige Ökonomie bahnbrechenden Werk *Der Wohlstand der Nationen* erstmals die theoretischen Grundlagen des Kapitalismus beschreibt. Doch haben Muskeln und Gehirn des Menschen durch den Einsatz von Maschinen seither eine gewaltige Hebelwirkung bekommen, die den Wohlstand von heute maßgeblich erklären. Das ist, so denke ich, für jedermann offenkundig, und weil das so ist, kann die Gesellschaft nicht gleichgültig bezüglich der Allokationswirkungen der Kapitalbesteuerung sein. Den Kapitalisten einen Teil ihres Reichtums wegzunehmen, um ihn dann an die Armen zu verteilen, ist eine billige Forderung, die bei gesellschaftlichen Debatten häufig im Raum steht. Zu kurz kommt dabei die Frage, ob es bei einer solchen Verhaltensweise des Staates überhaupt noch zu einer ausreichenden Kapitalbildung kommt. Ist das nicht der Fall, entwickelt sich die Arbeitsproduktivität nur noch langsam, wenn überhaupt, und damit schmilzt auch der Spielraum für weitere Lohnerhöhungen wie das Eis in der Sonne. Genau deshalb ist das Wissen über die Ausweichreaktionen der Vermögensbesitzer von entscheidender Bedeutung für die Gestaltung eines rationalen Steuersystems, das dem Nutzen der arbeitenden Massen längerfristig tatsächlich dient.

Die Analyse des Einflusses der Besteuerung auf das Wirtschaftswachstum zu untersuchen, war der bei Weitem schwierigste Teil meiner Arbeit, weil er es nötig machte, ein intertemporales allgemeines Gleichgewichtsmodell zu konstruieren, das auf dem sogenannten methodologischen Individualismus fußte und den Hauptsätzen der Wohlfahrtstheorie genügte. Die Tragweite und Bedeutung dieser beiden Anforderungen kann der Leser nicht verstehen, wenn er nicht fachkundig ist. In Kapitel 6 wage ich den Versuch, sie zu erklären. An dieser Stelle darauf einzugehen, würde den Rahmen dieses Kapitels sprengen.

Buffalo, Gießen oder München? Es hätte auch anders ausgehen können

Eine Habilitationsschrift ist ohnehin ein mühsames Unterfangen, das viele Jahre Arbeit erfordert. Zwischendrin muss man viele andere Dinge machen, und es ist dann manchmal schwer, den Faden wiederzufinden und beharrlich weiterzuarbeiten. Wieder war es die sich ankündigende Geburt eines Kindes, diesmal unseres Sohnes Rüdiger, die mich noch stärker motivierte und zu noch energischerer Arbeit veranlasste. Mehr noch: Sie beflügelte mich regelrecht. Und 1983 konnte ich die voluminöse Arbeit, die inzwischen entstanden war, schließlich abgeben.

Nach der Bewertung und Annahme der Habilitationsschrift durfte ich den Titel eines »Privatdozenten« führen. Und die Universität Mannheim bot mir sogleich eine sogenannte C2-Professur an, ein Angebot, dass ich annahm, um von dieser Position aus nach einer »richtigen« C4-Professur Ausschau zu halten. C4 war damals dasselbe wie heute W3, also die höchstmögliche Position für einen Professor. C2 war demgegenüber die kleinste, auch nur temporär gewährte Professur, die die Universität zu vergeben hatte, speziell geschaffen für die frisch habilitierten Privatdozenten, eine Wartestelle bis zum Ruf auf eine anspruchsvollere Professorenstelle. Ich musste dort allerdings nicht lange warten.

Allen war klar, sowohl meinen Kollegen an der Universität Mannheim als auch mir, dass ich baldmöglichst eine bessere Stelle außerhalb von Mannheim einnehmen wollte, denn in Mannheim selbst konnte man nicht weiterkommen, weil Hausberufungen auf Ordinariate an deutschen Universitäten verpönt, wenn nicht gar wie in Mannheim qua Universitätssatzung verboten sind, um professorale Inzucht und Nepotismus zu vermeiden. So bewarb ich mich überall.

Bereits vor dem Einreichen meiner Habilitationsarbeit hatte ich mich dann in Buffalo, USA, beworben. Dort gab es eine attraktive Stelle, und Buffalo lag noch dazu in der Nähe zur kanadischen Grenze, was meiner Frau und mir besonders wichtig war. Außerdem hatte ich mich ebenfalls bereits vor dem formellen Abschluss meiner Habilitation auf den Lehrstuhl für Volkswirtschaftslehre und Versicherungswissenschaft an der *Ludwig-Maximilians-Universität* München (LMU) beworben.

In Buffalo hatte ich, wie mir später gesagt wurde, gute Chancen, die Stelle zu bekommen, doch als man dort von einem deutschen Gastforscher an der dortigen volkswirtschaftlichen Fakultät erfuhr, dass sich für mich ein Ruf aus München anbahnte, verfolgte man meine Bewerbung nicht weiter. Einen wirklichen Ruf im Sinne eines Angebots aus Buffalo erhielt ich nicht, doch hätte ich ihn erhalten, wie man mir versicherte, und wäre sonst in Deutschland nichts möglich gewesen, wäre ich gerne dorthin gegangen.

An der LMU war ich angesichts des zum Zeitpunkt der Entscheidung der Fakultät noch fehlenden Abschlusses der Habilitation nur auf Platz 2 der Berufungsliste für die Nachfolge auf dem Lehrstuhl des im ersten Kapitel erwähnten Hans Möller gekommen. Aussichtsreicher schien deshalb eine Stelle an der Universität Gießen, wo ich mich ebenfalls beworben hatte. Dort setzte man mich noch im Jahr 1983 auf Platz 1 der Berufungsliste.

Doch damit war die Entscheidung keineswegs gefallen, denn als die Kollegen in München davon erfuhren, forcierten sie die Verhandlungen mit dem eigentlich Erstplatzierten Peter Zweifel aus der Schweiz. Der aber zögerte, aus Zürich wegzuziehen, und so stellten sie ihm ein Ultimatum. Als er sich immer noch nicht entscheiden konnte, erhielt schließlich ich Anfang des Jahres 1984 den Ruf nach München, wo ich trotz verschiedener anderer Rufe, die in den vielen Jahren danach noch kamen, bis zu meiner Pensionierung als Ordinarius und danach als Emeritus verblieben bin.

Es stand dabei Spitz auf Knopf, denn damals galt, dass dasjenige Kultusministerium, das zuerst den Ruf ausgesprochen bzw. ihn versendet hatte, jedes andere Ministerium blockierte. Die Kultusminister hatten nämlich ein Kartell gebildet, um zu verhindern, dass sie sich beim Versuch, einen Professor zu bekommen, gegenseitig überbieten würden. Meine Frau und ich fühlten uns zwischen Gießen und München hin- und hergerissen. Ich neigte Gießen zu, weil man dort billiger wohnen konnte und ich das bezaubernde kleine Örtchen Lich mit seinem prächtigen Schloss als Wohnort ausgeguckt hatte, das man über die Landstraße sehr gut von der Universität aus erreichen konnte. Außerdem gefiel mir das Ambiente des Lehrstuhls in einem schönen Altbau, und auch die Sekretärin, die sich liebevoll um alles kümmerte, versprach einen guten Start.

Meine Frau, die immer schon den besseren Realitätssinn hatte, wollte hingegen eindeutig lieber nach München. Sie hatte ziemlich klare Ansichten bezüglich der langfristig besseren beruflichen Möglichkeiten, die sich in München ergaben. Natürlich stellte München allein mit Blick auf die Stadt und ihr Umfeld eine ganz andere Hausnummer dar als Gießen. Auch mag bei ihr mitgespielt haben, dass sie gebürtige Bayerin war. Aus ihrer Sicht konnte es gar nicht weit genug gen Süden gehen.

Nun, die Wahl wurde uns abgenommen. Denn am Ende kam dann doch der Ruf aus München zuerst. Er kam allerdings nicht einfach so, sondern selbst auf der Schlussgeraden ergaben sich noch Komplikationen. Zwar erhielten wir von Edwin von Böventer, einem Kollegen aus der Fakultät, der mich unbedingt an der LMU haben wollte, die informelle Vorab-Information, dass der Ruf heraus sei, also »eigentlich« abgeschickt worden war. Damit schien der Ruf nach Gießen nun blockiert.

Doch war das wirklich so? Tatsächlich steckte der Münchner Ruf, wie sich später herausstellte, noch irgendwo in der innerministeriellen Pipeline. Wir hatten also spannende Tage des Wartens zu überstehen, an denen wir nicht wirklich wussten, was nun werden würde – bis wir endlich erlöst wurden und feiern konnten.

3

Frühe Prägungen:
Kleine Verhältnisse und darüber hinaus

Ein armer Junge mit Wurzeln im Westen und in Pommern • *Heimat, Brake, westfälisches Land* • *Von der Dorfschulklasse als Einziger aufs Gymnasium in der Stadt* • *Neue Horizonte: Lehrmeister und Lernlust* • *Vatererbe: Arbeit, Unternehmerfleiß und Durchsetzungskraft* • *Starke Autos, echte Freundschaften: England und Frankreich* • *Spachteln für das Nordkap. Und das Ende meiner Jugend*

3 Frühe Prägungen: Kleine Verhältnisse und darüber hinaus

Ein armer Junge mit Wurzeln im Westen und in Pommern

Wenn ich auf die Anfänge meines Lebens zurückblicke, erkenne ich so gut wie nichts, das auf meinen weiteren Lebensweg hingedeutet hätte. Meine Eltern waren lange arm. Und eigentlich habe ich sie vor allem in den ersten Jahren und in meiner Schulzeit immer nur arbeitend in Erinnerung. Zunächst, um unsere kleine Familie irgendwie durchzubringen, dann, um einen bescheidenen Wohlstand abzusichern. Verbindungen zum Kaufhaus Sinn-Leffers? Keine. Verbindungen zur Uhrenfabrik Sinn? Ebenfalls keine.

Meine Mutter, Käte Sinn, geborene Maske, und mein Vater Karl-Heinz Sinn waren sehr jung, als ich am 7. März 1948 in Brake bei Bielefeld in Westfalen geboren wurde. Für beide – darin vielen ihrer Generation ähnlich – waren die frühen Erfahrungen des Krieges und der Nachkriegszeit prägend und auch die Entbehrungen, die damit einhergingen. Mein Vater stammt aus Brake. Man zog ihn als Halbwüchsigen im Alter von 17 Jahren von der Berufsschule in Bielefeld direkt zum Volkssturm ein, wo er als Flakhelfer eingesetzt wurde. Er hatte eigentlich seine Sattlerlehre zu Ende absolvieren sollen, um später beim örtlichen Sattlereibetrieb eine Anstellung zu bekommen, aber daraus wurde nun nichts.

Immerhin überlebte er den Krieg. Ohne Ausbildung und – zunächst auch ohne Perspektiven – schlug er sich danach als Lkw-Fahrer durch. Manchmal durfte ich auf seinen Reisen mitfahren, und wenn wieder eine Reise angekündigt wurde, fieberte ich schon darauf. Ich schlief und spielte in der Koje hinter dem Führerhaus, und ab und an blinzelte ich durch den Vorhang auf die Straße, wo die Landschaft eilig an mir vorbeizog. Bisweilen hielten wir an einer schönen Stelle an, wo ich dann nach draußen durfte. Ich habe warme Erinnerungen an diese Zeit, vielleicht, weil ich meinem Vater nah sein konnte, was später nur noch selten der Fall war.

Meine Mutter kam nicht aus Brake, sondern war eine Vertriebene aus Kolberg, jener Hafenstadt in Pommern, etwa auf der Mitte zwischen Stettin und Danzig, die heute den Namen Kolobrzeg trägt und nach der Annexion der deutschen Ostgebiete nun zu Polen gehört. Mit viel Glück war sie der Sowjetarmee, die Kolberg eingeschlossen hatte, auf einem der letzten Schiffe entkommen. Ihre eigene Mutter, meine Großmutter, war damals bereits gestorben und ihr Vater als überzeugter Sozialdemokrat längst den Nazis zum Opfer gefallen. Meine Mutter floh als junge Frau im Frühjahr 1945. In Westdeutschland angekommen, verschlug es sie nach Westfalen, wo sie bald darauf meinen Vater kennenlernte. Sie heirateten, und wie es zu jener Zeit nicht selten geschah, kam ich alsbald auf die Welt. Meine Geburt war, wie mir berichtet wurde, schwer, und es schien lange nicht sicher, ob meine Mutter sie überleben würde. Dass ich keine Geschwister bekam, lag vielleicht daran. Vielleicht aber konnten sich meine Eltern ein zweites Kind einfach nicht leisten. Ich weiß es nicht, wir haben nie darüber gesprochen.

Wie wir überhaupt lange wenig miteinander gesprochen haben, denn großgezogen wurde ich im Wesentlichen von meinen Großeltern väterlicherseits. Meine Eltern mussten hart und lange arbeiten, mein Vater im Lkw, meine Mutter, eine ausgebildete Friseurin, in einer Fahrradfabrik. Sie hatten keine Zeit, sich während der Woche um mich zu kümmern. Was es für meine Mutter bedeutet haben muss, ihren Sohn weitgehend in die Obhut ihrer Schwiegereltern zu geben, machte ich mir erst später klar, als ich selbst Kinder hatte. Dass ich mehr an meiner Großmutter hing als an ihr, muss sie getroffen haben.

Und das zeigte sich manchmal auch überdeutlich. Man kann als Kind ja richtig brutal auftreten – so auch ich. Ich mag vielleicht fünf Jahre alt gewesen sein, da schenkte meine Mutter mir ein kleines rotes Auto zum Spielen. Anstatt mich aber zu freuen, habe ich es ärgerlich und mit einer abfälligen Bemerkung von mir gewiesen. Vielleicht, weil es rot war, vielleicht, weil es klein war, vielleicht weil ich schlechte Laune hatte, vielleicht weil ich gar nicht bei ihr sein wollte. Viele Jahre später wurde mir bewusst, dass sie sich das Auto mühsam von ihrem Geld abgespart hatte. Wenn ich heute an diese Episode zurückdenke, schäme ich mich noch immer über mein Verhalten. Was mich ein wenig tröstet, ist, dass ich sie, die mich über viele Jahre nur am Wochenende sah, heute als sehr liebe Mutter in Erinnerung habe, die Vieles entbehren musste, um mitzuhelfen, uns durchzubringen – und so auch auf ganz entscheidende Weise half, meinen Weg mit zu ermöglichen.

Heimat, Brake, westfälisches Land

Kein Zweifel, meine Eltern waren lange arm. Doch auch meine Großeltern, die mich vor allem in den Jahren bis zu meinem Wechsel auf das Gymnasium prägten, hatten nicht viel Geld. Allerdings entstammte meine Großmutter Berta Sinn, geborene Remmert, einem kleinbürgerlich-ländlichen Elternhaus, in dem die westfälischen Traditionen gepflegt wurden. Ihr Vater, mein Urgroßvater, war der örtliche Schuhmachermeister, und er hatte es mit seinem Betrieb zu einem bescheidenen Wohlstand gebracht. Jedenfalls konnte er sich ein schönes Haus leisten, in dem auch meine Großmutter mit mir ein- und ausging.

Mein Großvater Karl Sinn wiederum kam aus dem Sauerland, konkret aus Kierspe bei Meinerzhagen, aufgewachsen auf einem Hof, dem »Eicken«. Er war strohblond wie sein Vater, der der »witte Sinn«, also der »weiße Sinn«, genannt wurde. Mein Großvater hatte in zwei Weltkriegen dienen müssen und danach beruflich nie richtig Fuß fassen können. Er schlug sich als Vertreter für Leder und Klebstoffe durch und fuhr mit seinem Wagen durchs Land, um Schuhmacher zu beliefern. Manchmal durfte ich auf seinen Touren mitfahren. Anfangs hatte er eine roten »Buckelopel«, ein recht großes Auto, was wie ein zu groß geratener Volkswagen-Käfer wirkte. Später kaufte er sich einen Lloyd 400 Kombi, in dem er mehr Platz für die Ladung hatte. Gelegentlich tuckelte ich mit meinem Großvater in diesem Gefährt gemütlich über die Landstraßen, und so erkundete ich das westfälische Land bis hin ins Lippische und zur Weser.

Wie meine Eltern lebten meine Großeltern ebenfalls in Brake, ein Ort, oder besser: eine Bauernschaft mitten zwischen Bielefeld und Herford, in der auch das Haus meines Urgroßvaters stand. Meine Großeltern hatten eine schöne Wohnung in einem noch zur Kaiserzeit gebauten, soliden, zweistöckigen Haus mit einem Walmdach. Vom Wohnzimmer blickte man über einen großen Platz und den Schulgarten bis hin zur evangelischen Kirche. Zweihundert Meter von uns entfernt stand die alte Windmühle, in der inzwischen ein Elektromotor das Getreide mahlte, und vielleicht vierhundert Meter entfernt befand sich der erste Hof, auf dem ich den Bauern beim Melken zusah und für meine Großmutter die Milch holen musste. Am meisten beeindruckte es mich, wenn Emil Buschmann, der Bauer, den Pflug von seinen ungleichen Ackergäulen – ich glaube, sie hießen Max und Moritz, einer breit, gedrungen und kräftig, der andere eher groß und schlank – durch die schwere Erde ziehen ließ.

Noch im 19. Jahrhundert gab es in Brake um die fünfzig solcher Höfe, alle gebaut im typisch westfälischen Fachwerkstil. Als ich in Brake meine Kindheit verlebte, standen die meisten noch. Die Höfe und die hübschen kleinen Häuser der Kötter, also jener Dorfbewohner, die die »Kotten« bewohnten, prägten die Landschaft und unseren Ort, der um diese Zeit bereits zwischen 4.000 und 5.000 Einwohner gehabt haben mag, weil sehr viele Kriegsflüchtlinge dorthingekommen waren. Seit 1973 ist Brake ein Ortsteil von Bielefeld. Nur noch wenige Höfe sind – nach einer liebevollen Renovierung ihrer neuen Besitzer – auch heute noch erhalten.

In Brake boten mir meine Großmutter und mein Großvater ein liebevolles, geordnetes Zuhause, an das ich trotz der Nachkriegsarmut wunderbare Erinnerungen habe. Vor allem meine Großmutter formte es – mit ihrer Fröhlichkeit, ihrer Kochkunst, ihren Liedern und Geschichten, auch mit ihrer zugewandten ausgleichenden Art und den vielen Freundinnen und Verwandten, die sie um sich versammelte. Noch immer sehe ich sie mit ihrer langen weißen, bis über die Schultern reichenden Schürze und den grauweißen Haaren vor mir stehen. Wenn meine Frau heute voller Zuneigung unsere Enkel umsorgt und auch ich mich an ihnen erfreue, muss ich stets an die Gnade denken, die mir selbst durch eine glückliche Kindheit widerfahren ist, maßgeblich geprägt durch meine Großeltern, aber auch durch den Fleiß meiner Eltern.

Der Name des Ortes Brake leitet sich, so lernte ich es in der Schule, von einem Hebelinstrument zum Flachsbrechen ab, das auch dem englischen *brake* für Bremse seinen Namen gab, denn die ersten Bremsen bestanden aus Holzhebeln, die die Bremser nach dem Kommando des Lokführers gegen die Räder zogen.

Meine Großmutter erzählte mir viel von ihrem Urgroßvater, also meinem Ururgroßvater, der Leineweber war. Er trug das von Hand gewebte Tuch in der »Kiepe« einmal in der Woche nach Bielefeld, wo er es verkaufte. Die Kiepe ist ein riesiger, aus Weidenruten geflochtener, rechteckiger Korb, den man auf dem Rücken trägt. Mein Ururgroßvater hatte sein Tuch dort hineingeschichtet. Er nutzte die neu gebaute Eisenbahntrasse, die über einen langen Viadukt von Brake nach Bielefeld führte, als Fußweg. Bielefeld entwickelte damals seine berühmten Textilmanufakturen zu großen mechanisierten Textilfabriken und wurde damit zu einem Zentrum der deutschen Textilindustrie.

Die erste gesicherte urkundliche Erwähnung eines Braker Hofs mit sächsischen Eigentümern stammt vom 13. Mai 974 n. Chr. (Meier zu Jerrendorf). Vorläufer des Hofs wurden aber vermutlich bereits um das Jahr 600 errichtet. Der Hof lag unweit vom Haus meiner Großeltern und gehörte zu dem Gebiet, das meine Freunde und ich als unser Territorium betrachteten und in unserer Freizeit durchstreiften.

Brake ist nur einen Steinwurf von Enger entfernt, wo Widukind oder »Wittekind«, wie wir sagten, begraben liegt, jener legendäre Sachsenführer also, der sich nach endlosen Kriegen Karl dem Großen ergab und zum christlichen Glauben überwechselte, um sein Volk nicht opfern zu müssen. Hier, ganz in der Nähe von Brake, befand sich demnach das Nest eines hartnäckigen Widerstands gegen das Frankenreich, und hier, in meiner Heimat, ist Wittekind auch heute noch ein Held. Die Geschichten um ihn und seine Tapferkeit hörte ich von meiner Großmutter und in der Volksschule immer wieder.

Ich gebe zu: Den Geist dieses Widerstands der Sachsen, der womöglich früh den sprichwörtlichen westfälischen Dickkopf geformt hat, jenen Geist also, der sich nicht unterwerfen will, spüre auch ich manchmal in mir. Mag sein, dass ich ihn in den wissenschaftlichen Debatten und in der Verteidigung meiner nicht selten für Politik und Öffentlichkeit herausfordernden Thesen – etwa zu Europa, aber auch zu Deutschland – ordentlich ausleben will und kann.

Doch wäre das dann nur die eine Seite. Denn wenn ich etwa in Aachen sitze, am anderen Ende Nordrhein-Westfalens, um im Stiftungsrat des Karlspreis-Komitees zur Verleihung des Karlspreises über den nächsten Preisträger zu diskutieren, sehe ich auch, dass es gerade mit Blick auf Europa um mehr gehen muss als um bloßen Widerstand. Der Karlspreis ist ja ein besonderer Preis, wird er doch verliehen für Verdienste um den Alten Kontinent und die europäische Einigung. Gerade beim Festakt im Aachener Dom, in dem man zum noch vorhandenen marmornen Thron Karls des Großen hochschauen kann, wird auch mir immer wieder bewusst, wie wichtig es ist, den Geist dieses Einigers Europas zu pflegen.

Doch zurück in meine Kindheit. Obwohl wir wenig besaßen und der Krieg gerade erst beendet war, kann ich mich an Hunger nicht erinnern.

Dazu gab es zu viele Bauern in der Nähe. Und außerdem bewirtschafteten meine Großeltern ein Feld, auf dem sie die für den Winter benötigten Vorräte ernten konnten. Auf diese Weise gab es alles zu essen, was Herz und Magen begehrten: dicke Bohnen, Schnippelbohnen, Speisekartoffeln, Salatkartoffeln, Radieschen, Erbsen, Gurken, Kürbisse, Steckrüben, Mohrrüben, Kräuter, Rhabarber und jede Menge Weißkohl. Das Pflanzen, das Jauchen, das Ernten und das Einkochen, auch das Hobeln und Eintopfen des Weißkohls, sind mir lebhaft in Erinnerung, als sei dies gestern gewesen. Außerdem hatten wir Hühner und Kaninchen. Und auch auf Äpfel, Birnen, Pflaumen, Erdbeeren, Johannisbeeren und Stachelbeeren konnte ich mich stürzen. Ich gierte geradezu nach dem frischen Apfelsaft, wenn er aus der örtlichen Presse zurückkam, zu der wir die Äpfel brachten.

Im Übrigen: Wann immer ich heute die Möglichkeit habe, die westfälische Küche mit den vielfältigen Kartoffel- und Eintopfgerichten zu genießen, lange ich gerne zu. So etwa auch beim Steckrübeneintopf. Im Krieg und auch in den Jahren danach galt er als Notessen. Für mich ist er nun eine Delikatesse, ebenso wie Grünkohl, allerdings ohne Pinkel, jenes mit einer fetten Gerste- und Hafergrütze gefüllte Wurstimitat, das man in Bremen und Hamburg isst. Pinkel kannte man bei uns nicht. Dafür aß man den Grünkohl mit geräuchertem Bauchfleisch, »Mettendchen« und »Rauchendchen«; das waren Mettwürste, die mal mild, mal stark geräuchert, und auf jeden Fall gut gewürzt und gesalzen waren. Natürlich gab es den Grünkohl erst im Winter, wenn der erste Frost gekommen war und die langen Stängel mit ihren grünen Hauben aus dem dünn gepuderten Schnee hervorstachen, denn dann schmeckte er einfach besser. Und auch heute esse ich ihn nur in dieser Jahreszeit.

Auch das Schlachten gehörte zu meinem Leben auf dem Land. Meine Großeltern hatten einen Stall für zwei Schweine, die sie mit den Kochabfällen mästeten. Die Tiere wurden so über zwei Jahre hinweg großgezogen und dann ein ums andere Jahr im Herbst geschlachtet. Zum Schlachten kam eigens ein Metzger ins Haus. Ich selbst durfte nicht dabei sein, sondern hatte erst Zutritt zum Schlachtraum, wenn das Schwein mit den aufgeklappten Rippen fein säuberlich auf der Leiter hing und mit dem Wursten begonnen wurde. Noch heute ist Wurstebrei mit gekochten Kartoffeln eine meiner Lieblingsspeisen, und wenn ich in Brake bin, nehme ich mir stets mindestens ein Paket davon nach München mit. Auch vom Knochenschinken, der schon früher nach dem Räuchern monatelang getrocknet wurde, bis er ganz hart war, nehme ich mir etwas mit – wenn ich ihn noch finde, denn guten Schinken gibt es immer seltener. Das meiste, was man heute in den Läden kriegt, ist wässerig und »labberig«.

Ich selbst bewohnte im Haus meiner Großeltern ein kleines, unbeheiztes Dachzimmer, in dem ich während der Sommermonate schlafen konnte. Dort hatte ich mein Reich, in dem mich niemand störte. Im benachbarten Wäldchen spielte ich mit meinen Freunden. Wir erklommen die Bäume, wateten durch die Bäche, sammelten die Bucheckern, rauchten Eichenlaub und bekämpften feindliche Banden. Ab und zu entdeckten wir Granaten und Munition aus dem Krieg, machten aber einen Bogen um sie, weil man uns Kinder eindringlich davor gewarnt hatte. Das galt auch für die Bombentrichter, von denen es im Wald noch viele gab, weil Brake in der Nähe einer Eisenbahn-Talbrücke lag, die im Krieg das Ziel heftiger Bombenangriffe war.

Dass ich bei meinen Großeltern wohnte, hatte im Übrigen nicht nur damit zu tun, dass meine Mutter und mein Vater beide arbeiten mussten, sondern auch damit, dass die Volksschule ganz in der Nähe ihres Hauses lag. Das sparte Zeit, für meine hart arbeitenden Eltern ein wichtiges Gut. Aber auch für mich, denn ich konnte es kaum abwarten, zur Schule zu gehen, und als ich dann endlich gehen durfte, tat ich es gern.

Das Schreiben lernten wir mit harten, dünnen Griffeln auf linierten Tafeln. Erst später, als wir das konnten, wechselten wir zu Tinte und Papier. Die Federn, die wir dazu nutzten, hatten kein Reservoir wie moderne Füller, sondern mussten immer wieder in die kleinen Fässchen getaucht werden, die in die Schulbank eingelassen waren. So manches Heft, das ich nach Hause brachte, war voller Tintenkleckse. Was für ein Wandel: Heute wird in einigen Ländern darüber diskutiert, so in Finnland, ob Kinder nicht besser tippend schreiben lernen sollten statt mit der Hand. Ich weiß, dass darüber zwischen Pädagogen und Hirnforschern gestritten wird. Aber auch wenn wir sicher nicht zum tintenklecksbehafteten Schreibenlernen zurückkehren sollten und ich selbst heute fast alles digital tippe, so scheint mir diese Entwicklung dann doch ein wenig befremdlich.

Das Zeugnisheft zu erhalten, war für mich immer ein freudiges Erlebnis, denn ich ging damit zu meinem Onkel Hans Sinn, dem Bruder meines Vaters, der mir dafür stets ein paar Groschen gab, wenn die Noten gut waren. Und meistens waren sie gut. Manchmal erhielt ich sogar einen silbernen

Fünfziger. Onkel Hans habe ich sehr verehrt. Er war Polstermeister in einer benachbarten Polsterfabrik, und ich ging häufig zu ihm, um ihn und die vielen Menschen in »seiner Fabrik« zu beobachten. Im Gegensatz zu seinen Kollegen trug er einen weißen Kittel, gab die Anweisungen und prüfte die Gewerke. Es imponierte mir, dass alle auf ihn hörten. Die ihm anvertrauten Mitarbeiter lackierten die Gestelle aus Buchenholz, setzten die Federkerne ein, bezogen sie mit groben Hanfstoffen, die mit Pferdehaaren abgefedert waren und überdeckten alles mit feinen Velourstoffen. Besonders die unverwüstlichen Mohairstoffe aus naturfetter Ziegenwolle bearbeiteten sie gerne, weil sie am liebsten hochwertige Ware herstellen wollten.

Onkel Hans machte sich später selbstständig und baute eine kleine, aber feine Polsterfabrik bei Osnabrück auf, die es heute noch gibt und die, nachdem die Produktion von Billigmöbeln nach Osteuropa wanderte und viele Polsterfabriken schließen mussten, die Yachtindustrie in Bremen beliefert. In meiner späteren Kindheit bin ich auch dort häufig gewesen. Auf diese Weise lernte ich früh, wenn auch kaum bewusst, die Funktionsweise eines kleinen produzierenden Unternehmens kennen.

Es gibt ein afrikanisches Sprichwort, das ungefähr so lautet: »Um ein Kind zu erziehen, braucht es ein ganzes Dorf.« Wenn ich es recht bedenke: Das stimmt. Es stimmt in jedem Fall in Bezug auf mich. Wobei zunächst verschiedene Mitglieder meiner erweiterten Familie dieses Dorf waren: meine Großeltern – vor allem meine Oma –, meine Eltern, mein Onkel. Zu denen stießen dann später weitere Dorfmitglieder: Lehrer, Jugendgruppenleiter und viele andere mehr.

Von der Dorfschulklasse als Einziger aufs Gymnasium in der Stadt

Bei meinen Großeltern blieb ich bis zum Ende der Grundschulzeit, also bis zum Alter von zehn Jahren. Dann fing für mich der Ernst des Lebens an, denn ich wechselte auf das Helmholtz-Gymnasium in Bielefeld.

Fortan musste ich täglich den Zug nutzen. Und da der Bahnhof näher an der Wohnung meiner Eltern lag, wohnte ich von nun an dort. Für mich bedeutete das nicht nur wegen des Zuges eine erhebliche Veränderung.

Denn im Gegensatz zu meinen Großeltern mit ihrem geräumigen Haus bewohnten meine Eltern eine winzige Sozialwohnung von vielleicht 25 Quadratmetern in einem jener Neubauten, wie man sie in der Nachkriegszeit errichtete. Der Platz reichte hinten und vorne nicht. Es gab ein kleines Schlafzimmer, eine Wohnküche und eine Toilette, freilich ohne Bad. Gebadet wurde einmal in der Woche in der gemeinsamen Waschküche, und ich schlief bei meinen Eltern im Zimmer.

Erst als ich 13 war, konnten sie im gleichen Haus in eine etwas größere Wohnung mit einem Zimmer mehr wechseln. Das zusätzliche Zimmer war durch eine Holzwand mit Schiebetür in eine Küche und ein winziges Kinderzimmer geteilt, das gerade für ein Bett, einen kleinen Schrank und eine Schreibtischnische reichte. Ich fühlte mich dennoch wie ein König, als ich dort einzog, und die Eisblumen, die sich bei starker Kälte stets im Winter auf den Tapeten bildeten, weil die Wände nicht isoliert waren, nahm ich gerne in Kauf. Erst viel später bauten meine Eltern ein Haus, aber das geschah, nachdem ich schon zum Studium nach Münster aufgebrochen war. Ein echtes Zuhause wurde es daher nie für mich.

Dass ich auf das Gymnasium wechselte, kam für meine Familie und mich unerwartet. Weder meine Eltern noch meine Großeltern steckten hinter der Idee eines solchen Schrittes, denn es war in Brake unüblich, nach der vierten Klasse von der Volksschule zu einer weiterführenden Schule in der Stadt zu wechseln. Mein Grundschullehrer Hans Kühn durchkreuzte diese Usance jedoch, indem er mich für ein Gymnasium in Bielefeld empfahl. Natürlich hatte er dazu meine Eltern angesprochen und um ihre Zustimmung gebeten, die sie ihm nach einiger Überlegung, auch wegen der Empfehlung meines Onkels, schließlich gaben.

Für die Aufnahme im Gymnasium genügte eine Empfehlung damals freilich nicht. Vielmehr mussten Schüler außerdem eine mehrtägige Aufnahmeprüfung in den Räumen des Gymnasiums absolvieren, für das sie vorgeschlagen wurden. Und das Bestehen dieser Prüfung war alles andere als selbstverständlich, die Durchfallquote war hoch. Neben mir war nur noch ein anderer Klassenkamerad beim Gymnasium angemeldet worden, doch er bestand die Prüfung nicht. Weil sein Vater, ein Apotheker, sehr darauf aus war, dass sein Sohn das Abitur machte, probierte er es ein Jahr darauf noch einmal bei einem anderen Gymnasium in Herford – und war diesmal erfolgreich. So schaffte ich es als einziger Schüler meiner Klasse auf das Gymnasium.

Von der Dorfschulklasse als Einziger aufs Gymnasium in der Stadt

Ich wusste nicht, was nun auf mich zukommen würde, doch freute es mich, dass mein Vater stolz und glücklich über die Aufnahme war. Als er die Nachricht in einem an ihn gerichteten Brief erfuhr, setzte er sich sogleich auf sein Motorrad, um mir in der Schulpause die freudige Nachricht zu überbringen. Noch heute sehe ich ihn mit seiner Lederjacke und seinem Lederhelm vor mir, wie er mich zu sich an den Schulhofrand winkte – betreten durfte er ihn nicht –, und wie er sich freute.

Für meine Eltern war der Gymnasialbesuch eine finanzielle Herausforderung, denn, wie damals üblich, mussten sie Schulgeld für mich zahlen. Hinzu kamen noch die Kosten für die Schulbücher und die Monatskarten für Bahn und Bus. Aber sie standen zu der Entscheidung und kratzten das benötigte Geld Jahr für Jahr immer wieder zusammen.

Ich tat mich im Gymnasium anfangs nicht leicht. Unsere Klasse umfasste zunächst 49 Schüler, und ich saß weit hinten, was meiner Selbsteinschätzung entsprach. Mein Hauptproblem bestand darin, dass ich kein Hochdeutsch sprach, sondern einen ziemlich breiten westfälischen Dialekt, während sich die Bielefelder Bürgerkinder meiner Klasse zumeist schon sehr gewählt und jedenfalls auf Hochdeutsch ausdrücken konnten. Mir, wie auch einer Handvoll anderer Schüler mit ähnlich dörflichem Hintergrund, fiel es daher anfangs nicht leicht, mitzuhalten.

Als ich vor ein paar Jahren zufällig ein Tonband mit einer Sprachaufnahme von mir wiederfand, die gemacht wurde, als ich vielleicht 16 Jahre alt war, wurde mir noch einmal bewusst, von wie weit her ich auch sprachlich komme. Noch zu jenem Zeitpunkt nämlich, als ich bereits ungefähr sechs Jahre auf das Bielefelder Gymnasium ging, war der Braker Dialekt in aller Deutlichkeit und Breite zu hören.

Die *Sexta* und die *Quinta* – heute würde man sagen: die fünfte und die sechste Klasse, denn man zählte damals von der Abiturklasse zurück – funktionierten noch leidlich, doch nahmen die Leistungsanforderungen ständig zu, und die Berge von Hausarbeiten wurden immer größer. Tag für Tag saß ich dafür an meinem Platz am Couchtisch in unserem Mini-Wohnzimmer, den ich für meine Schularbeiten benutzen durfte, aber ich kam trotzdem nicht mehr richtig mit. So wurde die *Quarta* – also die siebte Klasse – schwierig, zumal uns nun ein Mathematik- und Physiklehrer unterrichtete, mit dem ich gar nicht klarkam. In der *Untertertia*, der achten Klasse, in der Zeit meiner Pubertät, scheiterte ich dann genau

125

an diesem Lehrer und den Noten, die ich von ihm erhielt. Ich musste die Klasse wiederholen.

Meine Mutter, die mir nicht helfen konnte, fragte mich ernsthaft und doch sehr liebevoll, ob ich denn nicht besser zur Realschule gehen wolle. Dass ihr Sohn aufs Gymnasium ging, wo sie sonst nur die Kinder reicher Leute vermutete, wie sie mir sagte, war ihr ohnehin nie ganz geheuer. Wenn es noch eines Anstoßes für mich bedurft hatte, war es dieser. Ich wies ihr Ansinnen entrüstet zurück. Angestoßen durch dieses Gespräch mit meiner Mutter wurde mir in meiner »Ehrenrunde« klar: Ich wollte das Abitur machen, und keiner würde mich dran hindern. Aufgeben, das kam nicht in Frage. Ich setzte mich also fortan auf den Hosenboden und lernte konzentrierter denn je zuvor.

Entdeckte ich damals – im Angesicht des Zweifels meiner Mutter an mir – das Kämpferherz, das mir heute in so mancher hart geführten öffentlichen Debatte zugeschrieben wird, jenen Widerstandsgeist, von dem ich schon sprach? Mag durchaus sein. Vielleicht war es diese gut und liebevoll gemeinte Frage meiner Mutter, dieses damit verbundene Zweifeln an mir, der oft bemühte Schuss vor den Bug, den ich benötigte, um meine Kräfte zu mobilisieren. Aber auch der Umstand, dass ich just in dem Jahr, das ich wiederholen musste, mein eigenes kleines Zimmer mit einer Schreibtischnische bekommen hatte, erleichterte es mir, wieder Fuß zu fassen. Ich kam von nun an ganz gut mit und wurde von Jahr zu Jahr besser.

Neue Horizonte: Lehrmeister und Lernlust

Trotz meiner zunächst nicht unerheblichen sprachlichen Defizite behandelten mich meine Lehrer am Helmholtz-Gymnasium fair und förderten mich. Sie waren streng – aber mit Blick auf das, was sie uns vermittelten und wie sie es taten – in den allermeisten Fällen großartig. Und das mussten sie auch sein. Denn das Helmholtz-Gymnasium stand im Wettbewerb mit dem in Bielefelds Bürgerschaft etwas angeseheneren Ratsgymnasium.

Der Unterricht faszinierte mich zunehmend, und ich ließ mich gedanklich immer stärker von der streng akademischen Ausbildung des Helmholtz-Gymnasiums einfangen. Dort sog ich das Wissen in mich auf und identifizierte mich mit den analytischen Methoden, die mir beigebracht wurden. Im Fach Deutsch, vor allem bei den Besinnungsaufsätzen, kam ich in die Spitzengruppe der Klasse. Selbst mit der Physik und der Mathematik, die mir anfangs so viele Schwierigkeiten gemacht hatten, klappte es nun immer besser, ja, ich fing insbesondere für Physik regelrecht Feuer. Wenn ich später als Volkswirt viele wissenschaftliche Arbeiten in der mathematischen Wirtschaftstheorie verfasst habe, so lag das sicher großenteils auch an der vorzüglichen mathematisch-naturwissenschaftlichen Ausbildung, die ich am Helmholtz-Gymnasium erhielt. Der Physikunterricht wie auch der Biologieunterricht wurde auf höchstem intellektuellem Niveau von sehr guten Lehrern abgehalten.

Latein und Französisch waren demgegenüber nicht meine Stärken. Ich kam aber leidlich zurecht und freute mich schließlich, als ich bald mit dem großen Latinum wenigstens eines dieser »Qualfächer« ablegen konnte. Beide Sprachen erleichterten mir sehr viel später im Leben aber das Lernen der italienischen Sprache, die ich heute einigermaßen beherrsche. Stark beeindruckte mich auch der Englischunterricht unseres Schuldirektors »Tiger« Behrens – wie wir ihn nannten –, der mit uns tief in die Sprachgeschichte und die englische Literatur eindrang. Eine exzellente Basis, die auch für kulturelle Feinheiten sensibilisierte. Als inzwischen international tätiger und publizierender Wissenschaftler ist mir das Englische mittlerweile zur zweiten Hauptsprache geworden.

Als ich das Gymnasium verließ – die Größe der Klasse hatte sich inzwischen von 49 auf 14 Schüler verringert – war das ärmliche Kind aus dem bäuerlichen Umfeld zu einem der wenigen Deutschen geworden, denen damals die Universität offenstand. Während heute die Hälfte einer Alterskohorte die Hochschulreife erwirbt, waren es bei meinem Altersjahrgang gerade einmal 5 Prozent.

Wir Klassenkameraden von damals sind noch heute eine eingeschworene Truppe von Freunden, die alle ihren Weg gemacht haben. Einige sind inzwischen leider verstorben. Aber die »Verbliebenen« kommen regelmäßig zusammen. Dabei erinnern wir uns gerne an die Schulzeit zurück und wissen, dass wir das, was aus uns geworden ist, auch den tollen Lehrern verdanken.

Einem Gymnasium kam damals ja auch eine gesellschaftliche Bedeutung zu, die man heute so nicht mehr kennt. Das gilt ebenso für die Lehrer, die in ihrer eigenen Alterskohorte zu den Besten ihrer Klasse gehörten. Denn nicht nur mit der Institution Gymnasium, sondern auch mit dem Lehrerberuf im Besonderen war ein hohes Sozialprestige verbunden, und wer es gar zum Studienrat auf einem Gymnasium gebracht hatte, der war auch mit Blick auf die Wertschätzung, die man ihm finanziell und sozial entgegenbrachte, ein gemachter Mann.

Natürlich gibt es auch heute noch großartige Lehrer, doch hat das Berufsbild insgesamt gelitten. Es hat gemeinhin, so scheint mir, eine Entwertung der Bedeutung unserer Bildungselite stattgefunden. Und diese Entwertung beschränkt sich mittlerweile nicht mehr nur auf die Lehrerschaft an den Schulen, sondern zeigt sich auch im Hinblick auf die Professoren an der Universität.

Eine kleine Episode verdeutlicht das. Während meiner Assistentenzeit an der Universität Mannheim musste ich nach unserem Seminar stets einen älteren emeritierten Professor unserer Fakultät, Walter Georg Waffenschmidt – einer der Wegbereiter der mathematischen Wirtschaftstheorie, der schon in den Neunzigern war – mit meinem Auto in sein Haus nach Heidelberg bringen. Ich empfand das immer als bereichernd, denn auf diese Weise konnten wir uns ausgiebig unterhalten. So berichtete er mir auch, dass sich die Professoren zu seiner Zeit – und damit meinte er die Zeit der Weimarer Republik – von ihrem Gehalt ein Haus mit zwölf Zimmern und drei Dienstboten hatten leisten können. Und heute: In teuren Großstädten wie München kann sich ein junger Professor von seinem Gehalt kaum noch ein Reihenhaus anschaffen. Für mich ist dies auch Ausdruck eines Wertewandels einer Gesellschaft, die ihre großartigen Wissenstraditionen vernachlässigt, die sie vor dem Ersten Weltkrieg zum Weltmeister bei den Nobelpreisen gemacht und ihr eine ungeahnte wirtschaftliche Leistungsfähigkeit beschert hatte. Heute begnügt sie sich demgegenüber im internationalen Vergleich nur noch mit dem Mittelmaß. Ich gestehe: Wenn ich mir diese Entwicklung so anschaue, so lässt sie mich nicht selten verzweifeln.

Vatererbe: Arbeit, Unternehmerfleiß, Durchsetzungskraft

Während meiner Gymnasialzeit konnte ich mich nicht nur auf das Lernen in der Schule beschränken, sondern musste stets auch zu Hause mitarbeiten. Das war bereits während der Zeit in der Grundschule so, als ich schon mit anpacken musste, ab dem 14. Lebensjahr aber ging es dann richtig los. So sehr meine Eltern die Gymnasialausbildung begrüßt hatten, sie sahen nicht ein, warum ich in dieser Hinsicht ein anderes Los haben sollte als meine ehemaligen Mitschüler von der Volksschule, die mit bereits 14 Jahren berufstätig wurden. Und sie sahen es umso weniger ein, als das Geld bei uns zu Hause an allen Ecken und Enden fehlte. Also musste ich mithelfen.

Störte mich das? Nicht wirklich. Und so hatte ich allerlei Nebenjobs, um mir ein Taschengeld zu verdienen, und war bestrebt, durch unentgeltliche Arbeit für meinen Vater, der sich inzwischen als Taxiunternehmer selbstständig gemacht hatte, unser Budget mitzufinanzieren.

In der Grundschulzeit arbeitete ich gelegentlich bei den Bauern in der Gegend. Sie kamen zur Erntezeit ins Dorf, um uns Kinder als Helfer anzuheuern, und wir willigten nur allzu gerne ein. Viel Ablenkung gab es ja ohnehin nicht. Für das Nachsammeln von Kartoffeln, die die Erntemaschine nicht erwischt hatte, erhielten wir immerhin 50 Pfennig für den halben Tag und dazu ein herrliches Leberwurstbrot. Für das Sammeln des Pferdemists, den die Großeltern für die Erdbeeren brauchten, gab es einen Groschen, also 10 Pfennig. Auch nicht schlecht. Aber in der örtlichen Papierfabrik, in der ich später regelmäßig nachmittags arbeitete, erhielt ich deutlich mehr. Und das galt ebenso für meine Tätigkeit als Hauspostbote für die Bielefelder Maschinenbaufabrik Gildemeister, wo ich mit 14 Jahren in den Ferien jobbte.

Das erste Taxi, das mein Vater hatte, war ein schwarzer Opel Rekord, der wie eine Kleinversion eines amerikanischen Straßenkreuzers wirkte und mit seinem kleinen Benzinmotor nebst Dreiganggetriebe zwar nicht leicht auf Trab zu bringen war, doch dank einer weichen Federung angenehm leicht über die schlechten Straßen hinwegschwebte. Mit diesem Wagen nahm mein Vater an der Bielefelder Funktaxizentrale »Bieta« teil.

Als ich 14 Jahre alt geworden war, musste ich jeweils am Sonntag von punkt 6 Uhr morgens bis um 14 Uhr nachmittags in der »Bieta« im Schichtdienst Fahrten vermitteln, denn jedes Mitglied der Funkgenossenschaft hatte ein bestimmtes Stundenkontingent abzudecken. Kein Zweifel, diese Aufgabe stellte eine enorme Verantwortung und Herausforderung für einen Jugendlichen wie mich dar – nicht nur mit Blick auf die nötige Koordinationsarbeit, sondern auch mit Blick auf die Sprache. Denn fortan musste ich mir nicht nur im Gymnasium, sondern auch in der Taxizentrale angewöhnen, in besserem Deutsch zu reden, damit ich am Telefon und beim Funkkontakt mit den Fahrern verstanden wurde.

Mir ist die Arbeit dort auch heute noch in lebhaftester Erinnerung. Gegen 9 Uhr morgens gab es am meisten zu tun, denn nun wollten die Leute ihre Besuche machen oder zur Kirche fahren. Die Vergabe der Fahrten in den »Raum«, wie es damals hieß, also an Taxis, die auf einer Rückfahrt waren oder an einen Taxistand warteten, war nicht einfach, denn dafür musste man den Stadtplan gut kennen. Und wenn man nicht wusste, wo sich eine Straße befand, verlor man wertvolle Zeit beim Nachschauen, was zu Staus bei den Anrufen und bei der Vermittlung der Fahrten an die Fahrer führte. Vor allem zu Beginn kam ich des Häufigeren in Verlegenheit, wenn die Kunden erneut anriefen und fragten, warum das bestellte Taxi denn noch nicht da war.

Einen festen Lohn erhielt ich für die Pflichteinsätze in der Taxizentrale, die ich für meinen Vater erledigte, nicht. Doch jeden zweiten Sonntag, wenn ich zusätzliche Stunden »machte«, wie mein Vater und ich das damals nannten, und wenn ich in der Woche als »Springer« für andere Taxiunternehmer der Genossenschaft aushalf, konnte ich das verdiente Geld behalten. Das waren immerhin 20 D-Mark für acht Stunden, für einen Jugendlichen in jener Zeit ein kleines Vermögen. Ich musste zwar sehr früh aufstehen, um mit dem Fahrrad aus dem 12 Kilometer entfernten Brake rechtzeitig um 6 Uhr die Bielefelder Taxizentrale zu erreichen. Aber diese Fahrten wurden zu einer als normal empfundenen Routine, die ich auch angesichts der ökonomischen Anreize willig akzeptierte,

Mein verdientes Geld gab ich nicht aus, denn ich sparte auf ein Moped. Und so kaufte ich mir mit 16 – unterstützt durch einen Zuschuss meines Vaters – endlich das begehrte Objekt. Ich jubelte und fuhr gleich los, weil man einen Führerschein dafür zu jener Zeit nicht brauchte. Das Moped brachte mir nicht nur mehr persönliche Freiheiten. Es verkürzte auch die Fahrtzeit zum Gymnasium erheblich und ermöglichte es mir zudem, einen Nachhilfeservice für Schüler aufzubauen, für den ich sogar in Zeitungsanzeigen warb.

Wenn ich es recht bedenke, sammelte ich damals meine ersten Erfahrungen als wirtschaftlich denkender Unternehmer und als Lehrer. Und die waren positiv. Das Geschäft lief jedenfalls so gut, dass ich meine Aktivitäten immer weiter ausdehnen konnte. Des Nachmittags fuhr ich mit dem Moped nun kreuz und quer durch das Bielefelder Land, um meine Schüler zu besuchen. Mein Unterricht war nicht nur gut bezahlt, ich hatte mit ihm auch die Chance, den Stoff selbst noch einmal durchzuarbeiten und zugleich das Lehren zu lernen. Bereits zu jener Zeit begann ich zu verstehen: Durch nichts lernt man so gut wie durch eigenes Unterrichten. Man erkennt die eigenen Verständnislücken und wird – um sich vor den Unterrichteten nicht zu blamieren – gezwungen, sie zu schließen und außerdem klar und verständlich zu sein.

Für mich gilt diese Erkenntnis nach vielen Jahren des Lehrens und Forschens auch heute noch, mit Blick auf Vorlesungen und Vorträge, selbst bei Büchern und Interviews, und bei vielem anderem. Ich weiß: Wenn die Zuhörer einen Sachverhalt nicht verstehen, liegt das fast immer nur am Lehrer, denn er hat die Aufgabe, die Komplexität für seine jeweilige Zuhörerschaft so herunterzubrechen, dass er verstanden wird.

Als ich 18 Jahre alt wurde und mich dem Abitur näherte, erwarb ich sofort meinen Pkw-Führerschein. Auf den Dorfstraßen hatte ich schon zuvor – meistens ohne die Erlaubnis meines Vaters, hin und wieder aber auch in seinem Beisein – mit seinem Lloyd geübt. Onkel Kurt, der Fahrlehrer, ein Cousin meines Vaters, begnügte sich deshalb mit nur zwei Fahrstunden, bis er mich zur Prüfung anmeldete.

Auch dieser Führerschein bedeutete für mich nicht nur erweiterte persönliche Freiheiten, sondern er ermöglichte mir ebenfalls, mehr und anders zu arbeiten. So berechtigte er mich unter anderem, jenen Opel zu fahren, den mein Vater inzwischen vom Taxi zum Mietwagen herabgestuft hatte, um sein Bielefelder Taxigeschäft durch ein in Brake stationiertes Auto zu ergänzen. Ein Mietwagen ist kein Leihwagen im herkömmlichen Sinn, sondern ein Auto für einen taxiähnlichen Limousinenservice, für das man nur eine einfache Lizenz brauchte, die im Gegensatz zu den Taxilizenzen nicht kontingentiert war. Ein Mietwagen darf unterwegs keine Fahrgäste aufnehmen, sondern nur auf Anruf tätig werden. Meine Mutter erledigte tagsüber mit diesem Mietwagen Krankenfahrten zu den Ärzten in Bielefeld, für die sie von den Krankenkassen bezahlt wurde, und ich übernahm das Nachtgeschäft – obwohl ich doch auch am nächsten Morgen in die Schule musste und kurz vor dem Abitur stand.

Im Rückblick ist mir eigentlich nicht ganz klar, wie ich das beides auf die Reihe bekommen habe. Denn kaum war ich eingeschlafen, rief bereits irgendeine Kneipe aus der Umgebung an und bestellte den Wagen. Das setzte sich bisweilen bis 2, 3 Uhr nachts fort. Auch die Feiertage, Weihnachten und Silvester, wenn die Freunde feierten, waren auf diese Weise ausgebucht. Einen Lohn im eigentlichen Sinne erhielt ich auch dafür nicht, doch mein Vater hielt mich nicht knapp und steckte mir gelegentlich Geld zu. So war ich mit diesem Leben durchaus zufrieden.

Doch damit war meine Karriere als »Auto-Unternehmer« bei Weitem noch nicht zu Ende. Als ich 21 wurde und schon längst in Münster studierte, erwarb ich selbst einen »Droschkenschein« und fuhr dann parallel zu meinem Studium in Bielefeld Taxi für das Unternehmen meines Vaters. Ein Droschkenschein ist ein besonderer Taxiführerschein, für den man besondere Gesundheitstests machen und sich insbesondere einer, jedenfalls damals, harten Prüfung bezüglich der Straßenkenntnis unterziehen musste.

Während der Semester fuhr ich jeweils in drei Nächten, nämlich Freitag-, Samstag- und Sonntagnacht, was für die Vorlesungen, die am Montagmorgen stattfanden, natürlich nichts Gutes bedeutete. Und wie schon für das Fahren des Mietwagens erhielt ich auch für diese Dienste keinen Lohn von meinem Vater, denn es ging gerade in jener Phase darum, das Haus mitzufinanzieren, das sich meine Eltern bauen wollten.

Ich kann mich nicht daran erinnern, dass ich mit dieser Regelung irgendwann ein schlechtes Gefühl gegenüber meinen Eltern verbunden hatte. Im Gegenteil, ich wusste es schon damals sehr zu schätzen, dass sie mein Studium bezahlten, und dies, obwohl sie ja aus sehr einfachen Verhältnissen stammten und sehr lange wenig Geld hatten. BAföG hatten wir damals nicht beantragt. Ich wusste gar nicht, dass es das gab.

Limousinen- und Taxifahren machte mir viel Spaß. Das Autofahren ist nun einmal, so denke ich bis heute, für einen jungen Mann eine faszinierende Tätigkeit, und dies galt besonders für meine Generation, in der es doch deutlich weniger Autos gab als heute. Bei meiner Arbeit lernte ich zudem sehr viele Leute aus allen Schichten der Gesellschaft kennen und auch ihre Art sich zu unterhalten. Ich nahm diese Unterschiede damals sehr bewusst wahr, und sie faszinierten mich. Kein geringes Motiv war außerdem, dass ich mich gegenüber meinem doch auch strengen und fordernden Vater durch die Höhe meiner Einnahmen beweisen wollte.

So großzügig mein Vater in materiellen Dingen war, so klar waren doch seine Erwartungen, wenn er sich etwas in den Kopf gesetzt hatte. Er war dann stets sehr unnachgiebig, um es einmal vorsichtig auszudrücken. Was er wollte, musste auch gemacht werden, und da gab es nichts zu diskutieren. Meine Mutter hatte mit dieser Art keinen leichten Stand, und ich fügte mich, weil anderes ohnehin nicht infrage kam. Ich hatte deshalb ein durchaus zwiespältiges Verhältnis zu ihm. Ich achtete meinen Vater und suchte seine Anerkennung. Auch respektierte ich seinen Wunsch voranzukommen und bewunderte seinen Fleiß. Doch suchte ich seine Gesellschaft nicht und hatte stets das Gefühl, freier atmen zu können, wenn er nicht in der Nähe war. Erst später im Leben, als er alt und gebrechlich war, konnte ich mich ihm wieder ungezwungen nähern und die Liebe zeigen, die in meiner Brust schlummerte.

Mit dem Taxifahren wollte ich meinen Eltern jedenfalls helfen, und ich drehte dabei ein ziemlich großes Rad, um es salopp auszudrücken. Ich konnte das tun, weil ich mich nicht an die sonst im Taxigeschäft ökonomisch wichtigen Relationen zwischen gefahrenen und abgerechneten Kilometern halten musste. Ich gab ja ohnehin alle Einnahmen meinem Vater, und der freute sich über jede zusätzliche Mark. Wichtig war dabei: Ich brauchte keine Kilometer »zu sparen«, die ich anschließend für Fahrten auf eigene Rechnung und ohne die Taxi-Uhr einzuschalten hätte verwenden können, wie viele es machten. Und so fuhr ich nicht selten frei »im Raum« herum und konnte auf diese Weise deutlich mehr Funkfahrten erhaschen als die Kollegen, die ihre Zeit auf den Warteplätzen im Innenstadtbereich verbrachten. Ich wollte auch nicht Skat spielen, wie andere das in ihren Wartezeiten oft taten und sich dabei ungern stören ließen. Und da ich nachts fuhr, wenn die Straßen leer waren, konnte ich schnell, ja sehr schnell fahren, ohne mich sonderlich um Geschwindigkeitsbegrenzungen zu kümmern, die man damals ohnehin nicht so ernst nahm und kaum kontrollieren konnte. Es dürften bei dem Fahren des Mietwagens und im Taxi einige Hunderttausend Kilometer zusammengekommen sein. Und viele zusätzliche Einnahmen für meine Eltern.

Die Unterstützung des elterlichen Betriebs schloss schon während meiner Schulzeit auch die Büroarbeit ein. Mein Vater hatte mich mit 14 Jahren zu einem Schreibmaschinenkurs der IG-Metall geschickt, bei dem uns eine rigorose Lehrerin in einem stockdunklen Raum das Blindschreiben beibrachte. Diese Fertigkeit, die mir bei meiner akademischen Karriere, so auch beim Schreiben dieses Buchs, sehr geholfen hat, konnte ich dann früh für die unter Anleitung eines Steuerberaters durchgeführte Rechnungserstellung und Buchführung einsetzen. Diese sehr verantwortungsvolle, wenn auch wenig erbauliche Tätigkeit begann ich mit 15 und beendete sie erst etwa acht Jahre später, zuletzt unterstützt von meiner Freundin und Frau, während wir schon unsere eigenen Stellen hatten. Schweren Herzens erklärte ich meinem Vater, dass mit beiden Arbeiten nun Schluss sein müsse, weil wir nun auf eigenen Beinen zu stehen hatten.

Starke Autos, echte Freundschaften: England und Frankreich

So streng mein Vater mit mir war und so sehr er darauf bestand, dass ich einen hohen Arbeitseinsatz für sein kleines Unternehmen erbrachte, so großzügig verhielt er sich, wenn ich materielle Wünsche hatte. Er war nicht geizig, sondern unterstützte mich stets, wenn Bedarf bestand.

So durfte ich etwa im Alter von 15 Jahren an einem Schüleraustausch mit England teilnehmen. Es ging mit Zügen und der Fähre von Calais nach Dover und weiter nach Hemel Hempstead, einer kleinen Ortschaft nordwestlich von London. Dort verbrachte ich drei Wochen bei einer englischen Familie, um meinen Brieffreund Ian Macfarlane zu besuchen. Die Macfarlanes wohnten in einem kleinen Häuschen mit Garten, in dem ich ein eigenes Zimmer erhielt. Mr. Macfarlane arbeitete als Büroleiter in einer Firma und Mrs. Macfarlane, die ebenfalls berufstätig war, kümmerte sich rührend um mich. Die Familie hatte es zu einem gewissen Wohlstand gebracht. Leider konnte ich beim Rückbesuch von Ian nichts Vergleichbares bieten, wofür ich mich ein wenig schämte. Auch Ians Eltern hatten vermutlich Besseres erhofft, aber sicher war ich mir nicht. Ian jedenfalls ließ sich nichts anmerken, und wir verstanden uns gut.

Während man in Deutschland zu der Zeit meines Besuchs auf der Insel noch immer an Ruinengrundstücken entlangschritt, schien Großbritannien damals ein in sich ruhendes und mit sich zufriedenes, wohlhabendes Land zu sein, das mit einem gewissen Luxus aufwarten konnte und unter dem Einfluss der Labour-Partei ein umfangreiches Sozialprogramm zugunsten der einfachen Bevölkerung entwickelt hatte. Aber Mr. Macfarlane, mit dem ich darüber diskutierte, sah das erstaunlicherweise viel kritischer als ich. Er meinte, die sozialen Leistungen liefen aus dem Ruder und würden das Land ruinieren. Dass er recht hatte, wurde mir erst viel später klar, als ich mich als Ökonom mit den statistischen Fakten beschäftigte. In der Tat war Großbritannien damals, im Jahr 1963, schon auf dem absteigenden Ast. Es sollte aber noch gut ein Jahrzehnt dauern, bis der Tiefpunkt erreicht war. Im Jahr 1977 war das Bruttoinlandsprodukt je Kopf in Großbritannien nur noch halb so groß wie in Deutschland, und erst als die neu gewählte britische Premierministerin Thatcher in den Jahren ab 1979 das Ruder herumriss, ging es wieder bergauf.

Beeindruckend fand ich das dunkelgrüne Auto der Macfarlanes. Es stammte aus der Vorkriegszeit und hatte noch nicht die heute übliche Pontonkarosserie, sondern ein festes Chassis, wie es Lastwagen haben. Vorn befand sich ein riesiger Motorblock mit abstehenden Kotflügeln. Der Motor musste mit einer Handkurbel gestartet werden. Als ich es selbst einmal versuchen wollte, schlug die Kurbel zurück, und ich verrenkte mir die Hand. Danach war ich vorsichtiger. Mich faszinierte die neue Popmusik, die mir überall begegnete. Der Plattenspieler der Macfarlanes lief beim Abspielen der Beatrhythmen heiß, und als in London ein Film der Beatles vorgestellt wurde, musste wir natürlich dort hin, um ihn zu sehen. Damals war gerade *I feel fine* herausgekommen. Der lang anhaltende, brummende Anfangston, der durch Anschlag der Gitarrensaite an das Plektrum entstand, ist für mich bis heute so etwas wie ein musikalisches Symbol meines Besuchs und jener Ära.

Mit Ian traf ich mich im Übrigen drei Jahre später, 1966, in Paris wieder. Ich war gerade 18 geworden und hatte kurz zuvor den Führerschein gemacht. Nun wollte ich unbedingt in unser Nachbarland. Mein Vater war so großzügig und lieh mir seinen Lloyd Alexander TS für die geplante Reise. Auch mein Freund und Klassenkamerad Ulrich »Uli« Heine konnte das Auto seines Vaters nutzen, einen Glas 700. Meinen Braker Freund Wolfgang Weber nahmen wir ebenfalls mit.

So setzten wir uns also mit zwei Autos und zu dritt in Bewegung, um Ian in Paris zu treffen, und zudem einen weiteren Brieffreund, Antti Ikävalko aus Finnland. Antti holten wir vom Bahnhof ab, alles klappte reibungslos.

Ian hingegen erwarteten wir an einem wohldefinierten Tag um 12.00 Uhr unter dem Eiffelturm, aber leider war er nirgends zu sehen. Was sollten wir tun? Smartphones gab es ja damals nicht.

Kurz entschlossen vertrieben wir uns die Zeit. Wir besuchten Montmartre, die Tuilerien und tranken im Café George V vor dem Arc de Triomphe, welches wir aus dem Französischbuch unserer Schule kannten, einen Milchkaffee, und als es dunkel wurde, ließen wir uns vom Nachtleben einfangen. Das begrenzte Budget setzte der Neugierde achtzehnjähriger Burschen allerdings enge Grenzen. Das legendäre Vergnügungsviertel Pigalle fotografierten wir aber immerhin ausgiebig.

Am nächsten Tag versuchten wir es dann um die gleiche Zeit nochmals beim Eiffelturm. Diesmal hatten wir Erfolg. Ian war da. Die Geduld hatte sich gelohnt, und voller Tatendrang begannen wir fünf Jungmänner unsere Reise quer durch Frankreich – und wurden so zu Freunden.

Uns verbanden fortan schöne Geschichten. Nachdem wir uns einige Loire-Schlösser angesehen hatten, kamen wir in Lyon auf die Idee, die Autos zu tauschen. Doch leider verloren wir uns im Verkehr. So blieb uns am Ende nichts Anderes übrig, als ein im Prinzip vorab vereinbartes Ziel in Avignon anzusteuern, wo wir Brieffreundinnen von Wolfgang und mir besuchen wollten. Die genaue Adresse hatte allerdings nur unsere Truppe. Die andere wusste nur, dass der Vater einer der Brieffreundinnen der Polizeipräfekt war. So dauerte es noch zwei weitere Tage, bis sie uns ausfindig gemacht hatten. Wir wurden in dieser Zeit im Gefängnis der Stadt einquartiert, weil der Herr Präfekt über dieses Etablissement verfügte und dort noch Betten frei waren. Wir hatten eine gute Zeit, auch wenn die Brieffreundinnen etwas schüchtern waren. Es reichte aber für ein Bad im Fluss Gard in der Nähe der berühmten *Pont du Gard*, ein aus vielen übereinandergeschichteten Bögen bestehender Aquädukt, den die Römer einst für ihren Trinkwassertransport gebaut hatten.

Ian und ich kontaktierten uns nach dieser Reise noch ein-, zweimal, auch um die Fotos auszutauschen, doch dann verloren wir uns leider aus den Augen. Antti hingegen traf ich immer wieder. Es ist der detektivischen Arbeit meiner Frau zu verdanken, dass wir Ian nun doch wieder ausfindig machen konnten, um ihn zu meinem 70. Geburtstag einladen zu können. Sie kämmte das Internet vergebens durch, doch gelang es ihr, über das Sekretariat des Helmholtz-Gymnasiums in Bielefeld die Kontaktschule in Hemel

Hempstead ausfindig zu machen. Groß war die Freude, als wir telefonieren konnten. Ich sprach mit einem älteren Herrn, der in gewählten Worten über seinen Lebensweg berichtete, doch in dem Moment, als wir in alten Erinnerungen schwelgten, das Feuer der Jugend wieder aufflackern ließ.

Spachteln für das Nordkap. Und das Ende meiner Jugend

Auch in den folgenden Jahren unterstützte mich mein Vater immer wieder finanziell. So etwa bei einer weiteren Reise, die ich mit Uli, Antti und einem anderen Freund aus meiner Klasse, Klaus Haselbach, unternahm. Ich hatte für 300 Mark einen alten rostigen Volkswagenbus gekauft, dessen TÜV bereits abgelaufen war. Monatelang reparierte ich an dem Wagen herum. Bei den technischen Arbeiten half mir der Meister in einem nahe gelegenen Kfz-Betrieb. Er stellte den Motor ein und schweißte die Löcher im Auspuff zu. Nur das Problem, dass der vierte Gang immer heraussprang, schien höhere Ausgaben erwarten zu lassen. Doch das löste er, indem er eine Klemme schmiedete und neben der Gangschaltung anbrachte, in die man den Ganghebel hineinpressen musste. Ich selbst schloss die Rostlöcher mit Polyesterharz und Glasfaser. Dann spachtelte, schliff und lackierte ich den Wagen, und Ulis Mutter nähte uns Gardinen. Schließlich entstand so wieder ein ansehnliches Auto.

Nur der TÜV war noch das Problem. Der TÜV-Beamte wollte den VW-Bus eigentlich nicht durchlassen, doch dann erzählte ich ihm von unserer geplanten Nordkapreise und was ich an Arbeit in den Wagen hineingesteckt hatte. Da hatte er ein Einsehen und gab mir den ersehnten TÜV-Stempel.

So konnte die lange Reise endlich beginnen. Mit dem Fährschiff ging es nach Helsinki und von dort aus grasten wir die Sommerhütten von Anttis Verwandtschaft ab, wo wir uns von den Kartoffeln im Garten und den mit Netzen gefangenen Fischen ernährten.

Nach einigen schönen Tagen mit Sauna- und Badefreuden, auch etwas Bier, das die finnischen Freunde stets vorrangig aus der Gemeinschaftskasse erwerben wollten, ging es schließlich weiter in Richtung des in der Nähe des Polarkreises liegenden Inarisees. Das war damals eine lange und viele Tage beanspruchende Reise, weil es praktisch keine Teerstraßen in Finnland gab.

Unserem Freund Antti war das gerade recht. Er hatte uns schon im Volvo seines Vaters gezeigt, dass er den *Power Slide* auf den Schotterstraßen sehr gut beherrschte. Immerhin stellte Finnland damals mit Rauno Aaltonen den europaweit besten Rallyefahrer. Mit seinem Fahrstil war er das Vorbild aller jungen Finnen. Nun wollte Antti seine Fahrkünste allerdings auch an unserem VW-Bus beweisen. Als er immer wagemutiger wurde und der Wagen in jeder der engen Kurven quer stand, hatten wir doch Sorge, dass er die Gesetze der Physik aus dem Auge verlieren würde. So baten wir ihn, vorsichtiger zu fahren. Aber das bestärkte ihn nur noch, und er kam richtig in Rage, als wir unseren Widerstand nicht aufgeben wollten. Schließlich wusste ich mir nicht anders zu helfen, als den Schlüssel aus dem Schloss zu ziehen. Erbost gab Antti auf, hatten wir ihm doch den Sieg à la Aaltonen vermasselt.

In vielen Tagen unermüdlicher Fahrt, kurz unterbrochen durch ein Bad im eiskalten Inarisee und die Reparatur des defekten Keilriemens mittels eines Nylonstrumpfes, gelangten wir schließlich über endlose Schlaglochpisten, die unserem Wagen sehr zusetzten, an die norwegische Grenze und schließlich zum Nordkap. Aber dann? Wir erwarteten dort eigentlich etwas Besonderes. Aber zu unserer Enttäuschung war dort nichts zu sehen außer einem gemauerten Podest mit einem Monument und einer Inschrift. Trotzdem: Wir hatten unser Ziel erreicht – und das war das Wichtigste.

Der Rückweg führte an der norwegischen Küste entlang, wo wir Fjord um Fjord umrundeten. Von Tromsø machten wir einen Abstecher mit der Eisenerzbahn nach Kiruna in Schweden und setzten die Reise dann nach Süden hin fort. Doch weit kamen wir nicht. Schon bei meiner Abfahrt war meine geliebte Großmutter erkrankt, aber ich wusste nicht, wie ernsthaft es war. In Tromsø meldete ich deshalb ein Telefonat zu meinen Eltern an, um zu erfahren, wie es ihr ginge. Nach einem halben Tag Wartezeit konnte ich telefonieren. Es war eine Cousine am Apparat, die mir erzählte, dass meine Großmutter gerade beerdigt würde. Der Himmel stürzte bei dieser Nachricht über mir zusammen. Wie schon erläutert, hatte sie mich während der ersten zehn Jahre meines Lebens hauptsächlich erzogen und liebevoll unterstützt. Ich liebte sie innig. Die Fortsetzung der langen Reise um die Fjords, die die Strecke vervielfachen würde, kam nun für mich nicht mehr in Betracht. Wir bogen nach Schweden ab und gelangten alsbald nach Hause zurück. Ich bat meine Freunde, mich direkt am Friedhof abzusetzen, den ich dann im Dunkeln nach einem frischen Grab durchsuchte. Da stand ich nun vor einem Erdhaufen mit Blumen und Kränzen geschmückt, unter dem meine Kindheit und Jugend begraben war.

4

Missionar oder Revolutionär?

Die Schule des Mittelstreckenlaufs, Albert Schweitzer und die Löwen • Bei den Falken: Freie Gedanken und Willy Brandt • Atemlos in der Mitte des Sees und auf dem Gipfel: Lektionen im Zeltlager • Ein Bewusstsein für historische Schuld: Oradour-sur-Glane und Lidice • In Israel: Kibbuzerfahrung und ein denkwürdiger Auftritt • »Mit jedem Schritt, mit jedem Tritt«: Gegen Nazis, Wiederbewaffnung, Atomkraft und Kommunisten • Polarisierende Zeiten: Sozialdemokratischer Hochschulbund, Studentenbewegung und linkes Leben • Prager Frühling als Lokaltermin • Ausflug nach Sarajevo • Die Prüderie der Achtundsechziger • Rechte Gefahr: In den Fängen von Thaddens

4 Missionar oder Revolutionär?

Die Schule des Mittelstreckenlaufs, Albert Schweitzer und die Löwen

Kein Zweifel, ich verlebte eine unbeschwerte Kindheit. Materiell wuchs ich zwar in bescheidenen Verhältnissen auf, aber mein Leben war sorgenlos, und es war behütet durch meine Eltern und vor allem meine Großeltern. Aber es gab in Brake noch einiges, was mich auch jenseits dessen prägte. Da war erstens *TuS Brake*, der Sportverein, zweitens der *Christliche Verein Junger Männer* (CVJM) und drittens, die *Sozialistische Jugend Deutschlands – Die Falken*. Bei allen drei Vereinen machte ich mit. Am stärksten aber beeinflussten mich die Falken.

Doch der Reihe nach: Über viele Jahre ging ich zum örtlichen Turnverein, erst als Kind und später als Jugendlicher. Die Betonung unseres Trainings lag anfangs auf dem Hallenturnen. Wir sprangen über Böcke, turnten am Barren, übten Aufschwung am Reck und kletterten im Wettbewerb die Seile hoch. Viel wichtiger aber war für mich der Mittelstreckenlauf über Distanzen zwischen 1.000 und 2.000 Meter, an dem ich später großen Gefallen fand. Ich lernte, dass es beim Mittelstreckenlauf darauf ankommt, anfangs das Tempo nicht zu »überdrehen«, sich aber auch nicht abhängen zu lassen, und beharrlich die Runden zu drehen. Zum Schluss gilt es dann, in einen energischen Schlussspurt überzugehen, den man bis zur Ziellinie durchhält, obwohl die Muskeln nahe daran sind, den Dienst zu versagen. In Brake war ich auf diesen Strecken einer der Besten, doch schon bei der Kreismeisterschaft reichte es nur zum dritten Platz. Gerne hätte ich es auch dort weiter nach vorne geschafft, aber das war dann schon ein anderes Niveau.

Trotz des Ausbleibens großer Erfolge im Mittelstreckenlauf: Er und die strategische und körperliche Disziplin, die nötig waren, ihn zu bestehen, haben mich geformt. Denn wenn ich es recht bedenke, so habe ich später in meinem beruflichen Leben eigentlich fast immer die vergleichbare Strategie des angepassten Tempos, Dranbleibens und Schlussspurtens verfolgt – wobei Zwischenspurts, die es beim Mittelstreckenlauf ja ebenfalls gibt – hie und da auch nötig waren. Ich finde: Wenn man eine wissenschaftliche Arbeit anfertigt, hilft es auch dort immens, zu Anfang nicht zu überdrehen und sich nicht abhängen zu lassen. Es hilft, dabei mehr und minder den gleichen Rhythmus einzuhalten, um dann auf der Ziellinie – meist eine

Frist, die durch ein Konferenzdatum, einen Prüfungstermin oder durch einen Verlagsvertrag gesetzt ist – alle Kräfte zu mobilisieren, um fertig zu werden. Das Fertigwerden ist das Schwerste beim wissenschaftlichen Arbeiten, ja nach meiner Erfahrung beim Arbeiten überhaupt. Was nützt die schönste Renneinteilung bis kurz vor dem Ziel, wenn am Ende die Puste ausgeht? Beginnen will gelernt sein, Durchhalten ebenso – und Fertigwerden ebenfalls.

Man kann es auch so sagen: Das Herumsuchen an einer Problemlösung, das Entdecken von Zusammenhängen, die Aha-Effekte, die Generierung der tragenden Idee, das alles ist sozusagen wissenschaftlicher Konsum, der großen Spaß macht. Arbeit und mühevolle Investition ist dagegen die Produktionsphase, die danach kommt und die den Löwenanteil der Zeit beansprucht: das Aufschreiben der Ideen, die ewige Iteration der Gliederung, das Umpacken der Inhalte beim Schreiben, das Nachrecherchieren und Neudenken nach der Entdeckung von Inkonsistenzen, das Feilen an den Übergängen, das fortwährende Korrekturlesen in den verschiedenen Stufen des Prozesses und die Tag- und Nachtarbeit ganz am Ende. Mit dem Slogan »2 Prozent Inspiration und 98 Prozent Transpiration« hat das einmal jemand recht passend auf den Punkt gebracht. Inspiration ist wichtig, aber nur, wenn man die Transpiration, also die schweißtreibende harte Arbeit, bis zum Ende durchhält, entsteht ein vorzeigbares Produkt. Ohne die Überschreitung der Ziellinie ist alles vergeblich.

Auch Fußball spielte ich natürlich in der Jugend. Ich war schließlich schon fast sechs Jahre alt, als Deutschland im Berner Wankdorf-Stadion erstmals Fußball-Weltmeister wurde – bekanntermaßen ein Sieg, der die Nachkriegsdeutschen nach den Verbrechen und der Schande des Dritten Reichs mit großem Stolz erfüllte und landauf, landab zu einer Fußballbegeisterung führte, die seither ungebrochen ist. Ich selbst allerdings hatte häufig gar keine Zeit zu spielen, sondern musste, je älter ich wurde, immer mehr den Verpflichtungen im elterlichen Betrieb nachkommen. So blieb also mein Einsatz auf den Braker Straßen und Feldern in dieser Lieblingsdisziplin der Deutschen begrenzt. Es gab im Übrigen auch bessere Spieler. Fußball machte mir aber trotzdem sehr viel Spaß, so viel, dass ich später als Assistent an den Universitäten Münster und Mannheim einmal in der Woche mit den Professoren spielte. Diese Passion pflegte ich dann auch weiter als Professor an der Universität München, wo ich fast wöchentlich mit den

4 Missionar oder Revolutionär?

Assistenten und den ausländischen Gästen kickte, die das *Center for Economic Studies* (CES), ein vor mir gegründetes Forschungszentrum, besuchten. Unser Spielfeld steckten wir damals mitten im Englischen Garten ab. Ich konnte dabei nicht so sehr mit meiner Technik brillieren, sondern setzte eher auf meine Läuferkondition.

Doch zurück zu meinen Vereinsaktivitäten in Brake. Nicht nur der Sportverein, auch der CVJM gefiel mir. Die örtliche Sektion des CVJM organisierte Gruppenabende im Gemeindehaus, die den über drei Jahre gehenden Konfirmandenunterricht, an dem ich teilnahm, durch ein spielerisches Zusammentreffen ergänzten. Wir saßen dort bei Gesellschaftsspielen zusammen und ließen uns von den Grusel- und Kriminalgeschichten unseres Gruppenbetreuers beeindrucken.

Den Konfirmandenunterricht mochte ich sehr. Das Auswendiglernen von Psalmen zwar weniger, aber ich interessierte mich sehr für die Aktivitäten der Kirche in der Welt. Besonders Albert Schweitzer faszinierte mich, dieser Arzt, Philosoph, Musikwissenschaftler, Organist, Pazifist und evangelische Theologe, dieser Missionar und Friedensnobelpreisträger.

Noch heute bin ich beeindruckt von seiner Lebensleistung, die uns damals nähergebracht wurde. Ich bin indes auch noch auf andere Weise mit ihm verbunden geblieben. Denn im Legendenschatz unserer Familie hat sich bis heute gehalten, ich hätte als Kind einmal gesagt, dass ich Missionar werden wolle. Doch damit nicht genug. Denn irgendwann nahm meine Frau am Rande einer öffentlichen Veranstaltung auch einmal Bezug darauf und scherzte mit Blick auf die Dringlichkeit, mit der ich die Zuhörer meiner Vorträge von meinen Argumenten zu überzeugen suche, das sei ich ja nun auch geworden.

Ich muss darüber lachen, wenn ich daran denke. Tatsächlich hatten mir die Geschichten über Albert Schweitzer ja enorm imponiert, vor allem auch die Aufregung versprechenden Bilder mit Schwarzen im Urwald, im Umfeld des von Schweitzer gegründeten berühmten Krankenhauses in Lambarene in Gabun. Aber, um ehrlich zu sein, mich als vierzehnjähriger Junge reizten dabei weniger die religiösen Inhalte, die mit einem Missionar heute verbunden werden, als vielmehr das Abenteuer, das ich als alter Tarzan-Fan – als der ich mich hier zu erkennen gebe – im Dschungel vermutete. Ich war wohl damals eher am Jagen der Löwen interessiert als am Bekehren von Heiden.

Wie fast alle meiner Generation, die evangelisch getauft waren, wurde auch ich konfirmiert. Und auch wenn ich das Auswendiglernen von Psalmen und anderen religiösen Texten, deren Sinn sich mir nicht erschloss, bei der Prüfung in der Kirche irgendwie umschiffte, so war ich damals doch eine Zeit lang sehr von den Inhalten überzeugt, die uns Pfarrer und CVJM in Brake vermittelten. In meinem jugendlichen Eifer machte ich wohl auch meinen Eltern und Großeltern eine Zeit lang den Vorwurf, dass sie nicht genug zur Kirche gingen, obwohl sie das hin und wieder taten, jedenfalls zu den Festtagen. Also doch ein Missionar? Nicht wirklich, denn diese Phase, die wohl mancher Konfirmand durchlebt, ging schnell vorbei.

Ich änderte meine Einstellung zur Kirche im Zuge meiner eigenen geistigen Entwicklung später noch zweimal. Als älterer Jugendlicher und junger Erwachsener, der gesellschaftliche Prozesse zu verstehen glaubte und auf der Suche nach wissenschaftlichen Wahrheiten war, sah ich die Kirche extrem kritisch, weil ich die Wundergeschichten, die sie erzählte, für unglaubhaft hielt. Wissenschaftler, die ihren Beruf ernsthaft betreiben, glauben nun mal nicht an Wunder – auch nicht an jene, von denen die Schriften der Kirche berichten. Sie fühlen sich der Aufklärung und unabhängigem, eigenständigem Denken verpflichtet.

Erst später habe ich wieder meinen Frieden mit der Kirche gemacht. Ich schätze ihre sozialen und wohltätigen Dienste, mit denen sie jenen, die sich allein nicht zu helfen wissen, beisteht. Viele Kirchenmitglieder zeichnen sich durch aufopferndem Dienst an der Gemeinschaft aus, der höchste Anerkennung verdient. Ebenso schätze ich die Riten der Kirche, wie den Akt der Taufe, der Konfirmation, der Hochzeit, den Gottesdienst und anderes mehr. Jede funktionierende Kultur hat ihre Gebräuche, Riten und Feste, denn dadurch werden die Identität und der gesellschaftliche Zusammenhalt grundiert.

Bei den Falken: Freie Gedanken und Willy Brandt

Deutlich mehr noch als der TuS Brake und CVJM zogen mich freilich die Braker Falken in ihren Bann, die sich in einer eigenen Ortsgruppe organisiert hatten. Sie wurde eine Zeit lang fast mein zweites Zuhause. Zum einen organisierte sie Zeltlager mit Lagerfeuern und Gruppenspielen, und es

4 Missionar oder Revolutionär?

wurden dort Geschichten erzählt wie beim CVJM. Zum anderen aber wurden wir bei den Falken, deren Gruppenabende ich zweimal in der Woche besuchte, gleichsam spielend an politisches, demokratisch geprägtes, sich auch geschichtlicher Verantwortung stellendes Denken und Handeln herangeführt, wozu nicht zuletzt viele Auslandsreisen beitrugen.

Die Braker Falken waren ein weltoffener, undogmatischer Haufen. Manche Falken in anderen Ortsgruppen kleideten sich bei den Treffen und Zeltlagern bisweilen mit blauem Hemd und roter Halsbinde. Aber das gab es bei uns nicht. Wir waren gegen jede Form der Uniformierung und Gleichmacherei. Die Gedanken sollten frei sein und sich nicht einem Gruppenzwang unterwerfen. Auch äußerlich sollte nicht der Anschein geweckt werden, dass es einen solchen Zwang gebe.

Die Falken sind ein Kinder- und Jugendverband und sind die Jugendorganisation der SPD. Da mein Vater dieser Partei angehörte – übrigens bis zu seinem Tode im Jahr 2016 –, sprach nichts dagegen, dass ich dort mitmachte. Die Geschichte der Falken reicht zurück bis ins Jahr 1904, als in Berlin und Mannheim erste Kinder- und Jugendvereine der Arbeiterbewegung gegründet wurden. Etwas später, in der Weimarer Republik, entstanden so auch die *Sozialistische Arbeiterjugend* (SAJ) und die sogenannten *Kinderfreunde Deutschlands*, die als direkte Vorläufer der heutigen Falken gelten. Kinderfreunde und SAJ gehörten damals zu den ersten Organisationen, die sich aktiv für Kinder- und Jugendrechte einsetzten und bei denen zudem alternative Erziehungsformen diskutiert wurden. Die Bezeichnung »Falken« kam dabei erst etwas später auf, insbesondere bei den Kinderfreunden, während die Jüngeren in der SAJ begannen, sich »Rote Falken« zu nennen.

Wie viele andere sozialdemokratische, sozialistische und antifaschistische Organisationen verboten die Nazis sehr schnell nach der Machtübernahme auch die Roten Falken, die Kinderfreunde und die SAJ. Nicht wenige ihrer Mitglieder wurden inhaftiert, einige gingen in den Widerstand, andere konnten ins Ausland fliehen, so etwa auch der bereits erwähnte Albert O. Hirschman. Hans Möller, mein Vorgänger auf meinem Lehrstuhl in München, war ebenfalls Mitglied des SAJ, blieb aber in Deutschland und studierte ab 1933 Volkswirtschaftslehre in Berlin. Beiden Größen der Ökonomie bin ich ja, wie bereits beschrieben, später auf meinem Weg als Wissenschaftler begegnet. Und uns verband jenseits des Interesses an wirtschaftlichen Forschungen und ihrer Anwendung eben auch die Gemeinsamkeit in Sachen »Falken«, über die wir auch sprachen.

Nach dem Zweiten Weltkrieg wurde der Kinder- und Jugendverband der Falken neu gegründet. Allerdings nur in den Westzonen, denn in der Sowjetischen Besatzungszone bzw. der späteren DDR wurde das untersagt und Sympathisanten der Falken wurden verfolgt, einzelne Mitglieder wurden sogar getötet. Im Westen standen die bundesrepublikanischen Falken bis etwa 1974 der SPD nahe. Die Verbindung endete mit dem Rücktritt Willy Brandts als Regierungschef.

Willy Brandt war die große Hoffnungsfigur für uns Falken gewesen, auch für mich. Und so war auch ich glücklich, als er 1966 Außenminister und 1969 Bundeskanzler wurde. Nach wie vor bin ich der Meinung, dass er mit seiner Ostpolitik und mit den Ostverträgen, die unter anderem den Grund für die Aussöhnung mit Polen brachten, einen entscheidenden Schritt zur Definition der neuen Rolle Nachkriegsdeutschlands tat. Natürlich waren die Ostverträge für viele schmerzlich – nicht zuletzt für meine Mutter, die damit ihre Pommersche Heimat Kolberg endgültig verlor –, aber sie waren der richtige Weg. Ich finde: Willy Brandt erhielt zu Recht den Friedensnobelpreis.

Mich hat es in jener Zeit sehr berührt, wenn ich jene vielen Artikel las, die die damalige Herausgeberin der *ZEIT*, Marion Gräfin Dönhoff, zur Aussöhnung mit Osteuropa schrieb. Dönhoff stammte von einem Gut in Ostpreußen, auf dem bis zum Zweiten Weltkrieg jene alte Tradition des deutschen Ritterordens weitergelebt wurde, der in der Zeit nach 1226 den Deutschordensstaat im heutigen Ostpreußen und dem Baltikum begründet hatte. Und dennoch erklärte Gräfin Dönhoff ihren Lesern, warum Brandts Politik notwendig war. Zur Unterzeichnung der Ostverträge fuhr sie allerdings nicht mit Brandt nach Warschau, obwohl sie dazu eingeladen worden war, weil sie, wie sie schrieb, es nicht übers Herz brachte, auf den Verlust ihrer Heimat nun auch noch mit einem Glas Sekt anzustoßen. Gerade weil ich vor dem Hintergrund der zu Hause erlebten Gespräche zum Verlust der Heimat mit ihr fühlen konnte, hat mich ihre Argumentation beeindruckt und überzeugt.

Schon bevor Brandt sein Amt als Kanzler antrat, war ich freilich nicht mehr bei den Falken aktiv, sondern hatte mein Studium in Münster begonnen. Dort engagierte ich mich zwar kurze Zeit beim *Sozialistischen*

4 Missionar oder Revolutionär?

Hochschulbund (SHB), wandte mich jedoch unter dem Einfluss der Erkenntnisse, die mir im Studium vermittelt wurden, zunehmend von den sozialistischen Plänen ab. Darauf werde ich unten noch näher eingehen.

Atemlos in der Mitte des Sees und auf dem Gipfel: Lektionen im Zeltlager

Die Zeit bei den Falken war sehr wertvoll für mich, zumal die Falken auf dem Dorfe, als ich sie erlebte, völlig anders »tickten« als die linken Gruppierungen, die ich später an der Universität kennenlernte. Dabei verdankten wir vieles dem Engagement unserer Gruppenleiter. Einer der besonders aktiven war Günter Rixe, alles andere als ein versponnener Linker, sondern ein junger Klempnermeister, der mit beiden Beinen auf dem Boden der Wirklichkeit stand. Statt derart viel Zeit mit uns Jungen zu verbringen, wie er es tat, hätte er als Klempner auch gutes Geld verdienen können, gerade in den Boomzeiten des deutschen Wirtschaftswunders. Er setzte aber andere Prioritäten und ermöglichte uns durch die Gruppenerfahrungen in Brake und auf Reisen Lernerlebnisse, von denen ich insofern auch noch heute noch zehre, als sie meinen offenen und politischen Blick auf die Welt mitgeprägt haben.

Was die Falken besonders attraktiv machte, waren die Zeltlager, die sie für uns Kinder organisierten, und auch dabei spielte Günther Rixe eine herausragende Rolle. Die Lager boten mir Erlebnisse, die sonst für ein mittelloses Schulkind vom Dorf, wie ich es war, kaum denkbar gewesen wären. Und dies noch dazu in einer Zeit, als die junge Bundesrepublik mit dem Wiederaufbau beschäftigt war. Reisen, noch dazu ins Ausland, galten damals als Luxus.

Bedeutend waren für mich drei Zeltlager, und dies durchaus in einem einschneidenden Sinn. Das erste führte mich als 14-Jährigen zum Attersee, wo wir unweit des Ufers ein schönes Lager unterhielten. Wir unternahmen ausgedehnte Bergwanderungen, doch am liebsten hielten wir uns im nahe gelegenen Freibad am See auf. Und wie das so ist, wenn die Zeit sich in heißen Sommern gleichsam vermehrt: Wir kamen auf »dumme Gedanken«. Warum nicht einmal den See durchschwimmen? Er war zwar groß, aber wir waren jung und stark. Das wäre doch was. Zusammen mit einem meiner Falken-Freunde wollte ich schwimmen, und die anderen – so der Plan – sollten uns mit ihren Luftmatratzen eskortieren. Gesagt, getan. Doch bald wurde deutlich: Der Plan war das eine, die Wirklichkeit ein anderes. Denn es zeigte sich, dass es mit der Eskorte nicht weit her war. Die Luftmatratzenpaddler scheuerten sich rasch die Haut auf, was sie zur Umkehr zwang. Schade für sie, dachten wir, uns ficht das nicht an. Wir schwammen weiter. Der Weg erwies sich aber als weitaus länger als gedacht, und so kamen wir der Seemitte nur sehr langsam näher. Allmählich verließ meinen mit mir schwimmenden Falken-Freund der Mut, und so entschloss er sich umzukehren. Sollte auch ich das tun?

Nichts da. »Was man angefangen hat, muss man auch zu Ende führen«, dachte ich mir, und so schwamm ich alleine weiter. Ich fühlte mich fit und war es wohl auch. Nur hatte ich die Rechnung ohne den See gemacht. Er streckte sich wie ein Gummiband. So sehr ich auch mit den Armen und Beinen ruderte, so sehr schien jemand das andere Ufer fortzuziehen. Mir dämmerte, dass ich mich verschätzt haben könnte. Aber es half nichts, ich musste weiter, und so schwamm ich zweieinhalb Stunden bis zum anderen Ufer. Immerhin, denn es hätte auch anders ausgehen können. Völlig entkräftet landete ich auf einem Privatgrundstück an. Als ich aufstehen wollte, war ich verblüfft, dass das gar nicht mehr ging. Jedes Mal, wenn ich es versuchte, fiel ich wieder hin. Der Körper hatte sich offenbar so an die Schwimmbewegung gewöhnt, dass der Gleichgewichtssinn den aufrechten Gang zunächst nicht mehr kontrollieren konnte. Ich konnte nur noch auf allen vieren an Land krabbeln und blieb dort liegen.

Aber ich hatte Glück. Der Grundstücksbesitzer hatte mich gesehen. Er wärmte mich mit einer Decke, gab mir zu trinken und zu essen und brachte mich dann mit seinem Auto zum Zeltlager auf der anderen Seite des Sees zurück, wo man sich schon Sorgen um mich gemacht hatte.

Dieses Erlebnis sollte sich als prägend für mein Leben erweisen. Häufig habe ich daran zurückgedacht. Und häufig auch befand ich mich bei der Arbeit in subjektiv ganz ähnlichen Situationen. Ich gehe eine hoch ambitionierte Arbeit an, mache mir vor, dass sie rasch beendet sei, um so die eigene Furcht zu überwinden, hänge dann mittendrin und muss natürlich weiter, auch wenn mir die Luft auszugehen droht. Ich wische dann die Gedanken, dass ich es nicht schaffen könnte, beiseite, und schwimme gleichsam beharrlich weiter. Ein Schwimmzug nach dem anderen, ohne Unterlass, fast ohne Atem, und schließlich komme ich doch »irgendwie« an. Kann es sein, dass »große Vorhaben« ohne eine solche Psychodynamik kaum zu haben sind? Für mich jedenfalls mag das gelten.

Das zweite Zeltlager, das mich besonders prägte, fand ein Jahr später bei Sonthofen statt. Ich war also 15. Der See war nicht vergessen, aber wohl verdrängt. Wir erholten uns. Und machten irgendwann eine Wanderung zum Gipfel des Berges Grünten. Es ging über einen Sattel, auf dem sich eine Hütte befand, in Serpentinen allmählich in Richtung Grünten-Gipfel, der mit 1.738 Metern zwar nicht sonderlich hoch war, aber doch einen Ausblick über die Alpen und das Voralpenland bot.

Und dieser Ausblick war herrlich. Als wir gleichsam beschwingt und erschöpft unter dem Gipfelkreuz kauerten, kam die Idee auf, dass es doch eigentlich schön gewesen wäre, wir hätten die Falkenfahne dabei und könnten sie am Gipfelkreuz befestigen. Das stimmte – aber wir hatten sie nun einmal nicht dabei. Was also tun? Jemand musste zurück ins Lager, um die Fahne zu holen.

Mit gefiel der Gedanke der Gipfel-Beflaggung. Und so machte ich mich mit zwei anderen Freunden auf den Weg. Wir nahmen die Abkürzung und hüpften direkt über das Schotterfeld auf der steilen Seite des Gipfels nach unten. Gefährlich war der Weg nicht, und unsere jugendlichen Körper waren elastisch genug, das gut zu verkraften. Unten angekommen packten wir die Fahne ein und traten sofort den Rückweg an, für den wir uns aber wieder an den ausgezeichneten Pfad hielten. Als wir schließlich erschöpft oben ankamen, ging der Tag schon zur Neige. Aber wir waren auch glücklich, hissten die Flagge und übernachteten auf der Grünten-Hütte, wo man uns ein Strohlager anbot, ein Angebot, das wir gerne annahmen. Erst am nächsten Tag stiegen wir wieder ab. Hatte ich aus meinem See-Erlebnis gelernt? Vielleicht.

Aber da gab es noch etwas anderes, über das ich seither häufig nachgedacht habe. Für mich illustriert dieses Erlebnis auch, dass viele junge Menschen grenzenlos begeisterungsfähig sind und sich bereitwillig der »größeren Aufgabe« unterordnen. In diesem Fall war diese Aufgabe das Holen der Flagge. Meine Güte! Als hätte man seine Zeit nicht sinnvoller verwenden können. In der Reflexion über das, was wir damals taten, wurde mir klar: Als junger Mensch kann man sich zu Entscheidungen hinreißen lassen, die nicht unbedingt als rational angesehen werden, aber einem grundsätzlichen Ziel dienen, das um seiner selbst willen erreicht werden musste. Auch wir wussten natürlich, dass die Flagge nicht lange an dem Gipfelkreuz hängen würde, weil die nächsten Wanderer sie vermutlich schon wieder entfernen würden. Und trotzdem »opferten« wir uns, die Flagge zu holen. War das gut? Wir taten es.

Das dritte besondere Zeltlager waren eigentlich mehrere. Ich meine die Zeltlager der Falken in Frankreich, die in Longarisse, etwa 5 Kilometer hinter der Küste südlich von Bordeaux stattfanden. Diese Zeltlager waren möglich, weil Charles de Gaulle und Konrad Adenauer im Jahr 1963 den Élysée-Vertrag, also den deutsch-französischen Freundschaftsvertrag, unterzeichnet hatten, zu dem auch ein Programm zur Förderung des Jugendaustauschs gehörte. Ich war dort mit 16 und 17 Jahren. Bei der zweiten Reise durfte ich sogar einige Schulkameraden aus dem Gymnasium mitnehmen, obwohl sie gar nicht zu den Falken gehörten.

Bei einem Zwischenstopp bei Straßburg, das war während der ersten Reise, trafen wir auch mit französischen Sozialisten zusammen, mit denen wir trotz einiger Sprachhürden nicht nur intensiv diskutierten, sondern auch ein gemeinsames Sportfest feierten, zu dem auch ein verlorenes Fußballspiel mit den »wieselschnellen« Franzosen gehörte.

Mit diesen von den Falken ermöglichten Begegnungen ist bei mir auch jene tiefe Verbundenheit mit Frankreich und den Franzosen entstanden, die für mich bis heute einen wichtigen Stellenwert hat. Die Verbindung mit Frankreich habe ich im Übrigen mit vielen persönlichen, freundschaftlichen Kontakten mit Wissenschaftskollegen gepflegt. Doch auch die Begegnungen, die sich über die Familie meiner Frau ergaben und nicht zuletzt ein Studienaufenthalt unseres jüngsten Sohnes Rüdiger und sich daraus ergebende familiäre Kontakte trugen dazu bei, diese mir besonders wichtigen Bande zu vertiefen.

Natürlich ist das Verhältnis zu Frankreich historisch in hohem Maße belastet, und auch in der Neuzeit gibt es nicht immer nur Anlass zur Freude. Man denke nur an die ausufernde französische Machtausübung in der EU-Verwaltung, die einen CNN-Reporter einmal zu der Bemerkung veranlasst hat, die EU sei »*A French affair with German money*«, also eine französische Angelegenheit mit deutschem Geld. Die Geldforderungen, die der jetzige französische Präsident Emmanuel Macron zur Stützung des französischen Hinterlandes im Mittelmeerraum unlängst auf den Tisch gelegt hat, liegen auf der gleichen Linie. Dennoch muss klar sein, dass die deutsch-französische Achse, die durch den Freundschaftsvertrag von Adenauer und de Gaulle begründet wurde, nicht gefährdet werden darf und immer wieder neuer Initiativen jenseits der Geldtransfers bedarf, mit denen sie belebt wird.

Ein Bewusstsein für historische Schuld: Oradour-sur-Glane und Lidice

Wieder zurück zu den Falken: Sie waren – und sind bis heute – natürlich vor allem eine politisch ausgerichtete Organisation und kein Reiseveranstalter. Das zeigte sich auch an vielen Zielen, zu denen wir uns aufmachten. Die Reisen führten zum Beispiel auch zu Orten wie Oradour-sur-Glane in Frankreich und Lidice in der Tschechoslowakei, Stätten unsagbarer Verbrechen Nazi-Deutschlands. Das waren schreckliche Anblicke.

In Oradour-sur-Glane, einem kleinen, hoch gelegenen Gebirgsdorf im Zentralmassiv, ermordete die Panzerdivision »Das Reich« der Waffen-SS im Juni 1944 mehr als 600 Menschen, darunter über 400 Kinder und Frauen. Letztere wurden in eine Kirche gesperrt, die die SS-Schergen dann anzündeten. Fliehende erschossen sie. Die Männer versammelten sie auf dem Marktplatz und richteten sie gnadenlos hin. Die Tat stand zwar im Zusammenhang mit Angriffen und Leichenschändungen durch französische Partisanen, doch im Kern ging es dem deutschen Befehlshaber wohl darum, einen deutschen Bataillonskommandeur freizupressen, den die Partisanen gefangen genommen hatten. Das Massaker von Oradour-sur-Glane gilt heute als eines der scheußlichsten Kriegsverbrechen des Zweiten Weltkriegs. Einige an der Exekution beteiligten Soldaten wurden später in Frankreich gefasst und bestraft. Allerdings nur die Deutschen, nicht die ebenfalls involvierten Elsässer, die in der Wehrmacht dienten. Die meisten Täter aber entkamen nach Deutschland und wurden dort nicht verfolgt, weil sie – so die durchaus zu diskutierende Begründung – auf Befehl gehandelt hatten und weil man ihnen individuelle Schuld nicht nachweisen konnte.

Ein Bewusstsein für historische Schuld: Oradour-sur-Glane und Lidice

Das Massaker in Lidice, einem Dorf in der Nähe Prags, fand bereits im Mai 1942 statt. Die Nazis vermuteten dort fälschlicherweise Unterstützer des Attentäters auf Reinhard Heydrich, den stellvertretenden Reichsprotektor von Böhmen und Mähren. In Lidice richteten deutsche Polizeikräfte in der Folge rund 150 männliche Bewohner im Alter von über 15 Jahren hin. Die Frauen und Kinder deportierte man. Viele von ihnen starben in Konzentrationslagern. Das Dorf wurde anschließend dem Boden gleichgemacht. Wir Falken legten damals an der Gedenkstätte einen Kranz zur Erinnerung an die Opfer nieder und diskutierten noch lange über die Schrecken, derer wir gewahr wurden.

Überhaupt war die Beschäftigung mit dem Zweiten Weltkrieg und den Verbrechen der Nazis ein zentrales Thema der Falken in ganz Deutschland. Der Völkermord an den Juden, den Roma und den Sinti, auch die Aktionen der Nazis gegen die Sozialdemokraten und die Kommunisten, die ihre ersten Opfer waren: All das wurde tief und breit debattiert. Die aufwühlenden Filme über die Gräuel in den Konzentrationslagern sahen wir ebenfalls und diskutierten über sie, oft fast sprachlos vor Entsetzen.

So wurde ich durch die Falken frühzeitig sensibilisiert für die Schuld der Deutschen ab 1933 – und auf diese Weise politisiert. Hier war, so verstanden wir, ein unfassbares Unrecht wiedergutzumachen. Und wir, die Falken, hatten Teil dieser Wiedergutmachung zu sein. Wir verschrieben uns deshalb mit großer Überzeugung und Leidenschaft der europäischen Integration und der Aussöhnung zwischen den Völkern.

Wir sahen uns allerdings nicht selbst als die Täter, sondern wähnten uns auf der Seite der Opfer, zumal ja tatsächlich die Sozialdemokraten unter den Ersten waren, die ins Konzentrationslager wanderten und dort allzu häufig auch ihr Leben verloren. Auch mein eigener Großvater war dort umgekommen. Für uns stand außer Frage, dass wir als Falken und Sozialistische Arbeiterjugend Opfer und nicht etwa Täter waren. Dass wir Sühne wegen unserer eigenen kollektiven Schuld hätten tun sollen, kam uns ehrlich gesagt nicht in den Sinn, ein Standpunkt, den ich später im Ausland zu relativieren gelernt habe, weil dort die feine Unterscheidung zwischen zweierlei Arten von Deutschen, die etwa auch wir Falken zu machen pflegten, nicht sonderlich überzeugend wirkte.

Ich selbst sehe mich der geschichtlichen Verantwortung heute noch mit jeder Faser meines Ichs verpflichtet. Auch meine Beschäftigung mit dem

4 Missionar oder Revolutionär?

Euro und den Gefährdungen, die von ihm für Integration und Aussöhnung ausgehen könnten, sehe ich in diesem Lichte, denn ich habe große Angst davor, dass leichtsinnige Vergemeinschaftungsaktionen, wie sie die *Europäische Zentralbank* (EZB) zur temporären Stabilisierung der Finanzmärkte unternimmt, in Europa eine Schuldenlawine auslösen, die sich katastrophal entladen könnte. Dazu werde ich am Ende dieses Buches mehr sagen.

In Israel: Kibbuzerfahrung und ein denkwürdiger Auftritt

Einige ältere Falken gingen damals übrigens auch nach Israel, um in einem *Kibbuz* zu arbeiten, jener der Idee nach solidarisch organisierten Dorfgemeinschaft mit kollektivem Eigentum und basisdemokratischen Strukturen, die ihre Geburtsstunde im Heiligen Land bereits 1910 feierte und die vor allem nach der Staatsgründung Israels im Jahr 1948 immer beliebter wurde. Jene Falken, die sich dafür entschieden, eine Zeit lang in einem Kibbuz zu arbeiten, wollten einerseits ein Stück Wiedergutmachung leisten. Andererseits stießen die Kibbuzim auch wegen ihrer sozialistischen Wirtschaftsweise damals, in den Zeiten des Kalten Krieges, als der Sozialismus für viele noch eine echte Alternative zur Marktwirtschaft darstellte, auch wegen ihres Organisationsprinzips auf ein besonderes Interesse.

Ich selbst war zu jung, um für die Reise in einen Kibbuz, wie sie einige Falken antraten, infrage zu kommen. Doch viel später in meinem Leben, während meiner Gastprofessur an der *Hebräischen Universität in Jerusalem* im Jahr 1997, als ich schon 49 Jahre alt war, lud Omer Moav, ein dort tätiger Kollege, meine Frau und mich immerhin ein, einen Kibbuz zu besichtigen. Moav arbeitete damals an seiner Dissertation, beriet danach u.a. in verschiedenen Funktionen die israelische Regierung und lehrt heute an der Universität Warwick.

Der Kibbuz, in den Moav uns einlud, lag im Jordantal, am Fuße des Abhangs, den man auf dem steilen Weg von Jerusalem in Richtung Totes Meer hinunterfährt. Er hatte in diesem Kibbuz selbst eine Zeit lang gelebt.

Meine Frau und ich waren sehr gespannt, was uns dort erwarten würde. Wir sahen einen wohlstrukturierten, eng gedrängten Gebäudekomplex, der aber ziemlich heruntergekommen wirkte und in dem wir nur wenige Menschen antrafen. Der Putz war von den Fassaden abgefallen, die

In Israel: Kibbuzerfahrung und ein denkwürdiger Auftritt

Wege zeigten sich in einem schlechten Zustand, Fensterscheiben waren kaputt, und alles wirkte sehr ärmlich. Omer zeigte uns die Gemeinschaftseinrichtungen, die dem sozialistischen Gedankengut entsprachen. So gab es ein Haus, in dem früher die Kinder gemeinsam aufgezogen wurden, einen gemeinsamen Speisesaal und verschiedene Formen von Arbeitsräumen, von der Schneiderei über die Wäscherei bis hin zur Schmiede. Aber die meisten Räume wirkten verwahrlost. Offenkundig hatte hier einmal ein reges Leben stattgefunden, doch das musste lange her gewesen sein. Einige wenige Frauen trafen wir in der Nähe des Kuhstalls und beim Käsemachen in einer kleinen Molkerei. Wir wunderten uns, wo die Kühe das Futter herbekamen, denn auch die Umgebung wirkte kärglich. Grünes sahen wir jedenfalls nicht. Es musste von anderswo herantransportiert worden sein.

Omer Moav beließ es nicht bei einer bloßen Führung durch den Kibbuz. Er erläuterte uns, dass die Kibbuzim als Wehrdörfer in einer Zeit entstanden waren, als man sich von nicht nur friedlich reagierenden Arabern umgeben sah. In der Tat hatte sich die erste Elite des israelischen Staates nach seiner Gründung im Jahr 1948 großenteils aus ehemaligen *Chawerim*, also Freunden, zusammengesetzt; so bezeichnete man damals die Bewohner des Kibbuz.

Omer war es indes darüber hinaus wichtig zu betonen, dass die Kibbuzim ökonomisch nie wirklich funktioniert hatten. So auch nicht jener Kibbuz, den wir besuchten und der sein Zuhause gewesen war. Die Ursache bestand für ihn ganz klar darin, dass keiner wirklich für den gemeinsamen Geldbeutel arbeiten wollte, wie es die Grundidee des Kibbuz eigentlich vorsah bzw. voraussetzte. Und die sozialen Beziehungen zwischen den Chawerim waren zudem – wohl auch deshalb – eher gespannt als gelöst und freundlich. Moav hatte auch deshalb alsbald das Weite gesucht und »seinen« Kibbuz so schnell es nur irgend ging verlassen.

Auch die eigentlich sehr positiv klingende Idee des gemeinsamen Kinderhauses hatte sich, wie Moav erläuterte, nicht bewährt, denn trotz aller idealistischen Vorgaben zogen es die Frauen vor, ihre Kinder bei sich zu Hause zu haben. Das Paradies auf Erden, das manche mit dem Leben im Kibbuz verbunden hatten, sahen wir jedenfalls nicht. Ich frage mich, ob das auch die Freunde von den Falken verstanden hatten, die Israel seinerzeit besuchten, aber Vergleichbares hatte ich eigentlich nicht von ihnen gehört.

4 Missionar oder Revolutionär?

Auch wenn die Kibbuzim für die Entstehung des Staates Israels eine gewisse Bedeutung gehabt haben mögen – nicht zuletzt als Magnet für jene, denen Völkerverständigung und Versöhnung am Herzen lag wie uns Falken –, verwundert es daher nicht, dass die meisten von ihnen inzwischen wieder verschwunden sind und sie keinerlei ökonomische Bedeutung mehr für das moderne Israel haben.

Doch meine Frau und ich waren nicht nur im Kibbuz. Wir waren ja primär zu Gast an der volkswirtschaftlichen Fakultät. Und hier wurden wir sehr freundlich aufgenommen. Die Vergangenheit stand bei vielen Gesprächen natürlich stets im Raum. Doch unterhielten wir uns nicht darüber, sondern widmeten uns sehr bewusst dem Hier und Jetzt, um der Zukunft eine Chance zu geben und einen Beitrag dazu zu leisten, sie positiv zu gestalten.

Die Volkswirte an der Jerusalemer Hebräischen Universität zeigten sich allesamt von exzellenter Qualität. In der Regel hatten sie in den USA studiert, sprachen ein ausgezeichnetes Englisch und waren über die neuesten Theorien und Erkenntnisse der Ökonomie bestens informiert. Wir führten intensive Diskussionen voller Leidenschaft, großer Offenheit und auf höchstem Niveau.

So auch mit Eytan Sheshinsky und seiner Frau Ruth. Beide sprachen, obwohl in Israel geboren, ausgezeichnet Deutsch, weil das die Sprache ihrer Eltern und Großeltern war, die vor dem Krieg teils aus Wuppertal, teils aus der Schweiz hatten fliehen können. Sie gehören zur Gruppe der *aschkenasischen*, also der mittel-, nord- und osteuropäischen Juden, der *Jekkes*, wie man in Israel sagt. Der Name Jekkes kam einst auf, weil sich die aschkenasischen von den *sephardischen* Juden, die gegen Ende des 15. Jahrhunderts aus Spanien vertrieben worden waren und sich dann im Mittelmeerraum inklusive des Vorderen Orients verbreiteten, durch die Jacken unterschieden – die freilich nur die Männer trugen.

Eytan Sheshinsky ist einer der großen Volkswirte seines Landes, der mit seinen Arbeiten zur Wachstumstheorie und zur Rentenversicherung Weltruhm erreicht hat. Ruth ist Mathematikerin und war zu jener Zeit ebenfalls an der Universität beschäftigt und überdies sehr interessiert an der deutschen Literatur, deren Kenntnis sie in Lektürekursen laufend vertieft. Beide kümmerten sich rührend um uns und unsere Kinder, fuhren mit uns durch das Land und halfen, eigene Reisen zu organisieren, so einen Ausflug zur an der Südspitze von Israel am Roten Meer liegenden Stadt Eilat.

In Israel: Kibbuzerfahrung und ein denkwürdiger Auftritt

Doch auch mit anderen israelischen Forscherkollegen wie Ephraim Sadka und Assaf Razin aus Tel Aviv verbindet mich viel. Mit beiden hatte ich schon länger kollegiale Kontakte gepflegt, doch als ich im Jahr 1996 anlässlich einer internationalen Konferenz, der Jahrestagung des *International Institute of Public Finance* (IIPF), des Weltverbandes der Finanzwissenschaftler, einen Plenarvortrag an der in prächtigen Gärten eingebetteten *Universität von Tel Aviv* hielt, wurde bald eine wunderbare Freundschaft daraus.

Und das kam so: Als ich dort das Podium betrat, wusste ich plötzlich nicht mehr, wie mir geschah. Ich als Deutscher stand nun im Land der Juden, die Deutsche hatten vernichten wollen, und sollte nun wie selbstverständlich meinen englischen Fachvortrag vor einer internationalen Zuhörerschaft halten, zu der viele ortsansässige Juden gehörten. Ich hielt inne: Wie konnte das sein? Mir kam die Situation unwirklich und surreal vor. Mehr noch: Ich war ergriffen. Und dann sagte ich eine paar Worte auf Deutsch, in denen ich mich entschuldigte für das, was wir – die Deutschen – dem jüdischen Volk angetan hatten, und mich bedankte für die Möglichkeit zu sprechen. Warum ich das tat, weiß ich nicht wirklich. Es war eine spontane Eingebung, ohne Plan und Hintergedanken. Und ich wollte in der Sprache der Täter sprechen. Vielleicht weil ich zu Gott sprechen wollte, weil es ein Gebet sein sollte, in dem ich um Vergebung bat? Ich, der ich eigentlich nur an die Wissenschaft glaube, bin – wie schon berichtet – nicht wirklich religiös im gemeinhin so verstandenen Sinne. Doch in jenem Moment kam – wie mir später, als ich darüber nachdachte bewusst wurde – wohl all das hoch, was ich als Falke über den Völkermord an den Juden gelernt hatte, und ich wurde übermannt von meinen Gefühlen.

Viele anwesende, insbesondere natürlich die jüdischen Teilnehmer, wollten nachher wissen, was ich gesagt hatte. Meine Worte wurden ihnen von anderen Teilnehmern übersetzt, die Deutsch konnten. Seitdem habe ich viele Freunde in Israel.

Schon vorher und seither noch mehr pflegte ich die Kontakte zu meinen israelischen Kollegen. Viele von ihnen holte ich etwa in unser CESifo-Forschernetzwerk, über das ich, wie gesagt, noch ausführlich berichten werde. Und als Assaf Razin sich bereit erklärte, Vorsitzender des wissenschaftlichen Beirats des *ifo Instituts* zu werden, nachdem der vormalige Vorsitzende David Bradford verstorben war, war ich glücklich und dankbar.

»Mit jedem Schritt, mit jedem Tritt«: Gegen Nazis, Wiederbewaffnung, Atomkraft und Kommunisten

Noch einmal zurück zu den Falken. Bei ihnen lernte ich nicht nur, dass der deutsche Militarismus in die Sackgasse geführt und Millionen von unschuldigen Menschen das Leben gekostet hatte. Ich lernte auch, dass wir selbst alles zu unternehmen hatten, um ein Wiederaufleben des alten Geistes zu verhindern.

Dazu gehörten nicht nur die Aussöhnung mit dem jüdischen Volk und die Unterstützung Israels. Wir Falken diskutierten vielmehr auch andere Themen sehr intensiv. So etwa die Wiederbewaffnung. Die in Deutschland mit dem Beginn des Kalten Krieges von 1949 bis 1956 besonders heftig geführte Debatte mündete zwar zunächst in den Beitritt zur NATO und in den Aufbau der Bundeswehr unter Verteidigungsminister Franz Josef Strauß. Doch auch danach endete die Diskussion um sie nicht. Wir Falken bezogen eindeutig Position und lehnten die Wiederbewaffnung ab. Die Verweigerung des Kriegsdienstes war für uns ein selbstverständliches Gebot. Das Lied der Falken, das diese Einstellung wiedergibt und das wir bei unseren Wanderungen sangen, geht mir bis heute nicht aus dem Sinn:

Auf, Rote Falken, auf,
zum Lichte führt der stolze Lauf.
Vorwärts im Kampf gegen Macht und Not
führt uns die Fahne leuchtend rot.
Wir wandern nicht zur Lust allein,
wir wandern, um ein Staat zu sein.
Mit jedem Schritt, mit jedem Tritt,
zieht unser Zukunftswille mit.
Nie, nie woll'n wir Waffen tragen,
nie, nie woll'n wir wieder Krieg.
Hei, lasst die hohen Herrn sich selber schlagen,
wir machen einfach nicht mehr mit.
Nein, nein, nie, nie woll'n wir Waffen tragen,
nie nie, woll'n wir wieder Krieg.
Hei, lasst die hohen Herrn sich selber schlagen,
wir machen einfach nicht mehr mit.

Darüber hinaus sahen wir es als unsere Aufgabe an, die Gesellschaft nach Resten der Nazi-Ideologie zu durchforsten. Besonders intensiv diskutierten wir die Berichte über führende Mitarbeiter von Regierung und Verwaltung, die schon im Dritten Reich hohe Ämter innehatten, allen voran Hans Globke. Globke galt damals und gilt heute immer noch als das Paradebeispiel der Kontinuität der Verwaltungseliten von Drittem Reich und junger Bundesrepublik. Noch heute bin ich der Meinung, dass die Entnazifizierung, die wir forderten, richtig war und zur Besinnung der deutschen Gesellschaft beigetragen hat.

Allerdings muss ich der Fairness halber zugestehen, dass das Urteil über Globke bei Lichte besehen etwas differenzierter ausfallen sollte, als wir es damals fällten. Dass Globke tatsächlich wohl auch Beziehungen zum Widerstand hatte und, wie Jakob Kaiser berichtete, für die Zeit nach einem erfolgreichen Putsch für einen Posten in der Regierung vorgesehen war, wussten wir damals nämlich nicht. Jakob Kaiser, ein Zentrumspolitiker und Mitbegründer der CDU nach dem Krieg, war selbst aktiv und unbestreitbar im Widerstand gegen das Hitlerregime tätig.

Wir wussten überhaupt wenig vom bürgerlichen Widerstand gegen Hitler, nicht von Ludwig Erhards Beziehungen zu den Freiburger Kreisen, insbesondere auch nicht von Walter Euckens Widerstand, der sich als einer der führenden liberalen Ökonomen und Begründer des Ordoliberalismus im Freiburger Untergrund betätigt hatte. Auch die Untergrundbewegung des Kreisauer Kreises um Helmuth James Graf von Moltke und Peter Graf Yorck von Wartenburg in Schlesien war uns nicht bekannt. Nur vom Aufstand der Gruppe um Klaus Schenk Graf Stauffenberg hatten wir natürlich gehört. Dass nicht nur die Linken gegen die Nazis gekämpft hatten, sondern auch maßgebliche Kreise des Adels und der Bürgerschaft, passte aber nicht gut zu unserem Falken-Weltbild und zu unserem Selbstverständnis. Vieles habe ich erst sehr viel später erfahren.

Nicht nur Globke & Co interessierten uns damals, wir waren auch sonst wachsam und durchaus tatkräftig. Einmal, bei einer Wanderung im Gebiet von Meschede im Sauerland, sahen wir in einer Gaststätte ein Bild an der Wand hängen, von dem wir glaubten, es zeige Hitler. Wir waren empört. Im Dunkeln schlichen wir von unserer Herberge zurück zu der Gaststätte, entwendeten das Foto, zerstören es und begruben es irgendwo im Wald. Ob es nun wirklich Hitler war oder nur der Vater des Wirtes, der sich eine Frisur wie Hitler zugelegt hatte – wer weiß. In jedem Fall illustriert diese

4 Missionar oder Revolutionär?

Aktion durchaus den Kampfesgeist, der uns beseelte. Wir waren die Kämpfer für die Gerechtigkeit.

Auch ich selbst übernahm immer mehr Verantwortung und mit 16 Jahren die Leitung einer Falken-Jugendgruppe. Wir trafen uns zweimal in der Woche, bastelten miteinander, hörten Musik, bauten einen Jugendkeller aus, den uns die Gemeinde im Schulgebäude zur Verfügung gestellt hatte, und vor allem diskutierten wir über politische und wirtschaftspolitische Themen. Wir diskutierten über die Rolle der Schwarzen in Amerika, über die Kolonialzeit, über die Geschichte der Arbeiterbewegung, über den sich anbahnenden Vietnamkrieg und über vieles mehr.

Besonders erregten uns die in Vorbereitung befindlichen sogenannten Notstandsgesetze, zu deren Inkraftsetzung es in den 1960er-Jahren immer wieder Anläufe gegeben hatte. Bei den Notstandsgesetzen ging es um die Einschränkung demokratischer Kontrolle, um der Regierung im Falle eines Angriffs von Außen mehr Macht für ein schnelleres Handeln geben zu können. Wir befürchteten, dass damit die Demokratie ausgehöhlt werden könnte, und sahen die Gefahr eines erneuten Ermächtigungsgesetzes, wie es Hitler den Weg geebnet hatte. In der Tat scheiterten wegen des Widerstandes der Linken zunächst mehrere Anläufe, eine Notstandsgesetzgebung zustande zu bringen. Dass die SPD 1968, nun Teil der Großen Koalition, schließlich doch »umkippte« und der Einführung der Gesetze, die sie zuvor zu verhindern gesucht hatte, nun zustimmte, hat uns später sehr enttäuscht.

Für unsere Diskussionen musste stets jemand eine zuvor bestimmte Fragestellung gründlich vorbereiten, manchmal mithilfe von Texten, die ich mittels eines Matrizenkopierers für die Gruppe vervielfältigt hatte – und dann ging die Debatte los.

Publizistisch habe ich damals meine ersten Gehversuche unternommen. So gründete ich eine kleine Zeitung für den Falken-Ortsverband, in denen wir Mitglieder unsere Meinungen zu aktuellen Themen verbreiten konnten. Sie hieß *Consequent* und wurde in unregelmäßigem Rhythmus mehrmals im Jahr erstellt und an die Braker Bevölkerung verteilt. Wir veröffentlichten sie – quasi aus der Not geboren – in einem (quer gestellten) DIN-A5-Format, denn wir mussten die Seiten mit dem Matrizenkopierer vervielfältigen, dann auseinanderschneiden und schließlich zusammenbinden.

Ich habe vor kurzem zufällig eine Ausgabe einer dieser Zeitungen wiedergefunden. Hier ein Auszug aus einem längeren Text gegen die Todesstrafe,

»Mit jedem Schritt, mit jedem Tritt«

den ich im Jahr 1964 als 16-Jähriger schrieb, nachdem eine Serie von hässlichen Taximorden den Ruf nach der Todesstrafe hatte laut werden lassen:

Natürlich haben unseren Parlamentariern 1949 noch die rund 16000 Todesurteile, die von den sogen. ordentlichen Gerichten gefällt wurden und die 30000 Getöteten, die von Militärgerichten verurteilt wurden, vor Augen gestanden. Aber inzwischen hat man in der Bundesrepublik Heimweh nach dem Henker bekommen. Die Urinstinkte wurden durch geschickte Aufbauschung von Kapitalverbrechen in der bundesdeutschen Presse (Bild-Zeitung) in den Köpfen der Bundesbürger wieder geregt. Und so ist sich die breite Masse trotz der Nazi-Morde wieder einig. Die Todesstrafe muß wiedereingeführt werden! Die Meinungsforscher stellten fest: zwei Drittel bis drei Viertel der Bundesbürger wollen dem Henker wieder Arbeit geben ... Die Möglichkeit eines Justizirrtums ist in der Vergangenheit und auch heute mehrfach bewiesen. ... Schon allein auf das Risiko hin, daß unschuldige Menschen verurteilt werden könnten, sollte die Todesstrafe abgeschafft werden.

Hans-Werner Sinn, *Consequent*, 1964,
Sozialistische Jugend Deutschlands OV Brake, die Falken

Noch heute bin ich entschieden gegen die Todesstrafe, und das sind ja mittlerweile wohl die allermeisten Menschen hierzulande. Damals jedoch, zur Mitte der 1960er-Jahre, wurde die Wiedereinführung der Todesstrafe wegen der Taximorde und anderer Gewaltverbrechen ernsthaft diskutiert, und dies, obwohl das Grundgesetz die Todesstrafe schon 1949 verboten hatte. Wir Falken waren strikt gegen die Wiedereinführung, weil wir vor dem Hintergrund der geschichtlichen Erfahrungen in Deutschland gelernt hatten, welcher politische Missbrauch mit diesem Strafinstrument getrieben werden kann. Mein alter *Consequent*-Artikel unterstreicht genau diese Haltung.

Und wir hatten weitere politische Kampfplätze. Nachdem die Linken schon nicht den Aufbau der Bundeswehr hatten verhindern können, positionierten wir Falken uns mit umso größerer Vehemenz gegen die Bewaffnung der deutschen Armee mit Atomraketen. Vor allem den für uns damals rechtskonservativen Franz Josef Strauß von der CSU, Verteidigungsminister von 1956 bis 1962, hatten wir im Verdacht, dass sein Eintreten für eine friedliche Nutzung der Atomkraft auch von einem Hintergedanken getrieben war – nämlich, die Atomkraft eben doch irgendwann als Teil einer militärischen Waffe in der Bundeswehr nutzen zu wollen. Als Falken agitierten und demonstrierten wir vehement gegen die Nutzung von Atomwaffen in der Bundeswehr und überhaupt gegen die Aufrüstung der Armeen mit Nuklearwaffen, wie sie sich ab Mitte der 1950er-Jahre im Zuge des Kalten Krieges anbahnte. Und wir taten das nicht nur einmal, sondern regelmäßig in den sogenannten Ostermärschen.

Die Ostermärsche hatten ihren Anfang 1958 in Großbritannien, wo sich zu einem Marsch auf das Atomforschungszentrum Aldermaston um die 10.000 Gegner der nuklearen Aufrüstung zusammengefunden hatten. Nach diesem heute genannten »Aldermaston March« entwickelten sich überall in Westeuropa ähnliche Demonstrationsmärsche. In Deutschland finden diese Friedensdemonstrationen bis heute statt – immer noch unter dem Namen Ostermärsche.

Wir kooperierten dabei eng mit den Naturfreunden. Die Naturfreunde – eigentlich *Naturfreunde Internationale* (NFI) – sind eine im späteren 19. Jahrhundert aus der Arbeiterbewegung hervorgegangene international tätige sozialistische Umwelt-, Kultur-, Freizeit- und Touristikorganisation. Als solche unterhält sie heute ein dichtes Netz von fast 1.000 Naturfreundehäusern, mit denen sie Einzelgästen und Gruppen sehr preisgünstige, naturnah gelegene Gast- und Übernachtungsstätten zur Verfügung stellt. Die NFI ist vor allem in Europa präsent, und mit etwa einer halben Million Einzelmitgliedern gehört sie aktuell zu einer der weltweit größten Nichtregierungsorganisationen. Ihr politischer Einfluss ist also nicht zu unterschätzen.

Das gilt für heute – aber es galt auch für jene Zeit. Denn auch die Naturfreunde machten – wie wir Falken – bei den Ostermärschen mit und waren durch ihre Organisationsstruktur und ihre schiere Größe ein wichtiger Faktor. Es ist dies im Übrigen ein Umstand, der vor allem auch deswegen so wichtig ist, weil er zu den Ursprüngen der Grünen zurückführt, die ja gerade aus der Anti-Atombewegung entstanden und später dann in den Bürgerbewegungen der 1980er-Jahre groß wurden. Pointiert kann man womöglich sagen: In der frühen Allianz von Falken und Naturfreunden bei den Ostermärschen der 1960er-Jahre wurden spätere rot-grüne Bündnisse vorbereitet – ohne dass man das damals ahnen konnte.

Doch wir Falken waren nicht nur gegen Nazis und gegen die Atombewaffnung. Wir wandten uns auch entschieden gegen jede Form der Rassendiskriminierung. Mit großer Inbrunst – und das ist in keiner Weise übertrieben – sangen wir die Freiheitshymne der Schwarzen *We shall overcome*. Und als Martin Luther King im April 1968 ermordet wurde, organisierten die Falken überall in Deutschland Protestmärsche und Beileidsbekundungen. Obwohl ich selbst damals nur noch eine Gastrolle bei den Falken spielte, denn ich studierte bereits, nahm ich an der von ihnen organisierten Demonstration zu seinen Ehren teil. Im Anhang dieses Buches befindet sich ein Bild, das mich mit einem Plakat von Martin Luther King in der Hand bei dieser Demonstration zeigt. Auch heute noch bewundere ich Kings Engagement und seine Lebensleistung in einem zu jener Zeit immer noch zutiefst rassistischen Amerika. Die Einstellung der Amerikaner hat sich inzwischen ja auf geradezu dramatische Weise geändert, wie die Wahl von Barack Obama zum amerikanischen Präsidenten eindrucksvoll bewiesen hat. Allerdings scheint der Geist des alten Amerika hinter der Fassade des neuen Präsidenten Donald Trump keine Ruhe geben zu wollen.

Doch damit nicht genug. Denn auch von den Sowjets hielten wir nichts. Der Kommunismus sowjetischer Prägung, wie wir ihn in Ostdeutschland vorfanden, hat uns immer abgestoßen. Die Gräueltaten Stalins waren uns bewusst, und wir diskutierten sie intensiv. Und mit den Stalinisten im Osten, die die SPD in eine Ehe gezwungen hatten, hatten wir auch »nichts am Hut«, wie man so sagt. Wir wollten mehr soziale Rechte für die Arbeiter innerhalb des marktwirtschaftlichen Systems, doch nicht den Systemwechsel. Auf die Unterscheidung zwischen dem Sozialismus und dem Kommunismus mit seiner Zentralverwaltungswirtschaft und seiner Zwangswirtschaft legten die Falken, jedenfalls in meinem Bielefelder Umfeld, immer den allergrößten Wert, ähnlich wie es die Sozialdemokraten taten.

Und so waren wir auch entsetzt, als die sowjetischen Panzer im Sommer 1968 in Prag einmarschierten. Wenige Tage nach dem Einmarsch der sowjetischen Armee am 21. August organisierten die Falken einen großen Protestmarsch gegen dieses brutale Vorgehen zur Unterdrückung der tschechoslowakischen Demokratie, an dem sich auch viele normale Bürger beteiligten. Ich war zu jener Zeit in den Semesterferien und arbeitete als Mietwagen-Chauffeur für das kleine Unternehmen meines Vaters. Ich nutzte meinen damit verbundenen Freiraum, um an diesem Marsch teilzunehmen. Auch dieser Protestmarsch führte durch die Bielefelder Innenstadt, über die Obernstraße zum Alten Markt, wo sich die meisten Menschen aufhielten.

4 Missionar oder Revolutionär?

Viele gewöhnliche Bürger schlossen sich ihm damals an. Meine Skepsis gegen sozialistische Experimente war zwar mit meinem Ökonomiestudium geweckt, doch ihrer bedurfte es nicht. Tatsächlich wurde die Demonstration ja auch nicht von mir, sondern von ganz anderen Mitgliedern der Falken organisiert. Sie entsprach unserem Selbstverständnis, denn wir Falken – so sahen wir uns – kamen eben nicht als blinde Sozialisten daher, sondern wir fällten differenzierte Urteile. Die brutale Niederschlagung der Prager Reformbewegung fanden wir alle damals ganz und gar unerträglich. So falsch es ist, bürgerliche Kreise grundsätzlich als Sympathisanten der Nationalsozialisten anzusehen, so falsch wäre es, den Falken im Nachhinein vergröbernd einen Faible für den Kommunismus zu unterstellen. Wer das sagt, redet Unfug. Holzhammer-Vergleiche dieser Art liegen voll und ganz daneben.

Allerdings hegten wir damals viel Sympathie für den sogenannten Dritten Weg zwischen Kapitalismus und Kommunismus, wie ihn die Tschechen versuchen wollten. Auch deshalb war die Enttäuschung so groß, als die Russen einmarschierten. Unser wirkliches Leitbild war jedoch das skandinavische Modell, wie es vor allem in Schweden realisiert wurde, also ein marktwirtschaftliches System mit einem wohl ausgebauten Sozialsystem, das der Arbeiterschaft und damit der damals normalen Bevölkerung einen hohen Lebensstandard zu versprechen schien. Stets wurde uns dieses Land als Rollenmodell vor Augen geführt. Dass Schweden ein Vierteljahrhundert später wegen seines ausufernden Sozialstaates in eine schwere ökonomische Krise geraten würde, die dann nur durch eine massive Abwertung nebst marktwirtschaftlichen Reformen überwunden werden würde, die erst nach der Ablösung der sozialdemokratischen durch eine bürgerlich geführte Regierung möglich wurden, ahnten wir damals natürlich nicht.

Polarisierende Zeiten: Sozialdemokratischer Hochschulbund, Studentenbewegung und linkes Leben

Eine Zeit lang sah es so aus, als könnten mich meine Erfahrungen bei den Falken zu einem längeren Engagement bei den Sozialdemokraten bringen. Und in der Tat wurde ich zu meinem 18. Geburtstag Mitglied der SPD. Allerdings ging ich nur zwei-, dreimal zum Treffen des Braker Ortsvereins. Das reichte, um verstehen, dass mir dieser Verein doch nicht gefiel. Es ging allzu bieder dort zu, und die freie Diskussionskultur, die ich mir erhofft hatte – und von den Falken kannte –, gab es auch nicht. Das Niveau der Debatten war niedrig, und die Mitglieder interessierten sich eigentlich nur für lokale Belange. Da ich bald darauf mit dem Studium in Münster begann, verlor ich das Interesse an dieser Verbindung. In der Folge gab es bis auf die Beteiligung an den erwähnten Demonstrationen im Jahr 1968 keine weiteren Kontakte mehr zur Braker Ortsgruppe oder etwa einer Gruppe in Münster. Dass meine Mutter womöglich den Mitgliedsbeitrag noch ein, zwei Jahre weitergezahlt hat, bleibt davon unberührt.

Dies bedeutete indes keinesfalls das abrupte Ende meines politischen Lebens. In Münster trat ich dem *Sozialdemokratischen Hochschulbund* bei, dem SHB, einer der SPD nahestehende und von ihr mitfinanzierten Studentenorganisation. Wie auch den Falken habe ich ihr einiges zu verdanken, was die Entwicklung meines politischen Bewusstseins angeht.

Allerdings rückte der SHB in kürzester Zeit immer weiter nach links. Und als die SPD dem SHB 1971 den Geldhahn zudrehte und dieser sich vom *Sozialdemokratischen* zum *Sozialistischen Hochschulbund* umbenannte, verließ ich die Organisation, zumal ich die letzten Semester dort ohnehin nicht mehr aktiv gewesen war. Mein Studium der Volkwirtschaft hatte bereits zu einer deutlichen Distanz zum SHB geführt, und mir fehlte auch die Zeit für ein Engagement. Zwar fühlte ich mich noch irgendwie als Linker, doch empfand ich zunehmend Unbehagen bei der Vorstellung, dass ich mich einem Aktionsbündnis oder gar einer Partei unterordnen sollte, die über kurz oder lang versuchen würden, mich einem Gruppenzwang zu unterwerfen. Und es gab ja auch einen großen Unterschied zwischen dem soliden und pragmatischen, doch weltoffenen Ansatz der Braker Falken und den verkopften und überzogenen Vorstellungen so mancher Führer der neuen Elite, die sich an den Universitäten aufspielten.

Dieses Unbehagen, ja dieser Unwille hält im Übrigen bis heute an. Denn seit der Entscheidung, den SHB zu verlassen, habe ich um parteiliche Aktivitäten stets einen weiten Bogen gemacht und bis zum heutigen Tage sämtlichen Anwerbe- oder Vereinnahmungsversuchen von welcher Seite auch immer widerstanden. Ich wiederhole, was ich schon einmal so ähnlich sagte: Wenn ich einer Partei angehöre, dann ist es die Wissenschaftspartei – Aufklärung der Öffentlichkeit inklusive.

In den Jahren 1968 und 1969 aber, in der Hoch-Zeit der Studentenbewegung – in jenem Jahr also, als Studentenführer Rudi Dutschke bei einem Attentat lebensgefährlich verletzt wurde und die Öffentlichkeit sehr politisiert war –, fand ich die Arbeit und die Aktionen des SHB noch durchaus attraktiv. Wie die Falken verlangte auch der SHB von der deutschen Gesellschaft die Aufarbeitung der Geschichte der Nazi-Zeit. Wie die Falken initiierte auch der SHB sinnvolle Debatten über die politischen Verhältnisse, doch auf höherem intellektuellem Niveau. Wie die Falken ermöglichte auch der SHB Begegnungen und Reisen, um den Horizont, vor allem den politischen Horizont, zu erweitern.

Wir richteten uns beim SHB auch vehement gegen den Vietnamkrieg der USA, den wir für einen Akt eines neuen Imperialismus hielten. Die schrecklichen Berichte, Filme und Fotos über Gräueltaten der US-amerikanischen Armee, die Napalm-Bomben und die Entlaubungsaktionen, die das Leben der vietnamesischen Zivilgesellschaft gefährdeten oder sofort auslöschten, boten Anlässe genug, kritisch zu sein und die Flagge des heftigen Widerstands zu hissen.

Das galt auch für mich. Im Februar 1968 fuhr ich mit einer SHB-Gruppe nach Berlin. Unser Ziel war der große, federführend vom *Sozialistischen Deutschen Studentenbund* (SDS) organisierte Internationale Vietnamkongress. Rudi Dutschke, einer der SDS-Wortführer, hielt eine flammende und rhetorisch geschliffene Rede im überfüllten Auditorium Maximum der Technischen Universität Berlin, die auch mir imponierte. Der Kongress endete mit einer Solidaritätsbotschaft an die nordvietnamesischen Vietcong-Kämpfer und einer machtvollen Demonstration von 12.000 Menschen, an der ich teilnahm.

Die Demonstration verlief extrem friedlich, und soweit ich weiß, wurden keine Autos angezündet oder sonstiger Sachschaden verursacht. Auch wurde niemandem etwas zuleide getan. Aber ich erlebte ebenfalls hautnah, dass Demonstrationen ein besonderes Eigenleben entfalten können. So jedenfalls erging es auch uns. Wie aus dem Nichts fingen wir an zu rennen, und dann wurde plötzlich »Ho, Ho, Ho Chi Minh« skandiert, um so die Solidarität mit den bedrängten Vietnamesen zu bekunden. Ho Chi Minh, der vietnamesische Kommunist, selbst ernannte Revolutionsführer und dann Präsident der »Demokratischen Republik Vietnams« – Nordvietnams – war in jener Zeit zu einer Art Ikone des Protests gegen den Vietnamkrieg der Amerikaner geworden.

Skandierte ich selbst auch? Ich weiß es nicht mehr. Mir – oder uns vom SHB – wurde indes ziemlich schnell klar, dass diese Rufe nicht spontan erschallten, sondern dass sie generalstabsmäßig organisiert worden waren. Plötzlich nämlich tauchten auch zahlreiche identische Bilder vom Staatschef der Nordvietnamesen auf. Ich verließ die Demonstration mit einem mulmigen Gefühl, denn für eine Beendigung des Krieges zu demonstrieren war das Eine, einen der Führer der Kriegsparteien hochleben zu lassen war etwas ganz anderes.

Politisch und politisiert blieb ich gleichwohl. Und das war auch unvermeidlich, denn selbst im verträumten Münster hatte die Studentenbewegung Fuß gefasst. Sehr häufig wurden die Vorlesungen gerade im Bereich der Gesellschaftswissenschaften – zu denen ja auch die Wirtschaftswissenschaften gehören – zu einer politischen Arena umfunktioniert, indem radikale Studenten das Wort ergriffen und die Professoren zwangen, zu ihren Thesen Stellung zu nehmen. Nicht jeder Hochschullehrer machte das mit, manche suchten das Weite und überließen die Studenten sich selbst. Andere wiederum stellten sich der Debatte.

Für uns Studenten waren diese *Teach-ins* häufig interessant. Ich selbst war als Novize und junger Mann vom Dorf noch viel zu grün hinter den Ohren, als dass ich es gewagt hätte, mich aktiv an den Debatten zu beteiligen. Es waren stets ältere und erfahrene Studenten, die das Wort schwangen. Einer, der mir besonders auffiel, war Zoran Stojadinovic vom SDS. Es handelte sich um einen jugoslawischen Kommilitonen, der immer wieder mit lauter Stimme und im Ton eines Agitators versuchte, die Stimmung aufzuheizen. Er muss damals schon um die dreißig Jahre alt gewesen sein, so schien es mir zumindest. Womöglich war er auch gar kein Student und nutzte die Uni – wie manch andere auch – nur als politische Arena und nicht als Lerninstitution. In jedem Fall trat er so überzogen auf, dass wir vom SHB seine Einlassungen eher als *Happening* denn als ernsthafte Meinungsäußerungen erlebten.

Ohnehin wollten wir SHBler mit dem SDS nicht viel zu tun haben, denn er war eine Konkurrenzorganisation und wurde immer radikaler. Wir wollten zwar die SPD unterstützen und das konservative, dem alten Geist verhafteten Denken in Deutschland überwinden helfen. Doch es ging uns nie darum, die Marktwirtschaft abzuschaffen oder gar dem Kommunismus zu huldigen. Ziele, die für den SDS offenbar erstrebenswert waren.

4 Missionar oder Revolutionär?

Nicht von ungefähr also kam der Führung der DDR in jenen Zeiten des immer heftigeren Kampfes der Wirtschaftssysteme die stark vom SDS beeinflusste Studentenbewegung sehr gelegen. So hat sie die Demonstranten, die von Westdeutschland zur Vietnam-Demonstration anreisten, bevorzugt an der Grenze abgefertigt, und auch ansonsten umworben.

So erhielt denn auch unser Münsteraner Ableger des SHB 1968 das Angebot, in die DDR zu reisen. Wir waren zwar nicht der SDS, aber immerhin galten auch wir als Teil der Studentenbewegung. Wir selbst hatten keine Berührungsängste, sondern waren neugierig, nahmen die Einladung an und setzten uns bald in Bewegung. Privat gab es damals keinerlei Möglichkeiten, in den Osten zu fahren, denn erst später handelte Willy Brandt gewisse Besuchsrechte aus.

Ich selbst war mit meinem VW-Bus sogar der Chauffeur unserer Reisetruppe. Am Wochenende nutzte ich ihn ja, um Studenten zwischen Münster und Bielefeld zu transportieren. Und nun kutschierte ich unsere kleine Gruppe sehr zügig über die menschenleere deutsch-deutsche Grenze. Selbst nach den von Willy Brandt und seiner Regierung auf den Weg gebrachten Vereinbarungen zum erleichterten Passieren der Grenze bin ich zu DDR-Zeiten nie wieder so rasch über die Grenze gelangt. Die Reisen zu den Verwandten in Thüringen und Ostberlin erlebte ich demgegenüber immer als lang währende Geduldsprobe und Schikane.

Mit unserem Studentenbus und der offiziellen Einladung der DDR in der Tasche ging nun alles viel schneller. Und schon bald waren wir in Halle-Neustadt und Leuna – im heutigen neuen Bundesland Sachsen-Anhalt gelegen –, um den sozialistischen Alltag zu erleben. Sahen wir sehr viel? Eigentlich nicht. In Halle-Neustadt besichtigten wir die damals im Bau befindlichen Blockbauten, die so typisch für die DDR waren und die ich, wie schon berichtet, 25 Jahre später, als Vorsitzender der Wohnungsbaukommission der Bundesregierung des wiedervereinigten Deutschlands nochmals in Augenschein nahm. Waren wir so beeindruckt, wie wir es sein sollten? Nicht wirklich. Eher erlebten wir den real existierenden Sozialismus als grau.

Ähnlich auch in Leuna, wo wir gar von einer Vertretung der Belegschaft des dortigen Chemiewerks in Empfang genommen wurden. Offenbar wollte man Eindruck auf uns machen, was aber eher nicht gelang. Man erläuterte uns das Unternehmen und erging sich in fachspezifischen Beschreibungen der chemischen Prozesse, doch richtig spannend war das alles nicht. Über Politik wollte man nämlich nicht sprechen. Uns fiel bei dem Besuch im Übrigen auf, dass in Leuna recht viele Vietnamesen zu sehen waren, was uns vor dem Hintergrund des Vietnamkrieges natürlich besonders interessierte. Auf unsere Nachfrage, was sie da täten, erklärte man uns, sie würden in der Ammoniak-Produktion geschult, um daheim Düngemittel produzieren zu können. Das hörte sich irgendwie gut an. Erst viel später lernte ich, dass Ammoniak auch für die Sprengstoff-Produktion eingesetzt wird und dass man uns insofern einen Bären aufgebunden hatte. Als treuer Verbündeter der Sowjetunion und ihrer kommunistischen Einflusssphäre, zu der auch Nordvietnam gehörte, tat also auch die DDR das ihre, um die sozialistischen Brüder zu unterstützen. Und wir, die bewegten Studenten, auch des SHB, sollten zu jener Zeit offenbar ein öffentlichkeitswirksamer Teil dieses politischen Spiels sein, indem man uns nicht sagte, was eigentlich Sache war. Ehrlicherweise muss man aber zugestehen, dass auch die Bundesrepublik damals nicht völlig frei war und sich keinesfalls eine offizielle Kritik an der Kriegsführung der Amerikaner hätte erlauben können. Die Bundesrepublik war damals noch kein souveränes Land, denn ihre Souveränität erhielt sie erst mit den 2+4-Verträgen anlässlich der deutschen Wiedervereinigung.

Prager Frühling als Lokaltermin

Eine andere vom SHB organisierte Reise führte mich im März 1968 nach Prag in die Tschechoslowakei (CSSR – für Tschechoslowakische Sozialistische Republik), um die dortige Reformbewegung zu studieren, die, wie schon erwähnt, einen Dritten Weg zwischen der Zentralverwaltungswirtschaft – wie er für die kommunistische Hemisphäre typisch war – und dem Kapitalismus bzw. der Marktwirtschaft suchte.

In den westlichen Medien sprach man zu jener Zeit zu Recht vom »Prager Frühling«. Denn Alexander Dubček, der erst im Januar Präsident der CSSR geworden war, betrieb in den ersten Monaten des Jahres 1968 eine umfassende Liberalisierung von Wirtschaft und Gesellschaft.

Bereits im Februar führte Dubček die in sozialistischen Staaten bis dahin nicht gekannte Pressefreiheit ein und schlug dann den Umbau der tschechoslowakischen Wirtschaft in Richtung des sogenannten Konkurrenzsozialismus vor, wie ihn schon der deutschstämmige Pole Oskar Lange in den 1930er-Jahren propagiert hatte. Nach diesem Modell sollte das Eigentum an den Produktionsmitteln zwar in Volkshand bleiben – und insofern weiterhin Kollektiveigentum darstellen, wie dies für kommunistische Zentralverwaltungswirtschaften kennzeichnend war –, doch sollte die Zentralplanung der Wirtschaft durch eine Marktsteuerung ersetzt werden, also durch einen Preismechanismus, der den Ausgleich zwischen Angebot und Nachfrage durch variable Preise vorsah. In den Betrieben sollte dazu eine Arbeiterselbstverwaltung eingesetzt werden. Ota Šik, einer der wichtigsten Wirtschaftsberater von Dubček und theoretischer Kopf des Dritten Weges in der CSSR, ging sogar so weit, *Joint Ventures* vorzuschlagen, also gemeinschaftlich mit ausländischen Investoren betriebene Firmen. Denn er hatte erkannt, dass die Betriebe der CSSR und der kommunistisch regierten Länder im Allgemeinen im Vergleich zu den marktwirtschaftlich geordneten Staaten des Westens immer weiter zurückfielen und dringend ausländisches Kapital und Know-how benötigten.

Unsere Reise in die CSSR im März 1968 fand also in spannenden Zeiten statt – auch wenn die beschriebenen neuen ökonomischen Weichenstellungen erst im April verkündet wurden. Über die Absichten der Regierung Dubček erfuhren wir dann auch nicht von offiziellen Reisebegleitern oder Staatsvertretern, sondern quasi aus dritter Hand von studentischen Kommilitonen und dies auch nur gerüchteweise, da auch diese vieles nicht wussten. Aber wir spürten bei unserem Besuch sofort, dass es im Land, in Prag vor allem, brodelte. Viele Leute waren auf den Straßen anzutreffen, und überall bildeten sich Gruppen von Menschen, die miteinander diskutierten. Auch uns bezog man in die Diskussionen ein.

Vielen Leuten ging es indes nicht nur um den Volkswohlstand im Großen, sondern auch um die privaten Vorteile im Kleinen. Immer wieder wurden wir darauf angesprochen, ob wir nicht etwas zu verkaufen hätten. Natürlich wussten wir um den Mangel – der ja gerade einer der entscheidenden Ursachen des Prager Frühlings war –, und so hatten wir uns darauf vorbereitet. Ich selbst etwa hatte bei meiner Abreise einige Nylonhemden in den Koffer gepackt, weil ich vermutete und gehört hatte, dass sie sehr begehrt waren. Ich hatte mich nicht getäuscht, denn alle Hemden gingen in der Folge schnell weg. Das gleiche galt für meine zweite Jeans und ein Paar meiner Schuhe, die ich eigentlich gar nicht hatte hergeben wollen.

Als arme Studenten, die wir waren, verschenkten wir unsere Sachen natürlich nicht, sondern wir verkauften sie gegen tschechoslowakische Kronen. Und da ich mir außerdem bereits in Deutschland Kronen besorgt und im Strumpf über die Grenze geschmuggelt hatte, hatte ich zum Ende unserer Reise viel mehr Geld in der Tasche, als ich brauchte. Das ging nicht nur mir so, sondern auch meinen SHB-Kollegen. Was also tun? Zurückbringen nach Deutschland konnten wir das Geld nicht, dafür war angesichts der Schwäche aller Ostwährungen auch bei der Krone der Wechselkurs zu schlecht. Also machten wir uns in Prag, wo wir überwiegend waren, ein gutes Leben und gingen in Lokale, die wir uns zu Hause niemals hätten leisten können. Selbst die feinen Restaurants mit roten Samttapeten und, wie wir fanden, mitreißender »Zigeunermusik«, die wegen ihrer hohen Preise sonst nur den Apparatschiks der Kommunistischen Partei (KP) der CSSR vorbehalten waren, öffneten sich uns auf diese Weise.

Erst nach unserer Reise wurde uns so richtig bewusst, dass wir uns sozusagen im Auge des Sturms dräuender massiver gesellschaftlicher Veränderungen befunden hatten. Und wieder in Deutschland verfolgten wir fortan jeden der Reformschritte in der CSSR in den Medien. Viele Monate fieberten wir mit den Tschechoslowaken, weil wir große Hoffnungen in einen »Sozialismus mit menschlichem Angesicht« setzten, den man unter dem Label »Der Dritte Weg« in der CSSR aufbauen wollte.

Doch unsere Hoffnungen zerstoben rasch. Denn unter Führung der Sowjetunion marschierten in der Nacht vom 20. auf den 21. August eine halbe Million Soldaten aus den sogenannten sozialistischen Bruderstaaten des Warschauer Paktes in die Tschechoslowakei ein. Panzer walzten jeden Widerstand nieder, und die Regierung Dubček, die den tschechoslowakischen Soldaten jegliche Gegenwehr untersagt hatte, wurde gestürzt.

Dubček selbst, an dessen Schicksal wir sehr intensiv Anteil nahmen, weil wir schon damals die historische Dimension seines Mutes erahnten, wurde bald darauf aus der kommunistischen Partei des Landes ausgeschlossen und verdiente fortan seinen Lebensunterhalt als Beschaffungsinspektor der Forstverwaltung von Bratislava in seiner slowakischen Heimat. Mich interessierte auch später noch sein weiterer Lebensweg. Es freute mich sehr, dass er im Zuge der tschechoslowakischen Reformpolitik im Herbst

4 Missionar oder Revolutionär?

1989 rehabilitiert und am 28. Dezember 1989 gar zum Präsidenten des tschechoslowakischen Parlaments gewählt wurde. Leider kam er dann 1992 bei einem Autounfall ums Leben.

Ausflug nach Sarajevo

Dubček Wirtschaftsberater Ota Šik blieb nach dem Scheitern des Prager Frühlings nicht im Land. Er setzte sich vielmehr schnell in die Schweiz ab, wo er noch viele Jahre an der Universität St. Gallen lehrte. Auch die meisten seiner Mitstreiter verließen die Tschechoslowakei. So etwa auch Šiks enger Mitarbeiter Jan Osers, dem man in Deutschland Asyl gewährte und der zudem das Glück hatte, eine Dozentenstelle an der volkswirtschaftlichen Fakultät der Universität Mannheim zu ergattern.

Genau dort lernte ich ihn auch persönlich kennen, als ich 1974 ebenfalls dort andockte. Osers muss damals etwa 50 Jahre alt gewesen sein. Vor dem Hintergrund meiner Erfahrungen interessierte ich mich sehr für seine Schilderungen des Prager Frühlings und seiner Erlebnisse in zwei Diktaturen, unter dem Hakenkreuz und unter dem Sowjetstern, denn beides hatte er erlebt. Wir freundeten uns an und besuchten uns auch wechselseitig zu Hause. Erst durch ihn habe ich am Ende wirklich die Natur der seinerzeit in Prag angestoßenen Reformen und die Hintergründe dieses Prozesses verstanden.

1976, acht Jahre nach dem Prager Frühling, veranstalteten Osers und ich ein gemeinsames Seminar zur Arbeiterselbstverwaltung, einer der Reformideen des Dritten Weges. Nicht, dass ich noch geglaubt hätte, dies sei eine gangbare Alternative. Längst war ich durch mein Studium, das ich schon 1972 beendet hatte, zu einem eingefleischten Marktwirtschaftler geworden, der auch dem Dritten Weg skeptisch gegenüberstand. Doch Osers' lebhaftes Interesse an einer gründlichen Reflexion machte dieses Thema auch für mich zu einem lohnenden Forschungsprojekt.

In der Folge ließen wir die Studenten daher auch Seminararbeiten über die Vorstellungen Ota Šiks und weiterer Vertreter der Theorie der Arbeiterselbstverwaltung verfassen. Osers gelang es zudem, bei unserer Fakultät Geld für eine Studienreise nach Jugoslawien aufzutreiben, denn auch dort – im eigentlich sozialistischen Reich des legendären Marschalls Josip Broz Titos – experimentierte man mit Elementen des Dritten Weges.

Und so machten wir uns also mit einer Gruppe von etwa 15 Studenten auf nach Sarajevo, um – wie bereits in Prag – Wirtschaftsreformen auch mittels eines Lokaltermins zu erleben. Schon die Anreise freilich entwickelte sich zu einem veritablen Abenteuer. Zunächst kamen wir rasch voran. Doch nur bis zur österreichisch-slowenischen Grenze (die zu jener Zeit ja noch »jugoslawische Grenze« hieß), denn von da an wurde der internationale Zug zu einem Bummelzug. Er hielt nun an jeder kleinen Bahnstation, Leute stiegen aus und vor allem ein, sodass die Waggons allmählich überquollen. Dank der vielen farbenfroh gekleideten Roma, die zustiegen und sich mit ihrem Gepäck sofort in den Gängen niedersetzen, wurde es auch immer bunter.

In den Dinarischen Alpen musste der Zug dann eine schwierige Steigungsstrecke überwinden, bei der sich die Gleise spiralförmig über Tunnel und Brücken einen Berg hinaufwanden. Nun rächte sich die Überladung. Jedenfalls hatte die Lokomotive nun Schwierigkeiten, den langen Zug auch wirklich zu ziehen. Bald fuhren wir nur noch im Schritttempo. Schließlich blieben wir stehen, und die Räder der Lokomotive drehten beim Versuch, die Gesetze der Schwerkraft zu überwinden, mit allerlei Quietschen mehrfach und immer wieder durch. Zum Glück hielten die Bremsen, sodass wir nicht zurückrollten. Gespannt, allerdings auch etwas genervt, warteten wir, was nun passieren würde. Zu unserer Überraschung verließ der Lokführer seine Kabine – allerdings nicht, um uns in Stich zu lassen, sondern um Sand auf die Schienen zu streuen. Dann ging es wieder ein Stück weiter, doch wiederholte sich der Vorgang mehrfach, ohne dass wir Land gewannen. Schließlich blieben wir endgültig stehen – zu unserem Glück an einer Stelle, an der man auch aussteigen konnte.

Sah so ein sozialistischer Bahnverkehr aus – oder ein Bahnverkehr, der nach den Prinzipien des Dritten Weges betrieben wurde? Oder war das einfach nur der Balkan mit seinen anderen Kulturtraditionen? Soweit ich mich entsinne, haben wir darüber im Zug nicht diskutiert. Wir waren nur froh, dass uns nach einem halben Tag schließlich eine weitere Lokomotive erlöste. Wir sahen sie sich von oben allmählich heranschieben, bevor sie dann mit der vorhandenen verbunden wurde, um mit ihr gemeinsam den Zug den Berg hinauf zu schleppen. Nach sage und schreibe 32 Stunden kamen wir schließlich doch noch in Sarajevo an. Ein kleines Wunder war geschehen.

4 Missionar oder Revolutionär?

Sarajevo, heute Hauptstadt von Bosnien-Herzegowina, erlebten wir als eine sehr aufgeräumte und saubere Stadt. Sie war geprägt vom muslimischen Baustil, von Moscheen und Minaretten vor allem im Zentrum, während in den Außenbezirken die für sozialistische Staaten üblichen Hochhäuser in Plattenbauweise standen. Mir gefiel diese Stadt mit ihrem wunderschönen Zentrum sofort; leider wurde sie im Bosnienkrieg während der Belagerung ab 1992 ja gründlich und brutal zerstört.

Sofort nach unserer Ankunft nahmen wir unsere Studien auf. Wir sprachen mit Vertretern der Universität, die uns über das Wirtschaftssystem unterrichteten, und wir hatten auch ein Treffen mit Studentengruppen, mit denen wir uns über die Studieninhalte austauschten.

Am interessantesten fand ich aber den praktischen Teil in Form der Besichtigung einer Schokoladenfabrik. Die Funktionsweise der Fabrik war durchaus beeindruckend, denn der Produktionsprozess war weitgehend automatisiert. Die Schokolade wurde zwar in großen Bottichen gerührt, doch für die nachfolgende Verarbeitung und Verpackung wurden nicht mehr viele Menschenhände gebraucht. Etwas enttäuscht waren wir, als wir das Endprodukt kosten durften. Was man uns kredenzte, war nicht gerade überwältigend. Ich kannte ähnlich mindere Qualität von meinen Besuchen in England oder auch in Ostberlin – und hatte eigentlich auf Besseres gehofft. Vergeblich.

Bei einer Besprechung mit der Betriebsleitung der Fabrik erklärte man uns, dass man gute Gewinne mache. Nach Abzug der Investitionskosten wurden diese Gewinne nach einem komplizierten Schlüssel unter den Mitarbeitern verteilt. Bemerkenswert war, dass der Betrieb frei war, selbst über seinen Absatz zu entscheiden, und auch gewisse Spielräume für die Preisgestaltung hatte. Stolz berichtete man von neuen Investitionen, mit Hilfe derer man die Produktionskapazität erhöhen wollte.

Auf meine Frage, wie viel Personal man dazu einstellen wolle, erhielt ich eine abwiegelnde Antwort. Das könne man mit dem vorhandenen Personal sehr gut leisten. Auch auf meine Frage, ob es für einen sozialistischen Betrieb nicht angemessen sei, angesichts der vielen Arbeitslosen des Landes mehr Einstellungen vorzunehmen, reagierte man verständnislos. Das wiederum verstand ich nicht, wenigstens nicht sogleich.

Diese Episode belegt ein Phänomen, unter dem, wie wir uns später klarmachten, die Idee der Arbeiterselbstverwaltung generell leidet. Diese Betriebsform pflegt bei Einstellungen sehr restriktiv zu sein, denn jeder neue Mitarbeiter verwässert die Gewinnbeteiligung der vorhandenen Mitarbeiter. So liegt es zwar im Interesse der Arbeiterselbstverwaltung, den verteilbaren Gewinn zu maximieren, doch je mehr Mitarbeiter ihn sich teilen, desto geringer ist der Gewinn pro Kopf. Genau aus diesem Grunde auch neigte das jugoslawische Modell dazu, ein hohes Maß an Arbeitslosigkeit hervorzubringen.

Jenseits der offiziellen Gespräche wurde uns in Sarajewo indes einiges geboten. Nach der offiziellen Diskussion mit der Unternehmensleitung kamen wir in der Kantine zusammen und wurden dort sehr gut bewirtet. Was mir zusetzte, war der viele Wodka, der beim Essen und danach getrunken wurde. Das war gerade so, wie man es sonst nur von Geschichten aus der Sowjetunion kannte. Bei jeder neuen Runde Wodka musste einer aus der Leitungsriege einen Witz erzählen, was etwas schwierig war, weil jeder Satz von einem Dolmetscher übersetzt werden musste. Aber ob gut oder schlecht erzählt, ob verstanden oder nicht: Man prustete anschließend laut vor Lachen und prostete sich wieder zu.

Abends, als die Studenten ihrer Wege gingen, lud mich Jan Osers, der in diesen Dingen erfahren zu sein schien, zu einer Bauchtanzvorführung ein. Er hatte gehört, dass in einem Privathaus ein Tanzabend stattfinden würde, dem man gegen eine Eintrittsgebühr beiwohnen konnte, was mich angesichts der Strenge des sozialistischen Systems überraschte. In einem sehr schlichten Raum gliederten wir uns in den Kreis der dort sitzenden Männer ein und konnten nach einiger Zeit die Darstellerin bewundern: eine füllige Schönheit, behangen mit einem Klimperkostüm, das Mühe hatte, die Zentrifugal- und Vertikalkräfte zu bändigen, die auf den Körper wirkten. Die Musik kam mir von der Zeit mit Mohammed in Münster sehr vertraut vor, doch der Tanz gab dem Ganzen eine neue, mir bis dato unbekannte Note. Die Behändigkeit ihrer Schritte und die beeindruckende Rhythmik des vollen Leibes boten ein Schauspiel besonderer Art.

Die Prüderie der Achtundsechziger

Obwohl das Bauchtanz-Erlebnis mit Osers vielleicht etwas anderes suggeriert (ich war ja auch damals kein Student mehr), so waren wir Münsteraner Studenten Ende der 1960er-Jahre alles andere als ausschweifend. In den

Großstädten mag es anders gewesen sein. Das entzieht sich meiner Kenntnis. Doch wenn in den Medien heute ein Bild gezeichnet wird, das die Studenten als Hippies zeigt und durch Figuren wie Rainer Langhans oder Uschi Obermaier bestimmt ist, finde ich mich da überhaupt nicht wieder.

Zwar hatten wir davon natürlich schon damals in der Zeitung gelesen und wussten insbesondere, was sich in den USA abspielte, doch fanden wir diese Bewegung ziemlich schräg. Sie hatte so gar nichts mit der Ernsthaftigkeit der 68er-Zeit zu tun, wie wir sie erlebten. Im Anhang zu diesem Buch befindet sich ein von mir aufgenommenes Foto, das meine heutige Frau und andere Kommilitonen in einer gestellten Szene zeigt, mit der wir uns über die Hippies lustig machten.

Tatsächlich waren wir Studenten damals – mindestens an der ökonomischen Fakultät – noch sehr prüde und gesittet, jedenfalls wenn ich es mit heutigen Studenten vergleiche. Von Offenheit in sexuellen Dingen oder gar freiem Sex keine Spur, und Drogen gab es auch nicht.

Nebenbei will ich nicht ausschließen, dass das schon kurze Zeit später ganz anders war. Nachdem nämlich die Studentenbewegung schon 1970 ihren Zenit überschritten hatte und rapide an Zulauf verlor, blieben einerseits radikale Splittergruppen übrig, die sich in den 1970er-Jahren militarisierten – man denke nur an die RAF oder die Frankfurter Hausbesetzer, die auf am Boden liegende Polizisten eintraten. Andererseits verbreitete sich ein allgemeines Gefühl der neuen Freiheit, das sich dann auch auf den Sexualbereich ausweitete. Unser Studentenleben hatte indes noch anders ausgesehen.

Um sich die Situation der Studenten in dieser Zeit konkret vor Augen zu führen, mache man sich klar, dass sich auch die Linken damals gesiezt haben. Erst wenn man sich näher kennengelernt hatte, ging man vom Sie zum Du über. Und das war keineswegs auf das vielleicht noch etwas rückständige Münster beschränkt, wie Knut Nevermann, der damalige Vorsitzende des Berliner *Allgemeinen Studentenausschusses* (AStA), vor Kurzem in einem Interview betonte. Auch die linken Studenten Berlins nämlich siezten sich, wenn sie ihre Diskussionszirkel abhielten.

Die Sitten haben sich ja ohnehin extrem schnell geändert. Zumindest mit Blick auf jene Zeit, von der ich hier berichte. Während die Studenten sich siezten, duzten sich die Arbeiter und die Taxifahrer untereinander. Dann kam die Phase, während derer die Assistenten an der Universität die Studenten duzten, also eine Gruppe, der sie ja selbst zuvor noch selbst angehört hatten. Dann duzten die Studenten die Assistenten. Schließlich duzten sich die Professoren untereinander, und nun sind wir in der Phase, während derer sich die ersten Professoren mit den Mitarbeitern duzen. Was kommt als Nächstes? Gesellschaftliche Rituale wie diese sind dem beständigen Wandel unterworfen. Aber auch andere. Als ich ein Kind war, hat mein Großvater den Bekannten, den er auf der Straße traf, noch mit »Ihr« angeredet. In Amerika hingegen fragt der Schuhverkäufer als Erstes nach dem Vornamen des Kunden, um ihn damit ansprechen zu können.

Rechte Gefahr: In den Fängen von Thaddens

Meine Zeit als Jugendlicher und dann als Student war nicht nur geprägt durch »linke Versuchungen«, sondern auch durch allerlei Umtriebe von rechts. So wurde im November 1964 die Nationaldemokratische Partei Deutschlands, die NPD, gegründet, ideologisch, programmatisch und sprachlich der NSDAP nahe stehend. Bereits bei den Falken hatten wir diese Entwicklung mit Sorge beobachtet. Und dies umso mehr, als die NPD bei Landtagswahlen schnell erfolgreich war und binnen vier Jahren nach ihrer Gründung in die Parlamente von Hessen, Bayern, Bremen, Rheinland-Pfalz, Niedersachsen, Schleswig-Holstein und Baden-Württemberg einzogen, dort mit fast 10 Prozent der Wählerstimmen.

Mit Adolf von Thadden hatte sie dabei einen wortgewaltigen und charismatischen Anführer. Früher selbst Mitglied der NSDAP, hatte er die NPD mitgegründet und war 1967 zu ihrem Bundesvorsitzenden gewählt worden. Und immer dann, wenn er auftrat, füllte er die Säle bis zum Bersten.

So war es auch, als von Thadden nach Münster kam. Wir vom SHB sahen in NPD und von Thadden die Gefahr eines neuen Faschismus und entschieden, dass es nun galt, Flagge zu zeigen. Eine kleine Gruppe von uns machte sich deshalb auf dem Weg zu der NPD-Veranstaltung, wo man, da wir uns zunächst nicht zu erkennen gaben, anstandslos Einlass gewährte. Das Mikrofon war schon auf der Bühne aufgebaut, und von Thadden wurde jeden Moment erwartet. Wir mussten also zügig handeln und das taten wir auch. Energisch drängelten wir uns vor, bis wir ganz vorn am Bühnenrand standen. Doch was tun? Irgendetwas mussten wir doch jetzt tun.

4 Missionar oder Revolutionär?

Ohne recht zu wissen, wie mir geschah, erfasste es mich plötzlich und ich stürmte auf die Bühne zum Mikrofon.

Einen klaren Plan hatte ich freilich nicht wirklich, zu überraschend kam das alles, auch für mich. Aber auf dem Weg zur Bühne fasste ich doch den Gedanken, dass ich den Leuten etwas zurufen müsste, etwa, dass der Faschismus unser Unheil sei und dass sie die braunen Socken verbrennen sollten. Aber so weit kam es gar nicht. Denn kaum hatte ich mein Ziel erreicht und zu sprechen begonnen, öffnete sich der Vorhang und starke Männerhände zogen mich nach hinten auf die Bühne, wo man mich nicht mehr sehen konnte. Ich schrie und wollte mich losreißen, bekam aber stattdessen Prügel, wurde zu Boden gestoßen und mit Fußtritten so heftig malträtiert, dass ich zeitweilig das Bewusstsein verlor.

Als ich schließlich wieder zu mir kam, standen bereits Polizisten neben mir. Und ohne viel Federlesens nahmen die mich mit zur Wache, um meine Personalien aufzunehmen. Was hatte ich falsch gemacht? Man hatte doch *mich* verprügelt!

Am nächsten Tag ging ich zum Arzt, weil mir der ganze Körper wehtat und ich Angst hatte, dass meine Rippen gebrochen waren. Aber sie waren nur angeknackst – eine schmerzhafte Angelegenheit, die mich einige Wochen begleitete. Nach wenigen Tagen freilich flatterte bereits eine Anzeige wegen Versammlungsstörung und Hausfriedensbruch in meinen Briefkasten. Als ich bei der Polizei nachhakte, eröffnete man mir, dass ich mit einer Verurteilung würde rechnen müssen. Ich war konsterniert. Und bat den SHB um Hilfe. Man stellte mir einen Kontakt zu einer Anwaltskanzlei in Essen her, konkret zu Diether Posser, später auch mehrfacher Minister in Nordrhein-Westfalen und zu jener Zeit tätig für die Kanzlei von Gustav Heinemann, dem späteren ersten Bundespräsidenten der SPD.

Ich musste einige Male zu Posser nach Essen, bis es ihm schließlich gelang, bei Gericht die Einstellung des Verfahrens zu erreichen. Dazu trug auch bei, dass er das Attest des Arztes vorlegen konnte, der mich untersucht und meine nicht ganz unerheblichen Verletzungen festgehalten hatte. Offenbar, so folgerte man, habe sich auch die Gegenseite schuldig gemacht, und ich selbst habe ja durch die Verletzung meine Strafe gewissermaßen schon erhalten. Das war in der Tat ein etwas sonderbarer Blick auf diese Angelegenheit, aber ich war doch froh, dass das Verfahren ohne Gegenleistung eingestellt wurde.

5

Die Schatten der Vergangenheit

Mein Albtraum ● September 11 ● Vertreibung, Aussöhnung mit Tschechien und imposante Politiker ● Der Großvater in Kolberg: Sozialdemokrat, Nazi-Gegner, KZ-Häftling ● »Sin«: Was für ein passender Name für einen Deutschen ● Ein Bild von Deutschland. Und ein Brief an Helmut Kohl ● Komplexe Schuldverhältnisse: Heinrich von Stackelberg und seine Schule ● Weltfinanzkrise, die »Neunmalklugen« und ein Besuch bei Charlotte Knobloch ● Juden und Manager: Sturm der Entrüstung über einen missglückten Vergleich

5 Die Schatten der Vergangenheit

Mein Albtraum

Ich bin kein ängstlicher Mensch, doch manchmal habe ich einen Albtraum. Am Horizont erscheinen Flugzeuge, und unter ihnen blitzen explodierende Bomben. Erst sieht es aus wie ein Feuerwerk, aber dann kommen die Blitze näher. Türme fallen, Häuser zerbersten. Ich denke, das kann doch nicht sein, die haben sich vertan. Warum werfen sie Bomben? Nein, hört doch auf! Was macht ihr denn? Doch ich habe keine Möglichkeit, mit den Flugzeugen zu reden. Sie kommen unbeirrt näher und näher, direkt auf unser Haus zu. Dann wache ich schweißgebadet auf.

Ich weiß nicht wirklich, warum ich das träume, denn ich habe den Krieg nicht erlebt. Es kann nur daran liegen, dass meine Großmutter mir immer wieder davon erzählte. Und dass es auch sonst Gespräche über die Bombardierungen gab, die ich eher unbewusst mitbekam.

In der Tat machte der Krieg auch vor meiner Familie und meiner Heimat nicht halt. Brake liegt auf einem Hügel vor Bielefeld, dazwischen ein Tal, durch das der Johannisbach fließt. Über dieses Johannisbachtal führte ein in den 1840er-Jahren errichteter klassischer Eisenbahn-Viadukt mit imposanten 28 Bögen. Es war jener Viadukt, über den mein Ururgroßvater bereits mit seiner Kiepe – jener aus Weidenruten geflochtenen Rückentrage, die ich schon erwähnt habe – marschierte, um dort sein Leinen zu verkaufen. Im Frühjahr 1945 riss einer der vielen Luftangriffe der Alliierten eine Lücke in den Viadukt und zerstörte ihn weitgehend. Häufig verfehlten diese Bomberflotten allerdings ihr Ziel und warfen ihre Ladung auf unser Dorf ab. Viele Menschen kamen auf diese Weise ums Leben. Nur hundert Meter vom Haus meiner Großeltern entfernt stand auch das Haus des örtlichen Schuldirektors, das mitsamt seinen Bewohnern durch einen Volltreffer zerstört wurde. Noch heute ist das Bauen in Brake ein schwieriges Unterfangen, weil man erst warten muss, bis das Terrain auf Bomben durchsucht wurde und dafür eine Beglaubigung vorliegt.

Wie praktisch alle großen Städte Deutschlands bestand auch fast ganz Bielefeld nach dem Krieg nur noch aus einem Haufen Schutt und Asche. Zwar wurde allerorten der Wiederaufbau schnell in Angriff genommen – so auch in und um Bielefeld –, doch mein Schulweg zum Gymnasium, den ich ab 1958 antrat, führte immer noch an zahlreichen Ruinen vorbei.

Die Stadt quoll über von Menschen, die aus den deutschen Ostgebieten vertrieben worden waren, für die lange der Wohnraum fehlte. Das war eine Situation großer Not, wie sie auch viele andere Städte kannten. Ich selbst sah immer wieder Männer auf Krücken, durch die Straßen humpelnd oder mit Prothesen an Beinen und Armen, Bilder, die zum Alltag gehörten. Die schreckliche Erfahrung des Krieges und seine lang andauernden Folgen waren so auch für mich allgegenwärtig.

Mit einem jener kriegsversehrten Männer freundete ich mich an, einem Bahnwärter. Er stammte aus Schlesien, war bei der Wehrmacht gewesen. Im Krieg hatte ihm eine Granate den Arm zerschossen. Wir verbrachten manche Stunde zusammen, und er erzählte voller Wehmut von seiner alten Heimat und der Familie, die er verloren hatte. Leider habe ich ihn später, als ich älter wurde und andere Interessen entwickelte, aus den Augen verloren.

Zu jener Zeit aber, als ich mit ihm befreundet war, arbeitete er in einem kleinen Bahnwärterhäuschen und bediente die Schranke, die den Verkehr vor jenen neuen Gleisen stoppte, die man nach der Zerstörung des Viadukts ringförmig um das Tal zwischen Bielefeld und Brake gelegt hatte. So fuhr ich häufig mit meinem Fahrrad zu ihm und machte bei ihm Rast. Sein rechter Arm bestand aus einer Lederattrappe, die er mit einem langen Hemd, so weit es ging, verdeckt hatte. Nur die lederne Hand schaute heraus.

Immer wieder beobachtete ich voller Bewunderung, wie mein Freund mit dem kräftigen linken Arm die Kurbel zur Bedienung der Schranke drehte. Mir imponierte das sehr. Und hin und wieder durfte auch ich selbst probieren, die Kurbel ein Stück weit zu drehen. Wenn ich es recht bedenke: Auf seine Weise hat mich dieser Bahnwärter immer wieder auch sehr direkt mit den Schrecken des Krieges konfrontiert.

Die Umleitungsstrecke um das Tal herum bin ich als Gymnasiast noch einige Jahre täglich mit der Bahn gefahren. Später wurde die Lücke im Viadukt durch eine moderne Stahlbetonkonstruktion geschlossen. Dadurch rückte Brake wieder viel näher an Bielefeld heran, und die Zugfahrt verkürzte sich um ein Drittel. Viele Ruinen aber blieben für mich präsent, denn der Wiederaufbau – so rasant er im Rückblick auf die bundesdeutsche Geschichte nach dem Krieg erscheinen mag – brauchte eben doch seine Zeit.

September 11

Die Erinnerung an den Krieg und seine furchtbaren Folgen kam für mich besonders heftig im Jahr 2001 zurück, als islamistische *al-Qaida*-Selbstmordattentäter gleichzeitig vier Flugzeuge in ihre Gewalt brachten und sie anschließend auf wichtige zivile und militärische Gebäude in den USA lenkten. Zwei davon zerstörten die Zwillingstürme des World Trade Center in Manhattan. Eines stürzte in den Hauptsitz des US-amerikanischen Verteidigungsministeriums, das Pentagon. Das vierte Flugzeug sollte wohl ein Regierungsgebäude in der US-Hauptstadt Washington D.C. treffen, wurde aber vom Entführer nach Kämpfen mit Passagieren in Pennsylvania schon vorher zum Absturz gebracht.

Insgesamt kamen bei diesem perfide inszenierten terroristischen Massenmord etwa 3.000 Menschen ums Leben. Er gilt als eines jener epochalen Ereignisse, die tiefe Spuren im kollektiven Gedächtnis hinterlassen und von dem sich die Menschen hinterher erzählen, wo sie gewesen sind, als sie davon erfuhren, und was sie dann machten.

Ich befand mich an jenem Tag und in den Stunden, als die Informationen zu den Ereignissen nach und nach bekannt wurden und wir die entsetzlichen Bilder sahen, am *ifo Institut*. Ich konnte kaum glauben, was ich hörte, so schrecklich und unfassbar war es. Ich dachte an all die Menschen, die zu Tode gekommen waren, und ich erinnerte mich an die Tage, die ich Jahre zuvor mit meiner Frau ganz in der Nähe der nun zerstörten Zwillingstürme in einer kleinen Wohnung verbracht hatte. Wer New York nicht kennt, kann nicht wissen, dass es zwischen den beiden Hochhausbezirken Manhattans quasi eine Ausbuchtung gibt, in dem ein vielfältiges urbanes Leben mit ganz normalen Läden, kleinen Restaurants und Parks existiert. Manche der freundlichen Menschen, die dort am Morgen auf dem Weg zu ihren Geschäften gewesen waren, schon gearbeitet oder sich einfach vergnügt hatten, mochten nun beim Einsturz der Türme ums Leben gekommen sein.

Die Wohnung gehörte übrigens unserem schon erwähnten Freund und Kollegen David Bradford und seiner Frau Gundel. Sie hatten sie uns für einen Besuch in New York zur Verfügung gestellt, den wir von Princeton aus machten, wo die Bradfords eigentlich wohnten und wo ich als Gastforscher an der Fakultät weilte.

Derselbe David Bradford nun, der inzwischen Leiter des wissenschaftlichen Beirats des ifo Instituts geworden war, hielt sich in jenen Wochen um den 11. September zufällig als Gast am ifo Institut auf, wo er den wissenschaftlichen Mitarbeitern auf Wunsch beratend zur Seite stand und wo er auch selbst forschte. Als uns die Nachricht vom Ausmaß des Anschlags erreichte, war er außer sich vor Erschütterung. Ihn erfasste eine tiefe Trauer, und in einem unserer Seminarräume sprach er ein Gebet für die Opfer, für ihre Angehörigen und Freunde und für die vielen Helfer. Wir alle, d. h. eine Reihe von ifo-Mitarbeiter und ich selbst, die sich gerade zu einem gemeinsamen Seminar getroffen hatten, waren tief ergriffen und trauerten ebenfalls still um die Opfer.

Nach dem gemeinsamen Gebet blieben wir im Seminarraum und sprachen über den Krieg und die traumatisierenden Erfahrungen, die er mit sich bringt. Die vier Attentate hatten eine solche Dimension, dass wir uns in einem kriegsähnlichen Zustand wähnten, der uns für die nähere Zukunft Schlimmes befürchten lassen musste.

Nicht von ungefähr also tauschten wir uns nun auch über die deutschen und die amerikanischen Kriegserfahrungen aus. Nach so vielen Jahren des Friedens war der Krieg – als ein im Prinzip immer wieder mögliches Ereignis – in unseren Ländern ja schon weitgehend in Vergessenheit geraten. Das galt insbesondere für die Amerikaner. Es hatte zwar den Korea- und den Vietnamkrieg gegeben, in denen die US-Armee ein Hauptakteur gewesen war, aber was Krieg für die eigene Zivilbevölkerung bedeutet, hatten die Amerikaner viele Generationen lang nicht im Land selbst erfahren. Und der eigene Bürgerkrieg im 19. Jahrhundert ist ihnen nur aus den Geschichtsbüchern bekannt. Was moderne Bomben oder andere Formen moderner Kriegsführung anrichten können, hatten selbst die Großväter und Großmütter nicht erfahren, geschweige denn ihre Nachfahren. Nun aber erlebten sie es selbst – zumindest ein Stück weit.

Unsere Diskussionen griffen weit aus, so auch zu meinen Erinnerungen und zu jenen, die meine Eltern und Großeltern mit mir und anderen geteilt hatten. Wir sprachen darüber, was den heute lebenden Amerikanern von den Kriegsfolgen in Deutschland bekannt war und was nicht. David Bradford wusste durch die Erzählungen seiner deutschen Frau Gundel durchaus, dass fast alle größeren deutschen Städte zerstört worden waren. Doch der sehr großen Mehrheit der US-amerikanischen Bevölkerung

5 Die Schatten der Vergangenheit

ist das Ausmaß der Kriegsverwüstungen auf deutschem Boden nicht bekannt, selbst vielen Gutgebildeten und Akademikern nicht. Ich weiß das auch – aber nicht nur – durch viele Gespräche, die ich im Laufe meines Lebens mit Freunden aus den angelsächsischen Ländern hatte. Die Gründe dieses Unwissens liegen bei näherer Betrachtung auf der Hand: Dieser Teil der Geschichte steht nicht auf den Lehrplänen der Schulen. Und auch die amerikanischen Medien berichten kaum darüber. Die historischen Dokumentationen fassen sich bei diesem Teil der Geschichte extrem kurz, wenn sie ihn denn überhaupt thematisieren. Manche Amerikaner wissen zwar von der Bombardierung Dresdens. Aber sie halten sie eher für ein singuläres Ereignis. Und jene, die über mehr Hintergrundwissen zu den Kriegszerstörungen in Deutschland verfügen, gehen nicht selten davon aus, dass die alliierten Luftkampfverbände nur militärisch relevante Ziele ansteuerten. Tatsächlich aber definierten die sogenannten Zielbomber der Briten zunächst die Stadtzentren mit Phosphorlichtern. Dann – in der nächsten Welle – kamen die Sprengbomben und anschließend die Brandsätze zur Entzündung des nun offen liegenden Gebälks der Dachstühle und Fachwerkbauten zum Einsatz, bis die Städte in Feuerstürmen verglühten und die Menschen zu Tausenden und Abertausenden in den Kellern verschmorten. Jenseits der nicht infrage stehenden Kriegsschuld Nazi-Deutschlands waren das auch für die Überlebenden in den deutschen Städten traumatische Erfahrungen, die sich ins gesellschaftliche Gedächtnis eingruben und seither weitererzählt worden sind. Bis heute – wenn auch mit nachlassender Wirkkraft.

Würde das, so fragten David Bradford und ich uns angesichts des weltweit zunehmenden islamistischen Terrors, der vor allem die USA zum Ziel zu haben schien – nun bald anders werden?

David Bradford verstarb übrigens nur gut drei Jahre später und viel zu früh an den Folgen eines tragischen Zwischenfalls in seinem Haus in Princeton. Der trockene Christbaum war in Brand geraten, doch dabei blieb es nicht, denn als David ihn herausschaffen wollte, explodierten die darin noch enthaltenen ätherischen Öle. Nach Tagen im Koma erlag er im Krankenhaus schließlich seinen schweren Verbrennungen. Ich konnte es nicht fassen, als mich diese Nachricht ereilte. Was für eine Tragödie. Was für ein Verlust. Mit David verloren meine Frau und ich nicht nur einen treuen, lieben Freund. Auch das ifo Institut verlor den Vorsitzenden seines wissenschaftlichen Beirates, der sich in herausragender und unschätzbarer Weise für den Ausbau des Instituts zu einer anerkannten internationalen Forschungseinrichtung eingesetzt, ja daran entscheidend mitgewirkt hatte. Vieles, für das das ifo Institut heute steht, ist auch auf sein Engagement zurückzuführen. Davids Asche ist in den USA und in Deutschland begraben. Ich denke oft an ihn. Auf meinen Vorschlag hin trägt das Hauptgebäude des ifo Instituts seit 2007 den Namen »David Bradford Haus«.

Vertreibung, Aussöhnung mit Tschechien und imposante Politiker

Gespräche über die Erfahrungen des Krieges und seine furchtbaren Folgen habe ich auch später immer wieder geführt, nicht selten im engsten Familienkreis. Besonders nah geht mir auch die Geschichte meiner Schwiegereltern. Im März 1946, ein knappes Jahr nach Kriegsende, wurden sie aus Graslitz vertrieben – einem kleinen Ort an der sächsischen Grenze des Sudetenlandes – und bald darauf von den deutschen Behörden im Kreis Miltenberg am Main angesiedelt. Genau dort ist meine Frau geboren.

Ihre Familie gehört damit zu jenen, die infolge der Vertreibung aus dem Sudetenland Haus und Hof verloren hatten, denn mit der Vertreibung ging die Enteignung einher. Und es kam auch zu Massakern. Meine Schwiegereltern hatten dabei noch Glück, denn sie blieben am Leben und konnten in Deutschland eine Familie gründen. Dem Großvater väterlicherseits erging es anders und viel schlimmer. Er war Kreisschulrat gewesen, wurde eingesperrt und kam bald darauf – ohne dass es einen Prozess gab – in einem tschechoslowakischen Gefängnis ums Leben.

In unseren Gesprächen in der Familie stand nie infrage, dass die Deutschen den Tschechen im Krieg Schlimmes angetan hatten. Und es war in den Augen meiner Schwiegereltern ein schwerer Fehler der Österreich-Ungarischen Monarchie gewesen, dass der Kaiser in Wien zwar die Ungarn als gleichberechtigtes Staatsvolk anerkannte, nicht aber die Tschechen, diese große Kulturnation im Herzen Europas, die bedeutende Künstler und Komponisten wie Bedřich Smetana, Antonín Dvořák oder Alfons Mucha hervorgebracht hat. Es entbehrt wohl nicht einer gewissen Plausibilität, zu vermuten, dass die Tschechen, nachdem sie die Gräueltaten der Nazis hatten erdulden müssen, nach dem Krieg auch wegen dieser Zurücksetzung ihrem Hass auf alles Deutsche vielfach freien Lauf ließen.

Als Karel Fürst Schwarzenberg – Mitglied eines alten fränkisch-böhmischen Fürstenhauses und ehemaliger tschechischer Außenminister – das Thema der Sudetenvertreibung mitten im Wahlkampf um das Amt des tschechischen Staatspräsidenten ansprach und meinte, unter heutigen Verhältnissen hätte man diese Taten in Den Haag bei einem Kriegsverbrechertribunal geahndet, schmälerte er seine Chancen auf das Amt auf entscheidende Weise. Laut Umfragen hatte er als Mitte-Rechts-Kandidat vor dieser Äußerung gegenüber seinem Mitte-Links-Rivalen Miloš Zeman noch weniger als einen Prozentpunkt zurückgelegen. Nun jedoch büßte er schnell an Zustimmung ein und erreichte am Ende lediglich 45 Prozent der Stimmen, während Zeman auf 54 Prozent kam.

Ich habe Fürst Schwarzenberg persönlich kennengelernt, und zwar bei einem Empfang von Franz Herzog von Bayern, dem Oberhaupt der im Münchner Schloss Nymphenburg residierenden Wittelsbacher, dem Geschlecht der früheren bayerischen Könige. Der Herzog, den ich gelegentlich sehe und den ich sehr schätze, stellte mir Schwarzenberg vor. Wir führten ein intensives Gespräch zu deutschen, tschechischen und europäischen Fragen, und ich gebe gerne zu, dass er mich beeindruckte: als eine imposante Persönlichkeit, groß und breit von Statur, inhaltlich versiert, interessiert, äußerst sprachgewandt, charmant. Schwarzenberg amtierte damals noch als tschechischer Außenminister, wirkte aber doch auch ein wenig altmodisch-österreichisch, fast im Stil der alten habsburgischen kaiserlich-königlichen Monarchie. Er selbst wuchs, nachdem seine Familie Ende 1948 infolge des von der Sowjetunion geförderten kommunistischen Umsturzes in der Tschechoslowakei das Land verlassen und Hab und Gut zurückgelassen hatte, in Wien auf, wo er nicht nur seine Matura, sein Abitur, ablegte, sondern auch politisch und unternehmerisch aktiv war. Von 1984 bis 1991 amtierte Schwarzenberg zudem als Vorsitzender der *Internationalen Helsinki-Föderation für Menschenrechte* und erhielt 1989 den Menschenrechtspreis des Europarates. Nach der »Samtenen Revolution« und dem Untergang der CSSR ging er zurück in seine Geburtsstadt Prag und wirkte von 1990 bis 1992 als Büroleiter des frisch gewählten Staatspräsidenten Václav Havel. Ein beeindruckendes Leben, ohne Zweifel.

Vertreibung, Aussöhnung mit Tschechien und imposante Politiker

Ich mag die Tschechen, ich mag ihren Sinn für Vernunft und Pragmatismus, für Kunst und Kultur. So jedenfalls habe ich Prag, die Tschechische Republik und ihre Menschen bei vielen Besuchen immer wieder erlebt. Und dieses Land nimmt mich umso mehr ein, da es einen Mann wie Schwarzenberg – nachdem er so lange im nichtkommunistischen Ausland gelebt hatte und dort auch politisch aktiv gewesen war – später zum Außenminister machte und zudem beinahe zum Präsidenten gewählt hätte. Die Schwarzenbergs waren nach dem Krieg im Übrigen nicht enteignet worden, weil sie sich nach der Annexion der Tschechoslowakei durch Nazi-Deutschland trotz der damit verbundenen Risiken als tschechisch bezeichnet hatten.

Ein anderer Tscheche, der mich stets sehr beeindruckt hat, ist Václav Klaus, der ehemalige tschechische Ministerpräsident und Staatspräsident. Klaus ist ein studierter Ökonom, der – obschon Bürger der kommunistischen CSSR – schon in den 1960er-Jahren in den USA und Italien unterwegs war, um dort vom Kapitalismus zu lernen. Er arbeitete für die Tschechoslowakische Akademie der Wissenschaften und die Tschechoslowakische Zentralbank, und er entwickelte sich im Laufe der Zeit zum wichtigsten Makroökonomen seines Landes. Als Dissident wirkte er darüber hinaus maßgeblich an der »Samtenen Revolution« mit, die 1989 zum Untergang des Kommunismus in der CSSR führte, und er stand dabei verschiedenen Bürgerforen vor. In seiner Amtszeit als Ministerpräsident von 1992 bis 1998 gestaltete er überdies maßgeblich die Transformation der Tschechischen Republik zu einer Demokratie und Marktwirtschaft mit. Auch die Tatsache, dass sich Tschechen und Slowaken schließlich friedlich trennen und so 1993 zwei unabhängige Staaten entstehen konnten, ist zu einem großen Teil auch Klaus anzurechnen.

Das Beeindruckende an Klaus ist für mich zudem seine ungewöhnliche Übersicht über historische Prozesse und sein von Zeitströmungen und Moden unabhängiges Urteil über die Entwicklung der EU und des Euro sowie über den Ukraine-Konflikt, den Klimawandel und vieles mehr. Seinen Urteilen stehe ich dabei zwar bisweilen kritisch gegenüber – so insbesondere beim Klimawandel oder bei der Enteignung der Deutschen nach dem Krieg. Auch seine Auftritte bei der AfD in Deutschland und der FPÖ in Österreich und seine dort gemachten Äußerungen liegen nicht auf meiner Linie. Das macht aber nichts. Man muss nicht auf einer Linie liegen, um sich zu schätzen.

5 Die Schatten der Vergangenheit

Ich bin immer wieder von seiner argumentativen Schärfe angetan, wenn es um ökonomische und gesellschaftspolitische Fragen geht. Gerade als Sozialwissenschaftler empfinde ich es als wohltuend, mit jemandem zusammenzukommen, der bereit ist, seine Meinungen im offenen Dialog sachlich zu begründen. Diese offene und diskussionsfreudige Art hatte mir – wie berichtet – schon bei den Ökonomen der *Chicagoer Schule* imponiert, gerade weil ich mich mit ihnen als Finanzwissenschaftler Timm'scher Prägung, der die korrigierende Rolle des Staates im Wirtschaftsablauf für notwendig hält, nicht identifizieren konnte und wollte.

Ähnlich geht es mir mit Václav Klaus. Nicht die Meinung oder eine wie auch immer geartete »Haltung« ist schließlich die Valuta der Wissenschaft, sondern das Argument. Und das wiederum ist am wertvollsten, wenn es dem eigenen widerspricht – vorausgesetzt natürlich, es stimmt und hat Gewicht. Nicht nur in diesem Sinne empfand ich die vielen Unterhaltungen mit Klaus, die ich im Laufe der Jahre führen konnte, stets als intellektuelle Bereicherung. Und dies umso mehr, als Klaus als ein großer Kenner der deutschen Politik und Kultur, ja, als großer Freund unseres Landes gelten kann.

Nebenbei bemerkt interessiere ich mich auch deswegen so für Tschechien und seine Menschen, weil, ich hatte es schon beschrieben, die Familie meiner Frau nicht nur deutsche, sondern auch tschechische Wurzeln hat. Sie trug sogar den tschechischen Familiennamen »Zoubek«. Die Zoubeks wurden trotz ihres Namens vertrieben, weil sie sich zur deutschen Volksgruppe rechneten. Nach der Vertreibung sind meine Schwiegereltern nie wieder in ihre Heimat zurückgekehrt, selbst dann nicht, als sie es nach dem Fall des Eisernen Vorhangs gekonnt hätten. Sie wollten ihre schöne Erinnerung nicht durch das, was inzwischen aus ihrer alten Heimat geworden war, überlagern lassen.

Natürlich haben wir im Familienkreis immer wieder über diesen Verlust gesprochen. Dennoch kann – auch für mich – kein Zweifel darüber bestehen, dass hier keine alten Ansprüche geltend zu machen wären, sondern dass es gilt, versöhnlich nach vorne zu schauen und die gutnachbarschaftlichen Beziehungen weiterzuentwickeln.

Das tut auch meine Frau, die ohne die Vertreibung der Eltern heute Tschechin wäre. Seit einigen Jahren unternimmt sie eine Vielzahl von Anstrengungen, an ihre Familiengeschichte anzuknüpfen. Eine davon ist es, die tschechische Sprache zu lernen, die ihr inzwischen verstorbener Vater noch beherrschte. Den Anstoß dazu gab ihr Václav Klaus anlässlich eines gemeinsamen Abendessens im Anschluss an seinen Vortrag am noblen Münchner *Peutinger-Collegium*. Nachdem wir uns über die Familiengeschichte meiner Frau unterhalten hatten, kamen wir auf seine Herkunft zu sprechen und lobten sein exzellentes, akzentfreies Deutsch. Das habe er an der Universität gelernt, sagte er uns und meinte, meine Frau könne ja ebenso gut Tschechisch lernen. Ihr Ehrgeiz war geweckt und sie begann damit, in Abendkursen und mit Privatlehrern seiner Empfehlung zu folgen.

Das Tschechische ist, so habe ich quasi mit meiner Frau gelernt, eine für unsere Ohren extrem komplizierte Sprache mit vielen bedeutungsvollen Wortendungen und Fällen, mit denen man als Deutscher zunächst kaum etwas anzufangen weiß. Auch bei den Wortstämmen gibt es nur sehr wenig Verwandtschaft. Aber meine Frau biss sich mit großem Willen und großem Zeitaufwand durch ihre selbstgestellte Aufgabe und ist noch immer dabei, ihr Wissen in vielen Reisen und Sprachkursen zu vervollständigen. Das beeindruckt mich nicht nur. Ich selbst profitiere auch sehr konkret von diesen Anstrengungen, denn durch sie kommen wir auch sprachlich ganz anders in Kontakt mit Land und Leuten, als dies ohne die Tschechischkenntnisse meiner Frau möglich wäre.

Sie hat dafür im Wesentlichen zwei Motive. Zum einen will sie – wie schon angeführt – mehr über die Ursprünge ihrer Familie erfahren und sich mit ihnen verbinden. Zum anderen ist meine Frau sehr an der Geschichte und Kultur unserer Nachbarn interessiert, die eng mit der deutschen verwoben ist.

Für diese besondere Beziehung wurde ich in gewisser Weise auch schon im Laufe jener vielen Gesprächen sensibilisiert, die ich mit dem bereits im letzten Kapitel erwähnten Jan Osers geführt hatte, mit dem ich die Studentenreise nach Sarajevo unternommen hatte. Osers war, wie ich erfuhr, ein deutschsprachiger Jude aus Prag. Und ich erfuhr zudem, dass die Juden die einzige deutschsprachige Bevölkerungsgruppe des Landes waren, die 1945/46 nicht vertrieben wurde. Obwohl Osers für meine Begriffe ein etwas akzentuiertes Deutsch sprach, nahm er für sich in Anspruch, das bessere Deutsch zu sprechen. Und er hatte gute Gründe dafür. In der Tat kann, so verstand ich, Prag als die Wiege der deutschen Hochsprache gelten. Denn es war Kaiser Karl IV., der in dieser Sprache seine Verwaltungsakte

5 Die Schatten der Vergangenheit

formuliert hatte, und es war dann später Martin Luther, der mit eben dieser Sprache der Verwaltungsakte auch die Bibel übersetzte.

Wie wenig die Welt auch sonst über die Prager Geschichte weiß, zeigt noch eine Begebenheit, von der mir meine Frau nach einem ihrer Tschechischkurse in Prag berichtete. Als die Teilnehmer erläutern sollten, warum sie die Sprache lernten, erklärte ein teilnehmender Amerikaner, er wolle endlich in der Lage sein, Kafka im Urtext zu lesen. Tatsächlich war Franz Kafka – wie Osers – ein deutsch sprechender Prager Jude. Er hatte all seine Romane selbstverständlich in der deutschen Sprache verfasst.

Der große Kafka, so erfuhr ich, hatte interessanterweise auch eine Beziehung zur Volkswirtschaftslehre, von der nur wenige wissen. Er war nämlich Assistent bei Alfred Weber – dem Bruder des weltberühmten Soziologen Max Webers –, Volkswirt und Jurist, und Kafka promovierte bei ihm; allerdings nicht in VWL, sondern in Jura. Wir Volkswirte verdanken Alfred Weber ein Basiswerk zur Standorttheorie, das bereits 1909 erschien und eine Denkschule begründete, die erst in neuerer Zeit durch die Arbeiten Paul Krugmans Eingang in das internationale Wissen meiner Disziplin fand. Alfred Weber selbst war in Heidelberg bei den Nazis in Ungnade gefallen, nachdem er seinen Mitarbeitern das Hissen der Hakenkreuzfahne auf dem Institutsgebäude verwehrt hatte; sein Wirken geriet danach erst einmal lange in Vergessenheit. Heute gibt es in der volkswirtschaftlichen Fakultät der Universität Heidelberg ein nach Alfred Weber benanntes Institut.

Doch wieder zurück zu den Tschechen. Die Menschen der Tschechischen Republik, heute in Größe und Bevölkerungsanzahl in etwa vergleichbar mit dem Freistaat Bayern, sind eine der wichtigen Kulturnationen Europas. Doch sie haben mich nicht erst, seit ich meine Frau kenne, in ihren Bann gezogen. Bereits seit meinem ersten Besuch während des Prager Frühlings bin ich immer wieder in dieses Land gereist, wenn sich das mit wissenschaftlich inspirierten Aufenthalten verbinden ließ. So war ich auch vor einiger Zeit in Brünn, der Heimatstadt des Urgroßvaters meiner Frau, dieser prächtigen Stadt in Mähren, die die großartige Architektur Wiens und Prags in sich vereint. Ich hielt einen Vortrag an der dortigen Universität und erfuhr so, dass dort auch große Ökonomen wie der legendäre österreichische Sozialphilosoph und Wirtschaftsnobelpreisträger Friedrich August von Hayek oder auch der ebenfalls berühmte österreichische Ökonom Eugen von Böhm-Bawerk, Mitglied der Wiener Schule und Begründer der

Kapitaltheorie, familiäre Bindungen hatten, ganz abgesehen vom Biologen Gregor Johann Mendel, der in Brünn seine Vererbungslehre entwickelt hatte.

Was mich besonders beeindruckt: Zwar haben die Tschechen wie viele Länder, die ehemals hinter dem Eisernen Vorhang wirtschaften mussten, noch nicht den westlichen Lebensstandard erreicht, doch wissen sie, was ihnen die Freiheit bedeutet. Sie wissen, was geht und was nicht geht – ökonomisch und auch sonst. Und sie wollen sich auch nicht mehr so ohne Weiteres – nachdem sie innerhalb eines Jahrhunderts die Herrschaft der Österreich-Ungarischen Monarchie, der Deutschen und der Russen abschütteln konnten – einer immer häufiger als übergriffig erlebten EU unterwerfen.

Wegen meines Interesses an Geschichte und Kultur des Landes und seinem ökonomischen Wohlergehen und wegen der besonderen emotionalen Verbindung mit seinen Menschen – die ich mit meiner Frau teile – hat es mich besonders gefreut, dass ich im Jahr 2017 von der Wirtschaftsuniversität Prag auf Betreiben des ehemaligen Staatspräsidenten Václav Klaus die Ehrendoktorwürde in Empfang nehmen durfte. Es fand eine sehr feierliche Zeremonie statt, bei der rund fünfzig Professoren in ihren Talaren erschienen, darunter auch Klaus selbst, um unter den Klängen der deutschen und tschechischen Nationalhymnen der Ehrung beizuwohnen.

Der Großvater in Kolberg: Sozialdemokrat, Nazi-Gegner, KZ-Häftling

Nicht nur angestoßen durch die Familie meiner Frau, auch durch meine eigene habe ich mich schon früh mit dem Thema Flucht und Versöhnung beschäftigt. Die Gespräche dazu am Küchentisch und auch sonst sind mir noch heute sehr präsent. Mehr noch: Sie haben mich ein Leben lang begleitet.

Ich hatte ja schon berichtet, dass meine Mutter, damals hieß sie noch Käte Maske, aus dem pommerschen Kolberg fliehen musste. Ihre Mutter Hedwig Maske, geb. Kummerow, war lange tot, und die Stiefmutter war bereits mit den kleineren Geschwistern geflohen. Bereits im Winter 1944/45 war die Stadt an der Ostsee, heute Teil Polens, von der Sowjetarmee

5 Die Schatten der Vergangenheit

eingekreist. Während man sie noch verteidigte, versuchte man zugleich, die Zivilbevölkerung auf Schiffen zu evakuieren und in den Westen in Sicherheit zu bringen. Das Schicksal des ehemaligen Kreuzfahrtdampfers »Wilhelm Gustloff«, der im Krieg unter anderem als Lazarettschiff und Truppentransporter eingesetzt wurde und der bei einer Evakuierungsfahrt Ende Januar 1945 vor der Küste Pommerns durch Torpedos sowjetischer U-Boote mitsamt seinen mehr als 9.000 Passagieren versenkt wurde, ist ja bekannt. Noch heute gilt der Untergang der »Gustloff« als verlustreichste Schiffskatastrophe der Geschichte. Meine Mutter hatte mehr Glück. Das Evakuierungsschiff, das sie besteigen durfte, kam durch und brachte sie sicher nach Stettin.

Doch damit war ihre Odyssee, von der sie mir öfter erzählte, bei Weitem nicht zu Ende. Denn kaum dort eingetroffen, nahm sie sofort einen Zug, um weiter nach Westen zu gelangen, weil es galt, keine Zeit zu verlieren. Alle Flüchtenden, auch jene, die noch auf Evakuierung hofften, befürchteten angesichts der schnell vorrückenden Roten Armee das Schlimmste, bis hin zu Vergewaltigungen und willkürlichen Erschießungen. In dieser angsterfüllten Stimmung bemerkte meine Mutter erst sehr spät, dass der von ihr in Stettin erklommene Zug in die falsche Richtung fuhr, also zurück gen Osten, um dort weitere Flüchtlinge aufzunehmen. Glücklicherweise hielt der Zug nach kurzer Fahrt ein erstes Mal, und sie konnte noch die Richtung wechseln. Binnen kurzer Zeit kam sie so erst nach Bremen, wo sie einige Zeit in einer Art provisorischem Auffanglager zubrachte – nur um bald darauf nach Elverdissen geschickt zu werden, ihrer neuen Heimat. Dort wiederum lernte sie später meinen Vater kennen, der aus dem Nachbardorf Brake stammte, in dem dann ja auch ich das Licht der Welt erblickte.

Nachdem sie im Westen angekommen war, suchte sie noch lange nach ihrem Vater – vergebens. Und so konnte sie ihn nur noch betrauern. Nach allem, was ich aus Erzählungen über ihn erfahren habe, muss er ein besonderer und sehr mutiger Mann gewesen sein, der sich aus politischer Überzeugung gegen die Nazis gestellt und das mit seinem Leben bezahlt hatte. Auch wenn ich ihn nie kennenlernen konnte, so muss ich sagen: Seine Haltung und was er getan hat und wofür er eingestanden ist: All dies erfüllt mich auch heute noch mit Bewunderung.

Mein Großvater, Wilhelm Maske, war nicht nur gelernter Tischler, er war vor allem auch Parteisekretär der SPD in Kolberg. Und so war es kaum verwunderlich, dass er deswegen – kaum nachdem die Nazis 1933 die Macht ergriffen hatten – in Schwierigkeiten kam. Er wurde verhaftet, dann aber bald wieder freigelassen, sodass er wenigstens als Tischler in seiner Kellerwerkstatt weiterarbeiten und seine Familie ernähren konnte.

Doch dabei beließ er es nicht. Denn als die Nazis begannen, gegen die Kolberger Juden vorzugehen, von denen es doch einige gab, beteiligte sich mein Großvater aktiv an einer geheimen Initiative zu ihrem Schutz, an der sich ehemalige SPD-Parteigenossen, darunter neben Arbeitern und Handwerkern auch Anwälte und Ärzte, beteiligten. Jemand in der Familie nannte die Initiative »Kolberger Kreis«. Als Teilnehmer an der Initiative verschaffte er untergetauchten Juden nicht nur gefälschte Pässe, mit denen sie ausreisen konnten. Er unterstützte sie auch beim Untertauchen selbst. Die älteste Schwester meiner Mutter, Tante Erika, berichtete uns, dass jüdische Mitbürger zeitweilig in einem Keller in der Nachbarschaft der Wohnung meines Großvaters und seiner Familie versteckt worden waren. Und sie erläuterte uns, dass sie als Kind die Aufgabe hatte, ihnen das Essen zu bringen, weil sie weniger Verdacht erregte als ein Erwachsener.

Mein Großvater wurde dann noch zwei weitere Male verhaftet. Das erste Mal ließ man ihn wieder frei. Beim zweiten Mal jedoch verhaftete man ihn, als der Krieg schon ausgebrochen war. Er hatte einem Offizier, der ihn als alten Sozialdemokraten kannte, den Hitler-Gruß verweigert und ihn in einen Streit verwickelt. Die Reaktion folgte prompt. Die SS holte ihn ab und schickte ihn ins KZ.

Was würde nun aus ihm werden? Man sperrte ihn zunächst auf der Festung Graudenz an der Weichsel ein, damals ein Außenlager des KZ Stutthof bei Danzig. Die Festung Graudenz, die vor vielen Jahren vom Deutschordensstaat erbaut worden war, haben meine Frau und ich vor Kurzem während unserer Polenreise besichtigt. Es ist nicht mehr viel davon übrig, und die jungen Paare, die sich heute im umliegenden Park vergnügen, wissen vermutlich kaum, dass dort auch deutsche Sozialdemokraten gefangen gehalten worden waren. Eine Bronzestatue in der Nähe der Festung, die unverkennbar nach dem Krieg von den Sowjets dort aufgestellt wurde, zeigt, ganz im Stil des sozialistischen Realismus, wie ein – wohl polnisches – Mädchen von einem sowjetischen Soldaten geküsst wird. Nun ja. Das gesamte Areal ist jedenfalls in einem extrem baufälligen Zustand und wartet gleichsam darauf, dass der polnische Aufschwung Ressourcen für eine Renovierung bereitstellt.

5 Die Schatten der Vergangenheit

Mein Großvater wurde später, als die sowjetischen Truppen vorrückten, von der Festung Graudenz in das Konzentrationslager Neuengamme bei Hamburg verlegt. Das jedenfalls hat meine Familie recherchieren können. Und von da ging es gegen Kriegsende weiter in ein außen gelegenes und offenbar zu Neuengamme gehörendes Arbeitslager bei Bremen. Dort aber verlieren sich seine Spuren. Man hat ihn intensiv gesucht, aber er tauchte nie wieder auf.

»Sin«: Was für ein passender Name für einen Deutschen

Wegen dieser Familiengeschichte und weil ich in jungen Jahren Mitglied der *Falken* und des *Sozialdemokratischen Hochschulbunds* (SHB) gewesen war und dabei jahrelang gegen die Reste faschistischen Gedankengutes in Deutschland gekämpft hatte, war meine Rolle bei den Themen Judenverfolgung und Gräueltaten der Nazis viele Jahre lang sehr klar: Ich zählte mich zur Gruppe der »Gerechten«, ja in gewisser Weise der »Opfer«. Die anderen hingegen, die Alt-Nazis und aktiven Mitläufer, die Vergangenheitsverdränger und -leugner, sie zählten zu den »Tätern«, gegen die es zu kämpfen galt.

Doch so einfach war es dann doch nicht. Denn welch ein Erwachen, als ich 1978 für einige Zeit in Kanada lebte und dort in Gespräche über die Deutschen, die Nazis und den Zweiten Weltkrieg verwickelt wurde, deren Verlauf mich dann doch einigermaßen überraschte, wenn nicht schockierte.

Es gehört in Nordamerika – sei es in Kanada oder den Vereinigten Staaten – eigentlich nicht zum guten Ton, politische oder andere womöglich problematische Themen, die zu Konflikten und zur Störung der »Leichtigkeit des Abends« führen könnten, bei Partys oder beim Dinner zu diskutieren. Ich habe das, außer unter den Kollegen an der Universität, auch selten erlebt. In meinem Fall kam der Small Talk bisweilen aber doch auf die durchaus schwierige Vergangenheit der Deutschen und er führte zu von mir kaum erwarteten Zuschreibungen. Denn schnell wurden dann die Rollen, die jeder zu spielen hatte, klar: Ich war der Deutsche, und damit quasi automatisch Täter bzw. das Kind der Täter. Zwar wurde ich in jenen

Gesprächen nie persönlich verantwortlich gemacht, doch allzu häufig begegnete mir eine Stimmung des gnädigen Verstehens und Mitgefühls, etwa so, wie man es einem verurteilten Straftäter entgegenbringt, der seine Strafe abgebüßt hat, aber eigentlich noch resozialisiert werden muss. Ich verstand sehr schnell die damit einhergehende Botschaft: Als Teil des Kollektivs der Deutschen, als den man mich sah, hatte ich gleichsam zu »meiner« kollektiven Schuld zu stehen. Persönlich mag weder meine Familie, mögen auch die Falken, mag auch ich nicht in Schuld verstrickt gewesen sein, aber das war hier offenbar irrelevant.

Damit musste ich erst einmal fertigwerden. Und ich begann mich mit den Ursachen dieser Zuschreibung auseinanderzusetzen, nach der ich nun nicht mehr zu den »Guten«, sondern zu den »Bösen«, den Schuldigen gehören sollte. Ich verstand: Je weiter die Geschehnisse in die Vergangenheit rücken und je weiter die Urteilenden geografisch entfernt sind, desto holzschnittartiger wird für sie das Bild der Wirklichkeit und desto weniger sind differenzierende Urteile gefragt.

Das kann durchaus groteske Züge annehmen. So fragte mich in Kanada bei einer Party einmal jemand sehr freundlich nach meinem Namen. Ich nannte ihn, worauf die Rückfrage kam, wie ich den Familiennamen denn buchstabiere. Ich tat ihm den Gefallen: S I N N. »*Ah, ›Sin‹, not ›Zin‹*«, kam die vermeintlich verstehende Antwort. »*What an appropriate name for a German!*« (»Was für ein passender Name für einen Deutschen!«), wurde dann noch ironisch-scherzhaft hinzugefügt. Dazu muss man wissen, dass ich meinen Namen mit einem stimmhaften S ausspreche, was im Englischen dann ein Z am Beginn des Namens vermuten lässt und Verwirrung auslöst. Buchstabiere ich den Namen »Sinn« allerdings Buchstabe für Buchstabe auf Englisch, so wird dieses Wort mit scharfem, also stimmlosen S gesprochen. Doch das wiederum ist dann die gleiche Aussprache wie für das englische Wort »sin«, also Sünde. Ich lächelte nach diesem Scherz nur etwas verlegen und wandte mich ab.

Der Vorfall gab mir zu denken. War ich nicht doch zu selbstgerecht, wenn ich mich auf der Seite der »Opfer« wähnte? Kein Zweifel, in Kanada – bzw. in Nordamerika – war ich nicht mehr der Falke, der Kämpfer für das Gerechte und Gute, der Kämpfer gegen Faschismus, der Enkel eines Sozialdemokraten, der für seine Überzeugungen eingestanden war, der Juden geholfen und der im KZ sein Leben verlor. Hier, in Kanada, jenem

Land, dessen Menschen ich so schätzen gelernt hatte, fand ich mich nun auf die Seite der Täter gestellt und sollte damit in gewisser Weise mitschuldig sein an den früheren Verbrechen meiner Landsleute.

Ich fragte mich: Hatte ich meine Familien- und Falkengeschichte bislang gewissermaßen als Alibi vor mir und der Welt hergetragen, um mich gegen Kritik zu immunisieren? Es ist ja – moralisch betrachtet – immer leichter, zu den Gerechten und Guten zu gehören. Wäre es stattdessen nicht ehrlicher gewesen, sich trotz Familiengeschichte und Falkenkampf in den Mitläufern der Nazi-Zeit wiederzuentdecken und damit auch eine gewisse Schuld an den Kriegs- und Nazi-Gräueln auf sich zu nehmen – als Teil des Kollektivs der Deutschen?

Die Frage beschäftigt mich bis heute, und ich habe die Antwort darauf noch nicht gefunden. Als Wissenschaftler gehe ich inzwischen von der Hypothese aus, dass ich selbst vermutlich keinen Deut besser gewesen wäre als die Mehrheit der Deutschen, die die Dinge passiv geschehen ließ und nicht wissen wollte, was sie vielleicht hätte wissen können. Keine angenehme Vorstellung. Denn denkt man die Hypothese weiter, dann hätte es vielleicht irgendwann auch Situationen gegeben, in denen ich vom Mitläufer wirklich zum Täter geworden wäre. Und bei dieser Vorstellung dreht sich bei mir – immer noch – der Magen um.

Ein Bild von Deutschland. Und ein Brief an Helmut Kohl

Erlebnisse wie jene auf der Party in Kanada, auch die beständige Auseinandersetzung in den kanadischen und US-amerikanischen Medien mit der deutschen Vergangenheit, irritierten mich damals. Nicht, dass generell sehr viel über Deutschland berichtet wurde. Aber *wenn* berichtet wurde, dann geschah dies entweder aus Anlass eines größeren Unglücks – wie etwa zum Erdbeben vom September 1978, bei dem Teile der Hohenzollernburg beschädigt wurden. Oder es gab Beiträge, Artikel, Dokumentationen oder Kommentare über die Nazi-Zeit und die Judenverfolgung. Im besten Fall überließ man den Deutschen die Rolle der dummen Tölpel – wie etwa in der Comedy-Serie »Hogan's Heroes«, die in einem deutschen

Kriegsgefangenenlager während des Zweiten Weltkriegs spielt und in der es den deutschen Aufsehern nicht gelingt, die cleveren US-amerikanischen Gefangenen im Zaum zu halten. Die Serie war bereits 1965 bis 1971 produziert worden, lief aber seither immer wieder in den nordamerikanischen Sendern. Sogar in Deutschland kam sie 1992 unter dem Titel »Ein Käfig voller Helden« ins Fernsehen.

Nach und nach begriff ich durch meinen Aufenthalt in Kanada und durch meine Besuche in den USA, dass Deutschland als eine Art »Paria« unter den Völkern behandelt wurde. Natürlich war das angesichts der Dimension der von Deutschen ab 1933 begangenen Verbrechen und des von ihnen verursachten Leids einerseits verständlich. Andererseits gab es, so fand ich, auch noch andere Aspekte zu bedenken. So etwa, dass ja immerhin auch Deutsche zu Opfern des Krieges wurden oder der Verfolgung durch die Nazis, darunter mein Großvater. Auch der Umstand, dass sich die Deutschen ab den 1960er-Jahren unter dem Einfluss der Studentenbewegung intensiv mit ihrer Nazi-Vergangenheit auseinandersetzten und auch mehr und mehr NS-Verbrecher zur Verantwortung zogen, wurde nicht gewürdigt. Es hatte ja in den 1960er-Jahren die drei großen Auschwitz-Prozesse gegeben, und immerhin war zu jener Zeit Willy Brandt, der überzeugte Antifaschist, Freund der Amerikaner und Friedensnobelpreisträger von 1971, bereits zweimal zum Bundeskanzler gewählt worden.

Ich war zunächst verstört und dann auch empört über eine derartig einseitige Sicht der nordamerikanischen Medien auf uns Deutsche, wie sie sich mir gegen Ende der 1970er-Jahre zeigte. Dass sich das Bild nur eine Dekade später, beim Fall der Mauer, so dramatisch wandeln würde und dass ich 1990 bei meinem Besuch in den USA eine tiefe, grundsätzliche und echte Zuneigung der amerikanischen Bevölkerung uns Deutschen gegenüber spüren würde, über die ich im ersten Kapitel schon berichtet habe, konnte ich damals noch nicht wissen. Hätte ich es zu jener Zeit schon anders ahnen können? Vielleicht, wenn ich besser hingeschaut und zugehört und nicht nur auf die Medien und einige Small-Talk-Erfahrungen geschaut hätte? Ich weiß es nicht.

Damals aber gewann ich die Überzeugung, dass sich die deutsche Politik der Frage des Bildes der Deutschen in der Welt unbedingt annehmen müsse. Und diese Überzeugung war nicht nur das Ergebnis *eines* längeren

Aufenthalts. Denn ich verbrachte ja mit der Familie am Ende immerhin gleich zweimal je zwei Semester an Universitäten in Kanada: zunächst 1978/79 und dann noch einmal 1984/85. Da sich, wie ich damals fand, die Situation auch beim zweiten Mal nicht verbessert hatte und ich die Deutschen in den nordamerikanischen Medien nach wie vor gleichsam verzerrt wahrgenommen sah, verfasste ich kurz entschlossen einen langen handgeschriebenen Brief an Bundeskanzler Helmut Kohl, in dem ich den Sachverhalt schilderte und nachdrücklich empfahl, Maßnahmen zur Verbesserung des Deutschlandbilds in der Welt zu ergreifen.

Neben einer Stärkung der Goethe-Institute schlug ich vor allem die Einrichtung eines deutschen Satellitenfernsehens in anderen Sprachen vor, um über das moderne Deutschland zu informieren, weil ich schon damals davon überzeugt war, dass man die Menschen nur noch so würde erreichen können. Leider habe ich auf diesen Brief keine Antwort bekommen. Vielleicht auch, weil meine Adresse wegen der Rückreise nach Deutschland auch bald nicht mehr stimmte? In jedem Fall müsste sich der Brief in den Archiven des Bundeskanzleramtes noch finden lassen. Ich selbst habe mir leider keine Kopie gemacht.

Davon unberührt müssen aber auch andere die Notwendigkeit eines solchen weltumspannenden Fernsehprogramms mit moderner deutscher Perspektive erkannt haben. Jedenfalls hat es mich sehr gefreut, ein knappes Jahrzehnt später zu erfahren, dass die *Deutsche Welle*, die bis dahin nur Radioprogramme in große Teile der nichtdeutschen Welt ausgestrahlt hatte, darangehen wollte, ein globales Fernsehnetz aufzubauen. Heute gibt es dieses Netz, gefüttert mit Nachrichten und Kommentaren, mit zahlreichen deutschen Berichterstattern und Interviewpartnern. Und es wird global mittlerweile von vielen in der Welt als willkommene Alternative zur Berichterstattung von *CNN* oder anderen US-amerikanischen Sendern oder auch der *BBC* gesehen und trägt maßgeblich dazu bei, ein realistisches Deutschlandbild zu vermitteln. Eines, das sich nicht nur an der Vergangenheit mit Krieg und Judenverfolgung orientiert – so nötig dies als *ein* Element der Berichterstattung ist –, sondern eines, das auch erfreulichere Perioden der Geschichte sowie vor allem die Gegenwart und die Zukunft im Blick behält.

Komplexe Schuld-Verhältnisse: Heinrich von Stackelberg und seine Schule

Die deutsche Geschichte begegnete mir auch im engeren Rahmen meiner Karriere als Forscher der Ökonomie. Auch hier zeigte sich, wie differenziert und komplex die Geschichte von Nazi-Vergangenheit und Judenverfolgung in Deutschland letztlich ist.

So etwa auch bei einem erneuten Blick auf meinen Vorgänger auf dem Lehrstuhl für Volkswirtschaftslehre und Versicherungswissenschaft an der *Ludwig-Maximilians-Universität* München (LMU), Hans Möller, von dem schon früher die Rede war, und vor allem auf dessen akademischen Lehrer Heinrich Freiherr von Stackelberg. Nachdem Möller an der Friedrich-Wilhelms-Universität Berlin, der heutigen Humboldt-Universität, 1936 sein Diplom-Examen abgelegt hatte, wurde er wissenschaftlicher Assistent Heinrich von Stackelbergs, der kurz zuvor an einen Lehrstuhl der Berliner Friedrich-Wilhelms-Universität berufen worden war, und promovierte bei ihm.

Stackelberg entstammte altem baltischen Adel und war bereits 1931 der NSDAP und 1933 auch der SS beigetreten. Von 1933 bis 1934 amtierte er zudem als »Führer« der NS-Dozentenschaft an der Universität Köln, wo er sich habilitierte. Wissenschaftlich betrachtet ist Stackelberg noch heute einer der international bekanntesten deutschen Volkswirte. Zum einen gilt er als einer jener Forscher, der für die zur damaligen Zeit noch junge Marketingtheorie ein theoretisches Gerüst entwickelte, indem er zeigte, dass auch klassische Marketingfunktionen wie etwa Vertriebswege und Produktqualität wichtige Wettbewerbsparameter sind. Durch einige seiner Arbeiten gilt er zudem – und vor allem – als ein Mitbegründer oder zumindest als ein Vorläufer der heute in der Volkswirtschaftslehre (VWL) sehr bedeutsamen Spieltheorie. Das sogenannte Stackelberg-Gleichgewicht taucht in jedem Lehrbuch zur Mikroökonomie auf, einem der Basisgebiete der VWL.

Vermutlich ist es Stackelberg nicht leichtgefallen, Hans Möller als Assistenten einzustellen, denn er wusste um dessen früheres politisches Engagement in der *Sozialistischen Arbeiter-Jugend* (SAJ). In jedem Fall durfte Möller seine Stelle erst antreten, nachdem er Stackelberg zugesichert hatte, sich in Zukunft sämtlicher politischer Aktivitäten zu enthalten.

5 Die Schatten der Vergangenheit

Es kann heute historisch als gesichert gelten, dass Stackelberg ideologisch lange auf der Linie der NSDAP lag. Anders sind sein früher Eintritt in Partei und SS und weitere Aktivitäten kaum zu deuten. Andererseits hatte Stackelberg auch weitere, verblüffende Seiten, und es gibt Anhaltspunkte, dass er seine Meinung zum NS-Regime später änderte.

Das jedenfalls wurde mir während der Feierlichkeiten anlässlich der 50. Wiederkehr der Doktorprüfung von Hans Möller klar. Möller hatte seine Dissertation zwar bereits im Jahr 1938 abgegeben, erhielt aber erst 1941 die Urkunde, die ihm zum Führen des Doktortitels berechtigte. Möller hat mir gegenüber einmal den Verdacht geäußert, dass das an seiner ehemaligen SAJ-Mitgliedschaft lag. 1996, wiederum mit einer gewissen Verspätung, sollte nun das »Goldene Doktoratsjubiläum« gefeiert werden, und zwar in Berlin, an »seiner« alten Uni, die jetzt den großen Namen »Humboldt« trug.

Hans Möller hatte auch meine Frau und mich zu dieser Feier eingeladen. Wir waren auch deswegen sehr gespannt, weil wir wussten, wer die Laudatio halten würde: Arnold Horwell. Was würde uns da erwarten? Horwell, vormals Horwitz, war, wie wir nun erfuhren, in der NS-Zeit ein jüdischer Kommilitone Möllers gewesen und hatte im Februar 1937 bei Stackelberg als letzter jüdischer Doktorand an der damaligen Friedrich-Wilhelms-Universität seine mündliche Doktorprüfung abgelegt. Kurz darauf war er nach London emigriert, wo er anschließend als Banker Karriere machte.

Horwell hatte jahrzehntelang keinen Fuß mehr auf deutschen Boden gesetzt. Umso erstaunlicher war, was dann folgte. Denn nun hielt Horwell in schönstem und klarstem Deutsch eine Rede, die mich, wenn ich an sie zurückdenke, noch heute berührt.

In seinen ausführlichen Worten lobte er nicht nur Möller, sondern auch Stackelberg dafür, dass beide ihn in jenen besonders gefährlichen Zeiten in jeder Hinsicht und über die Maßen unterstützt hätten. Mit Blick auf Stackelberg betonte er, dass dieser sich in seinen Vorlesungen und auch sonst in der Universität seine Mitgliedschaft in NSDAP und SS nie habe anmerken lassen. Stackelberg habe zudem gewusst, dass er – damals Horwitz – Jude sei, und habe ihm dennoch die besten Noten gegeben. Er habe außerdem nicht gezögert, auch seine Doktorarbeit zu betreuen, und dies neben Constantin von Dietze, der Mitglied der

»Bekennenden Kirche« und als regimekritisch bekannt war. Stackelberg habe Horwitz im Oktober 1937 zudem persönlich die Promotionsurkunde überreicht, obwohl es seit April eigentlich verboten gewesen sei, Juden zu promovieren. Zusammen mit Dietze habe er aber eine Ausnahmegenehmigung erwirken können. Bei der Übergabe der Urkunde habe er es zudem nicht belassen, sondern Horwitz zugleich auch eindringlich zur Flucht geraten, einen Rat, den dieser schnell annahm und der ihm wohl das Leben rettete.

Wie schon gesagt: Diese Rede berührte mich. Und sie ließ mich abermals nachdenken über die Fragen von individueller Schuld in der NS-Zeit und wie wir heute damit umgehen können und sollten. Ich begann mich auch ein wenig für Stackelbergs Werdegang »danach« zu interessieren. Im *Handbook of the History of Economic Thought* etwa fand ich, dass sich Stackelberg wohl schon sehr bald nach der Machtübernahme der Nazis von deren Ideen zu distanzieren versuchte, was sich aber mit Blick auf den Schutz seiner Familie als nicht ganz einfach erwies. Er verbrachte zudem einige Zeit an der Ostfront, wohin man ihn auch eingezogen hatte und wo er wohl überwiegend als Übersetzer tätig gewesen war. Und nach 1943, jenem Jahr, in dem er vermutlich auch aus Krankheitsgründen aus der Armee entlassen wurde, suchte er die Nähe zum illegalen ordoliberal ausgerichteten »Freiburger Kreis«, dem auch Constantin von Dietze, Walter Eucken und Erwin Emil von Beckerath angehörten, Letzterer einer der akademischen Lehrer Stackelbergs. Stackelberg selbst verließ schließlich Deutschland noch während des Krieges im Jahr 1943 in Richtung Spanien. Er übernahm einen Lehrstuhl in Madrid, forschte dort noch einige Jahre und verstarb in der spanischen Hauptstadt, kaum 41-jährig, ein Jahr nach dem Ende des Krieges. Er wurde später posthum entnazifiziert.

Hatte sich Stackelberg schuldig gemacht? So sieht es aus. Aber hatte er nicht auch Mut gezeigt, erkennbar eine Wandlung durchgemacht, Menschen beschützt, ihnen tatkräftig geholfen? Ja, auch das stimmt wohl. Das Leben in einer Diktatur gebiert nur wenige Helden – das wissen die Deutschen nicht nur aus der NS-Geschichte, sondern auch aus der der DDR. Aber offenbar lässt sie doch hin und wieder Möglichkeiten erkennen, die einzelne Menschen nutzen können, um jenseits oder trotz eigener Schuld Mut zu Wahrheit und Humanität zu zeigen.

5 Die Schatten der Vergangenheit

Weltfinanzkrise, die »Neunmalklugen« und ein Besuch bei Charlotte Knobloch

Wie schnell man auch heute noch in die Fallstricke der deutschen Geschichte geraten kann, erlebte ich selbst durch meinen misslungenen Judenvergleich. Im Jahr 2008 bewegte er nicht nur die deutsche Öffentlichkeit, sondern auch viele Forscherkollegen – jüdische wie nichtjüdische – und er ging sogar durch die Weltpresse. Ich will hier ausführlich darüber berichten – nicht nur, weil mich die Folgen meiner Äußerungen sehr aufwühlten, sondern auch, weil die Art und Weise und Intensität der öffentlichen Diskussionen doch einiges über die »Befindlichkeit der deutschen Seele« aussagt, wenn ich das so formulieren darf.

Das war geschehen: Während der sogenannten Lehman-Krise im September 2008 geriet das Finanzsystem der Welt an den Rand des Zusammenbruchs. Seit dem August 2007 waren schon einige Banken in Schwierigkeiten gekommen, so gleich zu Beginn im August etwa die französische BNP Paribas und die deutsche IKB, und dann im Herbst Northern Rock in Großbritannien, die Sächsische Landesbank wegen ihrer Sachsen Europe LB in Irland sowie Bear Stearns in New York. Der Höhepunkt der Krisen und Pleiten wurde mit dem Kollaps des traditionsreichen Bankhauses Lehman Brothers erreicht. Danach gingen schnell weitere Geldinstitute in die Knie, sie fielen wie Dominosteine nacheinander einfach um. Der globale Interbankenmarkt, der für ein funktionierendes Finanzsystem unerlässlich ist und auf dem sich Banken gegenseitig Geld leihen, kollabierte, denn keine Bank traute angesichts dramatisch wachsender weltwirtschaftlicher Unsicherheiten einer anderen mehr zu, demnächst noch in der Lage zu sein, Verbindlichkeiten zu bedienen. In der Folge bahnte sich ein allgemeiner *Bank Run* an, also eine ökonomisch und sozial höchst gefährliche Situation, bei dem verunsicherte Anleger in großer Zahl versuchen, ihre Einlagen bei ihrer Bank abzuziehen. Am 10. Oktober 2008 waren auch viele Kassenautomaten deutscher Kreditinstitute leer, weil die Menschen das Geld, das sie auf den Konten hatten, in Sicherheit bringen wollten und die Lastwagen mit der Lieferung frischen Bargelds nicht schnell genug nachkamen.

In dieser Situation allgemeiner Aufregung, ja Panik, suchten viele Kommentatoren und auch manche Politiker Sündenböcke. Und sie fanden sie schnell in der Figur des international agierenden Top-Managers. Diejenigen, die ihrer Meinung nach ohnehin viel zu viel Geld verdienten, hätten ihren Job nicht gemacht, sondern hätten wider Recht und Moral herumgezockt und auf diese Weise die Welt letztlich an den Abgrund geführt. So jedenfalls wurde nun argumentiert. In der Folge entwickelte sich eine Diskussion über Oberschranken für die Gehälter von Managern und über die Verstärkung der Haftung für deren (vermeintliches) Fehlversagen. Der Strom der emotionalen Stellungnahmen und aufgeregten Debattenbeiträge schwoll Woche um Woche an. Und dies auch nicht ohne ganz unmittelbare Folgen für die Betroffenen, denn wer in den Führungsriegen der Unternehmen arbeitete, musste nun plötzlich Spießruten laufen.

Ich fand die von den Medien und manchen Politikern angezettelte Hetzjagd auf die Manager abstoßend, naiv und fundamental falsch. Dieses Thema hatte ich, wie schon in Kapitel 2 erläutert, in meiner Dissertation unter dem Namen *Maehkminn-Regel* oder *Bloos-Regel* in allgemeiner Form ausführlich wissenschaftlich behandelt und dann nochmals in meinen finnischen *Yrjö Jahnsson Lectures*, die 2003 in dem angesehenen englischen Fachverlag Basil Blackwell veröffentlicht wurden. Dabei zeigte ich, dass es nicht moralische Defizite waren, die Fehlverhalten von Finanzakteuren hervorriefen, sondern die von falschen Systemregeln ausgehenden Fehlanreize, die es den Banken erlauben, ihr Geschäft mit minimalem Eigenkapital zu machen und Gewinne zu privatisieren, während die Verluste sozialisiert werden können.

In den Yrjö Jahnsson Lectures, aber auch in einem auf Deutsch gehaltenen Plenarvortrag im Rahmen einer Jahrestagung des *Vereins für Socialpolitik* in Innsbruck, bei dem eine Vielzahl von Pressevertretern anwesend war, hatte ich vor dem Glücksspiel der Banken gewarnt und für höhere Eigenkapitalanforderungen bei den Finanzinstituten plädiert. In der Zeitschrift *Finanzarchiv* befand ich mich zudem etwa zur gleichen Zeit in einer Debatte mit anderen Ökonomen, die mir vorwarfen, ich sei zu regulierungsgläubig und vertraue nicht genug auf die Kräfte des Wettbewerbs der nationalen Bankenregulierer.

Auch deswegen war ich, zugegeben, etwas genervt, weil ausgerechnet ich – der ich explizit für eine stärkere Regulierung von Banken und Finanzmärkten eingetreten war und dazu publiziert hatte – nun plötzlich selbst in der Schusslinie stand. Besonders zeigte sich das in einem Artikel der

Wochenzeitung *Die ZEIT,* der unter dem Titel »Die Neunmalklugen« im Oktober 2008 erschien, also mitten im Auge des Sturms der losbrechenden Weltfinanzkrise. Der Artikel, geschrieben von Susanne Gaschke, einer späteren SPD-Politikerin, die unter anderem auch mit Gesine Schwan publiziert hatte, zeigte steckbriefähnliche Fotos der vermeintlichen Täter, und dies waren nach Lesart der Autorin Horst Köhler, zu jener Zeit Bundespräsident; Arnulf Baring, zu jener Zeit bereits emeritierter Professor für Politikwissenschaft und Zeitgeschichte; Friedrich Merz, zu jener Zeit führender Wirtschaftsexperte der CDU; und schließlich ich selbst. Letztlich lieferte der Beitrag eine hochgradig polemische Abrechnung mit uns, die wir uns vermeintlich für die Deregulierung der Banken stark gemacht und dafür plädiert hatten, die ungehinderten Kräfte des Marktes über die Demokratie zu setzen, weil der Markt alles besser mache als der Staat. »Propagandisten der regellosen Marktwirtschaft und Gegner des Staates« hieß es neben unseren Fotos.

Ich empfand diesen Artikel als verleumderisch und als journalistisch von unterstem Niveau – und ich tue das noch heute. Mir solche Vorwürfe zu machen, entbehrte jeder Grundlage und zeigte, dass sich die Autorin nicht einmal die Mühe gemacht hatte, mein Schriftenverzeichnis zu konsultieren. Auch den anderen im Text genannten »Tätern« hat der Artikel vermutlich Unrecht getan.

Köhlers Presseleuten gelang es offenbar, ihren Chef aus der Internet-Fassung des Artikels zu entfernen. Ich selbst hatte solche Schutztruppen nicht zur Verfügung und musste die fortgesetzte Verleumdung ertragen. Für mich ist der Beitrag Sinnbild für ein seit Jahren nachlassendes Niveau der Berichterstattung zu wirtschaftlichen und wirtschaftspolitischen Themen, wie man es in vielen Medien beobachten kann. Ich empfinde dies als eine gefährliche Entwicklung – die wohl nur durch eine bessere Aus- und Weiterbildung der Journalisten gestoppt werden kann. Vielleicht sollten sich die Medien auch bemühen, Journalisten, die Parteien angehören, wie es hier der Fall war, aus ihren Reihen zu entfernen. So wie es einem Sozialwissenschaftler, Richter oder Ökonomen gut ansteht, wenn er sich nicht mit einer Partei gemein macht, gilt das doch ganz sicher auch für den Journalisten. Und dies umso mehr, als »die Medien« ja doch immer wieder – und zu Recht – als »vierte Gewalt« einer Demokratie bezeichnet werden. Sie können es aber nur dann sein, wenn sie wirklich unabhängig sind, das heißt unabhängig auch von den Parteien, denen sie – als Träger der politischen Willensbildung – ja gerade auf die Finger schauen sollen.

Juden und Manager: Sturm der Entrüstung über einen missglückten Vergleich

Es ergab sich nun, dass ich kurz darauf, in der zweiten Oktoberhälfte des Krisenjahres 2008, zusammen mit meiner Frau von Charlotte Knobloch – der damaligen Präsidentin des *Zentralrats der Juden* in Deutschland und langjährigen Präsidentin der Israelitischen Kultusgemeinde München und Oberbayern – zu einem Besuch der neuen Ohel-Jakob-Hauptsynagoge in der Münchner Altstadt eingeladen worden war. Die Synagoge kannten wir schon von einer Bar-Mizwa-Feier von Freunden, der wir beigewohnt hatten, aber bewunderten sie gerne noch einmal und nun ganz anders und sehr persönlich geführt. Auch das anschließende Gespräch mit Frau Knobloch bei Tee und Gebäck verlief angenehm und interessant.

Wir sprachen zunächst über Frau Knoblochs eigene Geschichte. Charlotte Knobloch, eine freundliche und kluge Dame gesetzten Alters, erzählte uns, dass sie als zehnjähriges Mädchen bei einer Familie in Mittelfranken aufgenommen und dort als eigenes Kind ausgegeben worden war. Dadurch habe sie den Völkermord an den Juden überlebt. Wir rissen zudem weitere Themen an und landeten schließlich auch bei der schwelenden Weltfinanzkrise.

Dabei erläuterte ich, dass ich in gewisser Weise Parallelen zu 1929 sehen würde. Auch damals, nach dem plötzlichen Börsencrash und dem Zusammenbruch des Weltwirtschaftssystems, hätten viele, ähnlich wie jetzt, Sündenböcke gesucht, argumentierte ich. Und man hatte gemeint, diese in jüdischen Bankern zu finden, von denen man dann behauptete, sie hätten durch ihre Finanzgeschäfte letztlich die Krise und so das Massenelend jener Zeit verursacht. Immer, wenn etwas schiefgehe, brauche man Schuldige, und dann nehme man die, gegen die man ohnehin etwas habe, setzte ich meinen Gedankengang fort. Ähnlich sei es auch diesmal, mit Blick auf die Weltfinanzkrise. Nur würden diesmal »die Manager« verantwortlich gemacht. Frau Knobloch hörte interessiert zu, widersprach nicht, nickte seufzend und schwieg. Nachdem wir uns noch über einige andere Themen ausgetauscht hatten, gingen wir freundlich auseinander. Ich traf sie auch ein paar Jahre später nochmals im ifo Institut, wo sie auf meine Einladung hin als Gast an einer Veranstaltung teilnahm.

Genau dieses Thema der Sündenböcke in ökonomischen Krisenzeiten hatte ich noch im Kopf, als ich wenige Tage nach dem Besuch bei Charlotte Knobloch dem Berliner *Tagesspiegel* ein Interview gab und meine These zu den Regulierungsdefiziten, die zur Krise geführt hätten, wiederholte. Bei diesem Interview habe ich dann – wie ich es auch heute noch sehe – einen Fehler gemacht, der gleich deutlich werden wird. Ich bringe hier die relevanten Auszüge aus dem Interview, damit aus der Verkürzung kein Missverständnis entsteht.

Mein Text ist kursiv, der des Interviewers des *Tagesspiegel* recte, also gerade gesetzt. Die nachfolgend zitierten Stellungnahmen sind auch auf der Homepage des ifo Instituts abrufbar (»ifo Dokumentation zum Judenvergleich«). Soweit sie auf Englisch verfasst wurden, habe ich sie hier in meiner deutschen Übersetzung wiedergegeben.

Interview, *Tagesspiegel*, 27. Oktober 2008

»*Die Ursachen der Finanzkrise sind glasklar, und hier muss man ansetzen.*

Nämlich wo?

Die Wall Street konnte zu einem Casino werden, weil die Banken ihr Eigenkapital über alle Maßen reduzieren durften und dann maßlose Risiken eingegangen sind, ohne dafür haften zu müssen. Wer wie eine US-Investmentbank in einem Geschäft hundert Dollar einsetzt, selbst aber nur vier besitzt, haftet praktisch nicht mehr. Weil die Eigentümer der Investment-Banken fast nichts zu verlieren hatten, verlangten sie von ihren Managern, hohe Wagnisse einzugehen, die entweder hohe Gewinne oder hohe Verluste bedeuteten. Sie wussten: Wenn es schief geht, wird schon irgendjemand für die Folgen geradestehen. Den Verlust des Bisschens an Eigenkapital, das eingesetzt wurde, haben die Aktionäre immer mit eingeplant. Dafür haben sie vorher prächtige Dividenden kassiert.

Was folgt daraus?

Man muss die Banken zwingen, mehr Eigenkapital als Sicherheit zu halten. Dann steigt das Risiko für die Aktionäre, bei einem Konkurs ihr Geld zu verlieren – und sie verlangen von ihren Managern im Vorhinein vorsichtigere Geschäftsmodelle.

Geht es so einfach? Angesichts verlockender Millionen-Boni war den Bankern offenbar jedes noch so riskante Geschäft recht.

Die Boni wurden von den Aktionären so gestaltet, dass die Manager die Risiken suchten. Rendite-Vorgaben von 25 Prozent und mehr, wie sie von manchen Aktionären verlangt wurden, kann man nur mit waghalsigen Geschäften verdienen.

Die Manager als Opfer?

In jeder Krise wird nach Schuldigen gesucht, nach Sündenböcken. Auch in der Weltwirtschaftskrise von 1929 wollte niemand an einen anonymen Systemfehler glauben. Damals hat es in Deutschland die Juden getroffen, heute sind es die Manager. Als Volkswirt sehe ich stattdessen falsche Anreize und fehlende Regeln. Schauen Sie sich den Straßenverkehr in Indien an. Die Leute fahren links, rechts, auf dem Bürgersteig, das ist abenteuerlich. Der Verkehr kommt deswegen immer wieder ins Stocken. Sind daran die »Manager« an den Steuerrädern schuld oder die fehlenden Verkehrsregeln?

Sind regelmäßige Krisen nicht ein Teil der Marktwirtschaft?

Man kann die großen Krisen heute vermeiden. Glücklicherweise wissen wir von der Weltwirtschaftskrise 1929 und den vielen Krisen danach, wie man Probleme im Nachhinein in den Griff bekommt. Dank der 2.400 Milliarden Euro, mit denen die Industrieländer ihre Banken stützen, wird es keine größeren Bankenpleiten mehr geben. Besser wäre es aber, wir würden die Krisen von vornherein verhindern.

War der Banken-Rettungsplan der deutschen Regierung tatsächlich alternativlos?

Hätte man nichts getan, wie 1929, wären die Folgen dramatisch gewesen: eine Kernschmelze im Finanzsystem, Massenarbeitslosigkeit, die Radikalisierung der Länder der westlichen Welt, am Ende eine Systemkrise der Marktwirtschaft. Die deutsche Geschichte ist hier ja ganz klar. Der Nationalsozialismus ist aus der Krise zwischen 1929 und 1931 entstanden. Auch heute stehen Rattenfänger wieder parat.«

Der Satz, um den es geht, ist jener bei der drittletzten Antwort, der Manager und Juden – als Sündenböcke für die Krisen – in einem Atemzug nennt. Gemeint hatte ich in diesem Satz die jüdischen Banker, die damals, 1929, vier Jahre *vor* der Machtergreifung der Nazis, in heftigster öffentlicher Kritik standen, und zwar nicht nur vonseiten der Nazis, sondern eines breiten Spektrums politischer Stimmen, und denen man dabei auch die Ursachen der Krise in die Schuhe schob. Genauso hatte ich das auch bei meinem Gespräch mit Frau Knobloch ausgeführt. Das, was im Jahr 1929 – zu einer Zeit, zu der man noch gar nicht wissen konnte, dass die Nazis vier Jahre später die Macht ergreifen würden – an Kritik an jüdischen Bankern und »den Juden« geäußert wurde, war ja schon deshalb nicht im Entferntesten gleichzusetzen mit der Verfolgung der Juden und ihrer millionenfachen Vernichtung, wie sie nach 1933 stattfanden.

Nun aber wurde meine Formulierung im Interview so verstanden, als hätte ich behaupten wollen, die Manager würden in der heutigen Finanzkrise auf eine Weise verfolgt, wie die Juden später durch die Nazis verfolgt wurden. Das war mitnichten meine Absicht gewesen, wie man eigentlich unschwer an der Nennung der Jahreszahl 1929 in dem Satz erkennen kann, der unmittelbar vor dem Judenvergleich steht. Im Übrigen hatte ich von den Nazis gar nicht gesprochen. Ich hatte sie zwar auch gemeint, aber nicht allein. Ohne dass ich im Entferntesten damit gerechnet hatte, brach nach diesem Interview ein Sturm der Entrüstung in den Medien los, getragen vor allem von Einlassungen von Politikern, Religionsvertretern und Kommentatoren.

Den Anfang nahm dieser Sturm damit, dass der *Tagesspiegel* bereits am Vortag – einem Sonntag – auf seiner Website eine Vorabmeldung zu mei-

Juden und Manager: Sturm der Entrüstung über einen missglückten Vergleich

nem Judenvergleich brachte. Dann ging es Schlag auf Schlag. Die evangelische Landesbischöfin Margot Käßmann warf den ersten Stein und war mit ihrer Kritik an meinen Äußerungen noch am Sonntagnachmittag im Netz. Der in Hannover erscheinenden *Neuen Presse* sagte sie: »Die Juden waren die Opfer, bei den Banken wird zu Recht nach Verantwortlichen gefragt. Es ist unverantwortlich da irgendeinen Vergleich zu ziehen.« Käßmann fügte hinzu (unter Anspielung auf unsere gemeinsame Arbeit in einer Kommission am ifo Institut), sie kenne mich zwar als klugen Mann, es sei ihr aber unverständlich, »wie jemand die menschenverachtende und zerstörerische nationalsozialistische Ideologie des Antijudaismus, die Millionen Menschen ermordet hat, in eine Verbindung mit der Frage nach den Verantwortlichen in der aktuellen Bankenkrise bringen kann.«

Auch der Zentralrat der Juden in Deutschland meldete sich zu Wort und entfachte damit zusätzliche Dynamik. Der Generalsekretär des Zentralrates, Stephan J. Kramer, der später von der rot-rot-grünen Regierung Thüringens unter Ministerpräsident Bodo Ramelow zum Präsidenten des thüringischen Verfassungsschutzes ernannt wurde, kritisierte mich wie Käßmann ebenfalls noch am Sonntag im Netz und verlangte außerdem eine Entschuldigung. Ich würde, so Kramer, mit meinen Äußerungen die Opfer beleidigen und zudem den Antisemitismus und Vorurteile gegenüber Juden schüren. »Mir wäre neu, dass Manager geschlagen, ermordet oder in Konzentrationslager gesperrt würden«, ergänzte er.

Nun gab es kein Halten mehr. Fast alle Medien hierzulande berichteten über meine vermeintliche Gleichsetzung der Judenverfolgung durch die Nazis mit der Kritik an den Managern, gleich ob Zeitungen, Zeitschriften, Websites, Fernsehen oder Radio. Tagelang ließ die deutsche Presse das Thema und damit auch mich nicht mehr los. Einige Berichterstatter und Kommentatoren bemühten sich um eine differenzierte Darstellung, so zum Beispiel Claus Kleber im *ZDF*, viele aber nicht. Schnell wanderten meine Äußerungen und die sich aus ihnen entwickelten Debatten und Schmähungen in die internationale Presse, etwa in Großbritannien, den USA, Israel und anderswo.

Unter den vehementesten und schnellsten Kritikern hierzulande waren der Grünen-Politiker Volker Beck, der von einer »totalen Entgleisung« und »beispiellosen Geschmacklosigkeit« sprach, oder der Bremer Ökonom Rudolf Hickel, der den Vergleich »historisch und ökonomisch unsinnig«

nannte, und der SPD-Politiker Sebastian Edathy, der meinte, »Herr Sinn ist nicht von Sinnen«.

Ich selbst bekam den Sturm erst am Montagmorgen mit, dem Tag der eigentlichen Veröffentlichung im *Tagesspiegel*, als ich mich auf dem Weg in die Vorlesung an der Uni befand und von meinem Kollegen im Vorstand des ifo Instituts, Meinhard Knoche, angerufen wurde.

Verstört durch die Nachricht begann ich meine Vorlesung, doch fiel es mir schwer, mich auf meinen Stoff zu konzentrieren. In der Pause, etwa gegen 10 Uhr, erreichte ich Frau Knobloch am Telefon und bot ihr meine Entschuldigung an, die ich ihr noch am Vormittag schriftlich übermittelte. Um nichts in der Welt wollte ich mich in einen Konflikt mit der jüdischen Gemeinschaft in Deutschland begeben. Und ich wollte das Missverständnis richtigstellen. Ich schrieb:

Brief, 27. Oktober 2008

»Sehr geehrte Frau Präsidentin, liebe Frau Knobloch,

ich bedauere es sehr, dass sich die jüdische Gemeinschaft durch meine Äußerungen im Tagesspiegel vom 27. Oktober 2008 verletzt fühlt. Ich habe das Schicksal der Juden nach 1933 in keiner Weise mit der heutigen Situation der Manager vergleichen wollen. Ein solcher Vergleich wäre absurd. Mir ging es allein darum, Verständnis dafür zu wecken, dass die wirklichen Ursachen weltwirtschaftlicher Krisen Systemfehler sind, die aufgedeckt und beseitigt werden müssen. Die Suche nach vermeintlichen Schuldigen führt stets in die Irre.

Die tiefe persönliche Freundschaft mit vielen jüdischen Kollegen auf dieser Welt und meine Scham und mein Entsetzen gegenüber dem, was den Juden von Deutschen angetan wurde, haben mein Leben geprägt. Sie sind unveränderbar. Ich bitte die jüdische Gemeinde um Entschuldigung und nehme den Vergleich zurück.

Mit freundlichem Gruß
Hans-Werner Sinn«

(Quelle: ifo Dokumentation zum Judenvergleich)

Charlotte Knobloch nahm die Entschuldigung am selben Tag an, wenngleich sie das nicht öffentlich tat. Das *Simon Wiesenthal Center* hieß die Entschuldigung in einer schriftlichen Stellungnahme und in einem Schreiben des europäischen Vertreters Shimon Samuels an mich willkommen.

Das Simon Wiesenthal Center ist eine 1977 gegründete jüdische internationale Nichtregierungsorganisation mit Hauptsitz in Los Angeles und damals 440.000 Mitgliedern. Sie ist nach Simon Wiesenthal benannt, der selbst nicht an der Gründung beteiligt war, und setzt sich vor allem mit dem Holocaust auseinander. Sie hat es sich zur Aufgabe gesetzt, die geschichtlichen Lehren aus dem Judenmord für die Beurteilung heutiger Vorurteile und Diskriminierungen zu ziehen. Sie ist eine private Einrichtung, die beratend auf internationale Organisationen wie UNO, UNESCO, OSZE und den Rat der EU Einfluss nehmen will. Simon Wiesenthal selbst war ein österreichischer Architekt, Publizist und Schriftsteller, der das Konzentrationslager Mauthausen überlebt hatte und nach dem Krieg Dokumentationszentren in Linz und Wien aufbaute, um die juristische Strafverfolgung der für die Morde Verantwortlichen zu ermöglichen. Er persönlich lehnte eine Kollektivschuld der Österreicher und Deutschen ab.

Natürlich habe ich in dem *Tagesspiegel*-Interview, wie ich schon sagte, eine missverständliche Formulierung freigegeben, die ich bedauerte und heute noch bedaure, die ich richtigstellte und die ich so nicht wieder verwenden würde. Dass mir die Judenverfolgung und Managerkritik als Vergleichstatbestand trotzdem, vor und nach Richtigstellung und Entschuldigung, unterstellt worden ist, kann ich mir indes nur mit dem Hang zur medialen Skandalisierung der Aussagen politisch Andersdenkender erklären, die ich in meiner Berufskarriere häufiger beobachtet habe. Die Dramaturgie verläuft dabei fast immer in folgendem Muster ab: Eine Nachricht hat einen mehr oder weniger wahren Kern, doch dann wird sie von medialen Profis weitergedreht – im Zweifel auch *ver*dreht oder kontextuell verkürzt. Dies geschieht so lange, bis sich die Chance der Skandalisierung bietet, weil sich skandalisierte Nachrichten gerade in den heutigen Zeiten wachsenden Wettbewerbs um Aufmerksamkeit offenbar dann besonders gut verkaufen, wenn es gelingt, mit ihnen die Emotionen der Leser und Zuschauer zu fesseln.

Besonders problematisch fände ich es, wenn die Aussagen von Stephan J. Kramer und Margot Käßmann aufgrund einer Fehlinformation zustande gekommen wären. Doch sind sie es? Ich weiß es nicht. Aus meiner beruflichen Praxis ist mir in jedem Fall ein Verhalten von Journalisten sehr vertraut, bei dem sie Stimmen zu irgendeinem Sachverhalt sammeln und dem Interviewten, der von der Sache noch gar nichts weiß, den Sachverhalt in übertriebener Form schildern, um so eine deftige, schlagzeilenträchtige Kritik des Befragten zu provozieren. Was bei dieser Methode vom Kritisierenden in seiner Unkenntnis der Wahrheit zu Protokoll gegeben wird, kann der Journalist anschließend als »wahres« Zitat über das Netz verbreiten. Bei dieser Methode pflanzt sich die vom Kritisierenden fälschlicherweise angenommene Tatsache durch seine Kritik zugleich als vermeintliche Wahrheit in den Köpfen der Leser, Hörer und Zuschauer fest. Denn wer hat schon die Zeit und die Möglichkeit, bei einer Pressemeldung zu einer Persönlichkeit des öffentlichen Lebens zu prüfen, ob diese tatsächlich so handelte oder eine solche Meinung vertrat, wie dies die medialen Fragesteller insinuierten? Der Journalist, der die harte Gegenreaktion provozierte, die ihm viele Klicks und hohe Werbeeinnahmen im Netz verspricht, ist bei dieser Methode aus dem Schneider, denn was er dem Interviewten vor dessen Stellungnahme mitteilte, wird ja dem Publikum nicht bekannt gegeben. So wird aus der Spiegelung einer Verdrehung durch eine Persönlichkeit des öffentlichen Lebens eine »mediale Wahrheit«. Sollte es auch in diesem Fall so gewesen sein, was ich nicht weiß, würde ich verstehen, dass Margot Käßmann empört war. Auch ich wäre empört gewesen, wenn jemand behauptet hätte, die Managerkritik sei mit der Judenverfolgung durch die Nazis gleichzusetzen. Aber so war es eben nicht. Und trotzdem wurde mir dies alles nun plötzlich unterstellt.

Die »mediale Wahrheit«, die nun durch die beiden Stellungnahmen entstanden war, führte zu einer rasch anschwellenden Welle der Empörung. Im politischen Raum kamen die Attacken in jener Zeit vor allem von den Grünen, auch wenn es der damalige saarländische SPD-Chef und spätere Bundesjustizminister Heiko Maas war, der sogar meinte, ich müsse die Konsequenzen tragen und als ifo-Chef zurücktreten. Dennoch: Der Großteil der Kritik aus der politischen Arena kam von der ökologischen Ecke. Lag das daran, dass ich Anfang Oktober zur Frankfurter Buchmesse mein Buch *Das Grüne Paradoxon* herausgebracht hatte? Darin hatte ich Bündnis90/Die Grünen scharf für ihr Bestreben kritisiert, das Weltklima durch eine deutsche Zurückhaltung bei der Nachfrage nach fossilen Brennstoffen

Juden und Manager: Sturm der Entrüstung über einen missglückten Vergleich

retten zu wollen, was meines Erachtens wegen der Verlagerung des Verbrauchs dieser Brennstoffe in andere Länder gar nicht möglich war, ja wegen einer Überreaktion der Ressourcenbesitzer sogar kontraproduktiv wäre. Mag sein. Ich hoffe aber nicht. Wenn es aber so war, dann hat Jürgen Trittin, immerhin grüner Bundesumweltminister a. D., später insofern eine Art »Wiedergutmachung« geleistet, als er sich mit einem sehr freundlichen Beitrag an der Festschrift zu meiner Verabschiedung vom Amt des ifo-Präsidenten beteiligte.

Und sonst? Einmal abgesehen etwa vom bereits erwähnten Rudolf Hickel, mit dem ich zuvor häufiger im Streit über ökonomischen Fragen gelegen hatte, widersprachen nicht wenige Wissenschaftler den öffentlichen Reaktionen in den Medien zum Teil heftig. So etwa Richard Schröder, Philosoph und evangelischer Theologe und bis zu seiner Emeritierung Professor an der Berliner Humboldt Universität, ferner früheres Mitglied im *Nationalen Ethikrat* der Bundesrepublik und erster Fraktionsvorsitzender der Ost-SPD, nachdem im März 1990 in der DDR erstmals wieder freie Wahlen stattgefunden hatten. Schröder schrieb, ich müsse mich nicht entschuldigen, und erklärte, dass er meinen Darlegungen vollständig zustimme. Schließlich hätten die Nazis für die Weltwirtschaftskrise das »jüdische Finanzkapital« verantwortlich gemacht und von einer Weltverschwörung gesprochen. Die Parallele hätte ich deshalb zu Recht gezogen. Ähnlich unterstützende Zeilen schrieben mir im Übrigen auch viele Hunderte von anderen Bürgern, die sich im Verlaufe der Debatte an mich wandten – wobei sich einzelne auch der Kritik anschlossen oder mich gar beschimpften.

Schröder hatte seinen Text dem *Tagesspiegel* bereits am Tag der Veröffentlichung meines Interviews als externen Kommentar angeboten, doch wies man ihn ab mit der Aussage, man habe schon einen eigenen Kommentar vorgesehen. Deswegen gestattete er dem ifo Institut die Veröffentlichung des bereits geschriebenen Texts auf dessen Website. In der Dokumentation des ifo Instituts zu dem Vorgang ist er nachzulesen.

Der damalige Vorsitzende der Vereinigung der deutschsprachigen Wirtschaftswissenschaftler, des *Vereins für Socialpolitik*, Friedrich Schneider von der Universität Linz, warf Landesbischöfin Margot Käßmann vor, falsches Zeugnis abgelegt zu haben, indem sie meinen Vergleich auf die Judenverfolgung bezogen habe, obwohl ich doch explizit die Zeit vor der Machtergreifung genannt hatte. Er forderte sie zudem auf zuzugeben, dass sie übereilt geurteilt habe. Durch die Ablehnung des Vergleichs spiele sie denjenigen in die Hände, die heute von Seiten der Linken eine neue Hetze betrieben. Auch einige jüdische Fachkollegen nahmen mich in Schutz, indem sie meine Kritiker der Fehlinterpretation bezichtigten. Seth Frantzman von der *Hebräischen Universität in Jerusalem* etwa hatte zu Hause von der Debatte in Deutschland rund um meine Äußerungen gelesen. Er schrieb mir daraufhin, dass er meine Position als Wissenschaftler und Jude vollauf unterstützte, und verwies darauf, dass er genau denselben Vergleich in einem eigenen Beitrag veröffentlicht hatte, und er schickte ihn mir. Da heißt es unter anderem:

Seth Frantzman, Hebrew University, Jerusalem

»... wir beschuldigen die »Fettsäcke« in den Kapitalgesellschaften und ihre großen Gehälter. Normale Menschen wie Weltführer brauchen irgendetwas Einfaches, das sie beschuldigen können. Sie brauchen Sündenböcke, die andere »unsichtbare Hand«, die hinter ihren ökonomischen Problemen steckt. Die Sowjets beschuldigten die »Strandräuber« und »Parasiten«. Hitler hatte die Juden. Jeder braucht irgendwen. Oder man beschuldigt eine andere amorphe Sache wie die Globalisierung und die WTO und die Weltbank. ...«

(Quelle: ifo Dokumentation zum Judenvergleich)

Die Beobachtung Frantzmans deckt sich im Übrigen mit einer Geschichte, von der mir ein Bekannter bei einer Sitzung des Stiftungsrates der Aachener Karlpreisstiftung erzählte, dem ich, wie schon früher berichtet, angehöre. Dieser Bekannte hatte während der Finanzkrise in New York an einer festlichen Abendveranstaltung teilgenommen, die dann einen für ihn ganz unerwarteten Verlauf nahm. Eine sehr betagte jüdische Dame sei, so berichtete er mir, als Rednerin aufgetreten und habe erklärt, sie hätte von meinem Vergleich in der Zeitung gelesen. Ich hätte den Nagel auf den Kopf getroffen. Damals habe sie in Deutschland gelebt und sehr unter den Vorwürfen gelitten, die den Juden im Zusammenhang mit der Finanzkrise gemacht worden waren. Ähnliche Vorwürfe höre sie nun auch in New York. Es sei alles wieder ähnlich wie damals – und indem sie das sagte, brach sie in Tränen aus.

Peter Faynzilberg, US-amerikanischer Jude und Wissenschaftler, der in seiner Familie Holocaust-Opfer zu beklagen hatte, wählte einen anderen Weg des Protests. Faynzilberg war einige Jahre zuvor einmal als

Gastforscher in München an unserem *Center for Economic Studies* (CES) gewesen, aber ich hatte ihn in dieser Sache nicht kontaktiert. In einem offenen Brief griff er den Zentralrat der Juden in Deutschland sowie Volker Beck von den Grünen scharf an, weil dieser wohl auch in der US-Presse zitiert worden war. Er forderte den Zentralrat der Juden außerdem auf, sich bei mir zu entschuldigen. Weiterhin schrieb er:

Peter Faynzilberg, USA

»Die Reichskristallnacht und die darauffolgende Vernichtung der Juden wurden möglich, weil sich zu wenig Menschen gegen die Verleumdungen wandten und für die zu Unrecht Beschuldigten eintraten. Die Dichter und Denker verstummten, weil das Land der Dichter und Denker nicht mehr länger auf sie hörte. Dies sollte uns, gleich aus welchem Land wir kommen, lehren, besonders achtsam auf die Stimme der Vernunft inmitten der Massenhysterie zu hören. Hans-Werner Sinn vertritt diese Stimme der Vernunft inmitten der starken Emotionen, die die gegenwärtige Wirtschaftskrise hervorruft. Seine intellektuelle Redlichkeit und auf Prinzipien beruhende moralische Position verdienen unseren Dank und Respekt.«

(Quelle: ifo Dokumentation zum Judenvergleich)

Der jüdische Geschichtsprofessor Michael Wolffsohn schrieb mir ebenfalls, dass sich der Zentralrat der Juden entschuldigen solle.

Israels bekanntester Ökonom Assaf Razin von der Universität Tel Aviv, den ich gut kenne, erklärte mich in einem Brief, der ebenfalls vom ifo Institut dokumentiert wurde, zum »*Chaver Shelanu Letamid*«, zum ewigen Freund.

Die britische Finanzmarktexpertin Ann Sibert schrieb mir:

Anne Sibert, Birkbeck College London

»Ich sehe, Du bist heute in der Financial Times. Ich empfand Dein Argument als vollkommen einleuchtend. Sie mussten sich absichtlich begriffsstutzig stellen, um so beleidigt sein.«

(Quelle: ifo Dokumentation zum Judenvergleich)

5 Die Schatten der Vergangenheit

Der jüdische Wirtschaftsnobelpreisträger Robert Solow, der die deutsche Sprache sehr gut beherrscht und das ganze Interview gelesen hatte, schrieb:

Robert Solow, MIT, Cambridge, USA

»*Eine einfache, wahre, relevante und arglose Stellungnahme herzunehmen und sie dann in einen ›Vorgang‹ zu verwandeln, ist unentschuldbar. Sie (der Zentralrat der Juden und das Simon-Wiesenthal-Zentrum) schulden Dir, und jedem anderen auch, eine Entschuldigung und nicht umgekehrt.*«

(Quelle: ifo Dokumentation zum Judenvergleich)

Ich möchte mich diesen Forderungen nicht anschließen. Ich bleibe bei meiner Entschuldigung, und ich verlange auch von niemand anderem eine Entschuldigung. Ich halte daran fest, dass meine Formulierung nicht angemessen war. Indes möchte ich auch nicht, dass mir im Nachhinein Dinge unterstellt werden, die ich weder gemeint noch gesagt habe.

Davon unberührt zeigt dieses Erlebnis und die mit ihm verbundene mediale und politische Dynamik für mich bis heute, dass das, was wir Deutschen dem jüdischen Volk angetan haben, hierzulande zu einem Trauma geführt hat, das wir noch lange mit uns herumtragen werden. Dieses Trauma ist selbstverständlich nicht im Entferntesten damit zu vergleichen, was Juden durch Deutsche erleiden mussten und an dem heutige und spätere Generationen des jüdischen Volkes schwer zu tragen haben bzw. zu tragen haben werden. Ich meine vielmehr etwas anderes. Die Freiheit, die sich Wissenschaftler quasi von Berufs wegen nehmen müssen, wenn sie miteinander fruchtbar über die Vergangenheit und die Gegenwart sprechen wollen – und genau das tue ich bisweilen auch mit meinen jüdischen Kollegen – ist im öffentlichen Diskurs hierzulande nicht erlaubt. Das habe ich verstanden und akzeptiert. Vielleicht werden kommende Generationen irgendwann einmal anders diskutieren können. Ich wünsche es ihnen.

6

Die Grenze zwischen Markt und Plan

Von links zur Erkenntnis: Der Sieg der »unsichtbaren Hand« • Effiziente Märkte, Kochtöpfe und warum Hayek recht hat • Idealbild Markt und der Volkswirt als Arzt: Beispiel Umwelt, und warum es keinen Gegensatz von Ökonomie und Ökologie gibt • Der Homo Oeconomicus • Der methodologische Individualismus und die Not eines deutschen Wissenschaftlers • Anarchie, Ordoliberalismus und Neoliberalismus • Von Ronald Coase bis Max Weber: Wilder Westen, Migration und Eigentumsrechte • Öffentliche Güter, Steuern und Staatsschulden: Die Finanzwissenschaft und ihr großartiger Vater • Warum Politiker ihre eigene Agenda verfolgen und warum der Volkswirt das Volk beraten sollte • »Zwei gegensätzliche Visionen des Staates«: Die Buchanan-Musgrave-Debatte

Von links zur Erkenntnis: Der Sieg der »unsichtbaren Hand«

Als ich im Oktober 1967 mit gerade einmal 19 Jahren an der Westfälischen Wilhelms-Universität Münster mit dem Studium der Volkswirtschaftslehre (VWL) begann, war ich voller Tatendrang. Und ich wollte, ich wiederhole es, die Gesellschaft über die Wirtschaft nicht nur besser verstehen, ich wollte sie auch besser machen.

In Münster angekommen, war ich einerseits geprägt vom dörflichen Leben in Brake und dem kleinunternehmerischen Leben einer Taxifamilie mit sozialdemokratischem Hintergrund. Andererseits kam ich von einem exzellenten Gymnasium und hatte die ersten selbstständigen politischen Gehversuche im linksintellektuellen, aber doch noch recht bodenständigen Milieu bei den *Falken* getan.

Und nun? Kaum an der Uni trat ich nicht nur, wie berichtet, dem *Sozialdemokratischen Hochschulbund* bei, sondern erlebte als staunender Novize auch das universitäre, nicht mehr ganz so bodenständige, dafür vergeistigtere Leben inmitten einer gesellschaftlichen Aufbruchsstimmung im Vorfeld der sogenannten 68er-Revolution.

In diesen politisch unruhigen Zeiten, in denen in der noch jungen Bundesrepublik die Vergangenheitsbewältigung immer stärker in den Vordergrund rückte und in denen sich die kommunistische Hemisphäre mit ihren Planwirtschaften zunehmend ausdehnte, fragte auch ich mich immer wieder: Welches ist denn nun das richtige Gesellschaftsmodell, das den Menschen ein Maximum an wirtschaftlichem Wohlstand bringt? Dass es der Kommunismus russischer Prägung mit seiner Gewaltherrschaft nicht sein konnte, stand außer Frage. Doch der Sozialismus als solcher schien eine Möglichkeit zu bieten.

Die linken Wortführer an der Uni behaupteten, Märkte seien ihrem Wesen nach anarchisch und führten über die ihnen innewohnende Selbstregulierung über kurz oder lang zu Chaos. Deswegen sei die Marktwirtschaft als Wirtschaftsordnung prinzipiell abzulehnen. Sie müsse durch eine zentralverwaltete Planwirtschaft ersetzt werden. An der Spitze einer so geordneten Zentralverwaltungswirtschaft müsse eine mit klugen Ökonomen besetzte Behörde stehen, die den Betrieben gemäß dem von ihr verfassten

Plan für die Gesamtwirtschaft gleichsam Befehle erteilt, was in welcher Menge und Qualität zu produzieren und verkaufen sei und wo wer was tun solle. Meine Lehrer an der Universität behaupteten demgegenüber genau das Gegenteil. Eine zentrale Planungsbehörde könne nicht über das zur Steuerung einer Volkswirtschaft oder auch einzelner Betriebe notwendige Wissen verfügen, und selbst wenn sie es hätte, wüsste sie nicht, wie sie die Menschen in den Betrieben veranlassen könnte, die Planvorgaben einzuhalten. Märkte, auf denen variable Preise Angebot und Nachfrage stets zum Ausgleich bringen und durch Eigeninteresse geleitete Menschen miteinander interagierten, seien der bessere, ja der einzig mögliche funktionierende Ordnungsmechanismus von Wirtschaftsprozessen in einer Gesellschaft. Aus den dezentral wirkenden Kräften entstehe eine natürliche, effiziente Ordnung der Wirtschaft. Im Letzten könnten nur Marktprozesse dafür sorgen, dass Knappheiten an Gütern – um deren Überwindung es bei der Wirtschaft im Kern ginge – überwunden werden, was die Voraussetzung für wirtschaftliche Prosperität und Frieden in der Gesellschaft sei. Weder Warteschlangen noch Halden unverkaufter Waren könne es geben. Es sei quasi eine »Unsichtbare Hand« am Werke, die den dezentralen Aktionen der Menschen eine Ordnung schaffe, wie es selbst ein wohlmeinender, weiser, allwissender, fairer und gerechter Sozialplaner nicht besser vermöchte. Und ein solch günstiges Ergebnis komme zustande, obwohl sowohl die Verbraucher als auch die Produzenten nur nach ihrem eigenen Nutzen schauen und die Wohlfahrt der Gesamtgesellschaft nicht beachten.

Linke Wortführer oder meine Professoren? Wer hatte recht? Angesichts meiner eher linken Vorprägungen wusste ich anfangs nicht, wem und was ich glauben sollte. Ich war buchstäblich hin und her gerissen. Doch das änderte sich, als ich die ersten Vorlesungen in Mikroökonomie hörte, einem der wichtigsten Grundfächer der VWL, bei der es zusammengefasst um die Analyse des Verhaltens der einzelnen Wirtschaftssubjekte, den Privathaushalten und Unternehmen auf Märkten geht. Ich begriff allmählich, dass meine Professoren wohl richtiglagen.

Dass funktionierende Märkte dazu führen, Knappheiten zu überwinden, ist ja – bei genauer Betrachtung – eigentlich sehr einfach zu verstehen: Wenn eine Ware knapper wird, steigt der Preis, und wenn der Preis steigt, sehen Unternehmer Gewinnmöglichkeiten, die sie durch die Erhöhung der Produktion der entsprechenden Waren realisieren wollen. Dadurch wird die Knappheit dieser Waren und mit ihm der Preisanstieg begrenzt. Und dass eine solche Reaktion der Wirtschaft auf die steigende Knappheit sinnvoll ist, liegt auf der Hand. Genau dadurch werden die schrecklichen Versorgungsengpässe der kommunistischen Systeme, wie sie in der Sowjetunion oder der DDR zu erleben waren und heute noch in Kuba oder Nordkorea zu beobachten sind, vermieden.

Man beachte allerdings, dass auch eine Marktwirtschaft kein Schlaraffenland ist, wo jeder alles bekommt, was er gerne hätte. Die Knappheit an sich gibt es natürlich auch dort. Doch wird diese Knappheit so verwaltet, dass Versorgungsengpässe bei spezifischen Gütern dadurch überwunden werden, dass der Unternehmenssektor seine Produktionsprozesse umorganisiert – weg von Gütern, von denen es reichlich gibt, hin zu solchen, an denen es mangelt. Diese Umorganisation geschieht in der Regel nicht innerhalb bestehender Unternehmen, sondern auf dem Wege über die Faktormärkte, also die Märkte für Boden, Kapital und Arbeit. Ein Unternehmen, das wegen einer beobachteten Knappheit und entsprechend hohen Preisen bei einem bestimmten Gut eine Gewinnmöglichkeit sieht, fragt mehr Arbeitskräfte, mehr Boden und mehr Finanzkapital auf den entsprechenden Faktormärkten nach und bietet dafür höhere Preise als andere. Dadurch gelingt es im Laufe der Zeit, die benötigten Produktionsfaktoren den anderen Sektoren zu entziehen. Schüler entscheiden sich für andere Ausbildungsplätze als ihre Eltern, und Bodenflächen werden nach der Schließung einer Firma auf andere Zwecke umgewidmet. Anstatt einen alternden betrieblichen Kapitalstock immer wieder von Neuem zu reparieren und dafür Kredite und Eigenkapital einzusetzen, wandern die verfügbaren Finanzmittel, die die Sparer den Firmen auf dem Wege über die Banken oder auch direkt zur Verfügung stellen, in jene Sektoren, in denen neue Gebäude und Maschinen für den Aufbau neuer Produktionskapazitäten gebraucht werden.

Mein schon mehrfach erwähnter akademischer Lehrer Herbert Timm hat uns Studenten dies einmal anhand eines so simplen Guts wie dem Schnürsenkel erklärt. Wenn mein Schnürsenkel gerissen ist, gehe ich in einen Laden und kaufe mir einen neuen. Aber wie kommt es, dass der Schnürsenkel überhaupt im Laden verfügbar ist? Der Grund ist, dass die Nichtverfügbarkeit den Preis derart hochtreiben würde, dass sich schnell

Unternehmer aufmachen würden, um eine Schnürsenkelproduktion in Gang zu setzen und die Läden zu beliefern. Es ist also letztlich das Gewinnmotiv, das die ökonomische Knappheit vermeidet und zugleich individuelle Bedürfnisse befriedigt.

Man mag beklagen, dass das Gewinnmotiv keines der edelsten Motive menschlichen Handelns darstellt. Doch ist das wichtig? Nein. Entscheidend sind die Folgen menschlichen Handelns, seine Ergebnisse, nicht die »guten Absichten«, denn gut gemeint und gut getan ist bekanntlich nicht dasselbe.

Effiziente Märkte, Kochtöpfe und warum Hayek recht hat

Aber funktionierende Märkte sind noch in einem viel weitergehenden Sinne effizient. Sie führen unter bestimmten idealen Annahmen zu einer sogenannten Pareto-optimalen Gestaltung der Wirtschaft. Der Begriff der Pareto-Optimalität geht auf den italienischen Ökonomen Wilfried Fritz (später auch Vilfredo Frederico) Pareto zurück, der Ende des 19. Jahrhunderts einen Lehrstuhl in Lausanne in der Schweiz übernahm. Man sagt, dass eine Änderung des Wirtschaftsprozesses dann zu einer Pareto-Verbesserung führt, wenn sich mindestens ein Individuum besserstellt, ohne dass irgendein anderes schlechter gestellt ist. Märkte sorgen in diesem Sinne für ständige Verbesserungen, und den Zustand, den die Volkswirtschaft erreicht, wenn alle Verbesserungsmöglichkeiten im Sinne Paretos ausgereizt sind, nennt man Pareto-Optimalität. In diesem Sinne kommt es durch Marktprozesse zu einer effizienten Ordnung des Gemeinwesens.

Funktionierende Märkte führen grundsätzlich zu Pareto-Verbesserungen, weil sie nach dem Kompensationsprinzip arbeiten. Jemand, der eine Handlung ergreift, die für andere nützlich ist, wird dafür bezahlt, und jemand, der umgekehrt durch seine Handlung anderen einen Schaden zufügt, muss sie dafür kompensieren. Weil das so ist, wird er die Handlung nur dann wählen, wenn sein eigener Nutzen und der Vorteil aus dem empfangenen Geld ausreichen, die Kompensationszahlungen für Schäden an andere zu leisten. Wenn sie aber nicht ausreichen, dann wird er von der

Handlung Abstand nehmen, und er sollte das auch tun. Das, was wirklich geschieht und das, was geschehen sollte, fallen also zusammen. Nehmen wir als Beispiel die Produktion eines Kochtopfs. Kochtöpfe werden in komplizierten Produktionsprozessen erzeugt, die vom Presswerk über die Stahlhütte bis zur Mine zurückreichen. Die Köche freuen sich über die Kochtöpfe und sind deshalb bereit, dafür Geld zu bezahlen. Umgekehrt verlieren aber die Arbeiter, die in verschiedenen Vorstufen der Produktion tätig werden, Zeit, die sie auch anders hätten verwenden können; die Minenbesitzer verlieren ihre Ressourcen, die sie auch anderweitig hätten verkaufen können; und die Kapitaleigner verlieren Finanzmittel, die sie auch in andere Projekte hätten stecken können. Sie alle verlangen Geld zur Kompensation für den Verlust der jeweils anderen Verwendungsmöglichkeiten der Produktionsfaktoren, über die sie verfügen. Es ist offenkundig sinnvoll, Kochtöpfe einer bestimmten Art dann, und nur dann, zu erzeugen, wenn die Köche davon mehr haben als diejenigen verlieren, die ihre Produktionsfaktoren bereitstellen, und das ist gerade dann der Fall, wenn die Erlöse aus dem Verkauf der Kochtöpfe die Produktionskosten decken, denn die Produktionskosten sind ja die zur Kompensation der »Geschädigten« nötigen Geldbeträge.

Reichen die Erlöse nicht aus, die Kosten zu decken, dann machen die Produzenten Verluste und steigen auf die Dauer aus der Produktion aus. Und genau das sollten sie aus volkswirtschaftlicher Sicht auch tun, um knappe Ressourcen nicht zu verschwenden. So gesehen sind die Unternehmer der Volkswirtschaft die Kompensationstester, die sorgfältig prüfen, welche wirtschaftlichen Aktivitäten sich aus gesamtwirtschaftlicher Sicht lohnen und welche lieber unterlassen werden sollten, um mit den nun nicht mehr benötigten Ressourcen etwas anderes herzustellen. Was einzelwirtschaftlich rational ist – die Nichtproduktion bei drohendem Verlust – ist also auch volkswirtschaftlich geboten.

Die so begründete Vermutung, dass die Märkte tatsächlich in der Lage sind, sich dem Pareto-Optimum weitgehend zu nähern, haben viele Ökonomen zu zeigen versucht. Schon der deutsch-polnische Ökonom Oskar Lange, von dem im Zusammenhang mit der im Prager Frühling vertretenen Idee des Konkurrenzsozialismus bereits die Rede war, hat maßgebliche theoretische Arbeiten dazu vorgelegt. Der endgültige, harte Beweis gelang indes erst dem US-amerikanischen Ökonomen Kenneth Arrow und seinem französisch-amerikanischen Kollegen Gérard Debreu. Beide Forscher konnten zeigen, dass Märkte unter gewissen idealen Bedingungen tatsächlich in der Lage sind, bei jeder denkbaren Ressourcenausstattung einer Volkswirtschaft – damit ist die Ausstattung an Boden, Kapital, Bodenschätzen und auch Arbeitskräften gemeint – eine jeweils Pareto-optimale Produktionsstruktur zu ermöglichen und so bestmöglich zur Wohlfahrtssteigerung für die Menschen beizutragen. Man nennt diese Aussage den »Ersten Hauptsatz der Wohlfahrtstheorie«. Für diese und andere bahnbrechenden Erkenntnisse erhielten Arrow und Debreu zu Recht den Wirtschaftsnobelpreis.

Ich habe beide Ökonomen viele Jahre später persönlich kennengelernt. Debreu traf ich kurz im Jahr 1985 auf dem Weltkongress der *Econometric Society* in Boston. Ingo Vogelsang, ein emigrierter deutscher Ökonom, der in Boston lehrte, hatte einige Kongressteilnehmer – unter ihnen auch Paul Samuelson, den ich schon 1990 beim US-amerikanischen Sachverständigenrat in Washington getroffen hatte, zu einer Gartenparty eingeladen. Zusammen mit dem ebenfalls geladenen Konferenzorganisator Truman Bewley fachsimpelten Debreu und ich über die Frage, ob eine intertemporale Interpretation des allgemeinen Gleichgewichtsmodells, das er formuliert hatte, möglich sei, und beide zeigten sich sehr interessiert an meinem eigenen Modell des intertemporalen Gleichgewichts einer wachsenden Wirtschaft, von dem später noch die Rede sein wird.

Arrow traf ich anlässlich meines Aufenthalts als Gastprofessor an der Universität Stanford in Kalifornien, zu der er und Joseph Stiglitz mich eingeladen hatten, des Häufigeren, und dann auch immer wieder bei verschiedenen Konferenzen. Wir sprachen damals über dieselbe Thematik, die auch Debreu und Bewley interessierte, wie auch über Fragen der Risikotheorie, auf die ich mich in meiner Dissertation spezialisiert hatte. Arrow machte auf mich schon deshalb einen besonders starken Eindruck, weil er offenkundig schneller dachte, als er reden konnte, was ja bei vielen Menschen genau umgekehrt ist. Um mit den Worten seinen Gedanken nachzukommen, musste er eifrig nuscheln und die Hälfte seiner Silben verschlucken. Es war nicht immer ganz einfach für mich, ihm zu folgen. Aber durch häufiges Nachfragen gelang es mir meistens, das feurige Pferd, das in ihm mit den Hufen scharrte, zu zügeln und seine Worte zu verstehen. Das klappte dann aber so gut, dass ich im Laufe der Zeit einiges von ihm lernen konnte.

6 Die Grenze zwischen Markt und Plan

Aber zurück zum Studium, als ich ihn noch nur vom Hörensagen kannte. Die ersten Lernerfahrungen in meinem Studium, die sich auf die Fragen der Selbststeuerung der Wirtschaft bezogen, übertrafen meine Erwartungen um ein Vielfaches. Durch »linke Prägungen« und die damit einhergehende Skepsis gegenüber Märkten quasi vorbelastet hätte ich es nicht für möglich gehalten, dass ihrem Wesen nach dezentrale Märkte die beschriebenen, gleichsam geheimnisvoll wirkenden Selbststeuerungsmöglichkeiten haben, die für die Gesellschaft als Ganzes sinnvolle, wenn nicht bestmögliche Ergebnisse im Sinne Paretos erbringen. Ich staunte angesichts der schlüssigen Beweise, die uns unsere akademischen Lehrer in ihren Vorlesungen zu den Marktmechanismen zeigten. Dagegen hatten die linken Ideen, mit denen ich unter dem Einfluss der Falken zur Uni gekommen war und die durch meine Mitgliedschaft im Sozialdemokratischen Hochschulbund noch eine Zeit lang am Leben erhalten wurden, keinerlei Chancen mehr. Markt versus Plan? Es zeichnete sich ab, dass der Markt diesen Wettlauf in meinem Kopf haushoch gewinnen würde.

Später im Leben, als ich die Arbeiten des schon erwähnten großen Ökonomen und Wirtschaftsnobelpreisträgers Friedrich August von Hayek las, insbesondere sein berühmtes Buch *Der Weg zur Knechtschaft*, ist mir darüber hinaus klargeworden, dass die funktionierende Marktwirtschaft noch einen weiteren wesentlichen Vorteil gegenüber der kommunistischen Zentralverwaltungswirtschaft aufweist. Nur sie ist mit den Grundprinzipien einer freien Gesellschaft kompatibel. In der Marktwirtschaft machen an ihrem eigenem Wohl interessierte Menschen das, was sie tun, freiwillig, nämlich weil sie Geld verdienen und gut leben wollen. Man muss sie zu nichts zwingen, denn der Antrieb liegt in ihrem Erwerbsmotiv. Die Zentralverwaltungswirtschaft muss demgegenüber mit Befehlen und Zwang arbeiten, weil in ihr die *pekuniären*, also geldmäßigen Anreize fehlen. Die Ergebnisse der eigenen Anstrengung landen im großen Topf des Staates bzw. des »Gesellschaftskollektivs« und nicht beim einzelnen Bürger, der sich anstrengt. In einer Zentralverwaltungswirtschaft muss man daher quasi den Kommissar mit der Pistole in der Hand neben den Arbeiter stellen, damit der seine Arbeit tut. Diese Wirtschaftsform bedeutet den Weg in die Gewaltherrschaft oder, wie Hayek schrieb, in die Knechtschaft. Die Erfahrungen mit dem real existierenden Kommunismus in Zeiten des Kalten Krieges oder auch heute besonders in Kuba und Nordkorea haben gezeigt, wie recht Hayek mit diesen grundsätzlichen Überlegungen hatte.

Idealbild Markt und der Volkswirt als Arzt: Beispiel Umwelt und warum es keinen Gegensatz von Ökonomie und Ökologie gibt

Obwohl meine Lehrer mir eine mathematisch schlüssige Theorie anbieten konnten, über die die Gegenseite nicht einmal ansatzweise verfügte, kamen mir manche ihrer Überlegungen zu Märkten und der Marktwirtschaft freilich noch reichlich idealistisch, ja weltfremd vor. Im Grundmodell von Arrow und Debreu fand wirtschaftliches Handeln nur auf Märkten statt, es herrschte perfekter Wettbewerb mit vielen kleinen Firmen, es gab vollkommene Preistransparenz und so weiter. Insofern verblieb bei mir zunächst noch ein erhebliches Maß an Skepsis. Waren die Volkswirtschaftsprofessoren vielleicht nur die Büttel des Kapitals, die Vertreter des ideologischen Überbaus der kapitalistischen Gesellschaft, die sich die Annahmen so zurechtzimmerten, dass das gewünschte Ergebnis herauskam?

Vollends überzeugen konnten mich meine Lehrer jedoch, als sie mir klarmachten, dass die Idealvorstellung der Märkte, die sie vor uns Studenten entwickelten, nicht als Beschreibung eines Ist-Zustandes gemeint war, sondern als normativer Referenzpunkt zur Beurteilung von Marktfehlern, so wie auch der Arzt die Vorstellung von einem gesunden Körper braucht, um die Krankheiten zu erkennen.

Man kann Oskar Lange und Kenneth Arrow bestimmt nicht vorwerfen, sie hätten sich als Apologeten der Marktwirtschaft betätigen wollen, um diese Wirtschaftsform gegen die Anfeindungen der Linken zu verteidigen. Lange war Kommunist, und Arrow war ein für amerikanische Verhältnisse außerordentlich »linkslastiger« Ökonom, der in seinem wissenschaftlichen Leben immer wieder auf die Suche nach Marktfehlern gegangen ist.

Der Volkswirt, wie ich ihn verstehe, ist in der Tat mit einem Arzt zu vergleichen. Er macht eine Bestandsaufnahme der Ist-Werte einer Ökonomie, vergleicht sie mit den Soll-Werten, also dem Marktideal, für das der gerade erläuterte Erste Hauptsatz der Wohlfahrtstheorie gilt, diagnostiziert im Falle der Abweichung eine »Krankheit«, und schlägt dann eine »Therapie« in Gestalt einer Wirtschaftspolitik vor, die letztlich dazu dient, dem Zustand der Pareto-Optimalität wieder so nahe wie möglich zu kommen. Tatsächlich beschäftigt sich die moderne Volkswirtschaftslehre viel mehr mit den »Krankheiten« im Sinne der Abweichung real existierender Märkte von der Norm als mit der idealtypisch gedachten Norm selbst. Und dies gilt sowohl für die mathematisch-theoretisch ausgerichtete VWL à la Arrow und Debreu als auch für jene VWL, die sich ganz konkreten praktischen wirtschaftspolitischen Problemen zuwendet, die meinem akademischer Lehrer Herbert Timm besonders am Herzen lagen und denen auch ich mich, wie schon beschrieben, ab den 1990er-Jahren immer stärker zugewandt habe.

Kein Volkswirt, der bei Verstand ist, empfiehlt heute ein Laissez-faire-System, in der jeder tun und lassen kann, was er will. Vielmehr geht es seriös arbeitenden Volkswirten stets um die Frage der »richtigen Wirtschaftspolitik.« Das heißt, es geht ihnen um die »richtige« Abgrenzung des Bereichs staatlicher Tätigkeiten, die Setzung »richtiger« Rahmenbedingungen für die private Wirtschaft und um die »richtige« Intervention in den privaten Wirtschaftsablauf, mithilfe derer Marktfehler korrigiert oder vermieden werden können.

Ich habe in meinem Studium eine gewisse Zeit gebraucht, bis ich das verstand. Doch als dies geschehen war, gab es für mich kein Halten mehr. Die Erkenntnis, dass die Welt heil sei und keiner Politik bedürfe, hätte mich sicherlich nicht dauerhaft an das Fach binden können. Aber zu wissen, dass die Volkswirtschaftslehre einen normativen Analyserahmen bot, um die als unbefriedigend empfundenen Zustände der ökonomischen Wirklichkeit nicht nur zu verstehen, sondern auch sinnvolle Politikmaßnahmen begründen zu können, war eine Aussicht, die mich bis heute fasziniert. Bis heute auch bin ich davon überzeugt, dass die auf rationalen Kosten-Nutzen-Erwägungen basierenden Methoden der Ökonomie ein wirksames Mittel sind, Vernunft in die bisweilen hitzige und emotional geführte öffentliche Debatte um die richtige Wirtschaftspolitik und um die zur Verfügung stehenden wirtschaftspolitischen Alternativen zu bringen.

Eine von vier zentralen und stets gut besuchten Vorlesungen, die ich in München in meinem zweijährigen Rhythmus von Vorlesungen auch dann noch hielt – die Studenten sprachen vom »Sinn-Zyklus« –, als ich schon Präsident des *ifo Institut*s war und nur noch ein reduziertes Lehrdeputat hatte, nannte sich *Allokationspolitik*. Das Wort »Allokation« heißt so viel wie »Anordnung« im Sinne von Struktur. Bei der »Allokationstheorie« geht es um die Frage, wer was wann tut, und bei der »Allokationspolitik« um die Frage, wer was tun sollte. In dieser Vorlesung ging es fast ausschließlich um die Rolle des Marktes und der Marktfehler, weil mir diese Marktfehler die zentrale Begründung für eine finanz- und ordnungspolitisch gebotene Intervention des Staates in das Marktgeschehen boten.

Sehr deutlich wird die Leistungsfähigkeit der Volkswirtschaftslehre am Beispiel der Umweltpolitik, das ich in allen seinen Facetten diskutierte. Die Welt erwärmt sich aufgrund der Zunahme des Kohlendioxid-Gehalts der Luft; Stickoxide, Ruß und Staubpartikel vom Abrieb der Bremsen der Fahrzeuge belasten die Lungen; Anrainer werden vom Lärm des Verkehrs auf der Straße und in der Luft belästigt und vieles mehr. Es kann kein Zweifel darüber bestehen, dass dies Probleme sind, die korrigierender Politikmaßnahmen bedürfen.

Aus volkswirtschaftlicher Sicht tritt die Umweltproblematik auf, weil der im vorigen Abschnitt erläuterte Kompensationstest durch sogenannte »negative externe Effekte« gestört ist. Negative externe Effekte sind Nachteile bei anderen Wirtschaftssubjekten, die nicht kompensiert werden müssen. Und weil sie nicht kompensiert werden müssen, bemüht sich der Verursacher nicht, sie durch die Veränderung seines Verhaltens abzustellen oder gering zu halten. Der Wirtschaftsablauf – im Fachjargon: »die Allokation der Ressourcen« – ist gestört, weil ein Markt zur Kompensation der Geschädigten fehlt. Es kommt zu fehlerhafter Allokation der knappen Ressourcen und damit zu ihrer Verschwendung.

Wenn ein Unternehmer die Zeit eines Arbeitnehmers in Anspruch nimmt und damit sozusagen dessen Freizeit »verschmutzt«, dann muss er dafür eine Kompensationszahlung in Form eines Lohnes leisten. Schließlich ist der Arbeitnehmer in einer freien Gesellschaft ja nicht zur Arbeit gezwungen und stellt seine Zeit freiwillig zur Verfügung, wenn die Kompensation hoch genug ist. Und weil der Unternehmer die Kompensationszahlung leisten muss, sucht er nach Wegen, den Verbrauch der Arbeitszeit zu minimieren, etwa indem er mehr Maschinen zum Einsatz bringt.

Ähnliches gilt für private Haushalte, die Leistungen anderer Menschen in Anspruch nehmen, zum Beispiel bei einer Hilfe im Haushalt, beim Friseur, der einem die Haare schneidet, beim Restaurant, wo man sich bewirten lässt, und eigentlich bei allem, was wir kaufen. Stets müssen wir eine Kompensation für die verwendete Zeit und die Güter bezahlen, die deren Eigentümer auch anderweitig hätte verwenden können. Genau deshalb haushalten wir gut mit unserem Budget und versuchen, von anderen Menschen nicht zu viele Güter und Leistungen zu beziehen.

Anders hingegen verhält es sich bei den Umweltexternalitäten. Wenn ein Mensch die Luft auch für andere Menschen verschmutzt, dann ist zunächst einmal keine Kompensationszahlung nötig. Die Stickoxide aus dem Auto des einen – und viel mehr noch die Schwebteile seiner Pelletheizung – schädigen die Lungen des anderen, ohne dass er dafür zahlen muss. Und genau darin liegt der Grund dafür, dass sich die Menschen, ob sie nun als Privatpersonen agieren oder als Mitarbeiter von Unternehmen, ohne staatliche Umweltpolitik zu wenig anstrengen, die Luftverschmutzung zu vermeiden oder wenigstens zu reduzieren.

Ein gesinnungsethisch orientierter Politiker würde nun eher mit moralischen Appellen reagieren und die Menschen mit besten Absichten dazu aufrufen, künftig Maß zu halten und das Bewusstsein – bzw. die Gesinnung – in der gewünschten Richtung zu ändern, also die Luftverschmutzung künftig zu unterlassen. Der Volkswirt hingegen weiß zwar diese guten Absichten zu schätzen, er weiß aber ebenfalls, dass Appelle in der Regel nichts bringen. Er reagiert auf die Diagnose des Problems eher mit dem Vorschlag, einen staatlich administrierten Preis für die in Anspruch genommene Umwelt einzuführen, damit die Menschen sich nun in ähnlicher Weise anstrengen, die Inanspruchnahme der Umwelt einzuschränken, wie sie sich bemühen, die Inanspruchnahme der Zeit anderer Menschen einzuschränken, wenn sie dafür bezahlen müssen. Ein solcherweise staatlich administrierter Preis kann zum Beispiel die Form einer Umweltabgabe oder »Ökosteuer« annehmen, die der Unternehmer, der Autofahrer oder der Benutzer einer Pelletheizung an den Staat zahlt.

Das zeigt auch, dass der von Nicht-Ökonomen häufig behauptete Gegensatz zwischen Ökonomie und Ökologie nicht besteht. Die Umwelt ist ein besonders wichtiger Teil der Wirtschaft, mit dem sich die Volkswirtschaftslehre zentral und schwerpunktmäßig beschäftigt. Dieses Fach beschränkt sich wahrlich nicht auf Aspekte des menschlichen Lebens, die mit Geld zu tun haben, sondern interessiert sich ganz besonders intensiv für die Marktfehler, die bei externen Effekten auftreten, also dann, wenn menschliche Aktivitäten bei anderen wirtschaftliche Vor- oder Nachteile auslösen, ohne dass zur Kompensation Geld fließt.

Die Beobachtung dieser Marktfehler steht genauso wenig im Widerspruch zur Volkswirtschaftslehre, wie eine Krankheit im Widerspruch zur Medizin steht, sehen doch beide Fächer ihre Aufgabe gerade darin, Fehler des beobachteten Organismus – sei es der menschliche Körper oder die Volkswirtschaft – zu diagnostizieren und dann zu therapieren.

Tatsächlich ist die Umwelttheorie seit dem Standardwerk *The Economics of Welfare* des englischen Volkswirts Arthur Cecil Pigou 1920 ein fester Bestandteil des volkswirtschaftlichen Denkens, also beispielsweise schon 60 Jahre länger, als es die Partei der Grünen überhaupt gibt. Ich selbst habe schon in den 1970er-Jahren über umweltökonomische Fragen unterrichtet. Doch dazu mehr im Kapitel 8 dieses Buches.

Der Homo Oeconomicus

Die Volkswirtschaftslehre geht bei ihren Modellen vereinfacht von der Annahme aus, dass die Unternehmen und privaten Haushalte jeweils eigennützig handeln und wissen, was sie wollen. Sie sind weder altruistisch noch sind sie neidisch, und sie sind extrem klug, wenn es darum geht, ihre egoistischen Ziele zu verfolgen. So wird bei der obigen Analyse des Umweltthemas unterstellt, dass die Menschen und Unternehmen den Schadstoffausstoß aus eigennützigen Motiven und rational handelnd einschränken, wenn sie dafür bezahlen müssen. Manchmal spricht man zur Charakterisierung einer solchen Modellannahme auch vom *Homo Oeconomicus*, dem orientiert an wirtschaftlichen Eigeninteressen klug handelnden Menschen. Dass die tatsächlich lebenden Menschen der Annahme des Homo Oeconomicus vollkommen entsprechen, kann man natürlich nicht erwarten. Die Annahme ist nur eine grobe Approximation an die Wirklichkeit. Jeder weiß, dass er manchmal selbst Denkfehler macht und dass es dumme Menschen gibt, die lauter Fehler im Leben machen, dass es Altruisten gibt und auch Neidhammel. Die Annahme des Homo Oeconomicus darf man deshalb keinesfalls so verstehen, als wolle die Volkswirtschaftslehre dem Egoismus das Wort reden. Die Annahme hat keinerlei normativen, empfehlenden Charakter, sondern ist eine mehr oder weniger gut zutreffende Modellannahme.

Die Verwendung der Kunstfigur des Homo Oeconomicus hat indes drei unschätzbare Vorteile. Erstens ist sie eine einfache Idealisierung, die bei sehr vielen Verhaltensweisen eine hohe, wenn auch nicht perfekte empirische Erklärungskraft hat. Die Einfachheit einer Annahme ist für die Theoriebildung unerlässlich, denn sie soll ja das Denken erleichtern. Kompliziert ist die Welt schließlich ohnehin schon.

Zweitens braucht der Volkswirt die Annahme des Homo Oeconomicus, um ein quasi wetterfestes ökonomisches System zu kreieren, eines, das nicht nur unter verschönenden Annahmen über die altruistische Motivationslage der Menschen funktioniert, wie sie von den Befürwortern kommunistischer Systeme propagiert wurden, sondern auch dann, wenn jeder nur auf seinen Eigennutz schaut.

Drittens, und das ist entscheidend, wird die Annahme des Homo Oeconomicus benötigt, um paternalistische, wenn nicht gar diktatorische Begründungen für die Wirtschaftspolitik zu vermeiden. Nicht irgendwelche hehren Präferenzen einer Staatsgewalt liefern die Begründung und Rechtfertigung für Wirtschaftspolitik, sondern die Präferenzen der handelnden Menschen selbst. Man nennt diesen Denkansatz »methodologischen Individualismus«.

Der methodologische Individualismus erklärt das übliche Strickmuster ökonomischer Modelle: Es gibt handelnde Individuen, die innerhalb des Regelsystems, das ihnen die Politik gesetzt hat, ihren eigenen Vorteil suchen, und dann entsteht im Modell durch die Interaktion aller ein ganz bestimmter Wirtschaftsablauf. Ob der gut oder schlecht ist, ist nicht nach Maßgabe irgendwelcher vom Himmel fallender Werturteile festzustellen, sondern nach Maßgabe derselben Menschen, die durch ihre individuelle Vorteilssuche diesen Ablauf bestimmen.

Auf den ersten Blick könnte man geneigt sein zu glauben, durch dieses Strickmuster des Modellbaus sei die Marktwirtschaft immunisiert. Mit der Annahme rationaler Akteure sei ja schon klar, dass auch der Markt effizient oder rational agiere. Doch weit gefehlt. Ob das Marktergebnis rational ist, hängt entscheidend von den Regeln des Systems ab, in dem die Menschen agieren, und wenn es Systemfehler gibt, wie ich es oben für den Umweltbereich erläutert habe, dann ist der Markt eben nicht effizient und führt zu Ergebnissen, die denselben Individuen missfallen wie jenen, die diese Ergebnisse durch ihre eigenen Aktionen herbeigeführt haben.

Man denke nur an die verstopften Straßen, auf denen sich die Autofahrer gegenseitig behindern, obwohl – ja weil – alle ihr individuelles Optimum suchen. Um zu dem Urteil zu gelangen, dass der Stau auf den Straßen schädlich ist, braucht man keine Werturteile unbeteiligter Dritter oder besserwissender Politiker, sondern man kann die betroffenen Menschen selbst befragen. Die Autofahrer, die durch ihre Aktionen die Staus verursachen, mögen die Staus nicht. Der Homo Oeconomicus findet also selbst, dass sein optimierendes Verhalten letztlich doch nicht optimal ist.

Dass die individuelle Vorteilssuche vielfach nicht optimal ist, muss indes nicht zwangsläufig an Systemfehlern liegen. Es kann auch an der Unmündigkeit und den individuellen Denkfehlern des Menschen liegen. Dafür interessieren sich die Psychologie und die Psychiatrie, nicht jedoch die Volkswirtschaftslehre herkömmlicher Art. Ja, im Sinne des methodologischen Individualismus ist es geradezu verpönt, paternalistische oder gar diktatorische Begründungen der Politik zu akzeptieren. Die Volkswirtschaftslehre braucht den Homo Oeconomicus, um die Defekte in den Köpfen der Menschen nicht mit den Defekten des Systems zu vermischen und sicherzustellen, dass ihre Theorien nicht von übergriffigen, undemokratischen Regierungen missbraucht werden können. Gerade in einem Land wie Deutschland sollte man bei diesem Thema extrem sensibel sein, hat man doch im Faschismus und im Kommunismus nur allzu deutlich genug die Missbrauchsmöglichkeiten des staatlichen Paternalismus vor Augen geführt bekommen. Hitler und Stalin – und seine Nachfolger – waren der Meinung, dass sie und ihre Partei besser wussten, was gut für die Menschen war, als diese Menschen selbst. Die Ergebnisse sind bekannt.

Richtig ist die Kritik, dass die Fähigkeit des einfachen Modells des Homo Oeconomicus, das Verhalten des Menschen zu prognostizieren, begrenzt ist. Verhaltensökonomische Experimente zeigen, dass Menschen zu wenig an die Zukunft denken, mit kleinen Wahrscheinlichkeiten nicht gut zurechtkommen oder gedanklich träge sind und am Status quo festhalten. Die experimentelle Forschung hat in diesem Zusammenhang und für die Prognose menschlichen Verhaltens wichtige Erkenntnisse hergeleitet. Aber folgt daraus, dass die Politik den Menschen durch geschickt formulierte Vorschläge einen Schubs geben sollte, damit sie das Richtige tun? Ich wage das zu bezweifeln, denn ich wüsste nicht, woher die Politik besser wissen sollte, was gut für mich ist, als ich selbst. Wenn jemand mir einem Schubs geben sollte, dann sind es meine Frau, meine Kinder, auch noch meine Freunde, und natürlich ich selbst, wenn ich zur Besinnung komme, keinesfalls aber der Staat oder staatsnahe Institutionen. Solche Schubse hatten wir genug.

Gewiss: Kinder brauchen den wohlmeinenden Anstoß durch ihre Eltern, doch sind die Bürger nicht die Kinder des Staates. Vielmehr ist der Staat der Beauftragte der Bürger, die erkennen, dass ihr einzelwirtschaftliches Optimierungsverhalten wegen falscher Systemanreize ins Unglück führen kann und sich deshalb in einer demokratischen Wahl für kollektive Politikmaßnahmen zur Korrektur dieser Fehler entschließen. Das skizzierte Umweltthema ist ein gutes Beispiel für dieses Vorgehen. Es hat nichts, aber auch gar nichts, damit zu tun, dass Politiker besser wüssten, was gut ist für die Menschen, als diese Menschen selbst. Die mündigen Bürger erkennen selbst, dass sie die Umwelt zu stark verschmutzen, wenn sie dafür nichts bezahlen müssen, und wählen deshalb Parteien, die die individuellen Anreizstrukturen für alle gemeinsam verändern.

Der Philosoph Jean-Jacques Rousseau hat einmal zwischen der *volonté generale* und der *volonté de tous* unterschieden, also zwischen dem allgemeinen Willen und dem Willen aller. Der französische »Sonnenkönig« Ludwig XIV. nahm für sich in Anspruch, besser zu wissen, was für das Staatswesen gut ist als die Menschen, die er regierte, und definierte den allgemeinen Willen, die *volonté generale,* selbst. Das ist nicht der traditionelle Ansatz der Volkswirtschaftslehre. In einem freiheitlichen, demokratischen Gemeinwesen wird der Sonnenkönig von den Wahlbürgern selbst ersetzt, und sie entscheiden bei der öffentlichen Wahl, ob ihre privaten wirtschaftlichen Wahlhandlungen mit politischen Mitteln umgelenkt werden sollten.

Der methodologische Individualismus und die Nöte eines deutschen Wissenschaftlers

Das alles ging mir so oder ähnlich besonders durch den Kopf, als ich an meiner Habilitationsschrift arbeitete. Ich wollte wieder zur Finanzwissenschaft, dem Fach Herbert Timms zurück. Und ich wollte ein großes Werk zur Theorie der Kapitaleinkommensbesteuerung schreiben, in dem ich die

Auswirkungen der Besteuerung von Zinseinkommen, Unternehmenserträgen, Wertzuwächsen, Pachterträgen, Mieteinnahmen und ähnlichen Bemessungsgrundlagen auf das wirtschaftliche Wachstum, die Sektorstruktur der Wirtschaft und die internationale Verteilung des Kapitaleinsatzes untersuchte. Ich setzte mein Vorhaben dann auch um und erhielt am Ende gar – wie schon für die Dissertation – den ersten Preis der Universität Mannheim für die entstandene Arbeit mit dem Titel *Kapitaleinkommensbesteuerung. Eine Analyse der intertemporalen, internationalen und intersektoralen Allokationswirkungen,* die 1965 bei Mohr Siebeck und 1987 auf Englisch bei dem Wissenschaftsverlag North Holland Publishing Company herauskam. Seither diente sie mir immer wieder auch als wichtige Stütze für meine regelmäßigen Vorlesungen im Bereich der Steuertheorie, die ich drei Jahrzehnte lang an der Ludwig-Maximilians-Universität München hielt. So gesehen begleitete sie mein ganzes weiteres Leben als Hochschullehrer.

Am schwierigsten bei meinem Vorhaben war die Modellierung der Wachstumswirkungen, weil hier die Zeit als zusätzliche Variable in das Modell hineinkommen musste. Ich wollte aber nicht irgendetwas zusammenbasteln, sondern hatte mir vorgenommen, eine mikroökonomisch fundierte intertemporale Steuerwirkungsanalyse zu entwickeln, die in der Lage war, die Ausweichreaktionen der Menschen einerseits zu prognostizieren und sie andererseits wohlfahrtstheoretisch sauber, nämlich auf der Basis des methodologischen Individualismus, zu bewerten. Dazu brauchte ich ein Modell des wirtschaftlichen Wachstums, das die Sparentscheidungen der Menschen, also die Akkumulation von Kapital, die letztlich das Wachstum treibt, nicht über ad hoc postulierte Verhaltensannahmen erzeugt, sondern als Ergebnis langfristig planenden, optimierenden Verhaltens der Haushalte – also unter Verwendung der erläuterten Kunstfigur des Homo Oeconomicus, der für sich und seine Kinder optimale Vorentscheidungen zum Sparen, Konsumieren und Vererben trifft. Nur ein solcher Modellansatz bot mir die Möglichkeit, die volkswirtschaftlichen Kosten der Ausweichreaktionen der Menschen auf die Besteuerung auf der Basis des Nutzens genau jener Akteure zu bewerten, die mit ihren ökonomischen Entscheidungen den Wachstumsprozess steuern.

Als ich meine Habilitationsschrift schrieb, gab es kein Modell einer dezentral organisierten Ökonomie, das dazu in der Lage gewesen wäre. Ich brauchte aber ein solches Modell, um eine saubere wissenschaftliche Analyse durchzuführen, deren Ergebnis frei von diktatorischen Präfenzen einer Staatsgewalt war. Modelle, in denen Menschen ihre Spar- und Vererbungsentscheidungen optimierten, gab es zwar schon, doch stets wurde dem Modell zur Bewertung des daraus resultierenden Wachstumsprozesses über die Generationen hinweg eine ad hoc formulierte Präferenzordnung eines exogenen Zentralplaners aufgepfropft, die mit der Bewertung, die die Modellakteure dem Wohlergehen ihrer Nachkommen gaben, nichts zu tun hatte. Das galt zum Beispiel für eine Kategorie von Modellen, bei denen das Wort »überlappende Generationen« im Titel vorkam. In diesen Modellen scherten sich die Menschen nicht um ihre Nachkommen, doch der angenommene Zentralplaner, dessen Präferenzen zur Bewertung des Wachstumsergebnisses herangezogen wurde, tat es schon, was eine eklatante Verletzung der Bedingungen des methodologischen Individualismus war.

Die Aufgabe, ein Modell im Einklang mit dem methodologischen Individualismus zu entwickeln, war nicht trivial, denn dazu musste man die Planungsprobleme der Haushalte, die die Ersparnis vollbringen, und der Unternehmen, die sie abrufen und in Investitionen umsetzen, separat für eine Marktumgebung mit Preisen und privaten Budgetbeschränkungen modellieren. Und wenn das geschehen war, musste man die einzelwirtschaftlichen Modelle dieser Marktakteure zu einem sich über die Zeit erstreckenden Marktgleichgewicht zusammenfügen. Sodann galt es verzerrende Steuern in die Planungsmodelle für die Einzelakteure einzubauen, um danach die daraufhin realisierte Änderung des Marktgleichgewichts zu studieren und nach Maßgabe der Präferenzen der Haushalte zu evaluieren. Das hört sich kompliziert an, und das war es auch.

Jahrelang grübelte ich über dieses Thema, bis ich im Jahr 1978 endlich den Durchbruch schaffte. Es gelang mir, ein erstes Modell des wirtschaftlichen Wachstums zu formulieren, das diesen Bedingungen genügte und die Möglichkeit eröffnete, die Ausweichreaktionen der Besteuerten im Hinblick auf ihre Wachstumsauswirkungen sauber, also eben auf der Basis des methodologischen Individualismus, zu modellieren. Dieses Modell wurde später die Basis für meine Habilitationsschrift.

Bevor es jedoch Teil meiner Habilitationsschrift wurde, veröffentlichte ich das Modell bereits auf anderen Wegen. Als Erstes legte ich es in einem englischsprachigen Arbeitspapier nieder, das ich zu einem längeren

Gastaufenthalt an der *University of Western Ontario* mitnahm, dort im November 1978 im finanzwissenschaftlichen Seminar von John Whalley referierte und schließlich in einer ins Deutsche zurückübersetzten Fassung im Sommer 1979 auf der Jahrestagung des *Vereins für Socialpolitik*, des deutschen Ökonomenverbands, in München vortrug. Das deutsche Papier trug den Titel »Besteuerung, Wachstum und Ressourcenabbau. Ein allgemeiner Gleichgewichtsansatz«. Wie bei vergleichbaren Wissenschaftsveranstaltungen üblich, gab es auch diesmal einen offiziellen Tagungsband dazu, der im Jahr darauf, also 1980, erschien und in dem auch mein Beitrag veröffentlicht wurde. Den Ressourcenabbau hatte ich auch noch in das Modell eingebaut, weil ich wollte, dass der Text zum Konferenzthema passt, aber er war für meine Fragestellung gar nicht essenziell gewesen. Man konnte den Ressourcenbestand in dem Modell gleich Null setzen und hatte dann einen reduzierten Ansatz, der sich nur auf das Wirtschaftswachstum konzentrierte.

Unter meinen theoretischen Arbeiten schätze ich diese Arbeit selbst als eine der wichtigsten meines Lebens ein. Doch im Rückblick beurteilt, machte ich einen nicht unerheblichen Fehler. Denn der Publikationsort war denkbar schlecht gewählt. Wer nimmt in einer Wissenschaftswelt, die international und englisch geprägt ist, schon einen deutschen Tagungsband des Vereins für Socialpolitik zur Kenntnis? Bestenfalls jene, die der deutschen Sprache mächtig sind, und von denen auch wiederum nur eine kleine Handvoll Menschen, die genau auf verwandten Gebieten arbeiten und die komplexe Mathematik der intertemporalen Optimierung beherrschen.

Die Schwierigkeit, die man als Deutscher im internationalen Wissenschaftsbetrieb damals hatte, lässt sich an meiner Arbeit sehr gut verdeutlichen. Während mein Aufsatz in Deutschland auf Deutsch erscheinen sollte, hatte ich die in Kanada vorgestellte englische Fassung im Frühjahr 1979 parallel beim renommierten *Journal of Political Economy* in Chicago eingereicht mit dem pflichtgemäßen Hinweis, dass eine deutsche Fassung im Tagungsband des Vereins für Socialpolitik erscheinen werde. Daraufhin erhielt ich rasch eine Absage mit der Begründung, dass man auch dann keine Zweitfassung herausbringen könne, wenn die erste Fassung in einer anderen Sprache veröffentlicht wurde. Das mag vor dem Hintergrund der Regeln, die es im Wissenschaftsbetrieb gibt, nicht überraschend gewesen sein. Ich bin aber überzeugt davon, dass die Beachtung und Rezeption meines Forschungsbeitrags darunter massiv gelitten hat.

Jahrzehnte später traf ich den Herausgeber des *Journal of Political Economy* Robert E. Lucas – Wirtschaftsnobelpreisträger von 1995 – auf einer vom schwedischen Wirtschaftswissenschaftler Axel Leijonhufvud organisierten Konferenz im italienischen Trient, wo mir die Aufgabe zufiel, als Diskutant für den von Lucas vorgetragenen Beitrag zum Thema Geldhaltung in einer Volkswirtschaft zu agieren. Er zeigte sich von meinem Kommentar beeindruckt, und wir vertieften uns gemeinsam weiter in den Sachverhalt. Nach einer Weile sprach er mich von sich aus auf meinen ja nun schon viele Jahre alten Beitrag zum Wirtschaftswachstum an und betonte, er habe damals bedauert, dass er das Paper nicht habe veröffentlichen können, denn er habe es als sehr bereichernd empfunden.

Natürlich habe ich mich über die Wertschätzung von Robert E. Lucas, einem der ganz Großen der Ökonomie, auch nach all den Jahren noch gefreut. Was mich allerdings im unmittelbaren zeitlichen Umfeld der Erstveröffentlichung gewundert hatte – und bis heute wundert – war, dass nur zwei Jahre nach meiner Einreichung des Forschungsbeitrages und ein Jahr nach meiner deutschen Veröffentlichung ein ganz ähnlicher Aufsatz in eben jenem *Journal of Political Economy* herauskam. Ohne jeden Zweifel enthielt er die gleiche Grundidee und stach mir auch deshalb sofort ins Auge, weil die zentrale Abbildung des Aufsatzes fast identisch war mit meiner. In der ersten Fußnote bedankte sich der Autor bei einem anderen Wissenschaftler, der damals auch in Kanada gewesen war und der mich um mein *Working Paper* gebeten hatte. Ob der andere Autor, der dann in der Fachzeitschrift veröffentlichen konnte, zuvor mein Paper gesehen hatte, weiß ich nicht. Ich verstand indes schlagartig, welche gravierenden Nachteile deutsche Ökonomen im US-amerikanisch dominierten Wissenschaftsbetrieb befürchten mussten.

Daran ändern im Übrigen auch die immer wieder zu beobachtenden Bestrebungen nichts, neue Foren für die Veröffentlichung zu schaffen, um eine Alternative oder zumindest eine Ergänzung zur englischsprachigen Publikationswelt der Ökonomen zu schaffen. So warb damals das *European Economic Review*, die wichtigste europäische Fachzeitschrift im Bereich der Volkswirtschaftslehre, offensiv dafür, Aufsätze, die in europäischen Sprachen veröffentlicht waren, ein zweites Mal auf Englisch zu publizieren. Ich schickte daraufhin die englische und die veröffentlichte deutsche Version dem Herausgeber, der dann im Jahr 1982 diese englische Version mit einem von ihm geschriebenen redaktionellen Vorspann veröffentlichte, der auf die inhaltliche Ähnlichkeit mit jenem anderen im *Journal of Political Economy* erschienenen Beitrag hinwies.

Ein Jahr zuvor, 1981, hatte ich im Übrigen auch eine zweite Variante des Papers, nun aber ohne die ablenkenden natürlichen Ressourcen in der *Zeitschrift für Nationalökonomie*, die den englischen Untertitel *Journal of Economics* trug und in Deutschland von dem Bonner Ökonomen Dieter Bös herausgebracht wurde, veröffentlicht, und zwar ebenfalls auf Englisch. Die Wirkungen meiner beiden Publikationen waren aber minimal, denn am Ende wurden sie kaum in der Wissenschaftsgemeinschaft zitiert. Aus dem Beitrag jedoch, der in seiner Grundidee und seiner Grundargumentation auf so wundersame Weise dem meinen ähnelte und der im weltweit angesehenen *Journal of Political Economy* erschienen war, entwickelte sich eine breite Literaturdiskussion, die jahrelang amerikanische Top-Zeitschriften füllte.

Dieser Vorfall zeigt die Schwierigkeiten auf, die man in den Nachkriegsjahren bis weit in die 1980er-Jahre als deutscher Wirtschaftswissenschaftler hatte. Man wusste nicht, wie man es machen sollte. In Deutschland wurden die Aufsätze auf Deutsch erwartet, und dass man seine Dissertation auf Englisch einreichte, wurde nicht akzeptiert. Das galt auch für mich und selbst für den deutschen Ökonomen-Olymp Mannheim. Heinz König, der Nestor der Fakultät, verwehrte mir das bei meiner Doktorarbeit explizit mit dem durchaus spitzen Hinweis, ich wolle doch nicht Deutsch als Kultursprache aufgeben. Andererseits musste man, um international zur Kenntnis genommen zu werden, in den Zeitschriften der angelsächsischen Länder veröffentlichen.

Zwar versuchten deutsche Fachzeitschriften für die Volkswirtschaftslehre, von denen es immerhin ein Dutzend gab, vereinzelt, auf Englisch umzusteigen, was auch ein wenig half. Doch gelangten sie damit noch lange nicht in das Blickfeld der globalen Fachöffentlichkeit, die sich angewöhnt hatte, nur auf die englischsprachigen Top-Zeitschriften zu schauen.

Im Laufe meiner Zeit als junger Forscher konnte ich zwar eine ganze Reihe von Aufsätzen in solchen Zeitschriften unterbringen, so im *American Economic Review*, im *Quarterly Journal of Economics* oder im *Journal of Public Economics*, die in den Ranglisten an der Spitze stehen und insofern am meisten beachtet werden. Doch das waren eher Zufallserfolge, weil ich in meinen frühen Forscherjahren noch gar kein Bewusstsein dafür entwickelt hatte, dass es für den Erfolg in der Wissenschaft nicht nur auf die Qualität eines veröffentlichten Forscherbeitrags ankam, sondern dass es auch eine Hierarchie der Zeitschriften gab, auf die man beim Bestreben, seine Artikel zu veröffentlichen, achten musste. Zu jener Zeit dachte ich noch: Wissenschaft ist Wissenschaft, und die Wahrheit, ausgedrückt als qualitativ hochwertige Forschung, wird sich schon irgendwie durchsetzen. Das war natürlich reichlich naiv.

Heute sind die beschriebenen Sprachschwierigkeiten der deutschen Ökonomen fast überwunden, denn die jungen deutschen Wissenschaftler veröffentlichen ihre Aufsätze ohnehin fast nur noch auf Englisch und sind Teil der internationalen Gemeinschaft der Ökonomen. Sie wissen: Deutsch ist keine Wissenschaftssprache mehr, und haben sich von vornherein darauf eingestellt. Sie haben verstanden, dass wir heute auch wissenschaftlich in der *Pax Americana* leben, im Guten wie im Schlechten, und dass die *Lingua franca* der Wissenschaftswelt das Englische ist.

Mit Blick auf Deutschland und den deutschsprachigen Raum bleibt freilich trotzdem die Notwendigkeit, für das Gemeinwesen relevante ökonomische Analysen und Handlungsempfehlungen für die Politik in der heimischen Sprache zu veröffentlichen. Ich jedenfalls bin von dieser Notwendigkeit überzeugt. Wir Ökonomen dürfen uns nicht nur in den Elfenbeinturm der hohen Wissenschaft zurückziehen, sondern müssen auch im eigenen Volk breiter sichtbar bleiben und uns einmischen – und dabei trotzdem den Prinzipen einer nachvollziehbaren Wahrheitssuche verpflichtet bleiben. Ich entschied mich daher früh für eine zweisprachige Veröffentlichungsstrategie. Ihr bin ich über Jahrzehnte gefolgt und ich hoffe, dass ich mit diesem Weg auch nachrückende junge deutschsprachige Ökonomen inspirieren konnte. Den sauren Apfel der Doppelarbeit in Form von wechselseitigen Übersetzungen muss man dann allerdings schlucken.

Anarchie, Ordoliberalismus und Neoliberalismus

Zurück zu den Grundfesten der Marktwirtschaft. Kein Zweifel, sie rechtfertigt sich durch ihre im Vergleich zur Planwirtschaft überlegene Wirtschaftskraft und vor allem dadurch, dass die Feinsteuerung der Produktionsstruktur sich an den Präferenzen der Menschen ausrichtet, die auf den Märkten ihre »Stimmzettel« – genannt Geldscheine – auf die unterschiedlichsten Anbieter von Waren und Dienstleistungen verteilen. Dort, wo die meisten Stimmzettel abgegeben werden, wandern die meisten Produktionsfaktoren hin – also Arbeit, Boden, Kapital und Rohstoffe –, um das zu erzeugen, wonach der Bedarf am größten ist. Aus der Sicht des methodologischen Individualismus und dem Wertesystem Paretos ist das ein unübertrefflicher Vorteil.

Dennoch sieht sich die Marktwirtschaft immer wieder – besonders von Seiten der Linken – dem Vorwurf ausgesetzt, sie sei ein anarchisches System, das grundsätzlich nichts tauge, weil es zu Chaos und Krisen führe. Der Vorwurf wurde etwa von den linken Studentenführern erhoben, und er begegnet einem auch heute auf Schritt und Tritt unter Verwendung von Begriffen wie »Marktradikalismus« oder »Neoliberalismus«, die sich auf Seiten der neuen Linken als Schimpfwörter verselbstständigt haben. Und mir will scheinen, dass sich auch die neue Rechte immer stärker dieser herabsetzenden Begriffe bedient. Viele Ökonomen, auch ich persönlich, sehen sich in jedem Fall immer wieder mit solchen Vorwürfen konfrontiert.

Für mich spricht aus solcher Kritik viel Unverständnis, denn ich kenne keine namhaften Ökonomen in unserem Lande, die der Anarchie und dem unbeschränkten Laissez-faire des Marktes das Wort reden, das ja auch tatsächlich zu Chaos und Krisen führen würde. Vielmehr besteht ein breiter Konsens unter den Ökonomen, dass die Marktwirtschaft ein straffes, staatlich zu setzendes und durchzusetzendes Regelsystem für den Spielraum der privaten Akteure und Unternehmen benötigt.

Das haben auch die Vertreter des Ordoliberalismus stets betont, allen voran Walter Eucken, dem Begründer der seit dem Krieg hierzulande sehr einflussreichen sogenannten Freiburger Schule der Ökonomen. Die Freiburger Schule der Ökonomen in der Nachfolge Euckens gibt es bis heute, und über die gesetzlichen Weichenstellungen, die der erste bundesrepublikanische Wirtschaftsminister, Ludwig Erhard, nach dem Krieg vornahm, wurden ihre Empfehlungen maßgeblich für die Wirtschaftsverfassung der Bundesrepublik Deutschland. Die Ordnungspolitik im Sinne des Ordoliberalismus ist heute in Deutschland derart fest verankert und unumstritten, dass sich selbst die Parteichefin der Linken, Sahra Wagenknecht, darauf beruft.

6 Die Grenze zwischen Markt und Plan

In einer ordoliberal verfassten Wirtschaft ist es fast wie bei einem Fußballspiel. Anstelle der FIFA oder nationalen Verbände definiert bei ihr aber natürlich der Staat die Spielregeln und stellt auch den Schiedsrichter, der in Form von Justiz und Polizei darüber wacht, dass die Spielregeln eingehalten und – im Zweifel unter Androhung von Strafen – durchgesetzt werden. Aber der Schiedsrichter spielt selbst nicht mit und lässt den Spielern zudem noch ein erhebliches Maß an Freiheit.

Was fehlende oder unzureichende ökonomische Spielregeln und/oder ihre fehlende staatliche Durchsetzung anrichten können, ist leider nur allzu oft zu beobachten. Manchmal mit dramatischen Folgen, so zum Beispiel bei der Weltfinanzkrise von 2008. Kein Zweifel, bereits weit vor ihrem Ausbruch hatte der Staat – bzw. die Staatengemeinschaft – nur sehr unzureichende Spielregeln für das Weltfinanzsystem gesetzt. Konkret waren es die international verabschiedeten sogenannten Basel-III-Regeln für die nationale Bankenregulierung. An entscheidenden Punkten waren sie zu lasch – vor allem mit Blick auf die Eigenkapitalunterlegung von Anlagen der Banken in Staatspapiere und Ausleihungen an andere Banken. Deshalb entwickelten sich die Banken zu veritablen Kasinos, die mit fremdem Geld zockten, für deren möglichen Verlust sie system- bzw. regelbedingt nicht einstehen mussten, weil sie es mangels Eigenkapitals nicht konnten. Wie schon in Kapitel 2 dargelegt, hatte ich den zugrundeliegenden entscheidungstheoretischen Mechanismus bereits 1977 in meiner Dissertation unter dem Stichwort »Mehr-als-er-hat-kann-man-ihm-nicht-nehmen-Regel« bzw. *Maehkminn-Regel* formalisiert und in meinem 2003 erschienenen Buch *The New Systems Competition* verwendet, um vor der Zockerei der Banken zu warnen. Die finale Folge dieser Regulierungsfehler war – nach der Pleite der Lehman-Bank in den USA – der Beinahe-Zusammenbruch des Weltfinanzsystems. Wenngleich das Schlimmste durch den riesigen Einsatz billigen Geldes durch die Zentralbanken abgewendet werden konnte, geriet die Weltwirtschaft doch in eine große Rezession, die erste der Nachkriegszeit. Auch auf meine Nacharbeitung der Krise im Buch *Kasino-Kapitalismus* aus dem Jahr 2009 habe ich bereits hingewiesen.

Manche Beobachter sehen die große Rezession zudem als Ergebnis des sogenannten Neoliberalismus, der die westliche Welt allzu sehr dominiert habe. Die Entstehung des Neoliberalismus wird dabei vor allem den Regierungen von US-Präsident Ronald Reagan und Margaret Thatcher, der britischen Premierministerin, zugeschrieben, also den 1980er-Jahren. Schon in dieser Zeit seien, so lautet der Vorwurf, sehr viele Deregulierungsmaßnahmen im Finanzsystem in Kraft gesetzt worden, die die Banken quasi systematisch ausgenutzt hätten, stets zulasten der Staaten und Steuerzahler, die für die Folgen immer neuer kleinerer Krisen und schließlich für die Folgen der ganz großen Krise ab 2008 einzustehen hatten und bis heute haben.

Dieser Vorwurf ist inhaltlich im Prinzip berechtigt. Wenn man die Eigenkapitalvorschriften so stark lockert, wie dies geschehen ist, dann darf man sich nicht wundern, dass die Banken zu zocken beginnen, weil es ihnen dann gelingt, die Gewinne zu privatisieren und die Verluste zu sozialisieren. Ziemlich schief ist allerdings der Verweis auf den Neoliberalismus in diesem Zusammenhang.

Die Verwendung dieses Begriffes ist insofern verfehlt, als hier eine völlig andere Definition des Neoliberalismus verwendet wird als jene, die die Volkwirte selbst verwenden. Tatsächlich ist der Neoliberalismus eine in Europa entstandene Spielart des Liberalismus, der ziemlich genau das Gegenteil dessen forderte, was die Kritiker von Reagan und Thatcher und der sich seither daraus entwickelten Politik meinen.

Im Kern weist der Neoliberalismus dem Staat nämlich eine durchaus starke Regel- und Kontrollfunktion sowie Eingriffsmöglichkeiten in den Wirtschaftsablauf zu, die eher noch weiter gehen als das, was die Ordoliberalen wollen. Der Neoliberalismus entstand in Reaktion auf das Versagen des klassischen, marktradikalen Laissez-faire-Liberalismus, wie er im 19. Jahrhundert vor allem in Großbritannien unter dem Stichwort Manchester-Liberalismus propagiert wurde. Bereits 1932 wurde er auf der letzten Jahrestagung des schon erwähnten Vereins für Socialpolitik von dem deutschen Soziologen und Ökonomen Alexander Rüstow eingeführt. Der Verein für Socialpolitik, über den ich in Kapitel 10 noch sehr viel mehr schreiben werde, weil ich in den 1990er-Jahren auch dessen Vorsitzender war, ist ein bereits 1873 gegründeter Fachverband der deutschen Ökonomen. Der Verein wurde 1936 aufgelöst, um der Gleichschaltung durch die Nazis zu entgehen, und 1948 wiedergegründet.

Alexander Rüstow ist eine in vielerlei Hinsicht interessante Persönlichkeit. Angesichts der Bedrohung seines Lebens flüchtete er 1933 aus Deutschland. Er ging, wie so viele seiner deutschen Kollegen aus ähnlichen und anderen Disziplinen, nach Istanbul, wo er auf einen Lehrstuhl der Universität berufen worden war. Dort widmete wo er sich nicht nur seinen Forschungen, sondern fungierte später auch als Verbindungsmann zwischen dem amerikanischen Nachrichtendienst und der deutschen Widerstandsgruppe Kreisauer Kreis.

Schon 1938 wurden die Ideen, die »seinem« Neoliberalismus zugrunde lagen, auf einer Tagung in Paris zu Ehren des Philosophen Walter Lippmann breiter diskutiert, mit der Folge, dass sie sich bald darauf zu einer Art internationaler Bewegung entwickelten. Angesichts des offenkundigen Scheiterns des Laissez-faire-Marktsystems in der Weltwirtschaftskrise von 1929, in dem der Staat als Regelsetzer und Kontrollorgan vollständig versagt hatte, aber zugleich überzeugt von der Marktwirtschaft als Grundidee, suchte man nun eine neue Form des Wirtschaftsliberalismus, die dem Staat eine stärkere Regel- und Kontrollfunktion zubilligte, um auf diese Weise Krisen, wie man sie erlebt hatte, in Zukunft möglichst zu verhindern. Der Neoliberalismus war also eine Bewegung, die die Stärkung des Staates zur Gewährleistung funktionierender Märkte propagierte, und gerade nicht das, was die heutigen Kritiker meinen.

Die Konfusion um den Begriff Neoliberalismus hat ihre Ursache darin, dass die amerikanischen Kommentatoren den europäischen Neoliberalismus offenkundig nicht kannten und den Namen deshalb noch mal neu erfanden. In den USA nämlich meint man mit Neoliberalismus genau den auf eine starke Deregulierung, eine Privatisierung und einen Minimalstaat setzenden Laissez-faire-Liberalismus, den ich oben beschrieb. Konkret also meint man damit auch die Wirtschaftsreformen, die chilenische Wirtschaftsberater, die (fast) alle an der Universität Chicago studiert hatten, dem neuen, rechten Diktator Augusto Pinochet empfahlen, nachdem er 1973 gegen den demokratisch gewählten, sozialistischen Präsidenten Salvador Allende geputscht hatte. Jenen Beratern, zumeist Professoren an der Universität von Santiago de Chile, verpasste man dabei den plakativen Namen *Chicago Boys*, weil sie eben genau jene vergleichsweise marktradikale Variante des Liberalismus propagierten, wie sie an der Universität Chicago gelehrt wurde.

Bei einem Vortrag, den ich vor einigen Jahren an der Universität von Santiago de Chile hielt, kam ich direkt mit anderen Chicago Boys, nämlich den Kollegen an der Universität, in Kontakt. Sie verstanden ihr Handwerk sehr gut und verteidigten im Gespräch die Variante des Liberalismus, die schließlich in Chile fast eins zu eins umgesetzt wurde. Man erläuterte mir dabei auch, dass Allendes sozialistische Gefolgsleute das Land in nur gut zwei Jahren zugrunde gerichtet hatten. Ein besonders beeindruckendes Beispiel in ihren Erzählungen war dabei die Weinindustrie: Nachdem die neuen Machthaber die Weingüter enteignet hatten, plünderten sie sofort die Keller und verkauften sämtliche Weinvorräte, die eigentlich erst nach einigen Jahren Lagerzeit zu besserer Qualität und zu höheren Preisen nach und nach hätten auf den Markt kommen sollen. Und als dann der erste Winter kam, verheizten sie in ihrer Not die Weinstöcke und vernichteten so die Produktionsgrundlage der Weingüter. Erst die Wiederherstellung der Eigentumsordnung – mit Gewährleistung von Privateigentum und Deregulierung – nach dem Putsch durch Pinochet, der die Reformen am Ende absegnen musste, ermöglichte es nach Überzeugung meiner Chicagoer Professorenkollegen dem Land, das Chaos zu überwinden. Und in der Tat konnten sie einen beachtlichen Wirtschaftsaufschwung in den Jahren nach dem Putsch realisieren und Chile wieder zu einem prosperierenden Land machen.

Diese Erfolge können aber nicht darüber hinwegtäuschen, dass das Pinochet-Regime eine brutale Diktatur war, in der Abertausende Menschen brutal getötet wurden oder verschwanden. Ich selbst gehörte 1973 und danach zu denen, die über den Putsch und den Tod des demokratisch gewählten Salvador Allende empört, erzürnt und auch traurig waren. Die Umstände seines Todes und die Revolution Pinochets lassen sich durch die Erfolge des chilenischen »neoliberalen« Weges der Chicago Boys keinesfalls rechtfertigen. Nur gilt auch hier, dass die Tatsachen meistens vielschichtiger und weniger eindimensional sind, als sie häufig vermittelt werden.

Ich selbst bin wahrlich kein Neoliberaler im Chicago-Sinne, sondern ein Finanzwissenschaftler, der in der Rolle, die er dem Staat beimisst, sogar noch über den Ordoliberalismus hinausgeht und aktive Eingriffe in den Wirtschaftsablauf befürwortet, etwa im Bereich der Einkommensverteilung und Sozialpolitik, aber auch im Umweltbereich. Jürgen Trittin hat mich in der Festschrift zu meinem Abschied, bei der auch so unterschiedliche Persönlichkeiten wie Markus Söder und Gregor Gysi schrieben, vielleicht auch deshalb als »aufrechten Neoliberalen bezeichnet«. Ich habe ihm das gerne »verziehen«, denn seine gute Absicht habe ich verstanden und wertgeschätzt.

Von Ronald Coase bis Max Weber: Wilder Westen, Migration und Eigentumsrechte

Nun, wie angekündigt, noch einmal eine etwas tiefere Betrachtung der Eigentumsrechte, weil sie das Thema der Migration berühren, das mich seit den 1990er-Jahren immer wieder in meinen Publikationen beschäftigt hat und das mir nach einem Artikel, den ich im Dezember 2014 in der *Frankfurter Allgemeinen Zeitung* veröffentlichte, eine harsche Kritik von *Spiegel online* einbrachte. So fragte man dort, ob ich jetzt der Chefökonom der AfD sei, bloß weil ich argumentiert hatte, dass die Migranten den Staat Geld kosten – und obwohl ich nie irgendetwas mit dieser Partei zu tun hatte. Was für ein Unfug.

Für Ökonomen ist klar, welch fundamentale Bedeutung Eigentumsrechte für die Funktion einer Marktwirtschaft haben. Nur wenn die Eigentumsrechte – an Grund, Boden und natürlichen Ressourcen, an Häusern, Wohnungen, Erfindungen, Gütern und vielem anderen mehr – verlässlich definiert und geschützt sind, ist ein Markttausch möglich. Ein Tausch ist ein wechselseitig kompensierendes Geben und Nehmen von Gütern im weiteren Sinn aufgrund einer freiwilligen Vereinbarung zwischen den beteiligten Parteien. Wenn sich aber eine der Parteien, die gerne ein bestimmtes Gut besitzen würde, dieses Gut einfach nehmen kann, ohne eine Gegenleistung zu bieten, weil das Eigentum nicht geschützt ist, dann tritt die Inbesitznahme, wenn nicht Diebstahl und Raub, an die Stelle des Tausches, und über kurz oder lang versinkt alles im Chaos. Zum einen fehlt der Kompensationstest, der sicherstellt, dass derjenige, der das Gut erhält, dem Gut einen größeren ökonomischen Wert beimisst als derjenige, der es hergibt. Knappe ökonomische Güter gelangen so in *inferiore* Verwendungen, also in Verwendungen, in denen sie nicht mehr sinnvoll verwertet werden. Dadurch sinkt der durchschnittliche Wohlstand. Zum anderen bedeutet die Ressourcenzuteilung durch Inbesitznahme – bzw. Raub oder Diebstahl –, dass die Menschen sehr viel Kraft und Zeit darauf verwenden, anderen die Ressourcen wegzunehmen oder umgekehrt den drohenden Verlust zu verhindern.

Die Territorialkämpfe im Tierreich geben einen anschaulichen Hinweis darauf, welche Kräfte auf diese Weise unproduktiv vergeudet werden. Doch auch die menschliche Geschichte ist bekanntlich von solchen Kämpfen gekennzeichnet. Der Mensch hat es indes geschafft, unter Anerkennung von Eigentumsrechten Tauschmärkte zu entwickeln und zu vervollkommnen. Das ist vermutlich die größte kulturelle Leistung seiner Geschichte, denn ohne sie wäre die stürmische ökonomische Entwicklung der letzten zehntausend Jahre kaum möglich gewesen, die selbst wiederum ebenfalls all die anderen kulturellen Errungenschaften ermöglicht hat, derer sich die Welt heute rühmen kann.

Der britisch-amerikanische Ökonom Ronald H. Coase erhielt für seine frühen Studien zur Rolle der Eigentumsrechte den Wirtschaftsnobelpreis. Besonders deutlich werden seine Überlegungen, wenn man gedanklich von einer Situation ausgeht, wie sie im Wilden Westen der USA lange nur allzu häufig anzutreffen war. Bevor nämlich klar geregelt und kodifiziert war, wem welches Land gehörte, griffen bewaffnete Cowboys die Farmer an, die auf »ihrem« Ackerland lebten und es bewirtschafteten, und versuchten, es ihnen abzujagen. Dabei ließen diese Cowboys ihr Vieh auch absichtlich auf dem Ackerland der Farmer streunen, um so zu dokumentieren, dass sie die Ansprüche auf das Land, die die Farmer erhoben, nicht respektierten. Solche Geschichten sind aus Wildwestfilmen bestens vertraut. Ökonomisch betrachtet jedoch kennzeichnen sie, wie Coase hervorhebt, eine äußerst problematische Phase in der amerikanischen Entwicklung, bei der viel Kraft und viele Menschenleben in einem bisweilen vernichtenden Kampf um das Eigentumsrecht an ökonomischen Ressourcen verbraucht wurden.

Erst als es gelang sicherzustellen, dass Eigentumsrechte an Grund und Boden in Katastern festgeschrieben werden mussten, und die Sheriffs zugleich für die Respektierung dieser Kataster sorgten, kehrte Frieden ein. Wer nun Land haben wollte, musste zusammen mit dem Verkäufer zum Anwalt oder Notar gehen und es kaufen, also ein Tauschgeschäft abschließen. Oder er musste es pachten und sich mit dem Eigentümer über die Konditionen einigen. Erst dadurch wurde es möglich, dass der Produktionsfaktor Land der volkswirtschaftlich betrachtet besten Verwendung zugeführt wurde, denn derjenige, der das Land am ertragreichsten einsetzen konnte, sei es für den Ackerbau oder für die Viehzucht, der zeigte die höhere Zahlungsbereitschaft, bekam daher den Zuschlag beim Markttausch und konnte das Land bewirtschaften. Außerdem beschränkte sich der Ressourcenverbrauch der Transaktion beim Übergang von Grund und Boden nun auf den Zeitaufwand der Rechtsanwälte und Notare, und vor allem wurden Menschenleben geschont.

Die Inhaber von Eigentumsrechten an Grund und Boden konnten sicher sein, dass sie dann, wenn ihnen Cowboys oder auch andere ihr Eigentum rauben wollten, auf Justiz und Sheriffs zählen konnten, die dafür sorgten, dass ihr verbrieftes Recht auch durchgesetzt wurde. Die Grundlagen für ressourcenschonende Markttransaktionen und eine bestmögliche Zuweisung des Landes auf rivalisierende Verwendungen waren gelegt – und damit auch die Grundlagen für eine prosperierende Entwicklung der USA insgesamt.

Die gleiche Logik wie für den Eigentumsübergang von Grund und Boden gilt auch für andere Güter (auch wenn es natürlich nicht bei jedem Gut ein Katasteramt braucht). Spätestens seit Coase und durch weitergehende, bei ihm ansetzende ökonomische Forschung wissen wir: Ohne wohldefinierte und sicher gewährleistete Eigentumsrechte gibt es keine Marktwirtschaft und keine erfolgreiche wirtschaftliche Entwicklung einer Gesellschaft.

Die sich in die EU ergießenden Migrationswellen, die in Verbindung mit dem wachsenden Migrationsdruck aus Afrika große Sorgen in der Bevölkerung ausgelöst haben, haben diesem Thema in den letzten Jahren eine neue, dramatische Bedeutung gegeben. Was wir im Mittelmeer erleben, von wo die meisten Flüchtenden nach Europa aufbrechen, erinnert in Teilen an die Zeit des Wilden Westens, als die Eigentumsrechte nicht definiert und geschützt waren und als der Streit um die Nutzung des Bodens eskalierte.

Bei der Beurteilung der internationalen Migration stehen sich mit Blick auf das Thema Eigentumsrechte zwei Sichtweisen diametral gegenüber. Dabei beziehe ich mich nur auf wirtschaftlich motivierte Flüchtlinge, nicht jedoch auf solche, die das Anrecht auf politisches Asyl haben, weil sie aus individuellen Gründen politisch verfolgt sind. Dass sie Geld kosten und trotzdem von einem EU-Staat aufgenommen werden sollten, ist klar. Das ist jedoch nur ein verschwindend kleiner Teil der Migranten.

Nach der einen Lesart ist die freie Wohnsitzwahl quasi ein Grundrecht der Menschen. Danach haben die Migranten, die aus Nigeria, dem Sudan und anderen armen, bevölkerungsreichen Staaten aus wirtschaftlichen Gründen in die EU drängen, das Recht, in Europa aufgenommen zu werden und wie hiesige Arme staatliche Unterstützung zu erhalten. Die Staaten oder auch private Hilfsorganisationen, so diese Sichtweise, handeln deshalb richtig und rechtens, wenn sie Schiffe ins Mittelmeer entsenden, die die Menschen von der Grenze des libyschen Hoheitsgebietes – von wo die meisten der Flüchtlinge aufbrechen wollen – auf die italienische Insel Lampedusa und zu anderen Häfen der EU bringen.

Doch es gibt auch noch eine weitere, die ökonomische Sichtweise, die aus den Erkenntnissen der Volkswirtschaftslehre, nicht zuletzt des genannten Ronald H. Coase folgen. Nach dieser Lesart haben die Wirtschaftsmigranten dieses Recht nicht, weil sie durch ihre Einreise Ressourcen in Anspruch nehmen können, die sonst anderen Bewohnern der EU zur Verfügung gestanden hätten. Einerseits nutzen nämlich die Migranten die gleiche Infrastruktur, die gleiche Natur, das gleiche Rechtssystem, den gleichen Polizeischutz, die gleiche Gesundheitsversorgung, die gleichen Schulen und vieles mehr wie die EU-Einheimischen und nehmen außerdem noch geldmäßige Sozialleistungen der EU-Staaten in Anspruch. Andererseits zahlen sie, wenn überhaupt, im Schnitt viel weniger Steuern, als notwendig wäre, um diese Leistungen zu finanzieren.

Bernd Raffelhüschen von der Universität Freiburg kommt unter Verwendung der sogenannten Generationenrechnung zu dem Schluss, dass ein durchschnittlicher Flüchtling bis zum Ende seines Lebens den deutschen Staat per Saldo etwa 450.000 Euro kostet. Eine stolze Summe. Holger Bonin vom *Zentrum für Europäische Wirtschaftsforschung* (ZEW) kommt aufgrund ähnlicher Rechnungen auf etwas geringere Zahlen, doch auch seine Schätzungen liegen zwischen 95.000 und 398.000 Euro. Der Unterschied der Rechnungen erklärt sich durch etwas andere Annahmen bezüglich der Geschwindigkeit der Integration. Während Bonin unterstellt, dass die Migranten nach 20 Jahren entweder auf dem Niveau eines einheimischen unqualifizierten Arbeitnehmers oder eines einheimischen qualifizierten Arbeitnehmers landen, nimmt Raffelhüschen an, dass die Flüchtlinge nach sechs Jahren so integriert sind wie der Durchschnitt der in Deutschland ansässigen Altmigranten. Diese Zahlen wirken als nicht übertrieben, wenn man bedenkt, dass die Bundesregierung allein im Jahr 2016 von Flüchtlingskosten in Höhe von knapp 22 Milliarden Euro für größenordnungsmäßig um die 800.000 Flüchtlinge ausging, was allerdings von manchen Beobachtern als eine viel zu geringe Schätzung angesehen wurde.

So gesehen greifen die Migranten, die aus eigenem Antrieb kommen und nicht etwa durch ein Punktesystem vom Gastland selektiert wurden, in einem erweiterten Sinne in das Eigentumsrecht der gastgebenden EU-Bevölkerung ein, indem sie deren mit Steuern und Abgaben bezahlte öffentliche Güter, die von der freien Infrastruktur über das Rechtssystem bis zu den Sozialleistungen reichen, nutzen, ohne dafür adäquate Gegenleistungen zu bringen. Hinzu kommt die Nutzung der freien Natur, deren Nutzungsqualität für die einheimische Bevölkerung abnimmt, was bei diesen Rechnungen noch gar nicht berücksichtigt ist.

Welche Sichtweise ist die sinnvollere, bessere, nützlichere? Wird die erste Interpretation – wonach auch die Flüchtlinge, die wirtschaftlich motiviert unterwegs sind, ein Grundrecht auf Aufnahme und Versorgung in der EU haben – konsequent durchgehalten, so ist klar, was passiert: Der Strom der Wirtschaftsmigranten schwillt an, denn die Migranten wissen ja, dass sie im Zielland über ein Spektrum öffentlicher Leistungen verfügen können, wie sie es zu Hause nicht annähernd haben, und zahlen müssen sie dafür nur in dem Maße, wie es ihnen gelingt, sich auch selbst ein Einkommen zu erarbeiten.

Nach der zweiten Interpretation – der ökonomischen – können und müssen Wirtschaftsflüchtlinge abgewehrt werden. Das heißt nicht, dass keine Immigration mehr möglich ist, sondern dass nur jene Personen in die EU kommen können, die die EU-Bürger tatsächlich haben wollen. Das wären wohl vor allem Menschen, von denen man erwarten kann, dass sie das Potpourri an öffentlichen Leistungen, das sie sofort nach ihrer Ankunft in Anspruch nehmen können, in absehbarer Zeit selbst werden finanzieren können. Und noch einmal: Es geht hier nicht um die Asylbewerber, die zu Hause politisch verfolgt werden.

Die erste Sichtweise – die das Recht auf freie Wohnsitzwahl auch von Wirtschaftsflüchtlingen zugrunde legt – erzeugt im Übrigen nicht nur Chaos, sondern sie führt auch zu vielen Toten, die bei den Grenzüberschreitungen ums Leben kommen. In der Verheißung auf ein besseres Leben setzen sich die Migranten in die unsicheren Schlauchboote der Schlepper, und ein gewisser Prozentsatz kommt dabei um. Das können wir, auch humanitär betrachtet, nicht wollen und sollten es auch nicht länger zulassen.

Dies gilt umso mehr, also mit der zweiten, ökonomischen Interpretation der Migration, wonach die Flüchtlinge ebenfalls gerettet, aber danach nicht nach Lampedusa gelangen, sondern nach Libyen zurückgebracht werden würden. Je mehr sich das herumspräche, desto weniger Menschen würden sich auf die gefährliche Reise machen, und viel weniger kämen um ihr Leben. Ein Blick auf die Fakten verdeutlicht diesen Sachverhalt. Während vor Jahren noch viele Migranten in Spanien strandeten, hat die spanische Marine ihre Strategie alsbald geändert. Sie rettet die Flüchtlinge nach wie vor aus Seenot. Nur bringt sie sie nun nicht mehr aufs spanische Festland, sondern zurück nach Marokko und in andere westafrikanische Länder, von woher die meisten derjenigen Migranten kommen, die nach Spanien wollen. Spanien bevorzugt also die ökonomische Perspektive auf die Migration.

Ganz anders Italien. Die italienische Marine rettete ebenfalls die Flüchtlinge – und mit ihr viele Schiffe von Hilfsorganisationen –, aber sie brachte sie nicht zurück nach Libyen, meist der Ausgangspunkt ihrer Reise, sondern nach Italien und damit in die EU und vor allem nach Deutschland, wohin sich viele von Italien aus aufmachten. Die Folge war, dass sich sehr viel mehr Menschen nach Italien auf den Weg machten als nach Spanien. Je mehr Menschen aber die Schlauchboote betreten, desto mehr kommen darin nun einmal auch um. Im Jahr 2015 ertranken nach Auskunft der *Internationalen Organisation für Migration* auf der zentralen Mittelmeerroute 2.892 Menschen, während auf der westlichen Mittelmeerroute und vor Westafrika, also vor spanischen Küsten, lediglich 106 Menschen umkamen. Das war ein Verhältnis von sieben zu eins. Abgesehen davon natürlich, dass jeder einzelne Tote zu beklagen ist, sprach dies für die Überlegenheit des spanischen Weges.

Inzwischen hat auch Italien seine Politik geändert. Unter dem im Dezember 2016 ernannten italienischen Innenminister Marco Minniti hat das Land damit begonnen, die Kooperation mit afrikanischen Kräften zu suchen, um die Flüchtlinge zurückzuhalten. So schloss Minniti im Februar 2017 ein entsprechendes Abkommen mit dem Chef der von der UNO anerkannten Regierung Libyens, Fayez al-Sarraj, das eine Kooperation der libyschen Küstenwache mit Italien vorsah. Italien stellte unter anderem vier Patrouillenboote und Geldmittel zur Verfügung. Allein dadurch wurden bis zum Sommer 13.000 Flüchtlinge aus den Schlepperbooten gerettet und nach Libyen zurückgebracht. Im März 2017 schloss Minniti zudem ein Abkommen mit den Stämmen am Südrand der Sahara, wodurch die Migranten aus Chad, Mali und Niger zurückgehalten wurden. Und im Juli ergänzte er diese Politikmaßnahmen, indem er den Bürgermeistern der 14 größten Städte Libyens Aufbauhilfen versprach. Gleichzeitig tolerierte Italien, dass Libyen das von ihm kontrollierte Hoheitsgebiet auf See ausweitete, um so die Hilfsaktionen westlicher Rettungsorganisationen, die das Komplement der Schlepper waren, weil sie den Weitertransport nach Italien organisierten, durch eigene Hilfen ersetzen zu können – Hilfen, die die Rückführung der Flüchtlinge nach Libyen zum Ziel hatten. Man kann davon ausgehen, dass diese Maßnahmen für den dramatischen Rückgang der Flüchtlingszahlen und Todesfälle auf der Mittelmeerroute Richtung Italien verantwortlich waren, über die die Internationale Organisation für Migration berichtet.

Diese Beobachtungen sind ein Musterbeispiel für den Unterschied zwischen Gesinnungsethik und Verantwortungsethik, den der berühmte deutsche Volkswirt und Soziologe Max Weber anlässlich eines 1919 gehaltenen und weltweit berühmt gewordenen Vortrags mit dem Titel *Politik als Beruf* in München hielt. Weber war damals Inhaber des Lehrstuhls für Nationalökonomie an der Ludwig-Maximilians-Universität München und somit Amtsvorgänger auf einem benachbarten Lehrstuhl in meiner eigenen Fakultät. Der Gesinnungsethiker wählt, so Weber, seine Handlung aufgrund moralischer, auch religiöser Urteile über die Handlung selbst, während er die mittelbaren Konsequenzen der Handlung nicht im Blick hat. »Der Christ tut recht und stellt den Erfolg Gott anheim« ist ein aus der Bergpredigt abgeleitetes Postulat, das Weber anführt, um das gesinnungsethische Denken an einem Beispiel zu verdeutlichen. Der Verantwortungsethiker richtet seine Handlung stattdessen am Ergebnis seiner Handlungen aus, also daran, was im Lichte vielleicht komplexer Wirkungsketten betrachtet am Ende dabei herauskommt. Und daran gemessen muss er sich schließlich auch zur Verantwortung ziehen lassen.

Die italienische Politik *vor* Minniti, auch die Politik der Hilfsorganisationen, die als Komplemente der Schlepper tätig waren, war eine gesinnungsethische Politik – wenigstens grundsätzlich und im Groben, nämlich dann, wenn man davon absieht, dass die Mafia bei der Beherbergung der Flüchtlinge, wie mir ein italienischer Kollege versicherte, kräftig mitverdiente. Die spanische Politik und die neue Politik Minnitis gehören demgegenüber in die Kategorie der Verantwortungsethik, weil sie zu einem drastischen Rückgang der Zahl der Ertrunkenen geführt haben.

Wenn ein Beispiel den Unterschied zwischen gesinnungsethischem und verantwortungsethischem Handeln verdeutlicht, so ist es dieses. Mehr noch, es verdeutlicht meiner Überzeugung nach auch, dass nur der ökonomische, quasi seiner Natur nach verantwortungsethische Denkansatz – mit seinen Grundfiguren Markt und Eigentumsrecht – mittel- bis langfristig mit Frieden und Humanität kompatibel ist. Nur er schafft es, richtig verstanden und richtig angewendet, in einer Welt mit einer großen und rasant wachsenden Bevölkerung unterschiedlichster Kulturen und Ethnien Frieden, Ordnung, Stabilität und letztlich zugleich auch Menschlichkeit zu wahren.

Mit Blick auf das Thema Migration folgt aus diesem Denkansatz natürlich nicht, dass man die Menschen in Afrika oder anderen armen Gegenden der Welt ihrem Schicksal überlässt. Klug gestaltete Entwicklungshilfe und vor allem Freihandel sind zwei notwendige Ergänzungen, die den in Armut lebenden Völkern die Chance bieten, wirtschaftlich auf die Beine zu kommen und sich weiterzuentwickeln. Dass es bei der Konzeption und Umsetzung von beiden teilweise noch erhebliche Defizite auf Seiten der potenziellen Unterstützerstaaten, etwa in der EU, gibt, nimmt diesem Argument nichts. Wer das Thema Migration indes gesinnungsethisch angeht und glaubt, die Lösung liege darin, die Tore nach Afrika zu öffnen, der wird im Endeffekt nur dafür sorgen, dass sich das Chaos in manchem dieser Länder bis nach Europa verbreitet. Wir wären in diesem Fall dann selbst die längste Zeit ein Ort des Friedens, der Stabilität und der Menschlichkeit gewesen. Ich habe, wie ich in Kapitel 9 noch näher ausführen werde, in meinem Leben genug Erfahrungen mit den Verhältnissen in Nordafrika gehabt, um zu wissen, was ich hier sage.

Öffentliche Güter, Steuern und Staatsschulden: Die Finanzwissenschaft und ihr großartiger Vater

Als Finanzwissenschaftler, der ich nun schon bald ein halbes Jahrhundert bin, habe ich mich während meiner Forschungstätigkeit freilich nicht nur mit den vom Staat festzulegenden ordnungspolitischen Rahmenbedingungen der privaten Wirtschaftstätigkeit befasst. Vielmehr habe ich auch immer wieder die fiskalische Tätigkeit des Staates selbst untersucht, und zwar so, wie sie im Staatsbudget erfasst wird, also mit Steuern, Schulden und Staatsausgaben. Dabei interessierte mich stets auch die Definition der sinnvollen Grenzlinie zwischen staatlicher und privater Tätigkeit, wie sie Gegenstand dieses Hauptkapitels ist. Inwieweit kann man die Märkte gewähren lassen? Was sind Marktfehler, und wie sollte man intervenieren, um sie einzudämmen? Das sind stets meine zentralen Fragen gewesen.

Das Thema der fiskalischen Tätigkeit des Staates ist von immenser Bedeutung, denn immerhin beansprucht der Staat in den sogenannten entwickelten Ländern der Erde etwa die Hälfte des erwirtschafteten Sozialprodukts für seine Zwecke. Die sogenannte Staatsquote, also die Relation von Einnahmen oder Ausgaben des Staates und Bruttoinlandsprodukt, lag im Jahre 2016 in Finnland und Frankreich zwischen 56 und 57 Prozent. Beide Länder sind damit die Spitzenreiter aller OECD-Länder. Deutschland liegt bei rund 44 Prozent und damit etwa im Durchschnitt (Stand 2015). Das sind hohe Zahlen. Insofern lassen jene Ökonomen, die glauben, sich allein mit der Wirtschaftstätigkeit von Unternehmen und privaten Haushalten beschäftigen zu können, die Hälfte des ökonomischen Geschehens in einer Volkswirtschaft weg.

Alle westlichen Wirtschaftssysteme, die sich, jedenfalls bislang, geschichtlich durchgesetzt haben, sind gemischtwirtschaftliche Systeme. Sie sind keine reinen Marktwirtschaften mit einer Staatsquote von nahezu null, und sie sind auch keine kommunistischen Systeme mit einer Staatsquote von fast 100 Prozent. Das liegt eben daran, dass der marktwirtschaftliche Bereich bei der Produktion normaler Güter, wie man sie – vereinfacht ausdrückt – in den Läden findet, sehr gut funktioniert, dass es aber auch andere Bereiche gibt, bei denen man mit den Marktergebnissen nicht zufrieden sein kann und korrigierend eingreift. Dazu gehört zum Beispiel das erwähnte Umweltthema, die Sozialpolitik oder auch die Bereitstellung öffentlicher Güter wie Straßen, Brücken, Schulen, Universitäten, dem Rechtssystem, der Polizei, der Verwaltung und vielem mehr. Ferner greift der Staat mit Steuern und Abgaben lenkend in den Wirtschaftsprozess ein, um Markfehler zu korrigieren.

Als ich 1988 nach Kanada kam und von Michael Parkin, einem bekannten Makroökonomen, der der schon erwähnten Chicago-Schule nahe stand, gefragt wurde, was innerhalb der Ökonomie mein Spezialfach sei, sagte ich

»Finanzwissenschaft« – obwohl meine Interessen faktisch eher breiter als enger gestreut waren. Kaum hatte er das gehört, schaute er ungläubig und prustete los (in meiner Übersetzung): »Was? Finanzwissenschaft? Das ist doch die Lehre davon, wie ein wohlmeinender Staat Marktfehler korrigiert. Da es weder Marktfehler noch einen wohlmeinenden Staat gibt, ist dieses Fach überflüssig.«

Ich war konsterniert. So viel Direktheit war ich nicht gewohnt. Und wenn Parkin nicht mit den Augen gezwinkert hätte, als er das sagte, wäre ich doch sehr niedergeschlagen gewesen, weil seine Äußerungen meinen gesamten Denkansatz – der ja gerade auch die »richtige« Rolle des Staates in der Marktwirtschaft im Blick hatte – infrage stellten. Natürlich wusste Parkin, dass die extreme Position, die er vertrat, so nicht haltbar war. Aber Chicago-Ökonomen, das lernte ich in Nordamerika schnell, waren stets auf der Suche nach einer guten Kontroverse mit Andersdenkenden. Sie liebten den Disput und nahmen es einem nicht übel, wenn man dagegenhielt.

Ich hielt dagegen – in diesem Fall mit dem Umweltthema. Ganz im Sinne von Coase meinte Parkin, es reiche, wenn man die Eigentumsrechte an der Luft definiere, um zwischen den Verschmutzern und den Geschädigten einen effizienten Markttausch über die Umweltqualität zu organisieren. Wir diskutierten hart, und ich wies ihm nach, dass das so nicht gehe, weil die Umweltqualität nicht zwischen den Geschädigten aufteilbar sei und sich insofern nicht jeder sein Stückchen Umweltqualität kaufen könne. Sie sei ein öffentliches Gut, dessen Qualität nur gemeinsam für alle verändert werden könne. Wenn ein Geschädigter aktiv würde, um den Firmen eine Reduktion ihrer Emissionen abzukaufen, dann verbessere er die Luftqualität zugleich für alle anderen, doch deren Vorteil könne sich in seiner Zahlungsbereitschaft nicht niederschlagen. Damit ein vernünftiges Gebot zustande komme, müssten sich alle Geschädigten zu einem Kollektiv zusammenfinden, und dieses Kollektiv nenne man Staat. Sie könnten dann im Übrigen auch beschließen, den Firmen das Verschmutzungsrecht zu nehmen und sie zu einer Zahlung an die Geschädigten zu zwingen. Parkin fand keine Gegenargumente. Aber er hatte sichtlich Freude an unserem Disput.

Bei allem Respekt vor Parkin – zur Rolle der Finanzwissenschaft und somit der Lehre von der sinnvollen Rolle des Staates gibt es kompetentere Stimmen als seine, vor allem eine: die von Richard Abel Musgrave, der im angelsächsischen Raum, ja eigentlich weltweit betrachtet, als »Vater« dieses Faches gelten kann. Musgrave genießt auch heute noch, rund zehn Jahre nach seinem Tod im Alter von fast 97 Jahren, unter vielen Finanzwissenschaftlern weltweit fast Legendenstatus. Und das vollkommen zu Recht: Sein 1959 erschienenes Lehrbuch *The Theory of Public Finance* war für ganze Generationen von Finanzwissenschaftlern auf der ganzen Welt die Basis ihres Denkens und ihres Unterrichts. Auch in Deutschland, ja allgemein im deutschsprachigen Raum war Musgrave sehr populär. Nicht von ungefähr bezog sich auch mein akademischer Lehrer Herbert Timm in seinem Unterricht immer wieder auf ihn.

Musgraves Einfluss, der in der Finanzwissenschaft bis heute weiterwirkt, liegt auch darin begründet, dass er ihr mit seinen Forschungen eine klare Systematik gab, bei der er die Aufgaben des Staates im Rahmen einer marktwirtschaftlichen Ordnung in eine Allokationsfunktion, eine Stabilisierungsfunktion und eine Distributionsfunktion gliederte – jeweils mit dazugehörigen Politikmaßnahmen.

Vereinfacht ausgedrückt unterschieden sich diese Maßnahmen wie folgt: Bei der Allokationspolitik geht es um die Korrektur von Marktfehlern im Sinne der oben besprochenen Monopolkontrolle oder der Umweltpolitik sowie um die Bereitstellung öffentlicher Güter. Bei der Stabilisierungspolitik geht es um Maßnahmen zur Glättung der konjunkturellen Schwankungen der Wirtschaftstätigkeit. Bei der Distributionspolitik schließlich steht die sozialstaatliche Umverteilungspolitik im Mittelpunkt.

An die erste und auch zweite Lektüre von Richard Musgraves Lehrbuch erinnere ich mich bis heute. Es war eine faszinierende Mischung aus tiefschürfenden theoretischen Erwägungen und praktischen Anwendungen, die seine Professorenkollegen und die Studenten gleichermaßen ansprach. Nur so sind auch sein Erfolg und sein Einfluss zu erklären. Ich bin überzeugt davon, dass Musgrave für die Entwicklung seines Denkansatzes eigentlich den Wirtschaftsnobelpreis verdient gehabt hätte. Weil zu jener Zeit aber, als er in Erwägung gezogen wurde – nämlich in den 1980er-Jahren –, sich unter dem Einfluss der Chicago-Schule und der Reagan- und Thatcher-Administrationen auch in der Ökonomie eine allgemeine Skepsis gegenüber jeglicher Staatstätigkeit in Marktwirtschaften breitgemacht hatte, passte eine Auszeichnung Musgraves »irgendwie« nicht. Er ging leer aus. Leider.

Dass in dieser Zeit mit James M. Buchanan ein anderer Finanzwissenschaftler den Preis zugesprochen bekam – einer der Pioniere der Neuen Politischen Ökonomie, jenes damals noch sehr jungen Zweigs innerhalb der Finanzwissenschaft –, habe ich um Musgraves Willen zwar bedauert. Aber ich möchte hinzusetzen, dass ich diese Auszeichnung aus Gründen, die ich später noch erläutern werde, ebenfalls angemessen fand.

Was mir besonders bei Musgrave gefallen hat, ist, dass er uns Finanzwissenschaftlern erstmals, wie erläutert, eine umfassende Systematik des Faches bot. Dazu integrierte er vielfältige analytische Methoden und Denkansätze, die ein Student nicht leicht unter einen Hut bringen kann, weil sie so unterschiedlich sind. Über die Dichotomie zwischen der keynesianischen Konjunkturanalyse und der neoklassischen Allokationstheorie, die erst mit der Theorie des temporären Gleichgewichts überwunden wurde, habe ich in Kapitel 2 ausführlich geschrieben. Musgrave war noch nicht so weit, dass er die beiden gedanklichen Ansätze in einem Modell vereinen konnte, doch immerhin machte er seinen Lesern klar, dass unterschiedliche Fragestellungen unterschiedliche Modelle benötigten, die damit alle für sich ihre Berechtigung erhielten.

Mich hat die Vielfalt seiner Fragestellungen und Modellansätze sehr inspiriert, und so habe auch ich selbst in meinem Forscherleben ein breites Potpourri an unterschiedlichsten Themen bearbeitet. Dazu gehörte die Versicherungswissenschaft, die Steuerpolitik, die Klimapolitik, die Theorie der erschöpfbaren ökonomischen Ressourcen, die Wachstumstheorie, die Wechselkurstheorie, die Theorie des Geldes und der Inflation, die Theorie der Stadtentwicklung und des Wohnungsmarktes, die Rentenproblematik nebst demografischer Probleme, die Theorie des Systemwettbewerbs und der Transformation von Wirtschaftssystemen, die Konjunkturtheorie, die Migrationstheorie und vieles, vieles mehr. Diese Breite ist aus heutiger Sicht völlig ungewöhnlich, und sie lässt sich auch nicht mehr durchhalten, weil sich das Fach Volkswirtschaftslehre immer weiter verästelt und immer mehr Unterdisziplinen entwickelt. Für die Finanzwissenschaft ist sie aber nützlich, weil sie eine Art ökonomischer Metawissenschaft darstellt, die sich bei der Analyse von Wirtschaftspolitik der verschiedensten ökonomischen Theorien bedient und sie um die Rolle des Staates bereichert. Sie ist in der Tat die von Parkin so verschmähte Lehre von den Marktfehlern, derentwegen korrigierende Politikmaßnahmen nötig sind. Richard Musgrave steht für diese Sichtweise, und ich habe sie von ihm gelernt. Sie hat mir ein interessantes Wissenschaftlerleben beschert.

Während meiner Mannheimer Zeit, also noch während meiner Doktorarbeit, war ich überglücklich, als sich die Gelegenheit bot, meinen »Fernlehr«-Professor im Jahr 1983 anlässlich der Verleihung der Ehrendoktorwürde durch die Universität Heidelberg persönlich kennenzulernen. Fast mit Ehrfurcht lauschte ich seinem Vortrag, und ich freute mich, dass ich danach von Manfred Rose, dem in Heidelberg zuständigen Finanzwissenschaftsprofessor, der das Ganze in die Wege geleitet hatte, zum Essen eingeladen wurde. Das gab mir die Gelegenheit, wenigstens ein paar Worte mit dem von mir so geschätzten »Vater« der Finanzwissenschaft zu wechseln.

Die Mannheimer volkswirtschaftliche Fakultät pflegte zu jener Zeit einigen Kontakt zu ihrer Schwesterfakultät in Heidelberg, denn die beiden Städte liegen ja nur einen Steinwurf voneinander entfernt. Ich ging in die Heidelberger Seminare, und die Heidelberger Kollegen, so zum Beispiel die späteren Professoren Wolfgang Wiegard, Dieter Wenzel und Friedrich Breyer, mit denen ich heute noch gut befreundet bin, kamen zu uns nach Mannheim. Als Musgrave in Heidelberg sprach, hatten wir alle das Gefühl, einem historischen Ereignis beizuwohnen.

Musgrave erzählte damals auch von seinem Werdegang. Geboren in Königstein im Taunus hatte er in München mit dem Studium der Volkswirtschaftslehre begonnen. Bald darauf schrieb er sich in Heidelberg ein, wo er unter anderem Vorlesungen bei dem schon erwähnten Alfred Weber hörte, der Jura und Volkswirtschaftslehre unterrichtete und vorher in Prag gewesen war, wo auch Franz Kafka bei ihm promoviert hatte.

Nach seinem Diplom in Heidelberg ergatterte Musgrave 1933 ein Stipendium des *Deutschen Akademischen Austauschdienstes* (DAAD) für die USA. Und angesichts der Machtergreifung der Nazis einige Monate zuvor blieb er dort, weil er als Halbjude bei einer Rückkehr Repressalien befürchtete, wenn nicht gar mehr. Musgrave promovierte daher in Harvard und hatte anschließend Professuren an den Universitäten Michigan, Harvard und Santa Cruz inne.

Musgraves persönliche Geschichte ist nicht nur ebenso beeindruckend wie sein Wirken. Sie verweist indirekt auch auf etwas anderes. Denn die moderne Finanzwissenschaft, als deren Vater »mit deutschen Wurzeln« er zu gelten hat, kann als eine der wenigen Teildisziplinen der Volkswirtschaftslehre gelten, die ihre Ursprünge generell in Deutschland haben. Historisch betrachtet entstand sie aus der alten Kameralistik und Staatswirtschaftslehre. Adolf Wagner, Emil Sax, Georg von Schanz und viele andere trugen in der zweiten Hälfte des 19. Jahrhunderts mit ihren Lehrbüchern und Monografien Maßgebliches zum Aufbau des Faches bei. Musgrave sog dieses Wissen auf und verband es später mit der modernen Mikrotheorie und der keynesianischen Makrotheorie, wie er sie in Amerika kennenlernte. Ich bin überzeugt: Erst durch diese Wurzeln und ihre Weiterentwicklung über Ländergrenzen hinweg entstand Musgraves einzigartiges Denkgebäude zur Definition der Grenzlinie zwischen staatlicher und privater Aktivität, die Generationen von Forschern in aller Welt begeistert hat und bis heute begeistert, mich eingeschlossen.

Ein weiterer wesentlicher theoretischer Beitrag Musgraves besteht im Übrigen in der Herleitung einer mathematischen Formel für die Bereitstellung von Gemeinschaftsgütern aus dem Bereich der öffentlichen Infrastruktur. Dabei war er von dem schwedischen Ökonomen Erik Robert Lindahl beeinflusst, der seine Theorie, wie es damals bei Schweden üblich war, auf Deutsch verfasst hatte. Gemeinschaftsgüter sind, wie der Name schon sagt, Güter wie Straßen, Brücken oder Deiche, die von vielen Menschen gemeinsam und innerhalb gewisser Grenzen ohne Konkurrenz genutzt werden können. Musgraves Formel hat den wohl berühmtesten Ökonomen der Nachkriegszeit, Paul Samuelson, unmittelbar beeinflusst, denn wie Samuelson war Musgrave damals in Harvard. Samuelson gelang es, den formalen Beweis zu bringen, dass die Lindahl-Musgrave-Formel tatsächlich ein Pareto-Optimum für Gemeinschaftsgüter definiert, ähnlich wie es für normale, private Güter bei Konkurrenz von den Märkten hergestellt wird. Man spricht deswegen heute in der Volkswirtschaftslehre von der Samuelson-Bedingung. Viele sprechen aber auch von der Musgrave-Samuelson-Bedingung, um so die geistige Urheberschaft anzuerkennen.

Paul Samuelson hat Zeit seines Lebens immer wieder betont, dass und wie stark er von Musgraves Ideen beeinflusst war. Das wusste ich. Und ich wusste, dass er das auch einmal öffentlich in Deutschland zum Ausdruck bringen wollte. Diese Gelegenheit ergab sich dann – jedenfalls fast: Im Jahr 2001 feierten wir in München das zehnjährige Bestehen meines Forschungsinstituts CES, über das ich in Kapitel 11 noch berichten werde. Und da ich Musgrave quasi schon mit der »Geburt« des Instituts dafür hatte gewinnen können, dem wissenschaftlichen Beirat des CES anzugehören, in dem er dann auch sehr aktiv gewirkt hatte, war ich glücklich, dass er dabei sein konnte. Eigentlich sollte auch Samuelson kommen, doch am Ende verhinderte sein hohes Alter leider seine Anreise. Weil wir an jenem Tag aber auch den runden Geburtstag von Richard Musgrave mitfeierten – er war kurz zuvor, nämlich im Dezember 2000, 90 Jahre alt geworden – schrieb Samuelson eine Hommage auf Richard Musgrave, die ich dann verlas. Er schrieb Musgrave darin ein wesentliches Verdienst für die Entdeckung der genannten Lindahl-Musgrave-Formel zu. Wir waren alle sehr berührt.

Ich lernte Richard Musgrave und seine Frau Peggy Musgrave, die Ökonomin war wie ihr Mann, im Laufe der Jahre immer besser kennen. Meine Frau und ich besuchten beide auch einmal zu Hause, und zwar 1990, als wir in Stanford weilten. Das war einen Katzensprung von der kalifornischen Universität von Santa Cruz entfernt, an der beide im Alter noch eine Lehrstelle bekommen hatten. Die Musgraves empfingen uns herzlich und wir übernachteten bei ihnen. Und natürlich unterhielten wir uns auch ausgiebig über die Volkswirtschaftslehre sowie die deutsche und amerikanische Geschichte. Ich denke gerne an diese und andere Gespräche zurück. Wie sein Werk bleiben auch sie mir fest im Gedächtnis verhaftet.

Ich glaube, der über die Jahre gewachsenen persönlichen Nähe ist es zu verdanken, dass ich nach Richard Musgraves Tod Anfang 2007 von den Kollegen in Harvard eingeladen wurde, die Gedenkrede in der Harvard-Kapelle zu halten. Ich habe das als besondere Ehre empfunden, und die Vorbereitung auf sie beschäftigte mich lange. Und um dem großen Wissenschaftler und Freund gerecht werden zu können, führte ich abermals viele Gespräche mit Peggy Musgrave, die mir viele mir unbekannte Hintergründe und Geschichten aus dem Leben ihres Ehemannes erzählte.

Meine Erinnerungen an Richard Musgrave habe ich schließlich aufgeschrieben in einem Text mit der Überschrift »*Please give me the New York Times*«, der später in einer Fachzeitschrift erschien. Der Titel des Artikels gibt die letzten Worte wieder, die Richard Musgrave, der Emigrant, geboren noch zur Zeit des Deutschen Kaiserreichs, zu seiner Frau sagte, bevor er starb. Noch heute nehme ich diesen Text hin und wieder zur Hand. Ich habe darin zum einen über die Emigration der deutschen Juden nach Amerika berichtet, von denen Musgrave selbst einer war, und vor allem natürlich über das faszinierende Leben Musgraves selbst.

Besonders bemerkenswert finde ich immer noch die Herkunft seines Namens. Musgrave war nämlich der Sohn von Curt Abel, einem Kosmopoliten und Schriftsteller, der sein Geld unter anderem mit der Übersetzung der Sherlock-Holmes-Kriminalromane von Arthur Conan Doyle verdiente. Um bei seinen häufigen Reisen nach Großbritannien als Jude nicht anzustoßen, änderte der Vater den Familiennamen in Abel-Musgrave, und das war dann auch der Name, den Richard erhielt. Musgrave wiederum war der Name eines der Protagonisten der Doyle-Romane.

Als Richard im Herbst 1933 nach Amerika ging und auch noch wenige Jahre später bei der Abgabe seiner Dissertation, die ich mir in der Harvard-Bibliothek besorgt und gelesen hatte, trug er ebenfalls noch diesen Doppelnamen, nun aber ohne Bindestrich geschrieben. Und als er sich schließlich in den USA einbürgern ließ, machte er Abel zu seinem zweiten Vornamen und nannte sich seitdem Richard A. Musgrave.

Musgrave starb im biblischen Alter von 96 Jahren und ist auf dem Mount-Auburn-Friedhof bei Harvard begraben. Zur Erinnerung an ihn vergibt das von mir gegründete *CESifo*-Forschernetzwerk zusammen mit dem *International Institute of Public Finance* (IIPF) einmal jährlich in München den Musgrave-Preis an einen international herausragenden Finanzwissenschaftler.

Warum Politiker ihre eigene Agenda verfolgen und warum der Volkswirt das Volk beraten sollte

Neben Richard Musgrave gibt es noch einen weiteren bedeutenden Vertreter der Lehre von der ökonomischen Rolle des Staates, der mein Leben mehrfach gekreuzt hat und von dem ich einiges lernen durfte: den schon kurz erwähnten, mit dem Wirtschaftsnobelpreis ausgezeichneten James M. Buchanan.

Während Musgrave den Staat als Institution zur Ergänzung und Korrektur des Marktes sah und »normative« Begründungen für staatliche Wirtschaftspolitik suchte, hatte der aus Tennessee stammende Buchanan in Virginia eine neue, nur beschreibende oder, wie man sagt, »positive« Theorie des Staates entwickelt, die er *Public Choice Theory*, also Theorie der öffentlichen Entscheidungen, nannte.

Die traditionelle Finanzwissenschaft auf der Basis des Denkansatzes von Richard Musgrave folgt dem eingangs beschriebenen Modell des Arztes, der Krankheiten des Systems Wirtschaft gleichsam diagnostiziert und dem Staat eine Therapie im Sinne des Patienten vorschlägt. Buchanan fand diesen Ansatz wenig sinnvoll, sondern er suchte stattdessen nach den eigenen Motiven des Arztes respektive Politikers, wenn er sich entschloss, diese oder jene Behandlungsmethode oder Politikmaßnahme zu verschreiben. Wenn man zum Verständnis und zur Lenkung der Marktwirtschaft vom eigennützigen Akteuren ausgeht, so seine Frage, warum sollte man das dann nicht ähnlich auch bei den Politikern tun?

An folgendem Beispiel wird dieser Denkanasatz klar: Ein Regierungschef will möglichst viele Wahlbürger glücklich stellen, um so die Wahlchancen für seine Partei zu verbessern. Seine Partei aber ist auch nur eine Firma, die im Wettbewerb mit anderen Firmen, sprich Parteien, obsiegen will. Idealerweise könnte das zwar auch dazu führen, dass die Parteien das tun, was gut für die Menschen ist. Insofern widerspricht diese Sichtweise der finanzwissenschaftlichen nicht grundsätzlich, doch hat die Partei auch noch andere Interessen. So wollen sie Stellen in der staatlichen Verwaltung und im Parlament, die mit Parteigenossen besetzt werden können, und suchen Kontakte zur Wirtschaft und Verbänden, um dort Nebenjobs zu erhalten oder nach dem Ende ihrer Amtszeit tätig zu werden.

Aus der Sicht Buchanans würden Politiker eine Maßnahme, die einem Volk langfristig nützt, aber kurzfristig keine Wählerstimmen bringt, weil die Leute die Wirkungen nicht verstehen oder sie zu lange darauf warten müssten, nicht ergreifen. Der Zeithorizont des Politikers wird damit so lang wie die Wahlperiode – oder was von ihr noch bleibt –, und grundsätzlich neigt er dazu, der gegenwärtigen Wählerschaft zulasten zukünftiger Wähler, die häufig noch Kinder sind oder womöglich noch gar nicht geboren wurden, Geschenke zu machen. Die überbordende Staatsverschuldung der meisten Demokratien auf der Welt wird so verständlich.

Politiker ergreifen außerdem Maßnahmen, die den für alle verfügbaren Kuchen verkleinern, weil es in der Demokratie reicht, wenn aufgrund einer Politikmaßnahme eine Mehrheit gewinnt, auch wenn diese

Mehrheit weniger gewinnt, als die Minderheit verliert. Dieser Effekt erklärt, wieso es in Demokratien einen Hang zu progressiven Steuern gibt, die wenigen Reichen selbst prozentual gesehen sehr viele Mittel abnehmen, um die Mehrheit der Wahlbürger mit Steuernachlässen beschenken zu können, auch wenn dies zu einer Kapitalflucht, einem Verfall der Immobilienwerte und Verlusten bei der Minderheit der belasteten Steuerzahler führt, die die Gewinne der beschenkten Mehrheit übersteigen.

Mit Buchanan wird also auch verständlich, warum Politiker, statt auf Ökonomen zu hören, die ihnen Vorschläge im Sinne der objektiven Verbesserung des Gemeinwohls machen, lieber Marketingexperten und Publizistikprofessoren folgen, die ihnen verraten, wie sie sich in den Medien ein positives Image verschaffen können, ohne dafür wirksame und zunächst schmerzliche Politikmaßnahmen ergreifen zu müssen, die sich womöglich einige Jahre hinziehen müssten. Jahresberichte von Sachverständigenräten fassen die beratungsresistenten Politiker mit Glacée-Handschuhen an, um sie alsbald in den Papierkorb fallen zu lassen, während sie lieber schnell noch die Ergebnisse der neuesten wöchentlichen Meinungsumfrage studieren. Und damit zusammenhängend feilen die Politiker lieber an ihren Kommunikationsstrategien, für die sie zudem noch Unsummen öffentlicher Mittel ausgeben, statt dass sie sich mit Sorgfalt an die Ausarbeitung ihrer Gesetze machen und sich dem Aktenstudium hingeben. Häufig tendieren Politiker auch dazu, Entscheidungen zugunsten von organisierten Partikularinteressen wie Verbänden u. a. zu treffen, weil die Nutznießer sich mit Parteispenden, wenn nicht sogar Bestechungsgeldern erkenntlich zeigen, die dann wiederverwendet werden können, um den nächsten Wahlkampf zu finanzieren.

Kurzum: James Buchanan entwickelte eine Theorie, die Politiker genauso als eigennützige egoistische Optimierer darstellt, wie es die traditionelle volkswirtschaftliche Theorie inklusive der Finanzwissenschaft mit den Firmen und Haushalten tut, deren Verhalten sie durch Regulierungsmaßnahmen oder steuerliche Anreize verändern will.

Buchanan war nicht der einzige Ökonom, der das Staatsverhalten aus eigennützigen Motiven der Politiker heraus zu verstehen versuchte. Auch der amerikanische Ökonom Anthony Downs hat bereits 1957 dazu ein bahnbrechendes Werk zur Funktionsweise der Demokratie entwickelt. Schon bei meinem Studium in Münster hatte uns der aus dem Baltikum stammende Erik Boettcher diese Theorie und seine eigene Fortführung unter dem Stichwort »Neue Politische Ökonomie« nahegebracht. Er hatte sogar eine Zeitschrift dieses Titels herausgegeben. Andere Größen des Faches sind Ökonomen wie Gordon Tullock, Mancur Olson oder Bruno Frey. Buchanan war am Ende der Wissenschaftler, der sich dank einer Vielzahl von faszinierenden Publikationen im Jahr 1986 den Nobelpreis verdiente.

Ich selbst konnte mich lange Zeit nicht mit dem *Public-Choice*-Ansatz von Buchanan und anderen anfreunden, weil er mir nicht half, Politikempfehlungen zu entwickeln. Auch wenn ich weiß, dass Politiker gar nicht auf mich hören, muss ich dennoch als Volkswirt die Wahrheit sagen und Empfehlungen geben, die meiner Meinung nach tatsächlich dem Gemeinwohl dienen.

Es folgt aber aus dem im Prinzip desillusionierenden Ansatz von Buchanan, dass es wenig Sinn hat, den Politikern diese wirtschaftspolitischen Empfehlungen gleichsam im Vertrauen mitzuteilen – in der Hoffnung, sie würden sich dann schon bewegen. Das tun sie normalerweise nicht. Umgekehrt impliziert diese Schlussfolgerung im Gegensatz zu dem, was manche Anhänger Buchanans meinen, nicht, dass man als Ökonom gleich die Hände in den Schoß legen kann und sich auf die bloße Prognose des Politikerverhaltens beschränken sollte.

Vielmehr folgt – und das wird mir beim Schreiben dieser Zeilen klarer als je zuvor – aus den frustrierenden Erkenntnissen der Public-Choice-Schule und den trotzigen Reaktionen der traditionellen Finanzwissenschaftler, die ihren normativen Denkansatz für unverzichtbar halten, dass der Volkswirt das Volk direkt beraten sollte. Wenn es dem Volkswirt gelingt, ein Thema im öffentlichen Diskurs zu platzieren und die Medien wie die Bürger dafür zu interessieren, dann interessieren sich auch die an Wählerstimmen interessierten Politiker dafür. Nur so kann der Volkswirt als Berater der Wirtschaftspolitik Erfolg haben. Zwischen der Public-Choice-Schule und der Finanzwissenschaft gibt es dann keinen Widerspruch mehr.

Den Weg der Beratung des Volkes bin ich in meiner Zeit als Präsident des ifo Instituts eher unbewusst und intuitiv gegangen, ohne dass mir die dogmenhistorische Bedeutung dieses Weges damals klar war. Am Institut haben wir zwar stets Forschung im Auftrag von Ministerien und

Behörden betrieben, um damit Geld zu verdienen. Doch habe ich bald gemerkt, dass vieles von dem, was wir produzierten, in den Schubladen landete und so letztlich gar nicht entscheidungsrelevant wurde. Deshalb habe ich mich über Medien direkt an die Öffentlichkeit gewandt, wenn ich Kenntnis von einem ökonomischen Missstand gewonnen hatte und politische Maßnahmen zu seiner Überwindung vorschlagen konnte. Sobald sich die Öffentlichkeit eines Themas angenommen hatte, reagierten auch die Politiker. Nur so war Politik wissenschaftlich beeinflussbar.

Dabei hat mir, dem traditionellen Finanzwissenschaftler, der Public-Choice-Ansatz auch insofern geholfen, als er meinen Blick auf die Verzerrungen im Entscheidungsprozess öffentlicher Instanzen geschärft und mich geradezu angestachelt hat, diese Verzerrungen öffentlich zur Sprache zu bringen. So bin ich etwa in den letzten Jahren vor meiner Pensionierung zunehmend kritisch gegenüber der *Europäischen Zentralbank* (EZB) geworden, weil ich eine wachsende Lücke zwischen der wohlklingenden öffentlichen Kommunikation zur Begründung ihrer Maßnahmen und deren tatsächlichen Wirkungen sah. Ohne die Public-Choice-Theorie hätte ich vermutlich nicht verstanden, dass ein so sehr nach Geldpolitik klingender Begriff wie *Outright Monetary Transactions* (deutsch: »Offene monetäre Transaktionen«; ich komme darauf in Kapitel 13 ausführlich zurück) in Wahrheit mit Geldpolitik kaum etwas zu tun hat, sondern eine Versicherung ist, die die EZB auf Kosten ihrer Eigentümer, – also der Steuerzahler – den Käufern der Staatspapiere überschuldeter Länder bietet. Und zwar kostenlos. Und ich hätte vermutlich auch nicht verstanden, warum der Zentralbankrat Zinsunterschiede zwischen den Ländern der Eurozone als »Störungen der Transmission der Geldpolitik« bezeichnet, obwohl solche Zinsunterschiede in Wirklichkeit notwendig sind, um die unterschiedlichen Länderrisiken zu kompensieren und den überschuldeten Ländern Anlass zu geben, bei der weiteren Kreditaufnahme vorsichtig zu sein. Dass auch das deutsche Verfassungsgericht in seinen Vorlagenbeschlüssen zu den Kaufprogrammen der EZB, zuletzt im August 2017, argumentiert, dass die EZB ihr Mandat verletzt habe und dem Europäischen Gerichtshof, wie ich meine, erdrückende Beweise dafür vorlegen konnte, bestätigt ebenfalls die Relevanz des Public-Choice-Ansatzes bei der Analyse dieser europäischen Einrichtung.

»Zwei gegensätzliche Visionen des Staates«: Die Buchanan-Musgrave-Debatte

Ich möchte diese Kapitel mit einer, wie ich finde, sehr schönen Begebenheit beschließen, bei der ich James M. Buchanan und Richard A. Musgrave, die beiden Großmeister »meines« Faches Finanzwissenschaft, zusammenführen konnte – und dabei ihr Denken noch besser verstehen lernte.

Als ich beide einmal auf der Jahrestagung des International Institute of Public Finance (IIPF) in Kyoto traf – es war 1997 – kam mir plötzlich eine Idee. Wie wäre es, wenn man die beiden Antagonisten zu einem mehrtägigen Disput nach München an die Universität einladen würde? Noch in Kyoto brachte ich sie zusammen, trug meine Idee vor, begeisterte sie dafür und erhielt ihre Zusage. Wir einigten uns auf ein Verfahren, mit dem beide gut leben konnten. Ein um den anderen Tag, insgesamt eine Woche lang, trug jeweils einer der beiden zu einem bestimmten, vorher festgelegten Themengebiet vor, und der andere kommentierte. So war jeder gleichermaßen in beiden Rollen tätig und hatte die gleiche Chance, seine Sicht darzulegen. Obwohl beide Protagonisten ihre Vorträge gründlich vorbereitet hatten, ergab sich doch ein überaus lebendiger Diskurs, der im weiteren Verlauf der Tage zu einem munteren Pingpong-Spiel wurde. Keiner der beiden ereiferte sich dabei, und beide gingen sehr höflich miteinander um.

Dennoch traten die unterschiedlichen Sichtweisen und ihre auch biografischen Hintergründe sehr deutlich hervor. Musgrave war dabei sozusagen der deutsche Sozialdemokrat, der Menschenmassen in überfüllten Städten vor Augen sah und den Staat einsetzen wollte, um mit seiner Hilfe die für ein geordnetes Leben nötige Infrastruktur und den sozialen Ausgleich zu schaffen. Bei Buchanan hingegen spürte man die Herkunft von einer Ranch in Tennessee, die dem Großvater gehört hatte, der zugleich Gouverneur des im amerikanischen Bürgerkrieg unterlegenen Staates war. Für ihn stellte der Staat den Feind dar, der hin und wieder in Form eines Steuerinspektors erschien, um Geld für ferne Zwecke in Washington einzusammeln, und von dem man froh war, wenn er sich wieder entfernte.

Zu der Veranstaltung hatten sich Professoren aus dem In- und Ausland angemeldet, und die meisten hielten die ganze Woche durch, um der sensationellen Zusammenkunft der Vertreter so unterschiedlicher Denkschulen beizuwohnen. Wir nahmen die Diskussion auf Video auf, übermittelten die Aufnahmen den beiden Disputanten und baten sie, uns ihre modifizierten Texte über die Referate und Diskussionsbausteine zur Verfügung zu stellen. Unter Mithilfe meines damaligen wissenschaftlichen Assistenten Jakob von Weizsäcker wurden die Texte redigiert und anschließend in unserer CESifo-Buchreihe bei MIT Press veröffentlicht. Die Videos sind noch heute auf der CESifo-Homepage einzusehen.

Noch heute auch bin ich überzeugt davon, dass so ein wissenschaftliches Dokument von höchstem historischem Wert entstanden ist, mithilfe dessen sich auch nachfolgende Generationen über *Zwei gegensätzliche Visionen des Staates* informieren können, denn das war, wenn auch auf Englisch, der Titel des Buches.

7

Die wichtigste Frage:
Wie wird der Wohlstand verteilt, und wie sollte er verteilt werden?

Neymar, Topmanager & Co: Wer was bekommt und was das mit Migration und Gerechtigkeit zu tun hat • *Von reich zu arm: Der Schleier des Unwissens und warum die staatliche Umverteilungspolitik grundsätzlich nützlich ist* • *Die EU, die Sozialmigration und das Wohlfahrts-Trilemma* • *Gut gemeint, aber nicht gut getan: Der falsch konstruierte Sozialstaat ...* • *... und warum die Agenda 2010 und der aktivierende Sozialstaat der Ausweg gewesen sind* • *Wolfgang Wiegards Dienst, Gerhard Schröders Preis und ein Theaterstück* • *Große Enttäuschung Angela Merkel: Das Leipziger CDU-Programm und seither sehr viele Schritte zurück*

7 Die wichtigste Frage: Wie wird der Wohlstand verteilt, und wie sollte er verteilt werden?

Neymar, Topmanager & Co: Wer was bekommt und was das mit Migration und Gerechtigkeit zu tun hat

Als links orientierter Student begegnete ich der Marktwirtschaft anfangs, wie erläutert, mit großer Skepsis. Zwar hatten mich meine Lehrer überzeugt, dass diese Wirtschaftsform mehr Freiheit und mehr Wohlstand bringt als andere Varianten, die man in der Geschichte ausprobiert hat oder sich auch nur ausdenken konnte. Doch bewahrte ich mir meine Skepsis bei der Frage der Verteilung des Wohlstands. Hier hatte die volkswirtschaftliche Theorie, wie es aussah, wenig Beruhigendes anzubieten.

Nach welchen Regeln wird in der Marktwirtschaft entschieden, wer wie viel verdient, und wie sollte man diese Regeln beurteilen? Sowohl die positive Frage, wie das in einer Gesellschaft erwirtschaftete Sozialprodukt durch Marktprozesse verteilt wird, als auch die normative Frage, wie es verteilt werden *sollte*, ließen mich nicht los. Selbst hatte ich zu lange unter der Armut meiner Eltern gelitten, als dass ich hier gleichgültig sein konnte.

Und mit meiner Neugier – und Leidenschaft – stand ich nicht allein. Die Verteilungsfrage stand in der Tat schon am Anfang der volkswirtschaftlichen Theoriebildung. Auch David Ricardo, der zweite große britische Ökonom nach Adam Smith, hatte vor zwei Jahrhunderten die Verteilungsfrage zur Hauptfrage der Volkswirtschaftslehre erklärt, und für Karl Marx war sie das sowieso. Gerade als Finanzwissenschaftler – der sich quasi von Berufs wegen mit der Rolle des Staates in der Marktwirtschaft beschäftigt – fühle ich mich der Erforschung und Beantwortung der Verteilungsfrage besonders verpflichtet. Und die Beschäftigung mit ihr ist bis heute Teil meines wissenschaftlichen Lebens.

Die Verteilungsfrage spielte auch in meinen eigenen Vorlesungen stets eine erhebliche Rolle, so in meiner Vorlesung zur Sozialpolitik, die Teil des viersemestrigen »Sinn-Zyklus« war, den ich im vorigen Kapitel schon erwähnte. Sie wurde aber noch intensiver in einer eigenständigen verteilungstheoretischen Vorlesung behandelt, die ich in den ersten Münchner Jahren immer wieder hielt.

Von nicht wenigen wird behauptet, Märkte würden automatisch dafür sorgen, dass Einkommen leistungsgerecht zugemessen werden. Das ist insofern richtig, als von zwei Menschen mit gleichen Fähigkeiten derjenige, der fleißiger ist und mehr arbeitet, auch mehr verdient. Doch ist das nur die eine Seite der Medaille. Auf der anderen Seite gibt es Fähigkeiten, die gut entlohnt werden, und andere, für die nur ein geringer Lohn erzielt wird. Wie hoch der Lohn ist, hängt davon ab, wie wichtig diese Fähigkeiten für die Produktion von Gütern und Leistungen sind und wie die Kunden diese Güter und Leistungen bewerten. Das wiederum hängt wesentlich von deren Knappheit ab. Wenn man sich anstrengt und etwas tut, was viele andere auch können, ist der Lohn gering. Wenn man hingegen etwas beherrscht, was kaum ein anderer kann, erreicht der Lohn bisweilen astronomische Werte, ohne dass man sich sonderlich anstrengen muss.

Man denke nur an die Gagen von Profi-Fußballspielern. So sollte für den lange in Barcelona spielenden Neymar eine Ablösesumme von 222 Millionen Euro bezahlt werden, damit er künftig für Paris Saint-Germain aufläuft. Um den Wechsel zu ermöglichen und zugleich den, wie sich zeigte, dehnbaren Regeln der FIFA zu entsprechen, streckte Neymar diese Summe aus seinem Privatvermögen vor – um sie dann auf anderem Wege vom Eigentümer des Pariser Clubs, einem Investor aus Katar, zurückzuerhalten. Das gibt eine Ahnung davon, wie gigantisch hoch Neymars Gehalt in Paris – plus etwaige Erlöse aus Werbeeinnahmen – am Ende war. Kein Wunder: Neymars Fähigkeiten sind fast einmalig auf der Welt, sie sind extrem knapp.

Auch Manager, deren Fähigkeiten und Kenntnisse zur Steuerung großer, globaler Unternehmen im weltweiten Wettbewerb ein extrem knappes Gut sind, erzielen hohe Gehälter, auch wenn sie in der Regel nicht im Entferntesten an das heranreichen, was Spitzenfußballspieler in den Jahren ihres sportlichen Zenits erhalten.

Wenn in einen Markt mehr solcher Menschen mit ähnlichen Fähigkeiten eintreten, dann fällt deren Lohn geringer aus, obwohl die Leistung doch genau dieselbe ist. Gäbe es viele Fußballspieler, die so gut spielen könnten wie Neymar, so würden gewiss keine 222 Millionen Euro als Ablösesumme gezahlt werden. Neymar würde auch kein derart astromisch hohes Gehalt beziehen – erst recht nicht, wenn es viele gäbe, die noch etwas besser spielen würden als er. Die gleiche Logik gilt für die Manager. Wenn mit gleichen Fähigkeiten und gleichem Fleiß neue Manager in den Markt eintreten, die mehr können, fällt ihr Marktwert rapide, und sie rücken mit Blick auf ihr Einkommen ins zweite Glied.

7 Die wichtigste Frage: Wie wird der Wohlstand verteilt, und wie sollte er verteilt werden?

Die Frage, wie die Entlohnung auf Arbeitsmärkten bestimmt wird, hat nach Ricardo noch viele Ökonomen beschäftigt. Erst 1899 jedoch gelang es dem US-amerikanischen Ökonomen John Bates Clark in seinem wegweisenden Buch *The Distribution of Wealth,* eine überzeugende Theorie zu entwickeln. Er zeigte, dass es nicht die Leistung an sich ist, die die Entlohnung bestimmt, sondern die Grenzproduktivität – oder Grenzleistung –, und er argumentierte, dass diese Grenzleistung mit wachsendem Einsatz eines Produktionsfaktors gegebener Qualität fällt. Betrachten wir beispielsweise den Markt für ungelernte Arbeiter. Mit Grenzleistung bzw. Grenzproduktivität der Arbeit ist dabei die Zusatzleistung gemeint, die ein weiterer Arbeiter erzeugt, wenn schon andere der gleichen Qualifikation vorhanden sind. Diese Zusatzleistung ist in der Regel kleiner als die Durchschnittsleistung der schon vorhandenen Arbeiter, weil die Unternehmen die guten, produktiveren Geschäftsmodelle zunächst realisieren und die weniger guten Modelle sukzessive erst bei niedrigerem Lohn in Angriff nehmen. Die von Clark angenommene fallende Grenzproduktivität der Arbeit folgt also aus dem bloßen Umstand, dass immer nur beschränkte Möglichkeiten für Arbeitsplätze einer bestimmten Produktivität vorhanden sind und dass die Unternehmen mit den besseren beginnen und sich bei fallendem Lohn quasi sukzessive zu den schlechteren vorantasten, weil die dann auch rentabel werden. Je mehr Arbeiter vorhanden sind und in den Produktionsprozess integriert werden, desto niedriger muss offenbar der Marktlohn sein, denn andernfalls würde ein Teil der Arbeiter nicht integriert, und es entstünde Arbeitslosigkeit.

Nun könnte man denken, dass die Unternehmen die Löhne ja differenzieren und den später kommenden Arbeitern niedrigere Löhne als den schon anwesenden zahlen könnten. Doch tun sie das freiwillig nicht. Sind die Arbeitnehmer austauschbar, werden auch die Löhne der schon anwesenden Arbeitnehmer herunterkonkurriert. Auf einem Konkurrenzmarkt gibt es für einen Typ von Arbeit auch nur einen Lohn.

Die Erkenntnis von John Bates Clark hat nun etwa unmittelbare Implikationen für die Wirkung der Immigration, wie sie Deutschland unter seiner Kanzlerin Merkel erfahren hat. Ist den Immigranten die Arbeit erlaubt, fällt der Lohn der schon anwesenden Menschen dieser Kategorie, obwohl sie noch genauso fleißig sind wie vorher, denn die neuen Arbeitnehmer konkurrieren die Löhne der alten Arbeitnehmer herunter. Der Lohnverfall wiederum lässt arbeitsintensive Geschäftsmodelle rentabel werden, die bei höherem Lohn nur verlustbringend hätten betrieben werden können. Dadurch gelingt die Integration der Immigranten in den Arbeitsmarkt. Versucht die Politik den Lohnverfall durch Mindestlöhne zu verhindern, kommen diese Geschäftsmodelle nicht zustande, und die Immigration wird eine Immigration in die Arbeitslosigkeit. Das alles sind keine kurzfristigen, sondern langfristige Effekte, weil der Auf- und Abbau von Fabriken und Unternehmen Zeit braucht. Und die Lohneffekte sind auch nicht absolut zu verstehen, sondern immer nur im Vergleich zum Trend, der in der Wirtschaft wegen des technischen Fortschritts realisiert wird.

Die allgemeine Lohnsenkung im Vergleich zum Trend erklärt, weshalb insbesondere gering qualifizierte Arbeitnehmer, die in direktem Lohnwettbewerb mit den Immigranten stehen, gegen die Politik der Kanzlerin auf die Barrikaden gingen. Besserverdienende hatten demgegenüber weniger gegen die Immigration, denn ihre Realeinkommen steigen in dem Maße, wie die Löhne der einfachen Arbeiter fallen. Zum einen können sie deren Leistungen nun billiger direkt erwerben, zum anderen steigt die Grenzproduktivität ihrer eigenen Arbeitsleistung durch den vermehrten Einsatz von Arbeitskräften, die zu ihrer eigenen Arbeitsleistung eher komplementär sind. Die Folge ist, dass die Unternehmen ihre Leistungen mehr nachfragen und ihren Lohn im gegenseitigen Wettbewerb hochkonkurrieren. Konkret: Gibt es mehr ungelernte Arbeiter, werden die Meister, die sie anlernen können, für das Unternehmen wertvoller. Auch wird mehr anderes Führungspersonal gebraucht. Selbst das Finanzkapital, mit dem man die für die neuen Arbeiter benötigten Maschinen bezahlt, wird wichtiger und hat eine höhere Grenzproduktivität, was den Zins steigert, den die Unternehmen zu bieten bereit sind, um das Finanzkapital, nämlich Kredite, zu bekommen.

John Bates Clark hat übrigens nicht nur in den USA studiert, sondern auch in Zürich und in Heidelberg bei Karl Knies, einem der damals prominentesten Vertreter der deutschen Nationalökonomie. Viele Amerikaner, die etwas auf sich hielten, studierten in der zweiten Hälfte des 19. Jahrhunderts in Deutschland, denn das Land war in der Entwicklung der Wissenschaften sehr dynamisch unterwegs. Vor dem Ersten Weltkrieg galt es gar als Hochburg der Natur- und Geisteswissenschaften, und selbst in der Ökonomie, die ja genau genommen zu den Sozialwissenschaften gehört

7 Die wichtigste Frage: Wie wird der Wohlstand verteilt, und wie sollte er verteilt werden?

und schon seit ihrem Urvater, dem Schotten Adam Smith, eigentlich eine angelsächsische Domäne war, hatte man offenbar genug vorzuweisen, um amerikanische Studenten anzuziehen. In meinem Studium bin ich übrigens auch durch meine damalige Kommilitonin und heutige Ehefrau Gerlinde mit der Verteilungstheorie in Kontakt gekommen. Sie schrieb nämlich Anfang der 1970er-Jahre ihre Diplomarbeit über die Grenzproduktivitätstheorie der Verteilung. Durch die Diskussionen mit ihr lernte ich damals bereits vieles über die Geschichte dieser Theorie und ihre Logik. Ohne Übertreibung kann man sagen, dass die Grenzproduktivitätstheorie der Verteilung, deren Grundlagen John Bates Clark bereits Ende des 19. Jahrhunderts entwickelte, bis zum heutigen Tage einen soliden Kern der volkswirtschaftlichen Theorie bildet. Selbst modernere Ausprägungen der Verteilungstheorie, die Informationsasymmetrien und Gewerkschaftsmacht berücksichtigen, kommen an der fundamentalen Logik der Grenzproduktivitätstheorie nicht vorbei.

Auch der Lohn von Fußballprofis auf dem Niveau eines Neymar wird durch das Grenzprodukt dieser Spielergruppe erklärbar. Das von Neymar – oder anderen Spielern seiner Qualität – erzeugte Grenzprodukt besteht nämlich in den zusätzlichen Einnahmen seines Vereins, die aufgrund der nun häufigeren Siege bei den Fußballspielen durch ihn möglich werden. Ähnlich ist es bei Managern von Großunternehmen, die wie die Fußballspieler bestrebt sind, ihre Vereine, sprich: Firmen, an die Spitze zu bringen und im Konkurrenzkampf siegen zu lassen.

Doch es ist nicht nur einzelwirtschaftlich betrachtet sinnvoll, Manager von großen börsennotierten Unternehmen mit Kompetenzen, die knapp auf dem Markt sind, gut zu bezahlen. Es ist auch volkswirtschaftlich betrachtet sinnvoll, dass die Löhne der Manager durch die Konkurrenz der Unternehmen auf ein sehr hohes Niveau getrieben werden, denn die Lohnkonkurrenz um die besten Köpfe stellt sicher, dass diese Köpfe nicht in subalternen Unternehmungen dienen, sondern dort, wo sie den größten Beitrag zum Geschäftserfolg und damit zum Sozialprodukt leisten können, und das ist in jenen Unternehmen der Fall, die für sie am meisten zahlen können.

Ist das nun gerecht? Dass Fußballprofis wie Neymar solch hohe Gehälter bekommen? Oder dass die Manager das Zigfache von dem bekommen, was Arbeiter verdienen? Ich habe in meinem Leben immer wieder über die

Fragen der Verteilung von Wohlstand nachgedacht. Bis zum heutigen Tage ist es mir nicht gelungen, eine Argumentationslinie zu entdecken, nach der man die Knappheits- oder Grenzproduktivitätsentlohnung der Märkte als gerecht bezeichnen könnte, ohne semantische Klimmzüge veranstalten zu müssen.

Aber um Gerechtigkeit geht es auf den Märkten nicht, auch wenn manche sich das wünschen mögen. Es geht vielmehr darum, dass funktionierende Märkte als wirtschaftlicher Koordinationsmechanismus einer Gesellschaft ihr größtmögliches Sozialprodukt ermöglichen. Das heißt nicht, dass funktionierende Märkte ungerecht sind, sondern nur, dass sie weder unmoralisch noch moralisch sind, sondern amoralisch sind – insofern also quasi auf dem sozialen Auge blind.

Ich verstehe, dass viele Menschen diese Eigenschaft von Märkten als störend empfinden. Deswegen verstehe ich auch das Unbehagen, das sie gegenüber dem kapitalistisch-marktwirtschaftlichen System empfinden, vor allem dann, wenn es wieder einmal zu einer großen Krise mit vielen Verlierern kommt. Nur ziehe ich daraus nicht den Schluss, den manche befürworten, dass man das marktwirtschaftliche System aufgeben sollte, denn das hieße, das Kind mit dem Bade auszuschütten.

Viel besser ist es, Möglichkeiten zu nutzen, innerhalb des Systems schonende und – soweit es geht – marktgerechte Korrekturen vorzunehmen, die den Wirtschaftsablauf möglichst wenig stören. Das gilt ebenfalls für die Frage der Verteilung der Einkommen und damit indirekt für die Verteilung der Vermögen, die ja durch Ersparnis aus den Einkommen gebildet werden.

Die Betonung bei diesen Reformen muss auf dem Adjektiv »schonend« liegen, denn es ist ein fundamentaler Zielkonflikt in der Wirtschaftspolitik, beides, die Größe des Kuchens und die Gleichmäßigkeit seiner Verteilung, zu beachten. Je mehr man mit staatlichen Mitteln in die Einkommensverteilung eingreift, desto mehr verzerrt man das System der relativen Preise, das die schon erläuterte Unsichtbare Hand braucht, um effizient wirken zu können. Desto mehr versagt auch der Kompensationstest. Und desto kleiner ist folglich der Kuchen, der für alle zusammen zur Verfügung steht.

Um das zu verstehen, lohnt es, sich in Erinnerung rufen, worin das Grundprinzip der Marktwirtschaft besteht: Der Unternehmer wird von seinen Kunden für die gelieferte Ware bezahlt, und er muss andere, deren

7 Die wichtigste Frage: Wie wird der Wohlstand verteilt, und wie sollte er verteilt werden?

Leistungen er selbst in Anspruch nimmt, bezahlen, und alle Beteiligten, bis hin zum Kunden, treten nur freiwillig in Austausch miteinander. Aus diesem Grunde kommen nur allokationsverbessernde Aktivitäten zustande, bei denen niemand Nachteile erleidet. Im Regelfall haben sogar viele – wenn nicht gar alle – einen Vorteil. Der Kunde zahlt niemals mehr, meistens aber weniger, als ihm die Ware wert ist. Der Unternehmer erzielt meistens einen Gewinn, der größer, aber niemals absehbar kleiner ist als der Wert seiner eigenen Leistung. Und Arbeitnehmer sowie Lieferanten von Vorprodukten bekommen meistens mehr, nicht aber weniger, als sie brauchen, um auf die anderweitige Verwertung ihrer Zeit und ihrer Produkte zu verzichten, denn wäre dies nicht der Fall, würden auch sie nicht mitmachen.

Wenn nun der Staat in diese Geschäfte eingreift, indem er beispielsweise einen Teil des Unternehmergewinns und des Lohns der Arbeitnehmer wegsteuert, um anderen etwas zugutekommen zu lassen, dann unterbindet er viele sinnvolle und eigentlich profitable wirtschaftliche Aktivitäten, weil der Kompensationstest gestört wird – von den schon erläuterten externen Effekten, wie sie zum Beispiel im Umweltbereich wichtig sind, einmal abgesehen. Die Arbeitnehmer flüchten in die Freizeit, die Heimarbeit oder die Schwarzarbeit, und der Unternehmer schließt sein Unternehmen, wird zum *Rentier*, verprasst sein Vermögen oder zieht in andere Länder um, wo die Steuern niedriger sind. Kurzum, das Sozialprodukt fällt und mit ihm das zur Verteilung verfügbare Einkommen.

Von reich zu arm: Der Schleier des Unwissens und warum die staatliche Umverteilungspolitik grundsätzlich nützlich ist

Bevor man sich die Frage stellt, mit welchen Mitteln die Verteilung der Einkommen in einer Marktwirtschaft (schonend) verändert werden kann, stellt sich die Vorfrage, warum man diese Verteilung überhaupt beeinflussen sollte. Warum also sollte man sich nicht einfach zufriedengeben mit dem Ergebnis des Marktes?

Für einen Linken, wie ich es zu Beginn meines Ökonomiestudiums war, stellte sich diese Frage nicht wirklich. Seit meiner Kindheit kannte ich materielle Entbehrungen und Armut, und ich war überzeugt, dass die Politik die Ungleichheit um der Gerechtigkeit willen verringern musste. Und das hieß, die Politik sollte die Einkommen umverteilen – also von den Reichen nehmen, um den Armen zu geben.

Das klingt überzeugend und einfach, vor allem, wenn man selbst zu den Profiteuren einer solchen Politik gehören würde. Aber steckt hinter dieser Idee nicht vielleicht auch etwas anderes, nämlich verkappter Neid? Ist die Präferenz für Gerechtigkeit vielleicht dasselbe wie Neid?

Wenn ich zurückdenke, waren wir Linken damals, wie ich befürchte, wohl auch von Neid geleitet, wenn wir von Gerechtigkeit sprachen, wenn auch unbewusst. Auch den Sozialismus kann man womöglich in Teilen als einen Versuch verstehen, den Neid mit einem besseren Vokabular hoffähig zu machen.

Es ist vielleicht kein angenehmer Gedanke, aber heute glaube ich, dass meine familiäre Präferenz für die linke Sozialdemokratie und die damit einhergehende staatliche Umverteilung zugunsten von Ärmeren auch mit Neid auf jene verbunden war, die deutlich mehr hatten als wir. Wie viele andere Familien auch wollten wir nach oben, und diese Partei und ihre politischen Versprechen, mehr Gerechtigkeit durch Umverteilung zu den Ärmeren schaffen zu wollen, schien uns den Weg dahin zu erleichtern. Das mag uns nicht bewusst gewesen sein, aber heute denke ich, dass es so war. Uns trieb also nicht die Suche nach Gerechtigkeit an sich, die *anderen* zu einem höheren Lebensstandard verholfen hätte, sondern der Versuch, die *eigene* Lebenssituation zu verbessern.

Als Mensch, aber auch als Ökonom kann ich an einem so motivierten Wunsch nach Umverteilung von reich zu arm auch heute nichts Unnatürliches oder Verwerfliches finden. Ich verstehe ihn natürlich, zumal der Neid nicht auf die Armen beschränkt ist. Wir sehen ihn überall im Leben, selbst zwischen reichen Unternehmern, von denen der eine noch etwas mehr Erfolg hat als der andere, und natürlich auch in der Wissenschaft, meinem eigenen Metier. Hier neidet der eine dem anderen den Publikationserfolg, die bessere Bewertung durch die Studenten, die größeren Forschungsgelder, die Ehrenpromotion, den Ruf an ein Max-Planck-Institut und selbst die Einladung als Gutachter beim Verfassungsgericht.

Nur taugt der Neid des Einzelnen nicht, ihn zur prinzipiellen Grundlage politischen Handelns werden zu lassen. Eine solche Grundlage muss

7 Die wichtigste Frage: Wie wird der Wohlstand verteilt, und wie sollte er verteilt werden?

breiter abgestützt sein und sie muss von den eigenen Interessen absehen. Sie muss, davon bin ich überzeugt, unparteiisch sein und sich ausrichten am kategorischen Imperativ Immanuel Kants: »Handle nur nach derjenigen Maxime, durch die du zugleich wollen kannst, dass sie ein allgemeines Gesetz werde.«

Wenn ich ehrlich bin, finde ich heute, da ich deutlich mehr Geld verdiene als damals, als ich noch ein aus ärmlichen Verhältnissen kommender Student war, durchaus nicht, dass ich noch mehr Steuern zahlen sollte, damit der Staat sie dann auch noch den Ärmeren geben kann. Ich bin zwar durchaus dafür, dass ich wesentlich mehr Steuern als andere zahle, die weniger verdienen, auch in Relation zu meinem Einkommen, keine Frage. Dennoch bin ich persönlich erleichtert, wenn die Steuerschraube nicht noch weiter angezogen wird.

Aber aus einer solchen subjektiven Sicht zu »argumentieren«, führt für die Begründung von Wirtschaftspolitik nicht weiter. Ich setze »argumentieren« bewusst in Anführungszeichen, denn eine bloße Präferenz, nicht mehr Steuern zahlen zu wollen, ist ja nicht wirklich ein Argument. Gerade der Volkswirt, der allen verantwortlich ist, muss sich davor hüten, seine Glaubwürdigkeit aufs Spiel zu setzen, um persönliche Vorteile zu erzielen. Seine Politikempfehlungen können nur dann richtig sein und gelingen, wenn sie unparteiischen Prinzipien folgen. Und das gilt insbesondere auch für die Umverteilungspolitik des Staates.

Es gibt glücklicherweise bessere Begründungen für eine sozialstaatliche Umverteilungspolitik im Rahmen einer Marktwirtschaft als den Ruf nach Gerechtigkeit, was auch immer hinter diesem Ruf stehen mag. Im Wesentlichen sind es zwei Argumentationsstränge, die zu einer objektiven Begründung taugen.

Der eine ist – so will ich es einmal nennen – eher pragmatischer Natur. Wenn die Einkommensunterschiede in einer Gesellschaft zu groß sind und es außerdem kaum Aufstiegschancen gibt, wächst der Groll bei denen, die abgehängt sind. Damit entsteht ein Protestpotenzial, das für die Gesellschaft destabilisierend wirkt und den gesellschaftlichen Frieden bedroht. In einer solchen Gesellschaft ist der Anreiz für die Abgehängten groß, die Ressourcen zu stehlen, über die sie nicht verfügen, deren Erwerb sie sich nicht leisten können und von denen sie auch in absehbarer Zukunft nicht erwarten können, dass sie sie sich leisten können. Es mag überspitzt klingen, doch die US-amerikanische Gesellschaft, die bekanntermaßen sehr große Einkommens- und Vermögensunterschiede aufweist, kann die daraus erwachsenden Spannungen offenbar nur dadurch im Zaum halten, dass sie 2 Prozent der männlichen Bevölkerung in Gefängnissen hält – doppelt so viel wie in Deutschland. Eine Gesellschaft, die so reagieren muss, erscheint – mir jedenfalls – als wenig erstrebenswert, zumal ja gar nicht gesagt ist, dass sie auf diese Weise an Stabilität gewinnt. Durchaus möglich, ja wahrscheinlich scheint mir zu sein, dass die Gefängnisstrategie auf die Dauer eher zu mehr Unfrieden und Unsicherheit führt als ein sozialstaatlicher Ansatz nach europäischem Muster.

Die zweite Begründung, warum es sinnvoll ist, die Marktwirtschaft um einen Sozialstaat zu ergänzen, ist grundsätzlicher angelegt. Sie hat mit der Versicherungsfunktion der staatlichen Umverteilung und deren Wirkungen zu tun. Um sie zu verstehen, ist es nützlich, zunächst einen kurzen Ausflug in eine philosophische Theorie zu machen, wie sie von dem ungarisch-amerikanischen Ökonomen und Nobelpreisträger János Károly Harsányi – alias John Charles Harsanyi – und dem US-amerikanischen Philosophen John Rawls entwickelt wurde. Diese Theorie hilft, den Konflikt zwischen Reich und Arm mithilfe eines kantianischen Gedankenexperiments aufzulösen, nämlich unter Abstraktion von der Position, in der man sich selbst befindet.

Das Gedankenexperiment erinnert an die hinduistische Wiedergeburt. Es besteht darin, dass man in einer neuen Gesellschaft wiedergeboren wird, die durch eine staatliche Umverteilungspolitik aus der alten Gesellschaft entsteht, in der man sich derzeit aufhält. Man kennt die statistischen Werte der Nettoeinkommensverteilung dieser neuen Gesellschaft, so zum Beispiel das Durchschnittseinkommen nach Steuern und die relative Besetzungsstärke jeder Einkommensklasse. Man weiß aber noch nicht, als was man wiedergeboren wird – als Tellerwäscher oder als Millionär oder was auch immer in der Gesellschaft an Plätzen dazwischen verfügbar ist. Welchen Platz man einnimmt, wird durch ein Losverfahren bestimmt, das allen möglichen Plätzen die gleiche Wahrscheinlichkeit zuweist. Der Clou ist nun, dass man das Ergebnis der Umverteilung vor der Wiedergeburt bewerten soll, also bevor das Los gezogen wird. Die Bewertung soll also sozusagen hinter dem »Schleier des Unwissens« durchgeführt werden. Und dabei soll man, und das ist der kantianische Teil des Gedankenexperiments,

7 Die wichtigste Frage: Wie wird der Wohlstand verteilt, und wie sollte er verteilt werden?

von dem Platz abstrahieren, den man heute tatsächlich in der Gesellschaft einnimmt. Das kann man ja auch, da der Status quo irrelevant für den Platz ist, den man nach der Wiedergeburt qua Los zugewiesen bekommt. Zwar ist es auch mit diesem Gedankenexperiment noch möglich, dass die Menschen zu unterschiedlichen Bewertungen der sich durch die Umverteilung ergebenden Nettoverteilung gelangen, weil sie unterschiedliche Risikoneigungen, also unterschiedlich große Furcht vor einem Pech in der Lotterie haben. Abgesehen davon ist aber anzunehmen, dass sie sich nun eher darüber einigen, wie eine optimale Einkommensverteilung der Gesellschaft aussehen sollte – die dann der Referenzpunkt für die umverteilende Sozialpolitik zu sein hätte. Sie würden sich nun sicherlich eher darüber einigen, weil sie in dem Gedankenexperiment hinter dem Schleier des Unwissens ja nicht von vornherein abschätzen können, ob sie am Ende zu den Gewinnern – Millionär – oder zu den Verlierern – Tellerwäscher – gehören werden. Wenn sie das aber nicht wissen, dann müssen sie mit einer gewissen Wahrscheinlichkeit auch damit rechnen, dass sie zu den Verlierern gehören und insofern von der Umverteilungspolitik des Staates profitieren werden. Ein Konsens bezüglich einer solchen Politik lässt sich also eher erzielen.

Das Problem bei diesem Denkansatz ist nur, dass er ein rein fiktives Gedankenexperiment beschreibt, von dem jeder weiß, dass es nicht durchgeführt wird. In meinen eigenen Forschungen, so insbesondere in meinem 1995 im *Scandinavian Journal of Economics* erschienen Aufsatz »A Theory of the Welfare State« habe ich den Gedanken von Harsanyi und Rawls noch ein Stück weitergedreht, indem ich dort auf das kantianische Gedankenexperiment verzichtet habe und argumentierte, dass wir Menschen uns am Anfang des Lebens tatsächlich noch großenteils hinter dem Schleier des Unwissens befinden, der dann im Laufe der Zeit allmählich gelüftet wird. Wenn ein Kind geboren wird, ist in den allermeisten Fällen nicht klar, ob es später gesund sein wird, wie es in der Schule abschneiden wird, welche Freunde ihm über den Weg laufen werden, ob es Glück im Beruf haben wird, wen es heiraten wird, ob es einen Unfall haben wird und vieles, vieles mehr. All diese Risiken kommen erst sukzessive im Laufe des Lebens zum Tragen bzw. werden ausgespielt, wenn man so will. Die Folge ist, dass junge Menschen, oder besser noch: deren Eltern, bei der Beurteilung einer Umverteilungspolitik des Staates auch die Möglichkeit des späteren Scheiterns im Leben und in der Arbeitswelt in Betracht ziehen und deshalb grundsätzlich eher bereit sind, einem sozialstaatlichen Gesellschaftssystem zuzustimmen, als wenn man dieselben Menschen später befragt, wenn klar ist, dass die Kinder zu den Gewinnern gehören.

In einem so konstruierten Denkansatz ist es damit möglich, die Umverteilungspolitik im Sinne einer Pareto-verbessernden Gesellschaftspolitik des Staates zu interpretieren, von der letztlich jeder – bezogen auf den Zeitpunkt seiner Geburt – mit einer gewissen Wahrscheinlichkeit würde profitieren können, ähnlich wie bei einem privaten Versicherungsvertrag, den man freiwillig abschließt.

Sozialpolitik ist demnach nicht nur das Ausleben einer Neidpräferenz, nicht nur Neid, nicht nur Schutz vor Kriminalität, nicht nur die Beraubung einer Minderheit von Reichen durch eine Mehrheit, die gerne einen Teil ihres Vermögens hätte, sondern tatsächlich auch eine Art Versicherungsschutz auf Gegenseitigkeit, den sich mündige Staatsbürger im wohlverstandenen Eigeninteresse geben. Meine Botschaft war: Umverteilung und Versicherung sind zwei Seiten derselben Medaille. Jeder Versicherungsvertrag ist ein Umverteilungsvertrag, der Kaufkraft von denen, die Glück hatten, zu den Pechvögeln überträgt. Und in einer Ex-ante-Perspektive, also im Vorhinein beurteilt, lassen sich viele Umverteilungsaktivitäten des Staates als Versicherungsschutz auf Gegenseitigkeit interpretieren. Genau das ist es, was es möglich macht, die staatliche Umverteilungspolitik in einem gewissen Sinne als eine Pareto-verbessernde Tauschaktivität aufzufassen. So gesehen konnte ich zeigen, dass diese Politik ein Stück weit auf der Basis des methodologischen Individualismus begründet werden kann.

Man könnte gegen diese Argumentation einwenden, für Versicherungsaktivitäten brauche man den Staat gar nicht, denn dafür stehe schließlich das private Versicherungsgewerbe zur Verfügung. Ganz so ist es aber nicht, denn für den Abschluss einer Versicherung muss man mündig, also erwachsen sein. Dann ist es aber für die Versicherung gegen grundlegende Lebensrisiken in den meisten Fällen viel zu spät, weil die Würfel des Schicksals schon teilweise gefallen sind.

Auch Eltern können im Übrigen nicht ersatzweise tätig werden und eine Versicherung auf Gegenseitigkeit für ihre Kinder abschließen. Dazu sind sie rechtlich gar nicht in der Lage, weil sie dann ihren Kindern die Pflicht zur Zahlung einer substanziellen Prämie auferlegen müssten, die die Steuern, die erfolgreiche Einkommensbezieher heute zahlen, teilweise ersetzt.

7 Die wichtigste Frage: Wie wird der Wohlstand verteilt, und wie sollte er verteilt werden?

Nein, solch umfassende Versicherungen gegen die Lebensrisiken, wie sie der Sozialstaat anbietet, kann tatsächlich nur der Staat selbst zur Verfügung stellen.

Ich konnte in meinem Aufsatz im Übrigen auch zeigen, dass eine umverteilende Besteuerung wegen des Versicherungsschutzes, den sie bietet, zu einer Erhöhung der Wagnisbereitschaft der Menschen führen kann, weil die Last des Scheiterns zum Teil von der Gemeinschaft getragen wird. Eine Vergemeinschaftung der Haftung für Lebensrisiken, wie sie der Sozialstaat bietet, birgt zwar grundsätzlich auch die Gefahr, dass bei den Versicherten die Anstrengung zur Vermeidung des sozialen Abstiegs nachlässt. Das ist die negative Seite des Geschehens, die man manchmal mit dem Fachbegriff *moralisches Risiko* umschreibt. Sie hat aber eben auch den günstig zu bewertenden Aspekt der Erhöhung der Wagnisbereitschaft. Denn gerade Wagemut ist das A und O für eine dynamische Wirtschaft. Die Bürger müssen sich etwas zutrauen und Chancen ergreifen wollen, auch wenn das Ergebnis nicht sicher ist und sie scheitern können. Genau diese Abwägung zwischen diesen verschiedenen Aspekten des »staatlichen Versicherungsschutzes qua Umverteilung« war ein wichtiger Inhalt des genannten Aufsatzes, der zu den am häufigsten zitierten wissenschaftlichen Aufsätzen aus meiner Feder gehört.

Es sei in dem Zusammenhang auch noch erwähnt, dass meine Antrittsvorlesung an der Universität in München im Jahr 1985, die den Titel »Risiko als Produktionsfaktor« trug und in den *Jahrbüchern für Nationalökonomie und Statistik* veröffentlicht wurde, den Grundgedanken des oben genannten Aufsatzes zu einer allgemeinen Theorie der Produktivitätssteigerung durch die Erhöhung des Wagemuts ausbaute, die aufgrund privater und öffentlicher Versicherungsinstitutionen zustande kommt. Zu solchen Versicherungsinstitutionen gehören neben dem Sozialstaat auch das private Versicherungswesen im engeren Sinne sowie der Aktienmarkt, der über die Portfolios der Anleger eine Diversifikation der Risiken ermöglicht. So haben zum Beispiel solche Institutionen dazu beigetragen, dass die Garagenfirmen des Silicon Valley der Welt einen Wachstumsschub beschert haben. Auch der enorme Reichtum Venedigs und der wirtschaftliche Aufschwung Norditaliens zur Zeit der Renaissance hatte wesentlich mit der Erfindung des Versicherungswesens zu tun, denn ohne sie wären die lukrativen – aber eben auch gefährlichen – Seereisen nach Kleinasien, die Venedig zur einer Weltmacht aufsteigen ließen, gar nicht möglich gewesen.

Es folgt aus diesen grundsätzlichen Überlegungen freilich nicht, dass man die Umverteilung beliebig weit treiben sollte, denn auch mein Modell zeigt, dass es irgendwo ein Optimum gibt, und zwar nicht ein Optimum nach Maßgabe einer willkürlichen Zielvorgabe einer Staatsgewalt, sondern ein echtes Pareto-Optimum im Sinne des methodologischen Individualismus, wie er im vorigen Kapitel diskutiert wurde. Treibt ein Staat die Umverteilung über diesen Punkt hinaus, ist aus der Sicht der Modellakteure selbst – die das Urteil noch hinter dem Schleier des Unwissens fällen – der Vorteil aus der Verringerung der Ungleichheit nicht mehr in der Lage, den Nachteil eines verkleinerten Durchschnittseinkommens auszugleichen. Wo dieser Punkt genau liegt, ist naturgemäß schwer zu sagen. Doch dass es ihn irgendwo geben muss, das konnte ich zeigen.

Deutschland ist unter den entwickelten größeren Ländern dieser Erde dasjenige Land, in dem der statistische Unterschied zwischen der Ungleichheit der Bruttoeinkommen der Menschen und der Ungleichheit der Nettoeinkommen, die sich unter Berücksichtigung der fiskalischen Maßnahmen des Staates ergibt, am größten ist. So berichtet es die OECD, die einheitliche Statistiken in allen entwickelten Ländern dieser Erde erhebt. Deutschland ist also insofern das Land, in dem bereits mehr umverteilt wird als in allen anderen großen Ländern der Erde. Dieses Faktum spricht nicht dafür, dass es bei diesem Thema Nachholbedarf hat.

Die EU, die Sozialmigration und das Wohlfahrts-Trilemma

Sozialstaaten können ihre Versicherungsfunktion nur dann ausführen, wenn das Versicherungskollektiv – also die Bürger des Staates – nicht durch den fortwährenden Zustrom sogenannter schlechter Risiken belastet wird. Das ist ein Thema, das ich bereits in den 1990er-Jahren in einer Vielzahl von wissenschaftlichen Aufsätzen beleuchtet habe, weil es damals wegen des Falls des Eisernen Vorhangs eine Migrationswelle aus Osteuropa gab und es mich interessierte, wie man mit diesen Migrationen ökonomisch betrachtet am besten umgeht. Der erste und sehr häufig zitierte Beitrag dazu erschien 1990 im *European Economic Review*. Weitere Beiträge erschienen in

7 Die wichtigste Frage: Wie wird der Wohlstand verteilt, und wie sollte er verteilt werden?

Sammelbänden, den *CESifo Economic Studies*, in den *Perspektiven der Wirtschaftspolitik*, im *German Economic Review*, im *Journal of Common Market Studies* und noch an anderen Stellen. Das Thema wurde auch in einem großen ifo-Gutachten unter Mitarbeit von Gebhard Flaig, Martin Werding und anderen im Jahr 2001 behandelt und war Gegenstand der Stevenson Lectures im Jahr 2000 an der Universität Glasgow, die im *Scottish Journal of Political Economy* veröffentlicht wurden.

Angesichts der neuen Wellen von Wirtschafts- und Sozialmigranten, die sich nach der Gewährleistung des Rechts auf Arbeitnehmerfreizügigkeit aus den osteuropäischen Ländern in den Jahren 2011 bis 2015 und aufgrund der Willkommenspolitik der Bundeskanzlerin speziell im Jahr 2015 ergaben, habe ich meine wissenschaftlichen Erkenntnisse von damals in Form von Zeitungsartikeln und öffentlichen Vorlesungen in den letzten Jahren nochmals wiederholt und mit Blick auf die Aktualität konturiert.

Die EU definiert im Hinblick auf die Migration im Wesentlichen drei Ziele. Sie will innerhalb ihrer Grenzen die freie Wohnsitzwahl für alle EU-Bürger erlauben, also die Freizügigkeit gewährleisten. Sie will, dass die EU-Länder Sozialstaaten sind, also Versicherungsschutz im oben beschriebenen Sinn anbieten. Und sie will EU-Migranten rasch in das Sozialsystem des Gastlandes integrieren, wie es durch das sogenannte Inklusionsprinzip im Lissabon-Vertrag festgelegt ist.

Diese drei Ziele bilden ein unlösbares Trilemma. Wenn man den Prozess der EU-Binnenmigration bei vollgültigem Inklusionsrecht weiterhin so laufen lässt, wie er derzeit angelegt ist, werden sich die Armen mehr und mehr in den besser ausgestatteten Sozialstaaten sammeln und diese finanziell erodieren. Um das zu verhindern, kann man entweder die Freizügigkeit begrenzen oder das Inklusionsprinzip aufgeben. Keinesfalls lassen sich alle drei Ziele gemeinsam realisieren.

Die besser ausgestatteten Sozialstaaten werden dann ihre Leistungen auf das Niveau der Nachbarstaaten reduzieren, um die Magnetwirkung für arme EU-Wirtschaftsmigranten auszuschalten. In der Folge werden sich aber auch diese Nachbarstaaten verstärkt bemühen, weniger Sozialleistungen anzubieten, um nicht selbst zum Ziel von immer mehr armen EU-Wirtschaftsmigranten zu werden. Das wiederum wird zu einem Wettbewerb der EU-Sozialstaaten »nach unten« führen, einem *race to the bottom*, wie man auch sagt. Verlierer dieses Wettbewerbs werden am Ende vor allem die bisherigen Empfänger von Sozialleistungen in den ursprünglich besser ausgestatteten EU-Staaten sein, aber eben nicht nur sie. Um solche Entwicklungen zu verhindern und den Sozialstaat zu schützen, muss man eines der beiden anderen Ziele, also entweder die Freizügigkeit oder die soziale Inklusion einschränken. Aber welches? Die Freizügigkeit innerhalb der EU ist ein hohes Gut und sollte nicht angetastet werden. Das zweifellos am wenigsten schutzwürdige Ziel ist für mich das Inklusionsziel. Denn was spricht dagegen, dass statt des EU-Gastlandes das EU-Heimatland für Sozialleistungen zuständig bleibt? Also etwa für Rumänen, die nach Deutschland kommen, bleibt es Rumänien, für Bulgaren Bulgarien etc. Immerhin erfüllt ja jedes EU-Land jene Grundvoraussetzungen für einen Sozialstaat, die von der EU zur Bedingung für den Beitritt gemacht wurden. Auch Länder, mit denen die EU Beitrittsverhandlungen führt oder mit denen sie assoziiert ist, haben die Möglichkeit, sich um ihre Armen selbst zu kümmern.

Aus diesem Grund habe ich den Vorschlag gemacht, bestimmte Leistungen des Sozialstaates vom EU-Heimatland erbringen zu lassen, ähnlich wie das bei den Schweizer Gemeinden lange Zeit Usus war. Konkret würde ich die Leistungen des Sozialstaates in erarbeitete und ererbte Ansprüche unterteilen. Erarbeitete Ansprüche sind solche, die man selbst gewissermaßen durch Steuern oder Beiträge bezahlt hat, also Ansprüche aus der Renten-, der Unfall-, der Arbeitslosen- und der Krankenversicherung. Ererbte Ansprüche hingegen sind solche, die nicht erarbeitet wurden und die mit der Grundsicherung zu tun haben, die jeder genießen darf, wenn er nicht oder noch nicht arbeiten kann. Dazu würde zum Beispiel die Sozialhilfe (im Sinne einer Hilfe für den Lebensunterhalt), das Kindergeld oder auch die Hartz-IV-Hilfe und Ähnliches gehören, soweit man sie sich noch nicht im Gastland hat erarbeiten können. Die erarbeiteten Ansprüche sollten vom Gastland gewährt werden und die ererbten Ansprüche vom EU-Heimatland. Selbstredend gilt diese Regel nicht für politisch Verfolgte, die aus Drittländern kommen, die sich definitionsgemäß ihrer nicht annehmen würden. Sie müssen im Gastland versorgt werden.

Grundsätzlich sollten die Menschen die Möglichkeit erhalten, sowohl die ererbten als auch die erarbeiteten Sozialleistungen in einem beliebigen Land ihrer Wahl zu konsumieren, nur dass eben das Aufenthaltsland nicht wegen der bloßen Wohnsitzwahl in die Pflicht genommen werden

7 Die wichtigste Frage: Wie wird der Wohlstand verteilt, und wie sollte er verteilt werden?

kann. Insofern bleibt die Freizügigkeit bei meinem Vorschlag vollständig erhalten. Vor allem aber bleiben die Sozialstaaten intakt. Mit meinem Vorschlag werden sie primär vor der Immigration sogenannter schlechter Risiken sowie sekundär auch vor einem langfristig ruinösen Leistungswettbewerb »nach unten« geschützt, der seine Ursache darin hat, dass kein Land zum Ziel von Sozialmigranten werden möchte und deshalb zusehen wird, dass es bei den Sozialleistungen eher unter dem Niveau der Nachbarländer bleibt.

Mir war und ist es sehr ernst mit diesem Thema, und ich habe mir schon sehr früh quasi die Finger wund geschrieben, um Politik und Öffentlichkeit auf die offenkundigen Konstruktionsfehler der Europäischen Union mit Blick auf Binnenmigration und Sozialstaatserosion hinzuweisen. Während ich in der Wissenschaft sehr viel Resonanz auf meine Überlegungen und Vorschläge erhielt – einer der Artikel zu diesem Thema gehört bis heute zur Gruppe meiner meistzitierten –, wollte die Politik von der Magnetwirkung des Sozialstaates sehr lange nichts wissen. Und auch heute ist dieses Thema für sie heikel.

Ich erinnere mich noch an eine heftige Diskussion, die ich dazu vor langer Zeit mit dem von mir geschätzten Brüsseler CDU-Politiker Elmar Brok führte, viele Jahre Vorsitzender des Ausschusses für Auswärtige Angelegenheiten des EU-Parlaments und aus einem Nachbardorf meiner Heimatgemeinde Brake stammend. Brok meinte, meine Überlegungen seien nur theoretisch, und er bestritt die Existenz des Wohlfahrtsmagneten Sozialstaat. Es gebe keine Sozialmigranten in Europa, und weil das so sei, brauche man auch das Inklusionsprinzip, also das dritte EU-Ziel, nicht zu modifizieren.

Mich hat diese Antwort – vorsichtig ausgedrückt – verwundert, weil sie theoretische Grundsatzerwägungen, die keinesfalls kompliziert waren, sondern eigentlich nur den gesunden Menschenverstand brauchten, beiseite wischte und bloß auf der damals vermeintlich beobachtbaren Sachlage basierte. Ich halte ein solches Behandeln von gesellschaftlichen Herausforderungen durch die Politik für grundsätzlich falsch. Erstens kann man vieles nicht empirisch nachweisen, weil die Daten fehlen, und zweitens schließt ein solches Denken vorsorgende Maßnahmen aus. Über den Schutz des Brunnens ist man offenbar erst zu reden bereit, wenn hinreichend viele Kinder hineingefallen sind und der Nachweis erbracht wurde, dass sie tatsächlich genau deshalb hineinfielen, weil der Schutz fehlte und nicht etwa aus anderen Gründen. So darf Politik nicht arbeiten. Sie darf nicht warten, bis die Ökonometrie zur Fütterung all ihrer komplexen Messverfahren genug Daten beisammenhat, um das Offenkundige zu bestätigen. Es wäre fahrlässig, würde die ökonometrische Forschung, die ja eigentlich als Ergänzung der Theorie gedacht ist, nun als Theorieersatz hergenommen. Dann käme die Politik meistens zu spät.

Tatsächlich kann man die Sozialmigration heute nicht mehr bestreiten. Warum, wenn nicht aus ökonomischen Gründen, sollten Menschen aus Rumänien und Bulgarien nach Deutschland wandern? Sie kommen doch nicht, weil das Wetter hier schöner ist, sondern weil sie hier einen höheren Lebensstandard genießen, als es zu Hause möglich ist. Dieser höhere Lebensstandard ist nun aber auch durch die Umverteilungsgeschenke des deutschen Sozialstaates, also des EU-Gastlandes, zu erklären. Er wird zum einen bestimmt durch das Arbeitseinkommen, das man hier verdient, und zum anderen durch den Zuschlag, den der Sozialstaat in Form von Geld und Sachleistungen gewährt, sowie, wie schon im vorigen Kapitel diskutiert, durch das Potpourri an staatlichen Infrastruktur-, Schul- und Verwaltungsleistungen, die ein Migrant quasi umsonst erhält und zu deren Finanzierung durch Steuern er als Geringverdiener wegen des progressiven Steuersystems mit hohen Freibeträgen kaum etwas beitragen muss. Zu behaupten, dass nur der Lohn, nicht aber die Umverteilungsgeschenke, die Teil dieser Summe sind, die Migration erklärt, wäre nachgerade absurd. Es kommt natürlich auf die Summe aller Leistungen an, die den Lebensstandard bestimmen.

Von manchen, denen diese Argumentation missfällt, wird gesagt, die Leute aus anderen EU-Ländern kämen ja nicht, um sich hier auf die faule Haut zu legen, sondern um zu arbeiten. Wohl wahr: Natürlich kommen sie, weil sie arbeiten wollen. Aber welch eine gefährliche Einfachheit steckt doch in dieser Aussage. Ob Migranten dem Staat nützen oder ihn belasten, hängt nicht nur davon ab, ob sie *auch* ein Arbeitseinkommen verdienen, sondern auch von dem Umfang, mit dem der Staat den Lebensstandard auch der arbeitenden Migranten mitfinanziert.

Ob er das tut, ist am Ende natürlich eine empirische Frage. Die Antwort auf diese Frage hängt ganz maßgeblich davon ab, ob die EU-Binnenmigranten in der Lage sind, ein durchschnittliches, überdurchschnittliches oder unterdurchschnittliches Einkommen zu erwirtschaften, denn sie

7 Die wichtigste Frage: Wie wird der Wohlstand verteilt, und wie sollte er verteilt werden?

wandern ja in ein Gemeinwesen ein, das Ressourcen aus den diskutierten Gründen von oben nach unten umverteilt. Und je nachdem, wie viel sie nach ihrer Einwanderung verdienen, profitieren sie mehr oder weniger von der Umverteilungspolitik dieses Gemeinwesens.

In einer ersten Annäherung kann man davon ausgehen, dass alle Staatsbürger die Leistungen des Staates in etwa gleichem Umfang in Anspruch nehmen. Von dem Umstand, dass Geringqualifizierte mehr Sozialleistungen erhalten als andere, schon weil sie wesentlich häufiger arbeitslos sind, sei also zunächst einmal abgesehen. Dafür gehen sie nicht so häufig in die Oper oder nutzen auch andere kulturelle Einrichtungen wenig, die eher von Mittel- bis Besserverdienenden genutzt werden und die ja ebenfalls staatliche Mittel erhalten. Alle aber fahren sie über öffentliche Straßen, benutzen subventionierte öffentliche Verkehrssysteme, lassen sich von Polizei und Justiz schützen, schicken ihre Kinder zur Schule und nehmen die Leistungen der öffentlichen Verwaltungen und des Rechtssystems in Anspruch. Darauf hatte ich im Zusammenhang mit den Untersuchungen von Ronald H. Coase im letzten Kapitel schon hingewiesen. Wer überdurchschnittlich verdient, zahlt überdurchschnittlich viele Steuern für die erhaltenen Leistungen, und wer unterdurchschnittlich verdient, zahlt unterdurchschnittlich viele Steuern. Nur der Durchschnittsverdiener zahlt in etwa so viel, wie die staatlichen Leistungen kosten, die er nutzt.

Nach den einschlägigen OECD-Statistiken sind die nach Deutschland migrierenden Menschen im internationalen Vergleich im Durchschnitt extrem gering qualifiziert. Und wie das Statistische Bundesamt berichtet, kommen die Immigranten im Schnitt noch nicht einmal in der zweiten Generation in die Nähe des Durchschnittseinkommens der hier insgesamt arbeitenden Menschen. Sie erhalten also zu ihrem Lohn noch ein Umverteilungsgeschenk des Staates hinzu, quasi eine Immigrationsprämie.

Wenn die Immigration nur durch Lohndifferenzen gesteuert wäre, wäre sie effizient. Das lässt sich so begründen: Aufgrund der Grenzproduktivitätsentlohnung ist der Lohnzuwachs, in dessen Genuss der Migrant kommt, dem Zuwachs des gemeinsamen Sozialprodukts der beteiligten Länder gleich. Da ein Migrant nur kommt, wenn dieser Lohnzuwachs seine subjektiven und objektiven Migrationskosten übersteigt, und nur kommen sollte, wenn der Zuwachs des gemeinsamen Sozialprodukts diese Kosten übersteigt, ist die freie Migrationsentscheidung auch volkswirtschaftlich effizient.

Die Immigration wird aber nicht nur durch Lohndifferenzen gesteuert, sondern auch durch die »Immigrationsprämie« des Sozialstaates. Diese Prämie bedeutet, dass mehr Menschen kommen, als volkswirtschaftlich gesehen sinnvoll ist, nämlich so viele, dass der Lohnzuwachs, und damit der Zuwachs des Sozialprodukts, den die letzten Migranten erzeugen, kleiner ist als die Migrationskosten, eben weil Migranten ja auch noch diese Prämie berücksichtigen, wenn sie sich entscheiden, ihre Heimat zu verlassen.

Die Sozialmigration, die viele deutsche und EU-Politiker lange nicht als Problem erkennen wollten, hat inzwischen zur Brexit-Entscheidung der Briten geführt, also zum Wunsch, aus der EU auszutreten. Zumindest hat sie wesentlich zu dieser Entscheidung beigetragen. Bei den *Exit Polls*, also den Meinungsumfragen direkt nach dem Verlassen der Wahlkabinen am 23. Juni 2016, als die Briten für den Austritt stimmten, zeigte sich, dass die Migration unter den Austrittswilligen etwa fünfmal so häufig wie andere zur Auswahl angebotene Erklärungen genannt wurde. Nur der Wunsch nach Unabhängigkeit an sich rangierte verständlicherweise noch höher.

Und bei näherer Betrachtung war das auch nicht verwunderlich. Die Briten hatten nämlich schon in den 1950er- und 1960er-Jahren sehr viel Immigration erlebt, als im Zuge der Auflösung des Britischen Empire die Bevölkerung der nun nach und nach unabhängig werdenden Commonwealth-Länder auch das Recht erhielten, ihren Wohnsitz in Großbritannien zu wählen. Die Immigranten dieser Einwanderungswelle sind zwar inzwischen naturalisiert und in der Statistik nicht mehr sichtbar. Von vielen Briten werden sie aber trotzdem als ein Problem angesehen, weil viele von ihnen quasi in Ghettos leben, den Sozialstaat überdurchschnittlich belasten und auch sonst für einige gesellschaftliche Spannungen sorgen.

So erhitzten etwa die Ereignisse in Rotherham, einer kleinen Stadt im früheren industriellen Zentrum Großbritanniens, die Gemüter. In Rotherham, wo die Bevölkerung mit weißer Hautfarbe inzwischen die Minderheit darstellt und 38 Prozent der Einwohner pakistanische Wurzeln hat, was sich selbst unter den Behördenmitarbeitern niederschlägt, war es jahrelang zu einem organisierten sexuellen Missbrauch von Mädchen gekommen, der von den Behörden verschleiert wurde, dann aber durch die Zeitung *The Times* aufgedeckt wurde. Ein daraufhin erstellter offizieller Untersuchungsbericht kam zu dem Schluss, dass zwischen 1997 und 2013 mindestens 1.400 Mädchen von pakistanischen Banden entführt, vergewaltigt

7 Die wichtigste Frage: Wie wird der Wohlstand verteilt, und wie sollte er verteilt werden?

oder zur Prostitution gezwungen worden waren. Der Vorgang führte zu Parlamentsdebatten und erregte die britische Öffentlichkeit. Da die Unabhängigkeitspartei UKIP ihn hochspielte, kann man davon ausgehen, dass auch er für die Wahlentscheidung der Briten eine Rolle gespielt hat.

Bei der Wahlentscheidung war es aber vor allem die noch sehr frische massive Immigration aus Polen und anderen osteuropäischen EU-Ländern, die die Briten besonders erregte. Aufgrund des EU-Rechts auf Freizügigkeit war diese Immigration grundsätzlich in alle EU-Ländern erlaubt. Das Problem für die Briten war jedoch, dass andere Länder, zu denen auch Deutschland gehörte, von einer Übergangsregel Gebrauch gemacht hatten, nach der der Startpunkt der Grenzöffnung für Arbeitskräfte noch ein paar Jahre hinausgeschoben werden konnte. Das Resultat war, dass nun sehr viele Osteuropäer nach Großbritannien drängten, mehr als die dortige Bevölkerung zu tolerieren bereit war.

Die starke Migration aus Drittländern in die EU, die die Bundeskanzlerin im Herbst 2015 zum Entsetzen vieler Briten zuließ und die – für jedermann in machtvollen medialen Bildern sichtbar – dann auch noch dazu führte, dass sich am Eingang des Kanaltunnels bei Calais Lager von Migranten bildeten, die nach Großbritannien weiterreisen wollten, brachte das Fass in der öffentlichen Wahrnehmung zum Überlaufen und initiierte letztendlich den Brexit.

Die Dominanz des Migrationsthemas schlug sich auch in den Verhandlungen nieder, die der damalige britische Premierminister David Cameron mit der EU im Vorfeld der Brexit-Abstimmung führte. Seine Hauptforderung war, die Zeitspanne bis zur Inklusion der EU-Migranten in das britische Sozialsystem zu verlängern. Man ließ Cameron aber abblitzen und bot ihm nur eine zeitlich begrenzte Übergangsregelung, die aber bald wieder verschwinden sollte. So trat Cameron letztlich mit fast leeren Händen vor sein Volk, jedenfalls mit nichts, was die Briten hätte umstimmen können. Auf die schroffe Zurückweisung der britischen Wünsche durch die EU regierte das Volk schließlich mit dem Austrittswunsch.

Besonders für Deutschland ist dieser Austritt problematisch, weil Großbritannien Deutschlands drittgrößten Exportmarkt darstellt und sein wichtigster Verbündeter bei der Durchsetzung einer weltweiten Freihandelspolitik war, ohne die unser Land die Stärke seiner Industrien nicht hätte ausspielen können. Ohne die Briten dürfte sich die Gefahr verstärken, dass sich die EU in eine Handelsfestung verwandeln wird mit dem Ziel, nicht mehr wettbewerbsfähige Industrien in Frankreich und vor allem Südeuropa zu schützen. Der größte Leidtragende einer solchen Entwicklung wäre Deutschland.

Das Thema des EU-Inklusionsprinzips ist also eines mit großer Sprengkraft. Es stellt sich die Frage, ob Deutschland wirklich ein so großes Interesse an der Beibehaltung des sozialen Inklusionsprinzips für die EU-Wirtschaftsmigranten hatte, dass es richtig war, die harte Haltung der EU gegenüber dem britischen Premierminister zu unterstützen und ihn letztlich abblitzen zu lassen – mit der Folge, dass nun Großbritannien die EU verlassen will.

Gut gemeint, aber nicht gut getan: Der falsch konstruierte Sozialstaat ...

So wichtig der Sozialstaat für ein wohl funktionierendes Gemeinwesen mit prinzipiell marktwirtschaftlicher Ordnung ist, so schädlich können seine Auswirkungen sein, wenn er übertrieben wird oder wenn er falsch konstruiert ist. Genau das gilt für jenen Sozialstaat, der sich in Deutschland während der sozialliberalen Koalition in den 1970er-Jahren, unter dem Einfluss des von Norbert Blüm geführten Sozialflügels der CDU in den 1980er-Jahren und aufgrund der deutschen Wiedervereinigung in den 1990er-Jahren herausgebildet hatte.

In jenen Jahren war nämlich ein Sozialstaat entstanden, der den Arbeitslosen immer mehr Lohnersatzleistungen zahlte, also Geld, das man als Ersatz für den nicht mehr vorhandenen Arbeitslohn erhielt. Der Staat half dem Bürger, wenn er kein Arbeitseinkommen bezog, und in dem Maße, wie er es erzielte, entzog er es ihm. Für jede D-Mark, die man selbst verdiente, wurde die Sozialleistung um eine D-Mark reduziert. Ähnlich war es mit Blick auf die Rente. Je früher ein Bürger in die Rente ging und je länger er arbeitslos war, desto mehr Geld bekam er vom Staat.

Das war zwar in gewisser Weise nicht unplausibel, weil es ja auch mit einem so konstruierten Sozialstaat im Prinzip um die beschriebenen Versicherungsleistungen zum Schutz vor einem Einkommensverlust ging.

7 Die wichtigste Frage: Wie wird der Wohlstand verteilt, und wie sollte er verteilt werden?

Allerdings waren die Anreizwirkungen dieses Lohnersatzsystems verheerend, weil sie den Staat zum Konkurrenten der privaten Wirtschaft machte. Bei näherer Betrachtung wird klar, warum: Wenn ein Unternehmer einen Mitarbeiter neu gewinnen oder halten wollte, musste er ihm, um ihn aus dem »Gewahrsam« des Sozialstaates herauszulocken, für die Arbeit mehr bieten, als eben dieser Sozialstaat ohne Arbeit bezahlte. Deshalb wirkten die vom Staat gewährten Lohnersatzleistungen wie Mindestlöhne. Fielen die vom Staat gewährten »Ersatzlöhne« höher aus als das, was ein Unternehmen zahlen wollte oder konnte, so blieb der Mitarbeiter lieber beim Staat und ließ sich fürs Nichtstun bezahlen.

Infolge dieser Politik war im Laufe der Zeit eine vollkommen unerträgliche Situation auf dem Arbeitsmarkt in Deutschland entstanden. Zahlen machen das deutlich. Während die Arbeitslosigkeit zur Zeit der Bundeskanzlerschaft von Willy Brandt – 1969 bis 1974 – in Westdeutschland (alte Bundesländer und Westberlin) bei 150.000 Personen gelegen hatte, stieg sie danach in vier langen Wellen, einem linearen Trend folgend, sukzessive an und erreichte im Jahr 2005 den Wert von etwa 3,5 Millionen. Hinzu kamen etwa weitere 1,5 Millionen Arbeitslose in den neuen Bundesländern und Ostberlin. Zugleich war Deutschland zum OECD-Weltmeister bei der Arbeitslosigkeit der Geringqualifizierten geworden.

Aus ökonomischer Sicht sind die Ursachen für dieses Fiasko klar: Die hohe Arbeitslosigkeit ergab sich, weil die impliziten Mindestlöhne – für die der Staat mit seinen falsch konstruierten Sozialleistungen verantwortlich war – viele Geschäftsmodelle, die bei niedrigeren Löhnen rentabel gewesen wären, vernichteten oder gar nicht erst entstehen ließen. Die Konkurszahlen in jenen Zeiten waren daher auch hoch, und neue Unternehmen, die die Arbeitslosen hätten auffangen können, gab es nicht genug.

Besonders problematisch in dieser Situation war die Sozialhilfe als ein Eckstein des deutschen Sozialstaates. Das wird klar, wenn man sich bewusst macht, was die Sozialhilfe im damaligen Kontext war: eine Art bedingungsloses Grundeinkommen, das jeder erhielt, wenn er sonst nichts hatte. Allerdings wurde diese Sozialhilfe dann, wenn man selbst ein Einkommen erwirtschaftete, eins zu eins um das eigene Einkommen gekürzt, sodass man mit Arbeit nicht mehr Geld in der Tasche hatte als ohne.

Hinzu kam, dass der Sozialhilfesatz lange Zeit wesentlich schneller gewachsen war als das Sozialprodukt und die Lohnskala gewissermaßen von unten her hochgestaucht hatte, so wie etwa die Rippen einer Ziehharmonika hochgestaucht werden, wenn man sie in der linken Hand baumeln lässt und das andere Ende mit der rechten Hand hochdrückt. Der niedrigste Lohn wurde erhöht, weil die Sozialhilfe erhöht wurde, die aus den besagten Gründen einen Mindestlohn darstellte. Wegen des Lohnabstands zur nächsten Tarifstufe wurde dann aber auch der zweitniedrigste Lohn erhöht, wenn auch relativ weniger, sodann stieg auch der drittniedrigste gegenüber dem zweitniedrigsten, wiederum noch etwas schwächer usw. Bis in den mittleren Lohnbereich hinein führte die rapide Ausdehnung der Sozialhilfe, die den unteren Rand der Lohnverteilung hochdrückte, zu dann immer schwächer werdenden staatlich administrierten Lohnsteigerungen. Im oberen Teil der Lohnhierarchie verlor sich der Effekt. Die Lohnabstände zwischen den Tariflöhnen konnten den Anstieg am unteren Rand nicht vollständig auffangen, weil sonst der Anreiz, sich durch weitere Qualifikation hochzuarbeiten, zum Erliegen gekommen wäre und die Arbeitgeber kaum noch Leute für verantwortlichere Arbeiten bekommen hätten.

Wegen des Ziehharmonika-Effekts, den der Zuwachs der Sozialhilfe auslöste, hatte sich also die Arbeitslosigkeit am unteren Rand der Lohnskala besonders stark erhöht. Obwohl Geringqualifizierten nach wie vor die niedrigsten Löhne gezahlt wurden, lagen diese Löhne doch am weitesten vom markträumenden Niveau, also dem Niveau, bei dem es keine Arbeitslosigkeit gegeben hätte, entfernt. Das war der Grund für die traurige »Weltmeisterschaft« der Bundesrepublik bei der Arbeitslosigkeit der Geringqualifizierten.

Verstärkt wurden diese Effekte durch die Arbeitslosenhilfe. Sie war im Laufe der Zeit zu einem zweiten Arbeitslosengeld geworden, das nach dem Auslaufen des normalen Arbeitslosengeldes notfalls bis zur Pensionierung bezahlt wurde, wenn jemand keine Arbeit mehr fand. Je nach Familienstand wurden dabei Lohnersatzleistungen in Höhe von fast 60 Prozent des letzten Lohnes gewährt. Auch deshalb sagten sich viele »Betroffene« im Prinzip zu Recht, dass sie unter diesem Niveau plus einem Aufschlag zur Kompensation des Freizeitverlustes keine Stelle annehmen konnten. Auch die Arbeitslosenhilfe wirkte wie ein Mindestlohn, der viele der denkbaren Geschäftsmodelle, die Unternehmer hätten realisieren können, unrentabel machte. Zusammen mit der wachsenden Niedriglohnkonkurrenz wegen der Globalisierung der Weltwirtschaft – verstärkt durch den Beitritt der osteuropäischen Länder zur EU – entstand so eine kaum noch beherrschbare Massenarbeitslosigkeit.

Die Arbeitslosenhilfe war im Übrigen eine deutsche Erfindung, die man sonst weltweit vergebens suchte. Sie war im Prinzip so konstruiert, dass Menschen dauerhaft nicht bereit waren, deutlich geringer dotierte Stellen anzunehmen als solche, die sie schon einmal hatten, weil sie sonst ihre notfalls bis zum Rentenalter zur Verfügung stehende Unterstützung reduziert hätten. Das erwies sich insbesondere in den neuen Bundesländern als Riesenproblem, weil die ersten Lohnerhöhungen nach der Wiedervereinigung unter dem Einfluss der westdeutschen Konkurrenten – in Gestalt der deutschen Arbeitgeber- und Arbeitnehmerverbände – zustande gekommen waren. Darüber hatte ich im ersten Kapitel berichtet. Die aber hatten das Eindringen ausländischer Produzenten und Wettbewerber auf ihren deutschen Markt verhindern wollen und die Löhne deshalb weit über jenes Niveau hinausgetrieben, zu dem die angebotene Arbeitskraft für die Unternehmen noch profitabel gewesen wäre. Als sich nach der Privatisierung in den neuen Ländern herausstellte, dass die neuen Eigentümer der von der Treuhand übernommenen Unternehmen – egal ob aus dem Ausland oder aus dem Inland – nicht in der Lage waren, die von ihren westdeutschen Konkurrenten vereinbarten Löhne im Osten zu zahlen, nahm das Fiasko seinen Lauf. Die Arbeitslosenhilfe war so faktisch zu einer Prämie für das Verbleiben unter dem staatlichen Dach verkommen, die verhinderte, dass sich die Arbeitslosen in Westdeutschland oder in anderen Ländern nach Arbeit umsahen.

... und warum die Agenda 2010 und der aktivierende Sozialstaat der Ausweg gewesen sind

Ich hatte die verheerenden Auswüchse des im obigen Sinne falsch konstruierten deutschen Sozialstaates schon im Verlaufe der 1990er-Jahre intensiv beobachtet. Und ich wollte eigentlich, ermuntert durch den Erfolg des erwähnten, gemeinsam mit meiner Frau verfassten Buches *Kaltstart* zu den ökonomischen Fehlern der deutschen Wiedervereinigung, ein umfassendes Werk dazu schreiben. Das Thema hatte ich in meiner Vorlesung zur

Agenda 2010 und der aktivierende Sozialstaat

Sozialpolitik schon ausführlich problematisiert, und auch mit den wissenschaftlichen Assistenten an meinem Lehrstuhl hatte ich dazu schon zahlreiche Diskussionen geführt.

Außerdem hatte ich es zum Kern meiner Rede anlässlich meiner Ehrenpromotion durch die Universität Magdeburg gemacht, die mir vom damaligen Dekan Jochen Weimann im Januar 1999 verliehen wurde. Ich sprach dort über die verschiedenen Defizite des deutschen Arbeitsmarktes und die Notwendigkeit, sie durch eine aktivierende Sozialpolitik und Öffnungsklauseln bei den Tarifverträgen, die mehr betriebliche Vereinbarungen implizieren würden, zu verändern. Außerdem problematisierte ich die absehbaren Schwierigkeiten der auf einem Umlagesystem basierenden Rentenversicherung und schlug als Austausch für eine moderate Lohnpolitik ein Programm zur Beteiligung der Arbeitnehmer am Betriebsvermögen vor.

Doch dann kam 1999 das Angebot dazwischen, Präsident des *ifo Instituts* zu werden, ein Angebot, das ich schließlich annahm, ohne zu ahnen, mit wie vielen Aufräumarbeiten es am Ende verbunden sein würde; ich werde davon später in Kapitel 12 noch ausführlich berichten. Außerdem befand sich die Weltwirtschaft in der sogenannten Dotcom-Blase, also in jenem gewaltigen Börsenaufschwung um die Jahrtausendwende, der durch Fantasien im Zusammenhang mit der Computer- und Internetwirtschaft befeuert wurde. Damals galt: Unternehmen und Volkswirtschaften »wachsen nur noch«. So jedenfalls fantasierten viele angesichts unaufhörlich steigender Aktienkurse. Und die EU sagte mit ihrer im Jahr 2000 verabschiedeten Lissabon-Agenda dem EU-Wirtschaftsraum ein goldenes Jahrzehnt voraus, in dem er zur dynamischsten aller Regionen der Erde werden sollte.

Keine Frage: Die Aufnahmebereitschaft für ein Buch, das sich mit den Schwächen und langfristig verheerenden Wirkungen falsch konstruierter Sozialstaaten – insbesondere des deutschen – beschäftigen sollte, war in jener Hurra-Zeit, in der vielen fast alles möglich schien und Zweifel kaum mehr geäußert werden durften, nicht gegeben. (Nur am Rande sei bemerkt, dass sich Deutschland beim Schreiben dieses Buchs, im Jahr 2017, wieder in solch einer Hurra-Zeit befindet. Und wieder werden wesentliche Probleme, in diesem Fall nun etwa dramatisch wachsende Haftungsrisiken infolge endloser Eurorettungen und falscher EZB-Politik sowie Migration, nicht rechtzeitig angegangen.)

293

7 Die wichtigste Frage: Wie wird der Wohlstand verteilt, und wie sollte er verteilt werden?

Diese Gemengelage änderte sich allerdings schlagartig, als am 11. September des Jahres 2001 die Türme des World Trade Center und andere Ziele angegriffen wurden und die USA unmittelbar darauf den »Kampf gegen den Terror« verkündeten. Die Börsen kollabierten, und auch der noch im gleichen Jahr beginnende Afghanistankrieg und die unverkennbar intensiv vorangetriebenen Vorbereitungen zu dem im März 2003 beginnenden Krieg gegen den Irak trugen nicht zur Stabilisierung der Wirtschaft bei, ganz im Gegenteil.

Ich kann mich noch genau daran erinnern, wie die Konjunkturabteilung des ifo Instituts zunächst noch gehofft und prognostiziert hatte, dass es mit der Wirtschaft im Jahr 2002 wieder nach oben gehen würde, doch der ifo Index und die mit ihm verknüpften Erwartungen zur künftigen Wirtschaftsentwicklung zeigten unerbittlich nach unten. Und so kam es dann auch: Der erhoffte Aufschwung blieb aus, und die Arbeitslosenquote stieg immer weiter an, anstatt, wie mit einem Aufschwung erhofft, zu fallen. Im Jahr 2005 lag die hiesige Arbeitslosenquote sogar höher als die in Frankreich oder später die in Italien auf dem Höhepunkt der Eurokrise.

Bereits im Winter 2001/2002 stellte ich eine Arbeitsgruppe zusammen, die ich selbst leitete und die die Anreizstrukturen auf dem deutschen Arbeitsmarkt mit konkreten numerischen Berechnungen erfassen sollte, um Vorschläge für eine Verbesserung der meiner Ansicht nach vollkommen falsch konzipierten deutschen Sozialpolitik zu machen. Teil dieser Arbeitsgruppe waren unter anderem Wolfgang Meister und Martin Werding, Ersterer Chefmathematiker des ifo Instituts, Letzterer Leiter des Arbeitsmarktbereichs.

In unserer Arbeitsgruppe betrachteten wir damals beispielhaft verschiedene Haushaltstypen mit und ohne Kinder, unterstellten, dass sie alle für sie verfügbaren Sozialleistungen in Anspruch nahmen, und prüften, wie sich das Nettoeinkommen bei der Aufnahme einer Beschäftigung mit dem Bruttoeinkommen verändern würde. Das Resultat trugen wir in ein Diagramm ein, bei dem das Nettoeinkommen auf der Horizontalen und das Bruttoeinkommen auf der Senkrechten dargestellt war. Unsere Frage war dann, wie viel Nettoeinkommen man – ausgehend von den bestehenden Sozialleistungen – aufgrund eines möglichen zusätzlichen Bruttoeinkommens in der Tasche haben würde, wenn man berücksichtigt, dass ein Teil der staatlichen Transfers wegen der Lohnersatzphilosophie entzogen wurde.

Das Resultat war ernüchternd, denn in weiten Bereichen zeigte die Kurve einen senkrechten Verlauf. D. h. man musste quasi eine Eiger-Nordwand hochsteigen und kam doch nicht in der gewünschten Richtung – also mehr Nettoeinkommen zu haben – voran.

Als Konsequenz aus diesen Berechnungen schlugen wir vor, den Transferentzug deutlich zu verringern, also den Menschen mindestens einen Teil des selbst erwirtschafteten Einkommens zu belassen. Wie erläutert, war ja bis dato der Transferentzug 100 Prozent. D. h., in weiten Bereichen verlor man eine D-Mark, die man vom Staat bezog, für jede D-Mark, die man sich selbst verdiente. Es war so, also hätte man eine Einkommensteuer mit einer Grenzsteuerbelastung von 100 Prozent zu zahlen. Wir wollten diese Belastung auf 50 Prozent verringern, um damit den impliziten Mindestlohn, der im Transfersystem des Sozialstaats steckte, zu senken. Gleichzeitig wollten wir den Sockel der Sozialhilfe (Eckregelsatz), den man ohne Arbeit bekam, verringern, damit dem Staat keine zusätzlichen Kosten entstehen würden. Wir wollten also quasi den oberen Teil der Eiger-Nordwand absprengen und das Geröll unten aufschütten, um dem deutschen Michel den Aufstieg zu erleichtern. Ökonomisch gesehen, wollten wir auf dem Wege über eine Senkung der Mindestlohnansprüche einen Niedriglohnsektor schaffen, sodass auf diese Weise auch arbeitsintensive Geschäftsmodelle hierzulande wieder rentabel werden konnten.

Am liebsten hätten wir den Transferentzug noch weiter verringert, vielleicht sogar auf null. Dann wäre das entstanden, was man heute bedingungsloses Grundeinkommen nennt, nämlich ein Grundeinkommen, das auch dann nicht abgeschmolzen wird, wenn man selbst etwas verdient. In diesem Fall wäre die implizite Lohnuntergrenze im Sozialsystem vollkommen beseitigt worden, und der Arbeitsmarkt hätte sein Gleichgewicht bei sehr niedrigen Löhnen finden können, nur war das leider nicht finanzierbar. Es wären astronomische Kosten entstanden. Die Schwierigkeit bei all unseren Berechnungen war, einen vernünftigen Kompromiss zwischen dem Ziel der Budgetneutralität und verbesserten Anreizen zu finden. Ein bedingungsloses Grundeinkommen hätte jeden möglichen Finanzrahmen gesprengt, weil es viel mehr gekostet hätte als heute alle Sozialausgaben des Staates zusammengenommen. Darüber weiter nachzudenken, schien nicht der Mühe wert zu sein. Wir hätten im Übrigen den Boden der seriösen Analyse verlassen.

7 Die wichtigste Frage: Wie wird der Wohlstand verteilt, und wie sollte er verteilt werden?

Auf den ersten Blick mag es so aussehen, als hätten wir mit unserem Vorschlag das Einkommen der Geringqualifizierten verringern wollen. Das war aber nicht der Fall. Unsere Devise war, dass niemand schlechtergestellt werden durfte als vorher. Deshalb haben wir die Absenkung des Sockels der Sozialhilfe verbunden mit dem obligatorischen Angebot einer hinreichend großen Zahl kommunaler Stellen, die in Höhe des alten Sozialhilfesatzes entlohnt waren. Heute würde man dazu Null-Euro-Jobs sagen. Auch die Senkungen im Bereich niedriger Löhne würden niemanden schlechterstellen, denn auf dem Wege der Absenkung der Transferentzugsrate wollten wir erreichen, dass die Menschen auch bei Aufnahme einer Arbeit weiterhin einen Teil der Sozialhilfe behalten konnten. Wir wollten, dass die Leute im unteren Lohnbereich des Arbeitsmarktes zwei Einkommen erhielten: eines, das sie sich selbst erarbeiteten, und eines, das vom Staat kam, quasi ein Lohnzuschuss. Wir nannten unseren Gesamtvorschlag »Aktivierende Sozialhilfe« im Gegensatz zur passivierenden, auf Lohnersatzleistungen basierenden Hilfe, die es zum Zeitpunkt unsere Vorschläge gab und die den Betroffenen jeden ökonomischen Anreiz nahm, etwas zur Arbeitslosenhilfe dazuzuverdienen und so wieder Teil der Arbeitswelt zu werden.

Unser Motto war: »Jeder, der arbeiten will, muss arbeiten können und dann genug zum Leben haben.« Es lässt sich in einer Marktwirtschaft nur dadurch realisieren, dass Einkommen und Lohnkosten getrennt werden, indem ein Lohnzuschuss zum geringen Lohn hinzutritt. Nur so lässt sich erreichen, dass einerseits die Lohnkosten bei der Beschäftigung eines Geringqualifizierten so niedrig sind, wie es nötig ist, um genug für die Unternehmen rentable Stellen zu finden, und andererseits durch den Lohnzuschuss ein hinreichend hohes Mindesteinkommen entsteht, das ausreicht, um davon zu leben. »Mindesteinkommen statt Mindestlohn!« lautete also unsere Devise.

Gegen unseren Vorschlag der Aktivierenden Sozialhilfe wurde von manchen eingewendet, dass Lohnzuschüsse verpuffen, weil sie zu Lohnsenkungen führen, von denen dann vor allem die Arbeitgeber profitieren. Das ist aber ein ziemlich schiefer Vorwurf, weil es doch gerade darum geht, diese Lohnsenkung herbeizuführen, ohne die Einkommen der Betroffenen zu senken. Nur durch die Lohnsenkung unter Aufrechterhaltung der Einkommen ist es möglich, gleichzeitig die Einkommen zu halten und neue Geschäftsmodelle erfolgreich werden zu lassen.

Im Übrigen führt die mit dem Vorschlag gewollte Lohnsenkung ja nicht ins Bodenlose, sondern nur bis zu dem Punkt, an dem so viele neue Stellen geschaffen werden, wie zur Beschäftigung der Geringqualifizierten nötig sind. Weitergehende Senkungen wären gar nicht möglich – und sie sind auch nicht nötig –, weil jenseits des genannten Punktes so viele neue Geschäftsmodelle rentabel würden, dass die Unternehmer die Löhne der Arbeitnehmer wieder »hochkonkurrieren« würden. Mit anderen Worten: Es stimmt zwar, dass Lohnzuschüsse, wie sie das Konzept der Aktivierenden Sozialhilfe vorsehen, die Löhne so lange senken, bis Vollbeschäftigung erreicht ist, denn das ist ja der gewünschte Effekt bzw. das gewünschte Ziel. Darüber hinausgehende Lohnsenkungen gibt es aber nicht. Erhöht man die Lohnzuschüsse über den Punkt hinaus, bei dem Vollbeschäftigung erreicht wird, bleibt der Überschuss bei den Arbeitnehmern selbst liegen und führt dann zu entsprechenden Einkommenserhöhungen.

Gerade mit dieser Reform – einer grundlegenden Reform des Sozialstaates – war es mir sehr ernst. Ich fand – und finde – die Arbeitslosigkeit bei den Geringqualifizierten unerträglich, weil ich als ehemals »Linker aus kleinen Verhältnissen« meine sozialen Präferenzen bewahrt hatte, ihnen nun aber mit dem Wissen, das ich als Volkswirt erworben hatte, gerecht werden wollte. Arbeitslosigkeit bedeutet soziale Ausgrenzung, bedeutet, dass Kinder lernen, wie man vom Sozialamt lebt, bedeutet, dass sie deshalb geächtet aufwachsen, bedeutet, dass ihnen von vornherein die Chancen verbaut sind, weil sie nicht einmal die Umgangsformen lernen, die in einem geordneten Zuhause herrschen. Die Naivität der Vertreter des alten Modells der deutschen Lohnersatzleistungen, die mit »den besten Absichten« – also im Geist der schon mehrfach erwähnten Gesinnungsethik im Max Weber'schen Sinne – wider die Gesetze der Marktwirtschaft agieren wollen, ist nicht nur gefährlich, sondern auch unverantwortlich. Mich hat sie ab einem bestimmten Punkt auch empört, weil sie für mich die Lebenschancen vieler Menschen auf dem Altar ihrer »besten Absichten« opfern, ohne dazuzulernen.

Besonders gefährlich und unverantwortlich finde ich in diesem Zusammenhang die von Gewerkschaftsseite bis heute immer wieder verbreitete Forderung, jeder müsse von seiner Hände Arbeit leben können. Deswegen brauche es auch einen Mindestlohn, der eben das gewährleisten

7 Die wichtigste Frage: Wie wird der Wohlstand verteilt, und wie sollte er verteilt werden?

würde. Nur das sei menschenwürdig. Diese Forderung regt mich, ich gestehe es, bis heute auf. Denn es ist ja eben nicht sichergestellt, dass es trotz des Mindestlohns noch genug rentable Geschäftsmodelle gibt, um alle Geringqualifizierten beschäftigen zu können. Um diese Forderung zu realisieren, müsste man die Unternehmen zwingen, Geschäftsmodelle zu betreiben, bei denen sie permanent Verluste machen. Dann jedoch hätte man keine Marktwirtschaft mehr, sondern eine Zentralverwaltungswirtschaft – und wohin die führt, ist ja spätestens seit dem Kollaps von Sowjetunion, DDR & Co hinlänglich bekannt.

Nein, nur auf dem von uns beschriebenen Weg lässt sich der soziale Anspruch auf einen angemessenen Lebensunterhalt mit der Beschäftigung aller Betroffenen auch am unteren Rande der Lohnskala kombinieren. Ich wiederhole daher, weil es mir so wichtig ist: Jeder, der arbeiten will, muss arbeiten können und dann genug zum Leben haben! Das verlangt zwingend Lohnzuschüsse. Nur so geht es.

Jedenfalls geht es so lange nur auf diesem Wege, wie es nicht gelungen ist, die Geringqualifizierten durch eine bessere Schul- und Ausbildung und später fortlaufende Weiterqualifikation produktiver zu machen. Bildung ist natürlich der Königsweg aus dem Dilemma. Nur dauert es sehr lange, bis sie Früchte trägt, und der Gedanke stößt doch an mehr Schranken, als es einem lieb sein kann. Nicht jeder ist ja bereit und in der Lage, sich lange auf die Schulbank zu setzen und dann später auch noch Fortbildung zu betreiben. Und wenn er es nicht ist: Was ist dann mit ihm? Auch für Menschen, die das nicht können oder wollen, muss in der arbeitsteiligen Gesellschaft freier Bürger ein Dasein in Würde möglich sein. Unser Konzept sorgt dafür, dass dies der Fall ist.

Ich veröffentliche den Bericht mit unseren Vorschlägen in Form eines Sonderheftes des *ifo-Schnelldienstes* im Mai des Jahres 2002 mit den Namen aller Arbeitsgruppenmitglieder als meinen Koautoren. Der Bericht schlug, das darf ich sagen, fast wie eine Bombe ein und wurde in Fachkreisen sogleich intensiv diskutiert. Der *Wissenschaftliche Beirat beim Bundesministerium für Wirtschaft* beschäftigte sich ebenfalls mit unserem Konzept und brachte Anfang August ein unterstützendes Gutachten dazu heraus. Ende August folgte ein Gutachten der sogenannten *Hartz-Kommission*, das Elemente unseres Vorschlags enthielt, doch noch Weiteres beisteuerte, so zum Beispiel das Konzept der Ich-AG. Die Hartz-Kommission, benannt nach ihrem Vorsitzenden, dem VW-Vorstandsmitglied Peter Hartz, war von der Regierung Schröder eingesetzt worden, um Reformen des deutschen Arbeitsmarktes zu entwickeln und der Regierung zu unterbreiten. Sie bestand im Wesentlichen aus Praktikern, die die Defizite und Verkrustungen des deutschen Arbeitsmarktes sahen und sozialverträgliche Vorschläge zu ihrer Beseitigung unterbreiteten.

Dann trat noch im Oktober das Gutachten des *Sachverständigenrates zur Begutachtung der gesamtwirtschaftlichen Entwicklung* unter dem Vorsitz von Wolfgang Wiegard hinzu, das ein 20-Punkte-Programm für Reformen in Deutschland enthielt und ebenfalls in aller Breite eine leicht modifizierte Variante unseres Vorschlages skizzierte.

Ich selbst schrieb kurz darauf noch ein weiteres *Schnelldienst*-Sonderheft mit dem Titel *Die Rote Laterne*, das im Herbst 2002 veröffentlicht wurde, in die gleiche Kerbe schlug und auf die Schlusslichtposition beim deutschen Wirtschaftswachstum und die Weltmeisterschaft bei der Arbeitslosenquote der Geringqualifizierten hinwies. Dieses Heft wurde schließlich zur Basis meines Buches *Ist Deutschland noch zu retten?*, das, intensiv betreut von Jens Schadendorf, der auch Lektor dieses Buches ist, 2003 im Econ Verlag herauskam und zu einem großen, mehrfach preisgekrönten Bestseller wurde, also auch stark in die Öffentlichkeit hineinwirkte.

Nach der Veröffentlichung einer englischen Übersetzung unter dem Titel *Can Germany be Saved* bei MIT Press im Jahr 2007, der noch eine koreanische Übersetzung folgte, setzte weltweit eine Diskussion zu der Thematik ein, die unter anderem zu einem langen Besprechungsaufsatz im *Journal of Economic Literature* führte.

Die Universität Helsinki nahm dieses Buch im Jahr 2011 zum Anlass, mir die Ehrendoktorwürde zu verleihen, was übrigens eine sehr feierliche Angelegenheit war, weil die Verleihung nach alten Ritualen stattfand, wie sie in Deutschland unter dem Einfluss der 68er-Revolution nicht mehr zu haben sind. Es wurde nach zuvor übermittelten Körpermaßen eigens ein Frack für die Zeremonie für mich angefertigt, den ich noch heute besitze. Ich bekam vom Rektor einen echten Doktorhut aufgesetzt, und es wurde mir ein kunstvoll gearbeitetes Schwert überreicht, das ich am Tag zuvor an einem Schleifstein, der mit Bier übergossen wurde, in einer etwas fröhlicheren Vorfeier selbst hatte schärfen müssen. Das war schon

7 Die wichtigste Frage: Wie wird der Wohlstand verteilt, und wie sollte er verteilt werden?

eine ironische Wendung der Geschichte. Ich als alter 68er, der einer Bewegung zuneigte, die zur Abschaffung der Talare führte, weil dort angeblich der Muff von 1000 Jahren steckte, genoss es 43 Jahre später sichtlich, mich den alten Riten zu unterwerfen. Was für Kindsköpfe wir damals doch waren!

Aber zurück zur deutschen Reform. Der vereinte Druck aus der Wissenschaft – und wohl im Hintergrund auch aus der Wirtschaft – führte dazu, dass die Regierung Schröder dann die von ihr so genannten Hartz-Reformen formulierte, die anschließend vom Deutschen Bundestag beschlossen wurden und in der Zeit vom 1. Januar 2003 bis zum 1. Februar 2005 in vier Stufen in Kraft gesetzt wurden. Dabei waren der damalige Chef des Bundeskanzleramtes und heutige Bundespräsident Frank-Walter Steinmeier sowie der Wirtschafts- und Arbeitsminister der Regierung Schröder federführend.

Die Hartz-IV-Reformen, die hauptsächlich am 1. Januar 2005 in Kraft traten und im Wesentlichen das sogenannte Arbeitslosengeld II regelten, waren Teil eines am 14. März 2003 von Kanzler Schröder verkündeten Reformprogramms unter dem Namen »Agenda 2010«, das noch viele andere Politikfelder umfasste. Mit dem Arbeitslosengeld II wurde die Arbeitslosenhilfe abgeschafft, und die Arbeitslosen wurden auf die Sozialhilfe verwiesen. Die wurde jedoch im Sinne unserer Vorschläge bei der Aktivierenden Sozialhilfe insofern verändert, als der Transferentzug nun nicht mehr 100 Prozent war, sondern nur noch 80 Prozent. Von jedem zusätzlich verdienten Euro konnten Betroffene in weiten Einkommensbereichen nur 20 Cent behalten. Das war zwar mehr als die 0 Cent im alten System, doch weniger als jene 50 Cent, die wir vorgesehen hatten. Meiner Ansicht nach zu wenig – aber immerhin ein Schritt in die richtige Richtung.

Das Reformpaket enthielt zudem unsere Idee, den Sockelbetrag abzusenken und zugleich kommunale Jobs anzubieten, wenngleich auch in diesem Fall mit einer kleinen Abweichung. Statt der Null-Euro-Jobs, die wir vorgeschlagen hatten, weil wir die alte Sozialhilfe als Lohn für kommunale Arbeit einsetzen wollten, führte man Ein-Euro-Jobs ein, was ein kleiner optischer Unterschied ist. Keine schlechte Idee.

Wolfgang Wiegards Dienst, Gerhard Schröders Preis und ein Theaterstück

Wolfgang Wiegard schrieb später im Jahr 2012 dem *Spiegel*, dass mein Buch *Ist Deutschland noch zu retten?* die »intellektuelle Grundlage der Agenda 2010« gewesen sei. Ähnlich äußerte er sich in meiner Festschrift zur Emeritierung im Jahr 2016, wo er auch explizit auf den erwähnten *ifo-Schnelldienst*-Beitrag vom Mai 2002 einging und erläuterte, wie dieser Beitrag den Wissenschaftlichen Beirat beim Bundeswirtschaftsministerium und den Sachverständigenrat zur Begutachtung der gesamtwirtschaftlichen Entwicklung nachhaltig beeinflusste. Aber er stellte sein eigenes Licht dabei unter den Scheffel.

Wiegard war über viele Jahre im Sachverständigenrat engagiert und schrieb große Teile der Gutachten, so auch jenen Teil, der später in die Hartz-IV-Reformen mündete. Als überzeugter und aktiver Sozialdemokrat hatte er damals zudem einen sehr direkten Draht zur Politik, d. h. zur Mannschaft um Gerhard Schröder und seinen Kanzleramtsminister Frank-Walter Steinmeier. Ich bin überzeugt: Es ist Wolfgang Wiegard zu verdanken, dass die Reformideen aus der Wissenschaft auf die politische Ebene gehoben und dann auch noch umgesetzt wurden.

Humorvoll, wie er ist, hat Wiegard zu seinem 20-Punkte-Reformprogramm und der Agenda 2010 später einmal gesagt, die Agenda hätte ihren Namen in Anspielung auf den Umstand erhalten, dass von seinen 20 Reformpunkten gerade einmal zehn umgesetzt worden seien. Darüber haben wir alle, die ihn und seine Arbeit über die Maßen achten, sehr gelacht. Davon unberührt aber ist der Erfolg seines Wirkens im Sachverständigenrat nicht hoch genug einzuschätzen. Die Regierung Schröder hat sich über die Agenda 2010 seine Vorschläge in großen Teilen zu eigen gemacht und dem Land damit einen großen Dienst erwiesen, von dem bis heute auch alle Folge-Regierungen durch die seither weitgehend nach oben zeigende ökonomische Entwicklung profitiert haben. Nicht nur ohne unsere Reformideen, auch ohne Wiegard hätte es diesen Dienst nicht geben können.

Es ist zu wünschen, dass der heutige Sachverständigenrat im Verhältnis zur Regierung von Angela Merkel einmal eine ähnliche Wirkung entfaltet. Was freilich auch voraussetzt, dass die Bundeskanzlerin den aus dem

7 Die wichtigste Frage: Wie wird der Wohlstand verteilt, und wie sollte er verteilt werden?

Rat kommenden Vorschlägen genau zuhört und dann echte Führungsstärke zeigt, wie es Schröder in ökonomisch schwierigen Zeiten tat.

Noch einmal zurück zu meinem Freund Wolfgang Wiegard: Zur Rolle der Politikberatung durch die Wirtschaftswissenschaft hat er sogar einmal ein Theaterstück mit dem Titel »Himmel und Hölle« geschrieben, das er mit professionellen Schauspielern und sich selbst als Hauptdarsteller viele Male am Theater in Regensburg, wo er bis zu seiner Emeritierung forschte und lehrte, und an anderen Theatern zur Aufführung brachte. Wiegard hat bei der Vorführung häufig extemporiert und neue Varianten des Stücks vorgestellt. Besonders beeindruckt hat mich die Variante, die er in meinem Beisein anlässlich des 70. Geburtstags unseres Freundes und Kollegen Wolfgang Franz in den Räumen des *Zentrums für Europäische Wirtschaftsforschung* (ZEW) in Mannheim vortrug. Er, als Protagonist marktliberaler Wirtschafts- und Sozialreformen, war gestorben und zu seiner Überraschung sollte er nun in die Hölle kommen, um dort bestraft zu werden. Überrascht war er, weil er angesichts des Rückgangs der Arbeitslosigkeit doch eigentlich glaubte, den Himmel verdient zu haben. So wehrte er sich heftig, als er das Urteil vernahm, und erläuterte dem Teufel wortreich, dass hier eine Verwechselung vorliege. Nicht er sei für die Reformvorschläge verantwortlich, so Wiegard, sondern Hans-Werner Sinn. Er solle deswegen doch lieber mich an seiner Stelle in die Hölle bringen und bestrafen.

Glücklicherweise kam bislang keiner von uns in den Himmel oder in die Hölle. Dafür aber kam Gerhard Schröder, der die Agenda 2010 ab 2003 umsetzte, in allergrößte politische Schwierigkeiten, weil große Teile seiner Partei seine Agenda als unverzeihlichen Sozialabbau ansahen und auch große Teile der Bevölkerung in Landtagswahlen massiven Protest anmeldeten. Schwer unter Druck initiierte er vorgezogene Neuwahlen auf Bundesebene, verlor sie – wenn auch knapp – und musste sein Amt an Angela Merkel abgeben.

Ich sagte es schon: Unter Ökonomen besteht kein Zweifel, dass sämtliche von Angela Merkel geführten Bundesregierungen in der Folge und bis heute von dem ökonomischen Aufwind profitiert haben, den die strukturellen Reformen des Sozialstaats dem deutschen Arbeitsmarkt bescherten. Die Arbeitslosenquote ging nach dem Höhepunkt des Jahres 2005 von 12 Prozent auf mittlerweile 4 Prozent zurück und ist eine der niedrigsten der Eurozone. Deutschland ist zudem längst nicht mehr Weltmeister bei der Arbeitslosenquote der Geringqualifizierten. Und schließlich wuchs trotz der Schaffung des Niedriglohnsektors nicht einmal die Ungleichheit, eben weil es nun Lohnzuschüsse gibt und weil viele Menschen, die vorher arbeitslos waren, nun Arbeit haben. Nicht von ungefähr ist der sogenannte Gini-Koeffizient der Nettoeinkommen, das wichtigste Maß für die Ungleichheit in einer Gesellschaft, seit den Schröder'schen Reformen nicht gestiegen, sondern leicht gefallen.

Keine Frage, Deutschland ist auch dank dieser Reformen des Sozialstaats nicht mehr der »kranke Mann Europas«, der es allzu lang war, sondern zur Lokomotive des Alten Kontinents geworden. Die Frage ist, wie lange das noch gut gehen kann, denn seit den Schröder'schen Reformen hat Deutschland seine Hausaufgaben kaum mehr gemacht. Und das liegt auch an Angela Merkel.

Große Enttäuschung Angela Merkel: Das Leipziger CDU-Programm und seither sehr viele Schritte zurück

Nachdem Merkel 2005 zur Bundeskanzlerin gewählt worden war, hatte ich gehofft, dass sie, als Vertreterin der Partei Ludwig Erhards, die Schröder'schen Reformen fortsetzen würde. Zwar waren diese Reformen richtig, doch waren sie in meinen Augen noch zu zaghaft. Für die Rückkehr zur Vollbeschäftigung, wie ich sie noch als Student erlebt hatte, hätte man etwa die erläuterte Transferentzugsrate nicht von 100 Prozent auf 80, sondern mindestens auf 50 Prozent senken müssen. Und es war noch anderes zu tun.

Angela Merkel gab mir zunächst durchaus Anlass zum Optimismus, denn mit dem Leipziger Parteiprogramm von Ende 2003 verschrieb sie sich eindeutig weiteren marktwirtschaftlich angelegten Reformen des Sozialstaates. Im Zuge der anschließenden Vorbereitung ihres Wahlprogramms hatte sie mich angerufen und gebeten, in einer Kommission zur Vorbereitung einer Reformagenda unter der Leitung von Franz Josef Jung, zu jener Zeit stellvertretender Vorsitzender der CDU Hessen, mitzuwirken. Dabei lobte sie das »6+1-Punkte-Programm«, das ich im letzten Kapitel meines Buchs *Ist Deutschland noch zu retten?* entwickelt hatte. Die CDU wolle

7 Die wichtigste Frage: Wie wird der Wohlstand verteilt, und wie sollte er verteilt werden?

Elemente dieses Programms übernehmen. Ich fühlte mich – ich gestehe – irgendwie geehrt. Vor allem aber wollte ich mir die Chance, die nötigen Reformen weiter voranzutreiben, nicht entgehen lassen. Deshalb sagte ich zu, obwohl ich seit meiner Kindheit und Jugend keinerlei Beziehung zur CDU oder einer anderen Partei gehabt hatte (abgesehen von der beschriebenen familienbedingten Ausnahme SPD, bei der ich in meiner Jugend ein Jahr lang mitgewirkt hatte).

Ich traf mich mit Jung und den anderen Mitgliedern der CDU-Reformkommission und erwartete intensive Diskussionen. Zu meinem Erstaunen aber hatte ich wenig zu tun und musste auch nicht lange argumentieren, denn die Reformpalette, die dort schon in groben Zügen von den Mitarbeitern aufs Papier gebracht worden war, atmete auch den Geist meines Buches. Das betraf insbesondere das Thema der betrieblichen Öffnungsklauseln für Flächentarifverträge, die Flexibilisierung der Arbeitsverhältnisse und die Schaffung des Niedriglohnsektors einschließlich mancher Details, die wir im Konzept der Aktivierenden Sozialhilfe vorgesehen hatten.

Auch jenseits dieser Vorschläge stellte Angela Merkel sich damals auf meine Seite. Das betraf insbesondere das Thema der »Kinderrente« des in meinem Buch dargelegten Vorschlags, ein aufstockendes Zusatzrentensystem einzuführen, bei dem die Zahl der von einem Rentenbezieher großgezogenen Kinder das Hauptkriterium für den Bezug der Zusatzrente sein sollte. Sie zog damals mit diesem Vorschlag im Gepäck durch die Lande und zitierte ihn häufig.

Wie sie sich zu den vom überzeugten CDU-Marktwirtschaftler Friedrich Merz und vom Verfassungs- und Steuerrechtler Paul Kirchhof unterbreiteten Vorschlägen zur Vereinfachung der Einkommensteuer geäußert hatte, weiß ich nicht mehr. Diese Vorschläge waren aber mit meinem Konzept eines einfachen Stufentarifs in der Einkommensteuer, der sich an das US-amerikanische System anlehnte, kompatibel.

Nicht ohne Grund war ich also guter Dinge, als Angela Merkel 2005 zur Bundeskanzlerin gewählt wurde. Nun, so hoffte ich, würde sie Dampf machen, die Agenda 2010 weiter vorantreiben und sofort die nächsten Reformschritte auf Basis des zuvor verfassten Parteiprogramms einleiten. Doch nichts dergleichen geschah. Die Kanzlerin ruderte im Gegenteil sogar zurück.

Denn genauen Grund für diesen Schwenk kenne ich nicht. Er mag aber damit zusammenhängen, dass sich die CDU mit ihrem mutigen reformorientierten Parteiprogramm trotz des Wahlsiegs gleichwohl abgestraft sah, denn der Sieg vor der Schröder-SPD fiel entgegen vieler Prognosen nur hauchdünn aus. Das passiere ihr nicht noch einmal, soll Merkel mit Blick auf ihren im Programm gezeigten Reformmut später einmal gesagt haben. Davon unberührt hatte sich Angela Merkel zudem mit Friedrich Merz überworfen. Und auch Paul Kirchhof, den »Professor aus Heidelberg«, über den sich Kanzler Schröder mit diesen Worten lustig gemacht hatte, hatte sie fallen gelassen, obwohl Kirchhof zuvor noch lange als Finanzminister im Gespräch gewesen war. Dabei hatte Kirchhof mit Blick auf die Regierungsübernahme ein vollständig neues Steuerrecht für die Bundesrepublik Deutschland ausgearbeitet, das auch aus heutiger ökonomischer Sicht eine wissenschaftliche Meisterleistung von hohem praktischem Wert darstellt und den Weg zu niedrigen Steuersätzen und einer breiteren Bemessungsgrundlage ohne Ausnahmen bereitet hätte. Steuererklärungen wären einfacher geworden, Finanzbehörden wären kleiner geworden, Ressourcen wären frei geworden und hätten anderen, produktiveren Verwendungen zugeführt werden können, statt im deutschen Steuersumpf zu enden.

In Merkels Regierungserklärung war dann aber nur noch die Rede von einem Kombilohn, den man einführen wolle, also einem Lohnzuschusssystem. Doch passierte im Anschluss selbst in dieser Hinsicht nichts. Reformen, wie sie in dem Leipziger Parteiprogramm verabschiedet worden waren? Fehlanzeige.

Ich schob diese Entwicklung zunächst auf die Beschränkungen durch den Partner in der Großen Koalition ab 2005, die SPD, die zunehmend selbst von Schröders Agenda 2010 abrückte. Doch meine Einschätzung war falsch. Auch in der Koalition der Union mit den Freien Demokraten ab 2009 geschah nämlich nichts. In ihrer dritten Regierungsperiode, ab 2013, in der Merkel wieder mit den Sozialdemokraten koalierte, hatte ich dann die Hoffnung auf ernsthafte weitere Reformen bereits aufgegeben.

Noch schlimmer aber war, dass Angela Merkel die Reformschritte der Agenda 2010 teilweise sogar rückabwickelte. Unter ihrer Regierung wurde etwa nun die Möglichkeit eingeführt, unter bestimmten Bedingungen schon mit 63 Jahren in Rente gehen zu können. Dabei war und ist allgemein bekannt, dass das Rentensystem wegen der demografischen Entwicklung eher in die andere Richtung reformiert werden müsste, um seine Finanzierung nachhaltig zu sichern. Merkel aber drehte mit der Rente mit

7 Die wichtigste Frage: Wie wird der Wohlstand verteilt, und wie sollte er verteilt werden?

63 die Reform der Regierung Schröder, die den allmählichen Anstieg auf 67 Jahre durchgesetzt hatte, bei einer Teilgruppe von Arbeitnehmern zurück. Damit nicht genug, denn außerdem führte ihre Regierung einen gesetzlichen Mindestlohn ein. Mit diesem Schritt aber wird die Grundidee der Agenda 2010 umgedreht und zunichtegemacht. Denn wie erläutert, besteht diese Grundidee ja gerade darin, den impliziten Mindestlohn im deutschen Sozialsystem zu senken und dadurch einen Niedriglohnsektor zu schaffen, der möglichst vielen Geringqualifizierten die Teilhabe am Erwerbsleben wieder ermöglicht.

Merkel hat diese »rückwärtsgewandte Wirtschaftspolitik«, wie es im Titel des Jahresgutachtens des Sachverständigenrates zur Begutachtung der gesamtwirtschaftlichen Entwicklung hieß, zu verantworten. Noch dazu in einer Situation der Hochkonjunktur, die lediglich entstanden war, weil der Euro wegen der lockeren Geldpolitik der Zentralbank billig blieb, weil Deutschland relativ zu den südlichen Ländern der Eurozone immer preisgünstiger geworden war und weil es einen Immobilienboom gab, der aus der Flucht der durch die Spätfolgen der Weltfinanzkrise 2008 verunsicherten Anleger in die Sachwerte resultierte.

Für mich besteht kein Zweifel: Die langfristig schädlichen Wirkungen ihrer rückwärtsgewandten Politik, die sich zeigen werden, wenn die oben genannten Sonderfaktoren für die derzeit boomende deutsche Konjunktur weggefallen sind, wird Angela Merkel ihren Nachfolgern vererben. Während Gerhard Schröder »seine« Reformen vorweisen kann – was bleibt von ihr?

Ähnlich beurteile ich ihre übereilte, eine Woche nach der Havarie von Fukushima getroffene Entscheidung, zur Gänze aus der Atomkraft auszusteigen, die nach meiner Meinung entweder den Weg in eine Windkraft-Utopie beschreibt oder den Weg zurück zur Kohle, was unter Umweltgesichtspunkten verheerend wäre. Ich werde dieses Thema im nächsten Kapitel ausführlich behandeln.

Nach den vielen Jahren intensiver Beobachtung der Politik Angela Merkels komme ich zu dem Schluss, dass das wirtschaftliche Reformprogramm, hinter das sie sich vor ihrer ersten Wahl gestellt hatte, ihr nur als kommunikatives Vehikel diente, um an die Macht zu kommen, ohne dass sie es jemals verinnerlicht oder seine Wirkungen verstanden hätte. Sie hat die CDU nach links in Richtung der Position, die die SPD vor

Schröder hatte, geschoben und die SPD dabei zusammen mit den Linken, die zugleich etwas moderater wurden, zerquetscht. Dabei hat sie Platz für die AfD geschaffen, die nun einige der alten CDU-Positionen einnimmt. Verantwortungsethisches Handeln im beschriebenen Sinne Max Webers sieht – für mich jedenfalls – entschieden anders aus.

8

Eine Frage der Verantwortung: Klima, Umwelt und Energie

Weckruf des Club of Rome • Früh dabei: Das deutsche Zentrum der Umweltforschung • Größte Herausforderungen: Treibhauseffekt und Klimawandel • Falsche Politik: Der Emissionshandel und das Erneuerbare-Energien-Gesetz beißen sich • Das Grüne Paradoxon • Warum man kein Kohlenstoffbudget braucht, wohl aber die Extraktion verlangsamen sollte • Es geht nur global • Der grüne Flatterstrom und warum wir die Wende der Wende brauchen

Weckruf des Club of Rome

Keine Frage, unsere Natur ist nicht beliebig ausbeutbar, unsere Umwelt ist nicht beliebig belastbar, unser Klima darf sich nicht weiter verschlechtern. Doch was folgt daraus? Dass wir wieder in Hütten leben sollen? Natürlich nicht. Was also dann?

Ich bin ein Junge vom Dorf, der mit dem Wechsel der Jahreszeiten, mit dem Wachsen auf den Feldern, mit der Ernte, mit Bäumen und Wäldern, auch mit Zeltlagern bei den Falken aufgewachsen ist. Ich genoss es, wenn der warme Nieselregen, der vom Meer herübergeweht kam, meine Haut benetzte. Ich liebte es, mich mit ausgebreiteten Armen in den kräftigen Wind zu stellen. Ich liebte es auch, mit den vielen Haustieren bei meinen Großeltern zu spielen, und gewöhnte mich an ihren Geruch, ihre Laute und ihre Reaktionen. Meine Jugend war, wie beschrieben, behütet, und sie war es auch, davon bin ich überzeugt, weil ich das natürliche Leben auf dem Lande leben durfte. Die Arbeiten der Bauern auf dem Acker, das Säen und Ernten, das Spiel in den frisch aufgestellten Roggengarben, das Baden in der Spreu der Dreschmaschinen, die Fahrten auf dem Heuwagen, die Bauernfeste mit den Tänzen auf gezimmerten und mit Girlanden geschmückten Tanzböden: Das alles war meine Welt.

Aber ich bin kein Romantiker, der meint, dass die Kühe früher längere Schwänze hatten und dass die Wiesen früher grüner waren. Früher war mitnichten alles besser, das Gegenteil ist der Fall: Das Leben war kürzer, der Lebensstandard geringer, die Umwelt – man denke nur an den Ruhrpott oder an Mannheim, wo ich acht Jahre lebte – verpesteter. Wir leben zudem in einer modernen industrialisierten Gesellschaft, die durch Globalisierung und Digitalisierung zuletzt noch stärker an Dynamik zugelegt hat. Diese Wirklichkeit ist es, der wir uns zu stellen haben. Nicht mit Appellen, nun endlich Maß zu halten, etwa beim Ressourcenverbrauch – also gesinnungsethischen Spielereien –, sondern mit der richtigen, auf Langfristigkeit angelegten und in diesem Sinne verantwortungsbewussten Umweltpolitik.

Die Ökonomie hat zu diesem Thema einiges zu sagen. Wie in Kapitel 6 schon erwähnt, hat Arthur Cecil Pigou bereits vor einem Jahrhundert, nämlich 1920, in seinem volkswirtschaftlichen Hauptwerk *The Economics of Welfare* die Umweltökonomie begründet. In seinem Werk entwickelte Pigou das schon erläuterte Konzept der Umweltexternalitäten, an dem heute keine ernsthafte umweltökonomische Forschung und Politikempfehlung vorbeikommt. Der Konsens der auf Pigou basierenden Umweltökonomik schließt an das an, was schon in Kapitel 6 erläutert wurde. Ökonomische Tätigkeiten können im Umweltbereich sogenannte *negative externe Effekte* auf Dritte ausüben. Das sind nicht durch Geldleistungen kompensierte Nachteile, die den Kompensationstest – dass nämlich der Nutznießer einer Handlung in der Lage sein muss, den Geschädigten zu kompensieren – verfälschen und deshalb zu viel von diesen Tätigkeiten entstehen lassen. Sie begründen eine Umweltpolitik, die durch Verbote oder besser durch Abgaben auf die schädigende Tätigkeit eine Korrektur der Handlungen herbeiführen.

Das Konzept der externen Effekte steht – gleichsam in der Nachfolge von Pigou – bis heute im Zentrum der ökonomischen Wohlfahrtstheorie. Und weil dabei auch die Rolle des Staates zentral ist, spielt sie ebenfalls in der Finanzwissenschaft eine wichtige Rolle. Doch obschon die Umweltökonomie durch Pigou früh entstanden war, führte sie doch lange einen Dornröschenschlaf, einen Schlaf, der einige Jahrzehnte andauerte. Erst 1968 kam mit einem vielbeachteten Aufsatz von Garret Hardin, der den Titel *The Tragedy of the Commons* (»Die Tragödie der Gemeinschaftsgüter«) trug, die Wende.

Hardin argumentierte, dass die Menschen Raubbau an der Natur treiben, weil die Natur sich im Gemeinschaftseigentum befinde. Güter, die sich in Gemeinschaftseigentum befinden und frei zugänglich sind, ohne dass man dafür zahlen muss, würden übernutzt, denn jeder nehme sich davon so viel, wie ihm gefalle, ohne zu bedenken, dass er diese Güter anderen entzieht. Dabei stellte Hardin auf das Beispiel des Fischfangs in den Weltmeeren ab und wies nach, dass die Überfischung der Weltmeere aus der Nichtexistenz von Eigentumsrechten für die Fische und somit fehlenden Märkten und Marktpreisen resultiert.

Im deutschen Sprachraum hat sich für die *Commons* der Begriff der *Allmendegüter* eingebürgert. Und dies mit gutem Grund. Die Allmende war früher die Dorfwiese, die allen Dorfmitgliedern gemeinsam gehörte und auf der jeder Bauer sein Vieh weiden lassen konnte. Die Folge dieses Rechts war stets, dass auf dieser Wiese das Gras zuerst verbraucht war, dass die Grasnarbe zerstört und dass die Ertragskraft der Wiese geschwächt wurde. Erst die im Laufe der Jahrhunderte veränderte Regelung des Zugangs zu den Allmenden durch die Schaffung von Privateigentum mit Pachtmärkten ermöglichte schließlich eine ordentliche Bewirtschaftung. Heute gibt es nur noch sehr vereinzelt »ausbeutungsgefährdete« Allmenden.

Der Artikel von Hardin vor rund 50 Jahren löste – ein halbes Jahrhundert nach Pigou – eine neue Welle umweltökonomischer Forschung aus. Besondere Aufmerksamkeit in der Öffentlichkeit fand eine im Auftrag des *Club of Rome* und von der deutschen Volkswagenstiftung großzügig finanzierte Studie *Die Grenzen des Wachstums*, die 1972 im Rahmen eines Symposions in St. Gallen vorgestellt wurde.

Die Studie erschien im Übrigen auch als Buch und wurde so zum Kassenschlager. Das Buch des Club of Rome wurde in 30 Sprachen übersetzt, mit über 30 Millionen verkauften Exemplaren zum Weltbestseller und 1973 mit dem Friedenspreis des deutschen Buchhandels ausgezeichnet.

Geleitet wurden die Studie vom US-Ökonomen Dennis L. Meadows, seiner Frau Donella, ihres Zeichens Umweltwissenschaftlerin, und Jørgen Randers, einem in England geborenen norwegischen Zukunftsforscher. In ihrer Studie rechneten sie, unterstützt vom Institut für Systemdynamik des legendären Jay Wright Forrester – US-Pionier der Computertechnik und der Systemwissenschaft –, mit den damals verfügbaren Computern verschiedene mechanistische Szenarien für die Entwicklung der Weltwirtschaft durch, bei denen die Frage der Erschöpfung der Rohstoffvorkommen und die Zerstörung von Lebensraum im Zentrum standen. Als besonders alarmierend wurden von der Öffentlichkeit die Prognosen wahrgenommen, nach denen viele Ressourcenbestände schon nach wenigen Jahrzehnten, spätestens aber 2010, erschöpft sein würden. Beim Öl war damals eine Erschöpfung in nur 40 Jahren, also bereits im Jahre 2012, befürchtet worden.

Auch wenn diese Prognosen übertrieben pessimistisch waren, stellte das Buch ohne Zweifel einen – auch aus heutiger Sicht berechtigten – Weckruf für die Welt dar. Theoretisch und mit eindrucksvollem Zahlenmaterial unterfüttert vertraten Dennis L. Meadows und seine Mitstreiter mit Nachdruck die These, dass im Falle einer Fortsetzung der bisher verfolgten ressourcenverbrauchenden industriellen Wirtschaftsweise mit nicht wenigen Bodenschätzen schon bald Schluss sein würde – und auf diese Weise auch Schluss mit der herkömmlichen Wirtschaftsweise. Die Warnungen bezogen sich auf viele Metalle, doch auch auf die fossilen Brennstoffe, also Kohle, Öl und Gas, ohne die die industriellen Gesellschaften kaum auskommen konnten. Vor allem aber forderten die Autoren, dass die ressourcenverbrauchende

Wirtschaftsweise im Interesse aller Menschen global und zudem dringend geändert werden müsse, um so den Raubbau an der Natur zu beenden und die natürlichen Lebensgrundlagen zu erhalten.

Das waren einschneidende Worte und Argumente und sie verfehlten ihre Wirkung nicht. Das Buch wurde breit diskutiert und änderte, das kann man ohne Übertreibung sagen, den globalen Diskurs zu Umweltthemen und, damit verknüpft, zum Thema Wirtschaftswachstum einschneidend.

Auch die Ökonomie blieb davon nicht unberührt, im Gegenteil, sie startete gerade mit Blick auf die Umweltökonomie nun richtig durch und erinnerte sich an die Studie, die der Ökonom Harold Hotelling im Jahr 1931 zur Theorie der erschöpfbaren Ressourcen erstellt hatte. Schon kurze Zeit nach Erscheinen des Berichts des Club of Rome fanden sich die Größen der Volkswirtschaftslehre zu einer Konferenz zusammen, bei der sie vielfältige Varianten des Hotelling-Modells diskutierten. Die bei der Konferenz vorgestellten Aufsätze wurden 1974 im *Review of Economic Studies*, einer der wichtigen Fachzeitschriften, veröffentlicht.

Bereits in den 1960er-Jahren war eine umfangreiche Theorie des Wirtschaftswachstums entwickelt worden, die darauf basierte, dass die Menschen das jeweils erzeugte Sozialprodukt nicht zur Gänze verbrauchen, sondern einen Teil davon in Form neuer Maschinen und Fabrikgebäude akkumulieren, um die zukünftigen Möglichkeiten der Güterproduktion zu verbessern. Allerdings war dabei der Verbrauch an Bodenschätzen nicht systematisch berücksichtigt worden. Dieses Manko wurde nun in einer Vielzahl sich ergänzender und zum Teil auch rivalisierender Modellansätze nachgeholt, indem die Wachstumstheorie mit der Theorie Hotellings verknüpft wurde. Bei vielen Autoren stand die Frage im Vordergrund, inwieweit das Wirtschaftswachstum vom Ressourcenverbrauch entkoppelt werden kann. Die Kernfrage war, ob ein wirtschaftliches Wachstum trotz laufend schrumpfender Ressourcenbasis dauerhaft aufrechterhalten werden kann. Es zeigte sich, dass das grundsätzlich zwar möglich sein würde, dass aber die theoretischen Bedingungen für eine solch günstige Prognose recht streng waren.

Gegenüber Meadows & Co hatten die ökonomischen Analysen den Vorteil, mit realistischeren Annahmen über die Flexibilität der Marktwirtschaft zu arbeiten. Meadows und seine Leute hatten ihre Modelle mechanistisch mit starren Proportionen zwischen Sozialprodukt und natürlichen Ressourcen durchlaufen lassen. Es gab in ihrem Modell keine Preise, kein

Eigentum, keine optimierenden Entscheidungen von irgendwem. Die Dynamik im Modell gehorchte einfachsten mathematischen Bewegungsformeln, die die Forscher zuvor in einen Großrechner eingespeist hatten.

Die Ökonomen modellierten demgegenüber Marktprozesse, die dafür sorgen, dass bei wachsender Knappheit die Preise steigen, was wiederum die Verbraucher der Ressourcen veranlasst, ressourcenschonende Produktionsweisen zu entwickeln. Sie konnten zeigen, dass die Erschöpfung der Ressourcen nicht in dem Sinne zu erwarten war, dass irgendwann ein hartes Ende drohen würde. Dennoch teilten sie die Befürchtung von Meadows und seinem Team. Auch sie erwarteten negative Auswirkungen auf das Wirtschaftswachstum, würde man nicht zeitnah anders mit der Umwelt und ihren Ressourcen umgehen.

Ironischerweise sorgten gerade die Untergangsprognosen des Club of Rome bald dafür, dass die Gegenreaktionen der Märkte nicht auf sich warten ließen. So machte der Bericht großen Eindruck auf die Ölförderländer am Golf und anderswo und veranlasste sie, sich zu einem Kartell, der *Organisation erdölexportierender Länder* (OPEC), zusammenzuschließen, um gemeinsam durch eine Drosselung der Extraktion die Preise hochzusetzen. In der Folge der so verfügten Preissteigerungen kam es zu den Ölpreisschocks der Jahre 1973/74 und 1979/80, die die Weltwirtschaft in schwere Krisen stürzten und Industrien und Verbraucher veranlassten, über ressourcenschonendere Wirtschaftsweisen nachzudenken. Ich weiß noch gut, wie die Autobahnen im Jahr 1973 in Deutschland gesperrt wurden, um den Privatverkehr einzudämmen und den Treibstoffverbrauch zu senken. Jeder hatte nun begriffen, dass es so nicht weitergehen konnte. Und das war gut, denn nun gewannen Umweltbewegungen »von unten« Zulauf, die bald politischen Druck ausüben würden.

Früh dabei: Das deutsche Zentrum der Umweltforschung

Auch ich selbst habe mich, wie schon berichtet, früh mit der Umweltthematik auseinandergesetzt. Oder besser: Ich kam früh direkt mit ihr in Berührung. Und dies geschah ebenfalls bereits im Jahr 1974, dem Jahr also, als die oben erwähnte grundlegende ökonomische Aufsatzsammlung erschien.

Genau in diesem Jahr nämlich gingen meine Frau und ich ja, wie schon im zweiten Kapitel berichtet, an die Universität Mannheim, um bei Hans Heinrich Nachtkamp Stellen als wissenschaftliche Assistenten anzutreten. Dort aber war auch Horst Siebert tätig, der spätere Präsident des Kieler *Instituts für Weltwirtschaft*. Siebert hatte die Bedeutung der Umweltforschung früh erkannt und forcierte sie in Seminaren und eigenen Vorlesungen. Nicht wenige von ihnen besuchte ich.

In seinem Bemühen, einer der Pioniere in der ökonomischen Umweltforschung zu werden, gelang es Horst Siebert auch, einen von der Deutschen Forschungsgemeinschaft finanzierten Sonderforschungsbereich einzurichten. Mithilfe dieses Sonderforschungsbereichs und der ihm dadurch zufließenden Gelder war es ihm möglich, international bekannte Gastforscher zu Umweltthemen an die Fakultät zu holen, sie vortragen zu lassen und mit ihnen zu diskutieren. Davon habe ich sehr profitiert.

Besonders beeindruckt haben mich Murray C. Kemp von der University of New South Wales im australischen Sydney und Ngo Van Long, sein akademischer Schüler mit vietnamesischen Wurzeln. Sie hatten ein Buch mit Aufsätzen über Probleme der Ressourcenökonomie veröffentlicht, dessen Inhalte sie nun in Mannheim zur Diskussion stellten. Die Debatten waren geistig überaus fruchtbar und auch interkulturell bereichernd, denn Australier und Vietnamesen bekamen wir zu jener Zeit nur selten zu sehen, geschweige denn, dass man mit ihnen längere Zeit verbringen und mit ihnen diskutieren konnte. Zu diesem Buch schrieb ich einen Besprechungsaufsatz mit dem Titel »The Theory of Exhaustible Resources« (»Die Theorie der erschöpfbaren Ressourcen«) der 1981 in der *Zeitschrift für Nationalökonomie* veröffentlicht wurde.

Kemp, über 20 Jahre älter als ich, war ein mathematischer Theoretiker durch und durch. Er beeindruckte mich als höchst präziser, disziplinierter und anregender Wirtschaftswissenschaftler. Ich hatte auch später noch mehrfach Kontakt mit ihm, etwa, als ich ihn als einen der ersten Gäste an das von mir in München gegründete *Center for Economic Studies* (CES) einlud (mehr dazu in Kapitel 11). Und hätte ich nicht den Ruf an die *Ludwig-Maximilians-Universität* in München erhalten: Kemp hätte mich mit Freuden als *Senior Lecturer*, vergleichbar mit einer C2-Professur in Deutschland, an seine Universität bringen wollen, wie er mir schon in den Jahren zuvor immer wieder versicherte. Seinen akademischer Schüler

Ngo Van Long hatte es schon frühzeitig als Student von Vietnam aus zu Murray C. Kemp nach Sidney verschlagen, wo er an der dortigen Uni seine ökonomische Ausbildung erhielt. Sie war ganz offensichtlich exzellent. Jahre später ging Long an die renommierte McGill-Universität in Montreal.

Besonders viel gelernt habe ich in einem Kurs, den Siebert zu dem im Jahr 1979 herausgekommenen Lehrbuch von Partha Dasgupta und Geoffrey Heal mit dem Titel *Economic Theory and Exhaustible Resources* (Ökonomische Theorie und erschöpfbare Ressourcen) veranstaltete. Die Teilnehmer, nämlich die wissenschaftlichen Assistenten seines Lehrstuhls und ich, mussten jeweils ein Kapitel vortragen und es dann mit dem Rest der Gruppe diskutieren. Auf diese Weise tat sich für mich eine faszinierende neue Denkwelt auf, die sich mit den theoretischen Grundlagen dessen befasste, was die Grünen später in praktische Politik umzusetzen versuchten.

Keine Frage: Mit zunehmender Sensibilisierung für die Umweltthematik schien plötzlich nun auch die Zeit vorbei, in der man über grenzenloses Wachstum, über dauernde Dynamik und Nirvana-Ökonomien jubeln konnte. Und diese Veränderung spiegelte sich auch in der ökonomischen Theorie. Sie landete quasi auf dem Boden der Wirklichkeit und erkannte die Begrenztheit der Möglichkeiten, die sich der immer weiter wachsenden Menschheit zwangsläufig boten.

Doch zurück zum Buch von Dasgupta und Heal, das mich so beeindruckte. Die von den Autoren verwendeten mathematischen Methoden waren sehr komplex. Da fügte es sich, dass mein eigener Chef Hans Heinrich Nachtkamp in etwa zeitgleich auch einen Lektürekurs zu einem Lehrbuch von Kenneth Arrow und Mordecai Kurz zur dynamischen Optimierung anbot, an dem ich ebenfalls teilnahm. Die dynamische Optimierung ist eine formale Rechenmethode, die man in der Physik zum Beispiel benötigt, um ein Raumschiff auf komplizierten Pfaden im All mit minimalem Energieaufwand zum Mond und zurück zu transportieren. Das Ziel ist bekannt, doch sind die Fragen, auf welchem Weg man dahin kommt, welche Geschwindigkeiten wann benötigt werden, wie viel Resttreibstoff zu welchem Zeitpunkt noch vorhanden sein würde und so weiter, nicht einfach zu beantworten. Ähnlich komplexe Fragestellungen existierten nun auch mit Blick auf die Umweltthematik. Und das Buch von Arrow und Kurz gab nun die nötige Mathematik an die Hand.

Nachdem ich diesen mathematischen Ansatz erst einmal gelernt und verinnerlicht hatte, war er mir für die Untersuchung vieler verschiedener

Fragestellungen im Bereich der Wachstumstheorie und der Ressourcenökonomie nützlich. Er half mir, eine Reihe von Aufsätzen zur zeitlichen Dimension des Ressourcenabbaus und zum Wirtschaftswachstum zu schreiben. Ich erwähne nur beispielhaft zwei Aufsätze, die sich mit der Extraktion von Öl beschäftigten, das in einem großen Bassin unter der Erdoberfläche lag, welches mehrere Firmen gleichzeitig anzapfen konnten. Ich konnte zeigen, dass die Bestände unter diesen Bedingungen übermäßig rasch konsumiert würden, und dies auch dann, wenn es überirdische Lagerstätten gab, mithilfe derer man sich gegen vorauseilende Extraktion der Konkurrenten grundsätzlich schützen konnte.

Im Übrigen erlebte ich bei der Forschung zu Umweltthemen auch interessante Überraschungen. Im Zusammenhang mit der Allmende-Problematik beim Fischfang, auf die schon der eingangs erwähnte Hardin hingewiesen hatte, veröffentlichte ich unter anderem einen kleinen Kommentar zur Frage der möglichen Überfischung der Blauwale in einer naturwissenschaftlichen Fachzeitschrift. Dabei ging es um die Frage, ob die Überfischung zu einer vollkommenen Ausrottung der Wale führen könnte oder ob die Fischer angesichts der immer schwieriger werdenden Fangsituation aus Kostengründen irgendwann von allein aufhören würden, die Netze auszuwerfen, sodass sich ein kleiner Restbestand an Walen erhalten würde. Dieser Artikel hatte, so finde ich, eigentlich keinen besonderen theoretischen Tiefgang, aber die Wale waren halt wichtig. Ich erwähne ihn hier dennoch, weil er zeitweilig zu einem meiner am häufigsten zitierten Aufsätze gehörte. Das lag aber nach meinem Eindruck weniger an seinem analytischen Tiefgang als an dem Umstand, dass der Markt für naturwissenschaftliche Zeitschriften sehr viel größer ist als der für ökonomische. Wie sich jeder Wissenschaftler darüber freut, wenn er häufig zitiert wird, tat auch ich es.

Größte Herausforderungen: Treibhauseffekt und Klimawandel

Der Schwung der ökonomischen Umweltforschung ließ nach dem Abebben der zweiten Ölkrise in den Jahren ab 1982 deutlich nach. Die Ölpreise hörten damals nicht nur auf zu steigen, sondern fielen sogar, vor allem in realer Rechnung, wenn man die Inflation der allgemeinen Güterpreise herausrechnete. Der Ölpreisverfall sollte noch mehr als zwei Jahrzehnte anhalten und war erst zur Mitte der 2000er-Jahre beendet. Auch das 3-Liter-Auto, das Volkswagen angekündigt hatte, verschwand zunächst einmal wieder in der Versenkung.

Doch hatte sich die Umweltproblematik natürlich nicht erledigt. Ich jedenfalls war enttäuscht, dass sich die Wirtschaftswissenschaften von diesem Forschungsfeld ein wenig abwandten, wie das immer dann geschieht, wenn ein Feld als abgegrast erscheint und den Forschern nichts Neues einfällt. So war es auch diesmal. Und so lernte ich, was immer gilt: Auch die Wissenschaft ist nun einmal gewissen Moden oder auch Zyklen unterworfen. Und da man nicht im luftleeren Raum forschen kann, sondern kritische Kollegen als Sparringspartner braucht, ist man gut beraten, darüber nachzudenken, ein Feld auch dann weiterzubearbeiten, wenn es sonst noch kaum jemand tut.

Nun, für mich war die Umweltproblematik zwar einige Zeit ein Schwerpunktthema, doch nicht das wichtigste meiner Themen. Aber ich habe mich zeitlebens dafür interessiert und nie den Anschluss an neuere Forschung verloren, wenn sie sich irgendwo gezeigt hat. Vor allem auch habe ich das Thema Umwelt im Zuge meiner finanzwissenschaftlichen Vorlesungen zur Allokationstheorie und -politik an der Universität München sowie auch in separaten Vorlesungen immer wieder behandelt und blieb auf diese Weise über die Jahrzehnte hinweg weiter gewissermaßen am Ball.

Sehr interessiert verfolgte ich daher auch, wie sich mit der Klimaproblematik allmählich ein neues Thema in den Vordergrund schob. Und das war auch verständlich und berechtigt. Denn wegen der niedrigen Energiepreise und auch, weil nun doch einige Teile der Dritten Welt stürmisch zu wachsen begannen – man denke nur an die ostasiatischen sogenannten Tigerstaaten wie Hongkong, Singapur, Taiwan, Südkorea, Malaysia, Thailand, Indonesien und ab den 1990er-Jahren auch an China –, nahm auch der Ausstoß an Kohlendioxid weltweit immer weiter zu. Es war daher verständlich, dass man sich in der öffentlichen Wahrnehmung und Diskussion und auch in der Forschung mehr und mehr auf die Gefahren des Treibhauseffektes konzentrierte. Das galt auch für ökonomische Forschung.

Das Ozonproblem, dass sich in den 1980er-Jahren erstmals in Gestalt eines von Forschern über der Antarktis entdeckten »saisonalen« Ozonlochs gezeigt hatte, scheint man durch das weltweite Verbot der Fluorkohlenwasserstoffe zwar allmählich in den Griff bekommen zu haben. Doch der Klimawandel insgesamt scheint unaufhaltsam fortzuschreiten.

Besondere Aufmerksamkeit findet der Klimawandel auch im *Intergovernmental Panel on Climate Change* (IPCC), hierzulande nicht selten auch als Weltklimarat bezeichnet. Das IPCC wurde Ende der 1980er-Jahre von UNEP, dem *Umweltprogramm der Vereinten Nationen*, und der WMO, der *Weltorganisation für Meteorologie* ins Leben gerufen mit dem Ziel, den Stand der wissenschaftlichen Forschung zum Klimawandel zusammenzufassen und so auch für politische Entscheidungsträger nutzbar zu machen. Seit 1990 veröffentlichen die beim IPCC engagierten Wissenschaftler regelmäßig Sachstandsberichte. Und 1997 betonten die Vereinten Nationen in einem Protokolltext, der auf einer großen Konferenz in Kyoto beschlossen wurde, die Bedeutung des Klimawandels für das Überleben der Menschheit und vereinbarten Maßnahmen zur Reduktion des Kohlendioxid-Ausstoßes. Die Maßnahmen sollten ab 2005 greifen, waren aber nur für 51 Länder der Welt, aus denen 28 Prozent der weltweiten Emissionen von Kohlendioxid kamen, bindend – darunter viele EU-Länder, so auch Deutschland. Nur wenige Länder hielten die Selbstverpflichtungen ein, und die Koalition der Willigen schrumpfte immer mehr, nachdem sich neue Regierungen der jeweiligen Länder von den Zusagen ihrer Vorgänger gelöst hatten.

Das Thema Klimawandel gab Anlass für neue Initiativen und Diskussionen auch in der Politik. Die EU etwa errichtete im Jahr 2003 ein ab 2005 wirksames Emissionshandelssystem, bei dem die Kraftwerksbetreiber für jede emittierte Tonne Kohlendioxid ein Emissionsrecht vorweisen mussten, das sie zwar in einem gewissen Umfang zugewiesen bekamen, sich aber, wenn das nicht reichte, von anderen Kraftwerksbetreibern kaufen mussten. In Deutschland trat im Jahr 2000 das Erneuerbare-Energien-Gesetz (EEG) in Kraft, mit dem Ziel, den Erzeugern »grünen« Stroms eine Absatzpriorität zu festen Preisen zu geben, um so allmählich den Strom aus fossilen Quellen zurückzudrängen. In Großbritannien rief Tony Blair eine große Schar von Wissenschaftlern zusammen, die unter der Leitung meines Kollegen Nicholas Stern im Jahr 2006 einen alarmierenden Bericht zum Klimawandel verfassten.

Auch wenn der Klimawandel immer wieder bestritten wird, so sind die wissenschaftlichen Beweise für den durch die sogenannten Treibhausgase verursachten Klimawandel doch erdrückend. Und die Gefahren, die von ihm für Erde und Menschheit ausgehen, sind immens.

Der Treibhauseffekt wird durch Wasserdampf, durch Kohlendioxid, durch Methan und eine Reihe weiterer, mindestens dreiatomiger Gase hervorgerufen, denn während solche Gase ultraviolettes Sonnenlicht zur Erdoberfläche durchlassen, absorbieren sie die durch die Erderwärmung zustande kommende infrarote Rückstrahlung. Jeder kennt diesen Effekt bei näherer Betrachtung aus eigener Anschauung, denn er ist wesentlich dafür verantwortlich, dass die Temperatur der Luft mit wachsender Höhe abnimmt. In den hohen Luftschichten kommt weniger Infrarotrückstrahlung an als in den niedrigeren Schichten, weil die niedrigeren Schichten sie bereits absorbiert haben. Dass sich Luft bei einer Druckreduktion wie bei einer Passage über Bergregionen abkühlt, ist zwar richtig, erklärt diesen Effekt aber nicht, denn auch ohne jegliche Luftbewegungen ist die Luft in den Bergen wegen des Treibhauseffektes kühler als in den Tälern.

Den Treibhauseffekt kann man direkt messen. Vor allem kann man auch messen, wie sehr er sich im Laufe der Zeit verstärkt hat. So hat man zum Beispiel bei Untersuchungen der infraroten Rückstrahlung von der Erde mittels Satelliteneinsatz festgestellt, dass das Loch im Spektrum jener Frequenzen der Strahlung, die vom Kohlendioxid herausgefiltert werden, immer größer geworden ist. Warum das mit Blick auf das Kohlendioxid so gefährlich ist, werde ich gleich erläutern.

Wir Menschen können einerseits von Glück sagen, dass es den Treibhauseffekt aufgrund des Kohlendioxids und der anderen biologischen Gase überhaupt gibt. Ohne ihn nämlich wäre die Erdtemperatur, die heute bei durchschnittlich 14,5 Grad liegt, um 18 Grad niedriger. Die Erde wäre also von einer Eisschicht bedeckt, und allenfalls am Äquator gäbe es noch bewohnbare Flecken Land. Andererseits jedoch dürfen wir in unserer Erdatmosphäre auch nicht zu viel Treibhauseffekt haben, denn das biologische und geografische Gleichgewicht, das wir kennen, einschließlich der Siedlungsorte des Menschen, hat sich auf die heutige Temperatur ausgerichtet. Höhere Temperaturen führen zur Austrocknung großer Gebiete in Afrika und anderswo, lassen den Meeresspiegel ansteigen, was niedrig gelegenen Ländern wie Bangladesch zusetzt, und machen umgekehrt andere Regionen bewohnbar, etwa Sibirien. Ein friedliches Szenario, bei dem die Menschen ihren Wohnsitz entsprechend verlagern, ist schwer vorstellbar.

Der Migrationsdruck aus Afrika, den Deutschland derzeit erlebt, ist nur ein Vorgeschmack auf die möglichen Probleme.

Am wichtigsten für den Treibhauseffekt ist der Wasserdampf, der im Schnitt etwa 0,4 Prozent der Erdatmosphäre ausmacht. Er erklärt einen enorm starken Selbstverstärkungseffekt bei schwülem Wetter. Wird die Luft wärmer, absorbiert sie mehr Feuchtigkeit, und weil sie mehr Feuchtigkeit absorbiert, fängt sie mehr infrarote Rückstrahlung von der Erdoberfläche auf und wird noch wärmer. Deswegen wird es im Mittelmeerraum, wo die Luft viel Feuchtigkeit aufnehmen kann, manchmal so unerträglich heiß. Aber so wichtig der Wasserdampf für die Entstehung des Treibhauseffektes ist: Um ihn müssen wir Menschen uns mit Blick auf den Klimawandel keine Sorgen machen, denn bei gegebener Durchschnittstemperatur der Erdatmosphäre lässt sich in diese Atmosphäre – um es salopp auszudrücken – nicht mehr Wasserdampf reinpacken, als ohnehin schon drin ist. Wasserdampf ist so gesehen auch keine selbstständige Ursache der Erderwärmung. Alles, was wir Menschen durch unsere Art zu leben und zu wirtschaften der Erdatmosphäre zusätzlich an Wasserdampf beigefügen, sei es über die Kühltürme von Kraftwerken, die Kondensstreifen der Flugzeuge oder auch normale Verbrennungsprozesse, regnet es am Ende ab.

Ganz anders ist es hingegen beim Kohlendioxid. Sein Volumenanteil an der Erdatmosphäre ist zwar nur etwa ein Zehntel so groß wie der des Wasserdampfs, doch beim Eintritt von mehr Kohlendioxid in die Erdatmosphäre vergrößert sich der Treibhauseffekt auf sehr lange Sicht. Zwar werden drei Viertel des zusätzlichen Kohlendioxids über die nächsten Jahrhunderte vom Meer und der Biomasse wieder absorbiert, doch ein Viertel bleibt dauerhaft, jedenfalls über Zigtausende von Jahren, in der Atmosphäre.

Das seit Beginn der Industrialisierung emittierte Kohlendioxid hat den Anteil an Kohlendioxid in der Atmosphäre bereits um ein Drittel erhöht. Die Durchschnittstemperatur der Erde ist in dieser Zeit um etwa 1 Grad gestiegen, von 13,5 Grad auf die erwähnten 14,5 Grad. Die Fachwissenschaft hat die berechtigte Furcht, ja sichere Erwartung, dass der Prozess so weitergeht. Viele glauben, dass man nur noch ein weiteres Grad verkraften kann. Sie fordern deshalb ein Zwei-Grad-Ziel bezogen auf die vorindustrielle Zeit.

Sollten gar bis zum Ende des Jahrhunderts weitere 4 Grad anstehen, wie seriöse Wissenschaftler befürchten, dann könnten die problematischen

Folgen der Erderwärmung auch schon viel schneller Platz greifen. Dann ist es in Deutschland zwar so warm wie in Italien, was ja vielleicht noch angenehm wäre. Doch viele Teile Afrikas, Asiens und Lateinamerikas werden dann unbewohnbar. Viele Menschen dort würden im Laufe dieses Prozesses sterben, viele aber würden sich aber auch auf die Reise zu uns machen. Keine Frage: Diese Flüchtlingsströme würden massive Konflikte und viele neue Kriege auslösen, auch bei uns.

Manche Wissenschaftler meinen, dass erst 2 Grad mehr im Vergleich zu heute die Welt eine kritische Schwelle erreichen ließe, denn jenseits dieser Marke muss mit einem allmählichen Abschmelzen des Grönlandeises gerechnet werden, ein Prozess, der sich freilich über Jahrhunderte hinziehen würde. In der Folge würde der Meeresspiegel langfristig um 7 Meter ansteigen – während im ersten Jahrhundert wohl »nur« mit einem Anstieg von einem Meter zu rechnen wäre. Die Niederlande, zu denen Gebiete gehören, die 12 Meter unter dem Meeresspiegel liegen (zum Beispiel der Flughafen von Amsterdam), könnte den einen Meter durch eine Deicherhöhung vermutlich noch verkraften. Doch für tief gelegene Länder wie Bangladesch und für einige Inselrepubliken wäre auch dieser Meter schon verheerend.

Das Schmelzen des arktischen Eises, das schon sichtbar begonnen hat, erhöht demgegenüber den Meeresspiegel nicht, weil dieses Eis ja im Wasser schwimmt. Es hätte sogar den Vorteil, dass sich dann die Nordpassage, eine neue Schifffahrtsroute von Europa nach Asien, eröffnen würde. Das Schmelzen des Eises am Südpol hingegen, das ja auf einer Landmasse liegt, wäre deutlich gefährlicher, ist aber nach einschlägigen Berechnungen bei den genannten Temperaturerhöhungen noch nicht zu erwarten.

So oder so steht die Menschheit aufgrund des Treibhauseffektes und der damit einhergehenden Erderwärmung vor erheblichen Herausforderungen. Entweder versucht sie, sich an die Erwärmung anzupassen, indem sie Wege findet, die Migration der Erdbevölkerung gen Norden geordnet ablaufen zu lassen. Oder sie versucht, die Erwärmung zu verlangsamen. Die Frage ist: Kann man die Erderwärmung gänzlich verhindern oder sollte man etwa ein festes Temperaturziel ansteuern, zum Beispiel das immer wieder zitierte Zwei-Grad-Ziel. Dann müsste die Welt ja irgendwann – und möglichst umgehend – gänzlich auf die Nutzung fossiler Brennstoffe verzichten. Oder sie müsste alles, was sie an Kohlenstoff aus der Erde herausholt, dort wieder hineinstecken.

Letzteres Szenario ist freilich aufgrund der begrenzten Reservoire und des riesigen Platzbedarfs selbst für flüssiges Kohlendioxid kaum realistisch. Es bleibt also nur, anzustreben, den Abbau fossilen Kohlenstoffs so schnell wie möglich stark zu begrenzen.

Die Frage ist, wie das geschehen kann. Und diese Frage ist letztlich die nach den zur Verfügung stehenden politischen Instrumenten zur Erreichung des allseits akzeptierten Ziels.

Falsche Politik: Der Emissionshandel und das Erneuerbare-Energien-Gesetz beißen sich

Naheliegend scheint es auf den ersten Blick zu sein, zur Reduktion des Kohlendioxidausstoßes ein Instrument zu wählen wie das schon erwähnte Erneuerbare-Energien-Gesetz (EEG) der Bundesrepublik Deutschland. Dieses Gesetz prämiert grünen Strom, indem es den Produzenten Festpreise oberhalb des Marktpreises garantiert und die Netzbetreiber außerdem zwingt, den gesamten grünen Strom, der produziert wird, abzunehmen, gleichgültig, ob dafür Bedarf besteht oder nicht. Diese im EEG festgelegte Priorisierung und der gleichfalls im EEG festgelegte überhöhte Preis haben in Deutschland zu einem gewaltigen Aufschwung der grünen Energie geführt, der jedem Besucher aus einem anderen Land sofort ins Auge sticht. Nirgendwo sonst, vielleicht mit Ausnahme des kleinen Dänemark, gibt es so viele dicht gepackte Windflügel und Solar-Paneelen in einer ansonsten grünen Landschaft wie in Deutschland.

Den überhöhten Preis für grüne Energie müssen freilich am Ende alle Verbraucher im Strompreis mitbezahlen, gleichgültig, ob sie nun grünen Strom wollen oder nicht. Im Jahr 2017 lag die Zusatzbelastung für die Verbraucher bei 25 Milliarden Euro. Der Strompreis war dabei mit etwa 30 Cent pro Kilowattstunde fast doppelt so hoch wie in unserem Nachbarland Frankreich.

Leider jedoch haben diese am Ende besonders für die Verbraucher teuren politischen Maßnahmen keinerlei Effekt auf den gesamten europäischen Kohlendioxidausstoß, weil dieser Ausstoß – bzw. das Recht der Kraftwerksbetreiber auf diesen Ausstoß – bereits durch den Emissionshandel der EU bis auf die letzte Tonne gedeckelt ist. Der von der EU eingeführte Handel mit Emissionsrechten ist ein marktnahes umweltpolitisches Mittel. Ausgehend von einer politisch definierten Obergrenze für die europäischen Emissionen impliziert er, dass sich auf den Märkten ein einheitlicher Preis pro Tonne emittierten Kohlendioxids bildet. Durch diesen Preis werden die Vermeidungsanstrengungen der Kraftwerke so koordiniert, dass bei gegebenem Umweltziel die Summe der Vermeidungskosten über alle Kraftwerksbetreiber hinweg minimiert wird oder dass bei einer gegebenen Summe der Vermeidungskosten ein Maximum an Schadstoffreduktion möglich ist.

Das liegt an der gewinnmaximierenden Reaktion der Emittenten auf den Preis der Emissionsrechte. Der einzelne Kraftwerksbetreiber wird seine Vermeidungsanstrengungen gerne weiter vorantreiben, sofern ihn die Zusatzanstrengung, die nötig ist, um eine weitere Tonne Kohlendioxidemission zu vermeiden, weniger kostet als das Emissionsrecht pro Tonne, das er nun nicht mehr kaufen muss oder, wenn er es bereits besaß, verkaufen kann. Er wird mit einer weiteren Anstrengung genau da stoppen, wo diese Anstrengung für die Vermeidung einer weiteren Tonne Emission gerade so teuer ist wie das Emissionsrecht. Und so werden sich alle Kraftwerksbetreiber verhalten. Das impliziert, dass im Endeffekt bei allen Betreibern die Anstrengung für die Vermeidung der jeweils letzten Tonne Kohlendioxid gleich viel kostet – nämlich so viel wie das Emissionsrecht pro Tonne, das wegen der internationalen Handelbarkeit der Rechte überall den gleichen Preis hat. Das wiederum hat zur Folge, dass es keine Möglichkeit mehr gibt, die Vermeidungsanstrengungen so zwischen den Betreibern umzustrukturieren, dass bei gleicher Gesamtemission eine kleinere Summe der Vermeidungskosten entsteht oder, gleichbedeutend, dass bei gleichen Gesamtkosten der Vermeidung mehr Emissionen reduziert werden können. Mit anderen Worten: Es wird durch den Markt für Emissionsrechte eine effiziente Struktur der Vermeidungsanstrengungen über alle europäischen Kraftwerksbetreiber hinweg erreicht.

Diese Struktur der Vermeidungsaktivitäten in Europa lässt sich durch nationale Sondermaßnahmen wie das Erneuerbare-Energien-Gesetz nicht weiter verbessern, sondern nur noch verschlechtern und zwar in dem Sinne, dass die Summe der Vermeidungskosten bei gleichem Ausstoß an Kohlendioxid höher ist. Genau das aber geschieht, weil der grüne Strom durch die Subventionierung quasi mit Gewalt ins deutsche Netz hineingedrückt, die Kohle herausgedrückt und anderswo neue Kohlekraftwerke in Betrieb genommen werden. Die Kraftwerke verkaufen nämlich die Emissionsrechte, die sie nicht mehr benötigen, über die Börsen zum Beispiel in Leipzig oder Amsterdam. Die Käufer sind andere Kraftwerke in Europa, die nun das Recht haben, genauso viel mehr an Kohlendioxid auszustoßen, wie in Deutschland eingespart wurde. Der durch den grünen Strom induzierte Verkauf der Zertifikate drückt deren Preis und macht es so am Ende für die Betreiber schmutziger Kraftwerke attraktiv, sie zu erwerben.

Und leider sind die Vermeidungsanstrengungen bei der Reduktion des Kohlendioxids nicht mehr kostenminimal auf die Kraftwerke verteilt. In Deutschland werden hocheffiziente Kraftwerke abgeschaltet, während in anderen Ländern rückständige und ineffiziente Dreckschleudern weiter betrieben oder sogar neu errichtet werden.

Besonders bedauerlich ist, dass solche schmutzigen Kraftwerke durch den Verfall der Preise für die Emissionsrechte, den das deutsche EEG auslöst, in die Lage versetzt werden, den grünen Strombetreibern in den anderen Ländern heftig Konkurrenz zu machen und deren Hochkommen erschwert. Mit anderen Worten: Die in Deutschland errichteten Windflügel und Solarpaneelen machen den Windflügeln in der Bretagne, wo viel Wind weht, und den Solaranlagen in der Extremadura, wo viel Sonne scheint, die Existenz schwerer, weil die Förderung, die der deutsche grüne Strom über das EEG genießt, wegen des Preiseffekts auf die Emissionszertifikate zugleich eine Förderung der Kohlewirtschaft in Frankreich und Spanien ist.

Das Ganze zeigt, dass das EEG ein rechter Schildbürgerstreich ist. Man fragt sich, was sich die Politik dabei gedacht hat. Wohl gar nichts, jedenfalls nichts, was mit volkswirtschaftlichem Nutzen zu tun hat, denn mittlerweile geht es im grünen Gewerbe um Geld, sehr viel Geld, und da will so mancher von der Wahrheit gar nichts hören. Das Klimaargument passt so wunderschön zum eigenen Geschäftsmodell, dass man sich nicht durch Sachargumente davon abbringen lassen will.

Die genannte Kritik am EEG wurde schon vor Jahren vom *Wissenschaftlichen Beirat beim Bundesministerium für Wirtschaft* vorgebracht, sie wurde von Joachim Weimann von der Universität Magdeburg und auch von mir selbst häufig wiederholt, doch stellen sich die Adressaten bis heute weitgehend taub. Die Kritik gehört zu den Themen, die man lieber tabuisiert, damit die Leute gar nicht erst mit dem Denken anfangen.

In den internen Diskussionszirkeln der Umweltökonomen wird allerdings manchmal eingewandt, dass es in Deutschland wegen des Erneuerbare-Energien-Gesetzes möglich war, für ein insgesamt niedrigeres Volumen an Emissionszertifikaten in Europa zu stimmen. Insofern wäre ja in der Summe doch ein positiver Umwelteffekt des EEG zu verzeichnen. Das Argument hat die »Handelsklasse IVc«, denn es ändert nicht das Geringste an der Tatsache, dass es umweltökonomisch betrachtet ineffizient ist, die deutsche Energiesteuerung zusätzlich zum Emissionshandel zu betreiben. Die Aussage, dass man bei einer gegebenen Summe der Vermeidungskosten in ganz Europa ohne das deutsche EEG einen kleineren Ausstoß an Kohlendioxid erreichen könnte als mit diesem Gesetz, wird davon überhaupt nicht berührt.

Das Grüne Paradoxon

Bei der politischen Bekämpfung des Klimawandels stellen sich leider noch weitere Probleme. Der Emissionshandel macht das Erneuerbare-Energien-Gesetz wirkungslos, doch auch er selbst könnte unwirksam sein, wenn er nur in Europa betrieben wird. Um das zu verstehen, muss man bedenken, dass der gesamte Kohlenstoff, der bei der Verbrennung fossiler Energieträger in Form des Kohlendioxids in die Luft geblasen wird, zuvor aus der Erde herausgeholt wurde. Es kommt nichts hinzu, und es bleibt auch nichts weg. Insofern versteht man viel besser, was weltweit geschieht, wenn man den Welthandel und die Extraktion des Kohlenstoffs selbst betrachtet, in welcher Verbindung mit Wasserstoff auch immer er in Erscheinung tritt, sei es als Kohle, Öl oder Erdgas.

Wenn nämlich Europa seine Nachfrage nach Kohlenstoff reduziert, dann drückt das den Weltmarktpreis, und bei niedrigeren Weltmarktpreis kaufen die Verbraucher anderer Länder mehr davon. Konkret: Die Amerikaner fahren dann noch größere SUVs, die Chinesen nehmen noch mehr neue Kohlekraftwerke pro Jahr in Betrieb, und noch mehr Wasserflaschen werden mit Containerschiffen sinnlos um die Welt herumgefahren.

Möglicherweise sind diese globalen Gegenkräfte sogar so stark, dass sie die Nachfrageeinschränkung der Europäer nicht nur partiell, sondern vollständig kompensieren. Ja es ist, wie ich gleich erläutern werde, sogar möglich, dass es zu einer Überkompensation kommt und Ressourcen per Saldo schneller extrahiert werden, als es ohne die »grüne Politik« in Europa der Fall gewesen wäre.

Der Erfolg einer solchen Politik hängt nämlich davon ab, wie die Anbieter der fossilen Brennstoffe reagieren, wie also die Ölscheichs, die Kohlebarone und die Gasoligarchen auf die Senkung der Weltmarktpreise reagieren. Reagieren sie nicht und verkaufen sie in jedem zukünftigen Jahr die gleichen Mengen, die sie in dem jeweiligen Jahr ohnehin auf den Markt werfen wollten, verpufft die Nachfrageeinschränkung der Europäer vollkommen. Exakt jene Mengen, die die Europäer nicht mehr verbrauchen, werden nun von anderen Ländern verbraucht und zu Lasten des Weltklimas emittiert.

Es ist dies ein Zusammenhang, der in der Forschung lange nahezu vollständig übersehen wurde. Da gab es zum einen die auf die Extraktionsmengen schauende Literatur im Gefolge von Dennis Meadows' *Die Grenzen des Wachstums*. Und da gab es zum anderen die Klimaliteratur, die sich auf die Möglichkeiten zur Verbrauchseinschränkung konzentrierte. Die Verbindung zwischen diesen beiden Gedankenwelten existierte nicht.

Gerade die gibt es aber tatsächlich. Sie ist ökologisch und ökonomisch höchst relevant, und sie ist auch der eigentliche Grund dafür, dass ich mein Buch *Das Grüne Paradoxon* geschrieben habe bzw. den ihm vorausgehenden Artikel »Public Policies against Global Warming: A Supply Side Approach«, der in einer Fachzeitschrift erschien. Mein Ziel war es dabei, nicht nur auf diese Verbindung aufmerksam zu machen, ich wollte auch von einer bisher allein nachfrageorientierten und nach meiner Meinung somit wirkungslosen Klimapolitik zu einer angebotsorientierten Politik kommen, die das Verhalten der Ressourcenanbieter in den Mittelpunkt stellt. Nach meiner festen Überzeugung muss jedwede Klimapolitik im wahrsten Sinne des Wortes an der Quelle ansetzen, also dort, wo die Ressourcen aus dem Boden herausgeholt werden, denn alles, was herausgeholt wird, wird letztlich irgendwo auf der Erde verkauft und verbrannt, ganz egal, welche Anstrengungen im Prinzip wohlmeinende Teile der Menschheit unternehmen, um den Verbrauch zu reduzieren.

Die Zusammenhänge werden dabei noch komplexer, wenn man sich das Verhalten der Ressourcenanbieter vor Augen führt. Oben habe ich, um die

Bedeutung des weltweiten Handels mit Kohlenstoffen zu betonen, vereinfachend unterstellt, dass die Ressourcenanbieter nicht auf die Änderung der Weltmarktpreise reagieren. Das ist natürlich nur ein Spezialfall. Sie werden im Allgemeinen reagieren. Würden sie wie der Hersteller eines reproduzierbaren Gutes reagieren, würden sie aufgrund des weltweiten Preisverfalls, den der Rückgang des europäischen Verbrauchs auslöst, weniger Kohlenstoff extrahieren. Es ist auch nicht ausgeschlossen, dass sie das tun, weil der Preisverfall vielleicht minder produktive Minen und Lagestätten unrentabel macht.

Indes darf man nicht übersehen, dass der Kohlenstoffpreis kein »Kostenpreis«, sondern ein »Knappheitspreis« ist, wie zum Beispiel der Preis für alte Rembrandts. Im Prinzip muss der Kohlenstoff nicht produziert werden. Er ist ja schon da. Die Kosten sind nur die Kosten, ihn aus der Erde herauszuholen, und diese Kosten liegen so extrem weit unter den Marktpreisen, dass hier gar kein besonderer Effekt zu erwarten ist. Auch der Preis des Rembrandts, den Sotheby's bei der Versteigerung in seinem Auktionshaus erzielt, hängt wohl weniger davon ab, wie teuer es ist, den Rembrandt vom Verkäufer zum Käufer zu transportieren.

So kostet die Exploration und die physische Extraktion eines Barrels Öl in den Golfstaaten etwa 3 US-Dollar, und selbst die teuren kanadischen Ölschieferbestände lassen sich für etwa 15 US-Dollar zu Öl verarbeiten. Beide Preise liegen weit unter der Weltmarktpreis für Öl, der in den letzten Jahrzehnten zwischen 30 und 140 US-Dollar schwankte. Man müsste die Weltmarktpreise durch eine europäische Nachfrageeinschränkung schon extrem weit drücken, um die Extraktion des Kohlenstoffs betriebswirtschaftlich unrentabel werden zu lassen.

Wichtiger könnte deshalb ein anderer Effekt sein, der mit der Reaktion der Ressourcenanbieter auf die für die Zukunft zu erwartende Marktvernichtung durch die grüne Politik zu tun hat. Wenn die Ressourcenanbieter befürchten müssen, dass das, was sie sehen, erst der Anfang einer großen Marktvernichtungskampagne ist, dann handeln sie rational, wenn sie ihre Mengen vor der Marktvernichtung abstoßen. Mit anderen Worten: Das grüne Säbelrasseln der letzten Jahrzehnte könnte der Grund dafür sein, dass die fossilen Brennstoffvorräte in den letzten Jahrzehnten so rasch abgebaut wurden, der Kohlendioxidanstieg in der Atmosphäre so groß war und der Preis der fossilen Brennstoffe seit dem Aufkommen der grünen Bewegung in Relation zu den Güterpreisen und vor allem gegenüber dem wachsenden

Trend deutlich unter dem lag, den man bei knapper werdenden Ressourcen und stürmischem Wirtschaftswachstum gemäß der Meadows-Studie hätte erwarten müssen.

Einen ähnlichen Vorzieheffekt hatte man vor Kurzem bei einer ganz anderen Politikmaßnahme der Bundesregierung beobachten können. Als die Bundesregierung dem Bundestag im April 2013 mitteilte, dass ein neues Gesetz zum Schutz nationaler Kulturgüter notwendig sei, mit dem künftig Ausfuhren von Kunstgegenständen genehmigungspflichtig würden, kam es zu einem regelrechten Exodus an Kulturgütern aus Deutschland, der erst gestoppt wurde, als das entsprechende Gesetz, das sogenannte *Kulturgutschutzgesetz*, im August 2016 tatsächlich in Kraft trat.

Nun war das Problem hier noch beherrschbar, weil die Frist kurz war. Aber bis sich die Länder der Welt geeinigt haben und die weltweite Nachfrage nach fossilen Brennstoffen wirksam begrenzen, werden vermutlich noch viele weitere Jahrzehnte mit einer zunehmend intensiver werdenden Klimadiskussion vergehen. In dieser Spanne könnten die Ressourcenanbieter weiterhin versuchen, viel mehr zu verkaufen, als sie es sonst getan hätten, mit der Folge, dass sich der Klimawandel nochmals beschleunigt.

Der relative Preisverfall für fossile Brennstoffe auf den Weltmärkten, den das grüne Säbelrasseln seit etwa 1980 ausgelöst hat, hat übrigens nicht nur den Klimawandel beschleunigt, sondern auch zu einer massiven Umverteilung von Kaufkraft von den grün bewegten Ländern dieser Erde, die ihren Verbrauch unter hohen Kosten zu drosseln versuchten, zu anderen Ländern geführt, die eine bequeme Trittbrettfahrerposition einnehmen konnten. Die Trittbrettfahrer bekamen die Energie nun viel billiger, als es sonst der Fall gewesen wäre, und sie konnten viel mehr davon konsumieren. Ihnen standen nämlich nicht nur jene Mengen der fossilen Brennstoffe zur Verfügung, welche die grün bewegten Länder freigaben, sondern auch noch die Zusatzmengen, die von den Ressourcenanbietern aus Furcht vor der Verschärfung der grünen Politik auf den Markt geworfen wurden. Genau das ist das Grüne Paradoxon, wie ich es 2008 im genannten gleichnamigen Buch und zuvor im ebenfalls schon erwähnten englischen Fachaufsatz erstmals formulierte.

Natürlich habe ich im *Grünen Paradoxon* die Politik kritisiert, vor allem jene, wie sie von Bündnis90/Die Grünen vertreten wird. Ich wollte ihnen damit aber auch ein Gesprächsangebot machen. Leider vergeblich. Der Politikexperte von *n-tv*, Heiner Bremer, versuchte, nachdem mein

Buch erschienen war, tagelang fast verzweifelt, einen Vertreter des Parteivorstands für ein Streitgespräch zu gewinnen. Niemand fand sich bereit. Doch stieß ich andernorts auf große Resonanz, nämlich in der Forschung. Mehr noch: Die Angebotsorientierung der Klimapolitik, die ich mit meinem Buch 2008 und den zugrundeliegenden Aufsätzen und Vorträgen aus dem Jahr 2007 – zum Beispiel auch der sogenannten *Johann-Heinrich-von-Thünen-Vorlesung* des *Vereins für Socialpolitik* – angestoßen hatte, hat, das kann man wohl mit Fug und Recht sagen, zu einer kleinen Revolution in der Klimaforschung geführt. Plötzlich nämlich gerieten die Ressourcenvorkommen und die Möglichkeiten, das Verhalten der Ressourcenbesitzer zu verändern, in den Blick der Diskussion. Auch stellte sich die Frage, zu der ich damals schon komplexe Rechnungen angestellt hatte, ob denn der Kohlenstoff, der noch in der Erdkruste schlummert, überhaupt in die Atmosphäre hineinpassen würde. Die Thesen zum Grünen Paradoxon, die ich formuliert hatte, wurden global intensiv diskutiert. Mittlerweile ist die Literatur dazu unüberschaubar.

Und auch sonst hat *Das Grüne Paradoxon* vieles angestoßen. An der Universität Tilburg in den Niederlanden wurde ein großes Forschungszentrum aufgebaut, das sich schwerpunktmäßig mit den Angebotseffekten der Klimaforschung und speziell auch dem Grünen Paradoxon beschäftigt. Das *Bundesministerium für Bildung und Forschung* stellte zudem umfangreiche Projektmittel zur Prüfung der angebotsseitigen Klimapolitik bereit. Im *ifo Institut* bauten wir außerdem einen neuen Bereich für Klimaforschung auf, der sich auf die Analyse der Angebotseffekte konzentriert. Und der schon erwähnte Weltklimarat (IPCC) bei den Vereinten Nationen hat – erkennbar unter dem Einfluss der von mir in Deutschland angestoßenen Diskussion und des deutschen Ökonomen Ottmar Edenhofer, der dort 2008 Vorsitzender einer Arbeitsgruppe wurde – den Tenor seiner Berichterstattung deutlich auf die Angebotsseite verlagert. Das war und ist ein schöner Erfolg.

Ottmar Edenhofer, früher Mitglied des Jesuitenordens, ist übrigens einer meiner frühen Münchner Studenten, auf die ich besonders stolz bin – das war allerdings lange, bevor die Diskussion um das Grüne Paradoxon und die angebotsseitige Klimapolitik in Deutschland begann und sich von hier aus in die Welt verbreitet hat. Er hat sich mit großer Ernsthaftigkeit an die Spitze der deutschen ökonomischen Klimaforschung herangearbeitet und durch seine jahrelange Arbeit in verantwortlicher Position beim IPCC auch internationale Wirkung entfaltet. Edenhofer ist mittlerweile Professor für die Ökonomie des Klimawandels an der Technischen Universität Berlin und stellvertretender Direktor sowie Chefökonom am *Potsdam-Institut für Klimafolgenforschung* (PIK). Er wirkte zudem als Mitglied des Wissenschaftlichen Beirates des ifo Institutes in München, wo er meine Initiativen sehr unterstützte und mithalf, die Klimaforschung, natürlich mit einer Betonung der Angebotsseite, am ifo Institut in einem 2010 neu gestalteten Bereich unter der Leitung von Karen Pittel zu installieren.

Warum man kein Kohlenstoffbudget braucht, wohl aber die Extraktion verlangsamen sollte

Dass sich die Klimadebatte mittlerweile von der Nachfrageseite der Angebotsseite zugewandt hat, ist eine sehr begrüßenswerte Entwicklung. Man muss in der Tat an die Quelle des Geschehens, also an die Extraktion der Kohlenstoffbestände heran, die sich in der Erdkruste befinden, und wegkommen von der sinnlosen Nachfragepolitik, die bislang das Denken der Politik beherrscht.

Aber was soll man tun? Ottmar Edenhofer und der IPCC argumentieren, es müsse für die Welt ein Kohlenstoffkontingent vereinbart werden, über das hinaus man nichts mehr abbauen dürfte, weil dann die Klimaeffekte katastrophale Ausmaße annähmen. Diese Position finde ich auch unter dem Blickwinkel meiner eigenen Berechnungen, die ich 2008 zu der Frage anstellte, wie viel Kohlenstoff noch in der Erdkruste schlummert und wie viel noch in die Atmosphäre hineinpasst, gut begründet. Ich war damals zu etwas optimistischeren Schätzungen gekommen als er, weil ich andere Statistiken zu den vorhandenen Beständen zur Verfügung hatte als er heute. Aber vielleicht hat er recht.

Die Unsicherheit über die Schätzungen der vorhandenen Bestände und die mögliche Erderwärmung bei einer Extraktion ist erheblich. Zu der Art der Schreckensbilder, die sich bei wachsendem Kohlendioxidgehalt ergeben, hat die Fachliteratur zwar ein weites Spektrum an denkbaren Möglichkeiten entwickelt. Meinem Eindruck nach zeichnet sich hier gleichwohl keine klare Linie ab, die eine feste Obergrenze impliziert.

Ich befürchte auch, dass diese Politik so apodiktisch ist, dass sich, wenn man sich der Obergrenze nähert und die wirtschaftlichen Konsequenzen spürt, weltweit vermutlich ein massiver Widerstand ergeben wird, der alle Vereinbarungen Makulatur werden lässt. Auch das oben erläuterte Zwei-Grad-Ziel halte ich aus diesem Grunde für nicht belastbar genug, um daraus eine feste Gesamt-Kontingentierung der Kohlenstoffbestände herzuleiten, die die Welt auf alle Ewigkeit nicht überschreiten darf.

Aus ökonomischer Sicht kann man meines Erachtens schlüssig nur eine Verlangsamung der Abbaugeschwindigkeit und damit eine Verlagerung der möglichen Kohlenstoffextraktion in die Zukunft begründen, nicht aber eine Obergrenze für die Gesamtextraktion. Für die Verlangsamung der Abbaugeschwindigkeit sprechen zwei Arten von Marktversagen beim Ressourcenabbau.

Das erste Marktversagen liegt darin, dass die Eigentumsrechte an den natürlichen Ressourcen langfristig nicht gut gesichert sind. Ein Großteil der Bestände liegt nämlich in politisch instabilen Ländern, in denen die herrschende Clique stets damit rechnen muss, dass es irgendwann eine Revolution gibt, die zur Folge hat, dass rivalisierende Gruppen und Potentaten an die Macht kommen und sich der Ressourcen bemächtigen. In der Tat liegen ja zum Beispiel rund 70 Prozent der Erdölreserven in den Golfstaaten, Venezuela, Nigeria und Libyen, allesamt Länder, in denen es echte Kriege und Bürgerkriege gab oder noch gibt. Die jetzigen Eigentümer der Ressourcen haben sicherlich nicht die Absicht, möglichst viele Ressourcen im Boden zu lassen, damit ihre Rivalen statt ihrer eigenen Kinder und Kindeskinder eines Tages darüber verfügen können. Im Gegenteil versuchen sie, die Bestände möglichst rasch zu versilbern und ihre Vermögenswerte auf Schweizer Bankkonten oder sonst wo in Sicherheit zu bringen. Das ist ein Thema, das der schon erwähnte Ngo Van Long theoretisch schon sehr früh (1975) bearbeitet hat und über das, angeregt durch ihn, meine akademischen Schüler und ich selbst schon jahrzehntelang geforscht und unterrichtet haben. Dieses Problem spricht für gegenwirkende Maßnahmen zur Verlangsamung der Extraktion, aber nicht für ein Verbot der Extraktion.

Das zweite Marktversagen hat damit zu tun, dass die Klimaexternalität bei der Entscheidung der Ressourcenbesitzer, ob und wann sie eine bestimmte Menge des Kohlenstoffs extrahieren sollen, keine Rolle spielt, weil sie sie nicht bezahlen müssen. Müssten sie sie bezahlen, würden sie langsamer extrahieren, und zu jedem zukünftigen Zeitpunkt mehr Kohlenstoff im Boden lassen, als sie es bei ihrer einzelwirtschaftlichen Planung für richtig halten. Das Argument habe ich selbst entwickelt und formal bewiesen. Konkret konnte ich zeigen, dass es möglich ist – bei einer verringerten Extraktion und einem entsprechend verringerten Welt-Sozialprodukt, das zulasten der Produktion von menschgemachtem Kapital geht, das wir unseren Nachkommen vererben –, den Konsum zukünftiger Generationen zu vergrößern, ohne den Konsum der heutigen Generation zu verringern, also im Generationenzusammenhang eine Pareto-Verbesserung in dem in Kapitel 6 definierten Sinne zu erreichen. Mein Beweis basiert auf früheren Beiträgen der Nobelpreisträger Joseph Stiglitz und Robert Solow zu den Bedingungen einer Pareto-Optimalität der Ressourcenextraktion aus dem eingangs schon erwähnten Tagungsband des *Review of Economic Studies* aus dem Jahr 1994. Mein Beitrag bestand darin, den von diesen Autoren geführten Beweis um das Klimaproblem erweitert zu haben. Viel mehr als das will ich an dieser Stelle dazu nicht sagen, weil die Beweisidee komplexer ist, als es dieses Buch verträgt. Dem Leser, der hier gründlicher einsteigen will, empfehle ich etwa das letzte Kapitel meines Buches *Das Grüne Paradoxon* sowie die Fachartikel, die sich auf meiner Website finden lassen.

Die praktischen Unterschiede zwischen der Theorie vom Kohlenstoffbudget und meiner Theorie der Pareto-verbessernden Verlangsamung der Extraktion sind auf lange Sicht gewaltig, weil Erstere eine Festgrenze, vielleicht sogar den harten Stopp bedeutet, während meine Theorie eine Verschiebung eines Teils der Extraktion auf die Zukunft und insofern eine Verlangsamung des Klimawandels impliziert. Aber das mögen viele als Streit um des Kaisers Bart begreifen. In der Tat ist der Unterschied vorläufig gar nicht vorhanden, weil wir ja beide zunächst einmal eine solche Verlangsamung wollen. Die wirkliche Frage ist, wie wir das erreichen können, und da scheiden sich die Geister.

Es geht nur global

Was man tut, muss – ermöglicht durch ökonomische Anreize – auch funktionieren. Das Klimaproblem ist zu wichtig, als dass man seine Zeit und sein Geld für solche Mätzchen, wie sie das Erneuerbare-Energien-Gesetz darstellt, vergeudet. Das deutsche Gesetz ist wirklich nur eine Spielerei, die dazu dient, das gute Gewissen zu beruhigen und der grünen Industrielobby Einkommen zu bescheren, mehr aber nicht.

Ich plädiere stattdessen dafür, endlich mit den nationalstaatlichen Ansätzen der Klimapolitik aufzuhören und ein dichtes weltumspannendes System zur Steuerung der Kohlendioxidreduktion zu schaffen. Dabei spreche ich mich nicht, ich betone es abermals, für ein festes nationales Kohlenstoffbudget aus, das mit stark steigenden Energiekosten und dem einseitigen Verlust der deutschen Wettbewerbsfähigkeit einherginge. Wenn Deutschland für sich ein festes Budget einführt und einen Stopp unilateral ankündigt, also ohne dass die anderen Industrieländer folgen, wie es einige Grüne offenbar vorhaben, werden die Firmen Neuinvestitionen und Neuansiedlungen bei uns frühzeitig unterlassen. Sie müssen dann nämlich davon ausgehen, dass sich die Energiekosten weiterhin so drastisch verteuern werden wie in der Vergangenheit, und sie werden in andere Länder umziehen, wo sie mehr Investitionssicherheit erwarten.

Stattdessen schlage ich andere Maßnahmen vor. Zum einen empfehle ich den in der OECD verbundenen Industrieländern, in denen die Ressourcenanbieter die Erlöse aus dem Ressourcenverkauf anzulegen pflegen, sämtliche Kapitalerträge nicht mehr am Wohnsitz des Einkommensbeziehers, wie es überwiegend der Fall ist, sondern an der Quelle zu besteuern, nämlich dort, wo die Kapitalerträge entstehen. Das würde die Belastung der Kapitalerträge für die Bewohner der Industrieländer zumindest im Durchschnitt nicht verändern, doch würde es die Kapitalrendite, die den Ressourceneigentümern bei einer Anlage ihrer Erlöse aus dem Ressourcenverkauf auf dem Weltkapitalmarkt zur Verfügung steht, verringern und sie veranlassen, in Zukunft größere Teile ihres Vermögens im Boden zu belassen, um ihre Rendite über Wertzuwächse der noch nicht extrahierten Bestände zu erzielen. Steueroasen, die entstanden sind, weil bislang nach dem Wohnsitzlandprinzip besteuert wurde, hätten dann keine Chance mehr. Sie würden allesamt sofort austrocknen.

Zusätzlich schlage ich vor, unter dem Dach der UNO ein weltweit gültiges Emissionshandelssystem von der Art zu schaffen, wie es in Europa realisiert ist. Der Vorteil eines solchen Systems liegt darin, dass die weltweiten Emissionsmengen in jeder Periode gedeckelt sind und man die Verbrauchsmengen periodenweise begrenzen, wenn nicht im Laufe der Zeit sogar etwas herunterfahren kann, freilich ohne dass ein festes Kohlenstoffbudget im Sinne einer Gesamtextraktion über alle Zeiten summiert festgelegt werden muss. Man kann mit einem solchen System erst einmal bremsen und dann im Laufe der Zeit neu überlegen, wenn man die weitere Erderwärmung beobachtet, wie man weiter vorangehen sollte. Vorzieheffekte im Sinne des Grünen Paradoxons kann es nun nicht geben, weil ja der Gesamtabsatz der Welt in jeder Periode gedeckelt ist.

Erste Ansätze für diesen Weg waren bereits 1997 im Kyoto-Abkommen zum weltweiten Klimaschutz beschlossen worden, nur dass damals eben die meisten Länder gar nicht mitmachten. Danach können Länder, die sich zu einer Reduktion ihres Kohlendioxid-Ausstoßes verpflichtet haben, mit anderen Ländern, die ebenfalls diese Verpflichtung eingegangen sind, in einen Austausch über die Produktionsmengen treten, ohne dass der Gesamtausstoß an Kohlendioxid auf der Welt beeinflusst wird. Wenn ein Land es nicht schafft, die Vereinbarungen einzuhalten, kann es von anderen Ländern Emissionsrechte erwerben. Der Handel findet zwar nur zwischen den Staaten statt: Einrichtungen innerhalb der Staaten, seien sie privat oder öffentlich, könnten sich also nicht beteiligen. Insofern bleibt das Trittbrettfahrerproblem erhalten, das darin besteht, dass die anderen Länder das verbrauchen, was jene Länder freigegen, die sich durch das Abkommen gebunden fühlen. Doch immerhin war das insofern ein erster Schritt, als er gezeigt hat, wie man ein weltweites Handelssystem errichten könnte.

Verbunden mit diesen Erfahrungen und den Erfahrungen aus dem europäischen System, das parallel dazu existiert, müsste es möglich sein, unter dem Dach der UNO ein weltweit gültiges Handelssystem zu errichten. Technisch jedenfalls ließe sich das bewerkstelligen, und ohne dass man ein solches weltumspannendes System einrichtet, sind alle Anstrengungen von einzelnen Ländern oder Ländergruppen vergeblich. Deswegen gibt es keine Alternative dazu, wenigstens den Versuch zu unternehmen.

Bei einem solchen weltumspannenden System müsste man im Übrigen auch alle Emittenten, nicht nur jene aus dem Kraftwerksbereich, beteiligen. Es würde sich dann ein einheitlicher Preis für Emissionsrechte an den Börsen herausbilden, auf dessen Basis sich jeder Emittent überlegen kann, ob es für ihn günstiger ist, Anstrengungen zur Reduktion der Emissionen zu unternehmen und Emissionsrechte zu verkaufen, oder eventuell zusätzliche Emissionsrechte anzukaufen, um teure Vermeidungsanstrengungen unterlassen zu können. Der große Vorteil eines solchen Systems ist einerseits, dass die

8 Eine Frage der Verantwortung: Klima, Umwelt und Energie

Welt ihre Vermeidungsanstrengungen kostenminimal erreicht, und andererseits, dass der Verbrauch von fossilen Kohlenstoffen und damit die Emission von Treibhausgasen tatsächlich unter Kontrolle genommen werden kann.

Und andere Ideen? Häufig wird gefordert, dass die Länder der Welt sich auf eine einheitliche, preisähnliche Abgabe für den Kohlendioxidausstoß einigen, den sie durch nationale Maßnahmen dann den Emittenten auferlegen. Das hört sich zunächst gut an. Ich befürchte aber, dass dieser Weg nicht funktionieren wird. Zwar würde ein solch einheitlicher Preis einen Keil zwischen den Preis treiben, den die Verbraucher zahlen müssen, und jenen, den die Produzenten bekommen, doch ob der Verbraucherpreis deswegen steigen würde, steht in den Sternen. Das wird zwar implizit von den Vertretern dieses Ansatzes unterstellt, doch ist es überhaupt nicht gesagt, dass das auch passieren wird, denn noch mal: Ressourcenpreise sind keine Kostenpreise, sondern Knappheitspreise, die nach ganz anderen Regeln gebildet werden als die Preise produzierbarer Güter.

Wenn die Brennstoffanbieter hartnäckig die geplanten Mengen weiterverkaufen wollen, also ihre Extraktion nicht reduzieren, tritt genau das Problem auf, das ich oben beschrieben habe. Der preissteigernde Effekt der Kohlendioxidabgabe wird durch die Senkung des Weltmarktpreises für fossile Brennstoffe in einem solchen Szenarium vollständig kompensiert, und für das Klima wird nichts erreicht.

Mehr noch: Auch jetzt kann das Grüne Paradoxon auftreten. Denn es ist möglich, dass die Anbieter der fossilen Brennstoffe bereits angesichts einer solchen Initiative befürchten, die Kohlendioxidabgabe sei nur der Anfang, auf den im Zuge der weiteren Erderwärmung später noch erhebliche Erhöhungen folgen. Eine solche Befürchtung aber würde sie veranlassen, mehr fossile Brennstoffe auf die Märkte zu werfen, um der erwarteten Marktvernichtung zuvorzukommen, und der Klimawandel würde sich beschleunigen, obwohl ja genau das Gegenteil beabsichtigt war. Die Abgabe würde dann nämlich den Preis, den die Konsumenten zu zahlen haben, verringern, anstatt ihn zu erhöhen. Nein, solche Überlegungen führen mich zu dem Schluss, dass nur eine Umweltpolitik, die sich des Umstiegs auf die Quellenbesteuerung bei Kapitalerträgen sowie eines weltweiten Emissionshandelssystems bedient, den Klimawandel verlangsamen kann.

Natürlich mache ich mir keine Illusionen darüber, wie schwierig es sein wird, große Länder wie die USA, China und Indien zum Mitmachen zu bewegen. Doch es gibt nun einmal keinen anderen Weg, der die Emissionsmengen sicher begrenzt. Auch die Strategie, Kohlenstoffpreise zu administrieren, verlangt zwingend die Koordination der gesamten Welt, wenn sie überhaupt etwas bewirken soll. Viele mögen diesen Standpunkt frustrierend finden und sagen: Wir müssen doch etwas tun! Die Erde wird wärmer, wir müssen handeln. Und wenn die Amerikaner und andere nicht mitmachen, dann machen wir es halt allein. Ich halte diese Position für irrational, weil sie – wie man aus dem oben Beschriebenen wissen kann – zu keinen guten Ergebnissen führt und die Probleme womöglich noch verschärft. Mit einer solchen Position lässt sich das Weltklima eben nicht kontrollieren. Einzelmaßnahmen von wohlmeinenden Gruppen von Ländern würden nur den Weltmarktpreis fossiler Brennstoffe drücken – und en passant die ohnehin schon verschwenderischen amerikanischen Energieverbraucher auch noch subventionieren.

In meinem Buch *Das Grüne Paradoxon* habe ich dazu das Beispiel vom Klingelbeutel gebraucht: Wenn ich die Kirche verlasse und meinen Obolus in den Klingelbeutel gebe, dann tue ich das auch dann, wenn ich weiß, dass hinter mir ein Amerikaner und ein Chinese hergehen, die nichts hineintun. Besser etwas Geld als gar kein Geld für die Armen, denke ich mir. Genau diese Logik funktioniert aber bei der Klimapolitik nicht. Hier nämlich stellt sich die Frage, ob ich meinen Obolus auch dann noch entrichte, wenn ich davon ausgehen muss oder sogar sicher weiß, dass er nicht dem Weltklima zugutekommt, sondern dass ihn sich der Amerikaner und der Chinese für ganz eigennützige Zwecke aus dem Klingelbeutel wieder herausholen. Das können wir nicht wollen.

Der grüne Flatterstrom und warum wir die Wende der Wende brauchen

Die teuren deutschen Alleingänge bei der Klimapolitik kann ich im Lichte dieser Überlegungen nur als verwegen und unbedacht bezeichnen. Sie werden wegen der Gegenreaktionen der Ressourcenbesitzer und der Emittenten in den anderen Ländern nichts für das Weltklima erreichen.

Es kommt hinzu, dass diese Alleingänge noch nicht einmal energietechnisch funktionieren. Deutschland setzt auf Wind- und Solarstrom, was niemand übersehen kann, der dieses Land bereist. Doch leider wird dieser wetterabhängige Strom Deutschland nicht weit bringen, weil er viel zu flatterhaft, zu *volatil* ist, wie man auch sagt. Manchmal weht der Wind, manchmal nicht, und manchmal scheint auch keine Sonne, wenn der Wind nicht weht. Der so erzeugte Strom ist deshalb minderwertig und hätte am Markt keinerlei Chance, wenn er nicht – wie schon beschrieben – prioritär eingespeist werden dürfte. Müssten die Wind- und Solarstrombetreiber den Strom nach Bedarf liefern, hätten sie keine Chance am Markt, und zwar selbst dann nicht, wenn sie keine subventionierten Preise mehr dafür bekämen. Ein Strom, der nur geliefert wird, wenn der Anbieter es kann, und nicht, wenn der Nachfrager ihn braucht, würde am Markt zu Preisen weit unterhalb des Preises für die von der Nachfrage bestimmten Lieferungen der Kohlekraftwerke gehandelt, weil der Nachfrager die Speicher für die Überbrückung der Zeitspanne zwischen Lieferung und Bedarf finanzieren müsste.

Zur Pufferung der Volatilität des Wind- und Sonnenstroms hält Deutschland seine konventionellen Kohlekraft- und zum Teil auch die Gaskraftwerke weiter in Betrieb. Mit sehr zweifelhafter Wirkung. In den Dunkel- und Windflauten müssen sie unter Volllast produzieren, und wenn bei Sonnenschein der Wind kräftig bläst, stellt man sie ab. Dann aber wird bisweilen noch so viel grüner Strom produziert, dass die Netzbetreiber nicht wissen, wohin damit, weil sie die konventionellen Anlagen nicht schnell genug abstellen können. Kein Nachbarland will ihn haben, und so muss man Abnehmer dafür bezahlen, dass sie die in Deutschland produzierten überschüssigen Stromspitzen quasi wie Abfall entsorgen. Im Jahr 2013 war der Angebotsüberhang an 97 Tagen so groß, dass es zu negativen Strompreisen kam. Häufig werden die Betreiber der Windkraftanlagen auch dafür bezahlt, dass sie ihre Anlagen still stellen. Eine wahrhaft verrückte Energiewelt ist entstanden.

Seit Angela Merkel den Atomausstieg forciert hat und klar ist, dass Deutschland seine Atomkraftwerke bis 2022 abstellen will oder soll, hat sich die Lage insofern etwas entspannt, als nun mehr Kohle- und Gaskraftwerke gebaut werden können, die sich leichter abschalten lassen, wenn der grüne Strom produziert wird. Dann ist im Netz auch mehr Platz für grünen Strom. Das mag der wahre Hintergedanke der Grünstromlobby gewesen sein, als es ihr gelang, die Abschaffung der Atomkraftwerke durchzusetzen. Doch das ist erstens aus klimapolitischer Sicht ein Schritt in die falsche

Richtung – ja ein geradezu absurder Schritt, der Deutschland in den Augen der Weltöffentlichkeit lächerlich macht – und zweitens ein Schritt, der das Problem überschießender Stromspitzen schon deshalb nicht grundlegend lösen kann, weil die Kohle- und Gaskraftwerke ihre Produktion im Extremfall ja auch nur bis auf null herunterfahren können.

Spätestens wenn die durch die Abschaltung der Atomkraftwerke entstehende Energielücke mit Wind- und Sonnenstrom geschlossen ist – was bei etwa 30 Prozent Marktanteil dieses Stroms der Fall ist –, kommt man, wie meine Berechnungen zeigen, wieder in den Bereich, wo sich die überschießenden Stromspitzen nicht vermeiden lassen. Dann ist die Atomlücke zwar gestopft und die grüne Industrie hat nochmals ordentlich verdient. Doch ist dann noch keinerlei Beitrag zur Reduktion des Kohlendioxidausstoßes in Deutschland zustande gekommen. Will man den Marktanteil des Wind- und Sonnenstroms über 30 Prozent hinaus erhöhen, kommt man unweigerlich in jenen Bereich hinein, in dem nichts anderes übrig bleibt, als die überschießenden Stromspitzen zu speichern, zu verklappen oder anderen Ländern zu niedrigsten, wenn nicht negativen Preisen anzubieten.

Eine Änderung der Energieverbrauchsgewohnheiten, auf die viele ihre Hoffnungen bei der Lösung des Problems setzen, könnte nur sehr wenig beitragen, denn problematisch sind vor allem die saisonalen Schwankungen der grünen Stromproduktion. Natürlich könnte man versuchen, die Waschmaschine zu jener Zeit in der Woche anzustellen, zu der der Wind weht. Man kann mit dem Wäschewaschen aber kaum auf die Zeit vom März bis zum September warten, wie es nötig wäre, um die Nachfrage von Strom dem Angebot anzupassen – es sei denn, man hätte einen Kleiderschrank wie Paris Hilton.

Wenn Deutschland sämtliche mit fossilen Brennstoffen arbeitenden Kohle- und Gaskraftwerke und auch alle Atomkraftwerke durch Wind- und Solarstrom ersetzen wollte, ohne die überschießenden Stromspitzen zu speichern, müsste es weit mehr als den verbleibenden deutschen Strombedarf mit Wind- und Sonnenstrom produzieren, um auch bei Dunkelflauten noch genug Strom zu haben. Man müsste dann etwa 40 Prozent des tatsächlich erzeugten Wind- und Sonnenstroms entsorgen oder, was dasselbe ist, durch Abschaltung der Rotoren auf 40 Prozent des potenziell erzeugbaren Stroms verzichten, um des Problems der überschießenden Strommengen Herr zu werden. Am Ende wären nur etwa 60 Prozent dieses Stroms nutzbar. Und beim letzten Kraftwerk, das man dann durch Wind-und Solarstrom ersetzen würde, müsste man atemberaubende 94 Prozent des grünen Stroms verklappen, weil davon nur 6 Prozent nutzbar wären. Das habe ich in meinem 2017 in dem in der Fachzeitschrift *European Economic Review* erschienenen Aufsatz »Buffering Volatility: A Study on the Limits of Germany's Energy Revolution« gezeigt.

Ohne eine Stromspeicherung kommt man also nicht weiter. In dem Aufsatz diskutiere ich das Thema ausführlich und zeige, dass man aber auch auf diesem Wege hinten und vorn nicht zurechtkommt. Die benötigten Volumina solcher Speicher würden die technischen und ökonomisch vertretbaren Möglichkeiten in so gigantischem Umfang überschreiten, dass man besser die Finger von dieser Lösung lässt. Chemische Speicher sind ineffizient, weil sie eine Überschreitung der sogenannten Carnot-Schwelle verlangen. Damit ist ein physikalisches Gesetz gemeint, nach dem Wärme oder chemische Energie nur zu einem sehr begrenzten Grad in Bewegungsenergie oder elektrische Energie rück-umgewandelt werden kann. Lithium-Ionen-Speicher sind sündhaft teuer und kommen schon deshalb nicht für eine monatelange Speicherung in Betracht. Pumpspeicher sind zwar billig und effizient, doch reicht der Platz dafür in Europa nicht aus. Das habe ich auf der Basis einer großen EU-Studie – dem sogenannten *Estorage-Projekt* – in dem zitierten Aufsatz berechnet. Danach ist es unter Ausnutzung sämtlicher möglichen Standorte für Pumpspeicherwerke, die dieses Projekt potenziell für realisierbar hält, nicht möglich, in Europa Stromverbundnetze zu schaffen – inklusive solcher, die bis nach Norwegen reichen –, bei denen man den Wind- und Sonnenstrom ohne eine Verklappung überschießender Stromspitzen über einen Marktanteil von 50 Prozent hinausbringen kann. Aber auch das wäre eine gewaltige technische und finanzielle Herausforderung, der sich die Stromkunden vermutlich nicht zu stellen geneigt sein werden.

Und wie man dann sogar die Stromproduktion mit grüner Technik ausweiten will, um auch noch Teile des Verkehrs elektrisch laufen zu lassen, ist eine Frage, auf die es derzeit – und ich vermute auch noch sehr lange – keine seriöse Antwort gibt. Es gibt keine Möglichkeit, die im September vorhandenen Stromüberschüsse in einer Autobatterie zu speichern, die dann reichen muss, um den ganzen Winter über, so etwa bis zum März, damit herumzufahren.

Die deutsche Energiewende, die den Doppelausstieg aus Kohle und Atomkraft vorsieht und ganz und gar auf den wetterabhängigen Strom setzt, ist ein utopischer Versuch, bei dem sehr vieles kaputtgehen kann einschließlich der Wettbewerbsfähigkeit der deutschen Wirtschaft und des Lebensstandards, an den sich die Deutschen gewöhnt haben. Sie ist eine Wende ins Nichts. Selbst Joschka Fischer hat vor Jahren einmal gewarnt, dass die Grünen ein Problem hätten, wenn sie beides gleichzeitig wollten.

Was also tun? Was die Technik betrifft, bin ich, der jugendliche Ostermarschierer, der ich einmal war, mittlerweile davon überzeugt, dass die Welt nur mit der Atomkraft in der Lage sein wird, die Räder ihrer Industriegesellschaften ohne Klimaschäden zu drehen. Die heimische Solarkraft und die Windräder liefern einen zu flatterhaften Strom, als dass er tatsächlich als Alternative zu den konventionellen Kraftwerken infrage kommt. Wegen der Klimaproblematik bleibt momentan nur die Atomkraft, die in Deutschland nach Meinung der Bundeskanzlerin und ihrer Unterstützer abgeschafft werden muss.

Etwas optimistischer bin ich bezüglich der Errichtung von Solarkraftwerken in der Sahara, wie es im sogenannten Desertec-Projekt vorgesehen war. Auch anderes mag noch erfunden werden. Aber der Transport des Stroms nach Deutschland ist teuer und die politischen Verhältnisse an den geplanten Standorten in Nordafrika sind so unsicher, dass die bereits geplanten Initiativen im Sand verliefen.

Für manche mag meine Position irritierend, ja provozierend sein. Sie entspricht, dessen bin ich mir bewusst, nicht dem politischen Konsens, der sich gebildet hat. Für mich ist sie indes die einzig machbare. Das sage ich aus ehrlicher Überzeugung nach jahrzehntelangem Nachdenken über dieses Problem.

Übrigens weiß ich mich in diesem Punkt einig selbst mit der schwedischen Politik. Schweden war nach dem Unglück im US-amerikanischen Atomkraftwerk Harrisburg im Jahr 1979 das erste westliche Land, das beschlossen hatte, ganz aus der Atomkraft auszusteigen. Doch so spektakulär und so vermeintlich verantwortungsbewusst diese Entscheidung damals manchen erschienen war und so sehr sie auch immer wieder als vorbildlich beschworen wurde: Das Land hat sie nie wirklich umgesetzt. Im Gegenteil haben die Schweden im Jahr 2016 in einer umfassenden Koalition der Parteien festgelegt, dass zehn Atomkraftwerke grundlegend erneuert und notfalls neu gebaut werden sollen, wenn sich die Erneuerung nicht lohnt. Der Ausstiegsbeschluss wurde damit explizit aufgehoben. Schweden vollzog die Wende von der Wende. Japan vollzog sie übrigens auch. Während nach der Havarie von Fukushima alle Kraftwerke abgeschaltet wurden und der Atomausstieg als beschlossene Sache galt, wird ein erheblicher Teil von ihnen unter höheren Sicherheitsstandards sukzessive wieder in Betrieb genommen. Knapp ein Drittel der Kraftwerke ist bei der Abfassung dieser Zeilen bereits wieder am Netz. Japan will sogar auf der Basis der Atomkraft eine neue Wasserstoffwirtschaft aufbauen.

Und Deutschland? Schert sich nicht darum. Schert sich auch nicht um die oben dargelegten Fakten, die zeigen, dass die spezielle Methode der Energiewende, die wir hier betreiben, wirklichkeitsfremd, ja wirklichkeitsverleugnend ist. Und schert sich auch nicht um die Konsequenzen für den Industriestandort und die Frage, ob die anderen uns überhaupt bei unserem Weg folgen, ob also unsere Maßnahmen tatsächlich irgendeinen Beitrag zur Verlangsamung des Klimawandels leisten können. Je schneller Deutschland die Generation der Politiker ausmustert, die ihm den Weg in die energiepolitische Sackgasse gewiesen haben – und es kann schon aus Altersgründen nicht mehr allzu lange dauern –, desto eher wird es zur Vernunft kommen. Mir wird das aus Altersgründen zwar auch nicht helfen, aber hoffentlich meinen Kindern und Enkeln.

Kein Zweifel nämlich: Heute kann man sicherere Kraftwerke bauen als je zuvor. Tsunamis oder Erdbeben sind in Deutschland zudem sehr unwahrscheinlich. Und statt die Kraftwerke auf der französischen Seite des Rheins bauen zu lassen, von wo der Westwind den Fallout im Falle einer Havarie nach Deutschland tragen würde, kann man sie auch selbst bauen und so auch die Sicherheitsstandards besser kontrollieren.

Ich plädiere außerdem dafür, die im Grundsatz ungefährliche und emissionsfreie Kernfusion, bei der Deutschland mit seinem von der Max-Planck-Gesellschaft in Greifswald betriebenen Stellerator führend ist, besonders intensiv zu erforschen. Mit seinen Physikern und Ingenieuren ist Deutschland mehr als andere Länder der Erde prädestiniert, die Kernfusionsforschung zu einem Erfolg zu führen. Die Verantwortung gegenüber unseren Kindern sollte uns daher veranlassen, einen großen Teil der Riesensubventionen, die wir bislang in die konventionellen grünen Anlagen stecken, dorthin umzuleiten. Derzeit liegt das Budget des Max-Planck-Instituts in Greifswald gerade mal bei einem Prozent dessen, was wir den Stromverbrauchern als Zusatzlast für die Einspeisetarife zumuten. Das muss sich schnellstmöglich ändern. Desgleichen könnte Deutschland einen Teil der Fördermittel, die speziell für den Wind- und Sonnenstrom eingesetzt werden, für ein breites Potpourri weiterer Versuche einsetzen, umweltschonende Wege zur Energieproduktion zu finden.

Schließlich ist mir noch dies wichtig: Die Wende in der Energiepolitik in Deutschland ist von vielen Menschen aus ethischen Gründen begrüßt worden. Doch die guten Absichten sind nur das eine. Eine vorausschauende, die technischen und ökonomischen Möglichkeiten berücksichtigende und insofern verantwortungsethisch operierende Energiepolitik ist etwas ganz anderes. Die Energiepolitik hat sich hierzulande zu einer Art moralischer Aufgabe mit semi-religiösem Charakter entwickelt. Windanlagen dienen nicht mehr nur dazu, Strom zu erzeugen. Vielmehr sind sie dabei, für nicht wenige gleichsam zu Sakralbauten zu mutieren. Das ist keine gute Entwicklung. Sie ist nicht nur deswegen ungut, weil die Gesinnungsethiker die Verantwortungsethiker an den Rand gedrängt haben. Sie ist es vielmehr auch, weil allzu oft übersehen wird, dass die neue Ethik durchaus auch von kommerziellen Interessen genutzt, wenn nicht geleitet ist. Die Bauern und Waldbesitzer, denen die Umwidmung ihrer landwirtschaftlichen Flächen in Industriegebiete zur Beherbergung von Windparks erlaubt wird, machen bei dieser »neuen« Energiepolitik den großen Reibach – und die Bürger zahlen dafür in Form der hohen Strompreise die Zeche, obwohl sie es doch sind, die ihre angestammten Rechte an den Naturlandschaften verlieren. Ich frage mich manchmal, ob Deutschland mit seinen wirkungslosen, aber teuren Alleingängen in der Klimapolitik nicht einen neuen Ablasshandel zur Vergebung seiner Sünden betreibt.

9

Die Entdeckung der Welt

Unterwegs sein • Verspätete Hochzeitsreise: Aufbruch ins Franco-Spanien ... • ... und tief versunken im Maghreb • Japanischer Zauber und drei Affen: »Sage nicht kekko, bevor du Nikko gesehen hast« • Mongolische Wunder: Schlechte Deals und weise Kamele • Englische Lektionen: Die Höhen der London School of Economics und die Kehrseite von Maggie Thatcher • Western Ontario: Das wichtigste Jahr meiner akademischen Laufbahn • Wir Kanadier • Auf hoher See nach Hause: Wehmut, Luxus und die Entdeckung der Langsamkeit

9 Die Entdeckung der Welt

Unterwegs sein

Warum reisen wir? Weil wir uns erholen wollen oder uns ablenken? Weil wir neu- und lernbegierig sind? Oder auf der Flucht vor dem Alltag? Weil wir uns verlieren oder neu finden wollen? Weil der Job es mit sich bringt?
Die meiste Zeit meines Lebens habe ich am Schreibtisch gesessen und gearbeitet, Tage und Nächte, an Wochenenden und in den Ferien. Ich wollte es so. Und doch ist dies nur ein Teil gewesen, wenn auch ein sehr großer. Da ist meine Frau, mit der ich nun ein halbes Jahrhundert durchs Leben gegangen bin, da sind unsere Kinder und Enkel, unsere Familie – was wäre ich ohne sie? Da sind die Freunde – sie bereichern mich, gleichgültig, ob sie nun mit meinem Ökonomen-Kosmos verbunden sind oder aus ganz anderen Bereichen kommen.
Und da sind Reisen in die Welt. Mein Leben, die Forschung und die Arbeit, auch die Wirkung in Öffentlichkeit, Wirtschaft und Politik hinein: Ohne die Reisen sind sie kaum vorstellbar. Ohne sie wäre ich nicht das, was ich heute bin. Gerade mit meinem dörflichen Hintergrund wäre meine Gedankenwelt ohne die vielen Reisen ziemlich begrenzt geblieben – oder noch begrenzter, als sie ohnehin ist. Gerade weil ich fernab von der Welt in einer bäuerlichen Umgebung aufwuchs, war ich umso begieriger darauf, die Welt zu entdecken.
Mein Fernweh wurde früh geweckt durch viele Romane über das Leben in anderen Teilen der Erde, die ich als kleiner Junge zu lesen pflegte. Neben den Karl-May-Romanen und Kinderbüchern begeisterten mich Romane wie *Robinson Crusoe* von Daniel Defoe, *Huckleberry Finn* von Mark Twain oder *Der junge Hornblower* von Cecil Scott Forester. Und ich konnte es gar nicht erwarten, bis ich aus der Schulbücherei wieder einen neuen Roman von Jack London in den Händen hielt, der vom Leben in der kanadischen Wildnis berichtete. Alle Bücher über fremde Welten, derer ich habhaft werden konnte, verschlang ich schon als Kind und später auch als Jugendlicher.
Der Fortschritt der modernen Wissenschaft, auch der Ökonomie, die Suche nach Wahrheit ist ja – soll sie erfolgreich sein – elementar auf Offenheit und Austausch angewiesen. Und dies nicht nur auf dem Wege von *Working Papers* und Fachartikeln, sondern ebenfalls über die

persönliche Begegnung, zu zweit, in der Gruppe, im Disput, in der Kontroverse, auch interkulturell und an fernen Orten. Waches Reisen, im Auftrag der Wissenschaft oder auch ganz privat, schafft Überblick über die Welt.

In den bisherigen Kapiteln habe ich über manche meiner Reisen berichtet: von Reisen ins Jugendlager nach Frankreich, Österreich und in den Alpen, inklusive der Besuche von Lidice oder Oradour-sur-Glane; von Reisen in die DDR und die neuen Bundesländer; von Reisen in die USA und nach Kanada (auch wenn ich zu diesem wunderbaren Land hier noch ausführlicher schreiben werde); von Reisen nach Tschechien, Israel, Jugoslawien, Bolivien und an andere Orte mehr.

Als Forscher, der ich ja quasi ab dem Ende meines Studiums war, bin ich immer wieder ausgezogen, die Welt zu erkunden und mich dabei auch Ungeplantem, Überraschendem auszusetzen. Schon aus beruflichen Gründen, als Gastforscher in meinen Freisemestern, auf internationalen Konferenzen, als Präsident des *International Institute of Public Finance* (IIPF) – des Weltverbandes der Finanzwissenschaftler – und als Mitglied des *National Bureau of Economic Research* (NBER) in Cambridge, USA, bin ich ziemlich viel herumgekommen. Gibt es also eine weitere Konstante in meinem Leben als Erwachsener – neben dem Leben und der emotionalen und geistigen Bewegung als Familienmensch, Freund und Wissenschaftler –, so ist es die ständige räumliche Bewegung: auf dem Wasser, zu Lande und in der Luft.

In diesem Kapitel möchte ich quasi exemplarisch einige weitere und auch längere Geschichten erzählen, die jeweils auf ihre eigene, unterschiedliche Art meine Sicht auf das Leben und die Welt verändert haben. Vieles könnte ich zusätzlich erzählen, so von Reisen in das alte Myanmar, nach China, Russland, Taiwan, Kasachstan, Usbekistan, Thailand, Korea, Südafrika, Russland, Kambodscha und etliche andere Länder. Aber dann würde dieses Buch ein großer Reisebericht statt einer Autobiografie. Ich muss mich hier schweren Herzens beschränken, obwohl meine Frau und ich auch in diesen Ländern Faszinierendes erlebt haben.

Verspätete Hochzeitsreise: Aufbruch ins Franco-Spanien ...

Besonders großes Fernweh empfand ich nach dem Ende des Studiums. Die Uni im westfälischen Münster war großartig, aber das Studium war ja nicht alles. Immer wieder unterbrochen von der Arbeit im elterlichen Betrieb, hatte ich meine Studienzeit als sehr intensiv und auch sehr anstrengend erlebt. Nun musste ich weg, raus, brauchte einen Tapetenwechsel. Auch meine Frau und Studienkollegin, die gleichzeitig mit mir fertig wurde, empfand das sehr ähnlich.

Wohin es gehen sollte, hatte sich schon durch viele Träumereien während des Studiums herausgeschält. Mohammed, unser palästinensischer Kommilitone, und seine fantastischen Erzählungen vom Nahen Osten hatten unsere gesamte studentische Arbeitsgruppe, mit der wir uns gemeinsam auf das Examen vorbereiteten, infiziert. Für uns stand fest: Wir wollten eine lange, lange Reise unternehmen, und sie sollte uns rund um das Mittelmeer führen. Die Zeit vor dem Berufsbeginn erschien uns als *die* Chance für ein solches Vorhaben. Wir wollten gemeinsam einen großen Ford Transit kaufen und mit ihm auf die Reise gehen: über den Balkan in die Türkei, von dort nach Israel und Jordanien, weiter über Ägypten und Libyen bis in die Maghreb-Staaten und schließlich zurück über Gibraltar, Spanien und Frankreich.

Unsere Reisevorbereitungen waren bereits weit gediehen, aber am Ende mussten wir unsere Pläne dann doch über den Haufen werfen. Zum einen stellte sich heraus, dass die Partnerinnen meiner Kommilitonen beruflich bereits viel zu sehr eingebunden waren, als dass sie sich die Zeit für einen mehrmonatigen Abenteuertrip hätten nehmen können. Zum anderen hatten sich die Spannungen zwischen Israel und Ägypten auf eine Weise verstärkt, dass wir nicht mehr auf dem Landweg nach Ägypten hätten gelangen können.

So beschlossen meine Frau und ich nach einiger Überlegung, allein zu fahren und eine etwas kürzere, aber immerhin noch dreimonatige Reise durch die Maghreb-Staaten, also durch Marokko, Algerien und Tunesien zu unternehmen. Da wir beide – ich sagte es schon – unser VWL-Examen zeitgleich abgelegt und die Stellen für eine Assistententätigkeit an der Uni nach unserer Rückkehr bereits in der Tasche hatten, ergab sich eine ideale Möglichkeit für ein solches Vorhaben. Eine verspätete Hochzeitsreise gewissermaßen.

Verspätete Hochzeitsreise: Aufbruch ins Franco-Spanien ...

Und wir hatten Glück, denn wir verfügten zwar über nur wenig Geld – den Ford Transit hätten wir uns zu zweit nicht leisten können –, aber mein Vater sprang ein und lieh uns seinen VW Käfer.

Wir waren begeistert, doch ein Käfer ist kein Ford Transit. Wir mussten erfinderisch sein, denn es gab einiges zu transportieren. Auf dem Dach des Käfers befestigten wir daher eine große Kiste, die ich zuvor aus Glasfasern und Polyesterharz eigenhändig, Schicht für Schicht, auf einer zuvor von mir modellierten Tonform gebaut hatte. Die Kiste war mit einer langen Kette und einem Schloss gegen Diebstahl geschützt, und die Dachträger schraubte ich dabei so an der Dachreling fest, dass sie kaum noch lösbar waren – leider auch für uns selbst, wie wir nach unserer Rückkehr feststellen mussten. In der Kiste konnten wir einigermaßen stabil und sicher ein großes Steilwandzelt mitsamt der sonstigen Campingausrüstung transportieren, die wir uns bei einem Freund ausgeliehen hatten.

Jemand hatte mir gesagt, ich solle den Wagen mit Schmierfett einreiben, um den Lack vor den Sandstürmen, die wir in der Sahara erwarteten, zu schützen. Leider folgte ich dem Rat. Sandstürme gab es nur wenige auf unserer Reise, dafür aber umso mehr sengende Sonne, die das Fett austrocknete und hart werden ließ. Beim späteren Versuch, es mit viel Benzin wieder vom Lack herunter zu waschen, verkratzte der Lack mehr, als es Sandstürme je vermocht hätten. Nur der Großzügigkeit und Nachsicht meines Vaters war es zu verdanken, dass diese Beschädigung keine weiteren Konsequenzen hatte.

Gespannt waren wir zunächst auf Spanien, das nach Frankreich, das ich ja bereits durch die Reisen mit den *Falken* kannte, unsere zweite Durchreisestation in Richtung Afrika war. Meine Frau und ich waren uns einig, dass wir auch dieses Land zwar schnell durchqueren, aber punktuell nah erleben wollten.

Zu den bis heute für uns unvergesslichen Erlebnissen gehört ein Stierkampf in Aranjuez, einer Kleinstadt 40 Kilometer südlich von Madrid, der zufällig gerade stattfand, als wir die Stadt erreicht hatten. Zunächst waren wir nicht ganz sicher gewesen, ob wir diesem archaischen Schauspiel wirklich zusehen sollten, bei dem ja immerhin Tiere vor Tausenden von Menschen – zwar ritualisiert, aber doch blutig – zu Tode gebracht werden. Dann jedoch siegte die Neugier. Und dies umso mehr, als wir uns bereits auf den Straßen der Stadt der mitreißenden Musik und der Begeisterung der

Menschen für die *Corrida de Toros* – Spanisch für Stierkampf – nicht entziehen konnten. Die Corrida läuft nach einem festen und extrem komplizierten, dreistufigen Ritual ab, das von einem Präsidenten mittels eines Hornsignals gesteuert wird und dessen Phasen dem Zuschauer auch durch den von einer Kapelle gespielten *Paso Doble* abgegrenzt werden, jenen typischen spanischen Marsch, der sich auch als Tanzmusik entwickelt hat. In der ersten Phase kommt der Stier in die Arena und wird vom *Torrero* mit der *Capote*, einem auf der einen Seite purpurroten und der anderen Seite gelben Tuch, zu genau vorgeschriebenen Bewegungen veranlasst. Dann kommen die *Picadores* auf ihren, mit einer dicken Polsterung geschützten Pferden herbeigeritten, nehmen Formation an, gehen anschließend auf den Stier los und verletzen ihn mit ihren langen Lanzen im Nackenbereich. Das ist ein durchaus heikles und nicht ungefährliches Unterfangen. In der zweiten Phase stechen drei sogenannte *Banderilleros* vier kurze, mit Widerhaken versehene, bunt geschmückte Spieße, die *Banderillas*, in die Seite des Stiers, und wieder werden ritualisierte Kampfhandlungen ausgeführt, die aber nicht die Tötung des Stiers zum Ziel haben.

Die Stimmung bei diesem Ablauf ähnelt der anderer Großereignisse, bei denen Menschen in Stadien zusammenkommen. Die Leute schauen angespannt und reagieren mit Pfiffen, Murren und Rufen auf den Kampfverlauf, um Protest oder Anerkennung zum Ausdruck zu bringen. Zwischendrin spritzen sie sich den Wein aus Ziegenbälgen in den Mund und lassen es sich gut gehen. Als auch uns ein Schluck angeboten wurde, brachte ich unsere Nachbarn sehr zum Lachen, so ungeschickt stellte ich mich an. Der Rotwein floss durch meinen Bart die Brust hinunter und besudelte das Hemd. Meine Frau schaffte es etwas besser, mit dem wabbeligen Behältnis und der besonderen Trinkmethode klarzukommen. Die Atmosphäre, die wir erlebten, nahm uns gefangen, sie war fröhlich, kameradschaftlich und leidenschaftlich. Fast hätten wir den armen Stier vergessen können.

Aber andere vergaßen ihn nicht. Der dritte Teil der Corrida zog unseren Blick nämlich zurück zum Geschehen in der Arena. Hier veranlasste der Torrero den Stier mit gezielten, fest vorgeschriebenen Bewegungen seiner Capote zu wiederholten Angriffen, die fast wie ein Tanzritual wirkten und mit den Rhythmen der an das Kampfgeschehen angepassten Paso-Doble-Musik unterlegt waren, bis er schließlich den Todesstoß vorbereitete. Uns traf dieser Stoß – auch wenn wir ihn hätten erwarten müssen – vollkommen unvorbereitet. Und wir erschauderten.

Zum Abschluss erhielt der Torrero die Ohren des Stiers und wurde auf den Schultern der Banderilleros durch die Arena getragen, wozu die Zuschauer ihre weißen Taschentücher schwenkten. Und auch der tote Stier wurde geehrt, allerdings anders: Ihn schleiften kräftige Pferde aus der Arena, während die Taschentücher abermals gewunken wurden. Auch dies ein gewöhnungsbedürftiges Schauspiel.

Die Corrida hat in Spanien archaische Wurzeln und geht in ihrer heutigen Form auf das frühe 18. Jahrhundert zurück. Die erste Stierkampfarena wurde nur wenige Dekaden später errichtet. Heute existieren wohl mehr als 400 Arenen im ganzen Land, wobei die berühmteste in Madrid steht, die *Plaza de Torros de Las Ventas*. Der Stierkampf ist ein Milliardengeschäft, denn man wohnt ihm nicht nur in den Stierkampfarenen bei, sondern auch im Fernsehen, das darüber ausführlich berichtet. Selbst wenn Umfragen zeigen, dass die Corrida in der Bevölkerung wegen des blutigen Gemetzels längst nicht mehr so viel Rückhalt hat, wie manche Traditionalisten behaupten, und die Zahl der Stierkämpfe in den letzten Jahren doch erheblich zurückgegangen ist – sie ist aus Spanien nicht wegzudenken.

Umstritten bleibt sie gleichwohl, denn immer wieder wird in der Öffentlichkeit über Sinn und Unsinn, über die Leiden der Stiere und das schlechte Vorbild für die Kinder diskutiert. Vor einiger Zeit habe ich mir antiquarisch das alte Kinderbuch *Ferdinand, der Stier* gekauft, um es meinen Enkeln vorlesen zu können. Es handelt von einem in Blumen verliebten Stier, der für einen Kampfstier gehalten wird, weil er nach einem Wespenstich wild umherspringt. Er überlebt die Corrida, weil er von den Banderilleros, den Picadores und dem Matador zu keinerlei aggressivem Verhalten angestachelt werden kann, sondern sich nur für die Blumen interessiert, die eine Verehrerin dem Matador zugeworfen hatte.

Ich mag das Buch sehr. Bei Licht betrachtet, ist es auch eine Anleitung zum Abbau von Aggressionen, wie sie in den Medien der Erwachsenen zelebriert werden und vor denen man die Kinder nicht immer erfolgreich abschirmen kann. So gesehen, ist es auch ein Stück politischer Diskussionskultur.

Politische oder gesellschaftliche Diskussionen gab es in jenem Spanien, das wir Anfang der 1970er-Jahre besuchten, freilich nicht, jedenfalls nicht in der Öffentlichkeit, denn das Land wurde damals noch von Francisco Franco regiert. Der Diktator, der die Macht bereits 1936 militärisch an sich gerissen hatte, regierte es bis zu seinem Tod im November 1975 brutal und mit eiserner Hand. Unzählige Menschen wurden durch sein faschistisches Militärregime im Laufe der Jahre verfolgt und getötet. Von der Liberalität, die das heutige Spanien auszeichnet, waren zum Zeitpunkt unserer Reise im öffentlichen und politischen Leben nicht einmal Ansätze zu erkennen. Auch wir selbst kamen mit dem spanischen Polizeistaat in Kontakt, als wir quer durch das Land fuhren. Meine Frau hatte einen extrem langsam fahrenden Lkw überholt, während uns, für beide gut sichtbar, in weiter Ferne zwei Motorräder entgegenkamen. Die Situation war verkehrstechnisch vollkommen unproblematisch. Der Überholvorgang war nämlich längst beendet, bevor die Motorräder auf unserer Höhe anlangten, und im Übrigen war die Straße sehr breit, sodass auch sonst kein Problem hätte entstehen können. Unser Pech bestand nur darin, dass auf diesen Motorrädern Polizisten saßen. Sie stoppten sogleich und zeigten uns, dass wir anhalten sollten, was wir folgsam taten. Wieso wir freilich mit der Maschinenpistole bedroht wurden und die Hände auf das Autodach legen mussten und nach Waffen durchsucht wurden, ist mir bis heute unerklärlich. Erst nachdem sich die Polizisten davon überzeugt hatten, dass wir keine Terroristen waren und wir einen erheblichen Teil unserer Urlaubskasse für eine gewaltige Strafe bar und ohne Beleg hatten abtreten müssen, die uns die Zornesröte ins Gesicht trieb, durften wir weiterfahren. Selten habe ich mich so schutzlos der Staatsgewalt ausgeliefert gefühlt wie damals.

Auch ökonomisch litt Spanien unter dem faschistischen Regime des *Caudillo*. Die Wirtschaft lag am Boden, und in vielen Regionen waren die Menschen arm, ja häufig bettelarm. Ich erinnere mich noch gut an die andalusischen Dörfer, in denen die Abwässer in Rinnsalen die Straßen entlangflossen und die Menschen ihre Notdurft auf dem Feld hinter den Häusern verrichteten. Dass Spanien rückständig war, wusste ich, doch das Ausmaß der Rückständigkeit verschlug mir die Sprache. Welch ein Unterschied zu heute! Heute ist Spanien ein gut entwickeltes und modernes Land mit einer intakten Infrastruktur und zumeist schön restaurierten Häusern, von denen nicht wenige einen beachtlichen Wohlstand ausstrahlen.

Der Unterschied zu früher wird zu einem Teil durch den Freihandel erklärbar, den die EU dem Land beschert hat, denn Freihandel bedeutet die

Möglichkeit, sich auf seine Stärken zu spezialisieren. Über die Vorteile der Marktwirtschaft in diesem Zusammenhang hatte ich bereits in Kapitel 6 berichtet. Zu einem erheblichen Teil wird der Unterschied aber auch durch die billigen Kredite erklärt, die Spanien nach dem Beitritt zum Euroraum bekam. Mit diesen Krediten wurden umfangreiche Investitionen in die Infrastruktur finanziert, und das Land wurde nachhaltig verschönert, wobei viele Arbeitsplätze geschaffen und erhebliche Lohnsteigerungen induziert wurden.

Unter Franco war Spanien ökonomisch wie politisch isoliert, doch als nach dem Tod des Diktators die Demokratie eingeführt wurde und es dem Land gelungen war, im Jahr 1986 der EU beizutreten, brachen goldene Zeiten an. Trotz der Wettbewerbsprobleme, die der Euro später auslöste, weil er die Preise und Löhne über eine Kreditblase in den Himmel trieb, geht es Spanien heute noch immer unvergleichlich viel besser als damals, zumal ja die Bürgschaften des Eurosystems dem Land weiterhin extrem niedrige Zinsen verschaffen. Ich werde in Kapitel 13 zum Thema Euro und Europa noch mehr sagen.

Bei aller Armut und trotz der Diktatur war Spanien schon damals, als wir dorthin reisten, ein bezauberndes Land, dessen Farben, Gerüche und Stimmungen wir aufsogen. Der Weg führte immer weiter gen Süden, durch anmutige Kleinstädte mit einem bunten Leben auf den Marktplätzen, rauschenden Volksfesten und wilden Flamenco-Tänzen.

Flamenco ist eine in Andalusien übliche Tanzform, die auf eine Gruppe von Roma zurückzuführen ist, die aus Flandern eingewandert war und aufgrund eines Schutzbriefs des flandrischen Königs unbehelligt in den spanischen Bergen leben durfte. Der Name des Tanzes »Flamenco« ist identisch mit dem spanischen Wort für »Flämisch«. Kulturelle Einflüsse kommen aber sicherlich auch von den Mauren und aus anderen Teilen Spaniens. Der Flamenco ist eine Art Stepptanz. Mit langsamen Rhythmen beginnend, steigert sich die Trommelfrequenz der Sohlen und mündet in ein atemberaubendes, lautes und hämmerndes Stakkato. Männer und Frauen tanzen eigene, aber aufeinander abgestimmte Tanzfiguren. Die Frauen tragen wallende, plüschige, meistens rot-schwarze, manchmal auch grün-schwarze Kleider, die zu den streng nach hinten gekämmten und zu einem seitlichen Dutt verflochtenen schwarzen Haaren und dem nicht minder strengen Blick der Tänzerinnen einen auffälligen Kontrast bilden. Die Männer tragen üblicherweise schwarz-rote Anzüge mit einem breitkrempigen schwarzen Hut.

Die Tänzer beiderlei Geschlechts halten ihre Körper trotz der Trommelwirbel, den ihre Füße verursachen, vergleichsweise ruhig und nehmen stolze, geradezu herrische Posen ein. Wir haben das in den Cafés gesehen, aber auch auf den Marktplätzen, wo junge Mädchen und Burschen sich mit großem Geschick in den Tanzfiguren übten.

Der Höhepunkt des spanischen Teils der Reise gen Süden war zweifellos der Besuch der Alhambra in Granada, jenes weltberühmte Zeugnis der maurischen Hochkultur auf der iberischen Halbinsel, der ja 1492 mit der Eroberung Südspaniens durch Isabella I. von Kastilien ein Ende bereitet worden war. Nicht nur durch die Erzählungen unseres muslimischen Studienfreunds Mohammed waren wir besonders interessiert an diesem Bauwerk, sondern auch wegen seiner fast sagenumwobenen Schönheit. Diese Stadtburg auf dem Sabikah-Hügel von Granada, etwa 740 Meter lang und bis zu 220 Meter breit, gilt gemeinhin als eines der anmutigsten Werke des sogenannten maurischen Stils der islamischen Kunst. Wir wurden in keiner Weise enttäuscht. Selten habe ich eine so schön in der Landschaft platzierte harmonische Burganlage mit prächtigen Gärten gesehen wie diese. Das Bild der Burg vor den schneebedeckten Bergen – es war April, als wir dort waren, und wir hatten auf dem Weg in den Bergen auch selbst noch Schnee erlebt – ist bis heute wie eingebrannt in meinem Gedächtnis.

In dem Besucherprospekt hieß es, die Araber seien als ein unkultiviertes Reitervolk nach Spanien gekommen und hätten dann unter dem Einfluss der lieblichen spanischen Landschaft ihre Hochkultur entwickelt. Na ja, dachten wir uns, so kann man es auch sehen. Die in Francos Spanien betriebene »nationalistische« Geschichtsfälschung war offenkundig.

Touristen gab es damals im Übrigen nicht allzu viele. Wir kamen ganz ohne Gedränge in die Alhambra hinein und konnten uns dort fast allein den gesamten Tag über ungestört aufhalten. Das ist heute nicht mehr möglich. Mittlerweile ist die Alhambra eine der meistbesuchten Touristenattraktionen Europas und seit 1984 auch UNESCO-Weltkulturerbe. Als wir Jahrzehnte nach unserem Erstbesuch Spanien noch einmal bereisten, nun aber mit unseren Kindern, fanden wir erneut den Weg zur Burg – und mussten feststellen, dass der Andrang der Touristen so groß geworden war, dass man nur mit mehrtägiger Voranmeldung hineinkam. Sobald ein Ort zum Weltkulturerbe erklärt ist, scheint es um ihn geschehen, weil er dann zum Opfer des Massentourismus wird. Das habe ich nun schon allzu häufig erleben müssen.

Die Globalisierung mit ihren offener gewordenen Märkten und Grenzen bringt Handelsgewinne, doch auch den Massentourismus, der einen nicht nur glücklich stimmen kann. Aber man kann eben nicht alles haben.

Von Spanien ging es über die Meerenge von Gibraltar nach Ceuta, einer spanischen Enklave in Nordafrika, damals ein kleines ruhiges Städtchen, das kaum jemand kannte. Jahrzehnte später änderte sich das – und zwar gründlich. Denn wer sich heute ernsthaft für die Flüchtlingsthematik interessiert, kennt ohne Zweifel Ceuta. Aus der Umgebung jenes Ortes, der selbst durch hohe Zäune geschützt war und von dem man das spanische Festland sehr gut sehen kann – so schmal ist dort die Meerenge –, setzte ja im Jahr 2014 eine große Zahl von Flüchtlingen auf den europäischen Kontinent über. Auf dem Höhepunkt der Flüchtlingswelle, im August 2014, wurden pro Tag etwa 70 Boote mit je 700 Flüchtlingen vor der spanischen Küste registriert.

Heute wissen wir: Diese Entwicklung gab den Europäern damals eine Vorahnung von jenen Massen von Flüchtlingen, die sich seit 2016 jedes Jahr von Libyen aus in Richtung der italienischen Insel Lampedusa auf den Weg machen. Und auch wenn von Ceuta und der Flucht über Spanien heute in den Medien nur noch selten die Rede ist, weil sich die Spanier aktiv – mit Zäunen und Rücktransport – einigermaßen erfolgreich gegen die Schlepper wehren: der Migrationsdruck bleibt auch an dieser Stelle hoch.

... und tief versunken im Maghreb

Von all dem war bei unserem Besuch im ruhigen Ceuta, das wir damals durchquerten, natürlich nichts zu ahnen. Wir zogen schnell weiter, zunächst nach Casablanca, denn wir liebten den Filmklassiker mit Ingrid Bergman und Humphrey Bogart und schon allein deshalb mussten wir dorthin. Uns erwartete eine riesige Industrie- und Hafenstadt, die vor Menschen überquoll, von denen viele mit Fahrrädern in endlosen Schlangen die Straßen verstopften. Das waren Bilder, die ich ansonsten nur in Indien oder vielleicht in China vermutet hätte, aber natürlich war Marokko wie damals der Subkontinent oder das Reich der Mitte ein Entwicklungsland. Nicht vergessen werde ich die riesigen Siedlungen aus Wellblech und Pappe, wie wir sie vorher in unserem Leben noch nie gesehen hatten, die am Stadtrand von Casablanca offenbar die Ärmsten beherbergten. Sah so richtige Armut aus? Wir hatten sie ja eigentlich schon in Teilen von Francos Spanien erlebt, dachten wir.

In Casablanca lernte man schnell, warum der Migrationsdruck gerade auch aus Marokko so groß ist. Überall wurden wir von jungen Männern angesprochen, die Geld haben wollten, und allzu häufig führten harmlos und freundlich beginnende Gespräche zu der an uns gerichteten Bitte, dem jeweiligen Gegenüber eine Arbeitserlaubnis in Deutschland zu besorgen. In all dem Gerempel und umgeben von Menschenmassen fühlten wir uns überhaupt nicht wohl. Wir umklammerten unsere Taschen und Geldbeutel und sahen zu, dass wir weiterkamen.

Ich wünschte mir, so manch ein Politiker hätte in seiner Jugend auch einmal eine solche Reise in den Maghreb machen können, um so den Migrationsdruck aus einer übervölkerten Region quasi hautnah zu erleben. Die Entscheidung der Kanzlerin zur Öffnung der deutschen Grenzen im Sommer 2015 wäre dann vor einem weniger idealistisch gefärbten gedanklichen Hintergrund getroffen worden – wenn sie denn überhaupt so gefallen wäre.

Kurz hinter Casablanca erkrankte meine Frau heftig. Entgegen allen Warnungen, vorsichtig mit dem Essen zu sein, waren wir beide so leichtsinnig gewesen, in einem kleinen Lokal Leberspieße zu uns zu nehmen. Mich rettete, dass ich mich schnell übergeben musste. Meine Frau indes streckte es mit voller Wucht nieder. Als wir uns nicht weiter zu helfen wussten, suchten wir nolens volens einen Arzt auf. Aber konnten wir ihm und seiner Kunst im armen, auch medizinisch unterentwickelten Marokko vertrauen? Wir hatten keine Wahl. Und so warteten wir nach Einnahme der Medikamente in einem kleinen, schmierigen Hotel noch eine ganze Woche darauf, dass es ihr allmählich wieder besser gehen würde. Während dieser Zeit war ich vor allem damit beschäftigt, gegen die Kakerlaken und Ameisen zu kämpfen, die das Zimmer nicht freigeben wollten. Schließlich einigten wir uns auf einen Waffenstillstand. Ich zog eine Zuckerspur am Bett vorbei, und so hatten wir wenigstens im Bett etwas Ruhe vor unseren Mitbewohnern.

Für diese Horrortage wurden wir entschädigt, als wir Marrakesch, diese Perle am Fuße des Atlas-Gebirges sahen. Auch hier erwartete uns ein quirliges Leben mit sehr vielen Menschen, aber dieses Leben war bunt und geordnet zugleich. Die Menschen wirkten zufriedener, und wir wurden kaum belästigt. Marrakesch war wahrlich eine faszinierende Stadt. Mehrere Tage durchstreiften wir die *Medina* – die Altstadt – mit ihren nach Zünften gegliederten Straßenzügen, wo die Wollfärber, die Gerber, die Schuhmacher, die Weber, die Töpfer, die Holzschnitzer, die Kunstschmiede und andere ihre Gewerke verrichteten. Die Organisation der Stadt erschien uns fast wie die einer mittelalterlichen europäischen Stadt, nur dass natürlich der Baustil ganz anders war. Die weiß getünchten Häuser hatten und brauchten keine geneigten Dächer, und die Gassen waren als Schutz gegen die sengende Sonne häufig durch leichte Strohdächer geschützt. An keinem Ort der Welt, den ich in meinem Leben besucht habe, hatte ich mehr als dort den Eindruck, in eine intakte, alte Kultur eintauchen zu können, als es in Marrakesch der Fall war. Uns ergriff ein Zauber, der uns in unserer Erinnerung auch noch heute ein Stück weit erhalten geblieben ist.

Wo wir auch hinschauten: pralles, pulsierendes, buntes, kulturell reiches Leben. Auf dem Platz *Djemaa el Fna* vor den Toren der Medina führten junge drahtige Burschen artistische Kunststücke vor. Dort hörten wir die klassische arabische Musik, an deren verfeinerten Formen ich durch meinen Münsteraner Studienfreund Mohammed ja schon Gefallen gefunden hatte. Es gab Märchenerzähler, denen die Menschen gespannt, ja fast atemlos lauschten. Und wenn der Schlangenbeschwörer dem Reptil seine Zunge in das Maul steckte, lief einem der kalte Schauder den Rücken herunter. Dabei war das Ganze damals nicht für Touristen gemacht, denn davon gab es nur ganz wenige. Es waren fast ausschließlich Einheimische, die den Darstellungen beiwohnten.

Dennoch wusste man sehr wohl, was Touristen sind und wie man sie überzeugen konnte. Einmal lernten wir einen jungen Studenten kennen, der sich anbot, uns durch die Stadt zu führen, und wie der Zufall es wollte, landeten wir in einem Teppichladen. Dort wurden uns wundervolle, in Naturfarben gehaltene Berberteppiche gezeigt, die tatsächlich nicht viel Geld kosteten und uns sehr gefielen. So ließen wir uns auf einen Handel ein, tranken dabei den obligatorischen süßen Tee aus frischer, das Glas bis oben füllender Pfefferminze und begutachteten die Objekte. Eigentlich war unser Käfer schon ziemlich voll, aber dennoch lockte der Kauf.

Dass unser Student offenbar gar kein Student war, merkten wir zwar schnell, als er behauptete, ein Teppich von 2 Meter Breite und 3 Meter Länge habe eine Größe von 5 Quadratmetern. Doch hatten wir angebissen. Und da ich als Ökonom schon zu wissen glaubte, wie man auf einem Basar Preisverhandlungen führt, beteiligten wir uns an einem langewährenden

Preispoker, der einem Kauf vorauszugehen pflegt. Wir machten wechselweise Angebote, der Verkäufer von oben, wir von unten, und als wir uns gar nicht näher zu kommen schienen, brachen wir die Verhandlungen ab, bedankten uns für den Tee und verließen das Haus, wohl wissend, dass das noch nicht das Ende sein würde. In der Tat lief nun der Verkäufer hinter uns her und kam uns nochmals ein großes Stück entgegen. Da willigten wir ein und wurden zu stolzen Besitzern eines echten handgeknüpften Berberteppichs, den wir noch heute in der Familie haben. Ich bin zwar überzeugt davon, dass wir immer noch deutlich mehr als Einheimische zahlten, aber sei's drum. Ich hoffe nur, dass die jungen Mädchen, die im Garten des Ladens die Teppiche knüpften, davon etwas abbekommen haben.

Unser Problem war nun freilich, den Teppich nach Deutschland zu bekommen, denn eigentlich hatten wir gar keinen Platz in unserem VW Käfer. Auch die Kiste auf dem Dach war schon voll mit dem Steilwandzelt. So falteten wir den Teppich sorgsam, quetschten ihn hinter die Vordersitze des Wagens und nahmen ihn auf dem gesamten Rest der Reise mit, wobei er uns in unserem Zelt stets gute Dienste leistete.

Nicht nur die Stadt Marrakesch, auch die Gegend um sie herum war anziehend, ja fast lieblich zu nennen. Mit den schneebedeckten Bergen des Atlas im Hintergrund wirkte Marrakesch so, als wäre es den Märchen von *Tausendundeine Nacht* entsprungen. Wir ließen die Stadt ein Stück weit hinter uns und wagten uns in das Atlasgebirge. Zum Glück führte eine gut ausgebaute Teerstraße nach Ouarzazate, der auf rund 1.100 Meter Höhe liegenden Provinzhauptstadt. Dort herrschte reges Treiben. Die Stadt quoll über vor Menschen, denn es fand aus Anlass des erwarteten Besuchs von König Hassan II. ein Volksfest statt, zu dem Tausende von Berbern aus den Bergen angereist waren. Die Berber campierten in Hunderten von Zelten vor der Stadt, die aus schweren, dunklen Stoffen bestanden, über die zum Teil blaue Tücher gelegt worden waren. Sie harmonierten gut mit den blauen und schneebedeckten Bergen des Hohen Atlas, den wir im Hintergrund sahen.

Der Atlas ist ein quer durch Marokko, von Südwesten nach Nordosten durch Algerien hindurch bis nach Tunesien reichendes Küstengebirge. Es schützt die nördlichen und westlichen Gebiete vor heißen Sahara-Winden und sorgt dort mit seinem Steigungsregen für eine vergleichsweise frische Vegetation. Der Hohe Atlas wiederum ist ein Teil des in Marokko liegenden Gebirgszugs, der meistens Höhen von etwa 2.500 Metern, in den Spitzen von bis zu 4.000 Metern erreicht. Im Süden und Osten des Atlas liegen erste Steppengebiete, und dann kommt die Wüste.

Wir stellten unseren Wagen wohlverschlossen irgendwo ab und gingen zu Fuß durch die Zeltstadt. Man betrachtete uns mit freundlicher Neugier. Als wir eingeladen wurden, einen Pfefferminztee mit den dort wartenden Männern zu trinken, ließen wir uns das nicht zweimal sagen. Wir saßen auf den gewebten Teppichen und versuchten, uns zu verständigen, so gut es ging, und zu erläutern, dass wir aus Deutschland kamen, doch hatten wir nicht das Gefühl, dass man von der Existenz dieses Landes schon einmal gehört hatte.

Interessant fanden wir, dass ab und an ein Blond- oder auch Rotschopf unter den Berbern zu finden war. Das ist, so las ich dann im Reiseführer, auf den Durchzug des germanischen Stammes der Vandalen im 5. Jahrhundert zurückzuführen, eines Stammes, der Karthago, das heutige Tunis, in seine Gewalt brachte und dort unter seinem Führer Geiserich ein etwa hundert Jahre währendes Königreich gegründet hatte. Diejenigen mit den vermutlich vandalischen Genen sahen zwar deutlich anders aus als die anderen Berber, eher wie europäische Touristen, die sich untergemischt hatten, doch in ihrem Verhalten und ihrer Kleidung unterschieden sie sich durch nichts.

Nach der Nacht in unserem eigenen Zelt erlebten wir am nächsten Tag eine wundervoll geschmückte Stadt voll mit buntem Treiben. Wir sahen prächtige metallene Bögen über den Straßen, die man für den König kurzfristig aufgebaut hatte. Berberfrauen in üppigen Gewändern und mit Ketten aus Silbermünzen behangen, hatten sich in Reih und Glied aufgestellt und sangen traditionelle Lieder, wobei sie ihre Körper im Takt vor- und zurückschwingen ließen. Noch heute hallt das charakteristische helle Trillern ihrer Stimmen in meinen Ohren, das so klingt, als würden sie mit einer vibrierenden Hand auf den Mund schlagen. Doch nicht nur die Stimmen vibrierten, auch ihre Oberkörper. An bestimmten Stellen der Lieder begannen die Busen plötzlich in hoher Frequenz im Eigenrhythmus zu vibrieren, ähnlich wie man es als besondere Kunstfigur von den arabischen Bauchtänzen kennt. Die Frauen fand ich ungemein hübsch. Ihre hellen Gesichter mit den stark geschminkten Wangen hätte man vielleicht irgendwo im Ural, doch nicht unbedingt in Afrika vermutet.

Weiß gekleidete Krieger kamen mit ihren Gewehren in großer Zahl geritten, prächtig geschmückte Kamele trabten entlang, und von überall schallte Musik und Gesang zu uns herüber. Die Stimmung war fröhlich, denn der Besuch des Königs wurde als Volksfest gefeiert. Angesichts der Menschenmassen und der Aufstellung der Reiter und Sängerinnen dachten wir, dass König Hassan II. bald kommen müsse, hörten dann aber, dass dies nur die Generalprobe des Fests war, und so entschlossen wir uns weiterzufahren, weil wir vermuteten, beim tatsächlichen Besuch des Königs im Gedränge der Menschen eher weniger sehen zu können.

Nachdem wir das Atlas-Gebirge hinter uns gelassen hatten, gelangten wir zur Straße der *Kasbahs*. Die burgähnlichen vielstöckigen Gebäude, die Kasbahs, die aus gestampften, strohverstärkten und an der Luft getrockneten Tonziegeln oder auch in einem hergestellt sind, wobei ein Geflecht aus Palmwedeln mit Lehm umhüllt wird, erinnern in ihrer Strenge fast an Betonbauten. Sie säumen die aus dem Gebirge kommenden Flüsse, die allmählich in der Wüste versickern und dann an den seichten Stellen, wo das Wasser wieder an die Oberfläche kommt, wie auf einer Perlenschnur aufgereiht, Oasen entstehen lassen.

An einem dieser Flüsse fanden wir einen noch aus französischer Kolonialzeit stammenden Campingplatz, direkt in einem Palmenhain am Ufer gelegen, mit einem Schwimmbassin voll frischen Quellwassers. Eine etwas verkommene, doch wunderschön gestaltete Anlage. Nach all dem Staub und der Hitze war das genau das Richtige für uns. Selten haben wir schöner gezeltet als dort, und zelten taten wir in unseren jüngeren Jahren sehr häufig. Der Ort war so lieblich und paradiesisch, dass wir uns mehrere Tage dort aufhielten. Die schlimmen Stunden in unserem Horrorhotel waren längst vergessen.

Einmal kam ein kleiner Junge zu uns auf unseren malerischen Campingplatz. Er hieß Hassan. Hassan mag acht oder neun Jahre alt gewesen sein. Er lachte uns mit seinem breiten Mund und den darin übergroß wirkenden Schneidezähnen an, aber alsbald sahen wir, dass er ein schlimmes Geschwür unter dem Fuß hatte, das ihn sehr schmerzte. Wir zögerten nicht lange und brachten ihn mit unserem Auto ins nächstgelegene Krankenhaus – ebenfalls ein Überbleibsel aus französischer Zeit. Und nachdem man ihn dort gut versorgt hatte, kauften wir ihm noch ein Paar solider Schuhe, damit sich sein Fuß gut erholen sollte.

Am nächsten Tag besuchte uns Hassan erneut, diesmal mit einem Tablett mit Teetassen darauf, um sich auf diese Weise zu bedanken. Seine Mutter hatte es ihm mitgegeben. Hassan war dankbar und glücklich. Aber er war auch so aufgeregt, dass er das Tablett schief hielt und der Tee sich in den Sand ergoss. Sein Lachen gefror, aber wir waren trotzdem gerührt.

Und dies noch mehr, als seine Mutter uns in ihre doch recht einfache Hütte einlud, die sich oberhalb des Zeltplatzes auf dem Hochplateau befand, in das der Fluss, an dessen Ufer wir campten, sich gegraben hatte. Es gab Couscous mit Gemüse, das wir trotz unserer leidvollen Leberspieß-Erfahrungen wirklich genießen konnten. Ihre mit bescheidenen Mitteln und durch ihre Art gezeigte Gastfreundlichkeit war warm und herzlich – und sie war typisch für das, was wir in den ländlichen Gebieten immer wieder auf unserer Reise erlebten. Bei Hassans Mutter saßen wir auf dem Boden in sorgsam glattgezogenem weißen Sand vor einem niedrigen Tischchen und versuchten, uns zu unterhalten, was sich als nicht ganz einfach erwies. Das Französische – ansonsten die Sprache, mit der man in den meisten Maghreb-Staaten gut durchkam – war nicht bis zu ihr vorgedrungen, ein Zeichen von Bildungsferne und besonderer Armut. Trotzdem erfreuten wir uns beim gemeinsamen Mahl aneinander. Auch Hassan lachte mit uns, ein Lachen so offen und frei, dass es uns auf unserer weiteren Reise dauernd begleitete und vielleicht auch beschützte. Er und seine Freunde flochten für uns aus Palmzweigen Hüte und Gefäße, und wir konnten im nahe gelegenen Ort eine mit einem Ziegenfell beklebte Tontrommel erwerben, die heute noch, nach bald einem halben Jahrhundert, so hell klingt wie eh und je. Die Hüte haben wir inzwischen unseren Kindern und Enkeln aufgesetzt, um sie auf Fotos mit Hassan vergleichen zu können, und die Trommel schlagen sie mit großem Vergnügen.

Als Hassan uns ein drittes Mal besuchte, trug er noch den Fußverband, doch fehlten jetzt die Schuhe. Wir vermuteten, dass er sie hatte hergeben müssen, damit seine arme Familie sie zu Geld machen konnte. Nun lächelte er nicht mehr. Aber was sollten wir tun?

Die Reise führte uns bald darauf quer durch die Wüste in Richtung Algerien – ein besonderes Fahrerlebnis, denn es gab keine Straßen, sondern nur Pisten im Gelände, die sich, verteilt über einen halben Kilometer, dem Horizont entgegenstreckten. Die Landschaft war faszinierend, insbesondere für meine Frau, die sich schon immer sehr für die Geologie interessiert hat. Sie erläuterte mir, aus welchen erdgeschichtlichen Epochen die Felsen stammten, und sammelte seltene Steine. Ich muss gestehen, dass ich mich jedoch eher wieder nach Menschen sehnte, um ihren Lebensrhythmus beobachten zu können.

Irgendwann, nachdem wir einmal in unserem Wagen hatten schlafen müssen, eingequetscht zwischen unserem Gepäck und dem Dach, sahen wir endlich einen Grenzposten. Der Zöllner gestattete uns die Weiterreise, betonte aber, dass wir das auf eigene Gefahr täten, weil sich Marokko und Algerien im latenten Kriegszustand befänden.

Nachdem wir ein kleines, knöcheltiefes Flüsschen durchfahren hatten, waren wir bald darauf in Algerien. Und ein paar Stunden später befanden wir uns endlich wieder auf einer Teerstraße. Wir erreichten die Oase Béni-Ounif und fuhren dann weiter nach Süden. Unterwegs machten wir einen Abstecher mitten in die Wüste nach Taghit (gesprochen: »Tarit«), eine kleine Oase am Rande eines riesigen Dünengebiets. Die Ortsstraße führte durch einen lieblichen, schattigen Palmenhain, durch ein fast sumpfähnliches Gelände, gesäumt von blühenden roten und weißen Oleandersträuchern, zu einem in den Hang gebauten Ort mit einfachster Architektur. Unter den Palmen standen einige Kamele und ästen von dem frischen Gras, das am Rande der Pfützen wuchs.

Wir waren fasziniert von den Dünen, die viele Dutzende von Metern hoch waren. Keuchend arbeiteten wir uns in der Hitze des Nachmittags auf den Kamm der nächstgelegenen Düne und sahen ein schier unendliches Sandmeer vor uns, in dem keinerlei Vegetation zu finden war. Jetzt ahnten wir, warum die Araber die Steppen im Süden der Wüste Sahel-Zone nannten, denn »Sahel« heißt auf Deutsch »Ufer« – und auch, warum sie Kamele mit Schiffen vergleichen.

Wir fanden schnell Kontakt zu den Einheimischen, die dort im Gegensatz zu den Berbern in Marokko gut Französisch sprachen. Wir aßen in einem Privathaus, das als ein Restaurant fungierte, Couscous mit Auberginen und tranken wieder von dem vorzüglichen Pfefferminztee. Als wir unserem Wirt erzählten, dass wir aus Deutschland kamen, war er gleich sehr angetan und schwärmte von Beckenbauer, den er irgendwo im Fernsehen gesehen hatte. Dann kam er aber alsbald auf das obligatorische Thema der Arbeitsstelle in Deutschland, das uns auf unserer Reise vielfach begegnet war. Wir erklärten ihm, dass wir keine Möglichkeit sahen, und verabschiedeten uns.

Von Taghit aus fuhren wir mit einem Einheimischen, dem wir nur einen Sitz auf einem Kissen über der Handbremse unseres Käfers anbieten konnten, über eine weit ausgedehnte Schotterfläche über zwei Stunden lang zu einem Felsmassiv, bei dem es steinzeitliche Zeichnungen gab, die über zehntausend Jahre alt waren. Sie zeigten viele Tiere der Steppe, so Strauße, Giraffen und Gazellen, die es schon lange dort nicht mehr gibt, ein klarer Beweis dafür, dass die Sahara früher einmal fruchtbar war.

Unser Führer zeigte uns in der Nähe eine vom Wind leergeblasene Anhöhe, die über und über mit wunderschönen, riesigen Sandrosen bedeckt war, jenen bizarren kristallinen Strukturen, die sich durch verdunstendes Wasser unter dem Einfluss von Gips gebildet haben und wie aufeinandergeschichtete Blätter aussehen. Einige kleinere nahmen wir mit nach Deutschland und verschenkten sie dann an unsere Freunde.

Die Reise ging weiter nach Timimoun, das recht weit im Süden Algeriens liegt. Dort zelteten wir auch – erschöpft von vielen kargen Wüstentagen – in einem Palmenhain und blieben für einige Zeit. Der Bauer, dem das Land offenbar gehörte und der am Morgen kam, um sein aus Gräben bestehendes Bewässerungssystem zu kontrollieren, ließ uns gewähren.

In Timimoun herrschte reges, geordnetes Leben einer ausschließlich schwarzen Bevölkerung, die uns freundlich empfing. Nur eines Abends, als wir der Einladung eines Jungen zu einer Veranstaltung mit einem *Marabout* – quasi einem Dorfheiligen – gefolgt waren, wurde es einigen mit unserer Anwesenheit doch zu viel. Nachdem vereinzelt mit Steinchen nach uns geworfen worden war, forderte uns ein älterer Mann, der offenbar von den anderen sehr respektiert wurde, in gutem Französisch auf, doch besser die Dorfbevölkerung bei dieser Zeremonie nicht zu stören. Manchmal ist es selbst bei bestem Willen schwer, die Grenzen für angemessenes Verhalten in einer fremden Kultur alleine zu finden.

Mit umgekehrtem Vorzeichen berichtete uns später auch eine Amerikanerin, die allein durch das Land trampte, von einem Verhalten, das die Grenzen des Schicklichen überschritt. Sie hatte in einem alten französischen Hotel in El Oued, auf das ich gleich noch zu sprechen komme, zugelassen, dass sich ein Mann zu ihr an den Tisch setzte, und sich mit ihm freundlich und offen unterhalten, wie es Amerikaner eben zu tun pflegen. Nachts hatte sie dann alle Mühe, ihrem Gesprächspartner den Einlass in ihr Zimmer zu verwehren. Nach dem nächtlichen Erlebnis nahm sie fluchtartig Reißaus und nutzte die erstbeste Gelegenheit, die Stadt zu verlassen. Unterwegs trafen wir sie dann wieder, als sie irgendwo an einem Gestrüpp in der Steppe stand und per Anhalter mitgenommen werden wollte. Wir konnten ihr den Sitz auf dem Kissen über der Handbremse anbieten, den sie erleichtert einnahm, und brachten sie in die nächste Oase. Von dort aus ging sie dann ihrer Wege.

Diese Szenen zeigen, wie naiv man sich als Europäer oder auch Amerikaner aufführen kann und wie wenig man sich nur allzu oft – unbewusst gefangen in dem eigenen kulturell geprägten Denken – in die Gebräuche und Verhaltensmuster anderer Völker hineindenken kann.

Unsere Reise führte uns dann weiter nach Ghardaia, einem aus fünf, in unterschiedlichen Farben angemalten Einzelstädten bestehenden Städtekomplex, in dem wohl einige Tausend Personen zusammenlebten. Wegen der fünf Teile wird dieser Komplex auch »Pentastadt« genannt. Und wegen seines charakteristischen Städtebaus bezeichnete die große französische Schriftstellerin und Geliebte Jean-Paul Sartres, Simone de Beauvoir, Ghardaia als »wunderschön konstruiertes kubistisches Gemälde«. Seit 1982 gehört Ghardaia zum UNESCO-Weltkulturerbe. Ich möchte nicht wissen, was diese Auszeichnung der Pentastadt inzwischen angetan hat.

Nach Ghardaia gelangten wir zur prächtigen, von den Algeriern so genannten »Stadt der tausend Kuppeln«, dem schon erwähnten El Oued. Den Namen verdankt die Stadt dem Umstand, dass jedes Zimmer der Häuser ein Kuppeldach hat, während man sonst die Decken aus Holzstämmen fertigte. Auch das französische Hotel, in dem wir nächtigten und in dem wir die Amerikanerin kennengelernt hatten, war in diesem Stil gebaut, und unser schlichtes Hotelzimmer befand sich unter einer seiner Kuppeln.

Auf unserem Weg kamen wir durch große Palmenhaine. Uns wunderte beim ersten Anblick nur, dass die Palmen extrem klein zu sein schienen und wie große Büsche in der Wüste standen. Warum das? Des Rätsels Lösung war, dass die Palmen in tiefen, in den Sand gegrabenen Löchern standen, die die Bauern ausgegraben hatten, um den Wurzeln den Weg zum Grundwasser zu bahnen. Und es blieb nicht dabei, dass die Löcher einmal gegraben wurden, denn der Wind drohte sie stets wieder zuzuwehen. Ohne Unterlass waren die Bauern mit ihren Eseln zugange, den Sand in großen aus Palmwedeln geflochtenen Körben aus den tiefen Löchern herauf zu transportieren. Eine wahre Sisyphusarbeit.

Die Reise führte dann weiter gen Osten in Richtung Tunesien. Der Zöllner an der algerisch-tunesischen Grenze nahe bei Tozeur war sehr freundlich zu uns, und als wir nach einer möglichen Route über den Salzsee fragten, der sich zwischen Algerien und Tunesien erstreckt, antwortete er uns, dass wir einfach der Piste folgen sollten bis zu der Stelle, an der ein Verbotsschild stand, das eine Weiterfahrt strengstens untersagte, und dort sollten wir einfach weiterfahren. Dass ein Amtsträger uns so offenkundig zur Gesetzesverletzung ermutigte, war für uns regelgläubigen Deutsche schon recht erstaunlich. Und sollten wir uns wirklich auf diese Fahrt einlassen?

Es war uns etwas mulmig dabei, weil das Salz des Salzsees zunehmend wässrig wurde und die Räder bedrohlich einsanken, während wir das andere Ufer noch nicht sahen. Doch nach etwa 20 Kilometern kamen wir wohlbehalten im tunesischen Kebili, unserem Tagesziel, an. Es war bereits stockdunkel. Und die Salzseereise hatte uns müde gemacht. Wir parkten unseren Käfer »irgendwo« und übernachteten kurzerhand darin. Früh morgens weckte uns dann das Geplauder der jungen, in langen bunten Gewändern gekleideten Mädchen des Dorfes, die mit ihren Müttern in großen Tonkrügen frisches Wasser für den Tag holten. Im Dunkel der Nacht hatte wir unseren Käfer, wie wir nun feststellten, genau neben der Quelle des Orts abgestellt.

Fast drei Monate verbrachten wir im Maghreb. Jeder Tag bot ein neues Abenteuer, jeder Tag eine sehr tiefe Begegnung mit einer uns unbekannten Kultur, muslimischen Sitten, prallem Leben, kargen Wüstenlandschaften, echter Armut und großer Gastfreundschaft. Für uns hätte es eigentlich immer so weitergehen können, so versunken waren wir in unseren maghrebinischen Träumen.

Doch auch, wenn wir billig leben konnten, leerte sich unser Geldbeutel zunehmend. Dieser Umstand zwang uns dann doch dazu, uns auf den Heimweg zu machen: per Fähre von Tunis nach Palermo, dann mit Zwischenstopps in Neapel und Florenz über Österreich nach Oberbayern. Das waren grüne, prächtige Gebiete mit lauter Seen, die uns geradezu unwirklich schön erschienen nach all den trostlosen Wüsten, aus denen wir gekommen waren. Wahre Wunder der Natur. Eine Tante in Geretsried – einem Städtchen südlich von München, für dessen Gründung man nach dem Krieg ein Waldgebiet gerodet hatte, um Sudetendeutsche anzusiedeln – rettete uns, denn wir waren praktisch pleite und hatten kaum noch Benzin im Tank. Dank ihrer Hilfe schafften wir es zurück zu unserem heimischen Bankkonto in Münster.

Heimisch? Es brauchte seine Zeit, bis wir wirklich wieder zu Hause waren. Vielleicht hatten wir uns im Maghreb als Weltenentdecker ein wenig verloren. In der Fremde war uns unsere Heimat fremd geworden. Aber als wir uns ihr schließlich über viele Wochen hinweg wieder annäherten, wurde sie uns – auf wundersame Weise – lebendiger, konturierter und vertrauter denn je. Franz Kafka hat einmal zu den Bildern von Pablo Picasso gesagt: »Im verzerrten Spiegel der Kunst erscheint die Wirklichkeit unverzerrt.« Das stimmt. Vielleicht kann man, Kafka paraphrasierend, auch dieses sagen: »Nur im verfremdenden Spiegel der Reisen entdecken wir den Reichtum, die Schönheit und die Fülle der eigenen Heimat.« Ein solcher Satz hätte für mich in jedem Fall Gültigkeit.

Japanischer Zauber und drei Affen: »Sage nicht kekko, bevor du Nikko gesehen hast«

Mancher wird das kennen: Eine erfüllende, verwandelnde Reise nähert sich dem Ende, und schon reifen die Pläne für eine neue, die man bald, demnächst, irgendwann – wann auch immer genau – antreten will. Und dann hat einen plötzlich der Alltag wieder, nimmt einen in Beschlag und füllt den Kopf mit anderen Themen. Und doch verschwindet der Traum von jener neuen Reise nicht wirklich.

So ähnlich erging es auch uns. Auf dem Rückweg aus dem Maghreb nach Deutschland übernachteten wir in der Jugendherberge von Neapel. Der arabische Zauber, entflammt zunächst durch unseren Studienfreund Mohammed und nun reich genährt durch drei außergewöhnliche Monate, hatte uns noch fest im Griff. Wir waren erschöpft, aber auch glücklich und begannen bereits neue Reiseträume zu entwickeln. So fiel unser Blick auf ein Plakat der japanischen Jugendherbergsorganisation. Japan, das wäre doch etwas. Das Plakat in Neapel pries den Besuchern seine zahllosen Jugendherbergen an. Wir wussten, dass das Land der aufgehenden Sonne für Europäer – auch damals schon, Mitte der 1970er-Jahre – teuer war. Aber mit Jugendherbergen könnte es gehen. Japan war zudem zu jener Zeit *das* aufstrebende Land der Welt schlechthin, es war also auch ökonomisch interessant.

Der neue Traum nahm alsbald Gestalt an. Einen Teil des Geldes, das wir auf unseren Assistentenstellen verdienten – meine Frau in Dortmund und ich in Münster –, sparten wir für die Reise nach Japan, und wir bereiteten uns vor, indem wir Reiseberichte lasen und uns über die japanische Kultur und Wirtschaft informierten. Der Alltag nahm uns stark in Beschlag, Japan rückte nach hinten – um dann wieder nach uns zu greifen.

Zwei Jahre später war es schließlich so weit. Von Köln aus brachen wir mit einer der ersten Boeings 747, diesen doppelstöckigen Großraumflugzeugen, die man auch heute noch gelegentlich sieht, zu einem dreiwöchigen Japan-Aufenthalt auf. Gerne wären wir, wie schon im Maghreb, drei Monate unterwegs gewesen, aber aufgrund unserer Uni-Tätigkeiten kam so eine lange Reise nicht mehr infrage.

Japan galt damals noch als ein sehr abgeschiedenes Land. Es trieb zwar eifrig Handel mit dem Westen, und man wusste, dass es nach dem verlorenen Zweiten Weltkrieg, ähnlich wie Deutschland, eine beeindruckende wirtschaftliche Entwicklung hingelegt hatte, ein Wirtschaftswunder. Vor allem japanische Auto-, Hi-Fi- und andere Technikprodukte machten dem Westen, auch den deutschen Unternehmen, durch Qualität, Orginalität und Preise immer stärkere Konkurrenz. Doch wie es im Inneren des Landes zuging, war uns nicht klar. Das mag auch damit zu tun gehabt haben, dass es damals schwierig war, mit Japanern Kontakt aufzunehmen, schon weil kaum jemand dort Englisch sprach. Wir gingen davon aus, dass das im Alltag, der uns auf der Reise nun erwartete, zu Schwierigkeiten führen würde. Aber durch den Maghreb gestählt suchten wir trotzdem das Unbekannte und durchkreuzten dieses geheimnisvolle Land in verschiedene Richtungen.

Wir fuhren meistens mit Zügen, denn das Eisenbahnsystem Japans war schon damals sehr gut entwickelt. Mit dem *Shinkansen* etwa, jenem Hochgeschwindigkeitszug, dem viel später auch die Franzosen mit ihrem TGV bzw. dem Thalys und die Deutschen mit ihrem ICE zumindest ein wenig nachzueifern suchten, konnte man das Land in Windeseile durchqueren, weil der Zug in den Ballungsgebieten auf Stelzen fuhr, die man den Leuten im wahrsten Sinne des Wortes in die Hinterhöfe gepflanzt hatte. Die Trasse führte rücksichtslos geradeaus über alles hinweg, was sich als potenzielles Hindernis anbot, bisweilen sogar direkt über die kleinen Wohnhäuser der Japaner. Eine Rücksichtslosigkeit, die in Europa bis heute undenkbar wäre, selbst wenn man davon ausgeht, dass die Hauseigentümer vermutlich entschädigt wurden. Aber wir bedienten uns auch der Busse, gelegentlich fuhren wir mit dem Taxi und sogar auch als Anhalter, wenn sich sonst keine Transportmöglichkeit ergab.

9 Die Entdeckung der Welt

Japan ist trotz seiner dichten Besiedlung auch geografisch kein kleines Land. Es besteht aus vier Inseln, dem kalten Hokkaido im Norden, der Hauptinsel Honshu, der ihr im Süden vorgelagerten Insel Shikoku und ganz im Süden der schon fast subtropischen Insel Kiushu. Wir konzentrierten uns auf die Hauptinsel und machten einen Abstecher nach Shikoku.

Die erste Reise führte uns von Tokio in den Nordosten zu einem kleinen Dorf direkt am Pazifik, in dem ein Tempelfest stattfand, von dem wir gehört hatten. Während Tokio, schon damals ein Moloch von über zehn Millionen Einwohnern, durch und durch modernisiert war, sahen wir in diesem Dorf zum ersten Mal das alte Japan: kleine, wohlgebaute Holzhäuser mit prächtigen geschwungenen und verzierten Dächern inmitten von mittlerweile trockenen Reisfeldern, in denen die Bauern das Stroh zu hohen kreisförmigen Stapeln aufgeschichtet hatten.

Das Fest bestand aus einem Umzug, bei dem ein Priester von vielen weiß gekleideten Männern mit blauschwarzen Kopfbinden in einer Sänfte getragen wurde. Vorweg gingen Fahnenträger, und es folgten die jüngeren Mitglieder des Dorfes, allesamt in ihren weißen Gewändern. Die Prozession führte zum Meer, wo der Priester ausstieg und rituelle Gebete sprach, an denen sich die Menge beteiligte. Das Bild der bunten Wipfel über der weiß gekleideten Menschenmenge vor der weißen Gischt des Meeres, wo der Wind die Wellen emporgetrieben hatte, hat sich mir dauerhaft eingeprägt.

Die nächste Station der Reise bestand aus der Tempelanlage von Nikko, die im Nordwesten von Tokio am Fuße eines Gebirges in der Präfektur Toshigi liegt. Mit ihren ornamentgeschnitzten Fassaden und Giebeln, die bunt bemalt waren, gehört Nikko bis heute zu den prächtigsten Tempelanlagen, die ich in meinem Leben gesehen habe.

Nicht von ungefähr gibt es ein japanisches Sprichwort, das übersetzt so lautet: »Sage nicht kekko, bevor du Nikko gesehen hast.« »Kekko« heißt »wunderbar«, lernten wir. Dieses Adjektiv solle man daher nicht leichtfertig für Dinge verbrauchen, die einfach nur schön sind. Und wir verstanden, dass »Nikko« auf Deutsch »Sonnenschein-Stadt« heißt. Angesichts der Anmut dort war dies ein treffender Name.

In Nikko befindet sich an einem der Schreine auch das in Holz geschnitzte Wahrzeichen der Anlage, drei Affen, die sich jeweils die Ohren, die Augen und den Mund zuhalten. Damit ist gemeint, dass die Menschen nichts Böses zu hören und zu sehen versuchen sollen und dann, wenn es ihnen doch gewahr wird, darüber wenigstens nicht reden sollen.

Begeistert von diesem Ort, selbst bei strömendem Regen, mit dem uns Nikko erwartete, probierte ich meine in Japan neu erworbene Konica-Spiegelreflexkamera aus. Sie war technisch damals wegen der Möglichkeit, eine Blendenpriorität einzustellen und wegen des unvergleichlichen metallenen *Copal-Square*–Verschlusses direkt vor dem Film, der wesentlich besser war als die gebräuchlichen Schlitzverschlüsse, das Nonplusultra, und preislich war sie vor Ort im Vergleich zu Deutschland ein Schnäppchen. Ich nahm mir viel Zeit, schlenderte herum und fotografierte, was das Zeug hielt. Irgendwie war ich zwar verwundert, wie viele Bilder auf einen Film passten, aber ich dachte an all die schönen Motive vor der Linse und vergaß das Thema. Als ich am Ende des Nikko-Besuchs feststellen musste, dass ich den Film nicht richtig eingelegt hatte und er deshalb nicht transportiert worden war, stürzte mich das fast in Verzweiflung. All die Schulklassen mit ihren bunten, im Gegenlicht leuchtenden Regenschirmen und den glitzernden Regentropfen, all die vielen anderen Szenen einer fremden orientalischen Welt, all die fotografischen Experimente und neuen Blickwinkel, die ich gewagt hatte: nur schwarze Leere.

Meine Frau hatte Mitleid mit mir. Und obwohl uns wegen des Dauerregens das Wasser bereits am Körper herunterlief, gewährte sie mir noch einmal Zeit, zurückzulaufen und einige Aufnahmen nachzuholen. Aber als ich zurück war, hörte der Regen auf, und die Schulklassen waren weg. Die schönsten zuvor festgehaltenen Begebenheiten, die sich aus dem Zusammenwirken der Kinder, ihrer Regenschirme und dem Gegenlicht ergeben hatten, waren verloren. Ich hatte gerettet, was zu retten war, aber traurig war dieser Verlust doch.

Auf all meinen Reisen habe ich viel fotografiert, denn die Fotografie ist über viele Jahre mein Hobby gewesen. Schon als Schüler hatte ich ein eigenes Entwicklungslabor, in dem ich meine Schwarz-Weiß-Fotos selbst vergrößerte und entwickelte. Und meine Leidenschaft für die Fotografie änderte sich auch nicht, als später die Farbfotografie aufkam. Das Gleiche gilt für das Filmen, eine Passion, der ich ebenfalls lange erlegen war.

So sind auch in Japan zahllose Foto- und Filmaufnahmen entstanden. Das Gleiche gilt für die Maghreb-Reise und die vielen Reisen in Nordamerika; von jenen in Kanada werde ich in diesem Kapitel noch ausführlich berichten.

Früher, als ich noch viel Zeit hatte, schnitt ich die Filme sogar selbst. Ich hängte eine Wäscheleine auf, die Szenen wurden mit Klammern daran befestigt, gekürzt und dann in eine sinnvolle Reihenfolge gebracht. Die so entstandenen Filme betrachte ich heute teilweise – bei aller Bescheidenheit – auch als kleine Schätze. Und ich möchte sie für meine Kinder und Enkel bewahren. Das Gleiche gilt für die Fotos. Ein wenig bin ich in Sorge, dass die Zeit und der mit ihr möglicherweise einhergehende Zerfall der Filme und Fotos meine Pläne zunichte macht, aber ich tue mein Bestes, dass dies nicht geschieht.

Mit zunehmender beruflicher Anspannung verschwand im Laufe meines Lebens leider die Zeit für Filmarbeiten, sodass ich heute noch über sehr viel ungeschnittenes Bildmaterial von Reisen und anderem verfüge. Aber ich hoffe, es bleibt mir in den kommenden Jahren die Zeit, es mit einem modernen Schnittprogramm in eine sinnvolle und spannende Ordnung zu bringen. Alterspläne? So ist es.

Wir sahen in Japan natürlich die alte Tempelstadt Nara, die Kaiserstadt Kyoto und Miyajima mit seinem Itsukushima-Schrein. Es ist hier nicht der Platz, über alles zu berichten, doch Miyajima kann ich nicht auslassen. Die aus großen Holzstämmen gefertigten Tore, die *Torri*, und auch die Stelzen der Gebäude stehen vollständig im Wasser und scheinen über ihm zu schweben. Da sie einheitlich und ohne Struktur feuerrot angemalt sind, wirkt das Lichtspiel der von den Wellen reflektierten Sonnenstrahlen so, als stünden die Bauten in Flammen, was der Anlage bei aller Erhabenheit einen dynamischen, ja dramatischen Anschein verleiht. Die Harmonie von menschgemachter Struktur und Natur, die sich uns in einem so faszinierenden Farbzusammenspiel darbot, war in ihrer Art einzigartig.

Miyajima ist ein Shinto-Schrein. Der Shintoismus ist eine nur in Japan verbreitete Naturreligion, die mit ihren schlichten Tempeln, einfachen Riten und minimalistischem Stil den eigentlichen Kern der japanischen Kultur definiert. Zugleich fühlen sich die Japaner aber auch dem Buddhismus eng verbunden und feiern in den buddhistischen Tempeln ihre Feste. Bei einem dieser Feste ging es recht fröhlich zu, man feierte im Tempel und sang dort rituelle Texte. Als wir neugierig hineinschauten, lud man uns ein, mitzumachen. Wir bekamen zu essen und zu trinken und feierten mit den Japanern, bis wir merkten, dass dies eine der jährlich wiederkehrenden Totenfeiern für den vor langer Zeit verstorbenen Vater der Familie war. Wir wollten uns daraufhin schüchtern davonmachen, doch versicherte man uns, der Charakter des Festes sei der eines Freudenfests, bei dem die Zusammenkunft der Familie im Mittelpunkt stehe, und man zwang uns regelrecht zu bleiben.

Die Freundlichkeit, die uns in Japan entgegenschlug, war überwältigend. Überall überboten sich die Menschen bei dem Versuch, uns zu helfen. Wir brauchten nur auf unsere Karte zu schauen, und schon bot sich jemand an, den Weg zu zeigen, und wenn wir unschlüssig an der Straße standen, hielt alsbald ein Auto, dessen Fahrer uns eine Mitfahrgelegenheit bot.

Geradezu rührend war ein Erlebnis in Osaka. Wir hatten uns ein Taxi geleistet, um damit zur Jugendherberge zu fahren, die aber voll war, wie wir herausfanden, während unser Taxifahrer noch wartete. Also fuhren wir kurzerhand weiter zu einem Hotel. Das aber war viel zu teuer für unser Budget. Also ging es weiter zu einem weiteren Hotel, doch auch das war zu teuer.

Unser Taxifahrer, ein Englischlehrer, der keine Anstellung gefunden hatte – und insofern ein Glücksfall für uns war, da wir nur wenige Menschen trafen, die passabel Englisch sprachen –, bemerkte unsere Verzweiflung und bestand am Ende darauf, mit zu ihm zu kommen, um bei ihm zu übernachten. Nach einigem Zögern – war eine solche Offerte gefährlich oder ihre Annahme kulturell betrachtet womöglich unangemessen? – gingen wir auf sein Angebot an. Was sollten wir auch tun, wir brauchten ja ein Bett und wussten tatsächlich nicht wohin.

Zusammen mit seiner Frau und zwei Kindern wohnte er in einer winzigen, mit Elektronik geradezu vollgestopften Wohnung und bewirtete uns liebevoll. Wir waren beschämt über so viel Gastfreundschaft, aber auch sehr dankbar. Kaum wieder zu Hause in Münster angekommen, war eines der ersten Dinge, die wir taten, ein Geschenk zu besorgen und es unseren warmherzigen Gastgebern in Osaka zu schicken. Wir wussten um die besondere und ausgeprägte Geschenkkultur in Japan – doch auch unabhängig davon wollten wir uns unbedingt großzügig bedanken.

Wir verbrachten einen spannenden gemeinsamen Abend voller übergroßer Höflichkeit und schliefen, wenn auch etwas beengt, sehr gut. Was wollten wir mehr? Die japanische Alltagskultur ursprünglicher zu erleben, ging kaum.

Das galt im Übrigen auch für den nächsten Morgen, als der etwa sechsjährige Sohn unserer Gastgeber zu uns kam und uns in fast perfektem Englisch einen Begrüßungstext vorlas. Wir waren perplex und dankten dem Jungen überschwänglich auf Englisch. Schnell aber begriffen wir, dass er kein Wort verstand. Angesichts seiner sehr guten Aussprache waren wir zunächst sehr verwundert, erfuhren dann aber, was die Erklärung war. Sein Vater hatte den Text in der japanischen Lautschrift aufgeschrieben, die der Sohn bereits in der Schule gelernt hatte. Und diese Schrift war offenbar so präzis, dass sie die Konsonanten und Vokale, ja selbst die Betonung einer anderen Sprache recht gut nachbilden konnte. Das ist ja auch der große Unterschied zwischen der chinesischen und der japanischen Schrift: Während die chinesische Schrift aus Bildzeichen besteht, die die verschiedenen chinesischen Völker trotz unterschiedlicher Sprachen bei der Lektüre verstehen können, braucht man für das Verständnis der japanischen Schrift, ähnlich wie für die lateinische Schrift, die ja auch eine Lautschrift ist, eine gute Sprachkenntnis.

Natürlich besuchten wir auch den heiligen Berg der Japaner, den knapp 3.800 Meter hohen Vulkanberg Fuji, unweit von Tokio. Der Fuji ist seit jeher eines der wichtigsten Touristenmagneten des Landes. Heerscharen von Menschen besuchen ihn jeden Tag. Man kann mit dem Auto oder Bus recht weit hinaufkommen und muss dann zu Fuß weiter.

Normalerweise gibt es viele Möglichkeiten hinaufzukommen, es war aber schon spät am Nachmittag, und so fuhren keine öffentlichen Verkehrsmittel mehr. Wir warteten deshalb vergeblich an der Bushaltestelle, deren Anschlagtafeln wir ohnehin nicht lesen konnten. Doch wie fast immer auf unserer Reise hatten wir Glück. Ein – wie sich rasch herausstellte – frisch vermähltes Ehepaar, das uns zwei verloren herumstehende Gestalten an der Bushaltestelle sah, hielt an und nahm uns mit bis zum Gipfelrestaurant.

Damit aber nicht genug der Gastfreundschaft. Oben angekommen wurden wir zum Essen und zu einem Ausritt mit einem der für die Touristen bereitgestellten Pferde eingeladen. Beide Ehepartner gaben sich zudem als ausgesprochene Deutschland-Fans zu erkennen und zu unserer Überraschung fingen sie an, deutsche Lieder zu singen. Unsere Gönner waren, wie sie uns erzählten, Berufsmusiker, und die Frau hatte sich überdies sogar auf deutsche Kunstlieder spezialisiert.

Wir hatten viel Spaß miteinander, denn natürlich wurden wir aufgefordert mitzusingen, was einfacher klingt, als es war, denn trotz des umfangreichen Liedguts, das ich in der Schule sowie bei meiner Großmutter und meinen Großtanten gelernt hatte, kannte sie viele Lieder, die ich nicht mitsingen konnte. Das betraf insbesondere die Kunstlieder, die sie alle aus dem Effeff beherrschte. Aber zum Glück hatte ich ja meine Frau. Sie konnte ganz gut mithalten und trällerte nun gemeinsam mit den Japanern die deutschen Lieder. Ich bekenne: Seit diesem lustigen Erlebnis ist »Am Brunnen vor dem Tore« von Franz Schubert eines meiner liebsten Lieder – natürlich vorgetragen mit leichtem japanischem Akzent.

Überhaupt ist die Verbindung Japans zu Deutschland seit mehr als hundert Jahren außergewöhnlich stark. Nachdem Kriegsschiffe der USA in den Jahren ab 1846 die Öffnung des Landes für Handelsbeziehungen erzwangen und sich in den folgenden Jahrzehnten allmählich jene Kräfte durchsetzten, die das Land modernisieren wollten, hat sich Japan sehr stark nach Deutschland hin orientiert, das damals eine der innovativsten und am schnellsten wachsenden Volkswirtschaften der Welt war.

Nach und nach modellierte Japan vieles nach deutschem Vorbild. Sein Verwaltungssystem, die Telefonie, die Elektrik, das Bürgerliche Gesetzbuch (BGB), das Schulsystem und die Universitäten wurden allesamt am deutschen Modell ausgerichtet. Noch heute laufen die Schulkinder in Japan in einer Uniform herum, die der deutschen Matrosenuniform früherer Zeiten nachgebildet ist.

Auch das Jugendherbergssystem – das uns ja mit jenem Plakat in Neapel erst auf die Idee gebracht hatte, nach Japan zu reisen – nahm sich Deutschland zum Vorbild. Anders als etwa im angelsächsischen Raum oder in Frankreich sind Jugendherbergen in Deutschland und Japan schon immer und bis heute nicht etwa billige Absteigen mit geringer Übernachtungsqualität, sondern nicht selten hochwertige Anlagen, die das Land von seinen schönsten Seiten zeigen. Wer Deutschland oder Japan über die Jugendherbergen bereist, kann auf prächtige Bauwerke in historischer Umgebung hoffen, wie sie einem Hilton-Hotel-Touristen, der für seine Übernachtung ein Vielfaches auf den Tisch legen muss, eher nicht gewährt werden.

Es ist daher für mich nicht verwunderlich, dass wir gerade mit den Jugendherbergen in Japan wundervolle Erinnerungen verknüpfen. Dort erlebten wir das Land, seine Kultur und seine Menschen – und ihre ausgeprägte Höflichkeit – besonders nah und unverfälscht: die prächtigen Kleingärten; die Wohn- und Schlafräume mit den Tatami-Matten – jene in keinem Haus wegzudenkenden Unterlagen aus Reisstroh, die man nur mit Socken oder barfuß betreten darf; die heißen Bäder in den großen Bassins, wo sich die Menschen gemeinsam und unbekleidet, freilich nach Geschlechtern getrennt, von der Anstrengung des Tages erholen. Und sogar das Essen genossen wir. Allerdings weniger die nach verfaultem Tang riechenden Suppen in den Jugendherbergen, die es zum Frühstück gab und die uns ein japanischer Student einmal als »typischen japanischen Geschmack« anpries. Auch nicht wirklich Sushi, den rohen Fisch, der inzwischen sogar in Deutschland viele Liebhaber gefunden hat. Aber dafür Tempura, Sukiaki und so manche andere Köstlichkeit. Tempura besteht aus mit Mehl panierten Gemüse-, Pilz- und Fischstückchen, die in heißem Fett ausgebacken werden. Das Gericht stammt, wie der lateinische Name (*tempora* – die Zeiten) schon andeutet, von den Portugiesen, die dort 1543 das erste Mal anlandeten. Und Sukiyaki besteht aus feinen in Sojasoße geschmorten Rindfleisch-Streifen mit verschiedenen Gemüsebeilagen, die einen köstlichen Geschmack entwickeln.

Nur der Kaffee und die Süßigkeiten fehlten uns. Man bekam sie einfach nicht. Alles war salzig, und getrunken wurde grüner Tee – nicht so ganz meine Sache, auch heute nicht. Auch den Käse vermissten wir. Milchprodukte vertragen die Japaner nicht gut, weil sie das Enzym Laktase nicht im Körper haben und Milchzucker deshalb nicht verarbeiten können.

Einmal entdeckten wir auf einem Bahnhof an einem Verkaufsstand Pralinenschachteln, oder das, was wir dafür hielten. Wir hatten die Hoffnung fast schon aufgegeben, doch schmachteten wir von Tag zu Tag mehr nach etwas Süßem. Da der Zug schon wartete, kaufte ich hastig eine Schachtel und nahm sie mit in das Abteil. Doch wie groß war unsere Enttäuschung, als wir in eine der weißlichen Pralinen hineinbissen. Sie waren, wie konnte es anders sein, wieder salzig.

Heute ist das, wie ich bei späteren Japan-Besuchen feststellen konnte, alles anders. Man bekommt Süßigkeiten, Starbucks sorgt für den Kaffee – italienischer Espresso wäre mir lieber –, und die Japaner konsumieren munter Milchprodukte – natürlich laktosefrei.

Seit unserer Reise im Jahr 1974 haben meine Frau und ich Japan in unsere Herzen geschlossen. Dieses saubere und durchorganisierte Land und seine fleißigen, freundlichen und höflichen Menschen gehören zu unseren Lieblingen.

Wenn nur die Japaner endlich das Tempo der Modernisierung bei den Bauwerken und Stadtbildern etwas abbremsen würden und mehr Kraft auf das Bewahren der letzten Reste ihrer großartigen architektonischen Tradition verwenden würden! Aber ich bin zuversichtlich, dass das noch kommen wird. Deutschland, großenteils immer noch Vorbild der Söhne und Töchter Nippons, hat das nach der großen Modernisierungswut bei den Bauwerken und Stadtbildern in der 1960er- und 1970er-Jahren schließlich auch gelernt.

Mongolische Wunder: Schlechte Deals und weise Kamele

Asien, ich gebe es zu, fasziniert mich. Asien, das sind aber auch rund zwei Drittel der Erde, Saudi-Arabien gehört genauso dazu wie der Iran. Und so muss ich präzisieren: Das fernöstliche Asien zieht mich an. Spätestens seit unserem ersten Japan-Besuch.

Auch die letzte große Reise, die ich vor Fertigstellung des Manuskripts zu diesem Buch unternahm, führte mich dorthin. Wieder ging es zunächst nach Japan. Jetzt, da ich mehr frei verfügbare Zeit habe, können meine Frau und ich wieder selbst entscheiden, was wir tun wollen – und auch wohin wir reisen. In Tokio hatte ich beim Jahreskongress des *International Institute of Public Finance*, des Weltverbandes der Finanzwissenschaftler, einen Plenarvortrag gehalten. Doch war das nur eine Durchgangsstation. Von der japanischen Metropole aus ging es nämlich zügig weiter zu einem viel spannenderen Ziel – nach Ulaanbaatar, Hauptstadt der Mongolei und von dort in die mongolische Westprovinz Uws, ganz in der Nähe des Dreiländerecks mit Russland im Norden und China im Süden. Die Mongolen bestehen übrigens darauf, dass man im Englischen nicht das russische Wort »Ulan Bator«, womöglich noch mit einer Betonung auf dem »a« in Bator verwendet, und sie betonen den mongolischen Namen tatsächlich auf dem ersten »aa«.

Meine Frau und ich als Besucher jenes Landes, in dem der sagenumwobene Dschingis Khan 1206 erstmals die mongolischen Stämme vereinigte und dessen Truppen danach im Westen bis nach Italien und Mitteleuropa kamen und ihre Eroberungszüge bis nach China ausdehnten? Das klang für uns spannend.

Schon für das Jahr zuvor, den Sommer 2016, hatten wir die Reise in die Mongolei eigentlich geplant. Uns interessierte dieser frühere Teil der Sowjetunion, der sich im Gefolge der 1989er-Revolutionen im Jahr 1992 zu einem demokratisch-repräsentativen System gewandelt und auch den Zusatz »Volksrepublik« im Staatsnamen aufgegeben hatte – ein Land der Transformationen also, ganz so, wie sie auch die osteuropäischen Staaten des ehemaligen Warschauer Paktes hatten durchmachen müssen. Im Jahr 2016 hatten wir unsere geplante Reise aber kurzfristig wieder abgeblasen, weil ich an meinem Buch *Der Schwarze Juni* schrieb, das ich mit meinem Verlag unmittelbar nach dem Brexit-Referendum im Vereinigten Königreich vereinbart hatte. Angesichts der gefährlichen Ereignisse rund um Flüchtlingswelle, Euro-Desaster und Brexit-Votum schien uns dies dringlicher zu sein als eine Reise in das Land der Nachfahren Dschingis Khans.

So ließen wir also die von uns bereits gekauften Tickets verfallen und gaben unsere mongolischen Pläne schweren Herzens auf. Aber im darauffolgenden Jahr wollten wir das Versäumte nachholen und uns nicht mehr durch neuen Termindruck davon abbringen lassen. Und das gelang uns auch. Wir reisten in die Mongolei auf Einladung der *Deutschen Gesellschaft für Internationale Zusammenarbeit* (GIZ), der deutschen Entwicklungshilfeorganisation, und sollten verschiedene Vorträge bei der Provinzregierung von Uwz – der kasachischsprachigen Provinz der Mongolei im Nordwesten –, an der Hauptuniversität von Ulaanbaatar und in anderen Einrichtungen halten. Nicht zuletzt ging es dabei auch um die Unterstützung verschiedener Projekte der GIZ selbst.

Die GIZ hatte Interesse an meiner Frau und mir, weil wir, wie in Kapitel 1 schon berichtet, unser für die deutsche Vereinigung entwickeltes Modell der »Privatisierung ohne Verkauf« im Auftrag der Weltbank und der neuen bolivianischen Regierung bereits für die Privatisierung der Minen Boliviens empfohlen hatten. Da sich in der Mongolei mit ihren riesigen Bodenschätzen ähnliche Probleme wie in Bolivien stellen, hoffte man, von unseren Überlegungen und Erfahrungen lernen zu können.

Es war die erste große Reise nach dem Ausscheiden aus dem *ifo Institut* zum Ende März 2016. Befreit von der Alltagsarbeit, fanden wir nun endlich die Zeit, der schon wiederholt geäußerten Einladung aus der Mongolei Folge zu leisten. Und, gemessen an der großen Zahl der Besucher bei den Vorträgen – die großen Hörsäle waren jeweils zum Bersten voll – war dieser Besuch sehr erfolgreich. Auch die Zeitungen berichteten darüber in großer Aufmachung.

Davon unberührt stellten wir schnell fest: Die Mongolei zu bereisen ist nicht einfach. Denn gemessen an der Fläche ist die Mongolei knapp viereinhalbmal so groß wie Deutschland, und mit weniger als zwei Einwohnern pro Quadratkilometer ist sie das am dünnsten besiedelte Land der Welt, bewohnt von lediglich drei Millionen Menschen, zumeist buddhistischen Glaubens. Demgemäß ist der dominante Eindruck, den man von dem Land mitnimmt, der der Menschenleere. Ganze Täler, groß genug, um München dort hineinzupacken, werden häufig nur von ein paar Dutzend Menschen besiedelt.

Dafür gibt es überall Nutztiere, vor allem Ziegen und Schafe, aus deren Fell Wolle gemacht wird, doch auch Kamele, Yaks, Pferde, Rinder und vieles mehr. Man schätzt die Herdengröße über alle Tiere gerechnet auf rund 60.000; es kommen also auf jeden Menschen 20 Tiere.

Quasi zum Ausgleich gibt es in Ulaanbaatar mit seinen 1,3 Millionen Einwohnern viel mehr Autos, als auf die Straßen passen, und zwar in der Regel recht gute und teure geländetaugliche Autos, unter denen der Toyota Land Cruiser bei Weitem der beliebteste ist, weil nur er mit den Straßen des Landes wirklich zurechtkommt.

Deutsche Autos sieht man auch, doch seien die im Gegensatz zu den japanischen und amerikanischen Autos »vergiftet«, sagte mir eine Mongole. Das habe er im Fernsehen gehört. Damit spielte er, ohne es zu wissen, auf den VW-Skandal an, dessen Hintergründe und Details er aber nicht kannte. Er wusste nicht, um welche Autos es ging, und von Stickoxiden hatte er ohnehin noch nichts gehört. Der Terminus »vergiftet« zur Kennzeichnung deutscher Autos reichte für seine Einschätzung vollends aus. Für mich war das ein besonders drastisches Beispiel für die überzogene – wenn auch ökonomisch verständliche – Skandalisierunskampagne, die von den VW-Konkurrenten nach dem Diesel-Skandal gestartet worden war, um wieder mehr von den jeweils eigenen Autos verkaufen zu können.

Obwohl die Mongolei extrem reich an Bodenschätzen ist, steht sie auf dem *Index der menschlichen Entwicklung*, dem Wohlstandsindikator der Vereinten Nationen, nur auf Platz 92 von 188 gelisteten Ländern. Zugleich dürften rund 40 Prozent der Mongolen unter der absoluten Armutsgrenze leben. Ebenfalls etwa 40 Prozent der Menschen in Ulaanbaatar wohnen in *Gers*, den mongolischen Rundzelten, die sie inmitten eingegrenzter Areale, die sich ein jeder kostenlos abstecken darf, aufgebaut haben. Über das ganze Land gerechnet lebt die weitaus überwiegende Zahl der Einwohner ebenfalls in Zelten.

Den quasi natürlichen Schwerpunkt meiner Vorträge stellte das Ressourcenthema dar, das für die Mongolei und ihre weitere Entwicklung ohne Zweifel von größter Relevanz ist. Dabei habe ich zunächst auf frühere theoretische Analysen zur sogenannten Holländischen Krankheit zurückgegriffen und sie in Beziehung zur Mongolei gesetzt.

Unter der Holländischen Krankheit versteht man den Umstand, dass ein Land, das seine Ressourcen teuer auf dem Weltmarkt verkaufen kann, sich typischerweise auch hohe Löhne und einen hohen Außenwert seiner Währung leistet. Das erhöht zwar den Lebensstandard, doch geht es zu Lasten des verarbeitenden Gewerbes, das dann international nicht wettbewerbsfähig sein kann und einen Niedergang erlebt. Das Adjektiv »holländisch« erklärt sich durch den Umstand, dass das beschriebene Phänomen das erste Mal in den Niederlanden beobachtet wurde. Im Gefolge der Gasfunde der 1960er-Jahre war die Industrie unseres Nachbarlandes in ernsthafte Schwierigkeiten gekommen, die sich erst wieder legten, nachdem die Gaspreise in den 1980er-Jahren fielen. Manchmal wird die Holländische Krankheit in der Volkswirtschaftslehre auch plastisch mit dem Begriff »Ressourcenfluch« beschrieben.

Ich bin nach den mir vorliegenden Fakten davon überzeugt, dass auch die Mongolei unter der Holländischen Krankheit bzw. diesem Ressourcenfluch leidet. Die Mongolei gilt als eines der zehn rohstoffreichsten Länder der Welt. In der Wüste Gobi wurde das größte unerschlossene Kohlevorkommen der Welt entdeckt. Im ganzen Land wies man Tausende Vorkommen von verschiedenen Mineralien nach, darunter neben der Kohle etwa Uran, Eisenerz, seltene Erden, Wolfram, Erdöl, Kupfer, Gold, Silber, Zink, Flussspat und Diamanten. Die Ressourcen gehen in den Export und sind ein Segen, weil sie Kaufkraft und Lebensstandard schaffen, doch führen sie auch dazu, dass die Mongolei ansonsten kaum etwas selber produziert, sondern alles importiert.

Zu den Importen gehören selbst die Straßen. Für seinen bekanntermaßen rohstoffhungrigen Nachbarn China ist die Mongolei daher überaus interessant. Überall bauen die Chinesen derzeit schnurgrade Straßen durch das weite Land, die alle nach China führen, um den Ressourcentransport zu erleichtern. Auch die neue Seidenstraße, die China über Usbekistan bis nach Osteuropa bauen will, führt über mongolisches Gebiet. Mongolische Arbeitskräfte sucht man im Straßenbau vergebens.

Kaum verwunderlich also, dass das Land mittlerweile strukturell abhängig ist von den Erlösen aus dem Export der Bodenschätze. Zugleich aber verharrt es auf dem Niveau eines agrarisch-nomadisch verfassten Staats mit nur schwacher bzw. nichtexistenter Industrie: der »Ressourcenfluch«.

Die einseitige Abhängigkeit vom Verkauf der Bodenschätze lässt sich nur über eine Verbesserung der Bildung beseitigen. Auf den ersten Blick scheint die Mongolei hierbei gut unterwegs zu sein. Allein in Ulaanbaatar mit seinen 1,3 Millionen Bewohnern – gut 40 Prozent der mongolischen Gesamtbevölkerung –, gibt es sage und schreibe 100 Universitäten bzw. Einrichtungen, die diesen eigentlich nach hohem Anspruch klingenden Namen tragen. Absurder könnte ein Bildungssystem kaum angelegt sein. Als ich das meinen Zuhörern sagte, schaute ich in viele lange und ungläubige Gesichter, doch einige nickten eifrig mit den Köpfen. Sie hatten mich verstanden.

Sie folgten mir auch, als ich darauf hinwies, dass das Land von einer US-amerikanisch orientierten College-Ausbildung, die nur Akademiker erzeugt, wegkommen muss und sich lieber am deutschen System der dualen Bildung orientieren solle, das gut ausgebildete Handwerker und Facharbeiter hervorbringt. Genau daran nämlich mangelt es in der Mongolei an allen Ecken und Enden. Ich habe versucht, diese Botschaft schonend zu überbringen und dabei auf entsprechende Versuchsprojekte der GIZ in der Mongolei verwiesen.

Der Schwerpunkt meiner Vorträge lag aber bei einer kritischen Diskussion der Art, wie man dort den Ressourcenabbau betreibt. Man vergibt Schürfrechte für noch nicht explorierte Gebiete für wenig Geld an internationale Investoren, und überlässt ihnen dann das Eigentum an dem, was sie finden. So darf der multinationale Bergbaukonzern Rio Tinto nach einem 2009 abgeschlossenen Kontrakt eine Kupfermine ausbeuten, die auf 50 Milliarden Dollar geschätzt wird, während der mongolische Staat im Jahr 2017 bei der Bedienung einer Anleihe von nur 1,5 Milliarden Dollar in Zahlungsverzug geriet und nun Hilfe vom *Internationalen Währungsfonds* (IWF) benötigt. Diese Verhältnisse schreien zum Himmel, denn sie sind entstanden, weil die Mongolei sich bei ihren Ressourcenkontrakten regelmäßig über den Tisch ziehen lässt.

Nach dem Joint-Venture-Modell, das meine Frau und ich für die Treuhand-Privatisierungen in den neuen Bundesländern und später angepasst auch für Bolivien vorgeschlagen hatten, hätte die Mongolei ein erhebliches

Anteilsrecht an der Gesellschaft erhalten müssen, ohne einen Cent bar einzuzahlen, nämlich ein Anteilsrecht im Umfang des Wertes der Mine. Rio Tinto hätte umgekehrt nur ein Anteilsrecht für die Maschinen und das Know-how bekommen, die es selbst einbrachte, sicherlich nur ein Bruchteil des Wertes der Mine.

Der eigenartige Deal war zustande gekommen, weil die Mongolei die Ressourcen nicht selbst exploriert, sondern diese Aufgabe privaten Investoren überlassen hatte, die dafür das Schürfrecht für wenig Geld bekommen hatten. Meine Konsequenz aus dieser Beobachtung war, dass die Mongolei dringend ein duales Ausbildungssystem im Bereich geologischer Berufe aufbauen muss, um die Exploration selbst in die Hand zu bekommen. Ist die Ressource erst einmal gefunden, stellt sich der mongolische Staat mit unserem Modell wesentlich besser als bei dem, was jetzt passiert. Die grenzenlose Ausbeutung des Landes bei einer gleichzeitigen Staatspleite wegen des Auflaufens vergleichsweise geringer Zahlungsverpflichtungen wäre dann unmöglich.

Interessanterweise hatte die Mongolei noch zur Zeit der Sowjetunion eine solche duale Ausbildung, betreut von Fachkräften aus der DDR. Mit dem Untergang dieser Regime, so richtig er an sich war, sind leider auch die genannten Kollateralschäden verbunden gewesen. Die internationalen Konzerne aus der ganzen Welt und aus China reißen die Ressourcen nun an sich, und die mongolische Bevölkerung wird dabei, so scheint mir, maßlos übervorteilt.

Dass es so weit kommen konnte, liegt auch an Deutschland, denn es hat versäumt, die guten Kontakte, die die DDR bisweilen in der Welt hatte, aufzugreifen und unter der Kontrolle der Bundesrepublik weiterzuentwickeln. Im Jahr 2011 war zwar die deutsche Kanzlerin zu einem Staatsbesuch in der Mongolei und hat angeblich eine Ressourcenpartnerschaft mit dem Land begründet. Den Lippenbekenntnissen folgten aber keine sichtbaren Taten. Deutsche Privatinvestoren sind in der Mongolei nicht zu finden, und noch immer stehen die alten kommunistischen Berufsschulen, in denen das DDR-Personal eine wichtige Rolle spielte, als Ruinen herum.

Umso wichtiger sind freilich die Touristen aus den deutschsprachigen Ländern, die nach meinem sehr subjektiven Eindruck die am häufigsten vertretene Touristengruppe darstellen. Es gibt nicht viele westliche Touristen in dem Land, insbesondere nicht in den Westprovinzen an der russischen

Mongolische Wunder: Schlechte Deals und weise Kamele

Grenze, die wir besuchten. Aber wenn man Europäer findet, so stammen sie häufig aus Deutschland. Das liegt zum einen ganz generell daran, dass Deutschland Tourismus-Weltmeister ist, indem es mehr Geld für Auslandsreisen ausgibt als jedes andere Land dieser Erde. Zum anderen findet dieses Phänomen seine Erklärung auch in dem Umstand, dass Europa – und auch die Deutschen – den Mongolen seit jeher ein besonderes, fast mystisch aufgeladenes Interesse entgegenbringen, was wohl daran liegt, dass die unbekannten Mongolenheere im 13. Jahrhundert wie aus dem Nichts in Europa auftauchten und man lange Zeit keine Möglichkeiten fand, sich ihrer zu erwehren.

Nachdem wir mit dem Gouverneur von Uws intensive Arbeitsgespräche geführt hatten und ich vor der versammelten Elite der Provinz eine Rede gehalten hatte, hängten wir ein paar private Tage an und fuhren durch das Land, um die Leute und ihre Lebensweise kennenzulernen. Wir nutzten die Zeit für Wanderungen in den Bergen, die uns eine großartige Landschaft zeigten, mit ihren endlosen Weiten, in denen nur vereinzelte Gers am Fuße schneebedeckter Berge auf menschliche Zivilisation hindeuteten.

Wenn wir uns mit unserem Land Cruiser einem solchen Ger genähert hatten, blieben wir stehen, und dann kam nach einiger Zeit zumeist ein Bewohner heraus, der uns einlud, in das Zelt zu kommen und einen Tee zu trinken. Schnell gewöhnte man sich an das Dunkel und konnte die Ordnung im Inneren bewundern. Da war stets ein kleiner Küchenschrank mit den wichtigsten Utensilien, es gab verschiedene Betten mit Vorhängen, ein kleines Handwaschbecken mit einem aufgehängten Wasserbassin, das stets neu befüllt werden musste, und auf dem Boden standen Fässer mit Milch, Butter und Käse in verschiedenen Bearbeitungsstufen. An den Wänden neben einem einladenden Sofa hingen etwas kitschige Bilder der Mongolei, das Zaumzeug für die Pferde und, heute fast am Wichtigsten, der mit Solarpaneelen und einem Autoakku betriebene Fernseher. Manchmal gab es auch noch eine ebenfalls mit Solarstrom betriebene kleine Kühltruhe. Beide Utensilien wollten sich so gar nicht in das traditionelle Ambiente des Gers einfügen, doch gehören sie auf dem Lande heute genauso zur Grundausstattung einer Familie wie das Motorrad, das bei längeren Wegen das Pferd ersetzt.

Man bewirtete uns köstlich. Milch wurde in eine große Schüssel geschüttet, fermentierte Teeblätter kamen dazu, und dann wurde alles über einem Ofen, der mit Kuhdung geheizt wurde, aufgekocht und uns anschließend in flachen Schalen zum Trinken gereicht. Dazu gab es getrockneten Joghurt, der sehr streng und säuerlich schmeckte, und sehr schmackhafte Teigfladen, den die Bäuerin zuvor im Fett ausgebacken hatte. Auf die Fladen legte die Bäuerin dann etwas buttrig-fette Sahne, die sie zuvor mit der Hand aus dem Buttertrog geschöpft hatte – derselben Hand übrigens, mit der vorher die getrockneten Kuhfladen aufgebrochen und dem Feuer hinzugefügt wurden. Das erste Mal war es meiner Frau und mir bei der Beobachtung dieses Teils der Bewirtungszeremonie etwas mulmig zumute, doch wir endeckten alsbald, dass man keine gesundheitlichen Probleme bekam, wenn man den aus Plastikflaschen gereichten Wodka dazu trank, der aus vergorener Stutenmilch destilliert worden war und sehr neutral schmeckte, gerade so wie der normale, aus Kartoffeln gebraute Wodka.

Besonders jene Kinogänger, die den Film *Das weinende Kamel* gesehen haben, werden meine Begeisterung über diese Erfahrung von Ursprünglichkeit verstehen – eine Ursprünglichkeit, wie ich sie zuvor vielleicht nur in der Medina von Marrakesch erleben durfte, wenn auch dort, wie schon beschrieben, auf ganz andere Weise.

Einen der Komponisten, der die Musik für den Film geschrieben hat, Ganpurev Dagvan, durften wir übrigens in Ulaanbaatar kennenlernen. Er ist der Bruder jener Führerin, die wir für unsere tagelange Wanderung angeheuert hatten; ganz allein trauten wir uns dann doch nicht in die mongolische Unberührtheit. Wir erlebten Ganpurev als einen kräftigen, ruhigen Mann, der seine faszinierenden Kompositionen von einer traditionellen Kapelle spielen lässt, die sämtliche Instrumente und Spielarten der mongolischen Musiktradition beherrscht – von der Maultrommel bis zu den fremd klingenden Gesängen mit Obertönen, die so hell sind, wie sonst nur Pfeifen erklingen, und Untertönen so dunkel wie eine in den untersten Tonlagen schnarrende Bratsche. Nun ja, meine Schwäche für »exotische« Musik, zeigte sich also auch in der Mongolei.

In einem Land, dessen Bevölkerungsmehrheit noch in Gers lebt, gelang es uns durch eine solche Art der Reise, wie wir sie mit unserer Führerin erlebten, die nomadische Kultur sehr nah zu erleben, ja sie gar ein Stück aufzusaugen. Auch wir übernachteten in den Rundzelten bei den Bauern und ließen die Einsamkeit auf uns wirken. Der Anblick der weiten Täler und gewaltigen Gebirge, das freundliche Gespräch mit den offenen Menschen, die langen Nachmittage, die wir nach unseren Wanderungen vor den Gers in der warmen Abendsonne verbrachten, während wir den Geschichten unserer Gastgeber zuhörten: die Mongolei und ihre sich still ausbreitende Schönheit ergriff gleichsam sanft Besitz von uns.

Eine dieser Geschichten handelt von einem Hirsch und – wie so oft – von einem Kamel. Es ist ja kaum verwunderlich, dass das Kamel ein ganz zentraler Teil der mongolischen Kultur ist. Denn in einem Land, das zu großen Teilen aus Wüste und Steppe besteht und in dem weite Strecken immer noch mit einfachen Mitteln zurückgelegt werden müssen, sind Kamele unverzichtbar und werden in ihrer stillen Dienstbarkeit wertgeschätzt. In alten Zeiten, so geht die Geschichte, hatte das Kamel ein Geweih, der Hirsch aber nicht. Nun wollte der Hirsch heiraten und bat das Kamel, ihm sein Geweih als Schmuck zu leihen. Das Kamel, wie immer hilfs- und dienstbereit, tat dem Hirsch den Gefallen. So heiratete der Hirsch also geschmückt mit einem prächtigen geliehenen Geweih. Nach der Hochzeit aber brachte der Hirsch das Geweih nicht zurück. Er hatte offenbar Gefallen an ihm gefunden, weil es ihm damit immer wieder gelang, seiner Frau zu imponieren. Da ging das Kamel zum Hirsch und fragte, wann es das Geweih zurückhaben könne. »Bald!«, antwortete der Hirsch. Er wolle nur noch einmal zu seiner Braut gehen, und dann werde er es am Fluss ablegen. Das Kamel war zufrieden, doch als es später zum Fluss trabte, war das Geweih nicht da. Es wartete und schaute sich um, ob der Hirsch nicht bald kommen werde. Aber er war weit und breit nicht zu sehen. Enttäuscht und traurig trottete das Kamel wieder nach Hause. Aber immer, wenn es fortan zum Fluss ging, hob es beim Trinken zwischendurch seinen Kopf, um nach rechts und nach links zu schauen und nach dem Hirsch Ausschau zu halten in der Hoffnung, dass der nun bald die Leihgabe zurückbringen möge. Das ist auch der Grund, schloss die Geschichte, warum Kamele beim Trinken bis heute noch stets ihren Kopf anheben und nach links und rechts schauen. Sie suchen nach dem einst Verlorenen – mit erhobenem Haupt.

Eine schöne Geschichte, fanden meine Frau und ich. Es hat in meinem Leben immer wieder Situationen gegeben, wo auch ich meinen Kopf angehoben habe, ja anheben musste, um mich umzuschauen, um nach Verlorenem, Vergangenem Ausschau zu halten. Es wird sie wohl auch in Zukunft geben.

Englische Lektionen: Die Höhen der London School of Economics und die Kehrseite von Maggie Thatcher

Neben rein privaten Reisen, die meinen Blick auf die Welt veränderten – wie etwa jene frühen in den Maghreb oder nach Japan –, oder Reisen, die auf Einladungen zu Vorträgen zurückgingen und gleichwohl viele Gelegenheiten boten, tief in Wirtschaft und Kultur eines Landes einzutauchen – wie etwa jene in die Mongolei –, formten auch rein beruflich inspirierte Reisen mein Denken und Handeln. Da sind vor allem meine Gastforscher-Aufenthalte an anderen ausländischen Universitäten zu nennen.

Über jene in Stanford und Princeton hatte ich schon im ersten Kapitel berichtet, und es würde zu weit führen, wenn ich im Detail über alle weiteren erzählen würde. Exemplarisch möchte ich aber doch auf einen für mich besonders wichtigen eingehen, nämlich auf meinen mehrwöchigen Aufenthalt an der *London School of Economics* (LSE).

Die LSE wurde 1895 gegründet und gilt im Bereich der Wirtschafts- und Sozialwissenschaften als eine der weltweit führenden Universitäten, in Europa in jedem Fall als die Nummer eins. Ein erheblicher Teil aller bisher vergebenen Wirtschaftsnobelpreise gingen an Ökonomen, die mit der LSE in Verbindung standen.

Es war Mervyn King, seinerzeit Professor an der LSE und später – von 2003 bis 2013 – Gouverneur der britischen Notenbank *Bank of England*, der mich zu diesem Gastaufenthalt eingeladen hatte. Während des Aufenthalts trug ich unter anderem meine Forschungsergebnisse zum sogenannten *Tax-cut-cum-base Broadening* vor, die kurz zuvor im Tagungsband des *International Institute of Public Finance* (IIPF) veröffentlicht worden waren. Mit diesem Begriff bezeichnet man eine Steuerpolitik, wie sie von Präsident Reagan während dessen zweiter Amtszeit betrieben wurde. Diese Politik bestand im Kern aus einer Senkung der Steuersätze bei einer gleichzeitigen Teilrücknahme der exzessiven Abschreibungsvergünstigungen, die Reagan selbst 1981 eingeführt hatte.

Mit meinen Forschungen konnte ich zeigen, dass nicht nur die Teilrücknahme der Abschreibungsvergünstigungen die Investitionsnachfrage senkte – wie dies nach gängiger ökonomischer Lesart zu erwarten war –, sondern auch die Senkung der Steuersätze an sich. Der Grund für dieses paradoxe

Ergebnis lag darin, dass die steuerlichen Bemessungsgrundlagen bei den von den Firmen vorgenommenen Realinvestitionen wegen der schon vorher bestehenden Abschreibungsvergünstigungen kleiner als die tatsächlich von solchen Investitionen erwarteten Gewinne waren. Dieser Umstand hatte zur Folge, dass die Steuersatzsenkung die Realinvestitionen zwar entlastete, aber weniger als die Erträge von Finanzinvestitionen. Letztere wurden also bei jedem denkbaren Zins attraktiver, was bedeutete, dass die Investitionsgüternachfrage schrumpfte.

King war ein Fachmann auf diesem Gebiet, denn er hatte selbst bereits im Jahr 1977 sein Werk *Public Policy and the Corporation* veröffentlicht, das neue Einsichten in die Wirkung der Besteuerung auf das Investitionsverhalten der Unternehmen bei alternativen Finanzierungswegen eröffnete. King war von meinen Ergebnissen zunächst sehr überrascht, ließ sich aber von deren Richtigkeit schnell überzeugen.

Neben Mervyn King gehörten damals unter anderen Antony Atkinson und Nicholas Stern in der Fakultät zu meinen Zuhörern. Damit waren gleich die drei vermutlich wichtigsten europäischen Finanzwissenschaftler zusammen. Vom Austausch der Forschungsergebnisse mit ihnen habe ich sehr profitiert. Auch Atkinson und Stern gaben mir wichtige Hinweise für die Verbesserung meines Aufsatzes. Tony Atkinson war damals Herausgeber das *Journal of Public Economics*, der weltweit wichtigsten Fachzeitschrift auf dem Gebiet der Finanzwissenschaft. Nachdem er von meinen Forschungen erfahren hatte, gelang es mir anschließend des Häufigeren, meine Aufsätze bei seiner Zeitschrift erfolgreich zu platzieren. Und mit Nick Stern ergaben sich anschließend vielfältige Forschungskontakte in der Finanzwissenschaft und auch beim Thema Klima- und Energiepolitik. Stern wurde nämlich später vom britischen Premierminister Tony Blair zum Leiter einer internationalen Kommission zur Beurteilung des Klimaproblems eingesetzt, die mit ihrem im Jahr 2006 erschienen Bericht *Stern Review on the Economics of Climate Change* weltweit für Furore sorgte und eine neue Welle der Klimaforschung in Gang setzte. Mein eigenes Buch *Das Grüne Paradoxon* aus dem Jahr 2008, das 2010 auf Englisch bei MIT Press als *The Green Paradox* herauskam, hatte ich auch unter dem Einfluss der durch Stern ausgelösten neuen Diskussion geschrieben. Wie in Kapitel 8 erläutert, bot es eine angebotsorientierte, also auf die Ressourcenbesitzer fokussierte Sicht der Klimaproblematik, die einen Schwenk in der weltweiten Fachdiskussion auslöste

9 Die Entdeckung der Welt

und über den führenden deutschen Umweltökonomen Ottmar Edenhofer auch den IPCC beeinflusste. Diese Sicht diskutierte ich mit Nick Stern intensiv, und obwohl er in seinem Bericht einen anderen Denkansatz verfolgte, schätzte er meine Forschung sehr. Denn es ging uns beiden um das gemeinsame Ziel, die Erderwärmung durch eine Verminderung des Ausstoßes an Kohlendioxid zu verlangsamen.

Überrascht war ich von den Räumlichkeiten der LSE selbst. Die Enge der Einrichtung und ihr teilweise stark renovierungsbedürftiger Zustand wollten so gar nicht zu dem großartigen wissenschaftlichen Ruf passen. Das Gebäude war verwinkelt und für Neulinge wie mich schwer zu verstehen. Man konnte darin fast verloren gehen. Es gab mehrere kleinere Zwischenhallen, die durch ein verwirrendes System von Gängen verbunden waren. An zentraler Stelle befand sich eine schon in die Jahre gekommene, riesige pneumatische Maschine mit durchsichtigen Kunststoffröhren, in denen ein Wasserkreislauf offenbar das keynesianische Modell des Wirtschaftsablaufs darstellte. Allerdings funktionierte die Maschine nicht mehr, sodass man versuchen musste, sich die Funktionsweise durch sorgfältiges Studium der Rohrverläufe zu erschließen. Der Verfall der Maschine reflektierte so gesehen den Verfall der Bedeutung der keynesianischen Theorie in der Volkswirtschaftslehre in dieser Zeit.

Symptomatisch war in dieser Hinsicht auch ein Erlebnis mit dem Uralt-Fahrstuhl des Fakultätsgebäudes. Ich musste ihn täglich benutzen, um zu meinem Arbeitsraum zu gelangen. Einmal blieb er – voller Menschen – zwischen zwei Stockwerken einfach stecken und rührte sich nicht mehr. Auch die Hausmeister, die wir per Notruf benachrichtigt hatten, schafften es nicht, ihn wieder in Bewegung zu setzen. Das waren, offen gesagt, keine angenehmen Minuten. Schließlich gelang es aber eifrig bemühten Helfern, die Fahrstuhltür im darunterliegenden Geschoss zu öffnen, sodass sich ein etwa 70 Zentimeter hoher Spalt zwischen der Zimmerdecke und dem Boden des Fahrstuhls ergab. Durch den hatten wir uns nun hinauszuzwängen, um über eine Leiter auf den Boden des Geschosses zu gelangen. Dabei mussten wir freilich aufpassen, nicht in den tiefen Schacht unter dem Fahrstuhl zu fallen, der sich nun aufgetan hatte. Eine fast filmreife Szene wie aus einem Katastrophenthriller – aber in der Realität erlebt und nicht ganz witzig. Mag sein, dass so etwas immer und überall auch in Deutschland vorkommen konnte oder kann. Dass es in London geschah, passte gleichwohl

Englische Lektionen

irgendwie zu den vielfältig zu besichtigenden Erscheinungen des damaligen Niedergangs der britischen Volkswirtschaft, die ich gleich noch ausführlicher beschreiben werde.

Während meiner Londoner Zeit wohnte ich in einer kleinen Pension, die den Charme der viktorianischen Zeit ausstrahlte. Überall dort gab es offene Kamine, die Decken waren hoch und mit feinstem Stuck dekoriert. Die Kassettenfenster eröffneten den Blick auf einen Park, und das englische Frühstück mit gebratener Blutwurst und in Tomatensoße eingelegten Bohnen nahm man an weißgedeckten Tischen ein. Der starke englische Tee, der mit Milch verdünnt wurde, schmeckte selbst mir als eingefleischtem Kaffeetrinker. Ich wähnte mich um ein Jahrhundert zurückversetzt in die längst vergangenen glorreichen Zeiten des Vereinigten Königreichs, und ich fühlte mich dabei sehr wohl.

Die Gegenwart sah nämlich – ich deutete es bereits an – entschieden anders aus. Und das erlebte ich täglich, in zum Teil haarsträubender Form. Mehr noch: Der intensive Besuch in England führte mir die Probleme einer alternden Industriegesellschaft, die ihre Wettbewerbsfähigkeit verloren hatte, in einer besonders plastischen Weise vor Augen. Denn so intakt das Leben in der bürgerlichen britischen Gesellschaft auf den ersten Blick schien, so schmerzlich waren die menschenunwürdigen Zustände im Alltag, denen ich kaum ausweichen konnte.

So führte mich mein Weg zur LSE quer durch den Park, den ich von meiner Pension aus sehen konnte. Dort gab es stets einen eigenartigen, unappetitlichen Geruch, dessen Ursache ich erst nach einigen Tagen aufspürte. Er rührte her von einer Art Lager mit rund zwanzig Obdachlosen, das hinter Büschen versteckt lag. Die Menschen, überwiegend mit schwarzer oder brauner Hautfarbe, hatten sich in Kartons, wie sie zur Verpackung von Waschmaschinen und anderen Großgeräten verwendet werden, eine Behausung eingerichtet. Und sie verwendeten den Park als Toilette.

Den gleichen Geruch bemerkte ich, als ich von der LSE kommend zu Fuß die Themse überquerte, um zum Waterloo-Bahnhof zu gelangen, von wo aus ich zur Universität Southampton fahren wollte, wo man mich zu einem Vortrag eingeladen hatte. Am anderen Ufer angelangt, verzweigte sich die Straße in einer komplexen Brückenkonstruktion. Und unter den Brücken entdeckte ich erneut sehr viele Obdachlose, wohl bis zu hundert, in ihren Kartonbehausungen.

9 Die Entdeckung der Welt

Ich war konsterniert, solche Minislums inmitten einer der wichtigsten Metropolen der Welt zu entdecken. Später erfuhr ich, dass es noch sehr viele solcher Orte des Elends gab und dass im Norden von London auf einem freien Gelände Tausende von Menschen auf ähnliche Weise lebten. Man redete von einer Kartonstadt, einer *cardboard city*. Das alles empfand ich als empörend und skandalös.

Die miserablen Zustände waren wohl auf die Reformen Margaret Thatchers zurückzuführen, der »Eisernen Lady«. Thatcher, Chefin der Konservativen Partei und Premierministerin von 1979 bis 1990, hatte das britische Sozialsystem, dessen Kosten auch angesichts der massiven Immigration von gering Qualifizierten in den Jahren vor Thatcher aus dem Ruder gelaufen waren, radikal gestutzt, um die Menschen wieder in die Arbeit zu treiben. Das war zwar einerseits nicht erfolglos. Denn in der Tat gelang es ihr, das Land total umzukrempeln und wieder auf Wachstumskurs zu bringen. Allerdings waren die Kollateralschäden in Form der Verarmung weiter Bevölkerungskreise erheblich, und eine der Konsequenzen hatte ich in dem Park gerochen und gesehen. Viele Menschen konnten sich nach den Thatcher'schen Reformen nun keine regulären Wohnungen mehr leisten, wenn sie keine Arbeit hatten, und so wurden sie in die Obdachlosigkeit getrieben. So etwas durfte eine moderne Gesellschaft nicht zulassen, fand ich und finde ich bis heute. Das war unmenschlich und unwürdig.

Nicht zuletzt unter dem Eindruck der Londoner Alltagserfahrungen von Armut und Obdachlosigkeit habe ich später, im Jahr 2002, mein Modell der Aktivierenden Sozialhilfe entwickelt, das zur Agenda 2010 beitrug und über das ich in Kapitel 7 ausführlich berichtet habe. So gesehen hat mein London-Aufenthalt mein Leben als Wissenschaftler mit einer gewissen Zeitverzögerung massiv beeinflusst.

Zwar hatte Thatcher mit ihrer Diagnose zum Zustand Großbritanniens in den 1970er- und 1980er-Jahren recht: Man konnte den alten Sozialstaat mit seinen hohen Lohnersatzleistungen nicht aufrechterhalten, weil er implizite Mindestlöhne erzeugte, die eine Massenarbeitslosigkeit hervorriefen, und weil er so letztlich nicht mehr finanzierbar war. Das zeigte sich in jener Zeit in allen Staaten des Westens. Doch Thatchers Weg, dieses Problem durch die bloße Abschaffung von Leistungen anzugehen, war falsch. Man muss, davon war und bin ich mit Blick auf das Modell der Aktivierenden Sozialhilfe überzeugt, die Konditionalität dieser Leistungen ändern, d. h. die

Bedingungen, unter denen sie gewährt werden, nicht aber die Leistungen selbst abschaffen. Um den Weg in die bittere Armut gar nicht erst zuzulassen oder Wege aus ihr heraus anzubahnen, sollte staatliche Hilfe vor allem unter der Bedingung des Mitmachens in der Arbeitswelt statt unter der Bedingung des Wegbleibens gewährt werden. Nur so kann ein menschenwürdiges Sozialmodell realisiert werden, das finanzierbar ist, neue Geschäftsmodelle für die Integration gering Qualifizierter ermöglicht und so die weniger leistungsfähigen Menschen in die arbeitsteilige Gesellschaft integriert.

Western Ontario: Das wichtigste Jahr meiner akademischen Laufbahn

Noch ein anderes London, nämlich London im kanadischen Bundesstaat Ontario, veränderte mein Leben. Und dies deutlich früher und mit Blick auf meine geistige und persönliche Entwicklung sehr viel einschneidender als die britische Hauptstadt. Denn ich hatte das Privileg, an der dortigen Universität, der *University of Western Ontario*, kurz UWO, vom September 1978 bis zum Mai 1979 zu unterrichten und dann bis Ende August mit der Familie das Land erkunden zu dürfen. Dieses Jahr in Kanada – mehr noch als ein knappes weiteres Jahr, das ich später vom Sommer 1983 bis zum Frühjahr 1984 nochmals dort verbrachte – ist mit Blick auf meine weitere Karriere als Wissenschaftler vermutlich das wichtigste meines Lebens.

Die ökonomische Fakultät der UWO war damals, wenn auch nur temporär, eine der besten der Welt. Das lag auch daran, dass sie kurz vor meiner Ankunft eine Reihe von Top-Ökonomen aus Großbritannien nach Kanada angelockt hatte, die zu Hause wegen der katastrophalen Wirtschaftslage deutlich schlechter bezahlt wurden. Dazu gehörten zum Beispiel monetäre Ökonomen wie David Laidler und Michael Parkin, also Ökonomen, die sich mit der Rolle des Geldes im Wirtschaftsablauf befassen, oder der Finanzwissenschaftler John Whalley, der mit seinen numerischen Modellen des wirtschaftlichen Gleichgewichts Weltgeltung erlangte. Hinzu kamen führende US-amerikanische Ökonomen wie der Geldtheoretiker Peter Howitt, mit dem ich auch gemeinsam publizierte, der Außenhandelsökonom James R. bzw. »Jim« Markusen, der Spieltheoretiker Preston McAffee und viele andere mehr. In dieser Fakultät herrschte eine agile Forschungsatmosphäre, die jeden in ihren Bann zog, auch mich.

Meinen Kanada-Aufenthalt verdanke ich Horst Herberg, Professor für mikroökonomische Theorie und mathematische Wirtschaftsforschung an der Mannheimer Fakultät. Bei ihm hatte ich in meinem selbst konstruierten Nachdiplomstudium sehr viel gelernt. Und es war dann auch Herberg, der nach einem eigenen Forschungsaufenthalt in Kanada ein formelles Austauschprogramm für promovierte Assistenten bzw. ihr kanadisches Pendant, Assistenzprofessoren, und junge Professoren angestoßen hatte. Ich selbst hatte gerade meine Dissertation abgegeben und sollte nun, auf Herbergs Empfehlung hin, der erste Teilnehmer von deutscher Seite aus sein. Diese Chance wollte ich mir nicht entgehen lassen.

Das Ganze entwickelte sich zwar zunächst schwierig, weil die Frage war, ob ich dazu meine Beamtenkarriere in Deutschland unterbrechen müsste. Nach der Promotion wird der Assistent eines Lehrstuhls ja Beamter auf Zeit, wenn er zum Zwecke der Habilitation an der Universität bleiben darf. Am Ende gelang es, eine befriedigende Regelung zu finden, die die Unterbrechung meines Beamtenstatus ausschloss, was Nachteile mit sich gebracht hätte, es aber trotzdem ermöglichte, den Austausch zu realisieren. So ging ich für ein Jahr als *Assistant Professor* an die Universität von Western Ontario, und an meine Stelle trat Robin Carter von der dortigen Universität, ein schon etwas älterer Ökonometriker. Die schon mehrfach erwähnte Ökonometrie ist die Wissenschaft der statistischen Erfassung von ökonomischen Zusammenhängen und Wirkungsketten, die sich weniger auf die theoretische Analyse als deren Überprüfung anhand großer Datenmengen konzentriert.

Von meinen Kollegen an der Fakultät wurde ich als deutscher Exot, aber doch mit offenen Armen empfangen. Perplex war ich, dass mich der Dekan sofort mit dem Vornamen ansprach und das Gleiche von mir erwartete. In Deutschland war ein wissenschaftlicher Assistent zu jener Zeit ein sehr, sehr kleines Licht, und selbst in der vergleichsweise progressiven Mannheimer Fakultät ließen sich die Statusunterschiede zwischen den Professoren und dem akademischen Mittelbau nicht verbergen. Ganz anders erlebte ich das nun in Kanada. Die Fakultäten – alle, nicht nur die ökonomischen – waren stolz darauf, gute junge Assistenzprofessoren zu haben. Bei den Sitzungen des Fakultätsrates, bei den Seminaren und bei allen Veranstaltungen wurde man für voll genommen. Es zählten die inhaltlichen Beiträge und nicht Seniorität oder titelbedingter Status. Dass die Anrede mit dem Vornamen selbst keinerlei Bedeutung hat, wurde mir erst später klar, als mich ein Werkstattleiter, zu dem ich unser Auto zur Reparatur gebracht hatte, nach meinen Namen fragte und mich sogleich mit meinem Vornamen ansprach. Davon unberührt behandelten mich die kanadischen Fakultätsmitglieder aber tatsächlich überaus offen und freundlich, und nie ließen sie mir gegenüber das Gefühl einer Hierarchie aufkommen. Das war für einen jungen Wissenschaftler wie mich, der selbstverantwortlich forschen und seine Theorien entwickeln wollte, sehr hilfreich und ermutigend. Ich genoss diese Offenheit.

Meine Frau und ich erhielten zudem viele private Einladungen seitens jüngerer und älterer Fakultätskollegen, die uns stets das Gefühl gaben, voll und ganz dazuzugehören. Ich erlebte dies als Ermunterung, mich in der Lehre und Forschung besonders einzusetzen.

Allerdings wurden wir jungen Forscher auch ordentlich gefordert. Während wissenschaftliche Assistenten an ökonomischen Fakultäten in Deutschland damals nur zwei zusammenhängende Übungsstunden pro Woche unter der Aufsicht ihres Professors abhalten mussten, wurden von mir in Kanada wie von allen anderen Professoren sechs separate Vorlesungsstunden verlangt. Man verteilte sie noch dazu gezielt auf den Montag, den Mittwoch und den Freitag, damit man als Professor nicht »fliehen« konnte und die freie Zeit tatsächlich zur Vorbereitung der Vorlesungen verwendete. Für jemanden, der den Universitätsbetrieb nicht kennt, mögen sechs Stunden nach wenig klingen. In Wahrheit bedeutete die Vorbereitung dieser Vorlesungen in Verbindung mit wöchentlichen Prüfungen und anderen Fakultätsverpflichtungen, dass man ganz schön ins Schwitzen kam. Ein Arbeitstag von acht Stunden reichte keinesfalls aus, um die Vorlesungen vorzubereiten, Prüfungen abzuhalten und sich zudem noch wissenschaftlich weiterzubilden.

Ich habe bei der Vorbereitung dieser Vorlesungen quasi zum dritten Mal Volkswirtschaftslehre studiert. Der erste Durchgang fand in Münster statt. Dort erhielt ich die Grundlagen und das Diplom. Der zweite Durchgang bestand in dem Nachdiplomstudium, das ich mir, wie erwähnt, selbst in Mannheim zusammengestellt hatte. Ich ging damals einfach auf eigene Initiative hin in die mich interessierenden Vorlesungen für die Diplomstudenten und in die Studentenseminare, während ich zusätzlich an den Lektürekursen für die Doktoranden teilnahm, die damals auf freiwilliger Basis angeboten wurden. Nun, in Kanada, führte ich mir den Stoff für meine Vorlesungen des ersten und zweiten Studienjahrs noch einmal – nun aus der Sicht eines Lehrenden, der sich keine inhaltlichen oder didaktischen Blößen geben wollte – intensiv vor Augen.

Das war insofern eine Herausforderung, als es den Lehrenden in Kanada strikt verboten war, sich in den Veranstaltungen des Grundstudiums hinter Formeln zu verstecken. Den Studenten durfte man im ersten Jahr überhaupt keine Formeln vorsetzen, sondern musste sie inhaltlich über die Probleme unterrichten, die dann im zweiten Jahr nochmals auf der Basis ganz einfacher theoretischer Formeln behandelt wurden. Das war für mich eine ziemliche Herausforderung, denn mir fiel die Mathematik sehr leicht, weil es da um die innere Logik eines einfachen ökonomischen Denkgebäudes geht, und ein tieferes Wissen über die ökonomische Wirklichkeit mit all ihren nicht selten unlogisch erscheinenden, aber wichtigen Besonderheiten nicht wirklich notwendig ist. Doch das Fakten- und Institutionenwissen, das ich in Kanada brauchte, um die Stunden zu füllen, musste ich mir mühsam aneignen.

In Deutschland hatte ich mich meiner Vorliebe für die Mathematik in der Volkswirtschaftslehre lange ausführlich hingegeben. Und als wissenschaftlicher Assistent nutzte ich diese Vorliebe und die mit ihr entstandenen Fähigkeiten auch, um in den »Übungen«, also den Lehrveranstaltungen des Mittelbaus, die Zeit mit der Diskussion formal-mathematischer volkswirtschaftlicher Modelle zu verbringen. Diese Modelle waren hinreichend kompliziert, um die Studenten lange genug mit ihnen beschäftigen zu können.

In Kanada ging so etwas aber nicht. Man musste die Theorie zwar auch unterrichten. Da man aber keine Mathematik verwenden durfte, war sie schnell erzählt, und einem ging alsbald der Stoff aus, wenn man nicht zulegte und mehr Theorien und auch mehr institutionelles Wissen einfließen ließ. In kurzer Zeit, mit nur wenig Vorsprung vor den Studenten, musste ich mir nun sehr viel neues Wissen aneignen, um die durchaus anspruchsvollen Studenten, deren Eltern ja ziemlich hohe Gebühren zahlen mussten, zufriedenzustellen.

Ganz einfach war das nicht. Und dies umso mehr, als mir im Wesentlichen nur mein Schulenglisch zur Verfügung stand, von mir aber erwartet wurde, meinen Unterricht nun mehr oder weniger souverän auf Englisch zu meistern. Beides zusammen aber, das Lernen beim Lehren der Volkswirtschaftslehre und die beständige Herausforderung bei der Verwendung der englischen Fachsprache, erwiesen sich im Nachhinein als extrem wichtig für meinen weiteren Lebensweg als Hochschullehrer und Forscher. Ich musste ins kalte Wasser springen und nochmals schwimmen lernen.

Die Zeit in Kanada hat mir aber noch viel mehr als nur das gegeben, was nötig war, meine eigenen Vorlesungen zu meistern. Denn ich nahm praktisch an allen Forschungsseminaren teil, wenn sie nicht in meine eigene Vorlesungszeit fielen, egal aus welchem Teilgebiet des Fachs sie stammten. Das war in Kanada zwar gänzlich unüblich, denn dort spezialisierte man sich frühzeitig. Man war Geldökonom, Arbeitsmarktökonom, Ressourcenökonom, Mikroökonom, monetärer Außenhandelsökonom, realer Außenhandelsökonom oder Wachstumstheoretiker, aber man gehörte nicht zu mehreren Fachgebieten gleichzeitig. Dass ich also an vielen Seminaren teilnahm und aufzuschnappen versuchte, was nur irgend ging, wurde in der Fakultät mit Verwunderung und Schmunzeln registriert. Aber mir gefiel es so, denn ich hatte die Volkswirtschaftslehre als mein Fach gewählt, um die großen Linien und den Gesamtzusammenhang zu verstehen, nicht um zu einem in seinen Kenntnissen eng begrenzten Fachspezialisten zu werden.

Ich denke, mein wissenschaftliches Œuvre zeigt das auch. Denn ich habe mich im Laufe meines langen Forschererlebens, immer wieder einige Jahre lang mit einem bestimmten Thema beschäftigt und bin dort tief eingestiegen. Doch dann bin ich, häufig überlappend, zu ganz anderen Feldern übergewechselt. Übrigens häufig auch zu Feldern, die ich Jahrzehnte zuvor schon einmal angedacht hatte, um sie dann, mit neuem Sinn für zwischenzeitlich gelernte Gesamtzusammenhänge, auf einem neuen Niveau weiterzuentwickeln.

Was mich die Zeit in Kanada darüber hinaus gelehrt hat, war, dass der Wissenschaftsprozess die Freiheit von einer Hierarchie qua Amt benötigt. Wenn sich in Ontario eine Hierarchie ergab, dann eine qua Wissen. Jeder, ob jung oder alt, ob *Assistant Professor* (wie ich) oder *Full Professor*, konnte seine Stimme erheben und wurde respektiert, sofern er inhaltlich etwas beizutragen hatte. Der alte Spruch »Wem Gott gibt ein Amt, dem gibt er auch Verstand«, der bisweilen heute noch die deutsche Einstellung zu wissenschaftlichen Äußerungen kennzeichnet, würde in Kanada auf die schärfste Ablehnung stoßen.

9 Die Entdeckung der Welt

Wobei diese Einschätzung für ganz Nordamerika gilt, also auch für die USA, denn in Nordamerika gibt es einen gemeinsamen akademischen Arbeitsmarkt der beiden Länder. So kam es im Übrigen, dass ich bereits im November 1978 von Ingo Walter zu einem Seminarvortrag an der *New York University* eingeladen wurde. Ingo Walter ist ein deutschstämmiger Professor der ökonomischen Fakultät dieser direkt neben der Wall Street gelegenen Universität. Ich hatte ihn einige Jahre zuvor in Mannheim anlässlich eines dort von ihm gehaltenen Vortrags kennengelernt. Nun hatte er von meinem Aufenthalt in Kanada gehört und lud mich ein, bei ihm einen akademischen Fachvortrag zu halten. Natürlich freute ich mich und fühlte mich geschmeichelt. Doch war ich auch nervös und aufgeregt, weil ich noch nie zuvor zu einem Vortrag an einer anderen Universität eingeladen worden war. In Deutschland hätte ich darauf noch lange warten müssen. Seniorität und Status waren zu jener Zeit die Voraussetzungen dafür, und sie sind es teilweise noch heute. In Nordamerika war es hingegen schon damals Usus, solche Einladungen gerade auch an jüngere Wissenschaftler auszusprechen.

So hielt ich einen Vortrag zum »Haavelmo-Effekt im Wechselkursmechanismus«. Beim Haavelmo-Effekt, benannt nach dem norwegischen Ökonomen Trygve Haavelmo, geht es um die konjunkturellen Wirkungen der Ausweitung eines ausgeglichenen Haushalts. In meinem Beitrag benutzte ich den formalen Wirkungsmechanismus dieses eigentlich auf Steuern und Staatsausgaben bezogenen Effekts, um anhand eines normalen keynesianischen Außenhandelsmodells zu zeigen, dass eine Wechselkursänderung auch bei ausgeglichener Leistungsbilanz zu konjunkturellen Effekten führen musste, was ein etwas überraschendes Ergebnis war. Ich will nicht behaupten, dass meine Ausführungen einen besonders wichtigen Beitrag darstellten, doch sie waren das, was ich damals auf dem Gebiet der Außenwirtschaftstheorie, dem Spezialgebiet von Ingo Walter, anzubieten hatte. Ich denke, ich schlug mich leidlich.

Vor allem aber lernte ich, wie in Amerika Forschungsseminare veranstaltet werden. Überrascht war ich vor allem von der permanenten Intervention der Seminarteilnehmer, die anders, als es in Europa üblich war, nicht artig bis zum Ende des Vortrags warteten, bevor sie mir ihre Fragen stellten, sondern mich als Redner andauernd unterbrachen, wenn sie etwas nicht verstanden hatten oder anders sahen.

Aber so ist das eben in Nordamerika, und so habe ich es auch noch viele Male erfahren: Dieser Stil, ja diese Diskussionskultur, gehörte und gehört bis heute zum akademischen Brauch in der neuen Welt. Und ich habe schnell gelernt, dass diese Kultur den Redner zwar fordert, aber auch die Effizienz der Diskussion stark verbessert.

Wir Kanadier

Mindestens so faszinierend, wie ich die berufliche Tätigkeit in Kanada fand, erlebte ich auch den Alltag dort. Mein Austauschpartner Robin Carter hatte vorgeschlagen, nicht nur die Stellen, sondern auch die Wohnungen zu tauschen – was freilich bedeutete, dass wir eine Wohnung und die Carters ein Haus zur Verfügung stellten. Damit zeigten sich die Carters einverstanden, denn die Marktwerte der Wohnobjekte hielten sich die Waage, weil Häuser in Kanada extrem billig zu haben waren. So verständigen sich Ökonomen ...

Obwohl das Häuschen der Carters, wie sich zeigte, doch sehr klein war und wir sicherlich nicht weniger Wohnraum zur Verfügung stellten als sie, hatten wir doch den besseren Deal gemacht. So erlebten wir es jedenfalls, denn erstmals in unserer gemeinsamen Zeit hatten meine Frau und ich ein Einzelhaus mit einem Garten zur Verfügung.

Sofort nach unserer Ankunft tauchten wir auch privat ein in die unvergleichliche amerikanisch-kanadische Lebensart. Wir kauften uns als erstes einen gebrauchten VW-Bus, denn ohne ein Auto kann man in Kanada nicht leben. Die Städte sind weitläufig angelegt, und das Land ist riesig. Im Übrigen lässt das Klima nicht viel andere Wahl, als sich im Auto abzuschotten. Im Sommer ist es sehr heiß und im Winter extrem kalt, und häufig wechselt die Temperatur innerhalb von ein, zwei Tagen um mehr als 20 Grad Celsius, weil es keine Gebirge in Ost-West-Richtung gibt wie in Europa und weil die Meere weit entfernt sind.

Es geht deshalb auch fast niemand zu Fuß. In unserem Viertel waren wir bei unseren Spaziergängen bis auf einen alten Chinesen, der ebenfalls hin und wieder seine Runden zog, ganz allein. Und wenn uns ein Nachbar sah, hielt er gleich an, um uns einen *ride* anzubieten, denn dass man zur Erholung spazieren geht, auf diese Idee wären Kanadier nicht gekommen.

9 Die Entdeckung der Welt

Als wir Ende August in Kanada ankamen und aus das Flugzeug ausstiegen, dachte ich, ich sei in den Tropen gelandet. So extrem heiß und schwül war es. Die Temperatur lag bei 40 Grad, und es war draußen kaum auszuhalten. Und im Winter, wenn wieder einmal ein Schneesturm die Häuser eingedeckt hatte und die Räumfahrzeuge brusthohe Schneewälle an den Rändern der Straßen aufgeschichtet hatten, konnte es extrem kalt sein. Temperaturen kälter als minus 20 Grad waren keine Seltenheit, und gelegentlich war es sogar noch deutlich kälter.

Diese Kälte war aber gut erträglich, weil die Luft trocken war und tagsüber meistens die Sonne schien. Ich liebte das kanadische Wetter und genoss es, am Ufer eines kleinen Flüsschens hinter dem Haus spazieren zu gehen. Der kleine Fluss, eigentlich eher ein größerer Bach, fror schon früh im Herbst zu und diente mir dann auch als Weg zur Arbeit, denn der Fluss führte hinter unserem Garten entlang bis in die Nähe der Universität. Wann immer es ging, packte ich meine Utensilien in einen Rucksack, schnallte mir die Langlauf-Ski von Robin Carter an und glitt auf dem mit einer dicken Schneeschicht bedeckten Eis des Flusses zur Universität. Die täglichen Skitouren gehören zu den schönsten Erinnerungen an Kanada, weil sie durch eine unberührte Natur führten und mir das Land von einer einsamen, stillen und zugleich überwältigenden Seite zeigten.

Der Weg ging übrigens am *Huron College* vorbei, einer Vorläufer-Institution der Universität von Western Ontario, die 1863 von zwei anglikanischen Geistlichen gegründet worden war. Der Name Huron erinnert an die Huronen, einen mit den Irokesen verwandten Indianerstamm, der zwischen dem heutigen Erie- und dem Huron-See siedelte, also gerade da, wo auch wir nun wohnten. Das College-Gebäude mit seinem frei stehenden Kruzifix wollte so gar nicht in die moderne Zeit passen und lud dazu ein, innezuhalten. Auch ich gönnte mir stets einen Moment der Besinnung, bis ich meinen Weg zur Universität fortsetzte, die an dieser Stelle hinter den Bäumen sichtbar wurde.

Übrigens singen wir in der Weihnachtszeit mit unseren Kindern und Freunden auch heute noch ebenfalls stets kanadische Weihnachtslieder, und dazu gehört der *Huron Carol*, dieses alte, einer indianischen Weise nachempfundene wundervoll melancholische Lied, das auch unsere kanadischen Freunde zu Weihnachten sangen. Die Ruhe, die Weite und die Stille Kanadas ist mir dann wieder präsent wie damals, und ich beginne – ich gestehe es – ein wenig zu träumen.

Der kanadische Winter war zwar hart und lang. Vor allem aber stellte er eine schöne Erfahrung für uns alle da. Auch die Kinder hatten ihren Spaß. Sie tollten in der weißen Pracht umher, bauten mit der Hilfe von Freunden Schneemänner und rodelten den steilen Hang zum Flüsschen hinunter. Das Gerät, mit dem sie das taten, war nicht etwa ein Schlitten, wie wir ihn in Europa kennen, sondern einfach ein dickes Stück Plastik mit zwei Aussparungen für Griffe am Ende.

Zu meiner Schande muss ich gestehen, dass ich dieses Stück Plastik, als es noch in der Garage lag, für Abfall gehalten hatte und mir ein Stück für eine Reparatur im Haus abgeschnitten hatte. Wir hatten dann gleich einen neuen Schlitten nachgekauft, als wir sahen, wie man in Kanada rodelte und den Fauxpas erkannten. Doch blieb der alte Schlitten in der Garage und legte dauerhaft Zeugnis von meiner Nachlässigkeit ab.

Aber auch unseren Tausch-Partnern in Deutschland war ein kleines Unglück passiert. Wie es in Kanada üblich ist, hatten sie den Christbaum mit künstlichem Schnee aus der Dose besprüht. Nur hatten sie nicht gewusst, dass die handbemalten Christbaumkugeln – alter Schmuck, der zum Teil noch von meinen Großeltern stammte – in Deutschland nicht als Wegwerfware eingestuft wird, sondern möglichst dauerhaft aufbewahrt wird. Nun ja, diese Dinge gehörten zu den lustigen Verwechslungen, die der Austausch der Kulturen mit sich brachte.

Das Leben in Kanada erlebten wir als sehr angenehm, und es fiel uns überhaupt nicht schwer, uns an diese neue Welt zu gewöhnen. Die Einkaufsparadiese, die *Malls*, die es heute auch in Deutschland gibt, gehörten damals zum Standard, und mit einem guten Gehalt litten wir keinen Mangel. Alles, was man zum täglichen Leben brauchte, war leicht verfügbar.

Auch die Betreuung der Kinder war bestens organisiert, sodass wir genug Freiraum für Besuche bei Kollegen oder auch offizielle Veranstaltungen hatten. Wir meldeten unsere Tochter in einem straff geführten Montessori-Kindergarten an, deren Mitarbeiterinnen sehr liebevoll mit ihr umgingen und ihr rasch die neue Sprache beibrachten. Die Nachbarn hatten zudem eine nette Tochter im Teenager-Alter, die bei Bedarf als Babysitterin zur Verfügung stand.

Überhaupt die Nachbarn. Die ersten Töne, die ich von ihnen vernahm, hörte ich durch die Hecke, ohne dass ich jemanden sah. Ich hätte zunächst schwören können, dass es Sachsen waren, aber als ich näher hinhörte, merkte ich, dass sie perfektes Englisch sprachen. Des Rätsels Lösung war, dass es sich tatsächlich um Deutsche handelte, die direkt nach dem Krieg aus Sachsen eingewandert waren. Wer den Tonfall des Sächsischen einmal gelernt hat, bringt ihn offenbar nie wieder weg, egal in welcher Sprache er kommuniziert. Aber warum auch?

Unsere Nachbarn auf der anderen Seite des Hauses, die Wiebes, hatten ebenfalls einen deutschen Hintergrund. Herr und Frau Wiebe waren beide, wie sie berichteten, im Krieg als Angehörige der deutschsprachigen Mennoniten, einer evangelischen Freikirche mit Wurzeln in der Reformationszeit, mit ihren jeweiligen Eltern aus der Sowjetunion geflohen, nachdem Stalin die deutsche Wolgarepublik bereits aufgelöst hatte und die sowjetischen Truppen vorrückten. Sie waren dann über Deutschland nach Kanada gekommen. John Wiebe arbeitete als Biologe an der University of Western Ontario.

Es gibt in Kanada sehr viele ursprünglich aus deutschsprachigen Gebieten stammende religiöse Minderheiten, zu denen neben den Mennoniten auch die Amischen und die Hutterer gehören. Die Amischen kleiden sich bis heute streng schwarz und fahren noch mit Pferdekutschen. Amische in Ontario sind häufig sehr reich, weil sie umfangreiche Ländereien besitzen und im Zuge der Ausweitung der Städte immer wieder von großen Wertzuwächsen ihrer Ländereien profitiert haben, die sie dann sofort wieder für Landkäufe in etwas weiter entfernten Gegenden verwandten, die aber oft später erneut von Städten integriert wurden.

In der Nähe von London befindet sich der Ort Kitchener, der bis zum Ersten Weltkrieg noch City of Berlin hieß. Dort im Umfeld, insbesondere in der Nähe des Örtchens Elmira, findet man, vor allem auf den Märkten, besonders viele Amische.

Übrigens ist Lord Kitchener ein britischer Feldmarschall und Politiker, der im südafrikanischen Burenkrieg für seine Politik der verbrannten Erde berüchtigt war und auch das Konzentrationslager erfand. Dass die Geschäftsleute im Krieg aus Angst vor Repressalien nun gerade ihn zum Namensgeber wählten, entbehrt nicht einer gewissen Pikanterie.

Die Amischen sprechen immer noch ihren alten deutschen Dialekt, mit dem sie vor Jahrhunderten auf den amerikanischen Kontinent kamen und den man als moderner Deutscher so gerade noch verstehen kann. Ich erinnere mich zum Beispiel noch an den riesigen Stall in Elmira, in dem die Bauern beim Ortsbesuch ihre Pferdekutschen nebst Pferden parkten – ganz ähnlich, wie wir heute mit unseren Autos in Parkhäuser fahren. Es dürften sich dort mindestens zwei Dutzend Kutschen befunden haben. Ich stellte mich also neben den Stall und versuchte mit den Amisch-Bauern, die dort ein- und ausgingen, zu sprechen. Zu meiner eigenen Überraschung gelang das recht gut. Auf meine Frage, woher ihre Vorfahren stammten, antworteten sie, sie seien im 18. Jahrhundert aus Pennsylvania eingewandert. Ich war erneut überrascht, denn die ursprüngliche Heimat auf dem Alten Kontinent war ihnen offenbar aus dem Blick geraten. Erst weitere Nachfragen ergaben, dass die Vorfahren der Vorfahren im 17. Jahrhundert aus dem Schwäbischen und auch aus Schweizer Gebieten nach Nordamerika gekommen waren. Das ergab im Übrigen auch sprachlich Sinn, denn bei unseren Gesprächen stellte sich heraus, dass die Amischen zur Stadt noch heute »Städle« sagen oder für »Mädchen« das Wort »Mädle« benutzen.

Mich freute es, wie freundlich die Gespräche mit den Amischen verliefen. Überhaupt habe ich die gesamte kanadische Gesellschaft schon damals und seither immer wieder als offen und freundlich erlebt. Wenn man in Deutschland irgendwo hinzieht, muss man manchmal zehn Jahre warten, bis einen die Nachbarn als einen der Ihren akzeptieren. In Kanada geht das im Handumdrehen. Sofort nach dem Einzug schellen die Nachbarn und bringen Brot und Salz, bieten ihre Dienste an und führen einen in das Nachbarschaftsleben ein.

Die Freundlichkeit geht natürlich nicht immer sehr tief, wie man es als Deutscher vermuten würde, wenn einem jemand so begegnet, wie die Kanadier es tun. So erinnere ich mich noch gut, als ich nach meiner Ankunft in der Fakultät einen Kollegen im Flur traf, der mir am Vortag vorgestellt wurde. Er begrüßte mich mit den Worten. »Hallo Hans, wie geht es Dir heute?« (»*Hi Hans, how are you today.*«) Ich blieb stehen, um ihm seine Frage zu beantworten, aber das irritierte ihn nur, denn die Frage ist, wie ich schnell herausfand, nur eine Höflichkeitsfloskel und keine echte Frage. Man antwortet »Danke, mir geht es gut.« (»*Thank you, very well.*«) oder »Nicht zu schlecht« (»*Not too bad.*«). Mehr wird nicht erwartet. Auch die nicht selten ausgesprochene Einladung, jemanden zu besuchen, wenn man ihn gerade irgendwo getroffen hat, ist nicht ernst gemeint. Wenn man wirklich auftauchen würde, wäre der Besuchte mehr als überrascht. Zumindest meistens.

Aber man darf daraus auch nicht schließen, dass die Kanadier oberflächlich und zu echten Freundschaften nicht in der Lage sind. Das ist definitiv nicht so. Echte Freundschaften werden genauso intensiv und häufig geschlossen wie in Deutschland. Nur wird die etwas barsche Art der Deutschen ersetzt durch eine spontane Freundlichkeit und Hilfsbereitschaft, die es gerade dem Neuankömmling leichtmacht, sich zu integrieren.

Vielleicht ist diese Kultur der Begegnung darauf zurückzuführen, dass ein Großteil der Bevölkerung zu eigenen Lebzeiten eingewandert und daher dem Neuen gegenüber offen ist, weil sie es zu sein hatte. Und vielleicht auch darauf, dass die Kanadier sehr häufig umziehen und ihre Beschäftigung wechseln. Da es keine Berufsausbildung wie in Deutschland gibt, haben viele Menschen häufig vier, fünf völlig unterschiedliche Berufe in ihrem Leben, und nicht selten kommen sie auf ein halbes bis zu einem ganzen Dutzend Wohnorte. Dieser permanente Wandel in Job und Wohnort zwingt zweifellos dazu zu lernen, sehr schnell Kontakte zu knüpfen. Freundlichkeit und Hilfsbereitschaft helfen dabei.

Uns jedenfalls hat es sehr berührt, wie uns die rührige Carol Ann Leith half und Türen öffnete. Sie war die Frau eines Kollegen aus der Fakultät, Clark Leith, mit dem ich vielerlei Kontakt hatte. Clark Leith war zugleich Vizepräsident der Universität. Carol Ann nahm uns in ihre *Free Church of Canada* mit, wo wir uns nach dem Gottesdienst beim *Square Dance* vergnügten, einer besonderen Art des kanadischen Volkstanzes, und von wo aus wir uns mit dem Pferdeschlitten, wohlig eingepackt in dicke Decken, durch die Winternacht ziehen ließen. Meine Frau Gerlinde sang im Kirchenchor. Carol Ann lud uns ein zum Erntedankfest, dem *Thanksgiving*, das in Kanada – wie in den USA – als Familienfest etwa die gleiche Bedeutung hat wie bei uns Weihnachten. Sie half mit Spielzeug und Kleidung für die Kinder. Und, und ... – was hätten wir nur ohne Carol Ann gemacht?

Die Kinderfreundlichkeit der kanadischen Gesellschaft war im Übrigen eine besonders schöne Erfahrung. Überall gab es wohlorganisierte Kindergärten, in den Einkaufszentren wurde eine Kinderbetreuung angeboten, in den Restaurants holte man sogleich Hochstühle für die Kinder herbei. Und kein Tischnachbar gab uns »gutgemeinte« Empfehlungen zur Verbesserung unserer Erziehung, wenn sich unsere Kinder einmal nicht ganz korrekt benahmen. Man war tolerant, zeigte Humor und hatte sehr viel Einfühlungsvermögen.

Von London/Ontario aus unternahmen wir verschiedene »Kurzreisen«, was immer das in Nordamerika heißt. So fuhren wir in der Weihnachtszeit zu Freunden nach Virginia Beach in den USA. Auf der Karte wirkte die Reise nicht weit, in etwa so, als würden wir von Deutschland nach Norditalien fahren. Am Ende waren wir dann aber mit den Pausen, die unsere Kinder brauchten, geschlagene drei Tage unterwegs. Die Dimensionen der Landkarte hatten wir doch ziemlich falsch eingeschätzt.

Die längste Reise unseres kanadischen Traumjahres unternahmen wir schließlich, nachdem im Mai das zweite Semester und damit auch meine Vorlesungsverpflichtungen beendet waren. Sie führte uns von Ontario aus durch die Prärien der kanadischen Nationalparks in den Rocky Mountains bis nach Vancouver am Pazifischen Ozean, eine Strecke, die in etwa so weit wie von Madrid bis Moskau ist. Nun hatten wir wirklich eine Vorstellung davon bekommen, was es hieß, die endlosen Weiten des nordamerikanischen Kontinents zu erleben. Vermutlich kann man diese Weiten ohnehin nur begreifen, wenn man sie, wie wir es taten, im wahrsten Sinne des Wortes erfährt.

Auch die schönste Zeit geht einmal zu Ende, heißt es. Doch sollte sie wirklich zu Ende gehen? Am Ende des Semesters stellten wir uns jedenfalls ernsthaft die Frage, ob wir nicht in Kanada bleiben sollten. Wir waren hin- und hergerissen. Zu sehr hatte uns das Leben in Kanada, seine Natur, seine Menschen für sich eingenommen. Hinzu kam, dass man an der Uni offenbar recht zufrieden war mit meiner Arbeit. Wir fühlten uns schon fast wie Kanadier, und wir hätten für immer dortbleiben können.

Doch nach einer kurzen Überlegung war die Entscheidung gefallen. Meine Frau und ich wollten doch wieder nach Hause zurück. Wir waren ja nicht als Auswanderer gekommen, sondern um ein anderes Land zu erleben – fachlich-beruflich und im Alltag. Dass die Karriere in Deutschland weitergehen sollte, war eigentlich klar. Außerdem schien mir, bei näherer Betrachtung, die Perspektive, in Kanada als Professor alt zu werden, nicht allzu verlockend zu sein. Während nämlich die jung-dynamischen Professoren die Helden der Fakultät waren, weil sie noch in dem Alter waren, in dem sie viele Artikel publizierten, ging man – wie mir auffiel – mit den älteren Professoren, die den Zenit ihrer wissenschaftlichen Leistungsfähigkeit überschritten zu haben schienen, doch vergleichsweise nachlässig um.

Wir beschlossen also schweren Herzens, in die Heimat zurückzukehren. Und das nicht per Flugzeug, sondern auf dem Seeweg. Wenn schon, denn schon.

Auf hoher See nach Hause: Wehmut, Luxus und die Entdeckung der Langsamkeit

So packten wir also nach einem Jahr, Ende August, all unser Hab und Gut in unseren VW-Bus und traten spät abends die lange Reise nach Montreal an, wo unser Schiff am nächsten Tag auf uns warten würde. Wir waren voller Vorfreude auf zu Hause, andererseits aber auch voller Wehmut, zu erfüllend war unser kanadisches Jahr gewesen. Da kam es uns gelegen, dass wir vor der Fahrt nach Montreal noch einmal in Elmira vorbeimussten, weil wir dort bei zwei älteren Amisch-Damen einen *Quilt* bestellt hatten. Ein Quilt ist ein aus vielen kleinen Stoffstreifen per Hand zusammengenähter Bettüberhang, der aus zwei Lagen besteht, zwischen die, fein verteilt, Baumwollwatte gelegt und durch Steppnähte am Verrutschen gehindert wird. Den von uns georderten Quilt, ein wirklich kostbares (und teures) Stück, hüteten wir lange als ein wichtiges Erinnerungsstück unseres Lebens. Inzwischen haben wir ihn einem unserer Kinder vererbt. So soll es sein.

Das Schiff, mit dem wir die Heimreise antraten, fuhr unter polnischer Flagge. Es war die »Stefan Batory«, benannt nach einem polnischen König, und das prächtigste Passagierschiff des damals noch kommunistischen Staates, der es einsetzte, um damit Devisen zu verdienen.

Auf den Dampfer zu gelangen, war indes komplizierter, als wir gedacht hatten, denn beim Bepacken unseres VW-Busses merkten wir schnell, dass wir mit unserem Hab und Gut an die Kapazitätsgrenzen des Busses stießen. Insbesondere die vielen Fachbücher, die ich mir in Kanada gekauft hatte, gingen ins Gewicht. Der Bus war am Ende jedenfalls so überladen, dass die Federn keinen Hubweg mehr hatten und die Karosserie bereits direkt auf den Gummipuffern auflag, die beim Durchschlagen der Räder eine letzte Federungsreserve bilden.

Die Hafenarbeiter, die unseren Bus mit dem Kran in das Schiff verfrachten sollten, weigerten sich zunächst, ihre Arbeit zu tun, als sie merkten, wie schwer und ungleichmäßig beladen er war. Dadurch, dass der größte Teil des Gewichts – Motor und Ladung – hinten lag, hing er gefährlich schräg in den Seilen, und man befürchtete offenbar Schlimmes. Nur durch gutes Zureden und innigliches Flehen konnten wir sie schließlich überzeugen, die Beladung zu wagen.

Und sie gelang. Was für ein Zittern. Wir atmeten auf. Nun löste sich die Anspannung, und wir freuten uns auf den halben Tag, den wir bis zur Frist für den Einstieg der Passagiere hatten, um uns noch Montreal anzuschauen, diese prächtige überwiegend französischsprachige Stadt am Ufer des mächtigen St.-Lorenz-Stroms, der noch 1.500 Kilometer durch Quebec, Nova Scotia und entlang der Prince-Edwards-Inseln führt, bevor er die offene See erreicht – die Route unseres Dampfers.

Als wir mit unserer Tochter Annette, die im Kinderwagen saß, und unserem Sohn Philipp, den wir in einer Trage hatten, zum Hafen zurückgingen und um die letzte Häuserecke gebogen waren, die den Blick auf die »Stefan Batory« freigab, stockte meine Frau plötzlich und rührte sich nicht mehr. Wir schauten uns an. Sie zögerte. Ihr war bewusst geworden, dass es nun wirklich hieß, Abschied von Kanada zu nehmen. Und es sträubte sich, rationale Überlegungen hin oder her, alles in ihr gegen die Rückfahrt. Sollten wir also umkehren?

Aber das ging ja nun nicht mehr. Sie gab sich einen Ruck und wir gingen weiter, bestiegen schweigend das Schiff in der Hoffnung, später noch einmal zurückkehren zu können. Wie wäre unser Leben wohl verlaufen, wenn wir wirklich umgekehrt wären? Wir haben uns das später häufiger gefragt – ohne Bedauern, aber dennoch mit großer Wehmut.

Keine Frage, die Bindung mit Kanada und seinen Menschen war fest geworden, und dieses eher unbewusste Gefühl hatte meine Frau in jener Situation erfasst. Ich verstand das auch sofort. Das Land war uns in jenem Jahr, in dem wir dort lebten, zur Heimat geworden. Aber, so entschied sie, so entschieden wir: eben »nur« zur *zweiten* Heimat.

Die »Stefan Batory« half, den Abschiedsschmerz zu überwinden, denn wir waren von einem für unsere Verhältnisse unglaublichen Luxus umgeben. Im Schiff umsorgten 650 Mann Besatzung gerade mal 400 Passagiere. Wir wurden umhegt und umpflegt, wie es heute vermutlich selbst auf den allerbesten Kreuzfahrtschiffen kaum besser geht. Beim Essen an weiß bedeckten Tischen stand ein livrierter Kellner allein für unseren Tisch zur Verfügung. Man brauchte ihm nur einen Blick zuwerfen, und schon kam er und verwöhnte uns.

Die polnische Küche, die wir auch später bei Reisen nach Polen genießen durften, ist ja von hoher Qualität. Für mich fordert sie sogar die französische Küche heraus, was wohl daran liegt, dass sie relativ eng mit der norddeuschen Küche verwandt ist und all die traditionellen Gerichte noch kennt, die inzwischen bei uns ausgestorben sind, weil sie nur sehr arbeitsintensiv zubereitet werden können und daher in der Herstellung zu teuer wären. Man denke nur an die vielfältigen Schmorgerichte, die in Deutschlands Restaurants inzwischen durch Kurzgebratenes verdrängt wurden, das sich lohnkostenminimal in wenigen Minuten zubereiten lässt. Wenn ich auf der Speisekarte von rosaroten Entenrücken lese oder der Kellner mich fragt, wie blutig ich mein Steak haben will, sträuben sich mir die Nackenhaare. Ich räche mich für diese kulinarische Anmaßung bisweilen mit der Bitte, das Steak so zu braten, dass es hart wie eine Schuhsole wird, damit wenigstens ein Rest von Schmorgeschmack erahnt werden kann.

Der Rat meines Ordensbruders Harald zur Hausen, man solle nur vollkommen durchgebratenes Rindfleisch essen, weil gerade im Rindfleisch viele potenziell krebserregende Viren stecken, hat mich noch mehr zu der traditionellen Küche mit langgeschmorten Fleischgerichten hingezogen.

Ja, ich habe einen Ordensbruder. Keinen Mönchsbruder, sondern einen Bruder im *Bayerischen Maximiliansorden für Wissenschaft und Kunst*, einer Ordensgemeinschaft, in die aufgenommen zu werden die höchste Auszeichnung ist, die der bayerische Staat zu vergeben hat. Begründet wurde der Orden im Jahr 1852 durch den damaligen bayerischen König Maximilian II. Zu jeder Zeit dürfen nur maximal 100 lebende Personen Mitglieder sein. Sie sind deutsche, aber nicht notwendigerweise bayerische Wissenschaftler und Künstler. Zur Hausen, der zuvor schon für den Nachweis, dass der Gebärmutterhalskrebs durch Viren verursacht wird, den Nobelpreis erhielt, wurde 2010 aufgenommen. Mir selbst wurde die Ehre 2008 zuteil.

Zurück zur »Stefan Batory«, die eine Vielzahl von Annehmlichkeiten bot. Unsere Kinder genossen einen wohlgeführten Kindergarten nebst Krippe, der uns hin und wieder etwas freie Zeit verschaffte, zum Beispiel am Nachmittag, wenn zum Kaffee ein Pianist Chopin, Rachmaninow oder Schostakowitsch spielte. Oder am Abend, wenn zu traditioneller Tanzmusik aufgespielt wurde. Ferner gab es dort Kino, Sauna und Schwimmbad – nicht schlecht, was ein kommunistischer Dampfer beim Versuch, Devisen für die knappe Staatskasse zu erwirtschaften, an Luxus so anzubieten in der Lage war.

Zu den Annehmlichkeiten gehörte auch eine wohlausgestattete Bibliothek, die sowohl englische als auch deutsche Bücher enthielt. Und weil es kein Telefon gab – und natürlich auch noch kein Internet –, war man wirklich Herr seiner Zeit und seiner Gedanken. Wir konnten die Weite des Meeres auf uns wirken lassen, um die kanadischen Eindrücke zu verarbeiten und den Fokus allmählich wieder auf Deutschland und Europa auszurichten. Von dem, was dort passiert war, hatte ich in Kanada so gut wie gar nichts mitbekommen – von der gelegentlichen Lektüre der *Zeit* einmal abgesehen, die als einzige deutsche Zeitung in der Unibibliothek geführt wurde.

Die »Stefan Batory« war statt üblicherweise sechs Tage gleich zehn Tage unterwegs, weil man die Geschwindigkeit reduziert hatte, um angesichts der extrem gestiegenen Ölpreise Treibstoff zu sparen. Heute reist man mit dem Flugzeug in wenigen Stunden um die Welt. Kontinente und Kulturen rücken dadurch zusammen. Die Distanz ist kaum noch ein Hindernis, dafür gilt es heute, mit Jetlags fertigzuwerden, um möglichst mit dem neuen Pulsschlag des Zielortes klarzukommen. Dieses Problem hatten wir nicht. Wir bekamen auf unserer Rückreise noch einen Geschmack davon, was es geheißen haben mag, Teil einer Zeit zu sein, in der das Reisen noch beschaulich war. Natürlich war die Ära der Passagierschifffahrt schon vorbei, als wir die »Stefan Batory« betraten. Dennoch, wir entdeckten die Langsamkeit, die Langsamkeit des Reisens per Schiff, die Vorzüge des allmählichen Abschiednehmens und der allmählichen Hinwendung zum Neuen.

Die Hinreise hatte uns noch mit dem Flugzeug über Berlin, Frankfurt, Reykjavík, New York und Toronto in sechs Etappen nach London/Ontario, geführt, was uns immerhin auch 24 Stunden kostete. Die Reise mit der »Stefan Batory« war natürlich nochmal etwas ganz anderes. Sie erlaubte es uns nun gleichsam, den letzten Zipfel einer schwindenden Epoche zu erhaschen. Ein Jahrzehnt nach unserer Reise – mit dem Zusammenbruch des kommunistischen Regimes, als sich herausstellte, wie unwirtschaftlich das Schiff betrieben wurde – wurde die »Stefan Batory« außer Dienst gestellt.

Wir sind noch heute froh und dankbar, dass wir Gast an Bord sein durften – gerade auf der Rückreise von Kanada nach Hause, als wir Zeit brauchten, in unser altes Leben zurückzufinden. Aber was heißt schon alt: Schon auf unserer Rückweise fühlte ich mich wie neugeboren, selbstbewusst und voller Tatendrang. Die Alte Welt konnte kommen. Ich wollte sie verändern.

10
Frischluft dringend benötigt: Eine bessere Ökonomie für eine bessere Gesellschaft

Der Knoten platzt: Höchste Zeit für Veränderung • Die Vereinigung der Europäischen Ökonomen • In München: Als »Küken« gestartet und dann schnell die Fenster auf • Bewertete Professoren, »Ehemalige« und Medaillen • Eine neue Zeitschrift für die Wirtschaftspolitik • Der Verein für Socialpolitik, die Kathedersozialisten und was heutige Ökonomen von ihnen lernen können • Schon früher: Zarte Versuche der Öffnung • Mehr Jugend und Internationalisierung • Schwärmt aus! • Auf zum Tanz: Im Weltverband der Finanzwissenschaftler

10 Frischluft dringend benötigt: Eine bessere Ökonomie für eine bessere Gesellschaft

Der Knoten platzt: Höchste Zeit für Veränderung

Jene in der Summe zwei Jahre, die ich an der kanadischen *University of Western Ontario* unterrichten und forschen durfte, veränderten mich, und zwar einschneidend. Aus einem eher schüchternen deutschen Studentenjungen wurde ein offener Wissenschaftler, der den Professoren in der volkswirtschaftlichen Fakultät der Uni, an die er nun zurückkehrte, selbstbewusst begegnete und der voller Tatendrang eigene Projekte anging. Ich wusste kaum, wohin mit meinen Ideen, und fühlte mich voller Kraft. Es war, als wäre ein Knoten geplatzt.

Horst Herberg, der mich wie erwähnt nach Kanada gesandt hatte, machte mich kurze Zeit nach meiner Rückkehr in die Heimat auf diesen Wandel aufmerksam. Mir selbst war er als solcher nicht aufgefallen, und auch nach Herbergs Worten wusste ich zunächst nicht wirklich, was ich mit ihnen anfangen sollte. Heute ist mir bewusst, dass Herberg recht hatte. Die offene nordamerikanische Art und der unkomplizierte, direkte Diskussionsstil, der dazu beiträgt, schnell zur Sache zu kommen und sie ebenso schnell weiterzubringen, hatten mich geprägt. Und sie hatten mich zudem intellektuell weiter gebracht, als es in Deutschland möglich gewesen wäre. Ich schrieb einen Aufsatz nach dem anderen, und fast stets gelang es, ihn zu publizieren. Die Ideen sprudelten, und ich kam kaum damit nach, sie niederzuschreiben. Ich fühlte damals mit großer innerer Selbstgewissheit, dass ich wissenschaftlich vorankommen konnte. Und auf dem Weg, den ich nun beschreiten wollte, spürte ich auch kaum mehr jene »überbeherrschte Beklemmung«, mit der ich das Land verlassen hatte und die wohl auf meine Sozialisation im deutschen Wissenschaftsbetrieb zurückzuführen war.

Aber ich hatte mich nicht nur selbst verändert, ich wollte nun auch mein Umfeld als Wissenschaftler verändern. Dabei hatte ich nicht meinen eigenen Nutzen im Sinn, sondern dachte an die vielen nach mir kommenden Forscher und die geringen Chancen, die sie im internationalen Wissenschaftsbetrieb haben würden, wenn wir weitermachen würden wie bislang.

In Kanada und durch die vielen Kontakte mit US-amerikanischen Kollegen war mir klar geworden, dass grundlegende Reformen nötig waren. Während wir hierzulande sozusagen im eigenen Saft schmorten, entwickelte sich in Nordamerika die volkswirtschaftliche Forschung mit rasender

Geschwindigkeit. Wir waren längst abgehängt und drohten immer weiter zurückzufallen. Das konnte so nicht bleiben.

Die Dynamik der nordamerikanischen Volkwirtschaftslehre lässt sich ein großes Stück weit mit der Jugend der Professoren und der größeren Offenheit in Verbindung bringen, die ich erlebt hatte. Während in Deutschland und dem Rest Kontinentaleuropas zu jener Zeit vor allem die gewachsene Erfahrung und die Seniorität der Honoratioren-Professoren Qualität und Tempo des wissenschaftlichen Fortschritts bestimmten, spielten diese Kriterien auf dem nordamerikanischen Kontinent keine besondere Rolle. Wenn man etwas vorzuweisen hatte – also intellektuell innovativ unterwegs war –, dann wurde man dort auch bereits als sehr junger Ökonom respektiert, man wurde gehört und um seine Meinung gebeten. Es gab keine Alters- und keine Statusgrenzen in den Forscherdebatten. Das nordamerikanische Wissenschaftssystem der Ökonomie war vielmehr prinzipiell offen über alle Grenzen hinweg und streng leistungsbezogen.

Das Hauptproblem der europäischen Ökonomen bestand nicht nur darin, dass viele Professoren an ihren Lehrstühlen vor sich hin werkelten, sondern auch darin, dass die Ökonomen-Kohorten der einzelnen Länder voneinander abgeschottet waren. Konkret: Die kontinentaleuropäischen Ökonomen bildeten keine länderübergreifende Fachöffentlichkeit, in der sich das Wissen durch den beständigen Austausch über nationale Grenzen hinweg rasch weiterentwickeln konnte. Sie waren vielmehr quasi geschlossene Gesellschaften, in die Frischluft »von außen« kaum eindringen konnte. Die französischen Ökonomen blieben genauso unter sich wie die italienischen. Und Deutschland hatte allenfalls den Vorteil, noch mit der Schweiz und Österreich kommunizieren zu können. So gab es in Europa in jedem Teilgebiet der Volkswirtschaftslehre eine Vielzahl von parallel arbeitenden Ökonomen, die voneinander nichts wussten und deren Austausch doch einen so viel schnelleren Wissenszuwachs hätte bringen können. Paradoxerweise erfuhr man allenfalls zufällig von nordamerikanischen Gastforschern, die »von außen« einen gewissen Überblick über die Ökonomenszene in Kontinentaleuropa hatten, wer in welchem Land an einem ähnlichen Thema arbeitete wie man selbst.

Es gab allerdings Ausnahmen, allen voran das Vereinigte Königreich, das ja keine Sprachbarriere mit Nordamerika kennt. Auch die Forscher in den kleineren europäischen Ländern, so in den Niederlanden oder den skandinavischen Ländern, taten sich leichter mit der englischen Sprache. Ihnen war – mit Blick auf ihr eigenes Land – schon immer klar, dass die Menge der nationalen Wissenschaftler in einem Teilgebiet der Ökonomie viel zu klein war, um eine tiefschürfende Fachdiskussion führen zu können. Sie wussten seit jeher, dass sie in der damals dominierenden Wissenschaftssprache zu publizieren und zu diskutieren hatten. Vor dem Zweiten Weltkrieg, seit der zweiten Hälfte des 19. Jahrhunderts, war die Wissenschaftssprache Deutsch. Nicht von ungefähr waren zu dieser Zeit die Forscher der kleinen Länder regelmäßig zu Gast auf deutschen Wissenschaftskongressen und an deutschen Universitäten. Und wenn deutsche Naturwissenschaftler, wie etwa Albert Einstein bei seinen Reisen 1930 und 1931, in den USA auf Deutsch vortrugen, wurden sie verstanden.

Nach dem Zweiten Weltkrieg aber änderte sich das Bild schlagartig. Nun wurde in den allermeisten Wissenschaftszweigen das Englische zur *Lingua Franca*, zur dominierenden Sprache. Das galt auch für die Volkswirtschaftslehre. Die Forscher in den kleinen europäischen Ländern passten sich dieser Entwicklung schnell an.

Nicht so allerdings in den großen kontinentaleuropäischen Staaten. Hier schien zunächst die schiere Menge an Forschern in den jeweiligen Teilgebieten der Fächer auszureichen, um die wissenschaftliche Diskussion auch weiterhin in der eigenen Sprache führen zu können. So gab es zum Beispiel zu meiner Assistenzzeit in den deutschsprachigen Ländern etwa achtzig bis neunzig Professoren in meinem Fachgebiet, der Finanzwissenschaft. Die Jahrestagungen des finanzwissenschaftlichen Ausschusses des *Vereins für Socialpolitik*, des Fachverbands der deutschsprachigen Ökonomen, konnten daher immer verlässlich mit einer erklecklichen Zahl von Teilnehmern veranstaltet werden. Und wenn jemand in der zu jener Zeit für deutschsprachige Finanzwissenschaftler wichtigsten Fachzeitschrift, dem *Finanzarchiv*, Beiträge veröffentlichte, konnte er davon ausgehen, dass er dazu Kommentare von Fachkollegen erhielt und zitiert wurde. In den anderen Teilgebieten der Volkswirtschaftslehre, die ebenfalls in Form von sogenannten Ausschüssen im Verein für Socialpolitik organisiert waren – und bis heute sind –, zeigte sich ein ganz ähnliches Bild.

Die Landesgröße – bzw. die Größe eines Sprachraums, wie es der deutsche, der italienische oder der französische ist – bot aber nur vermeintlich einen Vorteil bei der Suche nach neuen wissenschaftlichen Erkenntnissen. Tatsächlich nämlich verhinderte diese Größe den Anschluss an die internationale wissenschaftliche Gemeinschaft. Denn je intensiver und länger in der eigenen Sprache diskutiert wurde, desto mehr geriet die weltweite Entwicklung des Faches aus den Augen.

Und selbst wenn man trotz dieses fehlenden internationalen Austausches innovativ war und tatsächlich einmal die Forschungsfront durchstoßen hatte, wurde man ja in der englischsprachigen Ökonomen-Community nicht wirklich zur Kenntnis genommen, geschweige denn zitiert. Über meine in dieser Hinsicht bisweilen frustrierenden Erfahrungen in meinen ersten Forscherjahren habe ich ja schon in Kapitel 6 berichtet.

Es war also höchste Zeit, die Fenster aufzureißen, um der europäischen und also auch der deutschen ökonomischen Forschung endlich Frischluft zukommen zu lassen. Sie musste offener werden, freier, internationaler, dynamischer. Meine Zeit in Kanada hatte mir nur allzu deutlich vor Augen geführt, wie rückständig wir Europäer bei der volkswirtschaftlichen Forschung waren. Es musste sich etwas ändern, und zwar schnell. Und ich wollte den notwendigen Wandel mit antreiben.

Die Vereinigung der Europäischen Ökonomen

Glücklicherweise war ich nicht allein mit meinen Einschätzungen. Andere Ökonomen, die Gelegenheit gehabt hatten, die Entwicklung der europäischen Volkswirtschaftslehre aus nordamerikanischer Perspektive zu betrachten, teilten meine Einschätzungen. Nach und nach verfestigte sich unter einer länderübergreifenden Gruppe junger europäischer Ökonomen die Vorstellung, dass die Europäer internationale Plattformen brauchen würden, um die innereuropäischen Wissenschaftskontakte zu verbessern und so die »nationale Ökonomen-Kleinstaaterei« zu überwinden.

Im Jahr 1984 kam es dann zum ersten und zugleich entscheidenden Schritt mit dem Ziel der Öffnung nationaler Diskussionszirkel und Internationalisierung der Forschung. Der belgische Ökonom Louis Phlips traf sich mit einigen Kollegen aus Belgien, Frankreich, den Niederlanden, den skandinavischen Ländern und Großbritannien, um für die Ökonomen Europas ein gemeinsames institutionelles Forum des Austausches und der Begegnung zu schaffen, die *European Economic Association* (EEA). Jacques H. Drèze, Belgier wie Phlips, wurde ihr erster Präsident.

Es war also paradoxerweise gerade die belgische Universität von Louvain-la-Neuve, wo Phlips und Drèze lehrten und forschten, von der die wichtigsten Impulse für die Gründung der EEA ausgingen. Paradoxerweise deshalb, weil die Gründung der wallonischen Stadt Louvain-la-Neuve selbst auf eine Abspaltung französischsprachiger Einwohner von der alten flämischen Stadt Leuven (Löwen) zurückzuführen ist. Insbesondere an deren Universität waren sich die Flamen und Wallonen nicht wirklich in Herzlichkeit verbunden. Da die französisch sprechenden Wallonen in der ursprünglich rein flämischen Universität Löwen in den 1960er-Jahren immer zahlreicher wurden, kam es im Gegenteil zu wachsenden Spannungen, die am Ende zur »Flucht« der vormals zuströmenden Wallonen führte. Etwa 20 Kilometer entfernt von Löwen gründeten sie 1971 eine völlig neue Universitätsstadt, die man zwar auf dem Reißbrett entworfen hatte, aber so wirken sollte wie ein historisches, mediterranes Städtchen. In der Folge wurden die Ressourcen der Universität geteilt, sowohl finanziell als auch mit Blick auf die Buchbestände der Bibliothek. Das führte zu teils grotesken Konstellationen; bei den Zeitschriftenreihen erhielt zum Beispiel die eine Universität die Jahresbände mit geraden Zahlen, die andere Universität hingegen jene mit ungeraden Zahlen. Und es führte zu allerlei Verletzungen, wie sie immer entstehen, wenn es Trennungen gibt.

Es mag dieser quasi an den eigenen Erfahrungen geschärfte Sinn für die Nachteile des Trennenden mit dazu beigetragen haben, dass die Initiative zur Gründung der EEA gerade von Louvain-la-Neuve ausging.

Ich selbst habe die Vereinigung Europäischer Ökonomen von Anfang an gutgeheißen und nach Kräften unterstützt, eben weil ich nach der Rückkehr aus Kanada die europäischen Kommunikationsdefizite besonders intensiv spürte. Begeistert nahm ich daher auch am ersten Kongress der EEA im Jahr 1986 in Wien und Budapest teil. Endlich konnte ich die Kollegen aus den anderen europäischen Ländern einmal persönlich treffen und mich mit ihnen austauschen.

Und meine Freude an diesen Begegnungen wich auch in den Jahren danach kaum. Immer wieder fuhr ich, wenn es die Zeit nur irgendwie erlaubte, zu den EEA-Jahrestagungen, präsentierte dort meine eigenen Forschungsarbeiten und ließ mich von den Arbeiten der Kollegen inspirieren. Mit der Zeit entstand auf diese Weise ein Netzwerk mir vertrauter Forscher, von denen einige zu echten Freunden wurden, ein Netzwerk, zu dem ich mich bis heute intellektuell wie auch emotional zugehörig fühle. Mir hat die EEA immer am Herzen gelegen, und so wirkte ich auch eine Zeit lang im erweiterten Vorstand mit, was mir später den Status eines *Fellow* einbrachte, eine Ehrenbezeichnung, die die EEA jenen zukommen lässt, die sich um sie verdient gemacht haben. Ich habe mich sehr darüber gefreut. Während die anfänglichen Tagungen in eher kleinerer Runde stattfanden, ist die Jahrestagung der EEA mittlerweile auch in logistischer Hinsicht zu einem Großereignis der europäischen Volkwirte geworden.

In München: Als »Küken« gestartet und dann schnell die Fenster auf

Auf der europäischen Ebene ging es also voran mit der Öffnung durch Internationalisierung, mit der Frischluft für die Ökonomie, und ich durfte Teil dieser Bewegung sein. Doch auch in Deutschland tat sich einiges. So integrierten sich zum Beispiel die volkswirtschaftlichen Fakultäten der Universitäten Bonn und Mannheim unter dem Einfluss dynamischer Forscherpersönlichkeiten sehr früh in die internationale Wissenschaftsgemeinschaft, und der Verein für Socialpolitik tat das Seine, um die Öffnung zu beflügeln. Dazu nachher noch mehr.

Mir ging es in dieser Zeit aber vor allem auch zunächst darum, die volkswirtschaftliche Fakultät der LMU München selbst weiter voranzutreiben.

Wie schon in Kapitel 2 berichtet, hatte ich im Frühjahr 1984 den Ruf an den *Lehrstuhl für Volkswirtschaftslehre und Versicherungswissenschaft* erhalten. Ich freute mich sehr, feierte mit meiner Frau und fuhr bald darauf mit dem Zug zu den üblichen Einstellungsgesprächen und Verhandlungen mit der Fakultät und dem bayerischen Kultusministerium nach München.

Der Dekan der Fakultät war damals Knut Borchardt, einer der bekanntesten deutschen Wirtschaftshistoriker, der sich besonders intensiv mit der Weimarer Zeit und der Weltwirtschaftskrise beschäftigt hatte. In seiner Funktion als Leiter der Fakultät hatte es formal ihm oblegen, mich zu berufen. Borchardt war ein dynamischer Mensch, und er ist es heute – mittlerweile hoch in den Achtzigern – immer noch. Für mein Berufungsgespräch, das als nächster Schritt nun üblich war und das stattzufinden hatte, wenn der Ruf im Prinzip schon ergangen war, holte er mich persönlich mit seinem Saab vom Bahnhof ab. Ich war sogleich beeindruckt von so viel persönlichem Engagement, doch dabei blieb es nicht. Denn Borchardt bugsierte mich nicht nur zügig in sein Auto, er drückte auch gewaltig aufs Gas – während er zugleich in einer eleganten und präzisen Sprache mit mir redete, so schnell, dass ich kaum mitkam. Ich wusste nicht, was ich mehr bewundern sollte: die Geschwindigkeit seines Autos oder die seines Geistes. Ich entschloss mich für Ersteres und sagte ihm das auch, worauf er etwas verdutzt dreinschaute, weil der neue Kollege sich ihm so direkt näherte. Dann aber lachte er lauthals.

In der obersten Etage eines Hochhauses an der Münchner Freiheit – wo wir schließlich sicher anlandeten – saßen wir dann mit einigen Kollegen zu Tisch, und ich genoss den schönsten Blick über München mit seinen prächtigen Kirchen bis hin zu den blauen Bergen, den man überhaupt haben kann. Klar, die Karriereaussichten in München waren das eine, aber dieser Blick war dann doch überwältigend. Borchardt musste mich auch nicht lange überzeugen. München rief, und ich wollte kommen.

Übrigens gibt es das Restaurant heute nicht mehr, denn das Hochhaus, in dem es lag, war schlichtweg zu hoch und musste gekappt werden, weil in München kein Haus höher als die Kirchen sein darf. Wir hatten eine der letzten Chancen genutzt, den Blick zu genießen.

Nicht nur die Gespräche mit Borchardt, auch die Verhandlungen im Ministerium verliefen sehr gut, und alsbald konnte ich den Einstellungsvertrag unterzeichnen. Da ich aus Kanada das Angebot im Gepäck hatte, ein zweites Mal an die Universität von Western Ontario zu gehen, kam mir das Ministerium sogar noch entgegen und beurlaubte mich alsbald wieder, natürlich ohne Bezüge, damit ich diese Möglichkeit wahrnehmen konnte. Wie schon beschrieben unterrichtete ich dort als Professor für weitere zwei Semester. Richtig los ging es in München für mich deshalb also erst zum Sommersemester 1985.

Dann aber trat ich in eine altehrwürdige volkswirtschaftliche Fakultät mit Koryphäen der deutschen Ökonomie ein, die ich bisher nur vom Namen her und durch ihre Publikationen kannte. Neben Borchardt gehörten zu ihnen zum Beispiel die renommierten Finanzwissenschaftler Günther Hedtkamp und Otto Gandenberger. Uta Gruber, eine resolute mathematische Theoretikerin, die freundlich, aber bestimmt auftrat – wie

In München: Als »Küken« gestartet und dann schnell die Fenster auf

eine Sufragette, im besten Sinne des Wortes –, leitete damals die Geschicke des volkswirtschaftlichen Instituts, in das ich mit meinem Lehrstuhl integriert wurde. Edwin von Böventer lehrte lange das Fach Standorttheorie. Er war damals weltweit einer der wenigen Ökonomen, die die deutsche Tradition der ökonomisch-theoretischen Standorttheorie fortführte, die schon Anfang des 19. Jahrhunderts mit Johann Heinrich von Thünen begründet worden war. Von dem US-Ökonomen Paul Krugman, der später für seine Weiterentwicklung dieser Theorie den Nobelpreis erhielt, war damals noch nicht die Rede. Gerade von Böventer habe ich viel zu verdanken. Er kümmerte sich in besonderer Weise um mich und wurde ein sehr guter persönlicher Freund. Leider ist er bereits 1994 früh verstorben. Ich werde in Kapitel 11 im Zusammenhang mit den institutionellen Reformen der Fakultät noch einmal auf ihn zu sprechen kommen.

Und dann war da der unnachahmliche Hans Möller, über den ich schon einiges geschrieben habe. Bis zu seinem Tode im Jahr 1996 war er in der Fakultät präsent und arbeitete in seinem Emerituszimmer in den ehemaligen Räumen seines Lehrstuhls, die jetzt der deutschamerikanische Außenhandelstheoretiker Franz Gehrels belegt, über den ich schon im Zusammenhang mit der deutschen Wiedervereinigung in Kapitel 1 berichtet hatte. Wenn sich die Fakultät gleich nebenan zum wöchentlichen Seminar mit ausländischen Gästen traf, kam ein jeder an seinem geöffneten Zimmer vorbei und begrüßte den dort Pfeife rauchenden Nestor der Fakultät, der für jeden ein freundliches Wort übrighatte.

Ich war in eben dieser Fakultät einige Jahre lang gewissermaßen das Küken – d. h. hier der bei weitem jüngste Kollege von allen –, und so wurde ich auch behandelt. Dies allerdings durchaus in einem sehr positiven Sinne. Denn alle umsorgten mich, unterstützten mich, wo es nur ging und halfen mir, in München Fuß zu fassen. Heute denke ich: Auch deswegen machte mir die Arbeit als Hochschullehrer in der bayerischen Landeshauptstadt von Anfang an unglaublich viel Spaß. So viel Spaß im Übrigen, dass ich jahrelang weit mehr als mein Deputat unterrichtete – also weit mehr Vorlesungsstunden, als ein Professor mindestens geben muss – und auch so manches Freisemester, das mir eigentlich alle vier Jahre zugestanden hätte, verfallen ließ, um die Studenten nicht sitzen zu lassen. Ich brannte darauf, an sie weiterzugeben, was ich selbst erst vor wenigen Jahren in Münster, Mannheim und in Kanada gelernt hatte. In früheren Kapiteln habe ich ja bereits über einige der Themen berichtet, die mich besonders bewegten und die meine Vorlesungen inhaltlich füllten.

Bei meiner Arbeit halfen mir zwei sehr engagierte Sekretärinnen, die sich eine Stelle teilten, sowie vor allem die wissenschaftlichen Assistenten. Zwei hatte ich schon von meinem Vorgänger übernommen. Sie ebneten mir den Übergang in die neue Welt an einem Lehrstuhl der Ludwig-Maximilians-Universität zu München, wo ich Räume direkt am zentral gelegenen Siegestor an der Ludwigstraße bezog.

Weitere Assistenten kamen im Laufe der Jahre hinzu. Am Anfang stand Kai Konrad, und auch deshalb will ich zu ihm ein klein wenig mehr ausholen, als es mir aus Platzgründen bei anderen möglich ist. Konrad promovierte bei mir über ein risikotheoretisches Thema und habilitierte sich später mit einer Arbeit zum Thema langer Bindungsfristen in ökonomischen Verträgen. Er arbeitete ab Sommer 1984 an meinem Lehrstuhl, kurz nachdem ich aus Kanada zurückgekehrt war. Wie die anderen Assistenten auch half er mir mit Übungen für die Studenten, die parallel zu meinen Vorlesungen veranstaltet wurden, und war mit der Vorkorrektur der zugehörigen Prüfungsarbeiten der Studenten beschäftigt.

Vor allem aber forschte Konrad. Schon früh publizierte er erste Aufsätze, und bis heute hat er damit nicht aufgehört. Dabei schaffte er es im Bereich der Finanzwissenschaft und auch anderswo in die besten Fachzeitschriften der Welt. Er schrieb auch die ein oder andere Monografie, etwa ein alarmierendes Buch über die ausufernde Verschuldung des Staates. Sein wissenschaftliches Œuvre ist mittlerweile kaum noch zu überschauen. Nicht zuletzt diese Publikationen haben ihn zu einem der wirklich herausragenden Ökonomen Europas gemacht. Nach seiner Habilitation im Jahr 1993 übernahm Konrad 1994 einen Lehrstuhl an der Freien Universität in Berlin und war zudem später Direktor am *Wissenschaftszentrum für Sozialforschung*, das ebenfalls in Berlin ansässig ist. Er hatte ferner eine mehrjährige Gastprofessur an der Universität Bergen inne. Seit 2011 ist Konrad Direktor am *Max-Planck-Institut für Steuerrecht und öffentliche Finanzen* in München.

Von 2011 bis 2014 war er zudem – unter Finanzminister Wolfgang Schäuble – Vorsitzender des *Wissenschaftlichen Beirats beim Bundesministeriums der Finanzen*.

Bemerkenswert an Kai Konrad ist unter anderem seine Gradlinigkeit. Er ist frei von jeglichem politischen Opportunismus, wie es sich eigentlich für

In München: Als »Küken« gestartet und dann schnell die Fenster auf

jeden Volkswirt gehört. Das zeigt sich unter anderem daran, dass er mit Positionen zum Euro an die Öffentlichkeit ging, die dem Ministerium nicht besonders entgegenkamen. Ich werde darauf in Kapitel 13, das sich Europa und dem Euro widmet, noch einmal konkreter zurückkommen.

Kai Konrad war der Erste einer längeren Reihe fachlich – und auch menschlich – herausragender Assistenten, die an meinem Lehrstuhl forschten und deren Weg ich ein Stück begleiten konnte. Und die – so will ich unbedingt hinzusetzen – zugleich *meinen* Weg begleitet und dabei ähnlich kompromisslos eine der Wahrheit verpflichtete Wissenschaft betrieben haben, wie ich es versuchte.

Schon damals nämlich haben wir am Lehrstuhl stets eine offene und präzise ökonomische Diskussionskultur gepflegt, die sich von den Fakten und der Logik ökonomischer Mechanismen leiten ließ und dann versuchte, eindeutige Politikempfehlungen herzuleiten. Dabei gingen bei uns – bei mir und bei den auch mit ihrer eigenen Forschung befassten wissenschaftlichen Assistenten – schwache oder an den Haaren herbeigezogene Argumente nicht durch. Immer standen Fundamentaleffekte und ihre Wirkungen, die sie im Wechselspiel mit anderen wirtschaftlichen Kräften entfalten würden, im Blick. Und wenn einer von uns eine saubere Argumentationskette aufgebaut hatte, der man nichts mehr entgegensetzen konnte, dann war das eben so. Dann musste man sich eben fügen. Ich gestehe, dass auch ich mich bisweilen auf dieser Seite befand, weil die Assistenten zuvor die besseren Argumente vorgebracht hatten.

Manche der ehemaligen Assistenten sind inzwischen ebenfalls Lehrstuhlinhaber. Einige von ihnen promovierten und habilitierten sich bei mir. Andere promovierten bei mir und habilitierten sich anderswo. Und noch wieder andere kamen frisch promoviert zu mir und habilitierten sich in der Folge an meinem Lehrstuhl.

Es führt zu weit, sie hier alle zu nennen, doch will ich diejenigen hervorheben, die sich bei mir – außer Kai Konrad – noch habilitierten. Das sind zunächst Silke Übelmesser, Ronnie Schöb, Marcel Thum und Alfons Weichenrieder, die wie Kai Konrad sowohl die Doktor-, als auch die Habilprüfungen bei mir ablegten und allesamt etwa ein Jahrzehnt bei mir blieben. Sie führen heute Lehrstühle an der Universität Jena, an der Freien Universität in Berlin, an der Technischen Universität (TU) Dresden und an der Universität Frankfurt/Main. Michael Stimmelmayr entschwand knapp vor seiner Habilitation auf eine Dozentur in Zürich.

10 Frischluft dringend benötigt: Eine bessere Ökonomie für eine bessere Gesellschaft

Nach der Promotion kamen Sascha Becker vom European University Institute in Florenz, Helge Berger aus unserer Fakultät, weil sein Doktorvater Knut Borchardt emeritiert wurde, Robert Fenge von der TU Dresden, Marko Köthenbürger von der Universität Paderborn, Mika Priks von der Universität Stockholm und Frank Westermann von der Universität Santa Cruz in Kalifornien. Auch sie habilitierten sich bei mir und fanden ihren Weg auf attraktive Stellen an Hochschulen und Universitäten im In- und Ausland. Rajshri Jayaraman von der New Yorker Cornell University verließ uns vor ihrer Habilitation, um eine Professur an der Berliner Business School ESMT anzunehmen.

Viele, ja die meisten meiner Assistenten gingen freilich, wie es üblich ist, nach der Promotion in die Wirtschaft und haben dort ausnahmslos ebenfalls steile Karrieren hingelegt.

Trotz verschiedener Rufe an andere Universitäten blieb ich selbst bis zu meiner Emeritierung im Jahr 2016 an meiner Fakultät, und bin natürlich, wie es in Deutschland der Rechtslage entspricht, dort auch heute noch Mitglied.

Mein Bestreben, die volkswirtschaftliche Forschung voranzubringen, richtete sich, wie schon im vorigen Kapitel beschrieben, auf ganz Deutschland. Hier war die Notwendigkeit, die Fenster aufzureißen, allerorten sehr groß. Deutlich größer zumeist auch als in München. Dennoch wollte ich auch hier aktiv werden.

Im Jahr 1991, als ich schon sechs Jahre Teil der volkswirtschaftlichen Fakultät der LMU München war, boten sich mir entscheidende Chancen, meine kanadischen Erfahrungen bei der Neugestaltung der Fakultät einzubringen. Zum einen konnte ich in diesem Jahr das *Center for Economic Studies* (CES) gründen, das ein internationales Gastforscherprogramm ermöglichte. Auf der Basis dieses Gastforscherprogramms gelang es, in München ein kleines Graduiertenprogramm ins Leben zu rufen, an dem alle Doktoranden der Fakultät teilzunehmen hatten. Darüber werde ich in Kapitel 11 noch ausführlicher berichten.

Zum anderen wurde ich in diesem Jahr Dekan und erhielt so die Chance, auch in der Fakultät Veränderungen anzustoßen. Ein Dekan ist der oberste akademische Kopf einer Fakultät. Er ist aber auch für die Finanzen verantwortlich und leitet die vielfältigen Sitzungen des Fakultätsrats, auf denen die Professoren und auch Vertreter des Mittelbaus und der Studenten wesentliche Entscheidungen treffen. Er hat das Recht, in Abstimmung mit dem Fakultätsrat, neue Initiativen in der Lehre und Forschung anzustoßen. Vor allem

In München: Als »Küken« gestartet und dann schnell die Fenster auf

organisiert er die Berufungskommissionen für neu einzustellende Professoren, die nach strengem Ritual universitätsöffentliche Anhörungen mit den Kandidaten veranstalten und dann der Universitätsleitung eine Rangliste von drei geeigneten Personen unterbreiten. Diese Funktion erwies sich als sehr wichtig, denn ich wollte unbedingt erstklassige Wissenschaftler an die Fakultät holen. Dabei war es mein Bestreben, durch die Berufung ausländischer Wissenschaftler die Internationalisierung voranzutreiben. Natürlich ging es ohnehin stets darum, die Besten zu gewinnen, aber was, wenn sie die deutsche Sprache nicht beherrschten? Nicht selten wurden hier Widerstände in der Fakultät laut, doch immer wieder gelang es mir, die Sorgen, die manche Kollegen bezüglich der zunächst noch unzureichenden Sprachkompetenz ausländischer Bewerber hatten, zu zerstreuen. Ich gestehe: Mitte der 1990er-Jahre, als die Globalisierung erst allmählich Fahrt aufnahm und die deutsche Ökonomie noch immer sehr auf sich selbst bezogen war, war das kein immer leichtes Unterfangen.

Sehr gelegen war mir daran, Ray Rees an die Fakultät zu holen. Ray Rees, heute emeritiert, war bereits damals ein international hochgeachteter britischer Theoretiker, den ich gut kannte. Im Jahr 1990 hatte ich ihn zu einem Gastjahr nach München eingeladen. Er wohnte damals mit seiner Familie in unserem Haus, während wir, wie in Kapitel 1 schon berichtet, in Stanford, Princeton und Washington weilten. Rees bewarb sich auf die frei werdende Stelle des Finanzwissenschaftlers Günther Hedtkamp. Das Problem war allerdings, dass er als rein theoretisch arbeitender Ökonom auf diese Stelle eigentlich nicht optimal passte, denn die Finanzwissenschaft ist ja, wie früher beschrieben, von ihrem Selbstverständnis her näher an den praktisch relevanten Fragen der Wirtschaftspolitik. Was also tun?

Wir mussten kreativ sein und waren es auch. Ich selbst gab kurzerhand meinen eigenen Lehrstuhl für Volkswirtschaftslehre und Versicherungswissenschaft zur Ausschreibung frei mit dem Ziel, dass ihn Rees bekommen sollte, und wechselte auf den Lehrstuhl, auf den sich Rees eigentlich beworben hatte. Die Berufungskommission und die Fakultät waren zu Recht so sehr angetan von diesem Forscher, dass sie sich hinter den Plan stellten und ein neues Verfahren eröffneten. Da keiner der neuen Bewerber Rees auch nur annähernd das Wasser reichen konnte, war die Entscheidung alsbald getroffen. Sie war ein Segen für die Fakultät, in der Rees anschließend bis zu seiner Pensionierung noch lange Zeit wirkte.

Für mich selbst war dieser Wechsel auf den *Lehrstuhl für Nationalökonomie und Finanzwissenschaft*, wie er seit Generationen von Ökonomen geheißen hatte, kein Nachteil. Denn obwohl ich mich ja selbst quasi immer schon als Finanzwissenschaftler verstanden habe, hatte ich anfangs den erwähnten Lehrstuhl mit einer versicherungswissenschaftlichen Ausrichtung bekommen. Ich trat dabei die Nachfolge von Hans Möller an – der selbst Jahre zuvor diesen Lehrstuhl nur übernommen hatte, weil er seinen zuvor bekleideten Lehrstuhl für Außenwirtschaftslehre freimachen wollte, um auf diese Weise den Deutsch-Amerikaner Franz Gehrels für die Fakultät zu gewinnen, ein ähnliches Verfahren. Nun ließ sich auch so gesehen eine Verbesserung erreichen.

Der gebürtige Waliser Ray Rees ist im Übrigen nicht nur ein großartiger Theoretiker, sondern auch ein uriger Typ, der nach ein paar Gläsern Wein durchaus bereit ist, keltische Lieder mit all ihren fremdartigen gutturalen Tonfolgen zu singen und auf der Gitarre zu begleiten. Einmal abgesehen davon, dass ich die Begegnungen mit ihm immer als bereichernd empfunden habe: Seine Arbeit als Ökonom und seine Persönlichkeit haben in der Fakultät auch das fördern können, um das es mir ging: den Geist der Internationalisierung voranzutreiben.

Mit dem gleichen Ziel war mir sehr daran gelegen, John Komlos, einen akademischen Schüler des US-amerikanischen Nobelpreisträgers Robert W. Fogel, nach München zu holen – natürlich gemeinsam mit der Fakultät und wie bei Ray Rees im Rahmen eines ordnungsgemäßen Berufungsverfahrens. Konkret ging es um die Nachfolge von Knut Borchardt im Fach Wirtschaftsgeschichte, einem aus meiner Sicht wichtigen Zweig in der Ökonomie, der in der Öffentlichkeit oft nicht ausreichend beachtet wird.

Komlos ist ein in Ungarn geborener Jude, der an der Universität Chicago studierte und die amerikanische Staatsbürgerschaft annahm. Zu jener Zeit, als er sich in München bewarb, sprach er nur wenig Deutsch, war aber ein hoch angesehener Wissenschaftler. Besonders die Kliometrie hatte es ihm angetan.

Die Kliometrie ist ein spezieller Forschungszweig in der Wirtschaftsgeschichte. Sie zielt darauf, durch geschickte ökonometrische Analyseverfahren aus historischen Zahlenreihen verschiedenster Art präzise Rückschlüsse auf wirtschaftliche Zusammenhänge früherer Epochen zu gewinnen. Das Wort Kliometrie geht einerseits zurück auf *Clio* – die Muse der Geschichtswissenschaft in der griechischen Mythologie – sowie andererseits auf *Metrie*, was nichts anders bedeutet als »Kunst des Messens«. Komlos gilt als Mitbegründer eines Spezialzweigs der Kliometrie, der sogenannten anthropometrischen Geschichtsschreibung. Dabei geht es darum, anhand von Zeitreihendaten über Körpermaße die Entwicklung der ökonomischen Verhältnisse früherer Perioden zu messen. Zum Beispiel kann man aus der zeitlichen Entwicklung der Körpergröße 18-jähriger Rekruten Rückschlüsse auf die jeweils 16 Jahre zurückliegende Wirtschaftsentwicklung ziehen, weil die Größe des erwachsenen Menschen durch die Nahrungsmittelversorgung im Lebensalter von zwei Jahren programmiert wird – und dies weitgehend unabhängig davon, wie viele Nahrungsmittel der Mensch in der Zwischenzeit zu sich genommen hat. So lässt sich der Konjunkturzyklus der Wirtschaft in früheren Epochen nachverfolgen.

Auf eine sehr spezifische Weise verknüpft die anthropometrische Geschichtsschreibung also Ökonomie und Biologie, eine Schnittstelle, die mich seit vielen Forscherjahren immer mal wieder beschäftigte, und dies auch deswegen, weil die Biologie noch vor der Ökonomie meine »erste Liebe« gewesen war. Als John Komlos bereits lange als unser Kollege in München gewirkt hatte, gründete er – sehr zu meiner Freude – die neue Zeitschrift *Economics and Human Biology*.

Bei den Probevorträgen der Historiker, die sich neben John Komlos für den zu besetzenden Lehrstuhl beworben hatten, war übrigens auch ein italienischer, in den Niederlanden lehrender Ökonom aufgetreten. Er gefiel uns, aber wir hatten noch bessere Kandidaten, und vor allem hatten wir Komlos, der aus allen herausragte. Als wir dem italienischen Kollegen mitteilten, dass er nicht in die engere Wahl gekommen war, geschah etwas, was ich nicht erwartet hatte. Entgegen aller akademischen Gepflogenheiten reagierte er sehr unwirsch, warf der Fakultät nationalistisches Verhalten vor und drohte sogar damit, vor den Europäischen Gerichtshof zu ziehen, weil wir ihn unter Verletzung der Regeln der EU wegen seiner ausländischen Staatsbürgerschaft diskriminiert hätten. Das war ein harter Vorwurf, noch dazu einer, der uns in der öffentlichen Wahrnehmung, sollte es zu einer Gerichtsverhandlung kommen, viel Schaden hätte zufügen können. Aber er war gänzlich unbegründet, denn er basierte auf der falschen Annahme, dass wir uns auf einen deutschen Kandidaten geeinigt hätten. Als ich dem italienischen Bewerber später schrieb, dass sich die Fakultät für einen US-Amerikaner entschieden habe, reagierte er nicht weiter. Offenbar hatte er sich klargemacht, dass der Nationalismus-Vorwurf angesichts dieser Berufung geradezu absurd war.

Es kamen aber natürlich noch viele andere hervorragende Kollegen an die Fakultät, die sich vielleicht auch von der neuen Internationalität angezogen fühlten und zum Teil auch von meinen Nachfolgern als Dekan berufen wurden. So etwa der Wirtschaftshistoriker Reinhard Spree. Oder auch Bernd Huber, der den zweiten finanzwissenschaftlichen Lehrstuhl in der Nachfolge von Otto Gandenberger übernahm. Huber, für dessen Berufung ich mich noch stark gemacht hatte, war zu der Zeit einer der forschungsstärksten jungen Finanzwissenschaftsprofessoren – und ist nun schon seit vielen Jahren der Präsident der Ludwig-Maximilians-Universität. Klaus Zimmermann, der später die Leitung des *Deutschen Instituts für Wirtschaftsforschung* in Berlin übernahm, war bereits in der zweiten Hälfte der 1980er-Jahre an die Fakultät gekommen. Etwas später gelang es, Klaus Schmidt und Monika Schnitzer aus Bonn zu berufen. Sie bereicherten die theoretische Forschung der Fakultät in entscheidender Weise und prägten deren weitere Entwicklung, während meine eigenen Aktivitäten sich ab 1999 zum *ifo Institut* hin verschoben. Mehr dazu dann in Kapitel 12.

Bewertete Professoren, »Ehemalige« und Medaillen

Neben einer Stärkung der Internationalität gab es noch andere Wege, mit denen ich in meiner Funktion als Dekan die Qualität der Fakultät und ihre Offenheit und Vernetzung mittel- bis langfristig zu verbessern suchte.

Dazu gehörte zunächst die Einführung eines Systems zur Bewertung des Lehrpersonals. Dass die Professoren die Studenten zu bewerten hatten, war jedermann klar. Dass nun aber umgekehrt die Studenten auch die Professoren bewerten sollten, stieß bei manchen Kollegen zunächst auf Ungläubigkeit, ja auf Ablehnung. Und das war kein Wunder, denn zu jener Zeit, Anfang der 1990er-Jahre, gab es so etwas hierzulande kaum.

Ganz anders in Nordamerika. In Kanada, wo ich dieses Bewertungssystem hautnah erlebt hatte, hing die Rangliste mit den Bewertungen der Professoren gar vor der Tür des Dekans öffentlich aus, sodass jeder Kollege sehen konnte, wie er platziert war – auch die Studenten. Interessant war es dabei zu erleben, wie die Fakultät selbst mit diesen Rankings umging. Ich lernte schnell, dass es für die Anerkennung durch die Kollegen nicht darauf ankam, dass man ganz oben auf der Liste stand, denn in der Statushierarchie der Beiträge zur Wissenschaft rangierte die Forschung vor der Lehre. Dennoch war zugleich deutlich zu erkennen, dass sich jeder Kollege bemühte, in der Liste nicht nach unten hin abzurutschen und mindestens einen quasi unauffälligen Platz im »gesunden Mittelfeld« zu erreichen. Das System trug aus diesem Grunde maßgeblich dazu bei, dass sich die Professoren erhebliche Mühe gaben, gut vorbereitet in ihre Vorlesungen zu gehen und den Studenten einen abwechslungsreichen, spannenden Unterricht zu bieten.

Als ich meinen Vorschlag in meiner Fakultät einbrachte, schlug mir zunächst Skepsis entgegen. Man argumentierte, dass Studenten gar nicht über das zur Beurteilung von Lehrpersonen nötige Fachwissen verfügten, und befürchtete, die Professoren mit den besten Noten für die Studenten würden nun auch umgekehrt von den Studenten am besten bewertet. Ich versuchte, diese Argumente zu entkräften, so gut ich es konnte, indem ich darauf verwies, dass man auch dann prüfen könne, ob ein Ei faul ist, wenn man nicht in der Lage ist, selbst eines zu legen, und ich wies darauf hin, dass die Lehrevaluation vor den Prüfungen stattfinden solle, um ein opportunistisches Verhalten von Professoren und Studenten auszuschließen. Auch betonte ich, dass die Lehrevaluation in Nordamerika längst üblich sei und im Übrigen seine Berechtigung darin finde, dass die Steuerzahler eine echte Gegenleistung für ihr Geld erwarten dürften. Mit viel Überzeugungsarbeit auf der Basis solcher Argumente gelang es mir schließlich, die skeptisch gebliebenen Kollegen für den Vorschlag zu gewinnen. Das so begründete System der Lehrevaluation gibt es noch heute. Es hat, davon bin ich überzeugt, wesentlich dazu beigetragen, dass sich die Professoren in München besonders angestrengt haben, einen guten Unterricht zu machen. Auch andere volkswirtschaftliche Fakultäten haben im Lauf der letzten Jahre eine solche Lehrevaluation eingeführt. Ich vermute aber, dass München die erste war.

Als Dekan brachte ich zudem eine weitere Innovation auf den Weg, die aus Amerika stammte: Ich meine die Vorbereitung eines Alumni-Klubs der Fakultät, also die Schaffung einer Vereinigung der ehemaligen Studenten, Assistenten und Professoren. An den amerikanischen Universitäten sind solche Klubs üblich, sowohl in Bezug auf eine Universität als Ganze, als auch in Bezug auf einzelne Fakultäten. Die Initiative dazu kam von unserem neuen amerikanischen Kollegen John Komlos. Ich nahm diese Initiative als Dekan gerne auf, es war aber nicht leicht, die anderen Fakultätsratsmitglieder davon zu überzeugen.

Alumni-Klubs sind einerseits darauf angelegt, den Zusammenhalt der Absolventen auch nach ihrem Abschluss zu stärken, andererseits geht es darum, den Fakultäten Spendenmittel zuzuführen. Das ist ein sehr wichtiger Aspekt in der US-amerikanischen Gesellschaft, denn reiche Amerikaner pflegen den Universitäten, an denen sie studiert haben, nicht selten große Spenden zukommen zu lassen, und häufig profitieren die Universitäten von Erbschaften. Das amerikanische Steuerrecht unterstützt solche Schenkungen. Durch sie sind die Spitzenuniversitäten in den USA finanziell meist sehr gut ausgestattet, häufig mit Eigenkapitalreserven in Höhe von mehreren Milliarden US-Dollar, doch auch viele andere Universitäten in Nordamerika profitieren davon.

Nun war angesichts der in Deutschland hohen Steuerbelastung und anderer steuerlicher Regelungen nicht zu hoffen, dass sich mit der Gründung eines Alumni-Klubs für die Fakultät bald ein ähnlicher Geldsegen einstellen würde. Dennoch schien es mir wichtig, den Zusammenhalt der ehemaligen Studenten zu fördern und die Kontakte mit ihrer Alma Mater aufrechtzuerhalten.

Mir gelang es, den Senior unserer Fakultät, meinen Vorgänger im Amt des Dekans, Hans Möller, zu bewegen, die Aufgabe zu übernehmen, mithilfe seiner wissenschaftlichen Assistenten und Studenten allmählich eine erste Adressenliste aufzubauen. Nach etwa einem Jahr hatte sein Team genug Adressen von »Ehemaligen« zusammen, um die formelle Klub-Gründung, die dann in die Amtszeit meines Nachfolgers fiel, zu wagen.

Der Vorsitzende des Gründungskomitees war Oswald Braun, ein Münchner Notar und Möller-Schüler, doch das war er nur aus formalen Gründen, denn sofort nach der Konstituierung des Vereins wurde, wie von Anfang an geplant, Helmut Schlesinger, der ehemalige Bundesbankpräsident, als Vorsitzender gewählt. Vier der sieben Unterschriften, die zur Gründung erforderlich waren, kamen von Mitarbeitern meines Lehrstuhls.

Unter Schlesinger wuchs der Klub rasch, und auch unter der Leitung seiner Nachfolger Kurt Faltlhauser, seinerzeit bayerischer Finanzminister, und Uto Baader, Gründer und langjähriger Vorstandsvorsitzenden der Baader-Bank, entwickelte sich ein reges Vereinsleben. Alle Beteiligten setzten sich von Beginn mit großem Elan und vielen Tagen und Wochen ehrenamtlicher Arbeit für dieses »Netzwerk-Start-up« ein. Die Jahresveranstaltungen des Clubs mit Ehrungen für Studenten und Doktoranden sowie Vorträgen renommierter Gastredner wurden in der Folge alsbald zu einem Höhepunkt des Fakultätslebens, und dies gleichermaßen für »ehemalige« wie für »aktuelle« Studenten, Assistenten, Doktoranden, Habilitanden und Professoren.

Der Club stiftete neben verschiedenen Preisen für Absolventen und jüngere Lehrende einen Preis, die Hans-Möller-Medaille. Seit dem Jahr 2004 überreicht der Präsident sie im Rahmen der Jahrestagung an eine Persönlichkeit des öffentlichen Lebens als Dank und Anerkennung für große Verdienste um die Volkswirtschaft, insbesondere im Hinblick auf die Förderung der ökonomischen Vernunft im öffentlichen Diskurs.

Zu den Preisträgern gehören Richard Musgrave, ehemaliger Münchner Student und Nestor der Finanzwissenschaft von der Harvard-Universität, Nikolaus Piper, Wirtschaftsjournalist bei der *Süddeutschen Zeitung*, Bundesbankpräsident Jens Weidmann, der ehemalige polnische Finanzminister Leszek Balcerowicz, Heike Göbel, Wirtschaftsjournalistin bei der *Frankfurter Allgemeine Zeitung*, Otmar Issing, der ehemalige Chefvolkswirt der *Europäischen Zentralbank* (EZB), Martin Wolf von der *Financial Times* und Roland Tichy, der ehemalige Chefredakteur der *Wirtschaftswoche*, der sich durch einen kritischen Journalismus auszeichnet.

Wie erwartet brachte der Alumni-Klub der Fakultät zwar keine finanziellen Mittel, vergleichbar mit dem Sponsoring an amerikanischen Universitäten. Die Mitgliedsbeiträge und Spenden reichen aber immerhin, um der Fakultät immer wieder unter die Arme zu greifen und durch die Vergabe der Preise die Laureaten bei ihrem weiteren beruflichen Werdegang zu fördern.

Eine neue Zeitschrift für die Wirtschaftspolitik

Auf europäischer Ebene ging die Entwicklung zeitgleich voran, und sie betraf dann später auch mich. Bereits 1984 hatten die Ökonomen Georges de Ménil und Richard Portes die neue ökonomische Fachzeitschrift *Economic Policy* (EP) gegründet, die als ein Forum für die hochkarätige wissenschaftliche Diskussion wirtschaftspolitischer Fragestellungen gemeint war. Obwohl sich die Inhalte der Zeitschrift explizit auf Europa bezogen und auch heute noch beziehen, sind beide Gründer interessanterweise US-Amerikaner. Richard Portes ist es sozusagen »waschecht«, wobei er zu jener Zeit schon am Birkbeck College in London lehrte und später auch die britische Staatsangehörigkeit annahm. Georges de Ménil hingegen ist es insofern, als er kurz nach seiner Geburt in Frankreich, Anfang der 1940er-Jahre, mit seiner Familie – seine Mutter war die Erbin des im Erdölexplorationsgeschäft tätigen französischen Weltkonzerns Schlumberger – in die USA flüchtete. Dort studierte er später zunächst in Harvard Geschichte, um bald darauf eine ökonomische Doktorarbeit am *Massachusetts Institute of Technology* (MIT) anzuschließen. De Ménil ist ein mich immer wieder faszinierender Kosmopolit, der in jedem Jahr ungefähr genauso viel Zeit in den USA wie in Frankreich zu verbringen scheint. Beide, sowohl Portes als auch de Ménil, waren damals und sind bis heute weltweit geschätzte Makroökonomen.

Die Besonderheit der von diesen Ökonomen gegründeten Fachzeitschrift *Economic Policy* hat von Anfang an darin bestanden, dass die in ihr versammelten Artikel nicht extern eingereicht und dann von Gutachtern ausgewählt, sondern durch Auftragsarbeiten an spezielle Fachleute initiiert werden. Die beauftragten Autoren erhalten ein Honorar und müssen ihre Artikelentwürfe den sogenannten federführenden Herausgebern oder *Managing Editors* zur Begutachtung vorlegen und diese Entwürfe, sofern als nötig erachtet, nach deren Wünschen überarbeiten. Doch damit nicht genug. Denn im Anschluss hat der Autor seinen Artikel in einem Diskussionsforum vorzustellen. Nach intensiven Diskussionen in diesem *Panel*, das sich aus 20 anerkannten Ökonomen mit verschiedenen Forschungsschwerpunkten aus unterschiedlichen europäischen Ländern zusammensetzt, wird der Autor dann nochmals gebeten, seinen Aufsatz anzupassen. Erst wenn das geschehen ist, entscheiden am Ende die Managing Editors, ob der nun vorliegende Beitrag gut genug ist, auch tatsächlich veröffentlicht zu werden.

Kein Zweifel, das ist ein aufwendiges Verfahren, wie man es bei anderen Fachzeitschriften nicht findet. Dennoch werden die Aufsätze sehr schnell zur Veröffentlichung gebracht. Statt dass der Autor drei Jahre auf die Veröffentlichung warten muss, was normal ist, reicht zumeist etwa ein Jahr. Und der Prozess des wiederholten Umschreibens im Widerstreit mit den Herausgebern, die zugleich als kritische Lektoren fungieren, hat in vielen Jahren zahlreiche sehr gute Aufsätze zu wirklich relevanten aktuellen wirtschaftspolitischen Fragen entstehen lassen.

Ich selbst war der *Economic Policy* lange sehr eng verbunden. Und dies bereits seit dem allerersten Panel in Paris im Jahr 1984, zu dem man mich einlud, um dort einen Aufsatz eines anderen Ökonomen zu begutachten und zu diskutieren. Es fing also gut an mit *Economic Policy*, auch für mich. Und dies umso mehr, als neben mir Mervyn King, der spätere langjährige Präsident der britischen Notenbank, die gleiche Aufgabe in der ersten Panel-Sitzung übernehmen sollte. Das versprach eine lebendige Diskussion, und wir freuten uns beide darauf. Doch wie es so ist: Bei der Geburt eines Babys, wie es die *Economic Policy* ja war, gibt es manchmal unerwartete Komplikationen. Uns jedenfalls wurde im Vorfeld der ersten Panel-Sitzung entgegen aller Ankündigungen kein Aufsatz zur Begutachtung zugeschickt, und der Autor erschien dann auch gar nicht erst.

In ihrer Not schalteten die Managing Editors schnell um und baten King und mich, unsere eigenen Gedanken zu einem selbstgewählten wirtschaftspolitischen Thema darzulegen. Das war eine schöne Gelegenheit, und so sprach ich über den Einfluss der Reagan'schen Steuerreform von 1981 auf das US-amerikanische Zinsniveau und die Entwicklung des internationalen Kapitalverkehrs und prognostizierte stark anwachsende Leistungsbilanzdefizite der USA, ein damals hochaktuelles Thema. Es entspann sich eine lebhafte Panel-Diskussion, und so wurde ich schließlich gebeten, meine Überlegungen in einem eigenen Aufsatz niederzulegen und dann in *Economic Policy* zu veröffentlichen. Ein wenig überraschend wurde dieser Artikel damals zu einem meiner am häufigsten zitierten. Auf diese Weise spürte ich quasi sofort am eigenen Leibe, was es bedeutete, wenn die primäre Fachöffentlichkeit nicht nur deutschsprachig, sondern – mindestens – europäisch-sprachig war: größere Resonanz.

Im Übrigen war dieser Artikel ein Vorläufer des im Jahr 1990 im Rahmen meines Forschungsaufenthalts beim *Internationalen Währungsfonds* (IWF) in Washington geschriebenen Beitrags, in dem ich die Reagan'sche Steuerreform für die insbesondere in Lateinamerika zu großen sozialen Verwerfungen führende Schuldenkrise ab Anfang der 1980er-Jahre mitverantwortlich machte. In Kapitel 1 hatte ich ja schon darüber berichtet – und auch darüber, dass dieser Artikel nicht in IWF-Medien erscheinen durfte, weil die den IWF dominierenden USA nicht wollten, dass sich die Schuldner unter

Hinweis auf den Artikel eines Teils ihrer Verantwortung würden entledigen können. Auf der Suche nach der Wahrheit kommt einem eben auch manchmal die Politik in die Quere.

Nachdem sich nun *Economic Policy* einige Zeit lang gut entwickelt hatte, traten Georges de Ménil und Richard Portes 1993 an mich heran, um mich zu einem größeren Engagement bei ihrem Projekt zu bewegen. Neben ihnen sollte ich als gleichberechtigter *Senior Editor*, also als eine Art »Aufsicht führender Herausgeber«, wirken und mit ihnen die Arbeit der Managing Editors, also der operativen oder federführenden Herausgeber, koordinieren. Zugleich sollte das von mir gegründete Universitätsinstitut, das Center for Economic Studies (CES), neben dem *Centre for Economic Policy Research* (CEPR) von Richard Portes und der *Fondation Maison des Sciences de l'Homme* in Paris, zu dem George de Ménil gehörte, gleichberechtigter Eigentümer werden.

De Ménil und Portes wollten die Partnerschaft mit einem deutschen Institut, um *Economic Policy* breiter aufzustellen. Sie strebten danach, das größte und wirtschaftsstärkste europäische Land und seine Ökonomen angemessen zu repräsentieren und für diese zu einem attraktiven Publikationsmagneten zu werden. Und sie wollten zugleich einen finanzkräftigen Partner gewinnen, der sich an den laufenden Kosten und anstehenden Investitionen beteiligen würde, denn in den Anfangsjahren machte *Economic Policy* überwiegend Verluste.

Ich fand das Angebot vom Grundsatz her überaus ehrenvoll. Die Verhandlungen waren aber eher schwierig, weil die Partner durchaus selbstbewusst auftraten und wegen ihrer Aufbauarbeit allerlei Sonderrechte verlangten, die ich jedoch nicht bereit war zu akzeptieren. Entweder würden wir im Endeffekt vollauf gleichberechtigte Partner oder ich würde nicht mitmachen. Das hatte ich mir geschworen. Nach einem langen Gezerre kamen wir schließlich zu einem tragbaren Kompromiss, und das CES wurde nach einer Übergangszeit von fünf Jahren tatsächlich zu einem in jeder Hinsicht gleichberechtigten Miteigentümer und Mitorganisator.

Es wurde klar, dass meine Entscheidung zwei sehr große Vorteile mit sich brachte: Zum einen erhöhte sich die weltweite Sichtbarkeit der volkswirtschaftlichen Fakultät der Universität München und meines Instituts auf einen Schlag erheblich. Und zum anderen erwiesen sich die mit der Beteiligung zunächst einhergehenden finanziellen Lasten nur temporär, denn nach wenigen Jahren lief die Zeitschrift so gut, dass für die Eigentümer Jahr um

Jahr Überschüsse anfielen, die in den Aufbau eines Reservepolsters flossen und dann für eine kräftige Ausweitung der Zahl der jährlichen Publikationen verwendet wurden. Die eigene Tätigkeit der *Senior Editors* für die Zeitschrift war selbstverständlich stets ehrenamtlich. *Economic Policy* hat über Jahrzehnte wichtige Kommentare zur europäischen Wirtschaftspolitik geliefert, die viel empirisches Licht in den Nebel sich zum Teil überschlagener Ereignisse warfen und der Politik Hilfestellung für ihre Entscheidungen gaben. Die Themen reichten von der Integration der osteuropäischen Länder in die EU über die Migrationsproblematik bis hin zur Einführung des Euro, der Zinspolitik der EZB, der großen Finanzkrise, der Rettungspolitik der EZB, dem Brexit und vielem, vielem mehr. Durch die Vielzahl der exzellenten Beiträge stieg die Zeitschrift in den internationalen Rankings immer weiter an und gehört heute zu den Spitzenjournalen unseres Faches.

Nach gut zwanzig Jahren des Dienstes für *Economic Policy* habe ich mein Amt im Einvernehmen mit meinem Nachfolger am CES, Clemens Fuest, an meinen Münchner Kollegen Klaus Schmidt abgegeben und beschränke mich auf einen Sitz im Verwaltungsrat.

Der Verein für Socialpolitik, die Kathedersozialisten und was heutige Ökonomen von ihnen lernen können

Eine besondere Rolle bei den institutionellen Reformen, die ich unter Nutzung meiner kanadischen Erfahrungen auf den Weg bringen wollte, um die deutsche und europäische Ökonomie zu modernisieren, spielte der Verein für Socialpolitik.

Der Verein für Socialpolitik – immer schon und auch heute noch mit einem »c« statt einem »z« geschrieben – wurde im Jahr 1873 von Juristen und Ökonomen ins Leben gerufen. Das war vier Jahre nach der Gründung der Sozialdemokratischen Partei und zwei Jahre nach der Ausrufung des neuen deutschen Kaiserreichs im Spiegelsaal von Versailles. In einem durch die Industrialisierung rasant sich verändernden Deutschen Reich, in dem die Gefahr der sozialen Verelendung und der Spaltung der Gesellschaft durch die Radikalisierung der Arbeiterschaft wuchs, argumentierten die Gründer, dass der Staat sich erstmals auch im Bereich der Sozialpolitik engagieren müsse, um die wachsenden gesellschaftlichen Spannungen als Folge der rapiden Industrialisierung abzubauen und die Arbeiterschaft mit dem Staatswesen zu versöhnen.

Die Vorschläge gefielen nicht jedem. Kritiker, Kollegen und andere schmähten die Volkswirte und Juristen, die sich im Verein für Socialpolitik versammelt hatten, immer wieder als »Kathedersozialisten«, sodass sich dieser Begriff schnell in den Köpfen festsetzte. Und auch aus der Politik sahen sie sich lange Zeit heftigem Gegenwind ausgesetzt. Das freilich sollte sich bald ändern.

Neben den Vereinsgründern Rudolf von Gneist und Erwin Nasse, die beide Juristen waren, spielten auf der Seite der Ökonomen vor allem Gustav von Schmoller, Lujo Brentano und Adolph Wagner eine besondere Rolle. Denn mit ihrer Forschung und ihren Vorschlägen waren sie es, die letztlich jene Reformen vorbereiteten, die später als Bismarck'sche Sozialreformen den Weg in die Geschichtsbücher fanden. Früh propagierten sie eine Unfallversicherung für die Arbeiter, eine Krankenversicherung und eine Rentenversicherung, um auf diese Weise die Bürger in einer immer mobileren, unsichereren und urbaner werdenden Gesellschaft, in der die Versorgungsfunktionen von Familien und Dörfern erodierten, gegen die ärgsten Wechselfälle des Lebens abzusichern. Und obwohl der damals fast allmächtige Reichskanzler Otto von Bismarck lange nichts von diesen Vorschlägen wissen wollte, realisierte er sie unter dem Eindruck der weiter zunehmenden sozialen Spannungen in der nachfolgenden Dekade schließlich doch, nachdem er sie in seiner großen Reichstagsrede von 1881 angekündigt und ausführlich begründet hatte. 1883 wurde die gesetzliche Krankenversicherung beschlossen, 1884 die Unfallversicherung und 1889 die Rentenversicherung, die damals allerdings nur eine Invalidenversicherung war. Die Bismarck'schen Reformen wurden zum Exportschlager. Denn nachdem sie in Deutschland eingeführt worden waren, kopierten viele andere sich industrialisierende Staaten die Reformen in den nachfolgenden Jahrzehnten. Vermutlich haben diese Reformen Deutschland vor der sozialistischen Revolution geschützt, die die Kommunisten im Gefolge von Karl Marx forderten und die dann später ersatzweise in Russland ausbrechen sollte.

Bei näherer Betrachtung stellen die von den kreativen Kathedersozialisten inspirierten Sozialinnovationen das Grundgerüst dessen dar, was wir heute als Wohlfahrtsstaat kennen. Doch nicht nur das. In gewisser Weise sind die Kathedersozialisten zugleich auch als geistige Väter der Sozialen Marktwirtschaft anzusehen – jener uns bestens bekannten Wirtschaftsform also, die nicht nur dem Markt vertraut, sondern das politische Korrektiv des sozialpolitisch agierenden Staates benötigt, wie ich es in Kapitel 7 mit meiner versicherungswissenschaftlichen Sicht begründet habe.

Kein Zweifel, in turbulenten Zeiten übernahmen die Kathedersozialisten durch ihre Art, Wissenschaft zu betreiben und Vorschläge für eine bessere Wirtschafts- und Sozialpolitik zu unterbreiten, gesellschaftspolitische Verantwortung. Sie verließen den Elfenbeinturm und machten sich, indem sie sich der öffentlichen Kritik aussetzten, auch angreifbar. Wenn man Verantwortung übernimmt, lässt sich das kaum vermeiden.

Der Verein für Socialpolitik verlor bald nach der Gründung seine »juristischen Wurzeln« und entwickelte sich im Laufe der Jahrzehnte zur Fachvereinigung der akademischen Volkswirte im deutschsprachigen Raum. Dabei hieß er stets auch Betriebswirte und Vertreter anderer Sozialwissenschaften willkommen, die sich erst deutlich später als Fachdisziplinen formierten. Heute ist der Verein für Socialpolitik, der nun auch den Untertitel »Gesellschaft für Wirtschafts- und Sozialpolitik« trägt, mit zahlreichen Untergliederungen so strukturiert, dass die große Breite des Faches Volkswirtschaftslehre abgedeckt wird.

Ich war zwei Amtsperioden lang, und zwar in den Jahren 1997 bis 2000, Vorsitzender des Vereins für Socialpolitik. Ich übte dieses Amt sehr gerne, ja mit großer Überzeugung und Hingabe aus, denn ich identifizierte mich in hohem Maße mit den Kathedersozialisten und der Rolle, die sie in der Gesellschaft gespielt hatten.

Damit ist nicht nur gemeint, dass ich die Empfehlungen, die diese Ökonomen abgaben, schätze. Meine Wertschätzung bezieht sich vielmehr vor allem auf die von ihnen übernommene aktive Rolle im gesellschaftlichen Diskurs, in ihrer Verantwortung gegenüber der Gesellschaft, die sich in ihren Empfehlungen, ja in der gesamten Geschichte des Vereins widerspiegelt. Mit der Übernahme sozialer Verantwortung als Teil der Aufgabe eines Volkswirts kann ich mich bis heute voll und ganz identifizieren.

Mehr noch: Ohne das Ziel, nützlich für die Gesellschaft tätig werden zu können, also in diesem Sinne auch verantwortlich zu handeln, hätte ich der volkswirtschaftlichen Forschung vermutlich nicht so lange die Treue gehalten, sondern wäre spätestens nach meiner Promotion zur Unternehmensberaterfirma McKinsey gegangen, die mir damals ein lukratives Angebot machte. Und ich hätte meine Tätigkeit auch nicht als Berufung ansehen können, wie ich das heute immer noch tue. Die Kathedersozialisten sind in ihrer Grundhaltung zu Wirtschaft und Gesellschaft so gesehen auch heute noch Vorbilder für mich.

Der Volkswirt, wie ich ihn verstehe, betreibt seine Wissenschaft ja nicht nur der Erkenntnis wegen, sondern weil er die Welt verbessern und den Menschen in ihrer Gesamtheit helfen will. Genau das wollten auch die Kathedersozialisten. Der Betriebswirt hilft dem Betrieb, der Volkswirt dem Volk. Das klingt banal, aber genau das ist der Kern meiner Motivationslage. Dem Volkswirt geht es darum, die bestmöglichen Spielregeln in Gestalt von Verordnungen und Gesetzen für ein fruchtbares Zusammenwirken der Haushalte und Unternehmen zu finden und wo nötig auch direkte Interventionen des Staates in den Wirtschaftsprozess zu definieren, die dem Ziel dienen, den normalen, einfachen Menschen Wohlstand, Frieden und Sicherheit zu gewähren. Genau in diesem Geiste haben auch die Kathedersozialisten agiert.

Doch dieses Verständnis der Aufgabe des Volkswirts in der Gesellschaft wird heute nicht mehr von allen geteilt. Auch nicht mehr von allen Ökonomen. Viele sehen heute mehr denn je die Ökonomie als eine Suche nach Erkenntnis an sich. Das Recht auf diese Sichtweise sei ihnen unbenommen. Nur reicht mir diese Sicht auf die Aufgabe eines Volkswirts nicht. Und ich denke, auch den Steuerzahlern dürfte und sollte sie nicht reichen. Sie sind es immerhin, die die universitäre Wissenschaft finanzieren müssen.

Zwar hat, wie schon früher ausgeführt, die zeit- und raumlose theoretische ökonomische Forschung ihre Berechtigung. Sie wird als ein Teil des wissenschaftlichen Systems gebraucht, und ich selbst habe mich Jahrzehnte meines Forscherlebens damit beschäftigt. Ich vermute aber, dass die Steuerzahler diesen Teil, wenn sie entscheiden könnten, deutlich kleiner halten würden, als er heute praktiziert wird. Sie würden es vermutlich vorziehen, wenn sich die volkswirtschaftliche Forschung wieder stärker auf gesellschaftlich relevante Themen konzentrieren würde, die ihre tatsächlichen Sorgen aufgreift, sich aktuellen Problemen zuwendet und Ergebnisse produziert, die für die Gestaltung besserer wirtschaftlicher Spielregeln für das Gemeinsystem taugen und messbare Zuwächse der allgemeinen Wohlfahrt versprechen. Den Steuerzahlern wäre es vermutlich lieber, wenn der Geist der Kathedersozialisten sich wieder verbreiten würde, wobei die Betonung nicht im Wort »Sozialist« liegt, das ja ohnehin nur eine Schmähung der Gegner war, sondern im Grundansatz der Kathedersozialisten, gesellschaftlich relevante Forschung zu betreiben.

Nils Goldschmidt, der Mitherausgeber von *Schmollers Jahrbuch*, hat anlässlich Gustav von Schmollers 100. Todestag unlängst einen Beitrag in der *Süddeutschen Zeitung* veröffentlicht. Darin formuliert er unter anderem: »Als Gustav von Schmoller am 27. Juni 1917 stirbt, endet zugleich eine der originellsten Epochen der deutschsprachigen Wirtschaftswissenschaft. Schmoller – den man wohl mit einigem Recht als den Hans-Werner Sinn des späten 19. Jahrhunderts bezeichnen könnte – ...« und so fort. Natürlich schmeicheln mir diese Sätze. Sie schmeicheln mir auch deswegen, weil die Haltung Schmollers und der Kathedersozialisten für mich bis heute ein Vorbild darstellt. Es hat mich auch so gesehen besonders berührt, als mir der Verein für Socialpolitik im Jahr 2014 die Gustav-Schmoller-Medaille überreichte. Ich weiß nicht, ob Goldschmidts Urteil bzw. die Ehrung des Vereins gerechtfertigt sind. Mein Streben danach, mich als Volkswirt am gesellschaftlichen Diskurs zu beteiligen und in diesem Sinne gesellschaftlich verantwortlich zu handeln, wird aber durch beides in der Tat zum Ausdruck gebracht.

Ähnliches gilt für die Friedrich-List-Medaille in Gold, die mir im Jahr 2017 im Kaisersaal des Römers in Frankfurt, kurz vor der Drucklegung dieses Buches, vom *Bundesverband der Volks- und Betriebswirte*, dem vor allem in der Wirtschaft tätige Volks- und Betriebswirte angehören, überreicht wurde. Der Preis wird nur im Abstand von einigen Jahren vergeben und erinnert an das Wirken von Friedrich List, der zum Beginn des 19. Jahrhunderts sowohl akademisch als auch praktisch als Volkswirt gewirkt hat. So war List 1817 der Gründer der ersten volkswirtschaftlichen oder genauer: »staatswirtschaftlichen« Fakultät Deutschlands in Tübingen, und er gilt wegen seines Schrifttums und der Gründung des *Allgemeinen Deutschen Handels- und Gewerbevereins* als der entscheidende Wegbereiter des *Deutschen Zollvereins*, durch den die Nachteile der Kleinstaaterei für den deutschen Warenverkehr überwunden und Deutschlands wirtschaftlicher Aufstieg im 19. Jahrhundert ermöglicht wurde. Nach einschlägigen Erfahrungen mit einem Eisenbahnprojekt in den USA hatte List zudem maßgeblichen Einfluss auf den Bau der ersten deutschen Ferneisenbahn, die ab 1839 Dresden und Leipzig verband. In der Tat, mit List, dem großen Volkswirt, der wie die Kathedersozialisten die Welt verbessern wollte, kann ich mich gedanklich gut assoziieren.

Ein Nachsatz sei gestattet: Goldschmidts Artikel über den Kathedersozialisten Gustav von Schmoller ist überschrieben mit »Wirtschaft muss den Menschen dienen«. Genauso ist es. Auch wenn ich damit unter Pathosverdacht gerate.

Schon früher: Zarte Versuche der Öffnung

Schon lange bevor ich Vorsitzender des Vereins für Socialpolitik wurde, engagierte ich mich dort für eine Modernisierung der deutschen Volkswirtschaftslehre. Die ersten Reformen, an denen ich beteiligt war, konnten wir bereits Ende der 1980er-Jahre auf den Weg bringen.

Heinz König, wie schon erwähnt, die führende Figur der Mannheimer Ökonomen und Zweitkorrektor meiner Dissertation, war damals zum Vorsitzenden des Vereins für Socialpolitik gewählt worden und hatte mich zur Kandidatur um einen Sitz im erweiterten Vorstand ermuntert, obwohl ich damals noch gar nicht habilitiert, geschweige denn Professor war. Ich ließ mich überzeugen. Und nachdem ich gewählt worden war, entwickelte ich sogleich die Idee, den Verein für Socialpolitik zu entstauben und für junge Ökonomen zu öffnen. Endlich hatte ich die Möglichkeit, die Erfahrungen mit dem kanadischen Hochschulbetrieb bei einer praktischen Verbandspolitik einzusetzen.

Der Verein war ja zu jener Zeit, man kann es nicht anders sagen, letztlich so etwas wie ein Honoratiorenverein. Die von ihm veranstalteten wissenschaftlichen Jahrestagungen waren daher nicht von ungefähr so angelegt, dass sie junge Ökonomen quasi ausgrenzten. Sie konnten auf diesen Tagungen prinzipiell zwar auch ihre Forschungsergebnisse vortragen. Aber da es nur immer jeweils ein Thema bei den Tagungen gab, suchte der Verein im Vorfeld die besten Fachleute als Vortragende aus, und die waren in aller Regel ältere Ökonomen. Jüngere hatten so faktisch kaum eine Chance, ihre Arbeiten zu präsentieren. Mein eigener Beitrag zum sogenannten intertemporalen allgemeinen Gleichgewichtsmodell, den ich wie schon erwähnt im

Jahr 1979 vortragen durfte, als der mich schätzende und fördernde Horst Siebert als Tagungsleiter amtierte, gehörte zu den wenigen Ausnahmen. Nach meinen Erfahrungen in Kanada war mir klar, dass man dieses Tagungssystem ändern musste. Man musste es so ändern, dass es den jüngeren Wissenschaftlern auf der Ebene der Doktoranden und Habilitanden eine bessere Chance geben würde, sich Gehör zu verschaffen. Damit würde es, so war ich überzeugt, möglich sein, der gesamten deutschsprachigen Ökonomie eine Frischluftkur zu verpassen. Ich schlug Heinz König deshalb vor, künftig sogenannte offene Tagungen auszurichten, bei der alle Wissenschaftler ihre aktuellen Forschungsarbeiten einreichen konnten – gleichgültig, in welchem Teilgebiet der Ökonomie sie unterwegs waren, welche Funktionen sie innehatten und wie alt sie waren. Solcherart konzipierte Tagungen würden, davon war ich überzeugt, die Interaktionen zwischen jungen und forschungsstarken Wissenschaftlern fördern und ihre Chancen verbessern, im internationalen Forscherwettbewerb zu bestehen. Denn erstens würden auf diese Weise viel mehr Vorträge möglich werden als im alten Tagungsmodus. Und zweitens würden die Jungen nicht länger mehrere Jahre warten müssen, bis ihr eigenes Themengebiet einmal dran war, zumal sie dann – jedenfalls im alten Tagungsmodus – von den Honoratioren ausgestochen würden.

Heinz König war der Idee gegenüber sehr aufgeschlossen und setzte eine Kommission des erweiterten Vorstands ein, der neben mir die Professoren Werner Hildenbrand von der Universität Bonn und Eva Bössmann von der Universität Köln angehörten. Wir sollten den Vorschlag diskutieren und, falls wir uns einigten, eine Empfehlung abgeben. Bei Hildenbrand rannte ich mit meinem Anliegen quasi offene Türen ein. Bössmann hingegen zeigte sich zunächst etwas skeptischer, ließ sich dann aber doch von uns beiden überzeugen. So konnten wir binnen Kurzem eine einstimmige Empfehlung an den gesamten erweiterten Vorstand einreichen, zusammen mit einem Plan für die Umsetzung unserer Idee. Und nachdem der erweiterte Vorstand sein Okay gegeben hatte, konnte das »Experiment« einer Öffnung der Tagung in Angriff genommen werden.

Die erste Jahrestagung nach dem neuen Konzept fand 1991 in Lugano statt, an der dortigen Universität, der südlichsten der Schweiz, die, wenngleich sie in der italienischen Schweiz liegt, noch zum Mitgliederbereich des Vereins für Socialpolitik gehörte. Die Tagung wurde zu einem vollen Erfolg.

10 Frischluft dringend benötigt: Eine bessere Ökonomie für eine bessere Gesellschaft

Tatsächlich waren im Vorfeld sehr viele Aufsätze eingereicht worden, und viele von ihnen wurden von den Gutachtern, die wir eingesetzt hatten, als würdig erachtet, präsentiert zu werden. Viele der angenommenen Beiträge stammten nun auch wirklich von jungen Ökonomen. Genau das hatte ich mir erhofft.

So quoll dann der Veranstaltungsort fast über vor jungen Wissenschaftlern. Und infolge der vielen jungen Teilnehmer ergab sich quasi im Nu eine quirlige Forschungsatmosphäre, wie sie die »Honoratiorentagungen« der vielen vergangenen Jahre nie gekannt hatten. Keine Frage, und das zeigte sich während der gesamten Vereinstagung: das »Experiment« war gelungen. Der neue Tagungsmodus hatte sich bewährt und wurde seitdem beibehalten.

Mehr Jugend und Internationalisierung

Heinz König eröffnete mir nicht nur die Freiräume, die dazu führten, dass der Verein für Socialpolitik seine wissenschaftlichen Tagungen im beschriebenen Sinn öffnete. Er war es auch, der mich später als Nachfolger von Erhard Kantzenbach von der Universität Hamburg, der wiederum sein Nachfolger gewesen war, zum Vorsitzenden vorschlug. Er hatte das natürlich nicht nur vorher mit mir abgestimmt, denn ein solches Amt bedeutet viel Arbeit. Er hatte auch das Recht dazu, diesen Vorschlag zu machen. Denn es entsprach den Gepflogenheiten, dass der Alt-Vorsitzende das Vorschlagsrecht für den Nachfolger seines schon amtierenden eigenen Nachfolgers – in diesem Fall Kantzenbach – hatte. So wählte mich also die Mitgliederversammlung ins Amt, und ich diente, bei einer zwischenzeitlichen Wiederwahl, vier Jahre lang, von 1997 bis 2000, als Vorsitzender des Vereins für Socialpolitik. Nun war ich also für vier Jahre der Magister Ludi der deutschen Volkswirte.

Es gab viel zu tun, denn ich hatte einiges vor. Stark unterstützt durch meine wissenschaftlichen Assistenten am Lehrstuhl, Ronnie Schöb und Marcel Thum, machte ich mich sogleich ans Werk, um den Verein für Socialpolitik weiter zu reformieren. Zwei meiner zentralen Ziele blieben weiterhin, junge Forscher zu fördern und die Internationalisierung der deutschen Volkswirtschaftslehre voranzutreiben.

Zu diesem Zweck initiierte ich zunächst den Gossen-Preis. Dieser Preis wird nun seit 1997 auf jeder Jahrestagung an den besten jungen Volkswirt vergeben und ist mit 10.000 Euro dotiert. Ausgezeichnet werden junge Forscher, die mit ihrer Arbeit internationales Ansehen erworben und zum Zeitpunkt der Preisverleihung das 45. Lebensjahr noch nicht vollendet haben.

Eigentlich hatte ich als möglichen Preisträger ursprünglich nur Volkswirte unter 40 Jahren zulassen wollen und mich bei diesem Gedanken von den Kriterien für die Vergabe der John-Bates-Clark-Medaille der *American Economic Association*, also der amerikanischen Ökonomenvereinigung, leiten lassen. Doch argumentierten die anderen Mitglieder des erweiterten Vorstands, dass die Karrieren in Deutschland, der Schweiz und Österreich später begännen als in den USA und dass man die Grenze daher bei 45 Jahren ziehen müsse. Sie hatten recht und überzeugten mich.

Namensgeber des Gossen-Preises ist Hermann Heinrich Gossen, der als einer der ersten großen Volkswirte des deutschen Sprachraums gilt. Bereits 1854 hatte er in einem Buch die sogenannte Grenznutzentheorie entwickelt, nach der Menschen ihr Einkommensbudget so auf alternative Güter aufteilen, dass die letzte für eine Gütereinheit verwendete Geldeinheit in allen Güterarten denselben Grenznutzen, also Zusatznutzen, erzeugt. Zusammen mit der Annahme des fallenden Grenznutzens war dies die erste überzeugende Theorie der Nachfrage, die erklärte, warum Menschen zu fallenden Preisen mehr von einer Ware kaufen.

Die Theorie des fallenden Grenznutzens besagt, dass die erste Einheit eines Gutes, die man erwirbt, einen höheren Nutzen stiftet als die zweite, die zweite einen höheren Nutzen als die dritte und so weiter. Ich erlebe diese Theorie häufig am eigenen Leibe, wenn ich mein geliebtes holländisches Lakritz – Katjes, Zoutjes, Dropjes und wie die Sorten alle heißen – zu mir nehme. Das erste Stück ist ein Hochgenuss. Um beim zweiten Biss mindestens den gleichen Hochgenuss zu haben wie beim ersten, brauche ich schon zwei Stücke gleichzeitig. Dann brauche ich drei, dann vier oder fünf, und dann wird es unmäßig, bis die Tüte leer ist, mein Blutdruck wegen des übermäßigen Salzgenusses in die Höhe schnellt und ich merke, dass ich etwas falsch gemacht habe.

Nach Gossens Theorie kaufe ich so viele Stücke Lakritz, bis der letzte Euro, den ich pro Jahr für Lakritz ausgebe, mir den gleichen Nutzen verschafft wie der letzte Euro, den ich für den Brotkonsum verwende, denn wäre das nicht der Fall, könnte ich ja mehr Konsumnutzen haben, wenn ich meine Ausgabe von dem Gut mit dem niedrigeren Grenznutzen zum Gut mit dem höheren Grenznutzen umschichtete. Ich gebe aber zu: Irgendetwas stimmt mit der Theorie nicht, denn ich esse viel zu viel Lakritz, insbesondere, wenn ich herrlichen süß-salzigen Zoutjes aus echtem Süßholz finde, und außerdem noch zu viel Brot, das ich mir dann bei Joggen wieder abtrainieren muss. Nun gut, es geht bei der Theorie ja nie um die absolute, sondern um die approximative Wahrheit, und die kann man Gossen nicht ganz absprechen.

Wie dem auch sei, Gossens Leistung war ein wichtiger Schritt in der Geschichte der volkswirtschaftlichen Theoriebildung, dessen Bedeutung erst lange nach seinem Tode erkannt wurde. Heute ist es unter Ökonomen unbestritten, dass Gossen die Theorie der Nachfrage tatsächlich eher als der Franzose Léon Walras oder der Brite William Stanley Jevons formuliert hatte, die lange Zeit als die Erfinder der Theorie vom Grenznutzen gegolten hatten. Insofern war es adäquat, den Preis nach Gossen zu benennen.

Eine große Baustelle für den Verein für Socialpolitik war auch die von ihm herausgegebene *Zeitschrift für Wirtschafts- und Sozialwissenschaften*, die von 1974 an die Vereinszeitschrift gewesen war. Diese traditionsreiche Zeitschrift, die unter verschiedenen Namen seit 1871 existierte, hatte seit vielen Jahren nun schon die besten Zeiten hinter sich und dümpelte träge vor sich hin. Von internationaler Sichtbarkeit, um die es mir ja auch ganz besonders ging, musste man gar nicht erst reden, aber selbst im deutschsprachigen Raum fand sie kaum mehr Resonanz. Das war schon peinlich.

Ich plädierte daher im Vorstand dafür, dass der Verein sich von dieser Zeitschrift trennte, und setzte eine interne Diskussion in Gang, an deren Ende die Gründung einer neuen Zeitschrift mit dem Titel *German Economic Review* stand. Diese Zeitschrift sollte fortan konsequent forschungsintensive Fachartikel auf Englisch herausbringen, um so deutschen und internationalen Wissenschaftlern ein Forum für die Fachdiskussion zu bieten. Um aber gleichwohl noch ein Forum für die deutschsprachige Politikdiskussion zu haben, gründeten wir eine neue Zeitschrift, die *Perspektiven der Wirtschaftspolitik*, die fortan allen Vereinsmitgliedern zugehen sollte. Beide Zeitschriften gibt es noch heute. Auch die *Zeitschrift für Wirtschafts- und Sozialwissenschaften* wurde in Anspielung an den Gründer anschließend im Jahr 2000 unter dem Namen *Schmollers Jahrbuch – Zeitschrift für*

Wirtschafts- und Sozialwissenschaften unter neuer Leitung wiederbelebt, aber das geschah außerhalb des Vereins. Ich habe sie weiter vorn im Zusammenhang mit Goldschmidt schon erwähnt.

Waren oder sind die neuen Vereinszeitschriften erfolgreich – gemessen an ihrem Beitrag zum wissenschaftlichen Diskurs? Ich finde ja, insbesondere weil die neuen Herausgeber sich ordentlich ins Zeug gelegt und aus ihnen gut frequentierte Diskussionsforen gemacht haben. Aber man muss realistisch sein. Bei näherer Betrachtung genügt das heute, in Zeiten des internationalen Forscherwettbewerbs, vielen Ökonomen nicht mehr. Zeitschriften wie diese haben mittlerweile mit einer Art Starkult zu kämpfen, der rund um die wichtigsten Fachzeitschriften der Ökonomie betrieben wird, die *Top Journals,* die fast alle in den angelsächsischen Ländern verlegt werden. Der Kult um die Spitzenplätze hat in den letzten Jahren immer mehr dazu geführt, dass die meisten ambitionierten Forscher möglichst nur noch dort publizieren wollen. Hier werden sie wirklich wahrgenommen, so hoffen und wissen sie, und die Publikation in diesen *Top Journals* bringt echte Statusgewinne in der Ökonomenwelt. Für dieses Ziel sind Autoren häufig bereit, viele Jahre zu warten, während sich die Welt weiterdreht und die Probleme, die in den Aufsätzen behandelt wurden, an praktischer Relevanz verlieren, sofern sie sie überhaupt einmal hatten.

Aber es ist, wie es ist. Der Kampf der weltweiten Forschungseliten um die Anerkennung durch die Fachkollegen ist hart, und die Alternative, den Kopf in den Sand zu stecken und sich nicht zu beteiligen, existiert einfach nicht mehr. Auch die Erkenntnis dieses Sachverhaltes hatte mich bewogen, die Weichen beim Verein für Socialpolitik wenigstens so zu stellen, dass sich die deutschsprachigen Ökonomen an diesem Kampf beteiligen konnten, damit sie nach dem Krieg und der Nazizeit nicht mehr isoliert waren, sondern zumindest eine Chance bekamen, den mühsamen Weg in die internationale wissenschaftliche Gemeinschaft zu bestehen.

Schwärmt aus!

Aus diesem Grund sehe ich es als die wichtigste Maßnahme meiner Amtszeit als Vorsitzender des Vereins für Socialpolitik an, dass es mir gelang, ein Förderprogramm für junge Volkswirte zu begründen, das den Besuch auf internationalen Fachtagungen prämierte. Ich wollte den jungen Forschern deutlich machen, dass es im Interesse des Vereins für Socialpolitik und der jungen Forscher selbst lag, wenn sie sich nicht nur in Deutschland, sondern auch international mit ihren Ideen zu Wort melden würden.

Die Idee war das eine, die Umsetzung das andere, und die hing, wie bei vielem, von der Finanzierung ab. Ohne Geld konnten wir unser Förderprogramm nicht an die Startrampe bringen. Mein Glück war, dass Otmar Issing zu jener Zeit nicht nur Chefvolkswirt der Bundesbank, sondern auch Schatzmeister unseres Vereins war. Nach einigen Gesprächen ließ er sich von dem Plan überzeugen, bei der Bundesbank quasi um Geld zu »betteln«, um mit diesem Geld jungen Volkswirten die Reise zu ausländischen Fachkonferenzen zu ermöglichen.

Gemeinsam gingen wir also zum damaligen Bundesbankpräsidenten Hans Tietmeyer und trugen ihm unser Anliegen vor. Die Resonanz war, wie wir es erhofft hatten, positiv. Tietmeyer ging sogar noch ein Stück weiter und sprach auch mit seinen Notenbankchef-Kollegen in der Schweiz und in Österreich. Wie Tietmeyer für die Bundesbank stiegen auch sie mit ordentlichen Beträgen ein. Wir konnten unser Glück kaum fassen. Doch damit nicht genug. Außerdem nämlich beteiligten sich die österreichischen Lotterien und die BMW AG.

Im ersten Jahr kamen für unser Förderprogramm insgesamt 200.000 D-Mark zusammen. Obwohl sich die Österreichische Notenbank später, zum Glück nur temporär, ausklinkte, weil für sie ein zu hoher Prozentsatz der Förderbeträge an deutsche Wissenschaftler ging, konnten wir in den Jahren meiner Amtszeit, also von 1997 bis 2000, jährlich etwas mehr als 160 junge Wissenschaftler auf die Reise schicken.

Bei der Vergabe der Mittel entschieden wir uns für ein unbürokratisches Verfahren. Wir definierten eine Liste von Top-Konferenzen, die über ein hartes Begutachtungssystem für die eingereichten Forschungspapiere verfügten und in der Regel nicht mehr als die Hälfte der Einreichungen annahmen. Den Wissenschaftlern boten wir einen Pauschalbetrag von je 1.000 D-Mark an, wenn sie uns nachwiesen, dass sie ihre Forschungsergebnisse tatsächlich auf diesen Konferenzen vorgetragen hatten. Wir wollten keine Quittungen und keine Belege prüfen, weil das zu unnötigem Verwaltungsaufwand geführt hätte, sondern gewährten den Betrag insofern als eine Art Stipendium, über das der Jungwissenschaftler beliebig verfügen konnte.

Das Förderprogramm wurde sofort zu einem Riesenerfolg. Es erzeugte wegen der anfangs sehr geringen Präsenz der deutschsprachigen Wissenschaftler auf den internationalen Konferenzen kaum Mitnahmeeffekte, sondern regte tatsächlich die Reiselust an. Und vor allem: Die Produktion neuer wissenschaftlicher Beiträge und der internationale Wettbewerb zwischen den jungen Forschern wurde so gefördert. Genau darum ging es uns ja. Mit einem Schlag tauchten die deutschsprachigen Volkswirte nun auf den internationalen Konferenzen auf und machten auf sich aufmerksam. Die Rückmeldungen, die sie dort von Forschern aus anderen Ländern erhielten, waren wiederum ein wichtiger Stimulus zur Verbesserung der vorhandenen Beiträge und eine Ermunterung, neue Beiträge zu schreiben. Die so innert kürzester Zeit entstehende Dynamik war quasi mit den Händen zu greifen. Mit unserem Förderprogramm hatten wir gleichsam eine Revolution angezettelt, die alles veränderte. Die jungen deutschsprachigen Ökonomen machten sich auf den Weg in die internationale Wissenschaftsgemeinschaft und blieben dann dort auch.

Die Wirkungen des Programms gingen im Übrigen nicht zulasten der Präsenz auf den Vereinstagungen selbst, ganz im Gegenteil. Die Aussicht auf die Förderprämien ließ die Mitgliedschaft im Verein für Socialpolitik sehr stark ansteigen, und das schlug sich auch im Interesse an den Vereinstagungen nieder. Plötzlich kam ein neuer Schwung in die Gemeinschaft der deutschsprachigen Volkswirtschaftler, der eine sich selbst tragende Dynamik in Deutschland, Österreich und der Schweiz auslöste. Wir waren selbst überrascht, wie schnell das alles passierte.

Ja, wir staunten: Das Ganze in Gang gesetzt mit 200.000 D-Mark, dem Gegenwert von gerade einmal vier bis fünf Assistentenstellen – keine schlechte Hebelwirkung des eingesetzten Kapitals.

Auf zum Tanz: Im Weltverband der Finanzwissenschaftler

Zehn Jahre, nachdem ich im Verein für Socialpolitik als deren Vorsitzender die Fenster der deutschsprachigen Ökonomie aufreißen half, ließ ich mich erst überreden und dann überzeugen, die Präsidentschaft des Weltverban-

10 Frischluft dringend benötigt: Eine bessere Ökonomie für eine bessere Gesellschaft

des der Finanzwissenschaftler, des *International Institute of Public Finance* (IIPF), zu übernehmen. Das Amt übte ich von 2006 bis 2009 aus. Der IIPF wurde 1937 in Paris gegründet und gilt als Keimzelle der modernen Finanzwissenschaft. So war auch Richard Musgrave, der schon mehrfach erwähnte Nestor dieses Faches, Mitglied und hat die Arbeit des Verbands durch viele Beiträge bereichert. Die beim Verband präsentierte Forschung umfasst sowohl theoretische als auch empirisch-institutionelle sowie ökonometrische Ansätze. Und die behandelten Themen schließen die Steuerpolitik, die Sozialpolitik, die Allokationspolitik und die Stabilisierungspolitik ein. Das sind, wie ich in den Kapiteln 2, 6, 7 und 8 dargelegt habe, stets auch meine Themen gewesen, bis heute.

Der Vorteil einer Mitgliedschaft im IIPF liegt für die Finanzwissenschaftler darin, dass sie ihre internationalen Erfahrungen mit nationalen Politikmaßnahmen zur Verbesserung des Wirtschaftsablaufs austauschen können, um so Fehler aus der unbedachten Implementierung von noch nicht ausgetesteten Maßnahmen zu vermeiden und umgekehrt zu erkennen, welche Maßnahmen in Krisensituationen und ganz allgemein bei beobachtbaren Marktfehlern Linderung und Heilung versprechen. Die in einem früheren Kapitel erläuterte Rolle des Ökonomen als Arzt, der die »Krankheiten« einer real existierenden Volkswirtschaft durch den Vergleich zwischen Soll- und Istwerten der Ökonomie diagnostiziert und dann Therapievorschläge entwickelt, wird auf den Kongressen des IIPF gelebt. So gesehen sind sie im Grunde medizinische Kongresse, auf dem Therapien für »kranke«, d. h. mit Defekten ausgestattete Volkswirtschaften diskutiert werden.

Jenen deutschen Stimmen, die mich – aus Gründen, die ich nicht kenne – gerne als Vertreter der Laissez-faire-Ökonomie einordnen, also einer Marktwirtschaft frei von staatlichen Eingriffen, empfehle ich, sich diesen Hintergrund einmal vor Augen zu führen. Falscher kann eine Einordnung nicht sein.

Das Publikationsorgan des IIPF ist die Zeitschrift *International Tax and Public Finance*, kurz ITAX genannt. Sie ist direkt nach dem *Journal of Public Economics* und noch vor der deutschen altehrwürdigen Fachzeitschrift *FinanzArchiv* die weltweit wichtigste internationale Fachzeitschrift im Bereich der Finanzwissenschaft.

Von tatsächlichen Laissez-faire-Ökonomen werden die Finanzwissenschaftler und ihr Weltverband eher kritisch gesehen, weil sie staatliche Interventionen in den Wirtschaftsablauf begründen und insofern sogar – je nach Ausrichtung: mehr oder weniger – über den Ordoliberalismus hinausgehen, der ja eigentlich nur den Ordnungsrahmen setzen will. An das früher erwähnte Zitat von Michael Parkin, dem kanadischen Ökonomen, der mir einmal sagte, man brauche keine Finanzwissenschaft, weil das doch – wie er meinte – die Lehre von der Korrektur der Marktfehler durch wohlmeinende Politiker sei, die man nicht brauche, weil es beides nicht gebe, möchte ich in diesem Zusammenhang erinnern. Ich halte eine solche Einschätzung für Unsinn, zumal die Finanzwissenschaft ja nicht nur die Politiker, sondern auch die Wähler informiert, die den Politikern auch einmal Beine machen können. Wohlmeinende Politiker werden von dem Fach in der Tat nicht oder nicht notwendigerweise unterstellt, eigentlich nur Wähler, die sich kein X für ein U vormachen lassen wollen.

Der IIPF trifft sich regelmäßig einmal im Jahr zu einer Tagung mit etwa 400 bis 500 Fachreferaten, die von seinen Mitgliedern aus aller Welt vorgetragen werden. Er hat Mitglieder in rund sechzig Staaten und tagt im jährlichen Rhythmus überall auf dem Globus. Ich selbst trat mein Amt bei einer Konferenz in Paphos auf Zypern an und war noch während der Tagungen in Warwick, Maastricht und Kapstadt für den Verband zuständig. Seitdem hat es viele andere Konferenzen in aller Herren Länder gegeben.

Auch während meiner Präsidentschaft beim IIPF brachte ich einige Neuerungen auf den Weg. Dazu gehörte die Einführung einer neuen, strafferen Satzung, bei deren Formulierung mir mein Münchner ifo-Kollege Meinhard Knoche, seines Zeichens Jurist, behilflich war. Dazu gehörte ebenfalls der Aufbau einer Geschäftsstelle am ifo Institut, die seither von einer ifo-Mitarbeiterin, Barbara Hebele, kompetent geführt und vom IIPF bezahlt wird. Auch durch die jährliche Auszeichnung eines der weltbesten Finanzwissenschaftler, die mit einer entsprechenden Vorlesungsveranstaltung in München verbunden ist, gelang es, das ifo Institut sozusagen nebenher zu einem weltweiten Zentrum der finanzwissenschaftlichen Forschung zu machen. Das passte sehr gut zu meinem Bestreben, die Volkswirtschaftslehre am Standort München zu internationalisieren und besser in die weltweite Forschung einzubinden.

Nun ja, und außerdem machte die Arbeit für das IIPF auch Spaß. Ein Beispiel zum Abschluss des Kapitels? Bei der Abendveranstaltung in Paphos, die nach einem intensiven Tag der Forschung und des Austausches nun endlich etwas gelöster verlief und mit Tanz und Musik endete, wurden alle IIPF-Vorstandsmitglieder – also auch ich –, ohne dass wir zuvor das Geringste geahnt hätten, dazu verdonnert, *Sirtaki* tanzen zu lernen. Unsere griechisch-zyprischen Ökonomenfreunde wollten und sollten uns dazu bringen, diesen wunderbaren Tanz der Hellenen zu lernen, um so den Saal ins Schwingen zu bringen. Der Sirtaki ist ein für den Film *Alexis Sorbas* mit Anthony Quinn erfundener Tanz, der sich an traditionelle, doch kompliziertere Versionen des griechischen *Syrtos*-Tanzes anlehnt. Ein Glück, denn wenn der Schauspieler die Einfach-Version lernen konnte, konnten wir es ja hoffentlich auch. Dennoch war der ständige Richtungswechsel der in der Reihe aufgestellten Tänzer und die Kombination aus Vorwärts- und Rückwärtsschritten, die noch dazu in eine gleichmäßige Bewegung der gesamten Reihe münden musste, alles andere als einfach, zumal der Rhythmus sich dauernd beschleunigte und mich ordentlich zum Schwitzen brachte. Aber ich war ganz aufgekratzt wegen der nun beginnenden Präsidentschaft, die ich mit Elan ausfüllen wollte, und so ging es doch allmählich immer besser, bis ich schließlich fast in eine Ekstase geriet, weil Musik und Körper ihren gemeinsamen Rhythmus gefunden hatten. Die Frau meines Amtsvorgängers Robert (Bob) Haveman, Barbara Wolfe, meinte am nächsten Tag, ich hätte mich in Zypern in meine Präsidentschaft hineingetanzt. Eigentlich ein schöner Gedanke, sich gerade hier, in der Nähe der Wiege Europas, tanzend auf den Weg zu machen.

11

Auch in München: Modernisierung durch Internationalisierung

Herr Zimmermann und die Schweiz: Die Geburt des Center for Economic Studies (CES) • *Vollkontakt für junge Wissenschaftler: Direkt an der Forschungsfront* • *Auf nach Amerika!* • *Das CES bei der Arbeit: Im Hintergrund und an der Spitze* • *Ein Leuchtturm: Die Munich Lectures in Economics* • *Viele Versuchungen und ein Schubladenplan: Die Gründung des CESifo-Forschernetzwerks* • *Dynamische Entwicklung: CESifo hebt ab und wirkt in die Welt* • *Viele Begegnungsräume: Fachtagungen und ein Irrenhaus in der Nähe von Venedig* • *Kein Zuckerschlecken: Heftiger Widerstand aus London* • *Näher ran an die Politik: Eine Top-Konferenz in München und endlich ein »Europäischer Wirtschaftsbericht«*

11 Auch in München: Modernisierung durch Internationalisierung

Herr Zimmermann und die Schweiz. Die Geburt des Center for Economic Studies (CES)

Die Internationalisierung der Volkswirtschaftslehre in Deutschland und Europa, die ich wie im vorigen Kapitel beschrieben in verschiedenen Funktionen vorantreiben wollte, war das eine. Das andere war meine Wirkungsstätte in München. Für sie verfolgte ich das gleiche Ziel. Ich wollte die Fakultät, an der ich tätig war, voranbringen.

Den aus heutiger Sicht entscheidenden Schritt dazu tat ich im Jahr 1991 mit der Gründung des *Center for Economic Studies*, kurz CES, an der volkswirtschaftlichen Fakultät in München. Die Entstehung des CES hat eine längere Vorgeschichte: Wie schon berichtet nahm ich kurz nach meiner Habilitation an der Universität Mannheim den Ruf an die *Ludwig-Maximilians-Universität München* (LMU) an, wo ich im Juli 1984 zum Ordinarius, also zum ordentlichen Professor, bestellt wurde. Die Münchner waren, wie schon berichtet, mit ihrem Ruf der Universität Gießen zuvorgekommen, wo ich auf dem ersten Platz der Berufungsliste für einen anderen interessanten Lehrstuhl gelandet war. Die Konkurrenzsituation hat mir nicht unmittelbar genützt, doch mittelbar hat sie die Gründung des CES ermöglicht, und das geschah so.

Vor der Annahme eines Rufes findet normalerweise eine Verhandlung zwischen dem Berufenen und der Universität bzw. dem Kultusministerium statt, bei dem es um die Bedingungen der Annahme eines Rufes geht – meist um Geld in Gestalt von Assistentenstellen, Forschungsmitteln und anderem mehr. Nur beim ersten Ruf auf einen Lehrstuhl gibt es nichts zu verhandeln. Das wusste ich, und deshalb ging ich ohne besondere Erwartungen zum Berufungsgespräch mit dem zuständigen Beamten im bayerischen Kultusministerium, Ministerialrat Hans Zimmermann.

Nachdem mich Herr Zimmermann ausführlich interviewt hatte und wir uns tatsächlich stundenlang, bis weit über sein Dienstende hinaus über die Situation der Volkswirtschaftslehre in Deutschland im Vergleich zur weltweiten Entwicklung des Faches unterhalten hatten, machte er mir zu meiner großen Überraschung doch ein Angebot, ohne dass ich das bezweckt oder erwartet hatte. Er erklärte, ihm seien zwar zunächst die Hände gebunden. Wenn ich aber nach einer Sperrfrist von drei Jahren, in denen ich den Usancen entsprechend mit keinen zusätzlichen Mitteln würde rechnen können, einen weiteren Ruf einer anderen Universität erhielte, dann würde er die Erstplatzierung in Gießen bei einem Bleibeangebot berücksichtigen. Ich nahm den Ruf nach München an, fing dort Feuer, machte meine Arbeit und hatte die Aussage von Zimmermann alsbald vergessen, zumal ich sie ohnehin nur für eine Floskel hielt.

Nur vier Jahre später, 1988, erhielt ich dann aber einen weiteren Ruf, und zwar von der Universität Bern in der Schweiz. Dort war inzwischen Jürg Niehans als Professor tätig, und der kannte mich gut. Nur kurz nach meiner Ankunft in Mannheim hatte ich an einem von ihm dort geleiteten Gastseminar teilgenommen, in dem er mir die entscheidenden Anstöße für meine Dissertation zum Thema der ökonomischen Entscheidungen bei Ungewissheit gegeben hatte. Darüber habe ich in Kapitel 2 schon berichtet. Der Kontakt zu Niehans war in den Jahren danach nie abgerissen. Nun also lud er mich zu einem Gastvortrag in Bern ein, um mich seinen Kollegen vorzustellen und für die Besetzung eines vakanten Lehrstuhls zu empfehlen. Eine Bewerbung hatte ich zwar nicht eingereicht, aber warum, fragte ich mich, sollte ich nicht in die Schweiz fahren?

Als Thema für meinen Vortrag wählte ich die Entwicklungspolitik, konkret die Probleme der afrikanischen Sahelzone am Südrand der Sahara, die mir seit meiner Reise durch die Maghreb-Staaten am Nordrand der Sahara nicht unbekannt waren. Konkret ging es um die Bevölkerungsverteilung zwischen dem Sahel und den Ländern am Golf von Guinea und um die Erklärung der relativen und absoluten Armut in der Sahelzone. Mein Vortrag fand Anklang bei den Berner Kollegen, und das wohl auch deshalb, weil ich meine Erkenntnisse auch auf andere sogenannte halbtrockene Regionen bzw. Regionen mit geringer Ertragskraft des Bodens inklusive der Alpen übertragen konnte. Im Kern konnte ich nachweisen, dass ressourcenschwache Gebiete zumindest in historischer Perspektive Gebiete mit viel Gemeineigentum am Boden waren und dass es deshalb zu einer, gemessen an der geringen Ressourcendichte zu starken Zuwanderung in diese Gebiete gekommen war, was ihre Verarmung bedeutete. Eine Lösung durch die Entwicklungshilfe üblicher Art schien mir kaum möglich zu sein, weil sie nur zu einer weiteren Zuwanderung führen würde. Der Vortrag wurde später unter dem Titel »The Sahel Problem« in der internationalen Schweizer Fachzeitschrift *Kyklos* veröffentlicht.

11 Auch in München: Modernisierung durch Internationalisierung

Schon sehr bald nach dem Vortrag in Bern erhielt ich den formellen Ruf der dortigen Universität. Das ging schneller als vermutet. Nun war ich also im Zugzwang, wenn auch in einem angenehmen. Also weg von München? Alleine konnte ich das nicht entscheiden. Zusammen mit meiner Frau und den Kindern fuhr ich in die helvetische Hauptstadt, damit wir uns Land und Leute anschauen konnten. Wir waren begeistert von der Schweiz und ihren freundlichen Menschen, die uns mit offenen Armen empfingen. Und das Berufungsgespräch, das ich vor Ort führte, entwickelte sich ebenfalls vielversprechend. Zurück in Bayern und nach Gesprächen mit meiner Familie reifte so recht zügig der Entschluss, den Ruf anzunehmen – zumal, das muss ich gestehen, das Schweizer Gehalt doch deutlich über dem liegen würde, was man in München so kannte.

Wie es üblich war und wie es sich gehörte, informierte ich die Fakultät und Ministerialrat Zimmermann. Ich weiß nicht mehr, was ich erwartet hatte, aber beide wollten mich unter keinen Umständen ziehen lassen und baten mich um Bleibeverhandlungen. Nun war ich gedanklich fast auf dem Weg in die Schweiz – und wurde plötzlich mit Macht zurückgehalten. Zimmermann erinnerte – sich und mich gleichermaßen – an sein Versprechen, meine Erstplatzierung in Gießen bei einem eventuellen zweiten Ruf nach Ablauf von drei Jahren berücksichtigen zu wollen.

Und er beließ es nicht bei Worten. Er griff vielmehr tief in die Taschen des Ministeriums, um mich zum Verbleib in München zu bewegen – was er natürlich nur tun konnte, nachdem er sich zuvor der Rückendeckung von Kultusminister Hans Zehetmair versichert hatte, mit dem ich in der letzten Stufe der Verhandlungen zusammenkam. Das Kultusministerium bot mir nicht nur ein mit der Schweiz vergleichbares Gehalt an, sondern auch die Gründung eines eigenen Forschungsinstituts. So etwas kam damals gelegentlich vor, um Forschern, die man unbedingt halten oder zum Kommen bewegen wollte, einen zusätzlichen Anreiz zu bieten. Nach der deutschen Vereinigung geschah das nur noch selten, denn die öffentlichen Kassen waren leer. Meine Verhandlungen fanden aber noch kurz vor der Wiedervereinigung statt.

Mich beeindruckte dieses Werben, denn ich spürte: Es ging hier nicht nur um Geld, man wollte mir auch die Chance geben, in München etwas aufzubauen. Wieder ging ich in ein Konklave mit meiner Familie – vor allem mit meiner Frau – und wir erkannten: Das bayerische Angebot war so attraktiv, dass ich es nicht ausschlagen konnte. Ich sagte also den Berner Kollegen ab – einerseits schweren Herzens, weil die Bedingungen in Bern wirklich hervorragend waren und ich die zupackende, ehrliche Schweizer Mentalität sehr mochte, andererseits aber auch voller Vorfreude auf neue Chancen in München.

Ein kleiner zusätzlicher persönlicher Wehrmutstropfen war dabei, dass uns eine prächtige große alte Villa, gleich bei uns um die Ecke, die wir für einen Spottpreis hätten erwerben können, durch die Lappen ging. Wir wohnten damals noch zur Miete und hatten vor dem Ruf aus Bern erwogen, uns eine dauerhafte Bleibe für uns und die Kinder zu kaufen. Als dann Bern immer konkreter wurde, verwarfen wir den Gedanken sie zu kaufen aber wieder, und ein anderer Interessent schlug zu. Doch so ist das Leben. Jedes Mal, wenn ich an dem schönen Haus vorbeilaufe, muss ich daran denken.

So entstand aber nun das CES. Denn ich war nicht an einem der üblichen Forschungsinstitute mit weiteren wissenschaftlichen Assistenten interessiert. Vielmehr bat ich darum, mir das in Aussicht gestellte zusätzliche Forschungsgeld zur Verfügung zu stellen, um damit ausländische Gastforscher an die Münchner Fakultät zu holen. Man willigte ein.

Die Erfahrungen mit dem Sonderforschungsbereich von Horst Siebert in Mannheim, von denen ich schon berichtet habe, hatten mir gezeigt, dass weitere Assistentenstellen für eine Fakultät von wesentlich geringerer Bedeutung sind als Geld für Gastforscher. Aus den Mitteln einer einzigen Assistentenstelle kann man, so wusste ich, wenn man klug wirtschaftet, fünf bis zehn Gastforscher finanzieren, die für einige Wochen in der Fakultät weilen, um Vorträge zu halten und mit den anwesenden Forschern zu diskutieren. Daraus würde sich, so meine aus der Mannheimer Erfahrung gespeiste Überlegung, eine sehr viel größere Hebelwirkung für das Fakultätsleben und die Forschungsqualität ergeben. Am Ende zeigte es sich dann auch in der Tat, dass die mir gewährten Mittel ausreichten, um pro Jahr etwa dreißig Gastforscher an die Fakultät zu bringen.

In seiner Anfangsphase diente das CES also allein der Entwicklung eines Gastforscherprogramms. Mit dessen Hilfe, so das klar formulierte Ziel, sollten ausländische Wissenschaftler aus der ganzen Welt an die Fakultät geholt werden, um den Austausch von Ideen und Informationen zu ermöglichen und dadurch die Qualität der jungen und älteren Forscher zu

11 Auch in München: Modernisierung durch Internationalisierung

heben und die Fakultät für Berufungen angesehener bzw. vielversprechender Ökonomen auf die frei werdenden Lehrstühle attraktiv zu machen.

Das bei den Verhandlungen mit dem Kultusministerium in Aussicht gestellte Institut konnte freilich damals nicht aus dem Stand gegründet werden, denn in Bayern gibt es Doppelhaushalte, die zwei Kalenderjahre überdecken, und erst im folgenden Doppelhaushalt ließ sich ein entsprechender Etatposten unterbringen. Im Januar des Jahres 1991 war es dann aber so weit. Das CES wurde neben dem volkswirtschaftlichen Institut, zu dem alle Lehrstühle gehörten, ein eigenständiges Institut innerhalb der volkswirtschaftlichen Fakultät der Ludwig-Maximilians-Universität München.

Da die Information zum Startschuss des CES aus haushaltstechnischen Gründen etwas plötzlich kam, mussten wir anfangs bei der Einladung der Forschungsgäste ein wenig improvisieren. Andererseits wollten wir für den symbolisch so wichtigen Beginn wirklich exzellente Forscher einladen – und die mussten kommen wollen, obwohl wir als CES ja noch nichts vorzuweisen hatten. Würde das gelingen?

Es gelang zu meiner Überraschung und Freude sehr gut. Zu den ersten Gästen gehörte der mehrfach erwähnte Altmeister der Finanzwissenschaft, Richard Musgrave, damals schon 80 Jahre alt, sowie seine 13 Jahre jüngere Frau Peggy Musgrave, ebenfalls eine weltbekannte Professorin der Finanzwissenschaft. Sie hielten nicht nur exzellente Vorträge und bereicherten unsere Diskussionen. Beide gaben zudem wertvolle Hinweise für die weitere Entwicklung des CES.

Aber auch die Volkswirtschaftskollegen Michael Burda aus Berlin, David Wildasin aus Wisconsin, Peter Sørensen aus Kopenhagen, der spätere Nobelpreisträger Gary Becker von der Universität Chicago, Jürg Niehans und der schon erwähnte David Bradford aus Princeton gehörten zu den ersten Gastforschern. Sie gaben uns so großzügige Starthilfe auf allerhöchstem Niveau. Wie die Musgraves war auch Bradford sehr bald intensiv in den Aufbau und die Weiterentwicklung des CES involviert. Keine Frage, wir hatten Glück auf vielen Ebenen.

Es war also ein gelungener Start. Aber ich gestehe ebenfalls: Als ich, nachdem das Geld für das CES nun endlich fließen konnte, begann, mich intensiv mit den Konturen des CES und seinem Aufbau zu beschäftigen, bekam ich manches Mal Angst vor der eigenen Courage. Ich wurde unsicher, ob das CES wirklich zu dem werden konnte, was ich mir erhoffte. Ich wusste zudem nicht, welche Arbeitsbelastung damit verbunden sein würde. Und ich fürchtete, dass mir wichtige Zeit für die eigene Forschung verloren gehen würde. Aber ich kam immer wieder aus den Tälern voller Selbstzweifel heraus. Dass das CES am Ende noch mehr Arbeit machte, als ich in meiner »wissenschaftlichen Blauäugigkeit« erwartet hatte, will ich nicht verschweigen. Aber so ist es wohl mit den meisten größeren Projekten des Lebens: Man macht sich selbst etwas vor, um den inneren Schweinehund zu überwinden und die Pforte zu einem neuen Abschnitt zu durchschreiten und – um abermals Hermann Hesse zu zitieren – sich dem Zauber hinzugeben, der jedem Anfang innewohnt. Mit anderen Worten: Ohne ein wenig Selbsttäuschung bewegt man wohl auch nichts – oder wenig – im Leben. Man braucht die Träume, die Visionen, um zu beginnen. Das galt wohl auch für meine Vision des CES.

Vollkontakt für junge Wissenschaftler: Direkt an der Forschungsfront

Den Hauptvorteil, den ich mir vom Gastforscher- bzw. Besucherprogramm versprach, bestand in der frühzeitigen Vernetzung mit engagierten Forschern aus aller Welt, um so den Münchner Ökonomen – vor allem den Doktoranden – die Chance zu geben, eigene beachtete wissenschaftliche Aufsätze nicht nur an der deutschen, sondern eben auch an der internationalen Forschungsfront zu platzieren.

Der Grund für den Rückstand der deutschen Volkswirtschaftslehre im internationalen Vergleich lag nach meiner Einschätzung vor allem darin, dass die deutschen Ökonomen im globalen Maßstab betrachtet mit ihren Publikationen in der Regel zu spät kamen. Man las zwar die englische Literatur, doch wenn man darauf mit eigenen wissenschaftlichen Beiträgen reagierte, waren die anderen Wissenschaftler längst mit anderen Themen unterwegs und hatten bereits herausgefunden, was man selbst erforscht hatte.

Bis heute nämlich gilt: Zwischen der Diskussion neuer Erkenntnisse in den Seminaren einer Uni und ihrer Veröffentlichung in einer internationalen wissenschaftlichen Fachzeitschrift liegen meist mehrere Jahre. Reicht

11 Auch in München: Modernisierung durch Internationalisierung

ein Forscher dort seinen Artikel ein, dann muss er gerade bei den wichtigsten Zeitschriften einen langwierigen, über mehrere Stationen gehenden Begutachtungsprozess mit diversen Anpassungsrunden absolvieren; ich habe das bereits an anderer Stelle geschildert. Und wenn man den geschafft hat, bedeutet dies noch immer nicht die sofortige Veröffentlichung. Vielmehr liegt der angenommene Beitrag erst einmal in einer Art Zwischenspeicher, aus dem der Herausgeber einer Zeitschrift sein Heft dann kontinuierlich befüllt. Um angesichts dieses Zeitbedarfs selbst innovative Beiträge zur wissenschaftlichen Diskussion leisten zu können – und genau darum geht es ja beim Wettbewerb der Forscher –, muss man so früh wie möglich mit anderen Forschern in Kontakt stehen oder sie in Seminaren erleben, lange bevor deren Arbeiten publiziert sind.

Genau das sollte das CES-Programm ermöglichen – vor allem für die jungen Forscher, die am Anfang ihrer Karriere standen, und daneben auch für die »Etablierten«. Und beides hat das CES-Programm über all die Zeit seines mehr als 25-jährigen Bestehens hinweg auch getan. Wenn die Münchner Fakultät bei den einschlägigen Bewertungen der Forschungsleistungen der Fakultäten in Deutschland in der obersten Spitzengruppe liegt, so hat das seine Ursache in der Qualität der dort arbeitenden Forscher, doch dass es diese Forscher überhaupt in München gibt, liegt auch an dem Schwung, dem Renommee und der internationalen Aufmerksamkeit, die dem CES zu verdanken sind.

Ein Schlüssel für diesen Erfolg war die Institutionalisierung der frühestmöglichen Kontaktaufnahme zu den Gastforschern, auf die das Programm ja abzielt. Zu diesem Zweck schlug ich der Fakultät vor, bei den Doktoranden die nötigen »Anreize« für den Besuch der Gastvorlesungen zu setzen und die Prüfungsordnung zu ändern.

Dieser Vorschlag wurde zwar nicht von allen Kollegen gutgeheißen. Für ein oder zwei Kollegen bedeutete er wohl auch, dass die Doktoranden – also auch die wissenschaftlichen Assistenten an ihren eigenen Lehrstühlen – durch die internationale Orientierung fehlgeleitet werden würden. Doch ich konnte mich bei der Abstimmung im Fakultätsrat schließlich durchsetzen. Die Prüfungsordnung sah damit fortan vor, dass die Doktoranden sich nach dem Besuch einer CES-Vorlesung eine Teilnahmebestätigung holen sollten. Und erst dann, wenn sie genug von diesen Bestätigungen vorweisen konnten, durften sie ihre Doktorarbeit einreichen.

Diese Vorkehrung erwies sich als extrem hilfreich, denn durch sie war sichergestellt, dass der Kontakt mit dem Gast nicht dem Zufall überlassen wurde und dessen Anwesenheit bestmöglich genutzt wurde. Tatsächlich nahm die Qualität der Münchener Dissertationen auf diese Weise stark zu. Aber auch die Professoren, mich eingeschlossen, haben all die Jahre sehr von den Kontakten und dem Austausch mit den Gastforschern profitiert. Jedenfalls entstanden damals viele erfolgreiche Publikationen in internationalen Fachzeitschriften, die die Fakultät mit Blick auf ihr Ansehen in der wissenschaftlichen Gemeinschaft deutlich nach vorne brachten. Bereits ab Mitte der 1990er-Jahre war die volkswirtschaftliche Fakultät der Ludwig-Maximilians-Universität in den Ranglisten der Publikationen in internationalen Fachzeitschriften, über die man in den Zeitungen lesen konnte, ganz oben angekommen. Jedenfalls im Vergleich mit anderen deutschen Universitäten. Nur die Bonner Fakultät für Volkswirtschaftslehre hatte damals ein vergleichbares Niveau erreicht.

Mit der Änderung der Prüfungsordnung und den Vorlesungen am CES verfügte die ökonomische Fakultät in München quasi über das erste »kleine« Graduiertenprogramm der Volkswirtschaftslehre in Deutschland. Ein solches Graduiertenprogramm hatte ich in Kanada kennengelernt und wollte es nun auch in München einrichten.

Während in Deutschland die Ökonomiedoktoranden zu jener Zeit weitgehend sich selbst überlassen blieben – das gilt leider teilweise auch heute noch –, ist es in Nordamerika schon seit Langem erforderlich, ein vertiefendes Aufbaustudium zu absolvieren, bevor man seine Doktorarbeit einreichen darf. Dieses Aufbaustudium führt die Doktoranden nahe an die Forschungsfront heran und befähigt sie, wirklich Neues zu erforschen und weltweit beachtete Spitzenleistungen zu erbringen. In der Summe der Jahre sind von den CES-Gästen bis zu meinem Ausscheiden etwa 440 Blockvorlesungen für die Doktoranden gehalten worden.

Mit dem kleinen Graduiertenprogramm des CES haben wir innerhalb der ökonomischen Wissenschaften in Deutschland Neuland betreten. Es gab zwar damals bereits von der *Deutschen Forschungsgemeinschaft* (DFG) geförderte Doktorandenprogramme für Ökonomen, so zum Beispiel ein sehr erfolgreiches an der Universität Bonn. Doch ein verpflichtendes Programm, an dem auch alle promovierenden Assistenten der Fakultät teilnehmen mussten, gab es nur in München.

11 Auch in München: Modernisierung durch Internationalisierung

Das »kleine« Graduiertenprogramm des CES kann als der Grundstein für die später im Jahr 2002 gegründete *Munich Graduate School of Economics* gelten, die heute in Europa zur Spitzengruppe der Graduiertenprogramme zählt. Die Kollegen der Fakultät, die die Entwicklung der Graduate School mit großer Kraft vorantrieben, als ich schon längst mit dem ifo Institut beschäftigt war, haben zu diesem Erfolg allerdings den hauptsächlichen Beitrag geleistet. Die ersten Anstöße zu geben ist bekanntlich das eine, die langanhaltende Kärrnerarbeit bis zum Erfolg und das kontinuierliche Weiterentwickeln danach ist ein anderes.

Ich habe der Münchner Graduiertenschule auch später noch einmal helfen können und das kam so: Um das Jahr 2011 oder 2012 herum sprach mich Regine Sohmen an, um bei mir eine Anlage für die Mittel der *Egon-Sohmen-Stiftung* zu suchen. Dazu muss man wissen: Egon Sohmen war ein exzellenter deutsch-österreichischer Volkswirt, der leider viel zu früh im Alter von nur 46 Jahren an Krebs starb. Geboren 1930 in Wien, studierte Sohmen auch dort. Im Anschluss promovierte er in Tübingen und dann nochmals am renommierten *Massachusetts Institute of Technology* (MIT) in Cambridge/Massachusetts, bevor er kurz danach *Assistant Professor* an der ebenfalls prestigeträchtigen Yale-Universität wurde. Nach seiner Rückkehr nach Europa lehrte er zunächst als Professor in Saarbrücken und dann in Heidelberg und leistete auf dem Feld der monetären Außenwirtschaftstheorie wie auch dem der Mikrotheorie bahnbrechende Beiträge. Sein Lehrbuch *Allokationstheorie und Wirtschaftspolitik* gehört noch heute zu den besten Ökonomiebüchern überhaupt. Ich selbst habe viel daraus gelernt und kann es jedem, der die VWL verstehen will, nur sehr empfehlen.

Seine Witwe Regine Sohmen, ebenfalls Volkswirtin, kannte ich recht gut aus einem gemeinsamen Seminar bei Horst Siebert in Mannheim. Ihr Schwager Helmut Sohmen, ein bedeutender, milliardenschwerer Reeder, der schon seit vielen Jahrzehnten in Hongkong lebte und arbeitete, hatte nach dem Tod des älteren Bruders die Egon-Sohmen-Stiftung begründet. Regine Sohmen war sodann die treibende Kraft hinter den Stiftungsaktivitäten, zu denen zum Beispiel jährlich veranstaltete Konferenzen gehörten. Doch mit zunehmendem Alter war ihr die Verwaltung des Stiftungsvermögens etwas mühsam geworden. Und deshalb bat sie mich, die Stiftungsmittel in Zukunft zu verwalten und für Aktivitäten in München einzusetzen. Ich empfand ihr Ansinnen als eine besondere Ehre und Verpflichtung und dachte sofort an die Förderung von jungen Forschern. Da ich schon genug administrative Aufgaben übernommen hatte und es dem ifo Institut damals finanziell wieder gut ging – über die ifo-Krise werde ich im nächsten Kapitel erzählen –, empfahl ich Frau Sohmen, die Mittel für das Graduiertenzentrum der Fakultät zur Verfügung zu stellen. Es freute mich, dass Regine Sohmen diesen Vorschlag guthieß. Und so konnte nur wenig später, im Jahr 2013, das *Sohmen Graduate Center* als Teil der Graduate School der LMU München gegründet werden, das seither alljährlich Stipendien an ausgesuchte Doktoranden vergibt.

Doch auch unabhängig von der im neuen Jahrtausend auf Basis des CES-Programms gegründeten Graduate School gilt: Viele heute renommierte Forscher haben sehr früh vom Strom der hochkarätigen Besucher profitiert, den das CES ab Anfang 1991 nach München leitete.

Dazu gehören zum Beispiel meine akademischen Schüler, von denen im vorigen Kapitel schon die Rede war, oder auch Clemens Fuest, mein späterer Nachfolger als Präsident des ifo Instituts und als Leiter des CES. Nachdem Fuest in Köln promoviert hatte, wurde er wissenschaftlicher Assistent bei Bernd Huber, meinem finanzwissenschaftlichen Fachkollegen in München und dem jetzigen Präsidenten der Münchner Ludwig-Maximilians-Universität. Obwohl er als bereits Promovierter nicht mehr dazu verpflichtet war, die CES-Veranstaltungen zu besuchen, pflegte Fuest stets enge Kontakte mit den vielen internationalen Forschungsgästen, die das CES nach München holte. Ich wage die Behauptung, dass auch seine Karriere maßgeblich durch das CES gefördert wurde.

Die genannten Forscherpersönlichkeiten sind zwei herausragende Beispiele, aber in Wirklichkeit ist die Zahl derer, die vom CES profitiert haben, natürlich deutlich größer. Darunter sind viele, die heute als Professoren an Universitäten unterrichten oder in Ministerien oder in anderen staatlichen Institutionen wie Zentralbanken als Volkswirte wirken.

Auf nach Amerika!

Ausländische Forscher als temporäre Gäste nach Deutschland zu holen war wesentlich effektiver, als deutsche Forscher ins Ausland zu schicken, denn ein internationaler Gast konnte ja zugleich mit Dutzenden von Doktorstu-

11 Auch in München: Modernisierung durch Internationalisierung

denten an unserer Fakultät Kontakt aufnehmen, die in seinen Seminaren saßen. Dennoch ist die Erfahrung eines Auslandsaufenthaltes etwas ganz anderes für einen jungen Menschen, als nur einen ausländischen Gast in Deutschland zu treffen. Das hatte ich ja selbst durch meine Kanada-Aufenthalte gemerkt, die mich zu einem anderen Menschen gemacht haben. Aus dieser Erkenntnis heraus habe ich darauf bestanden, dass sämtliche Wissenschaftler, die sich bei mir habilitieren wollten, nach der Promotion mindestens einmal für ein Jahr an eine amerikanische Fakultät gehen mussten, um das Innenleben des US-amerikanischen Wissenschaftsbetriebes kennenzulernen, der in unserem Fach in der Nachkriegszeit und bis zum heutigen Tage die allermeisten Durchbrüche bei der Forschung erzielt hat.

Am liebsten war es mir, wenn sich meine Assistenten in den USA auf Assistenzprofessuren bewarben, weil sie dann selbst gefordert waren und sich im praktischen Lehrbetrieb behaupten mussten, wie es bei mir selbst der Fall gewesen war. Auch für die sichere Beherrschung der Fachsprache schien mir der eigene Unterricht der beste Weg zu sein. Aber wenn das nicht klappte so waren auch Stipendienaufenthalte, die von einer Stiftung oder der DFG bezahlt wurden, als zweitbeste Lösung willkommen.

Um an Stellen zu kommen, musste man sich rechtzeitig im Januar bewerben. Das ist nämlich der Monat, in dem die Fakultäten für das kommende akademische Jahr, das im September beginnt, neues Lehrpersonal suchen und die Bewerbungsgespräche durchführen. Man sucht dann erst einmal die Stars heraus, die von den amerikanischen Elite-Universitäten kommen, doch da Stars bekanntlich rar sind, gehen manche Universitäten leer aus und müssen in einer zweiten Runde im Februar neu suchen. Das ist dann die Chance für unbekannte europäische Ökonomen und Universitäten, die in den USA keinen besonderen Namen haben, zum Zuge zu kommen.

In der Tat haben alle meine Schüler die Gelegenheit wahrgenommen, für ein Jahr in die USA oder nach Kanada zu gehen. Sie waren in San Diego, der *University of Western Ontario* und beim *Internationalen Währungsfonds* (IWF) in Washington. Mehrere gingen nach Princeton, wohin sie David Bradford, mein Nestor und langjähriger Kooperationspartner an der *Woodrow Wilson School* der Universität Princeton, als Gastdozent einlud, was durch ein Förderprogramm der *John-Foster-Dulles-Stiftung* ermöglicht wurde.

Die Besuche waren stets ein Gewinn, denn zurückkamen hochmotivierte junge Wissenschaftler, die Feuer gefangen hatten und sich durch viele neue Ideen bereichert, an ihre Habilitationsarbeiten machten. Sie wollten es nun wissen. Kein Wunder, dass viele von ihnen attraktive Lehrstühle besetzen oder hochstehende Positionen in Wirtschaft und Verwaltung übernehmen konnten.

Das CES bei der Arbeit: Im Hintergrund und an der Spitze

Für die Betreuung der Gäste des CES konnte ich auf hervorragende Verwaltungsmitarbeiter zurückgreifen. Aber auch meine wissenschaftlichen Assistenten leisteten Erhebliches. Die Rückmeldungen, die wir von unseren Gastforschern erhielten, waren in aller Regel sehr positiv, denn das CES war in seiner Art ziemlich einzigartig.

Bevor jedoch das Gastprogramm wirklich funktionierte, mussten wir praktisch sein. Zu den Aufgaben, die meine Assistenten aus eigenem Antrieb übernahmen, gehörte in der Anfangsphase auch, sich als Handwerker und Innenarchitekt zu betätigen. Die Universität hatte zwar eine eigene Werkstätte, die prinzipiell alle notwendigen Arbeiten durchführt. Sie arbeitete auch gut. Aber sie war auch fast immer überlastet, und wenn man etwas umgebaut haben wollte, musste man lange warten. Und weil das so war, legten wir selbst Hand an.

Das galt auch schon für die Zeit vor dem Aufbau des CES. So hatten bereits meine beiden ersten Sekretärinnen, Gertraud Porak und Ingrid Wutte, im Jahr 1985, kurz nachdem ich frisch an die Universität berufen war, von sich aus den Pinsel in die Hand genommen, um die Lehrstuhlräume zu renovieren, weil sie nicht auf die Werkstatt warten wollten.

Der gleiche praktische Elan zeigte sich nun auch beim Aufbau des CES. Alfons Weichenrieder, der heutige Frankfurter Professor, den ich schon im letzten Kapitel erwähnt habe, übernahm es, die Kellerräume, die als Büros für die Gastforscher herhalten mussten, mit einem Teppichboden und Regalwänden zu versehen, die wir uns bei einem Anbieter von Billigmöbeln besorgt hatten. Und der ebenfalls schon erwähnte Ronnie Schöb, heute

11 Auch in München: Modernisierung durch Internationalisierung

Professor an der Freien Universität Berlin, entwickelte ungeahnte Fähigkeiten als Innenarchitekt, indem er Seminar- und Besprechungsräume im CES wohnlich gestaltete. Keiner war sich zu fein für die etwas einfacheren Arbeiten. Statt langwierige Antragsschreiben zu formulieren und Telefonate zu führen, um den Dingen zu ihrem ordnungsgemäßen, langsamen Gang zu verhelfen, packten alle mit an. Vor allem meine wissenschaftlichen Assistenten waren damals auch bei der praktischen Arbeit sehr aktiv. Doch auch ich selbst habe so manchen Nagel für Bilder in die Wand gehämmert und so manche Kiste geschleppt. Und natürlich beteiligte ich mich ebenfalls an der Planung der Ausstattungsdetails und der Suche und dem Kauf der Einrichtungsgegenstände in den Möbelhäusern. Doch dies war nur der Anfang, die Hauptarbeit lag bei der laufenden Administration des Gästeprogramms. Das wäre ohne den großen Einsatz der akademischen Mitarbeiter des CES nicht gelungen. Am Anfang wirkte hier, mit Unterstützung von Valerie Morfill, vor allem eine meiner ehemaligen Studentinnen, Angela Lechner, die dann als Professorin an eine Fachhochschule ging. Später haben der Reihe nach verschiedene akademische Assistenten in dieser Funktion mitgeholfen, die ich hier nicht alle aufzählen kann. Hervorheben möchte ich aber noch meine Ex-Studentin Martina Graß, die das CES über viele Jahre wundervoll gemanagt hat, nebst den großartigen Sekretärinnen, die ihr zugearbeitet haben. Das CES lebte von der Begeisterung der Mitarbeiter für das gemeinsame Unterfangen, die eine Atmosphäre schuf, der sich die Besucher nicht entziehen konnten. Alle waren von der Freundlichkeit und Aufgeschlossenheit der CES-Mitarbeiter angetan, und die CES-Mitarbeiter wiederum profitierten von den Kontakten mit weltweit anerkannten Wissenschaftlern, die sie erleben durften.

Wir waren damals eine tolle Truppe, die zusammenhielt, hemdsärmelig arbeitete und forschte. Auch außerhalb der Dienstzeit trafen wir uns gerne. Regelmäßig organisierten wir damals Seminarwochenenden auf der *Loas*, einem jahrhundertealten Alpengasthof in den Bergen südlich von Innsbruck, in dem nicht ein einziges Stück Plastik oder irgendwelche sonstigen modernen Baumaterialien zu finden waren, auch keine Fliesen in den Bädern oder auf den Fußböden. Warmes Wasser gab es aus einer mit Gas betriebenen Therme nur des Morgens, wenn man rechtzeitig vor den anderen aufstand. Sämtliche Wände und Fußböden bestanden aus dicken

Holzbrettern, und die alten, ausgetretenen Stiegen knarrten, wenn man ins Obergeschoss ging. An den Wänden hingen Felle von erlegten Tieren, und überall standen Gerätschaften herum, die man früher in den Bauernhäusern brauchte. In der Küche kochte noch die Oma an einem riesigen mit Holz beheizten Herd, der in der Mitte der Küche stand. Sie bereitete uns die besten Zwiebelrostbraten, die ich je gegessen habe. Nein, keine blutigen Steaks mit Röstzwiebeln drauf, sondern sehr flache und große, lange in der Pfanne mit den Zwiebeln *geschmorte* Fleischstücke, bei denen sich die absurde Frage, ob man sie »durch«, »medium« oder »medium rare« haben wolle, überhaupt nicht stellte. Meinen Widerwillen gegen diese Form der »modernen« Küche habe ich schon früher beschrieben. Und erst einmal ihre Schnitzel: Die reichten bis über den Tellerrand, und wenn man sie mit den köstlichen Bratkartoffeln gegessen hatte, wusste man, dass die Küchenwelt hier noch nicht vom ökonomischen Zwang zur Rationalisierung des Zeiteinsatzes der Köche verunstaltet war.

Mit unserer umtriebigen Truppe belegten wir stets das ganze Haus. Dabei waren Assistenten, Sekretärinnen nebst Anhang, studentische Hilfskräfte, meine Frau und gelegentlich Kinder oder externe Gäste, wie zum Beispiel Achim Wambach, der jetzige Präsident des *Zentrums für Europäische Wirtschaftsforschung* in Mannheim. In der Gaststube trugen die Wissenschaftler einander ihre Arbeiten vor. Dazu hatten wir einen tragbaren Overhead-Projektor mitgebracht, der von jenem Strom gespeist wurde, den der Bauer selbst mithilfe eines kleinen Staubeckens oberhalb des Hauses am Hang erzeugte. Das Licht war zwar etwas flackrig und wir mussten aufpassen, dass uns die Sicherung nicht durchbrannte. Einige der 15-Watt-Birnen im Haus mussten wir sicherheitshalber ausschalten, um das Netz nicht zu überlasten. Aber es ging dann ganz gut.

Zwischendrin unternahmen wir gemeinsam ausgedehnte Wanderungen und abends sangen wir mit den Wirtsleuten oder Musikern, die dort gelegentlich auftauchten, bayerische und Tiroler Lieder. Alfons Weichenrieder, ein echter Bayer, zeigte, dass er nicht nur Teppiche verlegen und komplizierte Formeln berechnen konnte, sondern beglückte uns immer wieder mit einem »Gstanzl«, diesem spontanen, aus dem Stegreif komponierten Reimgesang, den er kunstvoll und gewitzt auf die Ereignisse des Tages bezog. Wir bogen uns vor Lachen.

11 Auch in München: Modernisierung durch Internationalisierung

Zum Erfolg des CES trug auch meine Frau kräftig bei, die sich nicht nur bei den Weihnachtsfesten und anderer Gelegenheit um die Mitarbeiter kümmerte, sondern auch um die vielen Gäste. Auf ihre Initiative hin luden wir im Laufe der Jahre sehr viele von ihnen, sicherlich einige Hundert, in unser Haus ein, und sie übernahm mit ihnen zudem immer wieder Besichtigungstouren in München und im Alpenvorland. Meine Frau hatte die überwältigende Gastfreundschaft, die wir selbst in Kanada hatten erfahren dürfen, noch gut in Erinnerung. Sie wollte etwas davon zurückgeben. Und sie hatte zwar sehr viel Arbeit mit unseren Gästen, aber wie auch ich genoss sie die Internationalität, die unser Haus auf diese Weise über Jahrzehnte hinweg »bewohnte«.

Bis zu meinem altersbedingten Ausscheiden Anfang 2016, also im Laufe eines Vierteljahrhunderts, waren am CES rund achthundert für etwas längere Zeit weilende Forscher zu Gast. Dazu kamen noch jene Wissenschaftler, die lediglich für einen Vortrag anreisten, aber eben auch auf Einladung des CES, und betreut werden mussten. Natürlich konnten wir schon aus Zeitgründen nicht jeden von ihnen in unser Haus einladen, insbesondere, nachdem ich 1999 die Leitung des ifo Instituts übernommen hatte, das meine Zeit absorbierte und im Übrigen nochmals etwa vierhundert Langzeitgäste brachte. Aber es waren doch sehr, sehr viele, die wir über all die Jahre bei uns betreuten und dabei genossen, so viel freundschaftliche Kontakte zu netten und höchst anregenden Menschen aufbauen zu können.

In den Verhandlungen mit dem Kultusministerium war klargeworden: Über die mit dem CES verbundenen Mittel durfte ich persönlich verfügen, und auch so betrachtet war das CES im Prinzip »mein« Institut. Von Beginn an aber habe ich das nie so gesehen. Vielmehr wollte ich es immer in den Dienst der VWL-Fakultät der Universität stellen. Die exzellenten Ökonomen der verschiedensten Forschungsrichtungen aus allen Ecken der Welt, die ich fortan einlud, sollten *allen* Fakultätsmitgliedern – besonders den jungen Wissenschaftlern, aber auch meinen Professoren-Kollegen – Vorteile bringen. Ich wollte die gesamte Fakultät nach vorne bringen und zu einem feststehenden Posten im Bewusstsein der weltweiten Forschergemeinschaft machen. Wie es der CES-Beirats-Vorsitzende Rick van der Ploeg bei meiner Verabschiedung im Jahr 2017 ausdrückte, gelang es durch das CES und dem, was sich daraus auch in Zusammenarbeit mit dem ifo Institut entwickelte, München zu einem »Ort auf der Weltkarte der Ökonomen« zu machen.

Das CES bei der Arbeit: Im Hintergrund und an der Spitze

Das Interesse an der Weiterentwicklung der Fakultät und nicht etwa eigene Präferenzen hatte ich stets im Auge bei den Berufungen von neuen Professoren unserer Fakultät. Es ging mir immer darum, dazu beizutragen, die Besten zu holen und nicht etwa Kandidaten, die auf einem ähnlichen Gebiet forschten, wie wir »Etablierten« es taten, oder Kandidaten, die sich »einfügen« und den bisherigen »Platzhirschen« keine Konkurrenz machen würden – eine Berufungsstrategie, die ich nur allzu häufig an anderen Fakultäten beobachtet habe. Immer habe ich mich daher gegen Versuche gewandt, die Fakultät auf irgendeine Spezialrichtung der ökonomischen Forschung hin auszurichten. Ich fand und finde noch, dass das zulasten der Studenten gehen würde. Ihnen mussten und müssen wir eine möglichst breite und zugleich anspruchsvolle Ausbildung bieten. Außerdem schien es mir für die Professoren selbst nützlich zu sein, wenn sie sich nicht zu sehr in ihr eigenes Fachgebiet verkriechen würden.

Das ausbalancierte Gleichgewicht aller Fachrichtungen in einer Fakultät zum Nutzen der Studenten zu erhalten, ist, wie ich es immer wieder erlebte, keine leichte Aufgabe, weil die Neigung vieler Kollegen, Forscher mit ähnlichen Ansichten und Interessen, wie sie sie selbst haben, um sich zu scharen, offenbar übermächtig ist. Professoren sind da ganz ähnlich wie andere Menschen: »Gleich und gleich gesellt sich gern«.

Gerade in der Wissenschaft aber braucht es die Pluralität der Blickwinkel. Nur so kommt das Neue in die Welt, nur so kann das Niveau hochgehalten werden, nur so wird Betriebsblindheit verhindert.

Damit meine ich nicht das, was neuerdings als »plurale Ökonomik« durch die Gazetten geistert. Hinter diesem Begriff haben sich Denkmodelle versammelt, die ich ehrlicherweise nicht als Wissenschaft ansehe, sondern als linke Ideologien von der angeblich richtigen Wirtschaftspolitik. Es fehlt mir der Platz und die Bereitschaft, mich damit hier auseinanderzusetzen.

Beim CES wollte ich genau diese Betriebsblindheit verhindern, indem ich bei der Auswahl der Gäste nach einem pluralistischen Prinzip vorging. Es sollten Forscher kommen, die das gesamte Spektrum der volkswirtschaftlichen Forschung abdeckten. Zu diesem Zweck bat ich die Fakultätskollegen, Vorschläge zu machen, welche Gastforscher geladen werden sollten, die ich dann auch in aller Regel eins zu eins annahm und umsetzte.

Und um das pluralistische Prinzip weiter zu stärken, richtete ich bald nach Gründung des CES zudem einen CES-Beirat ein, für den ich he-

11 Auch in München: Modernisierung durch Internationalisierung

rausragende Ökonomen gewinnen konnte. Das waren der in Kapitel 1 schon vorgestellte Hans Möller, Urgestein der Fakultät; Franz Gehrels, der Deutschamerikaner, mit dem ich in Bloomington die deutsche Vereinigung zum zweiten Mal gefeiert hatte; Otto Gandenberger, der bekannte Finanzwissenschaftler; Martin Beckmann, einer der großen Theoretiker unseres Landes, der eine geteilte Professur an der TU München und an der *Boston University* innehatte; Klaus Zimmermann, mein ehemaliger Mannheimer Kollege, der später zum *Deutschen Institut für Wirtschaftsforschung* (DIW) in Berlin ging; Karlhans Sauernheimer, ein Fachmann in der Außenhandelstheorie, der das wohl wichtigste Lehrbuch auf diesem Gebiet in Deutschland verfasst hat und der von Mainz aus kommend zu uns gestoßen war.

Zum CES-Beirat gehörte von Anfang an aber auch Richard Musgrave, der mehrfach erwähnte Nestor der Finanzwissenschaft. Er hat uns über viele Jahre mit Rat und Tat beiseite gestanden und kam regelmäßig zu den Sitzungen, häufig auch mit seiner Frau Peggy Musgrave, die ebenfalls zu den Größen des Faches gehörte und maßgeblich zur Untersuchung des Einflusses der Besteuerung auf den Fluss der internationalen Direktinvestitionen beigetragen hat. Über die Buchanan-Musgrave-Debatte zu den beiden unterschiedlichen Visionen des Staates, zu der wir im Jahr 1998 eine Diskussionswoche veranstalteten und einen Konferenzband bei MIT-Press veröffentlichten, hatte ich in Kapitel 6 schon berichtet.

Im Jahr 2001 gab es ein anderes Großereignis für das CES, das mit Musgrave zu tun hatte. Das CES hatte nämlich seinen zehnjährigen Geburtstag, und Musgrave war gerade 90 Jahre alt geworden. Wir feierten dazu den gemeinsamen »100-jährigen« Geburtstag, indem wir Musgrave die Ehrendoktorwürde der Fakultät verliehen und eine Konferenz veranstalteten, deren wissenschaftliche Leitung beim niederländischen Ökonomen Sijbren Cnossen und mir selbst lag. Als Ergebnis der Konferenz brachten wir später, im Jahr 2003, den Konferenzband mit dem Titel *Public Finance and Public Policy in the New Century* heraus, der, wie die meisten unserer internationalen Publikationen, bei MIT Press verlegt wurde.

Die Hauptpersonen des Beirats waren natürlich ihre Vorsitzenden. In den ersten Jahren war dies David Bradford aus Princeton. Bradford hatte das Amt bis zum Jahr 2000 inne und wechselte dann in den wissenschaftlichen Beirat des ifo Instituts, dessen Präsidentschaft ich inzwischen übernommen hatte. Ich nahm ihn also sozusagen mit auf die andere Seite des Englischen Gartens in München, wo das ifo Institut seinen Sitz hat.

Als Vorsitzender des CES-Beirats wurde Bradford 2001 durch Agnar Sandmo ersetzt, der dem Beirat als solchem bereits seit seiner Gründung angehört hatte. Sandmo ist wohl Norwegens bekanntester lebender Ökonom und ebenfalls Finanzwissenschaftler wie ich. Ich hatte ihn in den 1970er-Jahren als Gastforscher in Mannheim kennengelernt, wo wir uns so gut verstanden, dass wir mit unseren Familien auch gemeinsame Ausflüge unternahmen.

Sandmo hatte den Vorsitz bis 2009 inne und übergab ihn dann an Rick van der Ploeg, der ihn bis zum Ende meiner Amtszeit und darüber hinaus bekleidete. Auch Rick van der Ploeg ist der bekannteste Ökonom seines Landes, in diesem Fall aber der Niederlande. Nach seiner Promotion in Cambridge hatte er zunächst Professuren in Amsterdam, Tilburg und an der *London School of Economics* (LSE) inne. Nach einem kurzen Ausflug in ein niederländisches Ministeramt, das er für die Arbeitspartei übernahm, kehrte er in den Schoß der Wissenschaft zurück und lehrt heute unter anderem in Oxford.

Jenseits seiner Exzellenz als Ökonom hatte mir van der Ploeg bei einem Besuch an der Universität Tilburg – es muss um das Jahr 1993 gewesen sein –, bei dem mich mein damals noch jugendlicher Sohn Philipp begleitete, besonders imponiert, weil er den Flur der Fakultät spontan in ein Fußballfeld verwandelte, um dort mit Philipp zu spielen. Holland gegen Deutschland: der Klassiker. Wir hatten Spaß, und Philipp bekam nun endlich eine Ahnung davon, was Volkswirte wirklich machen, bzw. welche Qualifikation man brauchte, um (ehrenamtlicher) Vorsitzender des CES-Beirats zu werden.

David Bradford, Agnar Sandmo und Rick van der Ploeg standen dem CES über viele Jahre eng zur Seite, fachlich und über ihre Netzwerke. Das Gleiche gilt für weitere Beiratsmitglieder, die im Laufe der Jahre zu uns stießen. Ich bin dankbar, dass wir dabei auch unsere Freundschaften vertiefen konnten.

Im Jahr 1995 gründete ich ein informelles Direktorium des CES, um mir bei der Auswahl der Gastforscher helfen zu lassen. Zu ihm gehörten neben meiner Person Bernd Huber, der spätere Präsident der LMU, sowie der im letzten Kapitel schon erwähnte Klaus Schmidt, der aus Bonn

11 Auch in München: Modernisierung durch Internationalisierung

kommend zu uns gestoßen war, und der ebenfalls bereits erwähnte Waliser Ray Rees. Das Direktorium hatte die Aufgabe, das Spektrum der Einladungen auf ihre Vielfältigkeit hin zu kontrollieren und durch eigene Vorschläge zu bereichern. Es gibt bis heute weder für das Direktorium noch für den Beirat schriftliche Satzungen oder sonstige formalen Festlegungen. Sie funktionierten auch so und sind durch die mittlerweile über ein Vierteljahrhundert hinweg geübte Praxis zu einem Stück institutioneller Realität der volkswirtschaftlichen Fakultät München geworden.

Ein Leuchtturm: Die Munich Lectures in Economics

Das CES entwickelte sich schnell weiter. Und das lag auch an meinem Assistenten Christian Thimann, der zusammen mit Angela Lechner für das Besucherprogramm verantwortlich war.

Thimann promovierte bei mir mit einer Arbeit über die Theorie der deutschen Vereinigung. Welche beeindruckende Karriere Thimann danach hinlegen würde, war zu jener Zeit natürlich nicht im Detail absehbar. Aber es wundert mich nicht, dass EZB-Chef Jean-Claude Trichet ihn – der, verheiratet mit einer Französin, ohnehin frankophil und frankophon war – zu seiner rechten Hand machte und ihm den Rang eines Generaldirektors gab. Auch Trichets Nachfolger Mario Draghi mochte auf Thimanns Fähigkeiten nicht verzichten und behielt ihn als persönlichen Berater ganz nah bei sich. Ende 2013, nachdem er fünf Jahre im Zentrum des Sturms der Finanz- und Eurokrise an höchster Stelle für die EZB-Chefs tätig war, verließ Thimann schließlich Frankfurt. Zusammen mit seiner Familie zog er aber nicht nach Berlin, sondern nach Paris, wo er seither an der Spitze der Axa-Gruppe mitwirkt.

Christian Thimann kam eines Tages zu mir und schlug mir vor, eine über das Gastforscherprogramm hinausreiche Vortragsreihe mit für die Zukunft vielversprechenden hochkarätigen Wissenschaftlern aus aller Welt ins Leben zu rufen – eine Art Leuchtturm des CES. Der würde, so sein Kalkül, das Renommee des CES weiter heben und es zudem für internationale Besucher noch attraktiver zu machen.

Ich reagierte verhalten, denn mir war klar, dass das einen dauerhaften Arbeitsaufwand bedeuten würde. Dennoch fand ich den Vorschlag richtig und überzeugte den CES-Beirat davon, dass wir jedes Jahr im November einen Preis an einen Top-Wissenschaftler vergeben würden, der das Zeug zum Nobelpreis hat, doch noch nicht auf dem Höhepunkt seiner Bekanntheit angekommen ist. Wir würden den Preisträger zum *Distinguished CES Fellow* machen. Und im Gegenzug sollte er an drei aufeinander folgenden Tagen eine Vorlesung halten, die wir *Munich Lectures in Economics* nennen wollten. Dabei sollte die jeweils erste Vorlesung in Form eines feierlichen Festaktes mit Musik und einer Laudatio eines internationalen Wissenschaftlers in der Aula der Universität stattfinden. Die beiden anderen Vorlesungstage sollten der Vertiefung dienen und in einem kleineren Kreis in den Räumen des CES stattfinden.

Die Inhalte der Vorlesung sollten zudem schriftlich vertieft und in einem Buch veröffentlicht werden. Ein ambitioniertes Unterfangen – für die Mitarbeiter, die das Großereignis organisierten, für den Vortragenden, denn der musste ja nach dem Vortrag selbst noch intensiv an die Arbeit, aber auch für mich selbst als Herausgeber der Buchreihe. Was also tun?

Mir fiel sofort MIT Press ein. Meine Kontakte zu diesem in der Fachwelt angesehenen, in Cambridge/Massachusetts ansässigen Verlag waren sehr gut, weil er einige Jahre zuvor, wie schon berichtet, die englische Version meines zusammen mit meiner Frau geschriebenen Buches *Kaltstart* herausgebracht hatte. Und wir hatten Glück. MIT Press fand unsere geplante Buchreihe interessant und schlug ein.

Das Ergebnis, das dabei im Laufe der Jahre entstanden ist, kann sich sehen lassen: Durch die Kombination aus Festakt, MIT Press und hochkarätigen Wissenschaftlern gelang es uns, eine Vorlesungsreihe entstehen zu lassen, die schnell Weltgeltung erlangte. Sie trug dazu bei, das CES zu einer international bekannten Institution zu machen und zugleich das Renommee der volkswirtschaftlichen Fakultät der LMU München zu stärken.

Damit dies alles gelingen konnte, war aber die Frage natürlich zunächst: Wie finden wir jedes Jahr unseren Distinguished CES Fellow? Ohne höchste Qualität an dieser Stelle unseres Projektes würden wir mit unseren Ansprüchen, einen strahlenden CES-Leuchtturm zu schaffen, über kurz oder lang scheitern. Am besten würde es sein, so dachte ich, wenn wir unsere »kollektive Intelligenz« bemühten. Ich schlug dem Beirat also vor, dass er ihn in einem ausdifferenzierten Wahlverfahren selbst bestimmen würde. Und das sah schließlich so aus: Nach eingehender Diskussion der Kandidaten

11 Auch in München: Modernisierung durch Internationalisierung

einigen sich die anwesenden Mitglieder der Beiratssitzung, in der das Thema auf der Tagesordnung stand, auf eine Liste mit vier Kandidaten. Deren Namen werden dann von allen Beiratsmitgliedern – also auch von den nicht bei den Diskussionen anwesenden – in einer anonymen schriftlichen Wahl mit den Rangziffern eins bis vier versehen. Diese je Kandidat vergebenen Rangziffern werden am Ende schließlich addiert, und der Kandidat mit der kleinsten Zahl in der Addition der Rangziffern wird unser Fellow.

Ein faires Verfahren, so fanden wir, und so fanden es auch andere; es hat sich bis heute bewährt. Als ersten Distinguished CES Fellow wählten wir den indisch-amerikanischen Außenhandelsökonomen Avinash Dixit. Sein Buch *The Making of Economic Policy. A Transaction-Cost Politics Perspectives*, in dem er das Verhalten von Politikern zu verstehen sucht, die sich vielfältiger politischer Steuerungsversuche ausgesetzt sehen, war das erste Buch in der Reihe »Munich Lectures in Economics«, die bei MIT Press verlegt wurde. Jahr für Jahr folgten weitere Bücher, deren Themen von der Sozialversicherung über die Rolle des Subsidiaritätsprinzips in der EU bis hin zu Glücksforschung und vielem anderen reichten.

Und das Gute war: Wegen des Erfolgs der Buchreihe hatten wir bei MIT Press einen Stein im Brett und konnten später noch andere Buchprojekte dort realisieren. Das war zum einen die *CESifo Seminar Series* und zum anderen eine Monografie-Reihe für Forscher des ifo Instituts, die zu sogenannten Tandem-Projekten mit ausländischen Wissenschaftlern zusammengebunden wurden. Doch dazu mehr im nächsten Kapitel.

Die *Munich Lectures in Economics* fanden während meiner Amtszeit genau 25 Mal in der großen Aula der LMU statt. Die Aula ist einer prächtigsten Räume Bayerns und zudem der einzige größere historische Veranstaltungsraum in München, der wie durch ein Wunder im Krieg nicht zerstört wurde. Und auch wenn einige der Stars, wie zum Beispiel Paul Krugman, die versprochenen Bücher nicht lieferten, ist diese Seminarreihe zu einer der prominentesten der Welt in unserem Fach geworden. Ich bin dankbar, dass ich alle Festakte selbst habe leiten können, ohne jemals durch eine Krankheit oder andere widrige Umstände daran gehindert worden zu sein. Bei meiner Ansprache in der großen Aula der Universität bin ich auf den Preisträger, aber auch stets auf die Geschehnisse in der Fakultät und später am ifo Institut eingegangen, sodass die Festakte auch zu so etwas wie einem Jahrestreffen der in München tätigen Volkswirte wurde.

Unserem Ziel, Forscher mit großem Zukunftspotenzial zum Distinguished CES Fellow zu wählen, die eine Chance auf den Nobelpreis haben, sind wir im Übrigen recht nahegekommen. Denn unter den 25 Preisträgern, die ich mit zu verantworten hatte, befanden sich schon beim Ausscheiden aus meinem Amt fünf Personen, die nach der Auszeichnung durch das CES den Wirtschaftsnobelpreis auch tatsächlich erhielten: Paul Krugman, Peter Diamond, Jean Tirole, Oliver Hart und Bengt Holmström. Keine schlechte Quote, finde ich, zumal man ja nicht weiß, was da noch kommt.

Viele Versuchungen und ein Schubladenplan: Die Gründung des CESifo-Forschernetzwerks

Wenn man die Teller in der Küche zu waschen bereit ist, muss man sie immer waschen. So ging es mir, als ich um das Jahr 1997 herum vom bayerischen Wirtschaftsminister Otto Wiesheu zum Gespräch gebeten wurde. Ich hatte keine Ahnung, warum er mit mir sprechen wollte. Nach ein paar freundlichen Worten kam Wiesheu direkt zum Punkt: Die Leistungen beim Aufbau des CES und bei der Leitung des *Vereins für Socialpolitik* hätten ihn sehr beeindruckt, und daher wolle er mir nun anbieten, die Präsidentschaft des ifo Instituts zu übernehmen. War dieses Ansinnen nun ein Ausdruck von Wertschätzung und ein Kompliment oder war es doch eher das Bemühen, mich für ein Himmelfahrtskommando zu gewinnen?

Diese Frage, die ich mir stellte, war berechtigt, denn das ifo Institut war bei der Evaluierung durch den *Wissenschaftsrat* im Jahr 1996 praktisch durchgefallen. Der Wissenschaftsrat, das wichtigste wissenschaftliche Beratungs- und Kontrollgremium wissenschaftlicher Einrichtungen der Bundesrepublik, hatte das ifo Institut nach transparenten Kriterien bewertet, wie das in regelmäßigen Abständen bei den aus Steuermitteln finanzierten Instituten der *Leibniz-Gemeinschaft* geschehen musste, und ihm am Ende ein vernichtendes Zeugnis ausgestellt. So empfahl der für die Forschungsförderung zuständige Ausschuss des Wissenschaftsrats der *Bund-Länder-Kommission* im Dezember des Jahres, das ifo Institut nicht mehr weiter zu fördern. Die Bund-Länder-Kommission ist ein von allen Ländern und dem Bund geschaffenes Organ, das über die gemeinsame Förderung

11 Auch in München: Modernisierung durch Internationalisierung

wissenschaftlicher Einrichtungen in Deutschland beschließt. Es war vorgesehen, dass die Kommission die Entscheidung zum Ausschluss des ifo Instituts bereits im Januar 1997 treffen sollte. Das wäre der Todesstoß für das ifo Institut gewesen.

Den Vertretern des Bundes und des Landes Bayern, hier insbesondere dem damals im Bundeswirtschaftsministerium zuständigen Staatssekretär Johannes Ludewig und dem bayerischen Wirtschaftsminister Otto Wiesheu, erreichten es aber in letzter Sekunde, die entscheidende Sitzung zu verschieben, um Zeit zu gewinnen. Ihnen gelang es sodann tatsächlich, das ifo Institut mit einem Beschluss, der nun erst Anfang 1998 getroffen wurde, in der Förderung zu halten – freilich nur um den Preis einer Umwidmung von einem Forschungs- in ein Serviceinstitut, was von allen Seiten als Degradierung empfunden wurde.

Wiesheu wollte damals die Möglichkeiten ausloten, einen Nachfolger für den bisherigen Präsidenten Karl Heinrich Oppenländer zu finden, um das Institut möglichst rasch wieder fit zu machen. Und so kam er auf mich zu.

Natürlich konnte er diese Dinge formell nicht selbst entscheiden, weil dafür die Berufungskommissionen von Fakultät und ifo Institut zuständig waren. Aber faktisch war es doch Wiesheu, der die Fäden in der Hand hatte, weil er als Vertreter der bayerischen Staatsregierung und damit als wichtigster Zuwendungsgeber letztlich das wichtigste Wort bei der Bereitstellung von Finanzmitteln für das Institut hatte.

Unabhängig davon, dass ich selbst nicht genau wusste, ob ich mir diese Herkulesaufgabe mit ungewissem Ausgang wirklich antun wollte, war freilich auch der Zeitpunkt, zu dem Wiesheu sein Anliegen vorbrachte, nicht ganz günstig. Denn ich stand in offiziellen Verhandlungen mit dem Hamburger Senat zur Übernahme der Präsidentschaft des *Hamburgischen Welt-Wirtschafts-Archivs* (HWWA), damals eines der anderen fünf großen Wirtschaftsforschungsinstitute und insofern in gewisser Weise auch Konkurrent des ifo Instituts. Wusste Wiesheu von dieser Parallelität, als er mich ansprach?

Ich jedenfalls fühlte mich damals zuerst dem Hamburger Senat und dem HWWA gegenüber verpflichtet, denn es liefen ja ernsthafte Gespräche. Auch sah ich dort langfristig die besseren Chancen, ein international ausgerichtetes Institut aufzubauen – zumal ich zu jener Zeit ja noch nicht wissen konnte, welchen Rückhalt mir die bayerische Staatsregierung bei der schwierigen Sanierung des ifo Instituts gewähren würde.

Ich sagte Wiesheu also ab – und riet ihm, meinen Kollegen Klaus Zimmermann zu fragen, den ich ebenfalls für geeignet hielt, eine solche Aufgabe zu übernehmen. Bald darauf sagte ich freilich auch den Hamburgern ab, denn es tat sich dort rein gar nichts bei den Verhandlungen. Die Presse wurde schon unruhig, weil es nicht weiterging, und es erschienen einige kritische Kommentare. Doch an mir lag es nicht. Ich hatte ein dickes Manuskript erstellt, in dem ich die Neuausrichtung des HWWA zu einem wahrhaft internationalen Forschungsinstitut beschrieb. Das nahm man dankend entgegen, bat mich aber noch zu warten. Man zog die Verhandlungen in die Länge, und außerdem wurde in dieser Phase auch noch der verantwortliche Senator ausgetauscht. Seine Nachfolgerin – Christa Sager von den Grünen – bekundete in der Folge kein sichtbares Interesse mehr.

Heute kann ich von Glück sagen, dass ich nicht nach Hamburg ging, denn das HWWA war zu jenem Zeitpunkt, als ich der Hansestadt absagte, bereits angeschlagen. Wie das ifo Institut war nämlich auch das HWWA bei seiner Evaluierung im Jahr 1996 hart kritisiert und Anfang 1998 gleichfalls in ein Serviceinstitut umgewandelt worden. Es war wohl dieser Schwebezustand vor der Entscheidung der Bund-Länder-Kommission, die letztlich zur Umwandlung führte, und auch die Inaktivität des Senats bei den Verhandlungen mit mir erklärte. Auch unter dem neuen Präsidenten Thomas Straubhaar, der an meiner Stelle zum neuen HWWA-Präsidenten berufen wurde, konnte sich das Institut dann nicht wieder erholen. Die einige Jahre später stattfindende neue Evaluierung überlebte es nicht mehr. Seine Förderung wurde im Jahr 2006 beendet, es wurde abgewickelt, und auf den Ruinen des alten Instituts wurde ein neues Institut mit dem Namen HWWI – *Hamburger Weltwirtschaftliches Institut* – gegründet. Es wird nun nicht mehr von Bund und Ländern, sondern nur noch vom Hamburger Senat finanziert.

Am Rande erwähne ich, dass mich in dieser Zeit auch noch Lutz Hoffmann, der scheidende Präsident des Deutschen Instituts für Wirtschaftsforschung (DIW) in Berlin, fragte ob ich ihm ab 1999 nicht nachfolgen wolle. Er würde sich für mich einsetzen. Doch ich lehnte diese Anfrage genauso ab wie das mich etwas später erreichende Angebot, die Leitung des neuen in Bonn geplanten *Forschungsinstituts zur Zukunft der Arbeit* (IZA) zu übernehmen, das von der zu jener Zeit von Klaus Zumwinkel geleiteten

Deutsche Post Stiftung aus der Taufe gehoben werden sollte. Beide Posten zugleich übernahm dann übrigens anschließend mein Kollege Klaus Zimmermann. Ich hatte Zimmermann dem bayerischen Wirtschaftsminister Otto Wiesheu ja als guten Kandidaten für die Leitung des ifo Instituts empfohlen, aber es war zu keiner Einigung gekommen, sodass Zimmermann nun »frei« war für die Positionen in Berlin und Bonn. Auch im Zusammenhang mit der Ablehnung dieser beiden Anfragen kann ich heute aus verschiedenen Gründen feststellen, dass da mancher Kelch an mir vorbeigegangen ist.

Doch zurück zum ifo Institut. Denn wie das Leben manchmal so spielt: Es schlägt unerwartete Kapriolen und man findet sich plötzlich in ganz neuen Entscheidungssituationen wieder. Genau das geschah nun auch mir. Im Jahr 1998 kam Wiesheu nämlich abermals auf mich zu, um mir die Präsidentschaft des ifo Instituts anzutragen.

Und diesmal hatte er ein attraktives Angebot im Gepäck, das ich nicht ausschlagen konnte. So bot er mir Hilfe für die Gründung eines europäischen Netzwerks für die volkswirtschaftliche Forschung an, wie ich es seit Langem anstrebte und auch in meinem Plan für Hamburg umrissen hatte. Sein Angebot kam nicht von ungefähr, denn sein Amtschef Michael Schneider hatte ihn darüber in Kenntnis gesetzt, dass ich bereits einige Jahre zuvor bei der bayerischen Staatsregierung einen Antrag eingereicht hatte, mir die Mittel zum Ausbau des CES zu einem europäischen Netzwerk nach dem Vorbild des *National Bureau of Economic Research* (NBER) in den USA zu gewähren.

Das NBER kannte ich gut, denn David Bradford hatte mich, wie bereits erzählt, schon 1988 in dieses Netzwerk mit immensem internationalem Einfluss und großer Forscherqualität geholt. Für mich als Nichtamerikaner stellte das ein besonderes Privileg dar, denn das NBER war im Prinzip US-amerikanischen Ökonomieprofessoren vorbehalten und »gönnte« sich nur sehr wenige Mitglieder aus anderen Ländern. So war ich damals meines Wissens der einzige Deutsche, der darin mitwirkte. Das NBER vertrieb die Arbeitspapiere der Wissenschaftler seines Netzwerks weltweit. Und es organisierte hochklassige Fachkonferenzen zu den verschiedenen Teilgliederungen der Ökonomie, auf denen ein frühzeitiger Wissensaustausch möglich wurde. Viele Impulse für die Forschung und die wirtschaftspolitische Entwicklung Nordamerikas und der Welt gingen vom NBER aus.

Viele Versuchungen und ein Schubladenplan

Genau ein solches Netzwerk wollte ich auch in Europa aufbauen, und zwar auf Basis des CES. Daher mein früherer Antrag an die Bayerische Staatsregierung. Meine Begründung für das Netzwerk stand auf zweierlei Beinen. Zum einen betonte ich, wie wichtig es sei, die europäische wirtschaftswissenschaftliche Forschung zu beleben, um nicht immer nur auf die US-amerikanischen Forschungsergebnisse zurückgreifen zu müssen. Europa habe seine eigenen Probleme, und die müsse es selbst diskutieren, anstatt immer nur das zu rezipieren, was in den USA vorgedacht wurde. Zum anderen verwies ich darauf, dass Europa sich nun rasch weiterentwickeln werde und dafür den Rat der Ökonomen brauche. Mit der Einführung des Euro werde die europäische Integration einen neuen Schub erhalten, und man werde dann intensiv über die weitere Gestaltung des Kontinents diskutieren. Bei den öffentlichen Debatten, aus denen heraus das neue Europa geformt werde, müsse ökonomischer Sachverstand vertreten sein, weil sonst die Gefahr bestehe, dass sich irgendwelche Partikularmeinungen durchsetzen und dem gemeinsamen Unterfangen abträgliche Entscheidungen getroffen werden. Eine Plattform für die Diskussion könne durchaus in Deutschland stehen, argumentierte ich, denn bislang schien mir die Debatte sehr stark westeuropäisch orientiert gewesen zu sein, ohne dass die Belange Mittel- und Nordeuropas dabei genügend zum Zuge kamen. Deutsche, niederländische und skandinavische Stimmen hatten in der Tat nur eine marginale Rolle gespielt, ebenso wie osteuropäische Stimmen, obwohl doch mehr als die Hälfte der europäischen Bevölkerung dort wohnt. Warum also könnten die Anstöße für die weitere europäische Entwicklung nicht auch einmal aus anderen Städten als nur aus Brüssel und Paris kommen. München könne genauso gut als Ideengeber fungieren, wenn man dort ein internationales Netzwerk von Ökonomen aufbaue.

Zur Begutachtung meiner Pläne war, nachdem ich meinen Antrag an die Bayerische Staatsregierung gestellt hatte, sogar eine Kommission des Bayerischen Landtages zum CES gekommen. Ich hatte ihren Mitgliedern meine Gedanken ausführlich vorgestellt, und wir diskutierten nach vorne gerichtet. Kein Zweifel, die Kommissionsmitglieder waren von meinen Vorstellungen angetan. Doch leider hatte das damals nichts genutzt, denn es fehlte das nötige Geld.

Nun aber war das Geld endlich da. Otto Wiesheu bot mir nämlich ohne Umschweife an, meine Pläne realisieren zu können – allerdings nur dann,

11 Auch in München: Modernisierung durch Internationalisierung

wenn ich zugleich das ifo Institut übernehmen würde. Nachdem sich, wie beschrieben, auch meine eigenen Optionen verändert hatten, und ich ferner auch von meiner Fakultät selbst ins Spiel gebracht worden war, zögerte ich nicht mehr und nahm Otto Wiesheus Angebot noch während unseres Gesprächs per Handschlag an. Wie gesagt: Uns beiden war klar, dass dies kein rechtsverbindlicher Akt war, weil es dafür eine strikte Prozedur gab. Aber es war die Vereinbarung mit einem Mann, dem man trauen konnte und der mich in den allen Jahren, während derer ich ihn später beobachtete und mit ihm in Kontakt trat, nie enttäuscht, sondern immer mehr beeindruckt hat.

Es ging nun alles ganz schnell: Das Ministerium forcierte den Amtswechsel zum 1. Februar 1999, einige Monate vor dem Auslaufen der regulären Amtszeit meines Vorgängers im ifo Institut. Und so fand ich mich binnen Kurzem als neuer ifo-Präsident in einer völlig neuen Lebens- und Arbeitssituation wieder. Im nächsten Kapitel berichte ich ausführlich über meine Zeit als ifo-Präsident. Hier beschränke mich auf jene mit dem ifo verbundenen Teile, die mit dem CES bzw. mit dem neuen europäischen Netzwerk zu tun haben.

Dass das Geld für die Umsetzung nun vorhanden war, so erläuterte mir Wiesheus Amtschef Michael Schneider damals, lag an einem unbeabsichtigten Nebenaspekt der Herabstufung des ifo Instituts zum Serviceinstitut. Zum Serviceinstitut zu werden, bedeutete zwar eine Herabsetzung des Status und deutlich weniger Finanzmittel für die Arbeit, doch hat es zur Folge, dass viele Finanzmittel in Bayern frei wurden, und diese Mittel bot mir Wiesheu nun an. Er konnte mir sogar noch etwas mehr als Bayerns Anteil an der Mittelkürzung anbieten, weil Umwidmung nun paradoxerweise implizierte, dass Bayern überproportional von der Mittelkürzung für das ifo Institut profitierte, weil es nun einen kleineren Prozentsatz der dem ifo zugewiesenen (verringerten) öffentlichen Mittel zu zahlen hatte. So gesehen profitierte die neue Forschungsplattform von der Malaise des ifo Instituts.

Das Wirtschaftsministerium schlug vor, die Plattform als GmbH zu gründen, deren Eigentümer die LMU und das ifo Institut sein würden. Die GmbH sollte keine erwerbswirtschaftlichen Zwecke erfüllen, sondern das neue europäische Ökonomennetzwerk betreuen, das ich einrichten wollte. Sie sollte fast vollständig von den Mitteln finanziert werden, die das Ministerium beim ifo hatte einsparen können. Als Namen schlug ich *CESifo GmbH* vor, um die Brückenfunktion im Interesse der beiden Eigentümer zu betonen.

Viele Versuchungen und ein Schubladenplan

Die Realisierung meiner Netzwerkidee lag damit zum Greifen nahe. Das Ministerium bat mich, meine Vorstellungen präzise zu formulieren und in Form einer Programmschrift einzureichen. Außerdem vereinbarten wir, gemeinsam einen vertiefenden, nicht an meine Person gebundenen Vertrag zwischen dem ifo Institut und der volkswirtschaftlichen Fakultät der LMU zu formulieren, der die zukünftige enge Zusammenarbeit zwischen den drei beteiligten Institutionen – also dem ifo Institut, dem CES und der noch zu gründenden CESifo GmbH – regeln sollte, um so auch das ifo Institut näher an Universität heranzurücken. Die Programmschrift, die Elemente meines alten CES-Antrags an die Bayerische Staatsregierung wie auch des für Hamburg vorgesehenen Programms enthielt, wurde zum rechtsverbindlichen Anhang dieses neuen Vertrages gemacht. Der CESifo-Vertrag wurde mit dem ifo Institut und der LMU München in Verbindung mit meinem Anstellungsvertrag geschlossen.

Glücklicherweise konnten wir bei unseren Gesprächen auf einen schon vorher geschlossenen allgemeinen Kooperationsvertrag aus dem Jahr 1997 aufbauen, den das ifo Institut bereits unmittelbar nach der fehlgeschlagenen Evaluierung mit der volkswirtschaftlichen Fakultät der Universität abgeschlossen hatte. Er schuf bereits eine Basis für die gemeinsame Berufung des Präsidenten zusammen mit der Fakultät. Der neue Vertrag, den wir nun abschlossen, war einerseits die Gründungsurkunde für die CESifo GmbH und andererseits band er die drei Institutionen fest zusammen.

Der Vertrag regelte, dass die ifo-Forscher bei der universitären Lehre mithelfen sollten, während umgekehrt die Universität Promotion und Habilitation von geeigneten ifo-Mitarbeitern ermöglichen musste. Ifo-Mitarbeiter sollten daher auch an den Vorlesungen der Gastforscher am CES teilnehmen dürfen. Der Vertrag sah ferner vor, dass CES und ifo die Räume der jeweils anderen Institution unentgeltlich benutzen durften und dass sie höherwertige Forscherstellen gemeinsam schaffen und besetzen konnten. Die Institutionen sollten bei der Forschung eng miteinander zusammenarbeiten, indem die eher theoretische Forschung der Universität mit der eher anwendungsorientierten Forschung des ifo Instituts verbunden werden sollte. Das hieß im Kern, dass CESifo eine gedankliche Brücke zwischen dem Elfenbeinturm der Universität und dem öffentlichen Diskurs bauen sollte. CESifo sollte eine Vielzahl von internationalen Fachkonferenzen unter Beteiligung externer Forscher organisieren und, vor allem,

11 Auch in München: Modernisierung durch Internationalisierung

auf der Basis der bisherigen Gäste des CES ein internationales Forschernetzwerk mit Forschern aus aller Herren Länder aufbauen und unterhalten. Konkretere Ziele der Kooperation wurden in dem Anhang umrissen, der postulierte, dass CES und ifo durch CESifo in die Lage versetzt werden sollten, bei der Forschung und der Politikberatung Spitzenleistungen zu erbringen. Der CESifo-Verbund sollte zu einer »europäischen Drehscheibe für die angewandte Wirtschaftsforschung« entwickelt werden, und das ifo Institut sollte in die Lage versetzt werden, sich »bei der wirtschaftlichen Politikberatung Gehör zu verschaffen«. Dazu sollte auch das Internet-Fernsehen für fachspezifische Themen ausgebaut werden.

Inhaltlich war angedacht, dass CESifo den Reformstau in einer alternden sozialen Marktwirtschaft studieren sowie insbesondere den Prozess der europäischen Integration kritisch begleiten würde. Dem im Maastrichter Vertrag verankerten Subsidiaritätsprinzip, nach dem den europäischen Institutionen nur jene Aufgaben übertragen werden dürfen, die definitiv nicht auf der Ebene der Einzelstaaten erledigt werden können, sollte dabei ein besonderes Gewicht gegeben werden. Die *Europäische Zentralbank* (EZB) solle beobachtet, und die Wirkungsweise des Systemwettbewerbs in Europa eruiert werden, hieß es. Wie ich in den nächsten beiden Kapiteln darlegen werde, ist es genau das, was wir dann auch taten.

Im Ganzen sah der Vertrag eine solch enge Bindung zwischen CESifo, CES und ifo vor, dass der Vorstand des ifo Instituts auf meinen Vorschlag hin nach meinem Amtsantritt beschloss, die englischsprachigen Produkte von CES, ifo und CESifo in Zukunft unter dem einheitlichen Namen CESifo zu vertreiben, während das ifo die Marke für die deutschsprachigen Produkte bleiben sollte. Deswegen treten die Institutionen im Internet seitdem unter dem Namen *CESifo-Gruppe* mit einer gemeinsamen Homepage auf, die simultan auf Deutsch und auf Englisch geführt wird.

Die enge Kooperation zwischen den drei Institutionen war mir von Anfang an wichtig, weil ich die Schlagkraft erhöhen wollte und die Gefahr der Verzettelung meiner Aktivitäten sah. So lag mir auch daran, den ifo-Vorstand, speziell Meinhard Knoche, in die Aktivitäten der CESifo-GmbH mit einzubinden und CESifo und ifo gemeinsam zu betreiben. Und von Seiten des CES wirkten jeweils leitende Assistenten und Habilitanden mit. Besonders hervorzuheben ist der schon erwähnte Helge Berger, der als Erster in einer langen Reihe die Grundstruktur von CESifo entwickeln half. Ihm folgten Holger

Feist, der später zu McKinsey ging, Christian Kelders, der anschließend zum bayerischen Wirtschaftsministerium wechselte, sowie die im letzten Kapitel schon erwähnten Michael Stimmelmayr, Marko Köthenbürger und Silke Übelmesser. Sie brachten sich intensiv in die Arbeit der ersten Jahre ein und haben insofern die bis zum heutigen Tage gültigen Weichenstellungen mitbestimmt. Später hat sich von Seiten des ifo Instituts Oliver Falck, der heute zugleich Professor und Bereichsleiter ist, in das Management des Netzwerks eingeschaltet und betreibt es nun schon einige Jahre mit großem Einsatz. Sie alle wurden durch ein internationales Team von sehr fähigen Assistentinnen unterstützt, von denen ich stellvertretend nur die aus Irland stammende Konferenzmanagerin Deirdre Hall, heute Weber, erwähnen möchte.

Dynamische Entwicklung: CESifo hebt ab und wirkt in die Welt

Mit dem Angebot Wiesheus standen für CESifo die gewünschten Mittel zur Verfügung. Wie aber sollte es mit dem konkreten Aufbau des europäischen Ökonomen-Forschernetzwerks losgehen? Diese Frage ließ sich leicht beantworten, denn wir verfügten ja mit den von 1991 bis Ende 1998 zu uns gekommenen rund 200 CES-Langzeitgastforschern bereits über einen erstklassigen Grundstock eines solchen Netzwerks. Anders als unser amerikanisches Vorbild NBER wollten wir unserem »Start-up« allerdings keine neuen Mitglieder hinzufügen, die wir nicht vorher persönlich in Augenschein genommen hatten. So wuchs das Netzwerk im Laufe der Jahre vor allem um die weiteren Gäste, die wir zu Forschungsaufenthalten einluden, bzw. – genauer – um jenen Teil der Gastforscher, die nach einem internen Begutachtungsverfahren »würdige« Mitglieder des CESifo-Forschungsnetzwerkes zu werden versprachen. Auf diese Weise war CESifo von Beginn an eine Art exklusiver Club, der gleichwohl größer wurde – aber langsam und nur in dem Maße, wie neue Gäste kamen und in das Netzwerk eingegliedert wurden, nachdem wir sie kennengelernt hatten. Wie schon erwähnt kamen bis zum Ende meiner Amtszeit Anfang 2016 etwa achthundert Gäste über das CES und nochmals rund vierhundert über das ifo Institut zu uns.

11 Auch in München: Modernisierung durch Internationalisierung

Für die Arbeit des CESifo-Netzwerks war es von besonderer Bedeutung, die Publikationsreihe *CESifo Working Papers* einzuführen. Auch hier konnten wir bereits auf die Vorarbeiten des CES zurückgreifen, dessen *CES Working Papers* in der neuen Reihe aufgingen. Während jedoch in der CES-Reihe nur die anwesenden Forscher und die Mitarbeiter des CES publizierten, sollte die neue Publikationsreihe grundsätzlich allen Netzwerk-Mitgliedern offenstehen. Jeder Netzwerk-Forscher sollte die Gelegenheit erhalten, seine Forschungsergebnisse zur Diskussion mit den Fachkollegen in Form der *CESifo Working Papers* zu veröffentlichen um so in die Lage versetzt zu werden, die dabei gewonnenen Erkenntnisse in eine Überarbeitung seines Artikels einfließen zu lassen, *bevor* dieser Bericht in finaler Form zur Veröffentlichung bei wissenschaftliche Zeitschriften eingereicht wurde. Insgesamt sind, wenn man die Aufsätze des CES vor 1999 mitrechnet, mehr als sechstausend Titel in der Working-Paper-Reihe erschienen.

Gegen Ende meiner Amtszeit wurden in der *CESifo-Working-Papers*-Reihe pro Jahr knapp sechshundert Titel veröffentlicht. Damit ist sie in nur 17 Jahren zu einer der weltweit erfolgreichsten Reihen in der Volkswirtschaftslehre geworden. Nach der Statistik des *Social Science Research Network* (*SSRN*), einer wichtigen internationalen Forschungsplattform, die auch die *CESifo Working Papers* zugänglich macht, lag die Reihe in den letzten Jahren weltweit jahrelang auf dem zweiten Platz hinter dem uneinholbaren NBER und weit vor dem britischen Netzwerk CEPR, auf das ich weiter unten noch ausführlicher zu sprechen kommen werde. In der Tat kennt heute praktisch jeder Ökonom auf der Welt die CESifo-Reihe.

Die Art der Verbreitung der Reihe änderte sich im Laufe der Zeit. In den ersten Jahren druckten wir die Aufsätze jeweils noch etwa fünfhundert Mal und verteilten sie dann physisch an die ökonomischen Fachbibliotheken der Welt. Von diesem Vorgehen sind wir im Laufe der Zeit in dem Maße abgerückt, wie die Bibliotheken immer stärker auf Digitalisierung gesetzt haben. Heute werden nur noch die elektronischen Versionen verteilt, was für CESifo kostengünstiger ist und den Nutzern den Vorteil der leichteren Speicherung bietet.

Doch bei den *Working Papers* als schriftlichem Medium beließen wir es nicht. Schon gleich zu Anfang, bei der Gründung des CES, führte ich das *CES Journal* ein, einen Newsletter, wie man auf Neudeutsch sagt. Es handelte sich dabei um eine mehrmals im Jahr erscheinende, wenige Seiten umfassende Broschüre, die über die wichtigsten Neuigkeiten rund um das CES berichtete, und zwar gleichlautend jeweils auf Deutsch und auf Englisch. Ich schrieb die Texte des Newsletters anfangs selbst, ließ mir aber im Laufe der Jahre immer mehr durch Assistenten des CES helfen. Den Newsletter schickten wir an viele Ökonomen aus aller Welt. Er war zunächst schwarz-weiß angelegt, doch schon bald darauf gestalteten wir ihn farbig. Und nach Gründung des CESifo ein paar Jahre später änderten wir seinen Namen in *CESifo Bulletin*; fortan berichtete dieses *Bulletin* über Ereignisse der gesamten CESifo-Gruppe, also des ifo Instituts, des CES und des CESifo-Netzwerks. Ab 2012 wurde er in den bereits bestehenden *CESifo Newsletter* überführt, der alle Funktionen vereinte.

Unter Leitung von Julio Saavedra, einem Journalisten aus Chile, der über ausgezeichnete Englisch- und Deutschkenntnisse verfügt, waren diese Produkte im Laufe der Zeit zu einem veritablen Aushängeschild für unsere Aktivitäten im Netz geworden. Geradezu kunstvoll gemacht, witzig und journalistisch aufgebaut, berichteten sie der globalen Ökonomenwelt beispielhaft über die Forschung, die in den *Working Papers* veröffentlicht wurde, sowie über die Gäste, die zu Forschungsbesuchen kamen. Der Newsletter informierte auch über die vielen Konferenzen, die das CESifo-Netzwerk veranstaltet.

Der erste Newsletter in der beschriebenen Reihe, damals noch als *CES Journal*, erblickte Anfang April 1991 das Licht der Welt. Ein anderer, der vom 18. Januar 1993, fiel mir bei der Recherche zu diesem Buch in die Hände, denn er nimmt in vielerlei Hinsicht eine Sonderstellung ein. Ich schrieb diesen Newsletter in großer Erregung über die ausländerfeindlichen Ausschreitungen von Hoyerswerda, Mölln und Rostock, die zu jener Zeit die Republik erschütterten. In meinem Artikel drückte ich Abscheu gegen die Ausschreitungen aus. Und ich versicherte den Ökonomenkollegen in aller Welt, es gebe in Deutschland eine aktive Mehrheit, die dafür sorgen werde, dass der »Geist des Faschismus, der nächtens durch die Lande schwebt«, vertrieben werde. Das hoffe ich noch immer, aber gerade weil ich das tue, kann ich mit Menschen nichts anfangen, die denen, die kundtun, dass sie heute zu einer anderen Auffassung bezüglich des Migrationsthemas neigen als die deutsche Kanzlerin, Faschismus vorwerfen.

11 Auch in München: Modernisierung durch Internationalisierung

Viele Begegnungsräume: Fachtagungen und ein Irrenhaus in der Nähe von Venedig

Zurück zu den »Kerntätigkeiten« des CESifo-Netzwerks, wie sie sich seit seiner Gründung mit viel Arbeit und guten Ideen entwickelt haben. Wie sein Vorbild NBER führt das CESifo vor allem regelmäßige Fachkonferenzen durch, meist in München und zuletzt etwa 25 bis 30 pro Jahr. Angesichts dieses Volumens und der Außenwirkung auf die europäischen Diskussionszirkel kann man durchaus davon sprechen, dass CESifo auch zu einem kleinen, aber feinen Wirtschaftsfaktor für Stadt und Region geworden sind.

Die meisten Fachkonferenzen stehen auch netzwerkfremden Forschern offen, doch etwa ein Drittel von ihnen sind geschlossene Veranstaltungen und legen damit besonderes Gewicht auf die Förderung der Diskussion von Netzwerkmitgliedern untereinander, um so einerseits ein höheres Qualitätsniveau zu sichern und andererseits eine gewisse Vertraulichkeit zu wahren, wodurch die Netzwerkmitglieder veranlasst werden, ihre neuesten Forschungsergebnisse vorzustellen. Die Themenkomplexe der geschlossenen Fachkonferenzen sind an den Bereichen orientiert, die sich im CESifo-Netzwerk herausgebildet haben. Jeder dieser Bereiche veranstaltet dabei »seine« Konferenzen. Wir begannen mit »Makro, Geld und internationale Finanzmärkte«, »Beschäftigung und Sozialversicherung« sowie »Finanzwissenschaft«. In den Folgejahren traten »Angewandte Mikroökonomie«, »Weltwirtschaft«, »Bildungsökonomie«, »Energie- und Klimaforschung« sowie »Verhaltensökonomie« hinzu. Mein Nachfolger am ifo Institut, Clemens Fuest, initiierte zudem den Bereich »Ökonomie der Digitalisierung«.

Jeder Bereich von CESifo wird von einem international anerkannten Wissenschaftler aus dem Netzwerk betreut, der mit seiner eigenen Reputation für echte Internationalität und parteiliche Unabhängigkeit steht. Bei meinem Ausscheiden stammten die Bereichsleiter aus Belgien, Holland, Frankreich, der Schweiz, Kanada, den USA, Norwegen und Deutschland.

Die Mitglieder des Netzwerks selbst stammen zu 31 Prozent aus den USA, zu 20 Prozent aus Deutschland und zu 12 Prozent aus Großbritannien, gefolgt von Frankreich, der Schweiz und Norwegen, die je bei etwa 5 Prozent liegen. Hinzu kommen Mitglieder aus Italien mit 4 Prozent, aus den Niederlanden, Kanada und Schweden mit je etwa 3 Prozent sowie aus

Viele Begegnungsräume

32 weiteren Ländern. Zum Netzwerk gehören und gehörten zehn Nobelpreisträger, von denen zwei leider inzwischen verstorben sind (Stand 2016). Dass Deutschland exakt ein Fünftel der Netzwerkmitglieder stellt und nicht mehr, liegt an der rigiden Selbstbeschränkung auf eben dieses Fünftel, die ich selbst initiierte und die bis heute Bestand hat. Das Bestreben deutscher Volkswirte, in das Netzwerk zu kommen, ist von Beginn an groß gewesen, und so manch ein Kollege war enttäuscht, dass er nicht Mitglied werden konnte. Doch brauchten wir diese Begrenzung, denn wenn das Netzwerk im Ausland als vornehmlich deutsche Einrichtung begriffen worden wäre, hätte es seinen Nimbus der nationalen Unparteilichkeit und der echten Internationalität gefährdet.

Die Unparteilichkeit ist in der Tat ein hohes Gut. So wie ich es in Deutschland und auch sonst stets vermieden habe, in die Nähe einer Partei zu geraten und mich den vielfachen Annäherungsversuchen aus dem politischen Raum stets widersetzen konnte, wollte ich auch das CESifo-Netzwerk wahrhaft international und überparteilich halten. Als Volkswirt steht man bei manchen deutschen oder auch europäischen Journalisten und Politikern ja ohnehin leicht einmal im Verdacht, »rechts« zu stehen, weil die wissenschaftlichen Erkenntnisse der Ökonomie Märkte in weitaus günstigerem Licht zeigen, als sie von der tendenziell marktskeptischen Öffentlichkeit gesehen werden. Wie unbegründet dieses Urteil Außenstehender über die Ökonomie ist, habe ich in früheren Kapiteln bereits zu erläutern versucht.

Aber erneut zurück zu den von CESifo in meiner Zeit geschaffenen vielfältigen Begegnungsräumen. Zu den vielen Konferenzen, die das Netzwerk mittlerweile durchführt, gehören auch die *Delphi-Seminare*, die wir im zweijährigen Rhythmus in Deutschland und Griechenland zusammen mit der Wirtschaftsuniversität in Athen veranstalten, oder das ebenso häufig wechselweise in den beteiligten Ländern veranstaltete *Norwegian-German Seminar in Economics*, vor allem aber das *Venice International Summer Institute*. Bei letzterem handelt sich um fünf internationale Konferenzen, die innerhalb einer Woche und insofern dichtgestaffelt im Juni oder Juli eines jeden Jahres auf San Servolo stattfinden, einer kleinen Insel in der Lagune von Venedig.

Für die Durchführung einer der Fachkonferenzen auf San Servolo konnten und können sich alle Netzwerkmitglieder bei der Leitung des CES bewerben, also damals bei mir selbst, heute bei meinem Nachfolger Cle-

11 Auch in München: Modernisierung durch Internationalisierung

mens Fuest. Aus den besten Vorschlägen wird dann das Programm für San Servolo zusammengestellt. Finanziell und organisatorisch werden die Konferenzen von CESifo betreut.

Eine der Bedingungen für die Annahme eines Konferenzvorschlags war, dass der Konferenzorganisator zustimmte, nach der Konferenz aus den vorgetragenen und dann revidierten Aufsätzen einen Konferenzband zu gestalten, der entweder als Sonderheft einer Fachzeitschrift erscheint oder als separater Band bei MIT Presse. Wie erläutert, hatten wir mit der *Munich-Lecture*-Serie bereits eine gut laufende, hochkarätige Buchreihe für die CES-Vorlesungen bei diesem Verlag. Insofern war es nicht allzu schwer, den Verlag auch noch für die Begründung der *CESifo Seminar Series* zu gewinnen, einer von mir herausgegebenen Buchreihe, die die Konferenzbände des *Venice International Summer Institute* und auch noch andere Konferenzbände aufnehmen sollte.

Dass wir CESifo-Konferenzen auf San Servolo durchführen konnten, war ein großer Glücksfall für das Netzwerk, denn natürlich wollten viele Leute gerne an solchen Orten Konferenzen durchführen. Diese Option erklärt sich dadurch, dass die Ludwig-Maximilians-Universität München zusammen mit anderen europäischen Universitäten Eigentümer der auf San Servolo ansässigen *Venice International University* ist. Dadurch stehen CESifo die dortigen Einrichtungen inklusive der Wohnheime äußerst preisgünstig zur Verfügung. So hat die Attraktivität Venedigs auch in erheblichem Maße dazu beigetragen, CESifo zu einer weltweit bekannten Institution der volkswirtschaftlichen Forschung zu machen. Und das Schöne ist: Wenn man erst einmal auf San Servolo angekommen ist, befindet man sich in einer abgeschlossenen Studienwelt, der wegen der schlechten Schiffsverbindung nach Venedig auch nicht mehr so leicht zu entkommen ist. Insofern ist die Insel ein idealer Platz, um eine fachlich intensive Konferenzatmosphäre zu schaffen, die die Köpfe zum Rauchen bringt und somit der Forschung nützt.

Als kleines Aperçu sei angemerkt, dass sich auf San Servolo bis weit ins 20. Jahrhundert hinein eine psychiatrische Anstalt befand, die man damals in Deutschland als »staatliches Irrenhaus« bezeichnet hätte. Das war lange bevor dieses Gebäude zur Venice International University umgebaut wurde. Mancher Kritiker der Ökonomenzunft mag das als angemessene Umgebung für volkswirtschaftliche Fachkonferenzen begreifen.

Kein Zuckerschlecken: Heftiger Widerstand aus London

Kein Zweifel, CESifo ist eine Erfolgsgeschichte – allerdings eine, die bei ihrer Geburt auch torpediert wurde, und zwar vor allem aus einer Richtung so kräftig, wie ich es nicht erwartet hatte. Zur Gründung des CESifo Netzwerks im Jahr 1999 lud ich nämlich auch Richard Portes ein, meinen im vorigen Kapitel schon ausführlich vorgestellten Eigentümer- und Herausgeberkollegen bei der Zeitschrift *Economic Policy*. Ich wollte damit die Bereitschaft unterstreichen, das neue Netzwerk in freundschaftlicher Kooperation mit dem in London verorteten CEPR-Netzwerk zu betreiben.

Das CEPR steht, wie berichtet, für *Centre for Economic Policy Research* (Zentrum für wirtschaftspolitische Forschung). Es wurde 1983 von Richard Portes gegründet und hat seinen Sitz in der britischen Hauptstadt. Es versteht sich als unabhängiges Forschungsinstitut, das die Aktivitäten eines internationalen Forschernetzwerks in ähnlicher Weise koordiniert, wie dies das NBER tut, also mit Tagungen, Publikationen und anderem mehr, und wie es mir auch für CESifo vorschwebte.

Ich hatte Portes auch deswegen eingeladen, weil wir ähnliche Ziele verfolgten: Auch wir wollten ja – wie er – die ökonomische Forschung in Europa voran- und auf Weltniveau bringen. Portes hatte zunächst auch positiv reagiert und zugesagt, bei der CESifo-Gründungsfeier eine Rede zu halten. Das freute mich.

Kurze Zeit später kam dann aber plötzlich eine Absage, und ich merkte, dass Portes ungehalten war. Irgendjemand musste ihm eingeredet haben, so las ich es zwischen den Zeilen, wir würden dem CEPR mit unserem Netzwerk die Forscher abwerben wollen.

Das war aber nicht der Fall. Mit den ehemaligen Langzeitgastforschern verfügte das CES ja zum einen bereits über ein für den Start hinreichend großes Netzwerk. Zum anderen hatten wir im CES-Beirat und im ifo-Vorstand die Grundsatzentscheidung getroffen, ich berichtete schon davon, grundsätzlich nur jene Gäste in das Netzwerk aufzunehmen, die als Gastforscher zum CES oder zum ifo gekommen waren oder noch kommen würden.

Das alles versuchte ich Richard Portes zu vermitteln. Er ließ sich leider trotz guten Zuredens nicht bewegen, nach München zu kommen. Wir hatten einen Konflikt.

Portes' Reaktion unterschied sich sehr von der Martin Feldsteins vom NBER, der uns von Anfang an wohlgesonnen war und mit dem wir von Beginn an sehr gut kooperierten. Während Feldstein uns immer unterstützte, gemeinsame Veranstaltungen realisierte und auch bei meiner Verabschiedung im Jahr 2016 eine zentrale Rede hielt, kam eine solche Kooperation mit dem CEPR nicht zustande, obwohl ich sie mir doch sehr gewünscht hätte.

Richard Portes hatte nämlich die grundsätzliche Entscheidung getroffen, dass das CEPR in Europa nur solche Netzwerke »tolerieren« – bzw. mit ihnen kooperieren – werde, die entweder lediglich Teilgebiete der Volkswirtschaftslehre abdeckten, oder, wenn sie sich auf das gesamte Fachgebiet erstreckten, nur innerhalb eines Landes agierten.

Ich wollte dieses Portes-Verdikt zunächst nicht akzeptieren. Oder besser: lange nicht wahrhaben. Vielmehr hoffte ich, dass sich das CESifo-Netzwerk in guter Kooperation mit dem CEPR entwickeln konnte. Es entspann sich daher auch ein Briefwechsel zwischen Richard Portes und mir, der in dem Versuch mündete, ein Kooperationsabkommen zu schließen. Aufseiten von CESifo beteiligte sich damals mein britischer und in München tägiger Kollege Ray Rees. Aufseiten des CEPR wirkte Charles Wyplosz mit, ein französischer Kollege und einer der federführenden Herausgeber bei *Economic Policy*. Für diese Zeitschrift war ja, wie berichtet, auch ich leitend tätig, und so kannten wir uns gut.

Wir trafen uns mehrmals persönlich und schrieben uns zudem viele Briefe, die schließlich einen ganzen Aktenordner füllten. Aber so richtig voran ging es nicht, das spürten wir alle. Irgendwann wurde mir die Sache zu bunt. Wurde da auf Halten gespielt? Im Rahmen einer persönlichen Bestandsaufnahme und nach einigen schlaflosen Nächten fand ich: Außer dem Wohlwollen der CEPR-Leitung, des damals wichtigsten Netzwerks für ökonomische Forscher in Europa, hätte die Kooperation dem CESifo nichts gebracht.

Ich brach also die Verhandlungen ab und erklärte, dass wir immer für eine Kooperation mit dem CEPR offenbleiben und uns jedweder gegen das CEPR gerichteter Aktionen enthalten würden. Von nun an aber würden wir unserer eigenen Wege gehen.

Die Reaktion aus London kam postwendend. Am 29. Oktober 1999 schrieb Richard Portes einen offenen Brief an all »seine« Netzwerkmitglieder, indem er sie warnte, sich an einem neuen in Europa gegründeten Netzwerk zu beteiligen, das nach seiner Meinung »jenseits wissenschaftlicher Kenntnisse und Anerkennung« (»*an institution going well beyond its expertise and recognition*«) agierte. Zugleich erklärte er etlichen Ökonomen des CEPR-Netzwerks, mit denen wir über das Gastforscherprogramm ebenfalls schon jahrelang engsten Kontakt hatten, sie müssten sich nun zwischen den Netzwerken entscheiden.

Einigen, die darauf nicht eingehen wollten, setzte er am Ende tatsächlich den Stuhl vor die Tür. Auch mir selbst erklärte er, dass ich nun nicht mehr Mitglied in seinem Netzwerk sein könne.

Portes' Agieren löste indes durchaus unterschiedliche Reaktionen aus. Wenige Ökonomen unterstützten seinen Kurs, indem sie uns fernblieben. Andere aber kamen erst recht zu uns als CES-Gastforscher oder zum ifo Institut, weil sie diese Art von Fremdverfügung über sich selbst nicht dulden wollten.

Zu den Ökonomen, die von Beginn an auf unserer Seite standen, gehörten damals unter anderen Olivier Blanchard, später Chefvolkwirt des Internationalen Währungsfonds, und Robert Solow, einer der frühen Wirtschaftsnobelpreisträger. Beide bekundeten offen ihre Sympathie für die Gründung des Netzwerks und erklärten sich darüber hinaus sogar bereit, in den Wissenschaftlichen Beirat des ifo Instituts einzutreten, der zugleich der wissenschaftliche Beirat von CESifo war. Dort standen sie uns viele Jahre lang mit gutem, ja unschätzbarem Rat zur Seite. Und nicht nur das.

Ich bin im Nachhinein sehr froh, dass wir uns damals nicht auf einen öffentlichen Schlagabtausch oder sonstige Aktionen gegen das CEPR einließen, sondern bei der Linie eines freundschaftlichen Kooperationsangebots blieben und ansonsten schwiegen. Ganz in diesem Geist entschied ich mich, auch meine Kooperation mit dem CEPR im Rahmen der Fachzeitschrift *Economic Policy* nicht zu beenden. So schwierig sie streckenweise auch war: Ich hielt durch. Diese Haltung und dieses Verhalten brachten mir und dem CESifo auch im Umfeld des CEPR viele Pluspunkte, denn auch manche von Portes' engeren Kollegen verstanden seine harsche Position nicht.

Im Übrigen hat sich im Laufe der Jahre das Verhältnis zu Richard Portes wieder deutlich verbessert. Wir fanden eine gewisse Arbeitsebene beim gemeinsamen Betrieb der Zeitschrift *Economic Policy*, an der wir ja gleiche formelle Eigentumstitel hielten, und lernten wieder, uns zu respektieren und zu schätzen. Bei seiner Verabschiedung von *Economic Policy* habe ich eine sehr persönliche und ehrlich gemeinte Dankesrede für ihn gehalten, in der ich seine unbestreitbaren Verdienste um die europäische Volkswirtschaftslehre hervorhob.

Inzwischen hat das CESifo-Netzwerk, das glaube ich sagen zu können, den internationalen Bekanntheitsgrad des CEPR mindestens erreicht, wenn nicht gar überschritten. Und selbst wenn es nicht so wäre: Es ist gut, dass es nun zwei starke europäische Ökonomennetzwerke gibt, die sich auf Weltniveau bewegen. Sowohl Richard Portes als auch ich hatten ja genau dieses Ziel vor Augen. Reicht das, was wir getan haben? Ich weiß es nicht. Wir bleiben dran – bzw. unsere Nachfolger tun es, denn auch Portes ist mittlerweile altersbedingt beim CEPR ausgeschieden.

Näher ran an die Politik: Eine Top-Konferenz in München und endlich ein »Europäischer Wirtschaftsbericht«

Ein weiteres Highlight der CESifo-Aktivitäten ist der *Munich Economic Summit*, eine jährlich in München stattfindende Konferenz, die CESifo seit 2001 zusammen mit der *BMW Stiftung Herbert Quandt* organisiert hat.

Im Unterschied zu den sonstigen CESifo-Tagungen stehen bei dieser Konferenz nicht wissenschaftliche Fragen im Vordergrund, sondern politische Themen, die von grundsätzlicher und auch aktueller Bedeutung sind. Die Idee dazu entstand bei einem Mittagessen mit Eberhard von Kuenheim, dem langjährigen Vorstands- und Aufsichtsratsvorsitzenden der BMW AG, der das Unternehmen großgemacht hatte. Von Kuenheim ließ sich davon überzeugen, dass München eine hochkarätige ökonomische Konferenz benötigte, und er setzte sich erfolgreich dafür ein, dass diese Konferenz von der BMW Stiftung Herbert Quandt finanziert wurde. Durch einen Vertrag zwischen der Stiftung und CESifo regelten wir die gemeinsamen Aufgaben. Die Stiftung übernahm den Löwenanteil der Finanzierung, doch externe Sponsoren wie Swiss Re, UBS, BASF, E.ON Energie

AG und die Roland Berger AG halfen ebenfalls. CESifo oblag in Kooperation mit der Stiftung und einem Aufsichtsgremium der Sponsoren die inhaltliche Ausgestaltung.

Aufseiten der Stiftung war mein erster Kooperationspartner der Stiftungsvorsitzende Horst Teltschik. Teltschik ist ein Politologe, der bei seinem Berliner Studium Vorsitzender des RCDS, der Studentenorganisation der CDU, war, zwischenzeitlich am *Otto-Suhr-Institut* der Freien Universität Berlin arbeitete und dann lange Jahre als außenpolitischer Berater von Helmut Kohl tätig war. Ich habe ihn als sehr gut vernetzten, überaus kooperativen, klugen und freundlichen Partner kennengelernt. Ähnliches gilt für Hans-Jürgen Schellhaas, Jürgen Chrobog und Michael Schäfer, seine Nachfolger im Amt des Vorsitzenden der Stiftung.

Die Konferenz wurde das erste Mal im Jahr 2002 durchgeführt und seitdem ununterbrochen bis zum Sommer 2016, dem letzten Jahr meiner Amtszeit. Ich selbst habe 14 Konferenzen maßgeblich mitgeplant, trug aber für die letzte keine Verantwortung mehr, weil ich da schon im Ruhestand war.

Wie ich höre, hat sich die Stiftung im Zuge einer Neuausrichtung ihrer Förderaktivitäten inzwischen zurückgezogen. Die CESifo-Gruppe wird den *Munich Economic Summit* in Zukunft alle zwei Jahre durchführen, nun in alleiniger Trägerschaft.

Die Grundidee des der Veranstaltung bestand darin, internationale Wissenschaftler, Politiker und Wirtschaftsvertreter zusammenzubringen. An zwei Tagen diskutierten die Teilnehmer zu einem vorher festgelegten Generalthema auf mehreren Panels und im Plenum, um so nicht nur die Standpunkte auszutauschen, sondern auch Vorschläge für eine bessere Wirtschaftspolitik zu entwickeln. Ich selbst hielt in jedem Jahr ein Grundsatzreferat, das als Video und auch in schriftlicher Form im CESifo-Forum auf der Homepage des ifo Instituts verfügbar ist.

An jedem *Summit* nahmen bislang etwa 120 bis 170 Personen teil, darunter zahlreiche Spitzenpersönlichkeiten wie Minister, Staatschefs und Staatspräsidenten und Präsidenten öffentlicher Einrichtungen. Dazu kamen die vielen Journalisten, die auf den Rängen zuhören durften. Jedenfalls war der große Festsaal des Hotels Bayerischer Hof stets gut gefüllt.

Die behandelten Themen reflektieren von der ersten Konferenz an bis heute die zentralen Probleme der Zeit. In meiner Amtszeit reichten sie vom

11 Auch in München: Modernisierung durch Internationalisierung

Thema »*Europe after Enlargement*« im Jahr 2002 bis zu »*Competitiveness and Innovation: The Quest for Best*« im Jahr 2015. In den vielen Jahren ging es darüber hinaus etwa um die Globalisierung, die sogenannten Lissabon-Ziele der EU (wonach diese bis 2010 zum wettbewerbsfähigsten und dynamischsten wissensgestützten Wirtschaftsraum der Welt werden sollte), den demografischen Wandel, den Wettbewerb um die besten Talente, die Bildung, die Digitalisierung, die Klimapolitik oder um das mit den USA geplante Handelsabkommen TTIP.

Besonders spannend waren die Tagungen während der Eurokrise, vor allem die Konferenz Ende April des Jahres 2010. Wir hatten Bundespräsident Horst Köhler und EZB-Präsident Jean-Claude Trichet zu Gast und es gab einiges zu debattieren. Während die Krise um Griechenland in aller Munde war, pries Trichet die Stabilität der Eurozone und betonte die Notwendigkeit, den Internationalen Währungsfonds (IWF), den Köhler ja kurz vorher noch geleitet hatte, bei den geplanten Hilfen für Griechenland einzubinden. Das überzeugte mich, denn nur der IWF würde in der Lage sein, Griechenland Regeln für ein Reformprogramm aufzuerlegen, die das Land auch erfüllen würde, weil der IWF die glaubhafte Drohung aussprechen konnte, seine Mittel andernfalls zu kappen.

Ich sah die Situation Griechenlands weitaus kritischer, als Trichet es – zumindest öffentlich – tat. In meiner *Summit*-Rede vom 29. April 2010 wandte ich mich an einem bestimmten Punkt direkt an Trichet und zeigte ihm und dem Publikum anhand einer Grafik, dass die Zinsen für zweijährige griechische Staatspapiere am Vortag temporär auf 38 Prozent gestiegen waren. Das Risiko, Griechenland kurzfristig Kapital zu leihen, war also so groß geworden, dass das Land nur dann noch Geldgeber fand, wenn es bereit war, derart hohe Zinsen zu zahlen. Und ich fügte pointiert an (in meiner Übersetzung, da ich Englisch sprach): »Es gibt nur eine Schlussfolgerung: Griechenland ist pleite, insolvent.«

Das sagte ich nicht im Triumph, aber so waren die Fakten. Und ich erinnere mich noch gut an Trichets entgeistertes Gesicht. War er in Sorge, dass hier jemand unangenehme Wahrheiten ausspracht, die Kreise ziehen würden? Gab es da noch etwas? Ich gehe einmal davon aus, dass er und seine Berater damals sicherlich wussten, wie prekär die Lage wirklich war.

Ohne Zweifel, ohne die Unterstützung der Staatengemeinschaft in Form eines Hilfsprogramms für Griechenland und weitere Hilfen, die das

Land aus einem neu gegründeten intergouvernementalen europäischen Rettungsschirm, der *EFSF* (European Financial Stability Facility) erwarten konnte, der nur wenige Tage später Anfang Mai vom Econfin-Rat beschlossen wurde, wäre Griechenland wirklich zahlungsunfähig gewesen. So war es denn auch Trichet selbst, der die EFSF-Rettungsaktion zügig in die Wege leitete, indem er mit dem französischen IWF-Präsidenten Dominique Strauss-Kahn und dem französischen Staatspräsidenten Nicolas Sarkozy ein gallisches Dreier-Bündnis schloss. Hatten ihn die Erkenntnisse auf der Konferenz in München zu dieser Eile bewogen? Gut möglich, aber doch nicht wahrscheinlich, denn natürlich hatte der EZB-Präsident seine eigenen Berater, die ihm sagten, was los war.

Jedenfalls gelang es dem französischen Trio quasi im Handstreich, sämtliche Bedenken der meisten anderen Euroländer, die für Griechenlands Schulden eigentlich nicht haften wollten und gemäß Maastrichter Vertrag auch nicht haften durften, beiseite zu schieben und dafür zu sorgen, dass sie Geld für die Abwendung der Griechenpleite in die Hand nahmen. Bis dahin hatten viele Eurostaaten, darunter Deutschland, noch angenommen, sie könnten sich auf die Nichtbeistands-Klausel des Maastrichter Vertrages verlassen, doch diese Annahme erwies sich als falsch.

Dem eiligen und druckvollen Engagement der französischen Politiker konnte sich zum Schluss keiner entgegenstellen, zumal der französische Staatspräsident Sarkozy der Bundesrepublik explizit damit gedroht hatte, dass er Frankreich aus dem Euro herausführen würde, wenn Deutschland nicht nachgebe – so jedenfalls hatte es der spanische Ministerpräsident José Luis Rodríguez Zapatero gegenüber der großen spanischen Tageszeitung *El País* bekundet. Der französische Druck, dem sich die deutsche Regierung beugte, basierte auf einer sehr nationalen Ursache: Die französischen Kreditinstitute hatten nämlich den griechischen Banken und dem griechischen Staat besonders viel Geld geliehen, etwa doppelt so viel wie die deutschen. Der griechische Konkurs bedrohte damit also unmittelbar auch die französischen Banken, ja das gesamte französische Bankensystem überhaupt. Aus französischer Sicht war es keine Frage, dass frisches öffentliches Geld nach Griechenland verliehen werden musste, und zwar so schnell und so viel wie möglich, um die Griechen in die Lage zu versetzen, ihre Schulden zu bezahlen – vor allem die Schulden gegenüber den französischen Gläubigern.

11 Auch in München: Modernisierung durch Internationalisierung

Diese Verletzung der Nichtbeistands-Klausel des Maastrichter Vertrages, die die damalige französische Finanzministerin und heutige IWF-Chefin Christine Lagarde in Interviews offen eingestand, rettete nun zwar das französische Bankensystem. Doch sie bedeutete eben auch eine fundamentale Abkehr von der Marktdisziplin, die die Urheber des Maastrichter Vertrages gewollt hatten. Das war aus meiner Sicht verheerend. Besser wäre es gewesen, im Falle des Konkurses eines Mitglieds der Eurozone, ähnlich wie das in den USA oder der Schweiz der Fall ist, die Gläubiger selbst die Verluste aus ihrer Fehlinvestition tragen zu lassen. Nur wenn die Gläubiger selbst für ihre Entscheidungen haften, passen sie auf ihr Geld auf und verleihen davon nicht so viel, dass ein Schuldnerland in Finanzprobleme gerät.

Kein Geringerer als der auf dem *Munich Economic Summit* vor mir sitzende und auch meinen Ausführungen am Pult aufmerksam folgende Horst Köhler hatte damals als Staatssekretär im Bundesfinanzministerium zusammen mit Jürgen Stark – dem späteren Chefvolkswirt der EZB und langjährigen stellvertretenden Verwaltungsratsvorsitzenden des ifo Instituts – darauf gedrungen, die amerikanischen Regeln in den Maastrichter Vertrag und damit für den Euroraum zu übernehmen. Das war ja auch geschehen. Doch nun schienen diese von ihm mitgestalteten Regeln nichts mehr wert zu sein.

Bundespräsident Horst Köhler trat nur einen Monat später, am 31. Mai 2010, von seinem Amt zurück – mit einer emotionalen Begründung, die nach meinem Eindruck für seine Entscheidung nicht ausschlaggebend gewesen sein konnte. Warum? Um den Gedanken an eine Staatskrise gar nicht erst aufkommen zu lassen, der hätte entstehen können, wäre er bei seinem Rücktritt mit einer Begründung an die Öffentlichkeit gegangen, die auch das Versagen und den Rechtsbruch der deutschen Politik in der Griechenlandkrise erwähnt hätte. Ich weiß, das ist keine zwingende Interpretation, aber eine mögliche, die mir nach Lage der Dinge sehr plausibel erscheint.

Für Insider wenig überraschend folgten nur wenig später die Rücktritte von EZB-Chefvolkswirt Jürgen Stark und Bundesbankpräsident Axel Weber, die sich offen gegen den Rettungskurs und die flankierenden Maßnahmen der EZB gewandt hatten; ihrer Meinung nach lag dies außerhalb des Mandats, das der Maastrichter Vertrag der EZB gegeben hatte.

Der *Munich Economic Summit* des Jahres 2010 verdeutlicht in besonderem Maße, wie sehr ich seit der CESifo-Gründung bestrebt gewesen bin, mit dem Netzwerk nicht nur im Elfenbeinturm der theoretischen Wissenschaft zu logieren, sondern zudem die wissenschaftliche und praktische Auseinandersetzung mit den realen wirtschaftspolitischen Herausforderungen der Welt zu suchen – und dabei auch die Diskussion mit Politikern, Notenbankchefs und anderen zentralen Entscheidungsträgern einzugehen.

Zu dieser Zielsetzung passt auch ein Gremium, das ich bereits 2001 initiierte, also etwa zeitgleich mit dem *Munich Economic Summit*. Den *Summit* haben wir ja bewusst als ein offenes europäisches Diskussionsforum angelegt, auf dem die Teilnehmer ihre mehr oder weniger gut ausgearbeiteten Ideen vortragen können. Zusätzlich, so fanden wir, brauchten wir für Europa auch noch ein Gremium, das – ähnlich dem deutschen *Sachverständigenrat zur Begutachtung der gesamtwirtschaftlichen Entwicklung* – einen jährlichen Bericht zur europäischen Wirtschaft erstellen und schreiben würde.

Wir gründeten daher die *European Economic Advisory Group at CESifo* (EEAG). Der EEAG gehört seit ihrem Bestehen eine relativ feste Gruppe aus sechs, sieben jeweils über mehrere Jahre dienenden Wissenschaftlern aus verschiedenen europäischen Ländern an, die sich mehrfach im Jahr an verschiedenen Orten trifft – meist an den Heimatinstituten der Wissenschaftler oder in München, häufig auch im Tagungszentrum der Swiss Re, einer der weltweit größten und in der Schweiz ansässigen Rückversicherungsgesellschaften –, um die aktuellen wirtschaftlichen Probleme des europäischen Kontinents und auch der Welt zu diskutieren. Zu den Forschern, die über Jahre hinweg wichtige Beiträge leisteten, zählen zum Beispiel Seppo Honkapohja aus Finnland, Giancarlo Corsetti aus Italien, John Flemming aus Großbritannien, Gilles Saint Paul aus Frankreich, Xavier Vives aus Spanien, Torben Andersen aus Dänemark, Harold James aus Princeton, Branko Urosevic aus Zagreb oder Jan-Egbert Sturm, ein niederländischer Ökonom, der in Zürich arbeitet.

Bis heute ist typischerweise ein Mitglied für ein Kapitel des zu schreibenden Berichts hauptverantwortlich, und ein anderes Mitglied übernimmt die Rolle des kritischen Diskussionspartners, der die Texte des Hauptautors redigiert. Am Ende, wenn der Bericht fertiggestellt ist, stehen wiederum alle Kommissionsmitglieder gemeinsam für jedes der Kapitel ein. Die jeweils federführenden Kapitelautoren werden deshalb im Bericht auch nie genannt.

11 Auch in München: Modernisierung durch Internationalisierung

Die EEAG-Berichte zeigen dabei seit ehedem folgende Struktur: Das erste Kapitel bringt einen Überblick zur Konjunktur in Europa, der sich zum einen auf die aggregierte Entwicklung und zum anderen auf spezielle Entwicklungen einzelner Länder konzentriert. Die Erhebungen des ifo Instituts im Rahmen des *World Economic Survey*, einer vierteljährlichen Umfrage bei über 1.000 Wirtschaftsexperten in 100 Ländern, sind für dieses Kapitel besonders nützlich, und in der Tat hat das ifo Institut stets maßgeblich an diesem Teil des EEAG-Berichts mitgewirkt. Die weiteren drei bis vier Kapitel wenden sich aktuellen wechselnden Fragestellungen von besonderer Relevanz zu. Dazu gehörten bislang zum Beispiel Themen wie EU-Osterweiterung (2004), Outsourcing (2005), Steuerwettbewerb (2007), Finanzkrise (2009), Rettungsarchitektur (2010), Bankenunion (2012), Klimapolitik (2012), Zahlungsbilanzungleichgewichte (2013), Arbeitsmärkte und Jugendarbeitslosigkeit (2013), Migration in der EU (2015), Energieunion (2015) und intergenerative Gerechtigkeit (2016).

Bis zu meinem Ausscheiden im Jahr 2016 erstellten wir 15 Jahresberichte, typischerweise mit einem Umfang von 110 bis 150 Seiten, die stets farbig in höchster Qualität gedruckt auch optisch einen professionellen Eindruck machten. Zuletzt lag die Auflage bei 7.000 Exemplaren, die weitflächig an Regierungen, Ministerien und Behörden der EU-Länder sowie an wichtige Entscheidungsträger verschickt wurden.

Als EEAG-Mitglied war ich an allen Berichten aktiv beteiligt. Bei den allermeisten habe ich zudem selbst federführend an mindestens einem Kapitel mitgewirkt. Das war insbesondere im ersten Jahrzehnt so, als sich Routinen herausbilden sollten und für die Reputation des Berichtes eine fristgerechte Ablieferung der Kapitel zum Jahresbeginn zwingend erforderlich war. Für mich hieß das dann sehr konkret, dass die Zeit zwischen Weihnachten und der Rückkehr der Mitarbeiter aus den Weihnachtsferien im Januar stets mit intensiver Arbeit an den Berichten ausgefüllt war. Ich gebe zu: Für den Familienfrieden in der »stillen Zeit« war das nicht selten eine Herausforderung, aber es war auch nicht viel anders als in meinem bisherigen Studien- und Arbeitsleben.

Die Initiative war der bescheidene Beitrag, den wir in München zur Gestaltung einer gelingenden europäischen Integration leisten konnten – im Verbund mit den EEAG-Kollegen aus den anderen Ländern natürlich. Doch der Aufwand, den wir betrieben, lohnte sich. Im Laufe der Jahre gewannen unsere Jahresberichte immer mehr an Bedeutung. Sie führten zu einer beachtlichen Resonanz in der europäischen Presse und bei den relevanten Entscheidungsträgern in diesen Ländern.

Und was mich auch freute: Schon bald hatte es sich eingebürgert, dass uns nach jedem Bericht aus den Hauptstädten Europas eine Vielzahl von Dankesbriefen erreichte. Kritische Kommentare erhielten wir selten oder so gut wie nie.

Außer mir erhielten die übrigen Teilnehmer der EEAG ein Honorar für ihre Tätigkeit, das aber eher bescheiden ausfiel. Es war auch nicht das Geld, das die Teilnehmer anregte, sondern das Bewusstsein, an einem echten europäischen Gemeinschaftsprojekt beteiligt zu sein, das West und Ost, Nord und Süd miteinander verband und die jeweiligen Standpunkte einfließen ließ. Diese Standpunkte waren übrigens viel weniger kontrovers, als es der Leser vielleicht denken mag, denn alle Mitglieder der Gruppe waren seriöse Fachökonomen, die sich auch im Falle ursprünglich vielleicht divergenter Positionen sehr schnell einigen konnten, weil es meistens fachlich klar war, was richtige und was falsche Argumente waren. Ein Teil der Entlohnung, die die Mitglieder der Gruppe durch das Schreiben der Berichte erhielten, war denn auch der eigene Erkenntnisgewinn. Gerade bei den komplexen Themen der Realität, mit denen wir uns beschäftigten, waren Informationen über faktische, institutionelle Verhältnisse in den verschiedenen Ländern wie auch neue Theorien zur Erklärung von Sachverhalten, die die Mitglieder untereinander austauschten, Gold wert. Die Sitzungen waren wie Oberseminare in der Universität, bei denen nicht nur die Studenten, sondern auch Professoren voneinander lernen. Professoren fühlen sich Zeit ihres Lebens wie Studenten, die immer noch dazulernen wollen, und wenn dies durch überzeugende Erklärungen von Fachkollegen möglich wird, ist es besonders lohnend, weil auf diese Weise Denk- und Leseaufwand für selbstständiges Erarbeiten erspart wird. Wegen dieser gegenseitig bereichernden Arbeit machte die EEAG uns Mitgliedern sehr viel Spaß, und wir wurden mit der Zeit gute Freunde, ähnlich wie es bei Klassenkameraden der Fall ist.

Eine der ersten Sitzungen, zu der uns der damalige Vorsitzende der Gruppe, John Flemming, einlud, führte nach Oxford. Flemming war ein beindruckender Mann. Er war in Oxford geboren, hatte dort studiert und war schließlich auch dort, am Nuffield College, Professor geworden. In

11 Auch in München: Modernisierung durch Internationalisierung

der Folge ging er aber als Chefökonom zur britischen Notenbank und anschließend in gleicher Position zur *Osteuropa-Bank* EBRD, die sich wie die Notenbank in London befindet. Danach kehrte er nach Oxford zurück, um Leiter (*Warden*) des Wadham College zu werden. Dort empfing er die Gruppe.

Ein College ist in Großbritannien meistens eine Studieneinrichtung, die zu einer Universität gehört und eine größere Gruppe von Studenten unterschiedlicher Fachrichtungen betreut, indem sie ihnen Unterkunft, Verpflegung, wissenschaftliche Betreuung, Sportmöglichkeiten und Bibliotheksdienste bietet. Wenn man so will, ist sie eine Art Dorf in der Universität, in dem sich die Studenten privat aufhalten, wenn sie nicht gerade Vorlesungen hören. Über das College ist der Student in die Universität eingebunden.

Unser Tagungsraum strahlte die Atmosphäre früherer Jahrhunderte aus. An den Wänden hingen wertvolle Gemälde, und durch die farbigen Bleiglasfenster fiel das Licht auf kunstvolle Holzintarsien und den alten Ziegelboden. Sich in dieser Atmosphäre dem Disput unter Fachkollegen hinzugeben, hieß, auch mental in eine alte Welt zu entrücken und die Probleme der Gegenwart mit der für eine unparteiische Forschung notwendigen Distanz zu betrachten. Nicht minder festlich war das Essen, das uns danach von livrierten Dienern gereicht wurde.

Doch nicht nur in England, auch in Finnland erwartete uns EEAGler Besonderes. Seppo Honkapohja, der wohl bekannteste finnische Makroökonom, hatte uns eingeladen und für unsere Beherbergung das Gästehaus der finnischen Zentralbank »organisiert«. Es bestand aus roten, wohlgestalteten Klinkergebäuden, die direkt am Ufer der Ostsee lagen und eine wundervolle, durch Licht und Architektur fast unwirkliche Atmosphäre schufen. Seppo Honkapohja hatte uns angekündigt, dass uns dort der finnische Zentralbankchef Erkki Liikanen erwarten wollte, doch erfuhren wir, dass er sich deutlich verspäten würde. Also taten wir, was man in Finnland so macht, und gingen in die Sauna, die man bereits für uns vorgeheizt hatte. Wir schwitzten ordentlich, schlugen uns mit Birkenlaub auf die Rücken, um den Schweiß noch mehr zu treiben, und sprangen in das kalte, aber erfrischende Ostseewasser. So muss Sauna sein. Die Finnen wissen, wie es geht, verstanden wir. In der Pause zwischen den Saunagängen gab es, wie stets in Finnland, gutes Bier. So gestärkt wollten wir uns dann auch gerade zum zweiten Mal in die Sauna begeben, da trat uns im Adamskostüm, wie auch wir es trugen, der finnische Zentralbankchef entgegen. Er war inzwischen eingetroffen, begrüßte uns herzlich und ging dann sofort mit uns zum Schwitzen. Die Atmosphäre war sogleich herzlich und gelöst, und wir konnten – gleichsam unverstellt und offen – munter über die damals noch kleinen Probleme der europäischen Währungsunion diskutieren.

Der Einzige, dem bei dem ganzen Unterfangen offenkundig etwas mulmig war, war unserer englischer Kollege Michael Devereux, ein bekannter und waschechter britischer Ökonom, dessen Vorfahren vielen Generationen zuvor aus Frankreich eingewandert waren. Er war der EEAG-Gruppe gerade erst beigetreten und kannte deren Riten verständlicherweise noch nicht. Offenkundig war er es nicht gewohnt, nackt mit anderen Menschen zusammenzutreffen, und er war auch noch nie zuvor in einer Sauna gewesen. Und so nahm er etwas verlegen auf der untersten, für ihn gerade noch erträglichen Bank in der Sauna Platz, druckste auch bei unseren Gesprächen eher nur herum und fragte sich wohl im Stillen, in welch abstrusen Club er hier eingetreten sei.

Wir haben später viel mit ihm darüber gelacht. Und Devereux sprach ebenfalls noch häufig von der inneren und äußeren Hitze, die er in der Sauna empfand, und von seiner EEAG-Taufe im Ostseewasser. Beides band ihn, fand er, besonders fest an unsere Gruppe. Das fanden wir auch.

Bei den Netzwerkaktivitäten hatten wir also auch unseren Spaß, doch im Wesentlichen war mit ihnen Arbeit verbunden – Arbeit, von der ich zudem hoffte, dass sie bald anerkannt und geschätzt werden würde. Der erste Test dazu fand 2010 statt. In diesem Jahr wurde nämlich das ifo Institut nach zwei weiteren, diesmal sehr erfolgreichen Evaluierungen wieder in ein Forschungsinstitut zurückumgewandelt. Darüber werde ich im nun folgenden Kapitel noch berichten. Für mich stellte sich nun die Frage, ob das auch die gesamte Finanzkonstruktion von CESifo ins Wanken bringen würde, denn wenn dieses Netzwerk nur möglich wurde, weil das ifo Institut von einem Forschungs- zu einem Serviceinstitut umgewandelt wurde, musste man dann nicht bei der Rückumwandlung des ifo Instituts um CESifo bangen?

In der Tat bestand die Kehrseite des ifo-Erfolgs nun darin, dass Bayern plötzlich wieder einen größeren Anteil der Institutskosten tragen musste und dass zumindest ein Teil jener Mittel, die seinerzeit für das Netzwerk frei geworden waren, wieder anders gebunden wurde. Würde Bayern daraufhin eine Mittelkürzung für das Netzwerk realisieren, um die für das ifo nötigen Mittel zu bekommen? Die Begründung, das Netzwerk habe nun das Ziel erreicht, das ifo voranzubringen, und könne wieder geschlossen werden, hätte sich für einen solchen Schritt durchaus angeboten.

Doch meine Sorge erwies sich als unbegründet. Das bayerische Wirtschaftsministerium hatte sich vom Wissenschaftsrat überzeugen lassen, dass CESifo »eine großartige Institution für den Wissenstransfer und die internationale Kooperation« war, die dem ifo Institut half, »ein distinktes Profil« zu entwickeln. Das Ministerium war deshalb kreativ und fand andere Möglichkeiten, die Förderung in der gewohnten Höhe fortzusetzen.

CESifo ist inzwischen zu einem Aushängeschild in der Welt geworden. Das ist es zum einen für die volkswirtschaftliche Fakultät der LMU München geworden. Zum anderen aber ist es ein Aushängeschild in der Welt auch und ganz besonders für das ifo Institut geworden. In Deutschland kannte das ifo Institut ja jeder Ökonom. CESifo aber verschaffte ihm darüber hinaus eine herausragende Position in der internationalen Fachöffentlichkeit.

Wie es gelang, diese Position auch mit inhaltlicher Substanz zu begründen, davon handelt das nun folgende Kapitel.

12

Das ifo Institut: Vom Sanierungsfall zum Champion

Das Institut am Boden: Finanzprobleme, Teilabwicklung und ermüdende Verhandlungen • Ein Ruck in der Belegschaft und große Baumaßnahmen • Mehr Wirkung durch eine Medienoffensive: Zeitschriften, Buchreihen, Internet • DICE: Eine neue Datenbank für Europa als zweites Standbein • Eine neue Philosophie für bessere Forschung: »Ordentliche Professoren« müssen her • Ehre, Öre und die wissenschaftliche Freiheit an den Instituten • Auftrag für mehr Qualität: Lunchtime und Arbeit in den Ferien • Konferenzen und Veröffentlichungen: Durchbruch an die Spitze auf breiter Front • Evaluierungen ohne Ende: Das große Zittern und Erleichterung • Präsidiales Multitasking: Administration, Forschung und öffentlicher Diskurs • Der Erfolg hat viele Väter • »Beim Barte des Propheten«

Das Institut am Boden: Finanzprobleme, Teilabwicklung und ermüdende Verhandlungen

Im vorigen Kapitel hatte ich bereits berichtet, dass das *ifo Institut* im Jahr 1996 bei einer turnusgemäßen Begutachtung durch den *Wissenschaftsrat* fast durchgefallen war. Um ein Haar hätte es dadurch die für sein Bestehen überlebenswichtige öffentliche Förderung verloren. Der bayerische Wirtschaftsminister Otto Wiesheu und der Staatssekretär im Bundeswirtschaftsministerium Johannes Ludewig hatten sich für den Erhalt des Instituts eingesetzt und es in politischen Verhandlungen retten können, allerdings nur um den Preis einer Degradierung von einer Forschungs- zu einer Serviceeinrichtung. Zu jenem Zeitpunkt hatte man mich gebeten, das Institut zu übernehmen, um es zu reformieren und wieder erfolgreich zu machen.

Wie konnte es zu diesem schlechten Zeugnis des ifo Instituts kommen? Viele Jahre befand sich das »alte« ifo Institut in einem Spannungsverhältnis. Mit seinen unbestritten guten Konjunkturumfragen und seinen sehr praktischen, an den Bedürfnissen der Politik ausgerichteten Forschungsprojekten lieferte es einerseits ziemlich genau das, was die politischen Entscheidungsträger von ihm erwarteten. Andererseits hatten die akademischen Forscher, die 1996 für mehrere Tage an das Institut kamen, um es zu begutachten, ganz andere Vorstellungen davon, was das ifo Institut leisten sollte. Ihr Beurteilungsmaßstab bestand vor allem im Nachweis von Veröffentlichungen in international anerkannten, referierten und hochkarätigen Fachzeitschriften, in die hineinzukommen nicht nur eine interessante Fragestellung, sondern auch eine profunde theoretische und ökonometrische Fundierung verlangte. Genau das konnte das ifo Institut nicht liefern.

War die Leitung des ifo Instituts und waren die an ihm tätigen Wissenschaftler und Mitarbeiter also in einem Dilemma gefangen – auf der einen Seite die Erwartungen der Politik, auf der anderen die der beurteilenden akademischen Wissenschaftler? Das war sicher so. Zusätzlich aber musste sich die Leitung des Instituts vorhalten lassen, dass sie eine bereits 1982 formulierte kräftige Warnung unbeachtet ließ. Schon damals nämlich war das Institut nach einer ersten Evaluierung durch den Wissenschaftsrat aufgefordert worden, sich wissenschaftlich zu verstärken und sich stärker am internationalen Diskurs der Ökonomie zu beteiligen. Diese Aufforderung hatte die Institutsleitung aber offenbar nicht wirklich ernst genommen. Und so kam es, dass der langjährige ifo-Präsident überzeugt werden konnte, seinen Vertrag im gegenseitigen Einvernehmen vorzeitig zu beenden, und ich sein Nachfolger wurde.

Unberührt davon gibt es für mich keinen Zweifel: Karl Heinrich Oppenländer setzte sich bald zweieinhalb Jahrzehnte mit voller Kraft für das ifo Institut ein und formte es zu einem kompetenten Konjunkturforschungsinstitut, dessen Analysen und Meinungen in Politik, Medien und Öffentlichkeit be- und geachtet waren. Auch verfasste er selbst wichtige Beiträge zur empirischen Konjunkturforschung. Das »alte« ifo Institut verfügte darüber hinaus über einen Stamm erfahrener Wissenschaftler, die in der Auftragsarbeit für private und öffentliche Kunden gute Dienste leisteten. All dies sage ich in Anerkennung der Lebensleistung vieler Mitarbeiter des Instituts – obwohl auch ich mich an den fehlenden theoretischen Kenntnissen störte.

Formale theoretische und ökonometrische Methoden und ihre Weiterentwicklung sind aber nicht alles. Unter anderem können sie nicht die profunde Kenntnis zentraler institutioneller Regelungen ersetzen, wie sie durch jeweils nationale staatliche oder auch suprastaatliche Regeln und Verordnungen definiert werden, und auch nicht die faktische Kenntnis der verschiedenen Wirtschaftsbranchen. Das Know-how in diesen beiden Feldern baute das ifo Institut unter der Leitung von Karl Heinrich Oppenländer fortlaufend aus, und verfügt darüber auch heute noch.

Das gilt zum Beispiel für den *ifo Geschäftsklimaindex für die gewerbliche Wirtschaft* (kurz: *ifo Index*), jenen monatlich durch eine Umfrage bei rund 7.000 Betrieben gewonnenen Konjunkturindikator, der wie ein Fieberthermometer den Zustand der deutschen Wirtschaft misst. Dieser Index, den das ifo Institut nun schon seit über sechzig Jahren erhebt, ist nach einer Umfrage der Nachrichtenagentur Reuters heute der wichtigste Konjunkturindikator Europas. Er sorgt für eine laufende Berichterstattung über das ifo Institut in den Medien, die dem Institut immer wieder Schlagzeilen verschafft. Auf seinem Rücken gelang und gelingt es dem ifo Institut auch immer wieder, andere Themen in die Öffentlichkeit zu transportieren. Allerdings wird das ifo Institut inzwischen schon längst mit mehr als nur diesem

Index in Verbindung gebracht. Vielmehr wird es, wie Medienanalysen zeigen, mittlerweile generell, d. h. mit allem, was es tut, als wirtschaftspolitische Instanz begriffen. Die Stellungnahmen des Präsidenten oder auch der Bereichsleiter werden von der Presse aufgegriffen und auch aktiv von den Redakteuren angefordert.

Der ifo Index basiert auf den über viele Jahre gewachsenen exzellenten Branchenkontakten des ifo Instituts. Wie wichtig diese Kontakte sind, ist mir heute, nachdem ich 17 Jahre am ifo Institut verbringen durfte, noch bewusster als in den ersten Jahren. Gerade auch von der Branchenforschung, die bei den Evaluierungen durch den Wissenschaftsrat auch nach meinem Amtsantritt ein Sorgenkind war, weil dort keine Punkte für die Liste der Veröffentlichungen in referierten Fachzeitschriften zustande kamen, profitierte ich enorm. Die Branchenforschung des ifo Instituts erweiterte mein eigenes Wissen um Dimensionen, die an der Universität bis heute in der Regel nicht vermittelt werden. Man frage einmal einen normalen Ökonomieprofessor, wie viele Branchen er zu unterscheiden weiß. Fünf, zehn, fünfzehn? Viel mehr werden da nicht genannt. Das ifo Institut schrieb und schreibt demgegenüber bis heute halbjährlich gegen Entgelt über hundert Branchenberichte für den DG-Verlag, die man dort für die Beurteilung von Kreditkunden braucht – eine der wenigen privaten Geldquellen, über die das Institut verfügt.

Ohne das Wissen der Branchenabteilung des ifo Instituts hätte ich mein im Jahr 2005 erschienenes Buch *Die Basar-Ökonomie* nicht schreiben können. Es dokumentierte erstmals die rapide schrumpfende Fertigungstiefe der deutschen Industrie, die aufgrund einer Auslagerung von Vorleistungen nach Osteuropa entstanden war und Deutschland zum Drehkreuz für die Belieferung der Welt mit hochwertigen Industrieprodukten gemacht hatte. Bei diesem Buch, wie auch bei vielen weiteren Studien, half mir die Expertise des ifo Instituts, insbesondere das große Faktenwissen der Mitarbeiter und die ausgezeichneten Datenbanken. Hätte ich von dieser Kompetenz von Anfang an gewusst, wäre mir die Entscheidung, zum ifo Institut zu gehen, deutlich leichtergefallen.

Wie im letzten Kapitel erläutert, hatte ich ja eigentlich zunächst nicht vor, Präsident des ifo Instituts werden zu wollen, und die ersten Verhandlungen abgebrochen, um mich auf meine Arbeit an der Universität zu konzentrieren. Erst in einer zweiten Verhandlungsrunde, die viel später stattfand, nachdem das bayerische Wirtschaftsministerium zunächst andere Optionen ausgelotet hatte, kamen wir zusammen, dann nämlich hatte man mir die Möglichkeit und die Mittel zum Aufbau des *CESifo*-Forschernetzwerks gegeben. Ich willigte ein, Karl Heinrich Oppenländers Nachfolge anzutreten – nun aber von ganzem Herzen, denn wenn man sich erst einmal durchgerungen hat, etwas zu tun, dann muss man es auch zu Ende bringen. So ging ich ernst und im Bewusstsein der Herkulesaufgabe, die mich erwartete, ans Werk. Zusammen mit den im Amt verbliebenen Vorstandskollegen Gebhard Flaig und Meinhard Knoche wollte ich mich sofort auf die Aufbauarbeit konzentrieren. Doch erst einmal musste kräftig aufgeräumt werden. Denn leider wies das Institut nicht nur die mir bekannten Defizite bei der Forschung auf, sondern hing auch finanziell ziemlich in den Seilen.

Die Bilanz des Jahres 1998, die ich »geerbt« hatte, schien auf den ersten Blick eigentlich ganz in Ordnung zu sein. Es war zwar nicht viel Eigenkapital da, aber doch genug für ein Institut, das ohnehin keine großen Überschüsse akkumulieren darf, weil es grundsätzlich eine Fehlbedarfsfinanzierung von Bund und Ländern erhält. Das ifo Institut ist zwar als ein privater Verein organisiert, doch, wie schon erläutert, erhält es als Mitglied der *Leibniz-Gemeinschaft*, ähnlich wie zum Beispiel die *Helmholtz-*, *Fraunhofer-* oder *Max-Planck-Institute* eine Zuschussfinanzierung von der öffentlichen Hand, konkret von allen Bundesländern und dem Bund. Diese Zuschussfinanzierung dient der Abdeckung von laufenden Defiziten, die aus der Wahrnehmung des öffentlichen Auftrags im Bereich der Forschung und der Belieferung der Öffentlichkeit mit Wirtschaftsdaten entstehen, doch darf der Zuschuss nicht in Form von Eigenkapital angehäuft werden.

Dennoch irritierte es mich, als ich feststellen musste, dass das ifo Institut sehr hohe Überziehungskredite in Anspruch nahm. Und bei dieser Irritation blieb es nicht, denn schon kurz nach meinem Amtsantritt tauchten zwei Bankvertreter in meinem Büro auf, die von mir Unterschriften wollten, die ich nicht zu liefern bereit war. Verbindlich in der Form, aber hart in der Sache machten sie mir unmissverständlich klar, dass die Überziehungskredite ein aus ihrer Sicht nicht mehr tolerables Niveau erreicht hätten. Es müssten Sicherheiten her, und so schlugen sie mir vor, ihnen unsere Immobilien zum Pfand zu geben. In der Tat hat das Institut prächtige Immobilien in der Poschingerstraße in Bogenhausen, einer der vornehmsten und teuersten Lagen von München – übrigens nur einen Steinwurf vom wiederaufgebauten Wohnhaus Thomas Manns entfernt –, und diese Immobilien standen weitgehend abgeschrieben in der Bilanz. Die Beleihung der Immobilien sei keine große Affäre, erklärten mir die beiden netten und elegant gekleideten Herren. Der Notar könne das sehr rasch abwickeln, und dann sei die Welt wieder in Ordnung.

Nun musste ich als Ökonom in der Praxis erfahren, was ich schon theoretisch wusste: dass Bilanzwerte und Liquidität zwei verschiedene Dinge sind. Verblüffend war der Sachverhalt aber doch. Wie konnte es sein, dass wir kein Geld hatten und dennoch über erkleckliches Eigenkapital in der Bilanz verfügten? Ich versuchte, den Dingen auf den Grund zu gehen, aber keiner wusste so richtig, wo der Hase im Pfeffer lag. Also musste ich mich selbst gründlich in die Unterlagen vertiefen. Nach tage- und nächtelanger Suche in einem Zustand fortschreitender Beunruhigung fand ich schließlich die Ursache dieser eigentümlichen »Ungleichzeitigkeit«: Die Ursache des Problems lag darin, dass die im alten Jahr bereits begonnene, aber noch nicht bezahlte Arbeit an den Auftragsgutachten als Aktiva in der zum Jahresende zu erstellenden Bilanz verbucht wurden. Auf diese Weise war Eigenkapital, aber kein Geld entstanden. Das war nicht falsch und ist niemandem vorzuwerfen. In der Tat musste man bilanzrechtlich so vorgehen. Aber dennoch waren wir in der Bredouille.

Denn die Finanzprobleme waren ziemlich real. Der normalerweise übliche jährliche Zuwachs der Grundfinanzierung war dem Institut gestrichen worden. Die Erträge aus Auftragsgutachten brachen weg, weil das schlechte Evaluierungsergebnis die Kunden abgeschreckt hatte. Ein großes Projekt im Umweltbereich verzögerte sich, und, und, und ... Jedenfalls war die Situation so prekär, dass im darauffolgenden Jahr, dem ersten meiner Amtszeit, tatsächlich auch ein *negatives* Eigenkapital von -309.000 D-Mark in der Bilanz ausgewiesen werden musste. Nun zeigte sich, dass die Überziehungskredite letztlich doch ihr bilanzielles Pendant hatten.

Ich trug mich kurzzeitig mit dem Gedanken, den Gang zum Konkursrichter anzutreten. Doch das war nicht nötig. Erstens verfügte das Institut, wie schon erwähnt, über die in der Bilanz unterbewertet ausgewiesenen Immobilien, die viele Millionen wert waren. Zweitens verfügte es für die kommenden Jahre über einen ausreichenden Abwicklungshaushalt in Form von Finanzierungszusagen der öffentlichen Zuwendungsgeber, die mein Kollege Meinhard Knoche, ein ausgewiesener Finanz- und Verwaltungsfachmann, bereits ausgehandelt hatte. Und drittens griff uns auch die Amtsleitung des bayerischen Wirtschaftsministeriums, das das Institut als Vertreterin Bayerns als Sitzland von Rechts wegen auch finanziell betreut, unter die Arme.

Ich war nämlich mit meinen Finanzsorgen wegen der Forderungen der beiden Bankenvertreter zum zuständigen Abteilungsleiter im Ministerium, Gerd-Achim Gruppe, gegangen und berichtete ihm von unseren finanziellen Nöten und dem Besuch der Banker. Gruppe aber war die Ruhe selbst und meinte, die Banken sollten sich doch erst einmal gedulden, und dann bat er mich, ein paar Tage zu warten, damit er eine Lösung finden könne. Die Lösung bestand in einem neuen, mehrjährigen Forschungsauftrag, der uns alsbald wieder etwas neue Liquidität bringen würde. Dabei handelte es sich um den Aufbau einer *Datenbank zum internationalen Institutionenvergleich* (DICE), die ich dem Ministerium vorher schon vorgeschlagen hatte und für die zunächst kein Geld vorhanden zu sein schien. Darüber werde ich später noch ausführlicher berichten.

So waren wir also gerade noch an einem finanziellen Fiasko vorbeigeschlittert. Allerdings wussten wir – das Ministerium, meine Vorstandskollegen und ich selbst gleichermaßen –, dass wir uns damit nur Zeit erkauft hatten. Das ifo Institut musste besser werden, und zwar an allen Fronten. Und dies so schnell wie nur irgend möglich.

Trotz der anfänglichen Hilfen des Wirtschaftsministeriums ging es dem Institut jahrelang freilich finanziell überhaupt nicht gut. Denn aufgrund des Beschlusses der Zuwendungsgeber – der sogenannten *Bund-Länder-Kommission für Bildungsplanung und Forschungsförderung* (BLK), in der Bund und alle Länder vertreten sind – musste das Institut auf dem Weg zur Serviceeinrichtung, die es nun erst einmal zu sein hatte, teilabgewickelt werden und eine Budgetkürzung von formell 25 Prozent verkraften. Faktisch lag diese Kürzung sogar bei 31 Prozent, weil wir aufgrund der Lohnsteigerungen bei gleichzeitigen extremen Ausgabenrestriktionen zwei Jahre lang nicht am üblichen Zuwachs der Mittel teilhaben konnten, der uns normalerweise schon wegen der Tariflohnsteigerungen gewährt wurde. Aber dies waren eben keine normalen Zeiten.

Ich gebe zu: Obwohl ich bei meinem Amtsantritt wusste, dass das Institut eine Mittelkürzung zu erwarten hatte, waren mir die Dimensionen der Herausforderung damals nicht wirklich bewusst gewesen. Ich hatte zunächst gedacht, meine Hauptaufgabe beim ifo Institut werde darin bestehen, die Forschung zu koordinieren und neue, gesellschaftlich relevante Forschungsprojekte auf hohem Niveau anzustoßen – und auf diesem Weg das ifo Institut mit der Zeit von einem Serviceinstitut wieder zu einem besser ausgestatteten, angesehenen Forschungsinstitut zu machen.

Doch diese Vorstellung war realitätsfern. Denn bei meinem Start am Institut waren alle Mitarbeiter intensiv mit dem Verdienen von Geld durch Projektaufträge beschäftigt und konnten sich den vom Präsidenten als langfristig wichtig angesehenen Themen, deren Bearbeitung Geld verbrauchen statt einbringen würde, schon aus Zeitgründen kaum widmen. Mir blieb nichts anderes übrig, als das zu akzeptieren. Und so landete ich gleich zu Anfang von meinen gedanklichen Höhenflügen ziemlich hart auf dem Boden der betriebswirtschaftlichen Realitäten des Instituts.

Die dramatische Mittelkürzung um fast ein Drittel, die wir gleichwohl zu verkraften hatten, zwang die Leitung des Instituts schon vor meinem Eintritt, die Zahl der Abteilungen zu reduzieren. Sie ging von 16 auf sieben zurück. Ich selbst kam mitten in diesen Umstrukturierungsprozess hinein, der ja schon deshalb nicht abgeschlossen war, weil das Personal, auf das es letztlich ankam, noch das alte war. Es sollte noch Jahre dauern, bis wir ein neues Wissenschaftsklima mit neuem, internationalen Forschungsstandards entsprechendem Personal aufgebaut hatten, und in diesem Prozess wurden die inhaltlichen Aufgaben der Abteilungen – wir nannten sie nun »Bereiche« und später gar »Zentren« – immer wieder von Neuem gewandelt. Mal wurde fusioniert, getrennt, umbenannt, mal wurde Personal verschoben und ausgetauscht, ein ständiger Prozess, der nie zu enden schien. Glücklicherweise konnte mit den erwähnten Mitteln des Ministeriums sogar eine weitere Abteilung zum Internationalen Institutionenvergleich eingeführt werden. Doch die ifo-Niederlassungen in Brüssel und Tokio schlossen wir im Zuge dieses Prozesses genauso wie ein *Büro zur Koordination der europäischen Konjunkturforschung* (CIRET), das das ifo Institut unterhielt. Für solche Dinge war einfach kein Geld mehr da.

Das schwierigste Kapitel war der anfängliche Personalabbau, der wegen der fehlenden Finanzierung unerlässlich war. So ging die Mitarbeiterzahl des ifo Instituts von 1996 bis 2002, also innerhalb von nur sechs Jahren, von 230 Vollzeitäquivalenten auf 130 herunter. Das Jahr 1996 war das Jahr der fehlgeschlagenen Evaluierung. Schon ab 1997 musste deshalb mit dem Personalabbau begonnen werden. Als meine Amtszeit begann, waren 30 von den notwendigen 100 Stellen gestrichen. Nun hieß es, innerhalb kürzester Zeit die weiteren 70 Stellen abzubauen.

Das war eine echte Herausforderung, sowohl was die arbeitsrechtlichen Anforderungen als auch was die internen Kompetenzverluste des Instituts betraf. Auch wer die Details hinter diesem starken Rückgang der Mitarbeiteranzahl nicht kennt, wird sich vorstellen können, dass der Personalabbau am Institut für einige Ängste, Unruhen und auch Widerstände sorgte. Doch die Teilabwicklung – und die damit verbundene Umwandlung in eine Serviceinstitution – war vom Senat der Leibniz-Gemeinschaft, und damit rechtsverbindlich von dem von Bund und Ländern eingerichteten Aufsichtsorgan, beschlossen worden, und ich hatte sie nun zusammen mit meinen Vorstandskollegen zu exekutieren. Daran gab es nichts zu rütteln. Auch nicht von den Vertretern des Betriebsrats, die lange Zeit nicht wirklich einsehen wollten, was die Stunde geschlagen hatte.

Der Beschluss bedeutete zum Glück nicht, dass wir die Personalreduzierung vor allem durch Entlassungen zu erreichen hatten. Der Löwenanteil des Personalabbaus konnte im Gegenteil dadurch realisiert werden, dass Pensionäre nicht ersetzt und zeitlich befristete Stellen nicht verlängert wurden. Außerdem kündigten nicht wenige befristet beschäftigte Mitarbeiter selbst vorzeitig, weil sie wussten, dass eine Verlängerung ausgeschlossen sein würde. Vielfach machten wir von Vorruhestands- und Altersteilzeitregelungen Gebrauch. In etwa einem Dutzend Fällen blieb es uns leider nicht erspart, betriebsbedingte Kündigungen auszusprechen, weil bestimmte Arbeitsbereiche geschlossen wurden. In einem Fall unterlagen wir vor Gericht. Denn die gesetzlich vorgeschriebene Sozialauswahl verlangte bisweilen, dass wenig geeignete Mitarbeiter aus den zu schließenden Bereichen bleiben durften und stattdessen anderen, kompetenteren Mitarbeitern aus anderen Bereichen die Kündigung ausgesprochen wurde.

Betriebsbedingte Kündigungen zu realisieren, ist alles andere als einfach und angenehm, weder für die Betroffenen noch für die Betriebsleitung. In Deutschland ist man als Betriebsleitung dazu verpflichtet, mit dem Betriebsrat einen Sozialplan auszuhandeln, der die Kriterien für die Sozialauswahl definiert und der zudem die Höhe der Abfindungen regelt – in der Regel in Höhe vieler Monatsgehälter, deren Zahl sich an den Jahren der Betriebszugehörigkeit orientiert.

Die Verhandlungen mit dem Betriebsrat, die der ifo-Vorstand zu führen hatte, erwiesen sich als äußerst schwierig, weil wir natürlich nicht die schwächsten Mitarbeiter behalten wollten und auch nicht das Geld hatten, jene Abfindungen zu zahlen, für die sich der Betriebsrat einsetzte. Tage- und wochenlang trafen wir uns immer wieder, um zu diesem Thema Lösungen zu finden. Aber wir kamen nicht voran, denn jede Seite empfand die Position der anderen als in Beton gegossen. Als wir eine bestimmte Zahl von erfolglosen Sitzungen absolviert und protokolliert hatten, während derer sich die Aussagen beider Parteien wie schwere Mühlräder knackend und ächzend immer wieder im Kreis herumdrehten, hatten wir schließlich den rechtlichen Anforderungen Genüge getan und konnten den nächsten Schritt gehen: eine Einigungsstelle bilden.

Eine Einigungsstelle zu bilden bedeutet, dass fast dieselben Gespräche wie zuvor in einer erneut nicht enden wollenden Zahl von Sitzungen geführt werden, nur dass nun ein Schiedsrichter dabei ist. In unserem Fall war es der Vizepräsident des Arbeitsgerichts München Werner Wolf. Außerdem bringen beide Seiten auch ihre Rechtsanwälte mit, die ebenfalls sehr viel Zeit investieren, nicht nur in den Sitzungen selbst, sondern auch in der Vor- und in der Nachbereitung. Für das ifo Institut bedeutete dies nicht unbeträchtliche Kosten. Denn alle Anwälte – auch die der Mitarbeiterseite – und der Richter arbeiteten auf Stundenlohnbasis, und das ifo Institut war von Rechts wegen dazu verpflichtet, aus seinem ohnehin zu knappen Budget sämtliche anfallenden Honorare zu bezahlen. So wurde das ohnehin angeschlagene Institut weiter geschwächt, denn die am Ende zu begleichenden Rechnungen waren sehr hoch. Auch ich verlor dabei viele Wochen und Monate, während derer ich mich mit der Problematik herumschlagen musste.

Und es blieb nicht bei den Verhandlungen über die Sozialpläne. Ein anderer Kriegsschauplatz war die sogenannte *Kosten-Leistungs-Rechnung* (KLR), ein System zur genauen Erfassung des Arbeitseinsatzes für Forschungsprojekte, insbesondere auch für jene Projekte, für die wir von externen Auftraggebern, zumeist öffentliche Instanzen wie Bundes- und Länderministerien oder Behörden, bezahlt wurden. Einer der Gründe für die miserable Ertragslage des ifo Instituts und die große Divergenz zwischen Bilanz- und Liquiditätszahlen lag darin, dass die ifo-Forscher in aller Regel viel mehr Zeit für die Projekte verbrauchten, als uns bezahlt wurde. Der alte ifo-Vorstand hatte schon beschlossen, dieses Erfassungsprojekt einzuführen, doch brauchten wir noch die Zustimmung des Betriebsrats. Die bekamen wir aber nicht. Über Monate hinweg wurde auch bei diesen Verhandlungen die Betonstrategie verfolgt. Auch hier benötigten wir eine Einigungsstelle, weil wir nicht weiterkamen. Dafür wurde der amtierende Präsident des Landesarbeitsgerichts, Peter Mayer, als Vorsitzender gewonnen. Der Vorsitzende nahm sich alle Zeit der Welt, den Streit der Parteien zu beobachten, die Plädoyers der Rechtsanwälte zu hören und seine Fragen zu stellen. Ich gestehe, nach monatelangen, zermürbenden Gesprächen war ich mit meiner Geduld fast am Ende. Für mich führten diese rechtlich vorgeschriebenen Prozeduren zu mehr oder minder sinnlosen Ritualen, die uns nicht wirklich voranbrachten. Ich kam von der Uni und wollte im ifo Institut forschen und es wieder in die erste Liga der Wirtschaftsforschungsinstitute führen. Stattdessen sah ich mich nun in einem schier aussichtslos erscheinenden Nullsummenspiel gefangen. Viel Kraft, Hirn und Emotionen flossen in unsere endlosen Auseinandersetzungen. Zu viel, ja viel zu viel.

Als Ökonom hat man ja eine klare Vorstellung davon, wie eine Wirtschaft funktionieren sollte. »Oben« wird entschieden, wie es gemacht wird, und dann packen alle gemeinsam an. Aber wie unterschieden sich doch diese Vorstellungen von der betrieblichen Realität, wie sie durch das deutsche Arbeitsrecht gestaltet wird. Was für ein Kulturschock – oder besser: Realitätsschock, als ich mir den Vortrag des Vorsitzenden Peter Mayer darüber anhören musste, dass es keine gläsernen Mitarbeiter gebe und der Chef gar nicht das Recht habe, zu erfahren, welcher Mitarbeiter wann an welcher Arbeit sitzt. Ich hatte die Nase nun wirklich voll und fragte mich, wie lange ich diesen, von mir jedenfalls so empfundenen Unsinn noch mitmachen würde. Ich war nahe daran, meinen Glauben in die deutschen Gesetze und die Jurisprudenz zu verlieren. Nur die freundliche Zuversicht, die mir unser Rechtsanwalt Fritz Kempter immer wieder vermittelte, ließen meine Hoffnung auf eine letztendlich sinnvolle Lösung nicht gänzlich schwinden.

Nachdem schließlich eine hinreichende Zahl von Sitzungstagen vergangen und endlos viel Papier beschrieben war, bevor es zu einer Verständigung kommen durfte, ohne dass sich eine der beiden Seiten dem Vorwurf übergroßer Nachgiebigkeit ausgesetzt sah, kam der Richter plötzlich mit einem Einigungsvorschlag in die Runde. Was für eine Wendung! Warum nicht früher? Aber egal: Keine der Parteien verspürte noch die geringste Lust, über diesen Vorschlag abermals zu diskutieren. Ermattet stimmten ihm beide Seiten zu, um so endlich wieder Zeit für andere Aufgaben zu haben.

Ein Ruck in der Belegschaft und große Baumaßnahmen

Und die gab es zuhauf. Nach der Phase der Reduzierung von Abteilungen und Personal ging es für uns zunächst und vor allem ums Geldverdienen. Nur so, das war klar, würde die wirtschaftliche Existenz des ifo Instituts trotz der gravierenden Mittelkürzung zu sichern sein. Das verstand auch die Belegschaft, und zwar beeindruckend schnell. Zwar genügte die Qualität der Forschung den hehren internationalen Standards der Fachwissenschaft nicht, wie der Wissenschaftsrat ja festgestellt hatte. Doch wie man Gutachten akquiriert und vermarktet, dass wussten die alten Kämpen. Sie legten sich ordentlich ins Zeug und akquirierten immer wieder neue, finanziell gut dotierte Projekte, die sie dann auch in hinreichender Zeit bearbeiteten. Keine Frage, es ging ein Ruck durch das Institut, nachdem ein jeder die Realität der Teilabwicklung begriff und es klar war, dass die wirtschaftlich nicht mehr tragfähigen Bereiche geschlossen werden würden. Durch die vielen neuen Auftragsprojekte kam es zu einem erheblichen Mittelzufluss in das Institut, der die Last der Anpassung erheblich verringerte und die latente Konkursgefahr überwand. Ich war tief beeindruckt von der Professionalität, der Findigkeit und dem Fleiß der Belegschaft in dieser Krisensituation. Der großartige Einsatz der Mitarbeiter war die Grundlage für das Überleben, das uns schließlich gelang. Und sie war die Grundlage für die erst noch beginnende Aufbauarbeit.

Die hatte indes zunächst auch eine sehr physische Dimension. Schon bei meinen Besuchen am ifo Institut im Zuge meiner Berufungsverhandlungen hatte ich festgestellt, dass sich die vier großen Gebäude, die zum ifo Institut gehören, allesamt in einem extrem renovierungsbedürftigen Zustand befanden. Die Wände waren vergilbt, die Schreibtische und Türen wirkten schäbig, die Teppichböden waren versifft, die Heizung hatte mehrere versteckte Lecks, die Toiletten waren teilweise kaputt, die Fliesen beschädigt. Es war ein Trauerspiel.

Ein Ruck in der Belegschaft und große Baumaßnahmen

Meinhard Knoche, der Verwaltungschef des Instituts, hatte bereits im Jahr 1997 einen Zuwendungsantrag eingereicht, um mehrjährige Mittel für die Sanierung zu bekommen. Die Bewilligung der Mittel gab es im darauffolgenden Jahr, und im Verlauf des Jahres 1999, als ich meinen Dienst antrat, hatte die Sanierung des Hauptgebäudes bereits begonnen. Im Jahr 2000 wurden alle Bäder und Türen erneuert, die Heizung grundüberholt, die Elektrik auf modernen Stand gebracht, die Böden ergänzt oder, wo nötig, ersetzt. Monatelang arbeiteten Vorstand und Mitarbeiter inmitten von Bauschutt, Lärm und Staub, bis sich, was das Hauptgebäude betrifft, endlich wieder ein sauberes Institut darbot.

Ich fand die Maßnahmen allerdings nicht ambitioniert genug, weil mir das ganze Ensemble in vielen Punkten missfiel. Durch zweifelhafte Umbaumaßnahmen strahlte das Institut den Charme einer missglückten Welle von Billigmodernisierungen aus, der es in den 1960er-Jahren zum Opfer gefallen war. Im Hinterhof, der ursprünglich einmal aus einem prächtigen Park mit einem stilvollen Gründerzeitgebäude bestanden hatte, war nun ein riesiger Flachdachkomplex untergebracht, den man durch einen verglasten Gang mit dem Hauptgebäude verbunden hatte. Um in das Institut zu gelangen, konnte man es nicht von der wirklich schönen Poschingerstraße aus betreten – jener Straße also, in der wie erwähnt schon Thomas Mann gewohnt hatte und die auch die Heimat des ifo Instituts ist. Man musste vielmehr um das Haus herumgehen und sich den Weg an Lieferantenfahrzeugen auf dem Parkplatz und Abfallcontainern, die den Gang großflächig verstellten, vorbei ins Innere verschaffen. Das Ganze wirkte wie die Verwaltung eines schon etwas heruntergekommenen Industriebetriebs. Dass hier nicht nach Höherem gestrebt wurde, war jedem Besucher sofort klar, wenn er das Haus betrat.

Mit meinen Vorstandskollegen kam ich überein, dass diese Situation so nicht bleiben konnte und dass wir die zum Glück erst zu einem kleinen Teil verbrauchten Mittel, die noch über die Jahre hinweg einen beachtlichen Etat sichern würden, nun für substanziellere Baumaßnahmen statt für den Ersatz der Heizungen, Elektrik und Fenster bei den anderen Gebäuden einsetzen sollten, weil ich die ohnehin für noch gut erhalten hielt. Nach langen Sitzungen mit dem Architekten schälte sich eine umfassende Lösung heraus, die wir in den Folgejahren Schritt für Schritt realisierten.

Mein wichtigster Wunsch war, dass wir den Verbindungsgang zwischen den Gebäuden abreißen ließen und das Hauptgebäude nach vorne zur Poschingerstraße hin öffnen würden. Dann könnte hinter dem Hauptgebäude Platz für eine Gartenanlage entstehen. Ich bat meine Assistentin, überall in Bogenhausen – dem Münchner Ortsteil, in dem das Institut liegt –, zeitlos schöne Hauseingänge zu fotografieren. Auf der Basis der Fotos wählten wir schließlich eine ansprechende Lösung mit zwei Säulen und einem kleinen Vordach aus, die der Architekt alsbald realisierte.

Heute führt eine repräsentative Treppe unter einem von zwei Säulen getragenen Vordach von vorne in das Gebäude hinein, die so wirkt, als hätte es sie schon immer gegeben. Innen kommt man in ein großzügig gestaltetes Foyer, das unser Architekt geschickt nach oben hin durch einen kreisrunden Deckenausschnitt geöffnet hatte. Das ging zwar zu Lasten von ein paar Zimmern, aber da wir ohnehin viel weniger Personal haben würden, war es diese Lösung wert.

Das Hintergebäude hat nun statt eines immer wieder leckenden Flachdachs ein ordentliches Walmdach, was zunächst nicht vorgesehen war, und anstatt ersetzt zu werden, ist die Waschbetonfassade durch ein Edelstahlgitter, an dem Rosen ranken, aufgelockert. Obwohl wir das Programm für die Innenmodernisierung reduzierten, konnten wir uns immerhin noch neue Bäder und Böden sowie neues Mobiliar leisten, und natürlich gingen auch die Maler ans Werk. Die alte Kantine, die sich inmitten des Gebäudes befand, wurde nun vergrößert, komplett saniert und nach Norden hin geöffnet.

Im Innenhof zwischen den beiden Hauptgebäuden entstand ein kleiner, sonniger Campus mit einem gepflasterten Platz in der Mitte, umgeben von Sitzgelegenheiten für die Mitarbeiter und einem schönen Rhododendron-Garten, ein idealer Treffpunkt auch für fachliche Gespräche oder ein bisschen Erholung zwischendurch. Die Gartengestaltung war ein größeres Unterfangen, bei dem wir viel Zeit für die Diskussion alternativer Pläne verwandten, aber die nun realisierte Lösung, bei der auch die hässliche Zufahrt zur Tiefgarage unter rankenden Pflanzen verschwand, findet bis heute großen Anklang bei Mitarbeitern und Gästen.

Im Parterre des Hauptgebäudes sahen die neuen Pläne, die wir gemeinsam mit dem Architekten erarbeiteten, nun ein kleines Konferenzzentrum mit zwei Tagungsräumen vor. Den größeren Raum, nun »Ludwig-Erhard-Saal« genannt, für unsere Konferenzen, machten wir durch die Zusammenlegung von zwei anderen Räumen möglich. Und den wertvollen alten Parkettfußboden ergänzten wir so, dass man denken könnte, es sei immer so gewesen. Ferner schufen wir durch die Opferung einiger weiterer Zimmer ein wunderschönes Foyer mit einer imposanten Säule und einer Theke, um den Konferenzgästen in den Pausen die Möglichkeit zu geben, Getränke zu sich zu nehmen und sich zwanglos miteinander zu unterhalten. Daneben wurde, nun mit einer sehr breiten Glasschiebetür abgetrennt, ein kleinerer Konferenzraum geschaffen, den wir in Erinnerung an den Altmeister der Finanzwissenschaft, der im Jahrzehnt zuvor so viel für die Volkswirtschaftslehre in München getan hatte, »Richard-Musgrave-Saal« nannten. Dieser kleinere Raum war zuvor einmal als ein Computerzentrum genutzt worden, wurde nun aber, nachdem eine neue Computeranlage mit viel kleineren Geräten bereits anderswo aufgebaut war, nicht mehr benötigt. Für die Kühlung riesiger IBM-Rechner, die noch aus den 1960er-Jahren stammten, hatte man ihm einst einen doppelten Boden verpasst. Wir ließen den Raum entkernen – und ich staunte nicht schlecht, als man mich aufgeregt herbeirief. An den Wänden zeigten sich plötzlich wunderschöne Fresken, die man Jahrzehnte zuvor offenbar übermalt hatte. Eine Spurensuche ergab, dass vor dem Einzug des ifo Instituts in das Gebäude der Raum einmal als das Speisezimmer einer später erweiterten Villa gedient hatte. Durch die Renovierung, darunter auch die Freilegung der Fresken, gelang es nun, ein anmutig-stimmiges Ensemble zu schaffen, das den Gastforschern aus aller Welt, die wir bei unseren vielen CESifo-Konferenzen, und auch sonst immer wieder, empfingen, in schönster Erinnerung blieb.

Genau wie die Gespräche zur Personalreduzierung war auch das Bauen zeitaufwendig, und dies umso mehr, als sich die Planungs- und Renovierungsarbeiten doch über einige Jahre hinzogen. Sie zwangen die Mitarbeiter zu Einschränkungen und brachten viel Durcheinander mit sich. Und auch der Planungsvorgang absorbierte viel Zeit des Vorstands, nicht zuletzt meiner eigenen. Ich muss aber gestehen, dass mir diese Arbeiten auch sehr viel Spaß machten.

Schon bei einigen privaten Umbauprojekten zuvor war das so gewesen. Statt Biologe oder Volkswirt zu werden, so denke ich mir bis heute, hätte mir auch der Job des Architekten Spaß gemacht. Der Vorteil dieses Berufs ist ja, dass man etwas Dauerhaftes planen und dann bald darauf auch dessen Umsetzung beobachten kann, ja, diese womöglich sogar noch intensiv begleiten darf. Gedanken können so im Nu zu steinernen Ebenbildern werden, die nicht selten viele Jahre überdauern und zudem viele Menschen glücklich machen können.

Ein solches Tätigkeitsprofil hat doch einige Vorteile gegenüber dem des Ökonomen, zumal des Finanzwissenschaftlers, bei dem der Staat in einem zentralen Forschungsfokus steht. Als Finanzwissenschaftler forsche, plane und denke ich, und doch steht ja nur ein einziger, bereits existierender Staat zur Verfügung, dessen Gestaltung und Wirtschaftspolitik ich kaum jemals direkt beeinflussen kann. Und wenn ich das versuche, etwa indirekt über das Verfassen von Forschungsbeiträgen oder Interviews, dann konkurriere ich sogleich mit vielen anderen Volkswirten, die denselben Staat beraten und gestalten wollen.

Wie dem auch sei: Ich denke, dass sich die ifo-Gebäude, so wie sie nun stehen, außen und innen in jedem Fall nicht nur sehen lassen können, sondern den Besuchern und den Mitarbeitern heute sehr wohl signalisieren, dass hier nach Höherem gestrebt wird.

Mehr Wirkung durch eine Medienoffensive: Zeitschriften, Buchreihen, Internet

Das ifo Institut ist ein Think Tank, also ein Schöpfer, Anbieter und Händler von Wissen, Erkenntnissen und Argumenten sowie daraus abgeleiteten Beurteilungen und Ratschlägen zur Wirtschaftspolitik. Seine Produkte stellt dieser Think Tank den Entscheidungsträgern aus Wirtschaft, Politik und Wissenschaft sowie, als zentrale Multiplikatoren, den Medien zur Verfügung. Und das tut er über verschiedene Kommunikationskanäle.

Bei meinem Amtsantritt verfügte das ifo Institut über einzelne Publikationsorgane. Dazu gehörten der durchaus beachtete *ifo Schnelldienst*, der zweimal im Monat herauskam und in der Republik breite Nachfrage fand, sowie die *ifo Studien*, eine wissenschaftliche Fachzeitschrift, die sich an Wissenschaftler richtete. Ferner gab es den *ifo Digest*, ein Journal, in dem das Institut auf Englisch über die Ergebnisse seiner weltweiten und heimischen Konjunkturumfragen berichtete, sowie auch noch das eine oder andere Produkt. Nicht nur die äußere Aufmachung dieser Publikationen war bescheiden, auch inhaltlich ließen sie zu wünschen übrig. Keine Frage, da gab es dringenden Handlungsbedarf. Sie mussten besser und ansprechender werden.

Ich sprach mit der Schriftleiterin, die für beide Publikationen zuständig war, und wollte sie von der Notwendigkeit eines kompletten Umbaus des Publikationswesens überzeugen. Dafür würde ja sie zuständig sein müssen. Doch stieß ich mit meinem Anliegen auf einigen Widerstand. Die Schriftleiterin jedenfalls antwortete mir, ich solle doch erst einmal das Institut inhaltlich auf Vordermann bringen, und wenn das geschafft sei, könne man ja auch über neue Publikationsorgane nachdenken.

Das war einerseits eine durchaus zu respektierende Position. Die Mitarbeiterin übersah dabei aber, dass es durchaus Möglichkeiten gibt, die Qualität des Instituts der äußeren Erscheinungsform folgen zu lassen, bzw. dass die Veränderung des einen mit der Veränderung des anderen Hand in Hand gehen kann und dass sich beide wechselseitig zu verstärken vermögen. Eine Öffentlichkeit mit ansprechenden Publikationsorganen des ifo Instituts zu bedienen, die inhaltlich und optisch das neue Denken verkörpern würden, schien mir unerlässlich zu sein. Wenn das ifo Institut in der Öffentlichkeit seriös und modern in Erscheinung tritt, dann wird auch der Respekt der eigenen Mitarbeiter gestärkt, und es wächst die Bereitschaft, in den Gehalt der eigenen Forschungsarbeiten zu investieren.

Für mich stand jedenfalls fest: Den Schwung, mit dem ich das »neue« ifo Institut auf möglichst vielen Fronten ein wenig antreiben wollte, dieser Schwung musste auch in unseren Publikationen nach innen und außen sichtbar werden, denn auf diese Weise würde der notwendige Wandel des Bewusstseins unterstützt werden.

Ich setzte also eine kleine Kommission ein, die aus dem Konstanzer Ökonomen Hans-Jürgen Vosgerau und dem Gründungspräsidenten des *Leibniz-Instituts für Wirtschaftsforschung Halle* (IWH), Manfred Wegner, bestand, um die Publikationsaktivitäten des ifo Instituts zu durchleuchten und Vorschläge für Verbesserungen zu machen. Aufgrund dieser Vorschläge entschieden wir uns im Vorstand schließlich für eine Reihe von parallelen Maßnahmen zur inhaltlichen Verbesserung, Umstrukturierung und Modernisierung der Publikationsorgane des Instituts. Einige Publikationen wurden darauf beendet und andere wurden neu an den Start gebracht.

Der *ifo Schnelldienst* wurde zunächst gehaltvoller gemacht, indem wir nun auch externe Autoren für das Verfassen der Artikel gewannen. Das hatte den großen Vorteil, dass wir sehr viel mehr Themen abdecken konnten, ohne das dafür nötige Personal selbst vorhalten zu müssen.

Wie alle alten und neuen Publikationsorgane des ifo Instituts und auch die Homepage bekam der *ifo Schnelldienst* ein neues Design mit viel weiß, blau und ein bisschen rot auf dem Deckel, und innen wurden hochwertige Grafiken im Vierfarbdruck auf gutem Papier angeboten. Wir wollten das alte, verstaubte ifo-Image endgültig abschütteln und mit den Gebäuden und unseren in die Welt versandten Publikationen einen frischen Start in eine neue Epoche der Entwicklung des Instituts einleiten.

Dazu gründeten wir auch eine Reihe neuer englischsprachiger Quartalszeitschriften, die sich ebenfalls vom Design her dem neuen Stil unterordneten. In Verbindung mit der Datenbank DICE, auf die ich später noch ausführlicher zu sprechen komme, sowie dem zugehörigen Bereich des ifo Instituts schufen wir zunächst den *CESifo DICE Report*. Hier publizieren auch heute noch anerkannte Fachleute aus aller Welt politikorientierte Kurzartikel, die die Themen der komplexeren und mathematischeren fachökonomischen Forschung für eine allgemeinere Öffentlichkeit und auch für andere Ökonomen aufbereiten. Die im *CESifo DICE Report* veröffentlichten Beiträge haben nichts mit dem Auf und Ab der Konjunktur zu tun, sondern widmen sich allesamt den für langfristiges wirtschaftliches Wachstum relevanten Fragestellungen, insbesondere den institutionellen Bedingungen einer funktionsfähigen Wirtschaft, wie sie ja vom deutschen *Ordoliberalismus*, von dem in Kapitel 6 schon die Rede war, für zentral gehalten werden. Für makroökonomische Themen inklusive der Konjunkturbeobachtung schufen wir zudem das *CESifo Forum*. Und aus den »alten« ifo-Studien wurden die *CESifo Economic Studies*, die ich nach langen Verhandlungen als wissenschaftliche Fachzeitschrift beim renommierten britischen Fachverlag Oxford University Press unterbringen konnte, wo sie dank der Konsortialverträge mit den Bibliotheken der Welt bis heute eine große Verbreitung finden. Nach den *Perspektiven der Wirtschaftspolitik* und dem *German Economic Review*, die ich, wie in Kapitel 10 erläutert, als Vorsitzender des *Vereins für Socialpolitik* auf den Weg gebracht hatte, war das eine weitere, für die Wissenschaft relevante Gründung einer Fachzeitschrift.

Sodann hoben wir die Zeitschrift *CESifo World Economic Survey* (WES) aus der Taufe, in der seither die Ergebnisse unseres gleichnamigen, weltweiten Umfragesystems veröffentlicht und diskutiert werden, das es unter anderem

Namen schon lange vor meiner Zeit gegeben hatte. Der WES kann in einem sehr weiten Sinn als eine Art weltwirtschaftliches Pendant des schon erwähnten ifo Geschäftsklimaindex für die gewerbliche (deutsche) Wirtschaft gelten. Letzterer wird durch eine Umfrage bei 7.000 Betriebsstätten erhoben. Der *CESifo World Economic Survey* hingegen gab auf Basis einer vierteljährlichen Umfrage bei über 1.000 Experten in rund 100 Ländern einen sehr zeitnahen Überblick über die Konjunkturentwicklung in der Welt insgesamt sowie auch separat für verschiedene zentrale Länder und Regionen der Welt. Seit seiner Einführung ergänzte der englischsprachige *CESifo World Economic Survey* die monatlich erscheinenden deutschsprachigen *ifo Konjunkturperspektiven*, die sich vor allem mit Daten und Fragestellungen beschäftigen, die für die deutsche Wirtschaft relevant sind. Sie gab es schon vor meiner Zeit, und sie erhielten lediglich ein neues Design, das sich in das einheitliche Grundmuster einreihte, das wir entworfen hatten. Beim *CESifo World Economic Survey* wurde nach meiner Zeit am ifo Institut die Vorsilbe *CES* gestrichen.

Auch die bereits vorhandene Zeitschrift *ifo Dresden berichtet* wurde neu gestaltet, um der neuen inhaltlichen und personellen Ausrichtung der Niederlassung des ifo Instituts in Dresden zu entsprechen, für die Marcel Thum, der zugleich Professor an der TU Dresden ist, seit 2004 verantwortlich ist.

Ein Wort zu *ifo Dresden*: Die Dresdner Niederlassung hatte das ifo Institut 1993 auf Bitten der sächsischen Staatsregierung unter Ministerpräsident Kurt Biedenkopf gegründet, nachdem dieser sich vergeblich darum bemüht hatte, das neue Wirtschaftsforschungsinstitut, das die Bundesregierung nach der Wende in Ostdeutschland aufbauen wollte, nach Sachsen zu holen. Biedenkopf hatte sich damals gegen Außenminister Hans-Dietrich Genscher politisch nicht durchsetzen können. Die Entscheidung fiel gegen Sachsen und für Genschers Heimatstadt Halle in Sachsen-Anhalt, wo das IWH, das Leibniz-Institut für Wirtschaftsforschung Halle, die Arbeit aufnahm. Biedenkopf hatte sich kurz darauf entschlossen, das ifo Institut anzusprechen und über eine Dependance ökonomischen Sachverstand in den Freistaat zu holen. Das war für Sachsen insofern günstig, als die Basisdaten, die ein Wirtschaftsforschungsinstitut für die Wahrnehmung seiner Funktionen benötigt, bereits kostenfrei in München vorgehalten werden und auch die Verwaltung zum großen Teil von dort aus miterledigt werden kann.

Ich selbst war häufig in Dresden, um mich über die Arbeit zu informieren, oder auch, um bei den sogenannten Kamingesprächen Vorträge zu halten. Dabei traf ich regelmäßig den späteren Bundesinnenminister Thomas de Maizière sowie den sächsischen Finanzminister und späteren Ministerpräsidenten, meinen Freund und Ex-Kollegen aus Münster, Georg Milbradt. Ebenso begegnete ich dort immer wieder Fraktionsvorsitzenden der im Sächsischen Landtag vertretenen Parteien und anderen Amtsträgern Sachsens.

Gleich zu Beginn meiner Amtszeit verfolgte ich das Ziel, ifo Dresden näher an die Technische Universität Dresden heranzurücken und von einem Professor leiten zu lassen, um so nach dem Münchner Vorbild auch dort die neue wissenschaftlichere Orientierung des ifo Instituts durchzusetzen. Marcel Thum, der als Finanzwissenschaftler an die TU Dresden berufen worden war, stellte schon früh für die Nachwuchswissenschaftler der Niederlassung den Kontakt zur Wirtschaftswissenschaftlichen Fakultät her und übernahm ab 2004 auch die Leitung der Niederlassung.

Als der alte Mietvertrag vom Vermieter gekündigt wurde, ergab sich auch räumlich die Chance der Veränderung. Während die Mitarbeiter am liebsten in der Gegend bleiben wollten, wo sie waren, wollte ich das Institut unbedingt näher an die Universität heranrücken. Deshalb bat ich, Objekte in der Nähe der Universität zu suchen. Wie es der Zufall wollte, fanden meine Frau und ich bei einem Spaziergang in der Nähe der Universität eine schöne, offenkundig unbewohnte Villa in hinreichender Größe, nur ein paar Schritte von der Universität entfernt. Rasch fand sich über einen Makler, der das Objekt im Angebot hatte, der Eigentümer, und schon bald ließ er sich bewegen, das Haus zu vermieten. Das war in letzter Minute, denn die Verhandlungen über ein anderes, aber längst nicht so schönes Objekt, das auch in der Nähe der Universität lag, hatten schon angefangen.

Marcel Thum als neuer Leiter, das neue Gebäude und die neue Ausrichtung auf die TU bedeuteten auch für die Dresdner ifo-Dependance eine neue Ära. Heute steht ifo Dresden dem Institut in Halle mit Blick auf die öffentliche Wirkung in nichts nach – obwohl es doch nur einen Bruchteil von dessen Kosten verursacht. Es leistet einen wichtigen Beitrag zur Begutachtung der wirtschaftlichen Entwicklung der neuen Länder und zur Beratung der sächsischen Regierung.

Aber zurück nach München: Besonders stolz bin ich, dass es mir gelang, verschiedene Buchreihen bei MIT Press in den USA unterzubringen, denn MIT Press gilt weltweit unbestritten als einer der besten Fachverlage im Bereich der Volkswirtschaftslehre. Die erste dieser Buchreihen, die ich vom *CES* mitbrachte, trug den Namen *Munich Lectures in Economics* und wurde durch die zu Büchern ausgebauten Festvorträge der CES-Laureaten gefüllt. Darüber habe ich ja bereits im letzten Kapitel ausführlich berichtet. Die zweite Buchreihe ist die *CESifo Book Series*. Hier werden nun seit vielen Jahren bereits die sogenannten Tandem-Projekte veröffentlicht, die ich im ifo Institut angestoßen habe. Die hinter diesen Tandem-Projekten stehende Idee ist bis heute, einen international bekannten und anerkannten Forscher mit einem ifo-Forscher zusammenzubringen, damit beide gemeinsam ein Fachbuch von hoher Qualität schreiben. Der internationale Forscher würde, so der Gedanke, sein überlegenes Fachwissen einbringen, und der ifo-Forscher könnte ihm mit den empirischen Arbeiten behilflich sein. Dabei könnte sich der ifo-Forscher in der Arbeit mit dem externen Forscher quasi en passant das fehlende Fachwissen aneignen und zugleich zu einer Top-Publikation kommen, die sowohl sein Ansehen in der internationalen Wissenschaftsgemeinschaft als auch das Ansehen des ifo Instituts insgesamt heben würde.

Das Tandem-Programm war ein voller Erfolg. Wohl auch deswegen, weil wir von Beginn an gewisse finanzielle Anreize für den externen Forscher und den ifo-Forscher setzten, um die Buchprojekte erst auf den Weg und dann auch zum Abschluss zu bringen. Um zudem jene Qualität der entstehenden Werke sicherzustellen, die für das Überstehen der anonymen Begutachtung des Manuskripts unter Kontrolle des Verlags nötig war, organisierte ich für jedes Projekt im Laufe der sich über Jahre erstreckenden Bearbeitung mehrere Termine in München, zu denen die Autoren mir über den Stand ihrer Forschungen berichteten. Das war nicht nur für die Autoren, sondern auch für andere an den Treffen teilnehmende ifo-Wissenschaftler, und nicht zuletzt für mich selbst, überaus hilfreich. Zu den Themen, die im Zuge der Tandem-Projekte bearbeitet wurden, gehören zum Beispiel »Das Wissenskapital der Nationen«, »Kinder und Renten«, »Finanzblasen und Bankenregulierung«, »Straßenmaut« oder »Der Rückzug des Sozialstaates«.

Wer heute in die Forscherwelt und in die Öffentlichkeit hineinwirken will, darf natürlich bei Büchern, Foren oder *Bulletins* nicht stehen bleiben. Ohne das Internet geht heute gar nichts mehr.

12 Das ifo Institut: Vom Sanierungsfall zum Champion

Es versteht sich also zunächst einmal von selbst, dass auch das ifo Institut etwa einen Internet-Auftritt mit einer ansprechenden Website brauchte und auch sonst noch so einiges stemmen musste, um im immer härter werdenden Wettbewerb um Aufmerksamkeit nicht unterzugehen. Doch was heute selbstverständlich klingt, war es lange nicht. Auch hier musste Aufbauarbeit geleistet werden.

Als ich die Leitung des ifo Instituts Anfang 1999 übernahm und CES, ifo und *CESifo GmbH* vertraglich miteinander fest verbunden wurden, galt es zunächst, eine gemeinsame Website für alle drei Institutionen unter Einbeziehung von ifo Dresden zu schaffen, um so deren Einheit auch nach außen sichtbar werden zu lassen. Dazu konnten wir auf die existierenden Websites des CES und des ifo zurückgreifen, die beide, natürlich unabhängig voneinander, im Jahr 1996 online gestellt worden waren.

Die neue Website, die wir aufbauten, war nun datenbankgestützt und basierte auf dem *Oracle-System*. Damit gelang ein Quantensprung, der schon ziemlich nahe an das heranführte, was man heute unter einer interaktiven Website versteht.

Einer der Vorteile war, dass wir nun auch – parallel zu Fax und E-Mail – über diese Website einen Teil der monatlichen Befragungen bei Unternehmen durchführen konnten, aus denen wir den schon erwähnten ifo Index berechnen.

Und natürlich haben wir die Website nicht nur für die Befragung benutzt, sondern vor allem auch für die Präsentation des Indexes und all der anderen Forschungsergebnisse und Serviceprodukte, die wir im ifo Institut und in der CESifo-Gruppe generierten. Die Website wurde unser Schaufenster und Archiv zugleich, denn es gehörte von Anfang an zu unserer Philosophie, den gesamten Verlauf der geschichtlichen Entwicklung neuer Materialien, die wir produzierten, auf den Oracle-Datenbanken verfügbar zu halten.

Unter den Schätzen der Website befinden sich deshalb auch die Videos von Veranstaltungen, die in der CESifo-Gruppe gehalten wurden. Dabei konnten wir auf die Vorarbeiten des CES zurückgreifen, denn auf dessen Website wurden bereits seit 1998 Videoaufnahmen von den vielen CES-Vorlesungen eingestellt, die die ausländischen Gäste im Rahmen des Graduiertenprogramms der Fakultät hielten. So einfach dieser erste CES-Webauftritt im Vergleich zu heutigen Websites auch erscheinen mag, mit der Videothek gehörten wir damals zur Avantgarde. Die

Aufzeichnungen der Vorlesungen, die die zum Teil sehr berühmten internationalen Wissenschaftler am CES hielten, wurden häufig angeschaut und sind aus heutiger Sicht zeithistorische Dokumente der wissenschaftlichen Arbeit jener Zeit. Mit der Gründung von CESifo wurden die am CES gehaltenen Vorlesungen weiterhin aufgezeichnet, nun aber von dem vertraglich dafür vorgesehenen ifo-Personal, und sie wurden, basierend auf immer besser werdenden technischen Standards, auch weiterhin auf der Website verfügbar gemacht. Das gilt bis heute. Und bis heute werden auch andere Veranstaltungen des ifo Instituts und des CESifo-Netzwerks filmisch aufgezeichnet, um sie anschließend und häufig auch gleichzeitig – nämlich per *livestream* – auf der Website einzustellen.

Die technischen Probleme, die wir anfangs zu bewältigen hatten, erwiesen sich als enorm. Die Auflösung der Bilder war nicht sonderlich groß, und die Zuschauer verfügten vielfach nicht über die ISDN-Leitungen, die für eine weitgehend »ruckelfreie« Übermittlung der Bilder und Töne nötig waren. Aber dank des außergewöhnlichen Einsatzes der CES- und ifo-Mitarbeiter gelang es Schritt für Schritt, die Qualität substanziell zu verbessern. Heute kennt jeder *Netflix* und ähnliche Dienste. Aber es ist nicht übertrieben zu sagen, dass wir für den wissenschaftlichen Bereich bereits seit Ende der 1990er-Jahre an ähnlichen Konzepten arbeiteten.

Zum Zeitpunkt meines Abschieds vom ifo Institut 2016 enthielt die gemeinsame Website der zur CESifo-Gruppe gehörenden Institutionen rund 3.500 Videos, davon etwa 1.000 mit Aufnahmen von ifo-Veranstaltungen und etwa 350 CES-Vorlesungen im Rahmen des oben schon erwähnten Graduiertenprogramms.

Geradezu spektakulär möchte ich die Videos zu der Vorlesungsreihe nennen, die der in Krefeld geborene weltberühmte deutsch-amerikanische Außenhandelsökonom Rüdiger Dornbusch vom *Massachusetts Institute of Technology* (MIT) in Cambridge/Massachusetts im Rahmen der *Munich Lectures in Economics* 1998 hielt. Dornbusch referierte über die Asienkrise, die in den Jahren 1997 und 1998 vor allem die Länder Thailand, Indonesien, Malaysia, die Philippinen und Südkorea heimgesucht hatte. Er referierte ferner über die Entstehung finanzieller Blasen im Wirtschaftssystem, über die Verschleierungsversuche der Banken und anderer Finanzakteure, über das für das System hochgefährliche Platzen der Blasen, über die dabei unvermeidbaren Konkurse und nicht zuletzt über die vielfältigen Versuche der Politik, sich der Wirklichkeit bei der Blasenentstehung und bei der Bewältigung der Folgen nach dem Platzen einer Blase zu verweigern.

Ich selbst hing damals buchstäblich an Dornbuschs Lippen und habe sehr viel von ihm gelernt, sowohl durch die Inhalte seiner Münchner Vorlesungen als auch durch die Diskussionen mit ihm. Das so erworbene Wissen erwies sich für mich später von unschätzbarem Wert, als im Jahr 2007, zehn Jahre nach der Asienkrise, die Weltfinanzkrise ausbrach. Meine Skepsis bezüglich der Deregulierung der Banken, die ich, wie schon berichtet, im Jahre 2003 in meinem Buch *The New Systems Competition* dargelegt hatte, hatte seine Ursache auch in den plastischen und überzeugenden Beiträgen von Rüdiger Dornbusch in München.

Der von mir hochgeschätzte Forscher, dessen gemeinsam mit Stanley Fischer verfasstes Werk *Makroökonomie* bis heute als eines der Standardwerke für Studienanfänger der Wirtschaftswissenschaften gilt, verstarb im Jahr 2002 leider viel zu früh im Alter von nur 60 Jahren, kurz nachdem er die *Munich Lecture in Economics* gehalten hatte. Weil er es bis dahin nicht mehr geschafft hatte, das geplante Buch bei MIT Press für die *Lectures Series* zu schreiben, sind die Videoaufzeichnungen seiner Vorlesungen auf der CESifo-Website umso wertvoller.

Die CESifo-Website wurde, das sollte ich nicht unerwähnt lassen, von Anfang an simultan auf Deutsch und auf Englisch geführt. Wir wollten einerseits die internationale Öffentlichkeit mit den Produkten des im letzten Kapitel ausführlich beschriebenen CESifo-Netzwerks ansprechen, also im Wesentlichen mit den dort erstellten *Working Papers*. Andererseits wollten wir das ifo Institut mit seinen vielfältigen Produkten auf die internationale Ebene heben, was, so denke ich sagen zu dürfen, sehr gut gelang. Das ifo Institut dürfte heute eines der bekanntesten, wenn nicht das bekannteste europäische Wirtschaftsforschungsinstitut sein.

Die Website entwickelte sich nach der »Heirat« von CES und ifo mit hohem Tempo immer weiter. Viele Änderungen waren evolutionärer Natur, doch alle paar Jahre stand wieder eine völlig neue Umgestaltung an, weil sich technische Standards verändert hatten und man Konzessionen an die Eigenarten der Suchmaschinen machen musste, damit die Nutzer sich in den vielen Unterseiten zurechtfinden konnten. Die ständige Arbeit an der Erneuerung der Website beanspruchte die Kraft und Intelligenz sehr vieler Mitarbeiter, auch des Vorstands, inklusive des Präsidenten.

Mehr Wirkung durch eine Medienoffensive

Aber sie war nötig, ja unverzichtbar. In der heutigen Zeit muss sich ein modernes Institut der ausgefeilten Kommunikationsmethoden über das Internet bedienen. Oder es verschwindet in der Bedeutungslosigkeit. Ich bin daher überzeugt davon, dass die Leitung eines jeden Instituts dafür sorgen muss, in dieser Hinsicht auf der Höhe der Zeit zu bleiben. Über rein technische Dinge können natürlich nur Fachexperten entscheiden, doch die Nutzbarkeit der Methoden als solche kann auch ein Vorstandsmitglied oder der Präsident beurteilen. Aus diesem Grund habe ich als ifo-Präsident viel Zeit für das Durchstöbern unserer Website und auch anderer exzellenter Websites genutzt, um den Mitarbeitern immer wieder Anregungen für weitere Verbesserungen zu geben oder um mich selbst mit ihren häufig nützlichen Vorschlägen auseinanderzusetzen.

Die Zeit bleibt aber natürlich nicht stehen. Heute gibt es eine ganze Reihe weiterer sozialer Medien, die sich großer Beliebtheit erfreuen. Wir waren am ifo Institut in dieser Hinsicht allerdings immer etwas zögerlich, weil wir den hauptsächlichen Vertriebskanal für unsere Erkenntnisse in den Primärmedien sahen, die stets gerne über das ifo Institut berichteten und es zum Spitzenreiter der Medienzitate von Wirtschaftsforschungsinstituten in Deutschland und Europa machten. Diese Primärmedien – insbesondere die Tageszeitungen, die Wochenzeitschriften, die Rundfunksender und die Fernsehanstalten – bedient das ifo Institut bis heute sehr gezielt mit seiner Presseabteilung, und diese leiten die Informationen dann, wie auch immer aufbereitet, an die »Endkonsumenten« weiter. Die intensive Nutzung interaktiver Medien wie zum Beispiel *Facebook*, die primär für die Kommunikation zwischen Individuen gedacht sind, bot sich deshalb aus meiner Sicht für das ifo Institut nicht an – wobei sich das natürlich in Zukunft auch ändern könnte. Den Kurznachrichtendienst *Twitter* installierten wir dagegen, wobei die hauptsächlichen Nutzer unseres Kanals von Beginn an vor allem wieder Journalisten der Primärmedien waren und es bis heute sind.

Dessen ungeachtet habe ich in meiner Amtszeit mit Tausenden und Abertausenden von Individuen per E-Mail über ökonomische Probleme kommuniziert, denn wegen der Medienpräsenz des ifo Instituts meldeten sich sehr viele Menschen bei mir, um Fragen zu stellen und ihre Sorgen über die wirtschaftliche Entwicklung des Landes mit mir zu diskutieren. Viele dieser E-Mails brachten auch mir neue Erkenntnisse, im Wesentlichen ging es mir aber darum, den Beratungsauftrag des Volkswirts gegenüber dem Volk, dem ich mich verpflichtet fühle, auch wirklich zu erfüllen.

DICE: Eine neue Datenbank für Europa als zweites Standbein

Zu den vielen Projekten, die mir für das ifo Institut von Beginn an sehr wichtig waren, gehört die Datenbank DICE. Ich hatte sie schon kurz erwähnt. DICE ist ein Akronym. Es steht für *Database for Institutional Comparisons in Europe*, zu Deutsch: Datenbank für institutionelle Vergleiche in Europa. Als Begriff hat DICE zudem noch den Vorteil, dass es im Englischen »Würfel« bedeutet, was impliziert, dass man sich den Namen dieser Datenbank in der englischdominierten Welt der Ökonomieforscher leicht merken kann. Ein roter Würfel mit weißen Punkten ist deshalb auch das Markenzeichen der DICE-Datenbank. Mit DICE wollte ich eine Ergänzung zur Konjunkturanalyse des ifo Instituts schaffen. Letztere ist natürlich eine der zentralen Hauptaufgaben des ifo Instituts. Dafür ist das Institut bekannt geworden, und mit ihm gelingt es den ifo-Forschern auch immer wieder, in die Presse zu kommen und öffentliche Aufmerksamkeit zu gewinnen. Aber die Konjunktur, also der ständige »Wellengang« der Wirtschaft, ist tatsächlich viel weniger bedeutsam für die wirtschaftliche Entwicklung als das längerfristige Wachstum. Und das wiederum wird maßgeblich durch die Institutionen eines Landes bestimmt, also durch die Gesetze und Verordnungen, durch die institutionellen Regelsysteme im Bereich der Ausbildung und der Industrie, durch das Rechtswesen, durch die Kammern und vieles mehr, kurzum: durch die Spielregeln der privaten Wirtschaft, die, wie schon früher ausgeführt, vor allem aus ordoliberaler Sicht von zentraler Bedeutung für das Wirtschaftsgeschehen sind.

Um diese für die Arbeit des ifo Instituts meiner Meinung nach so wichtige Ergänzung zu etablieren, schlug ich meinen Vorstandskollegen vor, eine Datenbank zu schaffen, in der wir für alle EU-Länder und für ein paar andere wichtige Länder wie die USA, Kanada oder Japan laufend synoptische Vergleiche der institutionellen Verhältnisse anstellen. Dabei sollte es weniger darauf ankommen, numerische Messzahlen zusammenzustellen, denn das wird ja bereits von den statistischen Ämtern und den internationalen Institutionen getan. Vielmehr sollte das Schwergewicht auf der vergleichenden, großenteils verbalen Darstellung der institutionellen und rechtlichen Verhältnisse liegen, freilich stets durch die ökonomische Brille gesehen und im Hinblick auf deren volkswirtschaftliche Implikationen.

Wenn man also zum Beispiel wissen will, wie lange, wie viel und unter welchen Bedingungen in Frankreich Arbeitslosengeld gezahlt wird, oder wenn man sich dafür interessiert, wie Dänemark seine Windflügel finanziert, Italien seine Banken reguliert, oder sich über das Steuersystem Spaniens informieren will, ist man bei DICE richtig aufgehoben. Auch die Pläne des französischen Staatspräsidenten Emmanuel Macron zu den Reformen auf dem französischen Arbeitsmarkt und ihre Beurteilung bieten ein illustrierendes Beispiel für die Nützlichkeit unserer Datenbank. Macron und seine Mitstreiter könnten solche Reformen auf der Basis theoretischer Überlegungen und insofern quasi abstrakt zu entwickeln versuchen. Sie könnten sich aber auch die Verhältnisse in anderen Ländern anschauen und versuchen, funktionierende Systeme weitgehend zu kopieren. Letzteres verspricht häufig den größeren Erfolg, weil man dadurch handwerkliche Fehler bei der Umsetzung vermeiden kann. Wer weiß, womöglich hat Macrons Team auch einmal in der DICE-Datenbank gestöbert und ist fündig geworden.

Für mich war das DICE-Projekt von zentraler Bedeutung beim Versuch, dem ifo Institut neben der Konjunkturbeobachtung ein zweites Standbein im Bereich der Empirie zu verschaffen, und zwar ein Standbein in einem Politikbereich, der entscheidend für das langfristige Wirtschaftswachstum ist.

Häufig wird von Ökonomen der Standpunkt vertreten, eine gute Volkswirtschaftslehre verlange eine gute Kenntnis der Theorie und der Empirie, und implizit wird die Empirie dabei mit der Ökonometrie gleichgesetzt, also der statistisch-numerischen Erfassung von wirtschaftlichen Entwicklungsprozessen. Nichts könnte falscher sein als das, denn institutionelle empirische Informationen lassen sich häufig gar nicht sinnvoll quantifizieren, weil sie sich auf Gesetze und Verordnungen beziehen, die nur verbal erfassbar sind. Theorie und Ökonometrie sind zwar wichtig, doch erst mit einer profunden »empirischen« Kenntnis der Institutionen eines Landes kann man belastbare wirtschaftspolitische Empfehlungen geben.

12 Das ifo Institut: Vom Sanierungsfall zum Champion

Bei einer Diskussion in der *FAZ* über die neue Ausrichtung der Kölner Fakultät für Volkswirtschaftslehre, bei der sich die Theoretiker und Ökonometriker rauften, habe ich das im Juni des Jahres 2009 in einem Artikel unter dem Titel »Der richtige Dreiklang der VWL« einmal selbst offensiv vertreten. Viele Ökonomen begehen einen großen Fehler, wenn sie die empirische Arbeit mit der Ökonometrie verwechseln. Sicherlich noch viel wichtiger als sie, aber natürlich auch kein Ersatz, ist die gründliche Kenntnis der institutionellen Verhältnisse eines Landes, weil sie die Regeln des Spiels festlegen, in dem sich die Wirtschaftssubjekte, seien es Firmen oder Verbraucher, bewegen.

Deshalb ist das DICE-Angebot so wichtig. Es wurde zu einem weiteren Alleinstellungsmerkmal für das ifo Institut, das auch von den Evaluierungskommissionen, die später zum ifo Institut kamen, explizit gewürdigt wurde.

In kurzer Zeit gelang es uns, eine Datenbank aufzubauen, die ihresgleichen sucht. Viele Mitarbeiter haben über Jahre hinweg Tausende von Tabellen und Synopsen zu den verschiedensten ökonomischen Teilgebieten geschaffen, und regelmäßig werden die Einträge aktualisiert und à jour gehalten. Kein Wunder, dass sich DICE bei Journalisten, Politikern, Ökonomen und Studenten heute größter Beliebtheit erfreut. Kein anderes Wirtschaftsforschungsinstitut hat eine vergleichbare Kompetenz entwickelt.

Mir war DICE auch deshalb wichtig, weil es durch eine Verknüpfung der Projektarbeit im Haus möglich wurde, das institutionell-vergleichende Fachwissen im gesamten Institut zu heben. Konkret erhielten die Mitarbeiter deshalb die Anweisung, bei ihren Gutachten stets Vergleiche mit anderen europäischen oder, im Einzelfall, auch außereuropäischen Ländern beizufügen. Und weil sie das so entstandene Wissen selbst wieder der Datenbank zufügen sollten, konnten wir quasi zwei Fliegen mit einer Klappe schlagen.

DICE führte in der Anfangszeit wegen der Zusatzarbeit im Rahmen der Gutachtenprojekte zwar hier und da zu einem gewissen Murren. Häufig wurde darauf hingewiesen, dass die Auftraggeber gar nicht an solchen Vergleichen interessiert seien. Dennoch setzten wir diese »institutionelle Europaorientierung« mit dem Argument durch, dass die Mitarbeiter die entstehende Mehrarbeit dem Gesamtbudget des Instituts anlasten konnten.

Und es geschah noch mehr, um meinen Wünschen Nachdruck zu verleihen. Um sicherzustellen, dass der Europa-Vergleich tatsächlich in den Gutachten realisiert wurde, erhielt die DICE-Abteilung nämlich die Aufgabe, die Gutachten auf die »institutionelle Europaorientierung« hin zu prüfen und ihnen, falls diese Prüfung positiv ausfiel, das Gütesiegel des *Eurocontrol* zu verleihen; dieser Begriff jedenfalls setzte sich im Laufe der Zeit ifo-intern durch. Ohne dieses Gütesiegel verließ schließlich kein Angebot, kein Zwischenbericht und kein Endbericht mehr das Haus. Jeder wusste: Ohne das Eurocontrol-Testat unterschrieb ich nichts. Es reichte, dass einige Berichtsabgabetermine wegen der fehlenden Formvoraussetzungen platzten, um ein für alle Mal sicherzustellen, dass die ifo-Gutachten ihren Blick auch stets nach Europa richteten.

Eine neue Philosophie für bessere Forschung: »Ordentliche Professoren« müssen her

Parallel zu den Baumaßnahmen, der Vergrößerung der Publikationspalette, der Entwicklung des Internetauftritts sowie der DICE-Initiative musste natürlich ebenso dringend die wissenschaftliche Forschung des Instituts vorangebracht werden. Dabei ging es zunächst weniger um konkrete Einzelprojekte. Vielmehr ging es vor allem um eine Neugliederung der ifo-Bereiche sowie um die Änderung der Stellenstruktur nebst den zugehörigen Personalentscheidungen. Die acht Bereiche, in die das ifo Institut bei meinem Ausscheiden untergliedert war, waren »Konjunkturforschung und Befragungen«, »Arbeitsmarktforschung und Familienökonomik«, »Öffentliche Finanzen und politische Ökonomie«, »Internationaler Institutionenvergleich und Migrationsforschung«, »Bildungsökonomik«, »Außenwirtschaft«, »Industrieökonomik und neue Technologien« sowie »Energie, Klima und erschöpfbare Ressourcen«.

Diese Bereichsstruktur kam nicht über Nacht. Vielmehr entwickelte sie sich durch eine Vielzahl von Einzelentscheidungen, die immer wieder infrage gestellt und modifiziert wurden, weil neue Mitarbeiter neue Schwerpunkte, Präferenzen und Vorstellungen mit ans ifo Institut brachten. Insgesamt zähle ich für meine Amtszeit mehr als zwanzig Personalentscheidungen auf der wissenschaftlichen Führungsebene der Bereichsleiter und eine heute kaum mehr nachvollziehbare Zahl von Entscheidungen auf den darunterliegenden Ebenen der Forschung. Sämtliche Entscheidungen waren die Folge eines gründlichen Suchprozesses, der Sichtung einer Vielzahl von Bewerbungen und dem Verfolgen und Bewerten mehrerer Bewerbungsvorträge am ifo Institut. Tatsächlich mag manchem Außenstehenden nicht klar sein, wie aufwendig solche Personalentscheidungen sind, insbesondere jene, die sich auf die Professoren beziehen. Zu jeder Einstellung gehört das Studium der von den Bewerbern publizierten Fachliteratur sowie die Organisation von Probevorträgen und protokollierten Sitzungen der Entscheidungsgremien. Ein Großteil der Zeit des Vorstands inklusive meiner eigenen Zeit als Präsident des ifo Instituts wurde durch die vielen Tätigkeiten im Umfeld zu treffender Personalentscheidungen absorbiert.

Und das war auch richtig so. Denn die Personalentscheidungen sind das A und O einer guten Institutspolitik, sie sind der Schlüssel für den langfristigen Erfolg. Holt man einen guten und energischen Forscher »mit Biss«, hat man einen Selbstläufer, der seine Ideen voranbringen will und in seinem Umfeld weitere Anregungen gibt. Entscheidet man sich für einen eher genügsamen Vertreter seiner Zunft, den man zum Jagen tragen muss, hat man am Ende nur mehr Arbeit – und viele andere Mitarbeiter am Institut gleich mit.

Aus diesen Überlegungen heraus wollte ich von Beginn meiner ifo-Präsidentschaft an auch unbedingt forschungsstarke und vielversprechende Professoren an das ifo Institut holen, die einerseits eng an die Universität angebunden waren, andererseits aber im Hauptamt für das ifo Institut tätig wurden. Der Vorstand konnte die öffentlichen Geldgeber, konkret das bayerische Wirtschaftsministerium, das die anderen Länder und den Bund gegenüber dem ifo Institut vertrat, davon überzeugen, unsere Mittel für die Einrichtung von Professorenstellen an der Universität zu verwenden und die Professoren dann in einem ordentlichen Berufungsverfahren, an dem auch die ökonomische Fakultät der LMU beteiligt war, auszusuchen. Als ich an das Institut kam, gab es dort zwei Hochschulprofessoren, meinen Vorstandskollegen Gebhard Flaig und mich. Als ich es verließ, gab es sieben bzw. mit mir acht.

Der Weg dahin erwies sich indes als steinig, weil es schwierig war, geeignete Wissenschaftler an uns zu binden. Wir mussten nämlich bei der

Einstufung der Professoren unter der Ebene der Ordinarien bleiben. Ein Ordinarius ist ein sogenannter »ordentlicher« Professor, der einen Lehrstuhl hat. Er wurde früher nach der Besoldungsstufe C4 bezahlt (heute W3). Uns standen indes nur Positionen für einfache Professuren ohne Lehrstuhl zur Verfügung, die der niedrigeren Besoldungsstufe C3 (heute W2) angehörten. Die Folge war, dass wir die Leute, die zu uns kamen, nicht halten konnten. Wir konnten zwar regelmäßig gute Wissenschaftler bei uns einstellen, doch ist es nur allzu verständlich, dass sie bei erster sich bietender Gelegenheit wieder weggingen, um besser dotierte Rufe auf ordentliche Professorenstellen an anderen Universitäten anzunehmen. Nach zwei, drei Jahren wurde allen Beteiligten klar, dass wir so nicht weiterkommen würden. Wir wurden daher nochmals bei unseren öffentlichen Geldgebern vorstellig und konnten mit ihrer Erlaubnis nun vollgültige, finanziell attraktiver ausgestattete Ordinariate einrichten.

Mit diesem Modell waren wir im Wettbewerb mit den anderen Universitäten um die besten Talente endlich auf dem richtigen Weg. Die von uns berufenen Professoren lehnten in der Folge viele Rufe anderer Universitäten ab, und nur selten verließ uns ein Wissenschaftler. Dazu trug auch bei, dass die Arbeitsbedingungen am ifo Institut exzellent waren und wir im Übrigen auch attraktive Gegenangebote machen konnten, falls ein umworbener ifo-Professor doch einmal in Versuchung kam, das Haus zu verlassen.

Das Modell, das wir bei der Anstellung der neuen Professoren wählten, sieht dabei bis heute so aus: Die Professoren treten mit allen akademischen Rechten in die Universität ein, doch ist ihre Tätigkeit als Bereichsleiter am ifo Institut unlösbar mit ihren Uni-Stellen verbunden. Die Universität als formeller Arbeitgeber weist sie dem Institut unveränderlich zur Dienstleistung zu. Die Betroffenen erleben das aber nicht als Zusatzbelastung, denn zum Ausgleich wird ihr Lehrdeputat in der Universität auf eine Kernvorlesung reduziert. Wir hatten damit also Stellen geschaffen, die insbesondere für forschungsorientierte Professoren attraktiv waren.

Meine anfängliche Befürchtung, trotz der Zuweisung zum ifo Institut könnte sich die Universität zum Arbeitsmittelpunkt der neuen »ifo-Professoren« entwickeln, erwies sich schon deshalb als unbegründet, weil die Professoren in der Universität über kein Personal verfügten und auch sonst über keine weitere Ausstattung. So entwickelte sich das ifo Institut schnell zum Zentrum ihrer Aktivitäten, und das Institut selbst verwandelte sich ebenso schnell in ein emsiges, weltweit beachtetes Zentrum der volkswirtschaftlichen Forschung.

Mein offen kommuniziertes Ziel war dabei auch stets, dass die ifo-Professoren wissenschaftlich und im öffentlichen Diskurs ihren Mann stehen sollten. Ich wollte starke Persönlichkeiten: Leute, die einerseits an der Forschungsfront Furore machen und erfolgreich in den Top-Zeitschriften unseres Fachs publizieren würden, und die andererseits in der Lage sein würden, sich öffentlich in verständlicher Weise zu äußern und von den Medien wahrgenommen und zitiert zu werden. Nach beiden Kriterien, so wusste ich nämlich, würden uns die internationalen Fachgutachter in der nächsten Bewertungsrunde beurteilen.

Dieses Ziel ist im Laufe der Jahre immer besser, teilweise sogar vollständig erreicht worden. Ich denke etwa an die Beiträge zur Bildungsforschung eines Ludger Wößmann, die Ausführungen zu TTIP von Gabriel Felbermayr, die Aussagen zur angebotsorientierten Klimapolitik von Karen Pittel, die Konjunkturanalysen von Timo Wollmershäuser, die Parteienstudien und Umfragen von Niklas Potrafke, die Beiträge von Oliver Falck zum Breitbandausbau, die Studien Helmut Rainers zu den Auswirkungen der Familienpolitik auf die Fertilität oder die Untersuchungen Panu Poutvaaras zu den Determinanten der Migration und anderes mehr.

Ein positiver Nebeneffekt der überaus starken Besetzungen, die wir auf der ifo-Bereichsleiterebene vornehmen konnten, war, dass die ifo-Bereiche weitgehend autonom agierten und keiner intensiven Kontrolle seitens des Vorstandes mehr bedurften. So soll es auch sein. Ich bin fest davon überzeugt, dass man ein Institut wie das ifo sinnvoll nur auf diese zentrale Weise führen kann. So wie ich den Versuch, eine Volkswirtschaft zentral lenken zu wollen, für absurd und – historisch betrachtet – für gescheitert halte, bin ich auch der Meinung, dass komplexe Organisationen letztlich nur auf der Basis einer starken Autonomie der Einzelabteilungen funktionieren können, bei der die Verantwortung stets bei jenen Personen liegt, die sehr nahe am Geschehen agieren.

Ich weiß, dass es hierzu auch andere Auffassungen gibt. So habe ich gehört, dass in einem anderen, mit dem ifo vergleichbaren Forschungsinstitut die Bereiche abgeschafft wurden, damit die Institutsleitung in die Lage versetzt wurde, die Forschungsprojekte selbst zu steuern. Dieser Ansatz ist verlockend, weil er vordergründig der Angst vor Kontrollverlust entgegenwirkt und mehr Gestaltungsmacht verspricht. Doch kann ich nach meiner Erfahrung nur von einem solchen Führungsansatz abraten. Zum einen lähmt man die Kreativität und die Eigeninitiative im Institut und zum anderen verzettelt man sich selbst bei dem Versuch, die Forschung zu administrieren.

Ehre, Öre und die wissenschaftliche Freiheit an den Instituten

Ungeachtet aller Freiheiten muss man im ifo Institut an bezahlten Gutachten oder bezahlten Forschungsprojekten arbeiten, um die finanzielle Basis der eigenen Tätigkeit zu sichern. »Ehre oder Öre« war mein Leitspruch dazu, wobei Öre bekanntlich ein skandinavisches Geldstück ist. Mit dem Spruch wollte ich sagen: Wer es nicht schaffte, gute Beiträge in renommierten Verlagen oder Zeitschriften unterzubringen, der musste wenigstens bei der Akquise und Bearbeitung von bezahlten Gutachten und Forschungsprojekten aktiv und erfolgreich sein.

Am besten aber sollten die Mitarbeiter natürlich beides einsammeln, Ehre *und* Öre. Und das hieß: Es durfte sich keiner zurücklehnen und auf den wissenschaftlichen Anspruch seiner Arbeiten verzichten, doch durfte sich auch keiner wegen seiner Publikationserfolge zu schade sein für die bezahlte Drittmittelarbeit. Drittmittel sind Einnahmen aus Auftragsarbeiten. Diese Einnahmen treten zu den Einnahmen aus der institutionellen Grundfinanzierung, den Erstmitteln, und den Einnahmen aus auf Antrag gewährten Forschungsstipendien öffentlicher Einrichtungen hinzu, die als Zweitmittel gelten.

Das waren natürlich erhebliche Leistungsanforderungen, doch bedeuteten sie keine grundsätzliche Einschränkung der Freiheit der Mitarbeiter und Bereichsleiter, Themen nach Wahl zu bearbeiten und Ergebnisse zu erzielen, die anderen vielleicht nicht genehm waren. Das Kriterium für die Akzeptanz der Arbeiten war stets die wissenschaftliche Qualität, weil es um ökonomische Wahrheiten ging.

Für die praktische Arbeit in den Instituten heißt all dies für mich, dass sich die Leitung eines wirtschaftswissenschaftlichen Instituts beim Versuch der allzu intervenierenden Forschungssteuerung zurückhalten sollte. Das jedenfalls ist meine Erfahrung und auch meine Empfehlung. Zwar kann ich als Doktorvater – der ich ja während meiner 32-jährigen Zeit als Ordinarius an der Ludwig-Maximilians-Universität (LMU) immer wieder war – junge Doktoranden anregen, sich bestimmte Themen einmal näher anzuschauen, in der Hoffnung, dass sie dabei eine Forschungsfrage entdecken, die noch unbeantwortet ist. Doch war ich als Präsident des ifo Instituts bei Professoren und arrivierteren Wissenschaftlern äußerst vorsichtig, damit sie sich nicht gegängelt fühlten und ihren wissenschaftlichen Freiraum behielten, um so maximal kreativ und erfolgreich zu sein.

Für mich war es daher auch wichtig, exzellente, geistreiche und erfolgshungrige Fachleute auf den Gebieten zu holen, auf denen ich dem Institut Forschung ermöglichen wollte. Personalentscheidungen waren auch so gesehen immer zentral für die weitere Entwicklung des Instituts, wie ich sie mir vorstellte. Hatte ich diese exzellenten Fachleute dann aber gewonnen, so war ich auch immer bereit, die Ausrichtung des Instituts quasi ein Stück weit treiben und von den Forscherpersönlichkeiten selbst entwickeln zu lassen.

Dazu gehört im Übrigen auch, die Forscher nicht in einem Umfeld arbeiten zu lassen, in dem sie zu erwarten hätten, bei drittmittelfinanzierten Gutachter- oder Forschungsaufträgen von vornherein ein bestimmtes Ergebnis zu liefern, das sich Auftraggeber wünschen. Ein solches »Entgegenkommen« aus ökonomischen Gründen wäre zutiefst unwissenschaftlich. Was wäre denn auch eine Forschung wert, wenn ein Wissenschaftler nur damit beschäftigt wäre, Argumente zu sammeln, um ein *ex ante* vom Auftraggeber angestrebtes Ergebnis zu »begründen«? Nichts. Sie verdient es nicht, Forschung genannt zu werden. Noch dazu wäre ein solches Entgegenkommen unmoralisch und verantwortungslos, denn unter dem Deckmantel der Unparteilichkeit der vermeintlichen Forschung wird damit der Eindruck eines seriös hergeleiteten Ergebnisses geweckt, obwohl die Wirklichkeit vielleicht ganz anders aussieht.

Mit dieser Auffassung bin ich im Übrigen hin und wieder bei Institutionen angeeckt, die beim ifo Institut Studien in Auftrag gaben – oder in Auftrag geben wollten –, mit dem Ziel, eine bestimmte, ihnen genehme politische Aussage zu stützen. Denn machen wir uns nichts vor: In den meisten Fällen hat der Auftraggeber eines Gutachtens oder eines Forschungsprojekts dieses Ziel. Nur selten geht es ihm um Erkenntnis an sich.

Grundsätzlich gilt dabei für mich Folgendes: Auftraggeber können ein bestimmtes Institut beauftragen und ein Thema vorgeben, um den Blickwinkel der Öffentlichkeit auf ein Problem zu richten, und natürlich werden sie sich daran orientieren, was die Forscher des Instituts schon anderweitig gesagt und geschrieben haben. Doch sollten sie davon ausgehen, dass sich die mit dem Auftrag beschäftigten Forscher unter gar keinen Umständen in ihre Arbeit hineinreden lassen.

Den Forschern wiederum fällt die Aufgabe zu, nicht der Versuchung zu erliegen, Ergebnisse in vorauseilendem Gehorsam zu formulieren oder – im Projektverlauf – diese auf Bitten des Auftraggebers so zu trimmen, dass sie passen.

Das ist leichter gesagt als getan, denn wenn eine Studie zu einem für den Auftraggeber unbequemen Ergebnis führt, kann bei ihm schon der Wunsch nach Änderungen aufkommen. So jedenfalls habe ich es gerade zu Beginn meiner ifo-Amtszeit erlebt. Wenn er geschickt ist, wird der Auftraggeber diesen Wunsch nicht direkt vorbringen. Stattdessen wird er argumentieren, die Qualität des Gutachtens sei unzureichend, und Nacharbeiten verlangen, die den Forschern neue Arbeit machen und die Veröffentlichung hinauszögern. Er mag das auch mit der augenzwinkernden, zwischen den Zeilen stehenden Aussage verbinden, dass er bei der Abnahme keine Schwierigkeiten machen werde, wenn sich das Ergebnis in seinem Sinne relativiere. Der Auftraggeber mag im Extremfall wegen angeblicher Qualitätsmängel sogar mehr oder minder offen mit der Verweigerung der Freigabe des Gutachtens drohen. Er könnte sich damit kaum seiner Zahlungsverpflichtung entziehen, aber er könnte damit doch den Forscher unter Druck setzen, denn der hat nach all der Arbeit auch ein Interesse daran, mit seinen Gutachten bekannt zu werden und das Projekt nun endlich abzuschließen.

Als ich diese Dynamik so nach und nach begriff, wuchs mein Groll. Und ich wollte etwas dagegen tun. Deshalb thematisierte ich dieses Problem recht früh während meiner Amtszeit bei der *Arbeitsgemeinschaft der deutschen Wirtschaftsforschungsinstitute e.V.*, der sogenannten ARGE und erwirkte dort den Beschluss, dass alle Institute ihren Projektverträgen künftig eine Klausel zur Verhinderung eines Veto-Rechts des Auftraggebers hinzuzufügen hätten. Fortan musste jedes Gutachten nach der Fertigstellung innerhalb eng gesetzter Fristen veröffentlicht werden, ohne dass der

Auftraggeber das Recht hatte, die Veröffentlichung zu verweigern. Natürlich hatte er immer noch das Recht, das Institut wegen Nichterfüllung seines Auftrags zu verklagen und aufgrund von Qualitätsmängeln eine Minderung des Kaufpreises zu verlangen, doch für den Erfolg eines solchen Weges setzt das deutsche Recht erhebliche Hürden, und er wurde in meiner Amtszeit auch nie beschritten.

Tatsächlich veränderte diese neue Veröffentlichungspflicht die Machtverhältnisse zwischen Auftraggeber und Institut deutlich. Auftraggeber von Studien und Gutachten – etwa Unternehmen oder Verbände – wissen seither, dass sie unliebsame Ergebnisse kaum verhindern können. Der Suche nach der Wahrheit an den Wirtschaftsforschungsinstituten ist dieses Wissen förderlich.

Ein Auftrag für mehr Qualität: Lunchtime und Arbeit in den Ferien

Mein Wunsch, die Bereichsleiterebene des ifo Instituts durch die Berufung von ordentlichen Professoren zu stärken, wurde an der Ludwig-Maximilians-Universität von Anfang an mit großem Wohlwollen aufgenommen und unterstützt. Dennoch hat es mich freudig überrascht, im Jahr 2002 vom Präsidenten der Universität, Bernd Huber, zu erfahren, dass er bereit sein würde, die enge Beziehung zum ifo Institut auch nach außen hin zum Ausdruck zu bringen. Wir stellten also einen Antrag an die Universität, das ifo Institut zu einer Einrichtung »an der Ludwig-Maximilians-Universität« zu machen. Diesem Antrag wurde alsbald vom Senat der Universität formell stattgegeben. Für das Institut war das eine große Ehre. Und für mich war es zudem wichtig, weil es diese neue institutionelle Konstellation erleichterte, jene neuen exzellenten Wissenschaftler zu holen und dort zu halten, die mir für das ifo Institut vorschwebten.

Das nämlich war gerade zu Anfang schwer genug: Wissenschaftler wollen ja forschen und lehren, aber sie wollen keine Auftragsforschung machen, weil sie stets befürchten, dass sie eine solche Forschung zwingt, Kompromisse zu machen, die in der Fachdisziplin nicht goutiert werden und ihre Karriere behindern könnten. Deswegen zieht es zunächst einmal keinen ambitionierten Wissenschaftler sofort an ein universitätsexternes Institut, das auch sehr angewandte Auftragsforschung betreibt. Ich selbst hatte ja, wie berichtet, auch lange gezögert, diesen Weg einzuschlagen. Und so wie ich es getan hatte, zögerten gerade in meinen ersten Jahren am ifo Institut auch andere Wissenschaftler, die ich gerne gewinnen wollte. Die »Ernennung« des ifo zu einem Institut an der Universität war deshalb ein wichtiger Schritt in unserem Bestreben, die Widerstände, an das ifo Institut zu kommen, zu überwinden. Er signalisierte unsere neuen Ambitionen auch nach außen und erleichterte die Berufung von hochkarätigen Professoren.

Geschmückt mit dem neuen Titel eines Instituts an der Ludwig-Maximilians-Universität mussten wir nun aber auch liefern. Mit anderen Worten: Die Ehre dieser Auszeichnung war das eine. Das andere war, dass wir mit ihr auch den Auftrag angenommen hatten, das ifo Institut an die Forschungsfront heranzuführen und es mit seinen Publikationen in den weltweiten Top-Zeitschriften unseres Faches zu platzieren.

Das war erst einmal leichter gesagt als getan, denn man kann Aufsätze dieser Qualität nicht aus dem Stand schreiben, sondern muss sich das Vorwissen zunächst über Jahre hinweg erarbeiten. Vor dem Hintergrund meiner Mannheimer und kanadischen Erfahrungen war mir klar: Um die Qualität der Aufsätze von ifo-Forschern zu steigern, brauchten wir dringend interne Diskussionsforen, auf denen die Wissenschaftler ihre Ideen präsentieren und sich der Kritik ihrer Kollegen stellen konnten. Ein solches Forum, das ich quasi sofort nach Amtsantritt einrichtete, war das sogenannte *Lunchtime*-Seminar.

Ein solches Seminar ist, so hatte ich es selbst mehrfach erlebt, eine feste Einrichtung an den nordamerikanischen Universitäten. Anstatt mittags beim Essen »einfach so« zu plaudern, nutzen die Forscher die Zeit zu einem wissenschaftlichen Austausch. Einer von ihnen hält dabei meist einen formalen, mit Abbildungen untermauerten Vortrag, während die anderen ihre Butterbrote essen. Schon während des Vortrages, spätestens aber nach seinem Ende, setzt eine kritische Diskussion zu den Thesen des Referenten ein. Das Ganze ist zeitlich strikt beschränkt, weil ein jeder sich anschließend wieder seiner eigentlichen Arbeit widmen muss.

Was auf den ersten Blick für manche unhöflich wirken mag – also zu essen, während ein Vortrag gehalten wird –, ist in Wirklichkeit eine segensreiche Einrichtung zur Erhöhung der Forschungsproduktivität. Und wenn man weiß, nach welcher Regel ein Lunchtime-Seminar abläuft, hat man als Redner auch keinen Grund mehr, das Essen der Zuhörer als Akt der Herabwürdigung oder Geringschätzung zu betrachten.

Ein anderes Format, das ich auch recht schnell initiierte, waren die sogenannten »Weihnachtskonferenzen« – bei genauerer Betrachtung eigentlich »Herbst- *und* Weihnachtskonferenzen«. Ich verlangte in diesem Zusammenhang von allen jüngeren Forschern, dass sie am Ende der Sommerferien bei einer mehrtägigen Konferenz im September ihre neuesten Forschungsideen und Argumentationen vor den Institutskollegen präsentierten. Das mussten keine fertig ausgearbeiteten Modelle sein. Es reichte, wenn man das eigene Forschungsvorhaben skizzieren konnte, indem man die Forschungsfrage und mögliche Lösungswege zur Beantwortung dieser Frage erläuterte.

Es gibt im Sommerurlaub ja viele Gelegenheiten, sich vom Alltagsstress zu befreien, zur Ruhe zu kommen und über Grundsätzliches nachzudenken. Jeder ambitionierte Wirtschaftswissenschaftler, den ich kenne, nutzt die freie Zeit zum Nachdenken über neue Forschungsthemen, denn die Wissenschaft ist für uns alle wie eine Droge, von der man kaum noch loskommt, wenn man ihr erst einmal verfallen ist. So gesehen stellte die erste Konferenzrunde – die ich eben für den September ansetzte – auch eine Möglichkeit dar, die neuen Gedanken erstmals dem kritischen Urteil der Fachkollegen zu unterwerfen.

Doch dabei durfte es nicht bleiben. Nach dieser ersten Runde vergingen einige Monate, während derer nach Maßgabe der Rückmeldungen an den Ideen und Modellansätzen gearbeitet werden sollte. Anfang bis Mitte Dezember mussten dann aber die Ergebnisse dieser Arbeit in einer zweiten Konferenzrunde erneut präsentiert und der Kritik der Kollegen zugänglich gemacht werden, damit sie danach in einer weiteren Korrekturrunde zwischen den Jahren nochmals verbessert werden konnten.

Den Dezember als Zeitpunkt für die zweite Konferenz hatte ich bewusst gewählt. Denn zum einen wird man in der Zeit nach Weihnachten wenig mit Alltagsdingen behelligt und hat Zeit zum Forschen. Zum anderen liegen in der Zeit von Januar bis März die meisten Termine für die Einreichungen von Aufsätzen für hochstehende internationale Fachkonferenzen, und zu diesen Terminen musste man mit seinem Forschungsvorhaben fertig sein, wenn man nicht ein weiteres Jahr auf eine neue Chance warten wollte. Das war ein starker Anreiz. Es ist nämlich nicht leicht, als Teilnehmer solcher Konferenzen angenommen zu werden, denn die Standards liegen hoch. Und nach der gutachterlichen Prüfung der eingereichten Papiere bleiben häufig nur noch wenige übrig, deren Verfasser ihre Arbeit dann auch tatsächlich vortragen dürfen.

Genau deshalb war es aber wichtig, »unsere Leute« dorthin zu schicken. Wenn sie nämlich diese Hürde genommen hatten und wenn sie zudem ihre Aufsätze unter Berücksichtigung der auf den Konferenzen erfahrenen Kritik weiter verbessert hatten, bestand eine realistische Chance, dass diese Aufsätze anschließend zur Publikation von hochkarätigen Fachzeitschriften mit noch strengeren Gutachterverfahren angenommen wurden. So gesehen waren die Herbst- und Weihnachtskonferenzen wesentlich für das Bestreben, zügig neue Generationen erfolgreicher Forscher im ifo Institut heranzuziehen. Meine Grundidee zur Förderung der ifo-Forscher glich dabei dem Prämienprogramm des Vereins für Socialpolitik, das ich, wie berichtet, einige Jahre zuvor initiiert hatte, um die Öffnung und Internationalisierung der deutschen Volkswirtschaftslehre zu forcieren. Und wie in jenem Programm unterstützten wir auch jetzt die jungen Wissenschaftler mit Reisekostenzuschüssen, um die Bereitschaft, auf die Fachkonferenzen zu gehen, zu fördern und etwaige finanzielle Hürden beiseitezuräumen.

Konferenzen und Veröffentlichungen: Durchbruch an die Spitze auf breiter Front

Die Aktivierung der Wissenschaft im ifo Institut erwies sich als erfolgreich. Während es nämlich bis zu meinem Amtsantritt praktisch überhaupt keine Vorträge von ifo-Forschern auf internationalen Fachkonferenzen mit Begutachtungssystemen gegeben hatte, stieg die Zahl der besuchten Konferenzen nun von Jahr zu Jahr an, erreichte im Jahr 2005 bei der ersten Evaluierung des ifo Instituts, die während meiner Amtszeit stattfand, den Wert 108 und schnellte bis zur letzten Evaluierung im Jahr 2012 auf 205 hoch.

Parallel dazu stieg, wie erhofft, die Anzahl der in angesehenen Fachzeitschriften publizierten Artikel. Während es zu Beginn meiner Amtszeit nur ein paar Artikel gab – zudem noch solche, die in mir weitgehend unbekannten Zeitschriften erschienen waren –, stiegen die Publikationszahlen in anerkannten Fachzeitschriften im Laufe der Zeit auf beachtliche Werte, und zwar insbesondere in den weltweit besten Zeitschriften der ersten und zweiten Kategorie, gemessen nach der jährlich vom *Handelsblatt* und vom Verein für Socialpolitik gemeinsam erstellten Rangliste. So kamen wir im Evaluierungsjahr 2005 bereits auf 33 Fachartikel, wovon immerhin 9 in die beiden ersten Gruppen gehörten. Im letzten Jahr meiner Amtszeit waren daraus 56 Artikel geworden, wobei 24 auf die beiden besten Kategorien entfielen.

Dieser Anstieg der hochkarätigen Fachpublikationen hatte natürlich nicht nur mit der skizzierten Kombination aus Druck- und Anreizfaktoren zu tun, sondern auch damit, dass sich die Zahl der Doktoranden am ifo Institut mit der Einstellung der Professoren Schritt für Schritt erhöhte. Sie stieg von vier im Jahr 1999 auf 44 im Jahr 2012 bzw. 46 am Ende meiner Amtszeit. Das ifo Institut wurde damit zu einem wesentlichen Eckpfeiler der Ausbildung ökonomischer Forscher in München.

Allerdings war der Anstieg der Aufsätze in den erstklassigen Fachpublikationen nicht nur auf die Jungforscher, sondern auch auf etablierte ifo-Forscher zurückzuführen. In der Tat kam der wesentliche Beitrag von den oben erwähnten neuen Professoren, weil sie ja schon wesentlich erfahrener waren und sich in einem intellektuell zunehmend inspirierenden ifo-Umfeld immer mehr auch als internationale Spitzenforscher beweisen wollten. Die im ifo selbst »großgewordenen« Forscher trugen aber ebenfalls Erhebliches bei. So mancher Artikel, der in den Top-Journalen landete, ließ die Fachwelt aufhorchen und lenkte den Blick nach München.

Wissenschaftlich betrachtet steht das ifo Institut heute im Vergleich mit den anderen deutschen Wirtschaftsforschungsinstituten an der Spitze. So lag es im letzten vollen Jahr meiner Amtszeit (2015) beim *FAZ-Ökonomen-Ranking* mit deutlichem Abstand auf dem ersten Platz.

Ein ähnliches Bild zeigte sich bei der automatisch erstellten internationalen Datenbank RePEc – kurz für *Research Papers in Economics* –, ein 1997 gestartetes Projekt, das es sich mit Hunderten von Freiwilligen aus vielen Ländern zur Aufgabe gemacht hat, die Verbreitung von wirtschaftswissenschaftlichen Publikationen voranzutreiben. RePEc basiert im Wesentlichen auf den Zitierungen von veröffentlichten Forschungsbeiträgen durch externe Wissenschaftler. Das ifo Institut landete dabei in Deutschland auf dem ersten Platz. Und bemerkenswert ist: Es lag nicht nur vor allen anderen Forschungsinstituten, sondern es lag auch vor sämtlichen ökonomischen Fakultäten Deutschlands – und dies, obwohl sich diese Fakultäten ja im Gegensatz zu den Instituten hauptsächlich auf das Schreiben von akademischen Aufsätzen konzentrieren und die Last der Akquisition, des Verfassens und des Verkaufs von Gutachten zwecks Geldverdienen, wie sie beim ifo Institut zu tragen ist, nicht zu schultern haben.

Zum Auftrag der Leibniz-Gemeinschaft, zu dem ja auch das ifo Institut gehört, zählt nicht nur, dass die ihr zuzurechnenden Institute forschen und Politiker beraten. Zu diesem Auftrag zählt vielmehr ebenfalls, dass sie sich aktiv in den öffentlichen Diskurs einbringen, um so den Menschen in einer demokratischen Gesellschaft Entscheidungsgrundlagen für ihre politischen Wahlhandlungen anzubieten. Deshalb hat es mich sehr gefreut, dass das ifo Institut auch im Hinblick auf seine Medienresonanz unter allen deutschen Instituten stets ausgezeichnet abschnitt.

So erfasst zum Beispiel die *Media Tenor AG* die Berichterstattung aller wichtigen Zeitungen und Fernsehsender in Deutschland und misst die Zahl der inhaltlich relevanten Aussagen von Individuen und Institutionen, die über die bloße Nennung des Namens hinausgehen. Die Erhebungen belegen, dass das ifo Institut in den letzten Jahren meiner Amtszeit und sicherlich auch noch danach mit weitem Abstand an der Spitze aller Wirtschaftsforschungsinstitute stand. Eine neue Erhebung, die die Media Tenor am Ende meiner Amtszeit durchführte (Frühjahr 2016), zeigte sogar, dass das ifo Institut in ganz Europa im Jahr 2015 das am häufigsten zitierte Wirtschaftsforschungsinstitut war. Es wird viermal so häufig zitiert wie das nächstplatzierte deutsche Institut in dieser Rangfolge, das *Deutsche Institut für Wirtschaftsforschung* (DIW) aus Berlin.

Evaluierungen ohne Ende: Das große Zittern und Erleichterung

Noch bevor ich mein Amt als neuer ifo-Präsident zum 1. Februar 1999 antrat, hatte ich im frühen Winter des Jahres 1998 vor der Belegschaft des ifo Instituts gesprochen, um auf die anstehenden Probleme und die Notwendigkeit einer fundamentalen Umwälzung, ja Revolution des ifo Instituts hinzuweisen. Ich erläuterte meine Pläne in Form einer deutlichen und aufrüttelnden Rede, die jedem Mitarbeiter klarmachen sollte, in welch prekärer Situation sich das Institut befand und welche Umwälzungen nun erforderlich seien. Dabei betonte ich, dass es mein Ziel sei, das Institut näher an die Universität heranzuführen und die erfolgreiche Politikberatung durch eine stärker an akademischen Belangen ausgerichtete Forschung zu untermauern. Ich hob auch hervor, dass eine solche Umstrukturierung sehr viel Zeit brauchen würde, und verkündete mein Ziel, das ifo Institut innerhalb von zehn Jahren wieder in die Riege der Forschungsinstitute zurückgeführt zu haben.

Die in meiner Rede propagierten zehn Jahre erwiesen sich im Nachhinein betrachtet als ziemlich gute Schätzung der Zeitspanne, die tatsächlich vergehen musste, um das ifo Institut wieder nach vorne zu bringen. Aufgrund einer Evaluierung fällte der Senat der Leibniz-Gemeinschaft nämlich genau im Jahr 2009 tatsächlich die Entscheidung, das ifo Institut erneut zu einem Forschungsinstitut zu machen; im Jahr 2010 wurde dieser Schritt dann auch vollzogen.

Bereits bei der Evaluierung des ifo Instituts im Jahr 2005, der ersten nach der niederschmetternden Beurteilung des Jahres 1996, konnte das ifo Institut erheblich punkten. Der Weg zurück zur Riege der Forschungsinstitute wurde da schon vorbereitet, aber noch nicht vollzogen.

Eine Evaluierung ist für ein Institut wie das ifo ein Großereignis. Man muss sich lange Zeit vorbereiten. Es gilt Berichte zu schreiben, Poster zu entwerfen, Power-Point-Vorträge zu üben, Bereichsstrukturen zu überprüfen und gegebenenfalls nachzujustieren und Mitarbeiter mit unbequemen Fragen zu konfrontieren. Dabei wurde auch der Wissenschaftliche Beirat des ifo Instituts einbezogen, der die Bereiche einer Vorevaluierung unterzog.

Da viele von uns, einschließlich ich selbst, so etwas noch nie mitgemacht hatten, waren wir alle bei der ersten Evaluierung meiner Amtszeit, also im Jahr 2005, ziemlich nervös und suchten mit großem Einsatz, jegliche nur erdenklichen Schwachpunkte vor der Ankunft der Gutachter zu beseitigen. Aber würde das reichen? Nachdem Monate der Vorbereitung verstrichen waren und unser Zittern kaum noch zu ertragen war, erschien schließlich im Oktober 2005 eine Truppe von 32 Personen – darunter 18 deutsche und internationale Gutachter –, die das Institut auf Herz und

Nieren prüften. Die anderen »Prüfer« kamen von der Leibniz-Gemeinschaft oder waren externe Forscher und Amtsträger. Als ifo-Präsident hatte ich den Prüfern zunächst über unsere Aufbauarbeit zu berichten und überdies bei kniffligen Fragen Rede und Antwort zu stehen. Sodann schwärmten die Gutachter, die sich im Übrigen von Beginn an als sehr gut informiert zeigten, in die Einzelbereiche aus, um die Details unter die Lupe zu nehmen.

Es vergingen bange Stunden des Wartens, bis wir erste Rückmeldungen erhielten, und die waren zu unserer großen Freude positiv. Sie ließen die durch die Vorbereitung über viele Wochen aufgebaute immense Spannung ein wenig von uns abfallen. Doch das genaue Urteil kannten wir noch nicht.

Die Gutachter zogen alsbald wieder ab und verfassten sodann in ihren Büros im Umlaufverfahren ihr schriftliches Urteil. Nach ein paar Wochen konnten wir dann jubeln. Die Gutachter schrieben, das Institut mache einen starken Eindruck und weise mit Blick auf die wissenschaftliche Qualität »meistens sehr gute, in einigen Fällen exzellente Forschungsaktivitäten« auf. Genauso positiv fiel das Urteil zur Politikberatung des Instituts aus. Danach blieb dem Senat der Leibniz-Gemeinschaft, dem Gremium, das auf Basis des erstellten Gutachtens letztlich zu entscheiden hatte, im Grunde nichts anderes übrig, als sich den Lobpreisungen anzuschließen. Und das tat er. Er urteilte, dass das Institut »über ein hinreichend tragfähiges Potenzial verfügt, um zukünftig (wieder) als Forschungseinrichtung gefördert zu werden.«

Nur beim Service, also den Informationsdienstleistungen für Öffentlichkeit und Wissenschaft, hatten die Gutachter noch leichte Mängel festgestellt. Der Service sei in einigen Bereichen sehr gut, andere Aspekte seien noch verbesserungsfähig, was aber wegen des Umbruchs des Instituts verständlich sei. Zu den Ausnahmen gehörte das skizzierte DICE-Projekt, das der Senat der Leibniz-Gesellschaft »als Musterbeispiel für eine gelungene Verknüpfung von Forschung und Service« einstufte.

Etwa zur gleichen Zeit wurden damals die anderen Wirtschaftsforschungsinstitute bewertet, und auch daran gemessen kam das ifo Institut wirklich glänzend davon. Während die ifo-Forschung summa summarum als »sehr gut bis exzellent« bezeichnet wurde, kam das Kieler Institut für Weltwirtschaft (IfW) auf »gut bis sehr gut«, das *Deutsche Institut für*

Wirtschaftsforschung (DIW) in Berlin auf »überwiegend gut« und das *RWI – Leibniz-Institut für Wirtschaftsforschung* in Essen auf »in weiten Teilen gut«. Das Institut für Wirtschaftsforschung Halle (IWH) war bei dieser Evaluierungsrunde nicht dabei.

Der Erfolg ließ alle ifo-Mitarbeiter, ob Forscher oder nicht, aufatmen. Sieben Jahre nach meinem Amtsantritt war nun der Beweis erbracht, dass die Radikalkur, die wir dem Institut verpasst hatten, erfolgreich war.

Der Wermutstropfen bestand freilich darin, dass das ifo Institut trotz der extrem positiven Stellungnahme des Senats immer noch nicht unmittelbar zum Forschungsinstitut umgewandelt wurde, weil dies eine längere Prozedur ist und wir daraufhin noch nicht wirklich geprüft worden waren. So wurde uns aufgetragen, zunächst binnen zweier Jahre ein »kohärentes Arbeitsprogramm« für die zukünftige Forschung vorzulegen, was ja für die Prüfung als Serviceinstitut nicht erforderlich gewesen war. Wäre das überzeugend, würde man dann den nächsten Schritt beschließen.

Dem Freistaat Bayern war die Verzögerung vermutlich nicht ganz unlieb, denn sie bedeutete, dass er erst deutlich später für die damit verbundenen höheren Kosten würde aufkommen müssen. Im vorigen Kapitel hatte ich erläutert, dass das Sitzland, in diesem Fall Bayern, bei Forschungsinstituten einen höheren Prozentsatz der mit diesen verbundenen Kosten zu tragen hat, als es bei Serviceinstituten der Fall ist. Von dieser Regelung hatte Bayern profitiert, und die Kehrseite des sich nun zeigenden Erfolgs war, dass dem Land alsbald höhere Kosten ins Haus stehen würden.

Doch wie dem auch sei: Wir mussten also den von den Gutachtern gewünschten kohärenten Arbeitsplan für das Institut erstellen. Wir taten das, indem wir die geplanten Aktivitäten der Bereiche darlegten, die wir schon für ziemlich »kohärent« hielten, und uns alle Mühe gaben, noch sichtbare Inkohärenzen durch entsprechende Personalentscheidungen und Änderungen in der Struktur der Aufgaben, die die Bereiche hatten, zu beseitigen.

Mit der Vorlage des kohärenten Arbeitsprogramms wurde dann der Durchbruch erzielt. Die Gutachter mussten dazu im schriftlichen Verfahren nochmals Stellung nehmen, und sie waren des Lobes voll und empfahlen die Annahme vorbehaltslos. Daraufhin beschloss nun der Senat der Leibniz-Gemeinschaft, das ifo Institut zum 1. Januar 2010 wieder in die Kategorie der Forschungsinstitute aufzunehmen. Aufgrund der Nachevaluierung urteilte der Senat ähnlich wie schon drei Jahre zuvor: »Die

Forschungsleistungen des ifo sind sehr gut, in Teilen sogar exzellent.« Und die Politikberatung beurteilte er uneingeschränkt als »hervorragend«.

Dass dann 2012 nochmals die sogenannte Regel-Evaluierung der Leibniz-Gemeinschaft kommen würde, hielten wir nach der ganzen »Evaluiererei« eigentlich für entbehrlich, aber auch da mussten wir durch. Uns konnte jetzt nichts mehr schockieren – auch nicht, dass in der neuen Gruppe der Gutachter nun wieder ganz andere Leute saßen, unter ihnen weithin bekannte europäische Spitzenökonomen aus verschiedenen Ländern. Die mit der neuerlichen Begehung verbundenen Vorbereitungen und Präsentationen erledigten wir fast schon routinemäßig, und erneut gab es ähnlich überschwängliche Bewertungen wie schon bei den beiden vorigen Evaluierungsrunden. Die Gutachter-Kommission nannte die Qualität und Quantität der ifo-Publikationen nun uneingeschränkt »exzellent«, und der Senat der Leibniz-Gemeinschaft erklärte anlässlich der Schlussabstimmung im Jahr 2013:

»Noch 1998 war das Institut äußerst kritisch beurteilt worden. Der jetzige Präsident leitete nach seinem Dienstantritt 1999 grundlegende Veränderungen ein. ... Die Bilanz der Forschungs-, Dienstleistungs- und Beratungsarbeiten hat sich hervorragend entwickelt. Mittlerweile zählt das ifo Institut zu den führenden europäischen Wirtschaftsforschungsinstituten.«

Präsidiales Multitasking: Institutsleitung, Forschung und öffentlicher Diskurs

Das ifo Institut wieder wissenschaftlich fit zu machen und das Service-Angebot für die Gesellschaft trotz der Mittelkürzungen zu halten oder gar zu verbessern, war eine Herkulesaufgabe, die meine Vorstandskollegen und mich viel Zeit kostete, weit über übliche Arbeitszeiten hinaus. Das gilt insbesondere auch für Meinhard Knoche, auf den ich noch gesondert zu sprechen komme.

Ich selbst hatte in dieser Zeit mehrere Rollen zu erfüllen. Als ifo-Präsident vertrat ich das Institut einerseits im öffentlichen Diskurs, andererseits musste ich seine strukturelle Entwicklung im Innern steuern und verantworten. Zudem hatte ich als Forscher das ökonomische Geschehen der Zeit zu analysieren und als Hochschullehrer mein (reduziertes) Deputat an der Universität zu erfüllen. Schließlich oblag es mir, in enger Kooperation mit dem ifo-Vorstand die Netzwerkaktivitäten von CESifo zu steuern.

Bei allem hatte ich nicht nur die Unterstützung meiner Vorstandskollegen, sondern auch sehr guter Assistenten am CES, bei der CESifo GmbH und im ifo Institut. Hervorheben möchte ich hier Robert Koll, einen der »alten Kämpen« aus dem ifo Institut, der jeden Winkel des Instituts kannte und mir schon aus seiner Zeit als Universitätsassistent bei meinem Freund und Kollegen Edwin von Böventer vertraut war. Gerne nahm ich die Hilfe an, die er mir anbot. Er zeigte sich als ein durchsetzungsfähiger persönlicher Mitarbeiter, der speziell im ifo Institut, aber auch darüber hinaus durch eine sehr systematische Auftragsverfolgung dafür sorgte, dass meine Anregungen, Bitten und Anweisungen auch umgesetzt wurden. In ähnlichen Funktionen waren die ebenfalls sehr effizienten Mitarbeiter Klaus Abberger, Anja Hülsewig und die schon erwähnte Barbara Hebele tätig, die auch das IIPF-Sekretariat führt. Wolfgang Meister und Christoph Zeiner sorgten für eine ausgezeichnete technische Assistenz bei meinen Forschungsarbeiten und öffentlichen Verlautbarungen.

Aber auch die Chef-Sekretärinnen – heute heißen sie korrekt und nach meinem Geschmack angesichts der Wichtigkeit ihrer Aufgabe etwas irreführend »Assistentinnen« – möchte ich erwähnen. Hedwig Lindner, die ich von meinem Vorgänger übernahm, und Caroline Schiller, die ich selbst einstellte, haben mich nicht nur resolut und mit großem Charme gegenüber hartnäckigen Anrufern verteidigt, die mit mir über Gott und die Welt diskutieren wollten, sondern es auch verstanden, die wirklich wichtigen Kontakte herzustellen, meine Termine zu organisieren, den Schriftwechsel zu führen und noch viele andere Dinge geräuschlos und effizient zu erledigen.

Trotz der ausgezeichneten Hilfen wurde meine Zeit in den 17 Jahren der ifo-Präsidentschaft von einer kaum zu überschauenden Vielzahl von Kontroll-, Aufsichts-, Steuerungs- und Kommunikationstätigkeiten in Beschlag genommen, zwischen die dann die Forschung gequetscht wurde. Die Arbeitswoche umfasste, die Pausen nicht gerechnet, regelmäßig bis zu siebzig, ja auch schon mal über hundert Stunden, wenn es hoch herging, denn abends ging es doch sehr häufig bis Mitternacht, manchmal bis in den frühen Morgen. Und auch an den Wochenenden, Feiertagen und Ferien arbeitete ich in der Regel durch, wenn nicht gerade wichtige Ereignisse oder Besuche dazwischenkamen. Nur Weihnachten und Ostern waren Tabu. Die Ferien waren, wenn sie zu einem festen Ort führten, sogar ideal, weil ich nicht gestört wurde und mich mit meinem Hilfsgehirn in Form meines Laptops auf meine eigentliche Arbeit konzentrieren konnte. Das galt zum Beispiel für die winterlichen Betriebsferien, die zu Hause oder an irgendeinem Urlaubsort stets mit dem Schreiben und Redigieren der Jahresberichte des im vorigen Kapitel erwähnten europäischen Sachverständigenrats *European Economic Advisory Group at CESifo* (EEAG) ausgefüllt waren, oder die Sommerferien, die ich für meine Bücher verwendete.

Die verantwortliche Leitung des ifo Instituts und der CESifo GmbH selbst erwies sich trotz der Hilfe, die ich erfuhr, als aufwendig. Man kam ständig in Atemnot, weil die neue Arbeit anstand, bevor die alte beendet war. Da waren in den ersten Jahren der erwähnte Kampf um die Finanzen und die endlosen Sitzungen mit den Einigungsstellen, die Besetzung und Umbesetzung der Bereichsleiterposten, die vielen neuen Publikationsorgane, die auf den Weg gebracht werden mussten, die Verhandlungen mit den externen Verlagen für die internationalen Publikationsorgane, der Aufbau der Netzwerkbereiche für die wachsende Zahl der Gastforscher, der Aufbau der DICE-Datenbank und vieles andere mehr.

Und im laufenden Betrieb ging es auch um endlose und ewig neue Personalentscheidungen bis hinunter zur Ebene der einfachen Mitarbeiter, die immer mal wieder mit einem Umbau der Bereichsstrukturen verbunden waren. Auch die Kontrolle der Gutachten, die das Haus verließen im Hinblick auf ihre Aussagen, ihre Qualität und die Einhaltung der *Eurocontrol*-Regeln, erforderten Aufmerksamkeit. Insbesondere die zweimal im Jahr veröffentlichten Konjunkturprognosen verlangten den prüfenden Blick des Präsidenten, zumal ich sie, außer in den allerletzten Jahren meiner Präsidentschaft, als ich dem zuständigen Bereichsleiter Timo Wollmershäuser mehr Sichtbarkeit verschaffen wollte, selbst in den Pressekonferenzen vorstellte. Die Sitzungen der vielen, ja exzessiv vielen Gremien des ifo Instituts nebst zugehörigem Berichtswesen, die Treffen mit der Belegschaft und dem Betriebsrat, auch die regelmäßigen Arbeitsplangespräche mit den Mitarbeitern und die zugehörigen Zielvereinbarungen, absorbierten viel Zeit. Die Website, die ohnehin alle paar Jahre umgebaut und modernisiert wurde, zog Aufmerksamkeit auf sich genauso wie die Programmplanung für die Leibniz-Gemeinschaft und die Vorbereitung der laufenden Evaluierungen.

Die vielen Konferenzen des CESifo-Netzwerks und die internen Seminare sowie die Herbst- und Weihnachtskonferenzen mit den Doktoranden bedurften der ständigen Aufsicht und häufigen Beteiligung. Ich weiß gar nicht mehr, was es alles war, so überladen waren Kopf, Terminkalender, Schreibtisch und Aktentasche. Die Aktenberge, die mir mein Fahrer bei jeder Fahrt auf dem Sitzplatz neben mir stapelte, wurden während meiner Amtszeit jedenfalls trotz der digitalen Revolution bei der Kommunikation nie kleiner, sondern immer nur größer.

Wenn man Institutschef ist, reicht es eben nicht aus, das Große und Ganze im Blick zu haben. Vielmehr muss man sich auch stets um allerlei ärgerlichen Kleinkram kümmern und den vielfältigen Produktionsprozess im Hause laufend im Blick haben. Das Allermeiste wurde natürlich von der Verwaltung abgehalten und erledigt, aber bei manchen Dingen musste man selbst nachhaken, insbesondere, wenn man andere Standards als die Mitarbeiter realisieren wollte.

Aber so wichtig und unerlässlich die administrativen Kontroll- und Lenkungsaufgaben waren, ihre Erledigung hätte nicht gereicht, das ifo Institut zum Erfolg zu führen. Letztlich kam es darauf an, zu forschen, die Ergebnisse der Forschung der Öffentlichkeit bekannt zu machen und aktiv am öffentlichen Diskurs teilzunehmen.

Das ifo Institut sollte, so hatte ich es mir vorgenommen, ein Think Tank sein, der die Öffentlichkeit mit seinen Forschungsergebnissen beliefert, und wurde letztlich ja auch tatsächlich an dem gemessen, was dabei für die Öffentlichkeit herauskam. So hielt ich viele öffentliche Vorträge und erarbeitete mir über die parallel dazu ablaufenden Recherchen allmählich das Wissen, das sich dann in meinen Schriften und Verlautbarungen niederschlug.

Ich verfasste in meiner Zeit am ifo Institut 17 kleinere Monografien, die unter dem Logo von CESifo oder ifo erschienen. Außerdem veröffentlichte ich 90 Aufsätze in ifo-Zeitschriften, in denen ich zu den verschiedensten Problemen der Wirtschaftspolitik Stellung bezog. Das waren keine hochwissenschaftlichen Arbeiten, die in internationalen Zeitschriften hätten Platz finden können und für die man in der Disziplin persönliche Pluspunkte einsammeln konnte, aber es waren notwendige Arbeiten zur Aufklärung der Öffentlichkeit.

Ähnlich war es mit meinen Kurzartikeln. In meinen 17 Jahren am ifo Institut schrieb ich 170 *ifo Standpunkte*, jeweils genau zehn im Jahr, die auf

Deutsch und auf Englisch herauskamen. Bei den *ifo Standpunkten* handelt es sich um Stellungnahmen und Argumentationsketten von nicht mehr als ein, zwei Schreibmaschinenseiten, die das Ziel verfolgen, dem Leser eine schnelle Information zu ermöglichen. Die *ifo Standpunkte* waren für die Teilnahme am öffentlichen Diskurs besonders wichtig, weil sie als Aufhänger für Nachfragen der Presse dienten. Ich schrieb sie, weil mich Wolfgang Friedrich, der damalige Leiter der Wirtschaftsredaktion des *Bayerischen Rundfunks*, dazu animiert hatte. Solche Standpunkte würden, wenn wir sie an die Presse verteilten, ihm und seinen Kollegen zeigen, für welche Positionen und Themen das ifo Institut stehe, und dann könne er es bei passender Gelegenheit zitieren.

Die Resonanz war aber anfangs geringer, als ich es erhofft hatte. Deshalb entschloss ich mich nach einer Weile, die *ifo Standpunkte* den Zeitungen direkt zur Veröffentlichung anzubieten. Das war eine richtige Entscheidung, denn so verbreiteten sich die Informationen viel besser, und Wolfgang Friedrich konnte immer noch erfahren, was man am ifo dachte. Durch die Artikel wurden immer mehr Menschen auf das ifo Institut aufmerksam, und nach und nach etablierte sich das Institut als beachtete Stimme im wirtschaftspolitischen Diskurs.

Irgendwann kam auch das Fernsehen. Aber das interessierte sich erst für mich, nachdem die *Standpunkte* schon eine Zeit lang erschienen waren. Bis dahin war man sehr skeptisch gegenüber Ökonomen gewesen, weil sie – so das nicht immer ganz unberechtigte Vorurteil – dazu tendieren würden,»Fachchinesisch« zu sprechen. Die *ifo Standpunkte* hingegen hatte ich versucht klar und verständlich zu schreiben. Immer häufiger hatte ich nun Interviews in Nachrichtensendungen von Radio und Fernsehen zu geben. Auch die Talkshows mied ich nicht, denn ich wollte die Erkenntnisse des Instituts verbreiten oder wenigsten mitteilen, dass es andere Auffassungen gab, als man sie ansonsten vernahm. Ich war zu Gast in den TV-Talkshows von Sabine Christiansen, Maybrit Illner, Sandra Maischberger, Anne Will, Frank Plasberg (»Hart aber Fair«) sowie den Gesprächsrunden bei *n-tv* (Heiner Bremer) und bei *Phoenix*, die mit wechselnden Moderatoren stattfanden. Auch wenn man in solchen Sendungen manchmal nur zehn Minuten zu Wort kommt und häufig nicht ausreden kann: Man bedenke einmal, was zehn Werbeminuten ansonsten für das ifo Institut gekostet hätten. Nur zum Migrationsgeschehen vermied ich die Talkshows, weil es mir dabei viel zu emotional zuging, und ich schlug mehr als ein halbes Dutzend hochkarätige Einladungen aus. Ich hatte keine Lust, bloß weil ich einen Schlips trug und nicht bereit war, mich öffentlich auf eine emotionale Debatte einzulassen, zum kaltherzigen Neoliberalen gestempelt zu werden.

Besonders wichtig waren mir die Kamingespräche und Einzeldialoge, die bei *Phoenix* und anderen Sendern stattfanden. Dort bekam ich die Zeit eingeräumt, meine Überlegungen zusammenhängend darzustellen und sie nicht nur auf zwei, drei Sätze »einzudampfen«. Aus meiner Sicht sind das großartig angelegte Veranstaltungen der öffentlichen Kommunikation.

Im Laufe der Zeit interessierte sich die Öffentlichkeit mehr und mehr für unsere Forschungsergebnisse, und dieses Interesse musste bedient werden. So galt es stets, Pressemitteilungen zu den neuesten Forschungsergebnissen zu verfassen. Keine verließ das Haus, ohne dass ich sie nicht gründlich auf Englisch und Deutsch redigiert hätte. Mit dem Eintritt unseres dynamischen und exzellent vernetzten Pressesprechers Harald Schultz im Jahr 2014 stieg die Qualität und Anzahl der Pressemitteilungen in den letzten drei Jahren meiner Amtszeit nochmals deutlich an. Es kamen mehr Interviewanfragen, und die ifo-Themen erhielten noch mehr Durchschlagskraft. Wir kamen dank seiner guten Kontakte nun sogar im Ausland, insbesondere in Frankreich, häufiger bei der Berichterstattung zum Zuge, wo man bis dato nur wenige Einlassungen zur Wirtschaftspolitik von deutschen Instituten vernommen hatte.

Die *ifo Standpunkte* führten dort übrigens auch zu vielen Zeitungspublikationen über das *Project Syndicate*. Schon seit dem Jahr 2005 wurden meine Artikel dort alle zwei Monate unter Hinweis auf das ifo Institut verbreitet und das blieb auch so, bis ich den Stab an meinen Nachfolger Clemens Fuest übergab. Das *Project Syndicate* ist eine Plattform, die die ihr zugelieferten Artikel in bis zu 40 Sprachen übersetzt und sie Zeitungen weltweit zur Publikation anbietet. Die Artikel werden so jeweils etwa zwölf Millionen Mal gedruckt. Auch nachdem ich altersbedingt aus dem ifo Institut ausgeschieden bin, verbreitet das *Project Syndicate* weiterhin Artikel von mir.

So kam im Laufe der Zeit einiges zusammen, das in die Öffentlichkeit wirkte. Auch durch die vielen Wortlautinterviews, die ich Zeitungen gab. Insgesamt waren es seit 2002 bis zum Ende meiner ifo-Amtszeit 679 Interviews, von denen 141 im Ausland erschienen. Das jedenfalls zählten ifo-Mitarbeiter für die regelmäßig verfassten Jahresberichte.

Es verwundert nicht, dass außerhalb unseres Landes Österreich und die Schweiz hier mit insgesamt 55 abgedruckten Wortlautinterviews an der Spitze lagen. Doch immerhin erschienen 86 Wortlautinterviews auch im fremdsprachigen Ausland, insbesondere in Frankreich, Italien, Spanien, Polen, den Niederlanden, Korea und Japan.

Neben diesen direkt mit dem ifo Institut verbundenen Publikationsaktivitäten setzte ich während meiner ifo-Zeit zudem eine Reihe von Forschungsprojekten in eigener Regie und ohne finanzielle Förderung auf, die ich, einvernehmlich veranlasst vom ifo-Vorstand, unbedingt vorantreiben und in die Öffentlichkeit hinein kommunizieren wollte. Ein englisches Buch über den Systemwettbewerb und die Bankenregulierung, das ich im Wesentlichen schon vorher verfasst hatte, stand am Beginn meiner ifo-Zeit.

Dann aber kam eine Reihe anderer Bücher, die hier verschiedentlich schon angesprochen wurden. Unter den ersten wichtigen Projekten, an denen ich maßgeblich beteiligt war, war ein Gutachten zur Aktivierenden Sozialpolitik, das ich zusammen mit Mitarbeitern schrieb und das starken Einfluss auf Gerhard Schröders Agenda 2010 hatte. Im Jahr 2003 folgte mein Buch *Ist Deutschland noch zu retten?*, das diese Problematik aufgriff, sie jedoch – belegt durch eine Vielzahl von Grafiken, Tabellen und Zitaten – in den weiteren Zusammenhang der Globalisierung, der deutschen Wiedervereinigung, der europäischen Integration und der Alterung der Bevölkerung stellte. Das umfassende Werk wurde allein im deutschen Sprachraum in zwölf Auflagen deutlich über hunderttausend Mal verkauft. Es löste eine Vielzahl von Diskussionen in Medien, Politik, Verbänden, Öffentlichkeit und auch der Wissenschaft aus.

Bei diesem ersten größeren Buch sollte es nicht bleiben. Zwei Jahre später veröffentlichte ich das schon eingangs erwähnte Werk *Die Basar-Ökonomie*, in dem ich die Verringerung der Fertigungstiefe der deutschen Industrieproduktion durch Einschaltung ausländischer Vorlieferanten aus Osteuropa in den Mittelpunkt meiner Überlegungen stellte.

Im Herbst 2008 erschien mein Buch *Das Grüne Paradoxon*. Es selbst, seine englische Übersetzung und ein vorangegangener Aufsatz in einer internationalen Fachzeitschrift löste, wie schon im Umweltkapitel berichtet, eine weltweite Diskussion aus und begründete die neue Forschungsrichtung der angebotsorientierten Klimapolitik.

Das Werk, dessen Skript ich nach der ersten Evaluierung geschrieben und das mich sehr angestrengt hatte, war kaum auf dem Markt und erregte dort die ökologisch gesinnten Gemüter, da brachen im Herbst 2008 die Weltfinanzmärkte zusammen. Nun hieß es, sich sofort um etwas ganz anderes zu sorgen. Die Politiker reagierten panisch, die Bürger verängstigt. Teile der Presse wurden hysterisch, suchten nach Schuldigen und bliesen zur Hetzjagd auf »die Manager«, »die Banker« und »den Kapitalismus«. Um den Kritikern nicht die Interpretationshoheit zu überlassen und nachzuweisen, dass die heftigen Probleme nicht auf die Marktwirtschaft oder moralische Verfehlungen von Bankern zurückzuführen waren, sondern – wie schon früher erläutert – auf die asymmetrische Beteiligung der Banken an Gewinnen und Verlusten, schrieb ich gleich im Anschluss das Buch *Kasino-Kapitalismus*. Es kam bereits im Frühjahr 2009 auf Deutsch und später auch auf Englisch auf den Markt. Es wurde ebenfalls heftig diskutiert und zum Bestseller.

Im Herbst 2012 folgte der breit debattierte Toptitel zur Eurokrise *Die Target-Falle*. Ihm folgten kleinere Büchlein wie *Verspielt nicht Eure Zukunft* und *Gefangen im Euro* – bis dann 2014 auf Englisch und 2015 in deutscher Übersetzung das Buch *Der Euro: Von der Friedensidee zum Zankapfel* erschien. Es ist bis heute das umfassendste Forschungswerk zu Ursachen und Dynamik der Eurokrise und, wie ich es sehe, mein *opus magnum*.

Als Nachtrag sei erwähnt, dass ich nach meiner Emeritierung mein derzeit letztes umfangreiches Buch mit dem Titel *Der Schwarze Juni* schrieb. Ich verfasste es unter dem Eindruck des Brexit-Referendums, der sich nicht wirklich lösenden Europrobleme und der Folgen der Flüchtlingswelle in nur wenigen Wochen und veröffentlichte es im Herbst 2016.

Ja, das waren die Beiträge, die ich in meinen Ferien, am Wochenende und an den Feiertagen schrieb. Aber sie waren nötig, um voranzukommen. Solange ich Präsident war, habe ich nicht nur versucht, dem ifo Institut in der Öffentlichkeit, in Medien, Politik und Wirtschaft, ein Gesicht zu geben. Ich wollte vielmehr vor allem jenen Auftrag erfüllen, den das ifo Institut hat und den ich mir zudem mit Antritt der ifo-Präsidentschaft selbst gestellt hatte: die aktive Teilnahme am öffentlichen Diskurs und die Beratung der Politik auch durch das Setzen von Themen, die dann durch die Beteiligung anderer weiterentwickelt wurden. Auch meine Rolle im öffentlichen Diskurs wurde im Jahr 2013 vom Senat der Leibniz-Gemeinschaft in seiner Stellungnahme zur Evaluierung des Instituts formell gewürdigt.

Doch die Würdigungen waren nur die eine Seite der Medaille, denn nicht alle fanden Inhalt und Form meiner öffentlichen Auftritte als ifo-Präsident so lobenswert. Viele rieben sich an meinen Thesen, der Art, wie ich sie präsentierte und offensiv vertrat und anderem mehr, und sie opponierten. Aber warum auch nicht? Wenn man sich als Wissenschaftler in den öffentlichen Diskurs einbringt, wie ich es über viele Jahre lang als ifo-Präsident getan habe, dann muss man einiges aushalten können und darf nicht zu wehleidig sein.

Nicht selten ist man dabei auch erheblichen Anfeindungen ausgesetzt, weil manche Medien, Politiker oder Lobbyisten von einem Institutspräsidenten offenbar am liebsten nur das hören wollen, was ihre eigene Meinung oder die von ihnen verfolgte Agenda bestätigt und unterstützt. Damit aber darf ein Wissenschaftler schon von seinem Auftrag her nicht dienen.

So eckte ich etwa auch mit meinen Aussagen zur Eurokrise bei vielen Politikern an, zum Beispiel bei Wolfgang Schäuble, der zu jener Zeit noch Finanzminister war. Schäuble regte sich – wie ich zugebe, verständlicherweise – darüber auf, dass ich meinte, Deutschland habe sich bei den Verhandlungen über die Rettungsschirme vom 10. Mai 2010 von Frankreich »über den Tisch ziehen lassen«. Ich habe in Kapitel 11 schon darauf hingewiesen, dass die französische Finanzministerin Christine Lagarde später offen bekannte, den Maastrichter Vertrag gebrochen zu haben, um, wie sie meinte, den Euro zu retten. Tatsächlich ging es aber darum, die französischen Banken zu retten, die in Griechenland sehr viel Geld investiert hatten. Schäuble missfiel, dass ich argumentierte, es sei besser für alle Beteiligten, wenn Griechenland den Euroraum verließe, und er ärgerte sich über die Berechnungen zum Haftungspegel für Deutschland, die das ifo Institut auf meine Anweisung hin von da an regelmäßig veröffentlichte. Der Haftungspegel wies aus, wie groß die möglichen Verluste Deutschlands wären, wenn Griechenland und andere Krisenländer nicht in der Lage sein würden, die öffentlichen Rettungskredite zurückzuzahlen, die sie von der Staatengemeinschaft einschließlich der Europäischen Zentralbank erhalten hatten. Ich ließ diesen Pegel auf unserer Website sogar durch einen Wasserstand darstellen, der dem Bundesadler bei wachsenden Haftungssummen immer weiter den Hals hochstieg, was in den Medien viel Aufmerksamkeit fand. Das hat nicht wenige Regierungspolitiker erregt. Schäuble kritisierte meine diesbezüglichen Rechnungen öffentlich und griff mich im Juli 2012 mit den folgenden Worten an:

»Ich finde, Milchmädchen dürfen Milchmädchenrechnungen vorlegen. ... Mit der Autorität von akademischen Titeln und von wissenschaftlichen Instituten, die mit viel Geld vom deutschen Steuerzahler subventioniert werden, ... ist ... hingegen eine besondere Verantwortung verbunden.« Die Berechnungen zu Griechenland seien jedoch »mal wieder ein Beispiel dafür, wie man dieser Verantwortung nicht sonderlich gut gerecht wird.«

Das war nun allerdings ebenfalls starker Tobak, zumal der Finanzminister ja explizit auf meine Rolle als Institutspräsident abstellte. Doch war ich Widerstand gewohnt und nahm das nicht weiter tragisch, zumal ich wusste, dass uns die Politik wegen der finanziellen Unabhängigkeit, die uns die Organe der Leibniz-Gemeinschaft boten, nicht unter Druck setzen konnte. Ich reagierte prompt mit einer Pressemitteilung, in der ich konterte, Schäuble habe bei seinen Überlegungen die Target-Überziehungskredite vergessen, die die Deutsche Bundesbank in der Krise anderen Notenbanken habe gewähren müssen und die den Löwenanteil der fiskalischen Risiken ausmachten. Das erkläre die Unterschiede in der Wahrnehmung und Berechnung der Risiken. Im nächsten Kapitel werde ich diese großen Kredite und die nicht minder großen Haftungsrisiken, ja konkreten Verluste, die mit ihnen verbunden sind, eingehender thematisieren.

Wolfgang Schäuble reagierte nicht öffentlich auf meine Entgegnung, aber wir hatten damit eine Art stillschweigenden Burgfrieden geschlossen, der durchaus beinhaltete, dass wir uns fortan gelegentlich unter vier Augen zu einem Meinungsaustausch trafen und, das kann ich sagen, immer besser verstanden.

Mit Blick auf die Sinnhaftigkeit der Euro-Rettungspolitik scheint sich Schäuble zudem gewandelt zu haben. Lange schien er für eine Rettung des Euro um jeden Preis einzutreten und dabei auch unbedingt verhindern zu wollen, dass Pleiteländer wie Griechenland die Eurozone verlassen. Bald jedoch konnte ich Veränderungen in seiner Position erkennen. In der Tat arbeitete er 2015 auf den Austritt Griechenlands aus dem Euroraum hin und konnte insgesamt 15 Finanzminister der Eurozone dafür gewinnen. Sogar Yanis Varoufakis, der damalige griechische Finanzminister, hatte offenbar Verständnis für diesen Plan, denn er hatte bereits eine geheime Kommission zur Vorbereitung einer Parallelwährung in Griechenland geschaffen und drängte den Ministerpräsidenten Alexis Tsipras am Abend nach dem Referendum über das Angebot der Troika, diesen Plan nun umzusetzen. Dass sich Schäuble am Ende nicht mit seinen Vorstellungen durchsetzte, lag nicht an ihm und an seinen Kollegen, sondern allein an der deutschen Kanzlerin, die ihm nicht zu folgen bereit war, sondern es vorzog, erneut eine Lösung mit dem Portemonnaie der deutschen Steuerzahler zu suchen.

Die Episode zeigt, dass man als in der Öffentlichkeit sich äußernder Ökonom standhaft bleiben sollte und dem Konflikt nicht aus dem Wege gehen darf. Auch ein kleiner Stier braucht seine Hörner, denn die Freiheit der Forschung ist ein vom Grundgesetz geschütztes Recht, das man sich von der Politik nicht nehmen lassen darf. Was wahr ist, muss wahr bleiben und auch öffentlich bekundet werden. Schäuble achte ich, weil auch er letztlich nach diesem Prinzip gehandelt hat.

Der Erfolg hat viele Väter

Dieses Buch ist eine Autobiografie. Deswegen ist es geradezu unvermeidlich, hier meine eigene Rolle in den Mittelpunkt zu stellen. Ich will aber dieses Kapitel nicht beenden, ohne zu unterstreichen, dass der Erfolg bei der Neuausrichtung des ifo Instituts viele Väter und natürlich auch Mütter hatte. Man mag es mir also verzeihen, wenn diese letzten Kapitelseiten zu einer Dankeseloge an meine Mitstreiter geraten.

An erster Stelle möchte ich hier meinem ifo-Vorstandskollegen Meinhard Knoche nennen. Auch sein Arbeitspensum war immens, wobei er als Jurist und Verwaltungsfachmann in seinem Wirken quasi naturgemäß vor allem auf das Innenleben des Instituts ausgerichtet war. Er sorgte für eine äußerst professionelle Verwaltung des ifo Instituts inklusive der Sicherung der Zuwendungsmittel. Alle Initiativen, die ich oben beschrieben habe, trug er mit. Manche stieß er auch an, so zum Beispiel die Einführung der Kosten-Leistungs-Rechnung und den Aufbau einer formalen Datenbank mit dem Namen *Economics & Business Data Center* (EBDC), die gemeinsam von der LMU und dem ifo Institut betreut wird. Das Besondere dieser Datenbank ist, dass sie es erlaubt, statistische Beziehungen zwischen den (anonymisierten) ifo-Daten und externen Bilanzdaten von Firmen zu berechnen und außerdem noch einen direkten Zugang zu den Schätzen des *Bayerischen Landesamts für Statistik und Datenverarbeitung* eröffnet.

Meinhard Knoche und ich stimmten uns bei der Umgestaltung des ifo Instituts und der gesamten CESifo-Gruppe auf das Engste ab, und nie hatten wir einen grundsätzlichen Dissens. Ich agierte im ifo Institut meistens mit ihm und durch ihn, indem ich es ihm überließ, die nach eingehenden Erörterungen gemeinsam getroffenen Verwaltungsentscheidungen umzusetzen. Wir waren, wie der langjährige Verwaltungsratsvorsitzende des ifo Instituts einmal zutreffend feststellte, ein *Dream Team,* zu Deutsch: ein Traumpaar. Ihm gebührt ein wesentlicher Anteil am Erfolg.

Besonders wichtig war Meinhard Knoche auf dem Höhepunkt der Eurokrise in den Jahren 2011 und 2012, aber auch danach, also in den letzten vier, fünf Jahren meiner 17-jährigen Amtszeit. Die immer heftiger werdenden öffentlichen Debatten und die, wie ich fand, falschen Interpretationen des Geschehens seitens der Politik nahmen überhand und drohten zu Entscheidungen zu werden, die die Bürger teuer zu stehen kommen und die langfristige Stabilität Europas gefährden würden. Dem galt es entgegenzutreten. Diese Zeit war, das kann ich wohl sagen, eine der intensivsten meines Lebens, auch weil ich, wie ich im nächsten Kapitel erläutern werde, mit der Aufdeckung der Target-Salden direkt in die Schusslinie der Auseinandersetzung um die Politik der Europäischen Zentralbank geraten war. Einerseits musste ich das ifo Institut in dieser Zeit besonders häufig in der Öffentlichkeit vertreten, um sachkundige Stellungnahmen abzugeben, andererseits aber musste ja auch das Institut selbst weiterlaufen.

Zwar war die Zeit des Wiederaufbaus des Instituts zum Glück lange vorbei. Die erläuterte professorale Bereichsstruktur, die Baumaßnahmen, das Potpourri der neuen Publikationsorgane, die Struktur der Seminare und Veranstaltungen, das Doktorandenwesen und vieles mehr waren erfolgreich etabliert, die Forschung funktionierte, und extrem positive Evaluierungen durch den Wissenschaftsrat hatten zur Rückumwandlung des ifo Instituts von einem Service- zu einem Forschungsinstitut geführt. Doch ein großes Institut wie das ifo Institut braucht auch in Zeiten des normalen Betriebs ständige Aufmerksamkeit, Steuerung und Kontrolle, damit es reibungslos funktioniert. Insofern war es für mich ein Segen, dass mir Meinhard Knoche bei der Verwaltung des Instituts den Rücken freihielt. Wenn ich mich nicht auf ihn hätte verlassen können, hätte ich so manches öffentliche Gefecht in dieser Zeit mit einem Handicap führen müssen. Der Erfolg der »Revolution im ifo Institut« und seine nachhaltige Absicherung sind ohnehin auch sein Erfolg.

Neben Meinhard Knoche gab es in den ersten Jahren meiner Amtszeit als ifo-Präsident ein weiteres Vorstandsmitglied, Gebhard Flaig, Volkswirt wie ich. Ich habe ihn bereits erwähnt. Bis zum Jahr 2007 kümmerte er sich vornehmlich um die für die Institutsfinanzierung wichtigen Auftragsarbeiten und er leitete die nicht minder wichtige Konjunkturabteilung. Den großen Erfolg der ersten Evaluierung im Jahr 2005 kann auch er sich zurechnen. Flaig schied zu meinem Bedauern aus, weil er die Zusammenlegung der Konjunkturforschung mit den Konjunkturbefragungen, die ich angestrebt hatte, angesichts der damit verbundenen Mehrbelastung nicht befürwortete. Er zog es vor, sich an der Universität wieder ganz der Lehre und Forschung zuzuwenden. Die Zusammenlegung war indes geboten, weil mir die Forschungsabteilung bisweilen andere Signale zur konjunkturellen Entwicklung gesandt hatte als der ifo Index, der durch die direkte Befragung der Unternehmen zustande kam. Als Ersatz für Gebhard Flaig wurde Kai Carstensen als separater Bereichsleiter für die Konjunkturforschung und die Konjunkturbefragungen berufen, und Meinhard Knoche übernahm Flaigs Funktion bei der Steuerung der Drittmittelprojekte. Im Nachhinein muss ich zugestehen, dass die Belastung Flaigs in der Tat zu hoch geworden wäre. Wir hätten vielleicht trotz der Zusammenlegung noch eine andere Lösung finden können.

Nach dem Ausscheiden von Gebhard Flaig gab es insofern ein Problem, als die Regelung, dass zwei Vorstandsmitglieder zusammen oder der Präsident allein das Institut bei Rechtsgeschäften »vertreten« konnte, ihre Grundlage verlor. Das Problem stellte sich insbesondere später, als meine planmäßige Verabschiedung zum Frühjahr 2013 anlässlich meines 65. Geburtstags ins Haus stand. Was wäre gewesen, wenn es beim Wechsel zum neuen Präsidenten ein Vakuum gegeben hätte und niemand für wichtige Rechtsakte zeichnungsberechtigt gewesen wäre? Wir lösten das Problem, indem Meinhard Knoche mit meiner Unterstützung im Jahr 2011 neben mir die Befugnis erhielt, das ifo Institut auch allein zu vertreten. Mein eigener Vertrag wurde dann aber nochmals bis zur Vollendung des 68. Lebensjahrs verlängert, was in Bayern schon aus rechtlichen Gründen das absolute Maximum war und nur in seltenen Ausnahmefällen möglich ist.

Bei solchen Entscheidungen, aber vor allem natürlich bei der Um- und Aufbauarbeit unterstützte der Verwaltungsrat des ifo Instituts unsere Arbeit mit kritischem Wohlwollen. Seine Funktion ist ähnlich der eines Aufsichtsrats in einem Unternehmen. Er ist nicht im operativen Geschäft tätig, kontrolliert aber die Finanzen und die satzungsgemäße Erfüllung der Aufgaben.

Während der letzten Amtszeit meines Vorgängers Karl Heinrich Oppenländer hatte Alfred Bayer den Posten des Verwaltungsratschefs inne und begleitete das ifo Institut dann noch bis 2001. Zuvor hatte er als Amtschef im bayerischen Wirtschaftsministerium, als Staatssekretär im Bundesverkehrsministerium und als Vorstandsvorsitzender der Isar-Amper-Werke gewirkt. Fast väterlich und dabei sehr zielorientiert führte er mich in die für das Institut relevante bayerische Gesellschaft ein, indem er mich mit Politikern sowie Persönlichkeiten aus Wirtschaft, Medien und Kultur zusammenbrachte. Auf diese Weise entstanden wertvolle berufliche und persönliche Kontakte, die ich sonst nie so hätte aufbauen können.

Wilhelm Simson, früher Vorstandsvorsitzender der VIAG AG und dann in der gleichen Position beim Energieversorger E.ON AG, verfolgte als Nachfolger von Bayer einen ähnlichen, von Fürsorge und Zielorientiertheit geprägten Ansatz. Dabei hielt er mir, wie ich erst viel später erfuhr, zudem so manche Kritik von Politikern vom Halse, die sich immer wieder einmal über eine ihnen nicht genehme Stellungnahme des ifo Instituts aufregten.

Dass ihm 2011 Peter-Alexander Wacker folgte, der als Hauptaktionär und Eigentümer der Wacker Chemie AG, eines der großen Unternehmen Bayerns, wahrlich auch andere sehr wichtige Dinge zu tun hatte, war ebenfalls ein Glücksfall für das ifo Institut. Ich bin ihm dankbar, dass er mich bat, über das normale Pensionsalter hinweg noch weitere drei Jahre beim ifo Institut zu bleiben, vor allem aber, dass es ihm als Vorsitzendem der Berufungskommissionen gelang, einen exzellenten Nachfolger zu finden. Mit Clemens Fuest, der mich nach Stationen in Köln, Oxford und am *Zentrum für Europäische Wirtschaftsforschung* (ZEW) in Mannheim zum April 2016 ablöste, wurde eine überzeugende Wahl getroffen.

Das gilt ebenso für Stephanie Dittmer, die als Chefin der Verwaltung dem inzwischen ebenfalls ausgeschiedenen Meinhard Knoche nachfolgte. Bei meiner Abschiedsrede zu Ehren von Meinhard Knoche hatte ich schon gefrotzelt, dass nun sichergestellt sei, dass das ifo Institut fest in der Hand von »Nordlichtern« bleibe. Dabei spielte ich auf ein Wort des bayerischen Königs Maximilian II. an, der im 19. Jahrhundert norddeutsche Wissenschaftler nach München geholt hatte, um das Geistesleben der bayerischen

Hauptstadt zu fördern. Knoche und ich stammen beide aus Westfalen – er aus Unna und ich aus Brake –, während Stephanie Dittmer aus Hannover und Clemens Fuest aus Geseke in der Nähe von Paderborn kommen. Integration kann in Bayern also doch gelingen und beide Seiten bereichern, auch wenn es dabei zum »Familiennachzug« kommt.

Die Kommission für die Nachfolge von Meinhard Knoche, deren Wahl dann auf Stephanie Dittmer fiel, wurde im Übrigen vom langjährigen stellvertretenden ifo-Verwaltungsratsvorsitzenden des ifo Instituts, Jürgen Stark, geleitet. Ihm bin ich noch aus einem ganz anderen Grunde dankbar als nur für seine wichtige Arbeit im Verwaltungsrat. Stark amtierte früher als Staatssekretär im Bundesfinanzministerium und Vorstandsmitglied der Bundesbank, und später war er Chefvolkswirt der Europäischen Zentralbank und Mitglied im EZB-Direktorium. Nachdem ich im Jahr 2011 die Target-Salden in die öffentliche Diskussion gebracht hatte, die riesige Überziehungskredite zwischen den Notenbanken messen, war die Aufregung bei der EZB groß. Mehr dazu werde ich im folgenden Kapitel erläutern. Stark geriet in der EZB in der Folge wegen seiner Beziehung zum ifo Institut unter massiven Druck. Er erwog deswegen eine Zeitlang, sein Mandat als ifo-Verwaltungsratsvize niederzulegen. Am Ende eines offenen und intensiven Gesprächs konnte ich ihn aber dann doch überzeugen zu bleiben. Statt vom stellvertretenden Vorsitz des ifo-Verwaltungsrats trat Stark bald darauf von seinem Posten bei der EZB zurück und wurde im Anschluss zu einem der größten Kritiker dieser Institution.

Neben dem Verwaltungsrat verfügt das ifo Institut auch über einen Wissenschaftlichen Beirat, der speziell das Forschungsprogramm begutachtet und Verbesserungen in der Forschung anregt, die der Vorstand umsetzen kann, wenn er das für sinnvoll hält. Auch den Mitgliedern des Wissenschaftlichen Beirats, die während meiner Amtszeit unter dem Vorsitz der Amerikaner David Bradford und Robert Haveman, des Israeli Assaf Razin und des Kanadiers Robin Boadway arbeiteten, haben das Institut sowie ich selbst viel zu verdanken. Dabei möchte ich die Arbeit der jeweils langjährigen Stellvertreter Karlhans Sauernheimer und Heiner Ursprung nicht unerwähnt lassen, denn als in Deutschland ansässige Ökonomen nahmen sie den ausländischen Vorsitzenden viele Arbeiten ab. Ohne die Unterstützung des Wissenschaftlichen Beirats hätte gerade die so zentrale »Revolution der Forschung« im ifo Institut nicht gelingen können. Sämtliche

Beiratsmitglieder waren kompromisslose, angesehene Wissenschaftler, die sich der Wahrheit verpflichtet fühlten und allesamt in hochkarätigen Fachzeitschriften publiziert hatten. Ihre Empfehlungen waren von enormer Bedeutung für die Entwicklung von CESifo und ifo. Sie prägten die Richtung in Bezug auf die ständige Verbesserung der wissenschaftlichen Arbeit in entscheidender Weise, und sie erleichterten es dem Vorstand, diese Richtung auch gegen interne Widerstände und andere Sperrfeuer beizubehalten.

Der Nutzerbeirat sollte in dem Zusammenhang nicht unerwähnt bleiben. Er tagte regelmäßig unter der Leitung von Hans-Jürgen Vosgerau und dann Rolf Tschernig, um dem Vorstand Anregungen zur Verbesserung des Serviceangebots des Instituts zu unterbreiten, wie es sich zum Beispiel bei der Vermittlung der Umfrageergebnisse, den Pressemitteilungen, dem Spektrum der Zeitschriften und insbesondere auch dem Internetauftritt zeigte. Über die Jahre hinweg haben diese Anregungen maßgeblich zu Verbesserung der Leistungen des Instituts für die Wissenschaft und die Öffentlichkeit beigetragen.

Ferner ist da noch das Kuratorium des ifo Instituts, das aus rund 70 Persönlichkeiten des öffentlichen Lebens besteht. Dazu gehörten zum Beispiel Otto Wiesheu, der ehemalige bayerische Wirtschaftsminister, der mich einst an das ifo Institut geholt hatte, der Politikwissenschaftler Werner Weidenfeld, der Vorsitzende des *Nationalen Normenkontrollrats* Johannes Ludewig, mein Amtsvorgänger Karl Heinrich Oppenländer oder der ehemalige SPD-Staatssekretär Siegmar Mosdorf, um nur einige hier zu nennen. Das Kuratorium kommt einmal im Jahr zusammen, um sich über die Arbeit des ifo Instituts informieren zu lassen, gibt Anregungen und hilft, Kontakte in Wirtschaft und Politik zu knüpfen. Der Vorsitzende dieses Gremiums ist stets auch der Vorsitzende des Verwaltungsrates des ifo Instituts.

Zum Erfolg des ifo Instituts trug die *Freundesgesellschaft*, die *Gesellschaft zur Förderung der wirtschaftswissenschaftlichen Forschung* (*Freunde des ifo Instituts*) *e. V.,* in besonderer Weise bei. Unter dem Vorsitz von Ferdinand Graf von Ballestrem, dem langjährigen Finanzvorstand der MAN AG, und später unter Leitung des außergewöhnlich tatkräftigen Roland Berger wurde die Freundesgesellschaft zu einer Art Fan-Truppe des ifo. Sie gewährte uns dabei nicht nur wichtige Unterstützung als Ratgeber. Sie ermöglichte vielmehr nicht selten auch finanzielle Unterstützung für Vorhaben, die das ifo Institut aus dem Tagesbudget nicht hätte bezahlen können, wie zum

Beispiel die Finanzierung von Forschungs- und Vortragsreisen der Doktoranden.

Roland Berger, charismatischer Gründer der größten europäischen Unternehmensberatungsfirma, hatte mich bei einem Vortrag, den er in einem unserer *Münchner Seminare* zur Eurokrise gehalten hatte, durch seine klare, neutrale und unprätentiöse Art fasziniert. Und da Graf Ballestrem verstorben war, bat ich ihn, dessen Amt als Vorsitzender der Freundesgesellschaft zu übernehmen.

Die *Münchner Seminare,* wo ich Berger kennenlernte, sind übrigens eine regelmäßige am ifo stattfindende Seminarreihe für ein allgemeines Publikum, die ich zusammen mit der *Süddeutschen Zeitung* gleich zu Anfang meiner Amtszeit ins Leben gerufen hatte. Die Leiter der *SZ*-Wirtschaftsredaktion, zunächst Nikolaus Piper und später Marc Beise, waren dabei meine Partner. Sie organisierten die Reihe nicht nur mit, sie waren auch dafür mitverantwortlich, dass exzellente Referenten eingeladen werden konnten, mit denen es regelmäßig zu intensiven Diskussionen mit dem Publikum kam. Unter den Referenten waren die Bundesbankpräsidenten Axel Weber und Jens Weidmann, der Präsident der Europäischen Zentralbank Jean-Claude Trichet, der tschechische Staatspräsident Václav Klaus und viele andere angesehene Persönlichkeiten aus Politik, Wirtschaft und Wissenschaft.

Hervorheben möchte ich zudem erneut die ifo-Bereichsleiter. Sie sind allesamt arrivierte Forscherpersönlichkeiten, die, wie erläutert, tatsächlich auch Ordinarien der LMU wurden, sich aber wegen des reduzierten Lehrdeputats stärker auf die Forschung konzentrieren konnten. Ihren exzellenten wissenschaftlichen Leistungen ist es nicht nur zu verdanken, dass das ifo Institut schon zur Mitte meiner Amtszeit an die Spitze der schon erwähnten RePEc-Statistik kam, die den wissenschaftlichen Widerhall der Forschungsergebnisse der volkswirtschaftlichen Fakultäten und Institute in der Fachliteratur misst. Es ist ihnen vielmehr ebenfalls maßgeblich zuzurechnen, dass der Senat der Leibniz-Gemeinschaft das ifo Institut heute zur Gruppe der in der Volkswirtschaftslehre führenden Forschungseinrichtungen in Europa zählt.

Last but not least möchte ich zu den übrigen Mitarbeitern und ihrem Betriebsrat kommen. Der Betriebsrat fungiert als Bindeglied zwischen dem Vorstand und der Belegschaft. In meiner Amtszeit spielte er eine wichtige

Rolle bei dem von allen Beteiligten hart erarbeiteten Aufschwung des ifo Instituts. Zwar sah das zum Beginn meiner Amtszeit nicht so aus. Der »alte« Betriebsrat, den ich bei Amtsantritt vorfand, suchte nämlich die volle Konfrontation mit dem Vorstand und lieferte uns harte Gefechte, die viel Kraft beanspruchten und den Weg zur Reform des Instituts erschwerten. Bald jedoch wurde turnusgemäß ein neuer Betriebsrat gewählt, der nicht nur das Unvermeidliche akzeptierte, sondern auch den Blick konstruktiv nach vorne richtete und die vielfältigen Chancen erblickte, die der neue Kurs für das Institut und seine Belegschaft bot. Hilfreich war dabei, dass sich unter dem Einfluss der neuen Bereichsleiter-Professoren und neuen wissenschaftlichen Mitarbeiter auch das Betriebsklima rasch wieder verbesserte.

Natürlich blieb der neue Betriebsrat immer darauf bedacht, die Rechte der Mitarbeiter zu stützen. Und das ist ja seine Aufgabe. Vorstand und Betriebsrat schlossen daher auch viele Vereinbarungen zur Flexibilisierung der Arbeitszeiten, zur Heimarbeit, zur Qualitätssicherung und zu vielen anderen für die Mitarbeiter und das Institut wichtigen Themen. Manche dieser Vereinbarungen wären ohne die Initiative des Betriebsrats nicht zustande gekommen, und am Ende nützten sie beiden Seiten.

Meine eigene Einstellung zum Betriebsverfassungsgesetz wandelte sich unter dem Eindruck der Erfahrungen mit dem Betriebsrat von einer anfänglichen Skepsis, ja Verzweiflung, in eine grundsätzliche Zustimmung. Ich lernte also das deutsche Modell der betrieblichen Mitbestimmung zu schätzen, und mit meinen Erfahrungen im Gepäck glaube ich nun auch, dass es zum gesellschaftlichen Frieden und zur Produktivität Deutschlands beitragen kann, wenn alle Beteiligten verantwortungsvoll damit umgehen. Die Erfahrungen, die Deutschland seit der Einführung der Agenda-2010-Gesetze mit den vielen betrieblichen Lohnvereinbarungen gemacht hat, die die Wettbewerbsfähigkeit der deutschen Arbeitnehmer und Unternehmen gestärkt haben, bestätigen diese Einschätzung.

Eine Schlacht mit vielen Häuptlingen zu gewinnen ist eher schwierig. Was man dafür vor allem braucht, sind viele motivierte und anpackende Indianer. In der Umbau- und Neuaufbauphase des ifo Instituts hatten wir eine Menge davon. Es gab sie in meinem direkten Umfeld mit den persönlichen Mitarbeitern, und es gab sie überall im Institut von den technischen Infrastrukturbereichen bis hin zur Forschung. Das Institut wäre nicht wieder erfolgreich geworden, hätte sich die Belegschaft nicht über alle Maßen ins Zeug gelegt. Sie war fleißig und engagiert, sie agierte sorgfältig und verantwortungsbewusst. Und ein jeder Mitarbeiter tat das auf seine Art. Es gab großartige Einzelkämpfer genauso wie jene, die im Stillen ihren Dienst taten. Sie hier alle namentlich zu erwähnen ist schlechterdings unmöglich, weil es so viele waren. Sie alle sollten wissen: Es sind sie, die das Institut aus dunklen Tälern kommend letztlich wieder in lichte Höhen gebracht haben.

»Beim Barte des Propheten«

Eine Woche nach meiner Emeritierung, am 8. März 2016, inszenierten die Belegschaften von ifo, CES und CESifo für mich ein Fest unter dem Motto »Servus HWS«, bei dem jede Abteilung etwas zum Besten gab und das mich sprachlos machte, so originell, berührend und witzig war es. Von langer Hand vorbereitete, trickreich gemachte Videos, die große Lacher hervorriefen, kamen von der Niederlassung Dresden und dem Redaktionsbereich – einmal als Rap verpackt, einmal als Zeitreise mit Fotos, von deren Existenz ich teils selbst nicht einmal wusste. Unsere Bildungs- und Klimaleute hatten sich Quizfragen überlegt, deren richtige Beantwortung mit Leibniz(!)-Keksen honoriert wurde; so viel Wissenschaft musste sein. CESifo, die Außenhändler und die Migrationsforscher hatten lustige Power-Point-Präsentationen zusammengestellt, die meine eigenen – weit, sehr weit – in den Schatten stellten. Die Konjunkturabteilung und die Arbeitsmarktspezialisten zogen überraschende Parallelen zwischen meinem Wissenschaftlerleben und dem Konjunkturverlauf – ein neues Forschungsprojekt? ... Die Infrastrukturbereiche spielten ein Theaterstück mit dem Titel *Mitten aus dem ifo-Leben*, und das CES sowie die Branchenforscher warteten mit musikalischen Programmen, einem Singspiel und einem Rock-'n'-Roll-Tanzkurs auf, der mich ganz schön ins Schwitzen brachte. Umrahmt wurde das Fest von Auftritten der ifo-Rockband, in der neben meinem Vorstandskollegen Meinhard Knoche, der kunstvoll die E-Gitarre spielte, auch der Wirtschaftsweise Lars Feld aus Freiburg auftrat, der bei mir noch schöner sang als vor der Kanzlerin, wo er ja regelmäßig vortragen – oder wie wir auch sagen: vorsingen – muss.

12 Das ifo Institut: Vom Sanierungsfall zum Champion

Bereits knapp zwei Monate zuvor hatte es eine internationale Konferenz mit knapp 400 Gästen aus aller Welt gegeben, die in der Großen Aula der LMU München über Themen meines Wissenschaftlerlebens diskutierten. Die Ko-Organisatoren vom ifo Institut und der LMU hatten Kollegen aus dem *global village* – dem »weltweiten Dorf« – der Volkswirte zu einer Konferenz eingeladen. Das Zusammentreffen mit den »Dorfbewohnern« bewegte mich sehr, zumal ich von dem Kreis der eingeladenen Personen im Vorfeld nicht hatte wissen dürfen. Plötzlich standen Kollegen aus den USA und aus Kanada vor mir, die ich jahrelang nicht gesehen hatte, reichten mir die Hand und lachten mich an. Die Reden von Martin Feldstein, dem langjährigen Präsidenten des *National Bureau of Economic Research*, oder von Agnar Sandmo, dem langjährigen Vorsitzenden des CES-Beirats aus Bergen in Norwegen, möchte ich hier besonders hervorheben, aber auch die Rede von Wolfgang Schäuble.

Der Veranstaltungsreigen ging aber danach noch weiter. Ausgewählte Gäste waren von der Bayerischen Staatsregierung in den Kaisersaal der Residenz geladen worden, wo der Abend bei einem festlichen Essen ausklang. Der Kaisersaal ist einer der prächtigsten Räume, die Bayern zu bieten hat. Er wurde zu Beginn des 17. Jahrhunderts erbaut, im Krieg vollkommen zerstört und dann originalgetreu wieder errichtet. Überall findet man Bilder und Wandteppiche mit Szenen aus der Antike, barocke Säulen und Skulpturen sowie Gemälde über Herrschaft, Weisheit, Ruhm und andere Tugenden, die man rechtzeitig vor der Bombardierung der Residenz in Kellern eingelagert oder auch nach alten Farbfotos rekonstruiert hatte. Marmor glänzte, Gold und Silber glitzerten, wohin man nur schaute, und dann all die vielen Menschen, unter denen ebenfalls viele Überraschungsgäste waren, von denen ich vorher nichts wusste. Es wurde mir fast schwindelig vor Augen, ich stand neben mir und war nur noch ein willenloses Objekt, um das herum sich die Welt drehte.

Was für ein umwerfender Abschied auch hier. Für mich brachte er einen Höhepunkt nach dem anderen, so viele, dass ich alles nur noch wie im Traum erlebte. Amüsante Reden wurden von der bayerischen Wirtschaftsministerin Ilse Aigner, vom Leiter des Wirtschaftsressorts der *Süddeutschen Zeitung*, Marc Beise, vom Vorsitzenden der ifo-Freundesgesellschaft Roland Berger, vom Präsidenten der Leibniz-Gemeinschaft Matthias Kleiner und vom bayerischen Ministerpräsidenten Horst Seehofer gehalten. Seehofer begeisterte insbesondere die norddeutschen Teilnehmer, die ihn bislang noch nicht wirklich kannten, mit seinem tiefsinnigen Humor. Ich weiß heute beim besten Willen nicht mehr, wann wir zwischendurch noch Zeit hatten für das köstliche Menü und die erlesenen Weine, und *was* uns da kredenzt wurde. Mit jedem einzelnen der rund dreihundert Gäste hätte ich mich gerne lange unterhalten, doch konnte ich nicht einmal erfassen, wer alles gekommen war. Als Ministerpräsident Seehofer in einer grandiosen Ansprache »beim Barte des Propheten« erklärte, an mir hätten sich »Styling-Berater die Zähne ausgebissen« und meinen Nonkonformismus über den grünen Klee lobte, ja mich dann sogar mit Pep Guardiola verglich, sank ich ermattet und geschwärzt vom vielen Weihrauch in meinen Sitz, unfähig auch nur halbwegs sinnvoll zu reagieren.

Zuhause, als der Rauch verflogen war und die Gäste sich auf der Heimreise befanden, kam ich allmählich wieder zur Besinnung und nahm die wundervolle Festschrift in die Hand, für die die beiden ifo-Bereichsleiter Ludger Wößmann und Gabriel Felbermayr sowie mein Vorstandskollege Meinhard Knoche so viele Autoren unterschiedlichster Couleur aus allen Bereichen des öffentlichen Lebens zusammengerufen hatten: Persönlichkeiten aus den Medien, von Unternehmen und Verbänden, aus der Politik und natürlich vor allem auch aus der Wissenschaft. Weit über hundert Leute hatten Texte geliefert, und es war eine verblüffende Sammlung unterschiedlichster Persönlichkeiten. Unter den Autoren fand ich zu meiner Überraschung nicht nur Nobelpreisträger und international anerkannte Forscherpersönlichkeiten, sondern auch bedeutende Unternehmer und deutsche Politiker von links bis rechts, zum Beispiel Gregor Gysi, Jürgen Trittin, Sigmar Gabriel, Markus Söder, Joachim Herrmann und Horst Seehofer. Besonders hat es mich gefreut, dass Wolfgang Schäuble, dieser, wie ich finde, »ehrliche Haudegen«, mit dem ich so manche Klinge bei der Euro-Rettungspolitik gekreuzt hatte, schrieb: »Er darf nun zwar aus dem Amt scheiden, leider – aber aufhören, sich als Ökonom an der politischen und wirtschaftlichen Debatte zu beteiligen, das darf er bitte nicht!« Nein, solange mir die Kraft bleibt, werde ich es auch nicht.

13

Wo bleibt mein Europa?

Währung, Brexit, Flüchtlinge, Ukraine: Aus der Traum? • Hauptproblem Euro: Wie er die Schuldenlawine in Gang setzte, Industrien in Südeuropa zerstörte und die Parteienlandschaft umpflügte • Das Eurosystem als WG-Kasse: Teure Krisen-Scheinlösung mit der Druckerpresse und wie es besser gegangen wäre • Die Target-Salden (1): Detektivische Entdeckung, große Aufregung und Kampf um die Deutungshoheit • Die Target-Salden (2): Wertlose Forderungen statt wachsender Goldschatz, der Flügelschlag des Schmetterlings und Mario Draghi beim Papst • Der OMT-Beschluss der EZB: Wie Kanzlerin und Gerichte es zuließen, dass die Staatspapiere Südeuropas am Bundestag vorbei in Eurobonds verwandelt wurden • Eine gezielte Diskreditierung und ein Husarenstück namens QE zulasten Deutschlands • Die große Entwertung: Wehe, wenn die Baby-Boomer ihr Geld zurückhaben wollen • Unser Euro? Mein Europa!

13 Wo bleibt mein Europa?

Währung, Brexit, Flüchtlinge, Ukraine: Aus der Traum?

Ich schwimme mit meinen französischen, britischen, finnischen und deutschen Freunden unter der *Pont du Gard* bei Avignon und atme den Duft der Pinienwälder von Longarisse an der französischen Atlantikküste. Ich spüre die Birkenzweige in der Sauna in Finnland, rieche den Stockfisch in Norwegen und den Schwefel des Vesuvs. Ich schmecke den Matjes in den Niederlanden und lausche wie elektrisiert in meinem kleinen Zimmer bei meinen Gasteltern in England den Klängen der neuesten Beatles-Platte. Und ich höre die Europahymne und bin stolz, dass sie aus Deutschland stammt. Seid umschlungen, Millionen, seid umschlungen, Ihr Völker Europas!

Romantisch? Oh ja! Für mich sind es schöne Gefühle großer Zuversicht, die mich schon als Jugendlicher und sehr junger Mann gedanklich und emotional auf Europa ausgerichtet haben: auf ein Europa der Freiheit, auf eines, das nach dunklen Zeiten aufbricht in eine neue Welt der Brüderlichkeit und Gemeinschaft.

Noch als ich die Wiedervereinigung erleben durfte, trugen mich diese Gefühle. Und auch, als ich im Alter von 50 Jahren Präsident des *ifo Instituts* wurde, der Euro eingeführt wurde und die EU-Osterweiterung bevorstand, war ich voller guter Hoffnungen, Erwartungen und Träume, was die Entwicklung des Alten Kontinents betraf. Und so wie mir ging es vielen Menschen aus meiner Generation.

Was aber ist seither aus »meinem Europa« geworden? Jäh hat die Eurokrise und anderes mehr einen Gutteil der Hoffnungen und Erwartungen begraben. Es kracht und knirscht im europäischen Gebälk. Der Kontinent stolpert von einer Krise zur nächsten, wird kurz aufgeputscht, scheint sich eine Zeit lang zu fangen und stolpert dann wieder. Mit jedem, fast immer verzweifelter werdenden Stolperschritt aber erodiert der Gedanke an die gemeinsame Zukunft weiter, und bei den Bürgern wachsen die Zweifel an dem europäischen Projekt.

Ich klammere mich nach wie vor an die alten Hoffnungen und Träume, ich will nicht von ihnen lassen. Doch muss ich zugeben, dass die Realität großenteils anders aussieht und dass diejenigen, die ihrer Skepsis politischen Ausdruck geben, mehr Argumente auf ihrer Seite haben, als mir lieb ist. Was den Euro betrifft, folge ich ihnen – ohne dass ich bereit wäre, diesen Währungsverbund aufzugeben. Jedenfalls noch nicht. Zur EU und zur europäischen Integration sehe ich nach wie vor keine Alternative. Wohl aber sehe ich Bedarf für massive Reformen, die die Euro-Vergemeinschaftungsaktionen, über die ich in diesem Kapitel noch ausführlich berichte, zurücknehmen und die Brüsseler Kompetenzen im wirtschaftlichen Bereich beschneiden, während sie zugleich den militärischen und außenpolitischen Bereich stärken.

Wegen waghalsiger und überhasteter Politikentscheidungen in der Vergangenheit, aber auch wegen großer Nachlässigkeit beim Umgang mit sich anbahnenden Gefahren ist nicht nur der Euro, sondern auch die EU als Ganze heute stark geschwächt. Keine Frage: Lange war Deutschland der »kranke Mann Europas«, bevor die Schröder'schen Reformen endlich die Krise angingen. Heute ist der Alte Kontinent selbst krank, er taumelt.

Noch vor den wachsenden innereuropäischen Spannungen mit einigen Ländern Osteuropas – etwa Polen und Ungarn – und ebenfalls noch vor der anhaltenden Wirtschaftskrise in Südeuropa beunruhigt mich zuallererst der Austritt der Briten aus der EU. Er erschüttert und beschädigt Europa bis ins Mark. Er zerstört nicht nur ein Stück der Nachkriegsordnung, eine Ordnung des Friedens, der Stabilität, des Wohlstands und der Sicherheit. Er schwächt sie wegen der Größe des Landes auch ökonomisch und damit zugleich politisch. Zum Vergleich: Die Wirtschaftsleistung des Vereinigten Königreichs entspricht der gemeinsamen Leistung der 19 kleinsten EU-Länder. Der Brexit ist also wirtschaftlich gleichbedeutend mit dem simultanen Austritt der 19 kleinsten von 28 EU-Ländern. Wer die Dimension des Austritts Großbritanniens aus der EU nun noch immer nicht versteht, dem ist – mit Verlaub – nicht zu helfen.

Deutschland hatte lange sehr darum gekämpft, dass Großbritannien der *Europäischen Wirtschaftsgemeinschaft* (EWG) beitrat, jener frühen Vorläuferin der heutigen EU. Mit dem Vereinigten Königreich hoffte Deutschland ein gemeinsames liberales, freihandelsorientiertes Gegengewicht zum wirtschaftspolitisch eher freihandelsfeindlich, also protektionistisch ausgerichteten Frankreich zu bilden. Denn diese Freihandelsorientierung, die sowohl das Vereinigte Königreich als auch die Bundesrepublik traditionell kennzeichnet, machte die beiden Länder aus deutscher Sicht seit dem

Zweiten Weltkrieg in ökonomischen Fragen zu natürlichen Alliierten in Europa. Außerdem wollte die Bundesrepublik die Atommacht Großbritannien aus sicherheitspolitischen Erwägungen mit ins Boot holen, denn auf diese Weise, so die Überlegung, würde sie nicht zu einseitig vom Schutz der französischen Nuklearmacht, der *Force de frappe,* abhängig sein.

So hatte der Deutsche Bundestag gegen den Willen Frankreichs im Jahr 1963 dem deutsch-französischen Freundschaftsvertrag eine Präambel vorangestellt, mit der er seine Sympathie für einen Beitritt des Vereinigten Königreichs zur EU bekundete. Es war jener Vertrag, auf dessen Basis sich auch das deutsch-französische Jugendwerk gründete, dem ich sehr prägende Jugendaufenthalte in Frankreich zu verdanken habe.

Der französische Staatspräsident Charles de Gaulle wollte die Anbindung Deutschlands, doch sollten die Briten den Bund nicht stören können. Sie sollten draußen bleiben. Diesen Wunsch hatte der Bundestag nun missachtet.

De Gaulle war außer sich, als er von der Präambel erfuhr, doch konnte er sie nicht mehr verhindern. Er blockierte aber das Beitrittsgesuch der Briten zweimal und verfolgte wegen anderer Streitfragen zudem die »Politik des leeren Stuhls« in den Gremien der EWG. Er kam einfach nicht zu den Sitzungen der Gemeinschaft, weil er sich übergangen fühlte. Erst als de Gaulle gestorben war, änderte sich die Lage. Großbritannien wurde 1973 Mitglied der Europäischen Wirtschaftsgemeinschaft und stützte so auch die Interessen des exportorientierten Deutschlands. Unter dem Schutz der maßgeblich auch von britischen Vorstellungen geprägten Freihandelsorientierung hat die deutsche Wirtschaft in den letzten Jahrzehnten ihre dominante Position auf den Weltmärkten aufbauen können. Damit könnte es nun vorbei sein.

Ausgelöst wurde der Brexit, wie schon berichtet, durch den lange schwelenden Streit des Landes mit der EU, der schließlich im Disput über die Regeln für die Inklusion der EU-Migranten in das Sozialsystem Großbritanniens kulminierte. Großbritannien wollte eine lange Karenzperiode, bis Migranten Ansprüche geltend machen können, die EU indes beharrte darauf, dass jeder einreisen durfte und im Falle der Arbeitsaufnahme gleich, doch ohne Arbeit spätestens nach fünf Jahren, dieselben Sozialansprüche haben würde wie Einheimische auch. Man bot David Cameron, dem damaligen britischen Premierminister, eine temporäre Ausnahmeregelung an, die aber alsbald wieder verschwinden sollte. Es ist für mich bis heute unfassbar, wie Deutschland, das selbst unter der Magnetwirkung des schon erläuterten Inklusionsprinzips leidet, die den *Deutschen Städtetag* bereits vor der Welle der Migranten aus Nicht-EU-Ländern zu einem Hilferuf veranlasste, Großbritannien in dieser Frage alleine lassen konnte. Es überließ dem französischen Spitzenbeamten und heutigen EU-Kommissar Michel Barnier und der Kommission die Verhandlungen. Weder bei ihm noch bei der EU-Kommission, die ja weiß Gott nicht von Deutschland dominiert wird, kann man ein besonderes Interesse an einem Entgegenkommen gegenüber Großbritannien vermuten. Bei manchen habe ich sogar den Eindruck stiller Freude bei dem Gedanken, die störrischen Briten loszuwerden, die sich der Machtausweitung der EU immer wieder entgegengestellt haben. Man fragt sich, warum kein deutscher Politiker rechtzeitig die Alarmglocken geläutet hat, um das Unglück noch abzuwenden, warum sich Deutschland bei den Verhandlungen das Heft des Handelns aus der Hand nehmen ließ. Ob Großbritannien in der EU verbleibt oder austritt ist eine Frage, die nicht nur die EU betrifft, sondern ureigene deutsche Interessen berührt und deshalb auch eine kompetente Vertretung von deutscher Seite benötigt.

Heute scheint die Entscheidung für den Austritt unverrückbar gefallen zu sein, und nur durch ein Wunder ließe sich das Fiasko noch abwenden. Mit dem Brexit verschieben sich nun die Machtverhältnisse in der EU zugunsten der mediterranen Länder. Die nördlichen Länder, zu denen neben Deutschland die Niederlande, Österreich, Dänemark, Schweden, Finnland und die baltischen Länder zählen und die ähnliche freihandelsorientierte Interessen haben wie Großbritannien, verlieren einen wichtigen Verbündeten gegenüber den mediterranen Ländern, die dem Welthandel und der von dort drohenden Konkurrenz eher skeptisch gegenüberstehen und denen eine starke Protektionismus-Neigung inhärent ist. Bis zum Austritt umfasste die nordische Ländergruppe inklusive Großbritanniens 39 Prozent der EU-Bevölkerung, und zur mediterranen Gruppe gehörten 38 Prozent. Beide Gruppen hielten einander die Waage; beide hatten die Sperrminorität im Ministerrat der EU, die seit dem Lissabon-Vertrag 35 Prozent beträgt. Doch mit dem Austritt schrumpft der erstgenannte Block der freihandelsorientierten, nördlichen Länder auf 30 Prozent, während die mediterranen Länder nun einen Bevölkerungsanteil von 43 Prozent aufweisen. Da die

13 Wo bleibt mein Europa?

Sperrminorität für Entscheidungen des Ministerrates jedoch unverändert bei 35 Prozent liegt, haben sich die Machtverhältnisse nun radikal zulasten der nördlichen, freihandelsorientierten Länder verändert.

Die Gefahr, dass sich Europa unter dem wachsenden Einfluss der protektionistischeren mediterranen Länder unter Führung Frankreichs in eine Handelsfestung verwandelt, liegt also auf der Hand. Deutschland wird sich schwertun, seinen mit freiem Welthandel und Exportorientierung verknüpften Wohlstand zu verteidigen. Die anderen EU-Länder werden versuchen, ihre eigenen Industrien mit Zollschranken zu schützen, die die Importe verteuern, doch wenn sie das tun, werden die Handelspartner der EU das Gleiche mit ihren Importen machen. Wen aber träfe eine solche Politik? Die Exporteure der nördlichen Länder, allen voran Deutschlands! Und wenn diese Länder das verhindern wollen, müssen sie den anderen EU-Ländern an anderer Stelle entgegenkommen, so gesehen also den freien Marktzugang zum Nicht-EU-Ausland durch politische Zugeständnisse erkaufen. Schon heute lassen sich die in der Krise zugunsten Südeuropas aufgespannten Rettungsschirme als politischer Preis für den Freihandel interpretieren, den Deutschland unter dem Einfluss seiner Exportwirtschaft hat zahlen müssen. Welcher Preis wird zu zahlen sein, wenn Großbritannien erst einmal ausgetreten ist? Mir graust vor dem Gedanken.

Im Übrigen ist auch der lange gehegte Traum, dass ein Europa mit allen großen Ländern darin einmal ein strategisches Gegengewicht zu den USA, China und Russland aufbauen könnte, mit dem Brexit erst einmal ausgeträumt. Dabei wäre ein solch kompaktes Gegengewicht genau jetzt, da die Dinge überall gleichsam aus den Fugen zu geraten scheinen, besonders wichtig.

Dass auf dieser Welt nichts mehr so ist, wie es bis vor Kurzem noch war, lässt sich ja auch überall beobachten – mit großen Folgen für die EU und Deutschland. Zu den USA haben sich die Beziehungen seit dem Amtsantritt von Donald Trump merklich verschlechtert. Nicht nur die für die Weltsicherheit so wichtigen Abkommen mit dem Iran sind nun infrage gestellt. Auch Kontakte mit Russland beäugen und sanktionieren die Amerikaner bis auf Weiteres mit großem Nachdruck. So behindern sie die neue Gaspipeline zwischen Deutschland und Russland und bedrohen jene Firmen, die sich am Bau beteiligen, mit einer Beschränkung der Geschäfte in den USA. Diese eigentlich unerhörte Entwicklung dürfte sich die EU nicht bieten lassen, doch angesichts ihrer neuen politischen Schwäche – wie beschrieben infolge des drohenden Brexits, aber auch infolge der immer neuen innereuropäischen Auseinandersetzung rund um die Flüchtlingsthematik – kann Deutschland in der EU nur noch wenig bewegen.

Die USA sind im Übrigen nicht erst seit heute bestrebt, einen Keil zwischen Russland und Deutschland zu treiben. Ein solcher Keil nützt ihnen, weil er ihren geostrategischen Interessen dient. Für Deutschland indes ist er extrem nachteilig. Wir brauchen Russland zum einen ökonomisch, weil das Land mit seinen Bodenschätzen ein idealer Partner für die deutsche Industrie ist. Und, noch viel wichtiger: Wir brauchen Russland, weil wir auf Frieden mit einem Land angewiesen sind, das Westeuropas großer Nachbar im Osten ist. Es gibt keine Alternative zu einer Wiederannäherung an dieses Land und seine Menschen, mit denen Deutschland verheerende Kriege geführt hat. Allein im Zweiten Weltkrieg, einem Angriffskrieg der Deutschen, sind 18 Millionen Russen – bzw. Bürger der Sowjetunion – umgekommen.

Wir brauchen die Wiederannäherung zudem ungeachtet der Probleme in der Ukraine, für die übrigens, wenn man dem ehemaligen US-Außenminister Henry Kissinger folgt, auch der Westen mit der Ostexpansion der NATO in die russische Hemisphäre hinein in hohem Maße mitverantwortlich war. Die Ukraine-Politik der EU und der NATO war ja eine amerikanische Erfindung. Sie sollte den USA nützen – Europa hat sie destabilisiert und dem Verhältnis mit Russland geschadet.

Henry Kissinger habe ich mehrfach persönlich erlebt und gehört – einmal bei einer Konferenz in der *Academia Pontifica*, in dem für die Öffentlichkeit nicht zugänglichen Teil des Vatikans. Ungeachtet so mancher Kritik ist Kissinger heute einer der kenntnisreichsten und erfahrensten Außen- und Sicherheitspolitiker der Nachkriegsära. Er verfügt über die beeindruckende Fähigkeit, über spannungsgeladene Konflikte zwischen den Mächten nicht nur sachlich und zugleich anschaulich zu berichten, sondern dabei auch Wege für einen Interessensausgleich anzudeuten oder aufzuzeigen.

Bei all seinen Einordnungen nahm Kissinger nie ein Blatt vor den Mund und verurteilte die beständigen Versuche der NATO, sich nach dem Fall des Eisernen Vorhangs über die erste Welle der Osterweiterung hinaus mit ihren Kontakten nach Moldawien, Georgien und die Ukraine bis

13 Wo bleibt mein Europa?

direkt in den russischen Machtbereich voranzutasten, auf das Schärfste. Diese Politik habe Russland provoziert und sei destabilisierend gewesen – und dies ungeachtet der Unrechtmäßigkeit der anschließenden Krim-Annexion, meinte er.

Ähnlich argumentierte im Übrigen auch ich nach dem Ausbruch des Ukraine-Konflikts bei einer Rede, die ich in der bayerischen Residenz bei einer Festveranstaltung im Rahmen des *Munich Economic Summit* hielt. Auch ich kritisierte die Krim-Annexion, doch wies ich zugleich auf die lange Liste von NATO-Treffen mit den vielen Nachbarländern Russlands hin und auf den Fehler, Putins mehrfach gen Westen ausgestreckte Hand nicht zu ergreifen. Gerade mit ihm, der lange in Deutschland gelebt hatte und unsere Sprache sehr gut beherrscht, hätte es Anknüpfungspunkte für eine frühzeitige Verständigung geben können. Ein Konflikt wie jenen um die Krim hätte es so vermutlich nicht gegeben. Nicht wenige Zuhörer im Publikum waren unverkennbar sehr erstaunt und manche mögen gar entsetzt gewesen sein, als sie mich so reden hörten. Aber ich bin bis heute von der Richtigkeit meiner damals vorgetragenen Argumente überzeugt, die im Letzten davon geleitet waren, dass eine schnellstmögliche Wiederannäherung an Russland aus ökonomischen und sicherheitspolitischen Gründen im deutschen und europäischen Interesse liegt.

Meine Begeisterung für die USA und die Freundschaft, die ich dort erlebte und bis heute erlebe, steht nicht im Widerspruch zu dieser Position, denn Kissingers öffentliche Verlautbarungen zeigen ja, dass es auch dort sehr unterschiedliche Auffassungen gibt. Deutschland ist, wie es der deutsche Kanzler Gerhard Schröder einmal treffend formulierte, eine Mittelmacht zwischen den Großmächten. Es muss den Ausgleich mit beiden Seiten suchen und kann sich nicht an deren kalten und heißen Kriegen beteiligen. Ich sehe es genauso wie er. Während Schröder Deutschland aus dem Irak-Krieg heraushalten konnte – was angesichts des großen Drucks aus den USA ein extrem starkes Rückgrat verlangte –, votierte Angela Merkel als Oppositionsführerin dafür, dass Deutschland mitmachen möge. Zum Glück ist uns das erspart geblieben.

Zu Schröders Amtszeit kritisierte ich gleichwohl auch seine Regierung, weil ich deren Reformen nicht für weitgehend genug hielt, und habe mich deshalb nicht beliebt gemacht. Schröder selbst nannte mich sogar einmal »Professor Unsinn«. Das musste ich aushalten – auch wenn es eine Beleidigung war – und ich hielt es auch aus, denn ich habe ein dickes Fell. Ich argumentierte ja im Interesse der Sache, um die es mir ging. Heute ist klar: Gemessen an den zögerlichen, reformfeindlichen und ohne klaren Kompass agierenden Regierungen, die nach Schröder kamen, kann man der Schröder-Mannschaft Mut und Elan bei der Umsetzung einer umfassenden Reformagenda und der Definition eines klaren eigenständigen außenpolitischen Kurses wahrlich nicht absprechen. Sie hätte wohl auch aktuell mit Blick auf eine Wiederannäherung an Russland einen überzeugenderen Plan.

Hauptproblem Euro: Wie er die Schuldenlawine in Gang setzte, Industrien zerstörte und die Parteienlandschaft umpflügte

Das Hauptproblem Europas ist trotz all dieser Probleme aber immer noch der Euro. Er sollte, so die Strategie Frankreichs, die konkursgefährdeten, unter hohen Zinslasten ächzenden Länder Südeuropas retten, doch stürzte er sie im Endeffekt in eine noch tiefere Krise und bürdete Deutschland riesige Haftungsrisiken auf, und das kam so: Nach seiner Einführung minderte der Euro wegen der Zinssenkung, die er den Ländern Südeuropas brachte, zwar die Konkursgefahr, aber zugleich erzeugte er dort eine inflationäre Kreditblase, die im Jahr 2008 mit der Lehman-Krise zerplatzte und überteuerte Torsos einst zumindest halbwegs wettbewerbsfähiger Volkswirtschaften hinterließ. In der Folge versuchte man, das Sozialprodukt der betroffenen Länder, darunter auch jenes der informellen »Führungsmacht« Südeuropas – Frankreich, mittels einer überbordenden Staatsverschuldung und einer extrem expansiven Geldpolitik zu stabilisieren. Das hat bei den binnenwirtschaftlichen Sektoren wie der Bauwirtschaft und den Dienstleistungen einigermaßen funktioniert. Doch die im harten internationalen Wettbewerb stehenden Industrien dieser Länder hatten sich bei der Abfassung dieser Zeilen, nach einem Jahrzehnt der Krise, noch längst nicht wieder gefangen.

Noch im Sommer des Jahres 2017 lag die französische Produktion im verarbeitenden Gewerbe um mehr als ein Zehntel unter dem Vorkrisenniveau von 2007. Der Einbruch des verarbeitenden Gewerbes, der auf die Lehman-Pleite und den Höhepunkt der Krise gegen Ende des Jahres 2008 folgte, wurde im Jahr 2009 zwar zum Teil wieder wettgemacht. Doch seit 2010 zeigte die Statistik für Frankreich nur noch eine Seitwärtsbewegung auf abgesenktem Niveau. Die Folgen für Beschäftigung, sozialen Frieden und Wohlstandsentwicklung waren entsprechend. Die Menschen spürten dieses niedrigere Niveau immer deutlicher am eigenen Leib, und vor allem sahen sie keine Perspektiven für eine Verbesserung. Kein Wunder also, dass die Nerven der politischen Klasse Frankreichs blank lagen und Marine Le Pen mit ihrem deutlich rechts von der AfD angesiedelten *Front National* bei den französischen Präsidentschaftswahlen des Jahres 2017 ein Drittel der Stimmen holte.

Ganz Südeuropa hängt noch in den Seilen, was die Industrie betrifft. So liegt zum Beispiel Italiens Industrieproduktion um ein Fünftel unter dem Vorkrisenwert. Am schlimmsten ist die Lage in Spanien. Sicher, Spaniens binnenwirtschaftliche Lage hat sich seit 2012 deutlich verbessert, denn die EU-Kommission hatte bei Spaniens Staatsverschuldung beide Augen zugedrückt und es dem Staat erlaubt, ein großes kreditfinanziertes Strohfeuer zu entfachen, mit dem die nicht im internationalen Wettbewerb stehenden Binnensektoren auf Trab gebracht wurden. Zugleich hatte die *Europäische Zentralbank* (EZB) die spanischen Staatspapiere gekauft und so Spaniens Zinsen trotz der latenten Krise auf niedrigstem Niveau gehalten. Doch eine positive Wirkung auf die im internationalen Wettbewerb stehenden Sektoren hatte dieses Feuer nicht, im Gegenteil. Da das Strohfeuer die Binnenwirtschaft stärkte und somit die in der Blase gebildeten überhöhten Löhne aufrechterhielt, fiel es den spanischen Industrien umso schwerer, wieder Fuß zu fassen. Mit einem Rückgang der Produktion des verarbeitenden Gewerbes gegenüber 2007 von etwa einem Viertel ist Spanien das traurige Schlusslicht aller mediterranen südeuropäischen Länder (Stand Frühherbst 2017).

Auch der Konflikt um Katalonien hat mit dem Verlust der Wettbewerbsfähigkeit Spaniens zu tun. Katalonien ist die produktivste Region des Landes, mit nur 16 Prozent der Bevölkerung erzeugt sie 20 Prozent des spanischen Sozialprodukts. Aber die hohe Produktivität nützt den Katalanen wenig, weil sie vom spanischen Zentralstaat großenteils abgeschöpft und für Transfers nach Südspanien genutzt wird. Diese Disparität war zwar immer schon Anlass für Streit zwischen Madrid und Barcelona gewesen, und dies umso mehr, als bis heute fast niemand in Katalonien die noch massivere Benachteiligung, ja Unterdrückung unter der vier Jahrzehnte bis 1975 währenden Franco-Diktatur vergessen hat. In Zeiten einer guten Wirtschaftslage gelang es, diesen Streit im Zaum zu halten. Doch in der ökonomischen Krise, die Spanien nun schon seit einem Jahrzehnt heimsucht, sind all diese latenten Verletzungen und Probleme zwischen Region und Zentrale aufgebrochen und führen zu sich laufend verstärkenden Konflikten zwischen den Katalanen und der spanischen Regierung.

Wie ernst es den Katalanen lange bereits mit ihren Unabhängigkeitswünschen war, wurde mir im Übrigen schon mindestens ein Jahrzehnt vor dem Beginn der Eurokrise und vor dem Ausbruch des spanisch-katalanischen Konflikts mitgeteilt. Die allermeisten der spanischen Ökonomen, die international etwas gelten, stammen aus Katalonien. Und immer wieder zeigten sie sich bei Gesprächen als glühende Anhänger der Unabhängigkeit des Landes – bis heute.

Die Unabhängigkeitsbewegung ist nicht das Ergebnis populistischer Verirrungen, sondern die Reaktion auf eine seit vielen Jahrzehnten andauernde ökonomisch unhaltbare Umverteilungspolitik zulasten einer besonders produktiven Region Spaniens. Eine auf diese Weise entstehende Dynamik sollte allen Ländern der Europäischen Union ein Lehrstück sein. Umverteilungssysteme, die Mittel zwischen Regionen verschieben, stabilisieren die Föderation nicht, sondern destabilisieren sie letztlich, weil sie die ökonomischen Selbstheilungskräfte der Empfängerregionen schwächen und zugleich über kurz oder lang die Nettozahler-Regionen in Aufruhr versetzen. Diejenigen, die heute zum Beispiel glauben, Europa ließe sich durch deutsche Zugeständnisse gegenüber den Umverteilungswünschen des jung-dynamischen französischen Staatspräsidenten Emmanuel Macron befrieden, sollten sich auch eingehend mit den Ursachen des Aufstands der Katalanen beschäftigen.

In Spanien rumort es indes nicht nur in Katalonien, und es rumort auch nicht nur in Spanien allein. In vielen Ländern erstarken radikalere Parteien, ob sie nun links oder rechts angesiedelt sind. In Spanien entstand in der Krise die linksradikale Partei *Podemos*, die – geführt durch den Populisten Pablo Iglesias – quasi aus dem Stand über ein Fünftel der Stimmen bei der spanischen Parlamentswahl eroberte. Ein ähnliches Bild zeigte sich in Griechenland. Hier kam die ebenfalls linksradikale Neugründung *Syriza*

13 Wo bleibt mein Europa?

mit dem Parteichef Alexis Tsipras an die Macht. Und auch in Portugal boxte sich mit der *Partido Socialista* eine linksextreme Partei in die Regierung und stellte mit António Costa sogar den Ministerpräsidenten. In Italien schaffte es der ehemalige Komiker Beppe Grillo mit der neuen Partei *Cinque Stelle* mit radikalen Parolen von rechts ebenfalls fast aus dem Nichts, große Abstimmungserfolge zu erzielen. Es sieht ganz so aus, als könnte er alsbald die einzige wirklich eurofreundliche Partei Italiens, die *Partito Democratico* unter Matteo Renzi, überholen. Zusammen mit all den anderen europakritischen Parteien, die vom Austritt aus dem Euro reden, seien es die *Forza d'Italia* von Berlusconi, die *Lega Nord* oder die *Fratelli d'Italia*, gäbe es dann eine überwältigende Mehrheit der Austrittsbefürworter. Und in Frankreich drehten am rechten Rand, wie erwähnt, Marine Le Pen und der Front National gewaltig auf, auch wenn sie es (bislang) nicht schafften, an die Spitze zu kommen.

In Deutschland sitzt nun mit der AfD eine neue rechte Partei mit mehr als doppelt so vielen Sitzen wie die CSU im Bundestag. Und dass mit der FPÖ in Österreich nun eine in Teilen rechtsextreme Partei bei den Parlamentswahlen mehr als ein Viertel aller Stimmen erhielt und in die Regierung eintrat, spricht in diesem Zusammenhang für sich. Die Liste ließe sich in Richtung Niederlande verlängern, wo zwar Geert Wilders mit seiner *Partij voor de Vrijheid* nicht in die Regierung kam, doch nur, weil ihm Mark Rutte, ein aus deutscher Sicht ebenfalls weit rechts stehender Ministerpräsident, den Rang ablief.

Für manche mag diese Entwicklung überraschend kommen. Bei näherer Betrachtung ist sie es nicht. Denn fast allerorten in Europa erweisen sich die etablierten Politiker als unfähig, die massiven europäischen Probleme in den Griff zu bekommen. Zwar versuchen sie ihr Mögliches, die Dinge schönzureden, um ja keine unpopulären Reformmaßnahmen angehen zu müssen. Doch mehr und mehr merken die Bürger, dass vieles von dem, was man ihnen zuvor versprochen hat, nicht eingehalten wird. Den Eliten, auch den politischen, wird immer weniger getraut und vertraut. Deshalb wächst der Zulauf zu den radikalen Parteien, die Alternativen zu der angeblich alternativlosen Politik der etablierten Parteien anbieten und die an die alte Parteienwelt gewöhnten Wahlforscher mit immer neuen Rekordzuwächsen überraschen. Und dies nicht nur in den Euro-Krisenstaaten, sondern auch in jenen Staaten, die für deren Rettung bezahlen, oder in jenen, die sich schutzlos den ideologischen Positionen der EU-Bürokratie ausgeliefert sehen, wie in Großbritannien.

Doch zurück zu den Ursachen der bis heute andauernden ökonomischen Misere Südeuropas – die zugleich Frankreichs Misere ist, weil Südeuropa wichtige Absatzmärkte für die französische Wirtschaft inklusive der französischen Banken stellt. Manche Ökonomen hatten ja mit Einführung der neuen Währung gemeint, dass der Euro mehr Schuldendisziplin bewirken würde, weil sich die Euroländer in einer Währung verschulden müssten, die sie nicht mehr selbst drucken können. Die Gläubiger würden deswegen, so die Überlegung, Angst vor dem Konkurs oder einer Inflation nebst Abwertung der Währung bekommen und hohe Zinsen verlangen, was den Schuldenappetit der Eurostaaten bremsen würde.

Doch diese Einschätzung war ein, wie sich heute zeigt, gefährlicher Trugschluss. Was diese Ökonomen übersahen ist, dass jedes Land mit der Einführung des Euro über seine eigene Notenbank quasi auch eine Eurolizenz überreicht bekam. Damit konnte es seinen Gläubigern, die seine Schuldpapiere kauften, deutlich mehr Sicherheit als vor der Einführung gewähren, denn nun war es ja in der Lage, eine Währung zu drucken, die anderswo als gesetzliches Zahlungsmittel anerkannt wurde. Ein Konkurs eines solchen Landes erschien den Gläubigern als gänzlich unwahrscheinlich, und deshalb begnügten sie sich auch mit viel niedrigeren Zinsen als vorher. Das war auch der Grund, warum die Südländer unbedingt sofort nach dem EU-Beitritt auch dem Euroraum beitreten und nicht etwa warten wollten, bis sie die im Maastrichter Vertrag vorgesehenen Beitrittskriterien für den Euro erfüllten.

In der Tat kam es schon nach der verbindlichen Ankündigung des Euro auf dem Gipfel von Madrid im Jahr 1995 sofort zu einem dramatischen Zinsrückgang. In allen Euroländern fielen die Zinsen für die Schuldtitel des Staates fast auf das Niveau des besten Schuldners der Eurozone, nämlich Deutschlands. In Italien, Spanien und Portugal sanken sie um etwa 5 Prozentpunkte und in Griechenland gar um 20 Prozentpunkte.

Den Schuldnern der Eurozone muss diese Phase wie ein Schlaraffenland vorgekommen sein. Der Zinsrückgang ersparte dem italienischen Staat zum Beispiel so viele Zinsen, dass er die Mehrwertsteuer komplett hätte eliminieren oder bis heute seine Staatsschulden hätte mehr als halbieren können. Beides tat der italienische Staat natürlich nicht. Stattdessen

»verfrühstückte« er die gesparten Zinsen und verschuldete sich noch mehr als ohnehin schon, weil er davon ausging, sich zu niedrigeren Zinssätzen höhere Schuldenbestände leisten zu können.

Ähnlich war es in den anderen mediterranen Ländern. In Griechenland verschuldete sich vor allem der Staat massiv, um die Gehälter der Staatsbediensteten und die Renten in den Himmel zu treiben. Das belebte die Binnennachfrage und ließ das allgemeine Lohnniveau ansteigen. Griechenlands Löhne waren, als ab 2008 die Krise über das Land hereinbrach, doppelt so hoch wie etwa die polnischen, und seine Renten lagen relativ zur Wirtschaftsleistung auf dem höchsten Niveau aller OECD-Länder. Sie waren absolut gesehen in etwa so hoch wie die deutschen, ja vielfach noch höher, obwohl die Wirtschaftsleistung pro Kopf in Griechenland wesentlich geringer war und ist.

In Spanien zeigte sich ein anderes Bild, aber wieder standen die Auslandsschulden im Mittelpunkt. Hier verschuldeten sich die privaten Haushalte und Firmen bei den Banken, um vor allem Immobilien zu kaufen, sie zu renovieren oder in den Neubau zu investieren, und die Banken refinanzierten sich im Ausland. Der resultierende Bauboom ließ die Löhne der Bauarbeiter rasch ansteigen und zwang die anderen Sektoren, bei den Lohnsteigerungen zu folgen, weil sie sonst keine Leute mehr bekommen hätten. In Portugal und Italien gab es Schuldenexzesse bei staatlichen und/ oder privaten Akteuren – mit ähnlichen Implikationen.

Die Folge dieser Entwicklung war allerorten die gleiche: Die Löhne, letztendlich finanziert durch die ausländischen Kredite, eilten der Produktivitätsentwicklung, der sie eigentlich hätten folgen müssen, weit voraus. Die Arbeitskosten in den südlichen Euroländern wuchsen relativ zu Deutschland oder auch zu anderen nördlichen Ländern, die wie Deutschland stets nur eine geringe Inflation hatten. Und dieses Vorauseilen der Löhne in den südlichen Ländern trieb die Inflation. Vom Beginn des Jahres 1995, dem Jahr des Gipfels von Madrid, mit dem die Zinskonvergenz begann, bis zum Zeitpunkt der Lehman-Krise im Herbst des Jahres 2008 wurden die in den südlichen Euroländern erzeugten Güter im Vergleich zu Deutschland um etwa ein Viertel teurer. Es war so, als hätten sie noch ihre Lira, Pesetas, Drachmen oder Escudos gehabt und diese Währungen nun gegenüber der D-Mark um ein Viertel aufgewertet. Das ist der Grund dafür, dass die Wettbewerbsfähigkeit verloren ging.

Der Verlust der Wettbewerbsfähigkeit zeigte sich daran, dass die betroffenen Länder nicht in der Lage waren, das Geld, das sie für den Erwerb der Importe benötigten, vollständig durch eigene Exporte von Gütern zu verdienen. Stattdessen mussten sie Schuldscheine verkaufen, um den Überhang der Importe über die Exporte zu bezahlen. Das ging aber nur eine Weile gut. Als nämlich die Lehman-Krise 2008 aus Amerika nach Europa herüberschwappte und die Kreditgeber befürchteten, dass sie ihr Geld nicht zurückbekommen würden, loderten plötzlich die Flammen im Kartenhaus, das man aufgebaut hatte. Man hatte sich an das Geld aus dem Schuldscheinverkauf gewöhnt und wusste nicht mehr, wie man die Importe sonst bezahlen sollte, zumal die ausländischen Gläubiger auch nicht mehr zu einer Umschuldung der fällig werdenden Altkredite bereit waren. Eine abrupte Zahlungsbilanzkrise erschütterte Südeuropa und damit den gesamten Euroraum.

Das Eurosystem als WG-Kasse: Teure Krisen-Scheinlösung mit der Druckerpresse und wie es besser gegangen wäre

Die Lösung suchten die südlichen Länder, indem sie ihre »nationalen« Euro-Druckerpressen anwarfen, um sich so das Geld zu drucken, das sie sich nicht mehr leihen konnten. Konkret schufen die Notenbanken neues Geld und verliehen es an die Geschäftsbanken ihres Hoheitsgebiets, von wo aus es den Kreditbedarf der Wirtschaft in dem Maße befriedigte, wie private ausländische Kredite fehlten.

In den ersten Jahren des Euro hatte allein die Möglichkeit der Schaffung neuen Geldes mittels der lokalen Druckerpressen den Gläubigern gereicht, die Kreditblase in Südeuropa bedenkenlos zu finanzieren. Doch nach der Lehman-Krise wurden die Pressen tatsächlich angeworfen, um öffentliche Ersatzkredite zur Kompensation der wegbrechenden privaten Kredite aus dem Ausland zu gewähren. Damit wurde der Überhang der Importe über die Exporte weiterhin finanziert und ferner konnten damit auch die privaten Gläubiger ausgezahlt werden, die nun nicht mehr zur Prolongierung ihrer fällig gewordenen Kredite bereit waren.

13 Wo bleibt mein Europa?

Die Kreditgeldschöpfung der südlichen Länder und auch Irlands ging weit über das Maß hinaus, das der wirtschaftlichen Größe der betroffenen Länder entsprach. Es entstand eine Unwucht im europäischen Geldsystem, weil das im Euroraum zirkulierende Geld zu immer größeren Prozentsätzen durch die Schaffung von Kreditgeld in den Krisenländern entstanden war. Das zusätzliche Geld wurde in andere Länder des Euroraums überwiesen, um die dort bestehenden Zahlungsverpflichtungen aus Güterkäufen und fällig werdenden privaten Krediten zu erfüllen. Dort verdrängte das Überweisungsgeld sukzessive das eigene Kreditgeld, das die jeweiligen Notenbanken an die Geschäftsbanken ihres Hoheitsgebiets verliehen hatten. Diese Unwucht war so groß, dass in Deutschland und Finnland in den Jahren 2012 und 2013 überhaupt kein Geld mehr existierte, das die nationalen Notenbanken dieser Länder an die jeweiligen lokalen Bankensysteme verliehen und auf diese Weise geschaffen hatten. Die gesamten in Deutschland und Finnland emittierten Geldbestände hatten damals ihren Ursprung in der übermäßigen Schaffung von Kreditgeld im Ausland.

Sich bei Bedarf mehr als nur den fairen Anteil am gemeinsamen Geld zu drucken, war nicht verboten. Das ist nach den Regeln des Eurosystems vielmehr erlaubt, zumal die betreffenden Länder im EZB-Rat selbst genug Einfluss hatten, um diese Regeln bis zum Geht-nicht-mehr zu biegen und zu dehnen. Stichworte wie »Lockerung der Pfänderpolitik auf das Schrottniveau«, »ANFA-Geheimkredite« oder »ELA-Kredite« verdeutlichen für den Fachmann, wie das konkret ging. Es führt aber hier zu weit, darauf im Detail einzugehen. Dafür sei der Leser auf meine Bücher *Die Target-Falle* und *Der Euro. Vom Friedensobjekt zum Zankapfel* verwiesen, die in den Jahren 2012 und 2015 erschienen.

Es führt auch zu weit, in die Details der elektronischen Buchungsvorgänge einzusteigen. Doch ist ein Wort zu den Überweisungsvorgängen zwischen den Euroländern notwendig. Hier geht es nicht um physische Vorgänge. Es fährt kein Laster mit Geldscheinen über die Grenze. Vielmehr bewegen sich nur die Elektronen im digitalen Zahlungssystem der Eurozone. Geld für wirtschaftliche Transaktionen wird zwischen den Volkswirtschaften überwiesen, indem eine lokale Geschäftsbank Buchgeld an ihre jeweilige Notenbank zurückgibt, womit es aus dem Verkehr gezogen ist. Am Zielort der Überweisung wird von der dortigen Notenbank neues Geld durch Gutschrift von Buchgeld auf den Konten der dortigen

Geschäftsbanken geschaffen und an die Empfänger der Zahlung übergeben. Das Besondere an diesem Überweisungsgeld ist, dass es das übliche Kreditgeld, das eine nationale Notenbank an die Geschäftsbanken des eigenen Hoheitsgebiets verleiht, ersetzt und auch verdrängt, denn wenn das Geld bereits durch Überweisungen hereinkommt, brauchen die Geschäftsbanken sich weniger Geld von der nationalen Notenbank zu leihen, wenn sie liquide bleiben wollen. Es gibt also zwei Geldsorten im Zielland der Überweisungen: Kreditgeld, dem eine Forderung der Notenbanken gegen die lokalen Geschäftsbanken gegenübersteht, und Überweisungsgeld, das im Auftrag anderer Notenbanken vor Ort neu geschaffen wurde. Für das Kreditgeld erhält eine Notenbank eine Forderung gegen die private Geschäftsbank, der sie es verlieh. Für das Überweisungsgeld erhält sie eine Forderung gegen die auftraggebende Notenbank eines anderen Landes, die freilich über das Eurosystem gesichert wird, sodass Ausfälle alle Länder gemeinsam treffen.

Das Zusatzgeld aus der eigenen Druckerpresse, mit dem ein Land seine ausländischen Zahlungsverpflichtungen erfüllt und andere Notenbanken zwingen kann, Überweisungsgeld auszugeben, stellt ökonomisch gesehen einen Überziehungskredit im Eurosystem und damit indirekt bei anderen Notenbanken des Eurosystems dar. Denn mit dem Geld kann das Land das Gleiche machen wie mit Geld aus privaten Krediten, die es aus dem Ausland bezieht. Es kann also Güter im Ausland kaufen, andere Schulden bei Fälligkeit ablösen oder auch ausländische Vermögensobjekte erwerben. Der Überziehungskredit wird deshalb auch in den Zahlungsbilanzstatistiken als öffentlicher Kredit zwischen den Volkswirtschaften des Euroraums verbucht. Dass es sich in der Tat um einen Überziehungskredit handelt, folgt schon aus dem Umstand, dass für das netto ins Ausland überwiesene Geld ein Überziehungszins in Höhe des sogenannten Hauptrefinanzierungssatzes gezahlt werden muss. Es folgt aber auch aus der Tatsache, dass in dem anderen Euroland nun Überweisungsgeld an die Empfänger der Zahlungen ausgereicht werden muss, welches das Kreditgeld ersetzt, das die Banken dieser Volkswirtschaft sich sonst bei der eigenen Zentralbank hätten leihen müssen, um die Transaktionen der Wirtschaft zu ermöglichen.

Auf dem Höhepunkt der Eurokrise, im Sommer 2012, hatten die sechs Haupt-Krisenländer des Eurosystems, nämlich Griechenland, Italien, Portugal, Spanien, Irland und Zypern – ich nenne sie GIPSIZ-Länder – für

13 Wo bleibt mein Europa?

1005 Milliarden Euro solche Überziehungskredite aus der eigenen Druckerpresse in Anspruch genommen. Man spricht in dem Zusammenhang auch von *Target-Salden*, weil Target der Name des Verrechnungssystems der Zentralbanken ist, in dem die Überziehungskredite verbucht werden. Die Target-Kredite traten zu den fiskalischen Krediten der Rettungsschirme und anderen Krediten des Eurosystems hinzu und hoben so die Gesamtsumme der öffentlichen Kredite, die den GIPSIZ-Ländern zufloss, auf 1.342 Milliarden Euro. Zieht man von den fiskalischen Krediten der Rettungsschirme die Eigenleistungen der Krisenländer ab, die – theoretisch – im Konkursfall anteilig selbst auch wiederum dafür geradestehen, so ergibt sich, dass nur 17 Prozent der Kredite, die den GIPSIZ-Ländern zur Verfügung gestellt wurden, durch Beschlüsse der Parlamente der Eurozone gedeckt waren, doch 83 Prozent vom Eurosystem, also den europäischen Zentralbanken, stammten.

Das zeigt, dass die Länder der Eurozone, die glaubten, eine gemeinsame Zentralbank zur Geldversorgung zu schaffen, in Wahrheit eine mit quasi diktatorischen Vollmachten ausgestattete und demokratisch nicht mehr kontrollierte Abwicklungs- und Umschuldungsbehörde für die finanziell angeschlagenen Länder Europas geschaffen haben – zum Nutzen eben dieser ökonomisch schwachen Länder selbst, zum Nutzen ihrer Gläubiger in der ganzen Welt und zulasten vor allem Deutschlands.

Die Regeln für die Kredite aus der Druckerpresse konnten sich die nationalen Zentralbanken der Target-Schuldner-Länder selbst geben, denn sie hatten die Mehrheit im EZB-Rat, wo jeder Staat der Eurozone, ob groß oder klein, das gleiche Stimmrecht besitzt. So kam es, dass diese Regeln für die nationale Geldschöpfung immer mehr gelockert wurden. Und häufig wurden sie gegen den erbitterten Widerstand der *Deutschen Bundesbank* gelockert, die ja bei den meisten Entscheidungen nicht mehr zu sagen hat als etwa die Notenbanken von Malta oder Zypern. So gesehen ist es gerechtfertigt, von einer Selbstbedienung der GIPSIZ-Länder an der Druckerpresse zu reden, die außerhalb einer demokratischen Kontrolle stattfand.

Sicher, die EZB ist demokratisch zustande gekommen, indem die Parlamente der Eurozone den Maastrichter Vertrag ratifizierten. Doch dort steht nichts von den Target-Überziehungskrediten zwischen den Notenbanken des Eurosystems, sondern nur, dass die EZB den reibungslosen Zahlungsverkehr zwischen den Ländern des Eurosystems sichern soll. Das kann vieles heißen – aber ganz sicher nicht, dass sich die Notenbanken untereinander unbegrenzte Kreditlinien einräumen. Theoretisch hätte man die Überweisungen im Eurosystem auch in einem System realisieren können, in dem eine jede Notenbank nur in Proportion zur Landesgröße Geld schaffen und durch Verleih an die Geschäftsbanken ihres Hoheitsgebiets in Umlauf bringen darf. Die Überweisungen hätten dann zwischen den privaten Banken des Eurogebiets abgewickelt werden müssen, und wenn dabei offene Verrechnungsposten entstanden wären, die Kreditcharakter haben, hätten sich diese Banken darüber verständigen müssen, wie und wann sie ausgeglichen werden und zu welchem Zins sie zu bedienen sind. Nach dem gleichen System wird in London ja ohnehin ein Großteil der internationalen Finanztransaktionen von privaten Clearingstellen abgewickelt. Größere Salden hätten dann gar nicht entstehen können. Dass hingegen ein System eingerichtet wurde, bei dem eine nationale Notenbank zulasten anderer Notenbanken mehr als nur ihren »fairen« Teil der gemeinsamen Geldmenge als Kreditgeld schaffen darf, war allein die Entscheidung der Notenbanken selbst.

Da werden also für Hunderte von Milliarden Euro Kredite zwischen den nationalen Notenbanken vergeben, und kein Parlament der EU hat sich damit jemals beschäftigt. Das ist ein Missstand sondergleichen, der auch nicht dadurch gemildert wird, dass das Eurosystem als solches demokratisch entstanden ist. Der ehemalige Verfassungsrichter Udo di Fabio hat dazu einmal unter Anspielung auf eine problematische Periode der deutschen Geschichte erklärt, es sei für eine Demokratie nicht hinreichend, dass eine Instanz irgendwann einmal demokratisch ermächtigt wird, Entscheidungen zu treffen; sie müsse vielmehr laufend von Neuem der demokratischen Kontrolle unterworfen werden.

Eine kleine Begebenheit vom Herbst 2017 ist bezeichnend für die Art der Beschlussfassung in dieser Frage. Nachdem mir der *Bundesverband der deutschen Volks- und Betriebswirte* im Krönungssaal des Römer in Frankfurt die List-Medaille in Gold überreicht hatte, um mein Lebenswerk als Volkswirt zu würdigen, kam einer der geladenen Gäste zu mir und stellte sich als ehemaliger Mitarbeiter der Bundesbank vor. Es war ein großer, starker Mann, der sich in gewählten Worten ausdrückte, sicherlich schon in den Siebzigern. Er wolle dem Ökonomen, der zu den Target-Salden geforscht habe, einmal die Hand reichen, sagte er, denn auch er habe dazu eine besondere Beziehung. Er sei es nämlich gewesen, der damals in der

13 Wo bleibt mein Europa?

Bundesbank vorgeschlagen habe, ein gegenseitiges Verrechnungssystem für grenzüberschreitende Transaktionen einzuführen. Er und der Vorstand der Bundesbank, der dem Vorschlag folgte und die Idee in den EZB-Rat trugen, hätten damals aber nicht im Entferntesten daran gedacht, dass hier einmal offene Verrechnungsposten entstehen könnten, die nicht innerhalb eines Tages wieder ausgeglichen würden. Auf meine Frage, wie er denn heiße, erklärte der große Herr, das wolle er mir nicht sagen, denn er wolle in nichts hineingezogen werden. Er sei jetzt in Pension und wolle seine Ruhe haben. Diese Aussage, die einige umstehende Personen auch mitbekommen hatten, hat mich zutiefst verwundert, doch musste ich mich damit zufriedengeben. Überrascht war ich indes nicht, denn Ähnliches hatte ich vorher auch schon von anderen Insidern gehört, so zum Beispiel von Helmut Schlesinger, dem ehemaligen Präsidenten der Deutschen Bundesbank, der in dieser Frage ohnehin kein Blatt vor den Mund nimmt. Auch er betont, dass man von einem täglichen Ausgleich der Salden ausgegangen sei.

Auch ein anderer, hochrangiger Mitarbeiter der Bundesbank hat mir vor Jahren, nachdem ich die Target-Problematik öffentlich thematisiert hatte, gesagt, er habe bei dem inzwischen verstorbenen italienischen Ökonomen Tommaso Padoa-Schioppa, der bei der EZB für den Zahlungsverkehr zuständig gewesen war, das Thema der möglicherweise offenbleibenden Posten im Zahlungsverkehr angesprochen. Der habe ihn dabei aber mit den Worten beruhigt, dass es zu solchen offenen Posten niemals kommen werde. Später, als ich den gleichen Informanten daraufhin nochmals ansprach, konnte er sich an unser Gespräch und den Sachverhalt allerdings nicht mehr erinnern. Deswegen nenne ich seinen Namen hier auch nicht.

Ein eigentlich ungeheuerlicher Skandal ist das Ganze aber schon, denn allein die Bundesbank hatte 2012 netto für 751 Milliarden Euro Zahlungsaufträge anderer Notenbanken kreditieren müssen und verbuchte deshalb diesen Betrag als Forderung an die anderen Notenbanken des Eurosystems in ihrer Bilanz. Doch auch die Notenbanken der Niederlande und Finnlands hatten zu einem erheblichen Umfang zur Kreditierung der Überweisungen aus Südeuropa beitragen müssen.

751 Milliarden Euro sind eine kaum mehr vorstellbare Summe. Sie entspricht dem Wert von 250 Transrapidstrecken vom Münchner Flughafen bis in die Innenstadt Münchens, von denen freilich schon eine einzige dem deutschen Staat zu teuer war. Alternativ geht es um 125 Bahnhofsprojekte

wie Stuttgart 21, wenn man von den auf rund 6 Milliarden Euro geschätzten Baukosten ausgeht.

Mittlerweile, bei der allerletzten Überprüfung dieser Zeilen vor Drucklegung des Buches, zum Jahresende 2017, liegen die offenen Target-Forderungen der Bundesbank bereits bei 907 Milliarden Euro. Das entspricht dem Gegenwert von 302 Transrapidstrecken oder 151 Stuttgarter Bahnhöfen.

Nun sagen einige, die Bundesbank werde ihre Forderungen nur verlieren, wenn der Euro platzt, und deswegen liege es im deutschen Interesse, einer Transferunion im Euroraum zuzustimmen, die das verhindere. Doch stimmt genau dies leider gar nicht, denn die Forderungen der Bundesbank sind schon heute nichts mehr wert. Die Ausfälle werden nur noch nicht verbucht.

Die Bundesbank hat zwar für die Überziehungskredite, die sie gewähren musste, seitens der südlichen Länder die erwähnten Target-Ausgleichsforderungen gegen andere Notenbanken bekommen. Dafür erhält sie von diesen Notenbanken Zinsen, die allein ihrem »Aktionär« und Eigentümer, dem deutschen Fiskus, zustehen. Dumm ist dabei nur, dass der Zins auf die Target-Forderungen nach den von den Notenbanken untereinander vereinbarten Regeln, dem sogenannten Hauptrefinanzierungssatz, des Eurosystems entspricht, also jenem Zins, zu dem sich die Geschäftsbanken gegen Pfänder frisch gemachtes Zentralbankgeld von ihrer jeweiligen nationalen Notenbank leihen können. Diesen Hauptfinanzierungszinssatz aber hatten die Krisenländer mit negativem Target-Saldo, die im EZB-Rat über etwa zwei Drittel der Stimmen verfügen, »aus geldpolitischen Gründen« auf null gesetzt.

Jeder bilanzpflichtige private Gläubiger – also Kreditgeber – müsste eine Forderung, die er nie fällig stellen darf und die einen Zins von null trägt, der zu einem späteren Zeitpunkt, den der Schuldner – also der Empfänger des Kredits – bestimmen darf, die vielleicht einmal wieder positiv wird, mit null in seiner Bilanz bewerten, weil diese Forderung ja ökonomisch auch tatsächlich nichts wert ist. Die Güterlieferungen, die durch die Target-Überziehungskredite finanziert wurden, die privaten Schulden der Krisenländer, die im Ausgleich für Target-Forderungen erlassen wurden, und all die deutschen Aktien, Immobilien und Industriewerte, die durch die Target-Kredite der Bundesbank in ausländische Hände gelangten, bedeuten so gesehen schon heute einen Nettovermögensverlust für die deutsche Volkswirtschaft. Deutschland hat über den Target-Mechanismus Vermögenswerte und Güter im Umfang der erwähnten 151 Stuttgart-21-Projekte nicht nur verliehen, sondern verschenkt. Und es war die deutsche Politik, die das zugelassen hat. Bis heute.

Eine private Firma, die in ihrer Bilanz behaupten würde, sie hätte die Vermögenswerte und Leistungen im Austausch für Kreditforderungen hergegeben, und diese Forderungen dann in ihrer Bilanz verbucht, obwohl sie uneinbringlich sind und zu einem vom Schuldner zu bestimmenden Zins bedient werden, hätte sich strafbar gemacht. Die Bundesbank darf aber nach anderen Regeln als private Firmen bewerten und weist die wachsenden Target-Forderungen in Höhe von nun bald einer Billion Euro tapfer in ihren Büchern aus. Wie lange sie damit durchkommt, hängt davon ab, wie lange die deutsche Öffentlichkeit den Beschwichtigungen der Politik zu folgen bereit ist.

Niemand scheint sich verantwortlich zu fühlen – oder für etwas verantwortlich gemacht werden zu wollen. Ich habe einmal mit einer kompetenten Mitarbeiterin der EZB über die Problematik der Target-Salden und der Selbsthilfe mit der (elektronischen) Druckerpresse kommuniziert. Sie war früher zu einer anderen Bewertung des Sachverhalts gekommen als ich, teilt aber inzwischen meine Sorgen. Sie schrieb mir bei unserem letzten Austausch aber trotzdem lakonisch: So sei es halt, die gemeinsame Währung bedeute, dass Deutschland zugestimmt habe, mit seinen Freunden eine gemeinsame Kasse zu führen. Jeder könne sich daraus nach Belieben bedienen. Das sei das Wesen der gemeinsamen Währung und der Preis der Freundschaft. Ich war zunächst sprachlos, weil ich die anderslautende Interpretation des deutschen *Bundesverfassungsgerichts* im Ohr hatte, das ja stets betont, der Deutsche Bundestag dürfe unser Land keinem Leistungsmechanismus unterwerfen, dessen Volumen von europäischen Institutionen festgelegt wird. Aber ich muss gestehen: Sie traf den Nagel auf den Kopf. Ja, das Eurosystem ist mit Zustimmung und womöglich sogar auf eine unüberlegte Initiative der Bundesbank hin tatsächlich wie die gemeinsame Kasse in der Wohngemeinschaft (WG) konstruiert, aus der jeder das Geld nehmen kann, wie er es braucht. Dass die südeuropäischen Mitbewohner inzwischen mit einem großen Teil dieser gemeinsamen WG-Kasse durchgebrannt sind, ist – kurz und bündig formuliert – Pech für Deutschland. Aber das war nach den Systemregeln, die sich die nationalen Notenbanken selbst gegeben hatten, möglicherweise erlaubt. Ob es politisch dauerhaft toleriert werden wird, wird die Geschichte zeigen.

Die Target-Salden (1): Detektivische Entdeckung, große Aufregung und Kampf um die Deutungshoheit

Die Forschungsgeschichte der Entdeckung der Target-Salden empfinde ich auch heute noch als spannend. Für mich stellte sie nicht nur einen aufregenden Kampf um die wissenschaftlich fundierte Wahrheit dar, vielmehr endete dieser Kampf auch danach nicht, denn nachdem ich sie gefunden hatte, galt es, die Deutungshoheit zu behalten.

Auf das Thema war ich durch den bereits erwähnten ehemaligen Präsidenten der Deutschen Bundesbank, Helmut Schlesinger, gekommen. Er hatte mir und anderen Kollegen bei einer Tagung des *Wissenschaftlichen Beirats beim Bundesministerium für Wirtschaft* schon im Herbst des Jahres 2010 den Tipp gegeben. Es existiere da, so meinte er, ein laufend wachsender obskurer Posten in der Bilanz der Bundesbank, dem man doch einmal nachgehen solle. Der Beirat diskutierte das Thema kurz, doch konnte sich keiner der Kollegen auf das, was Schlesinger gesagt hatte, einen Reim machen. So erwogen wir auch nicht, dazu ein Gutachten zu schreiben.

Mich jedoch ließ das Thema nicht mehr los. Ich tauchte in die Tiefen der Bundesbankbilanz hinab, um der Sache nachzugehen. Und ich führte eine Vielzahl von Gesprächen mit Personen, die für die Buchhaltung bei der Bundesbank verantwortlich waren, und auch mit solchen, die darüber eigentlich den Überblick hätten haben sollen. Keiner wusste mit dem wachsenden Bilanzposten etwas anzufangen, und die komplizierten Aussagen zu Buchungsdetails, die ich erhielt, hatten keinerlei Beziehung zu dem, was sich volkswirtschaftlich dahinter verbarg.

Man kannte die Bäume, sah jedoch den Wald nicht. Statt des Waldes sah man den Himmel der europäischen Integration und des Friedensprojektes Euro. Doch dieser Blick würde nicht weiterhelfen, so viel stand fest. Immerhin konnte ich einige Bruchstücke zu Fakten des Verrechnungssystems zwischen den Notenbanken mit dem Namen »Target« einsammeln,

13 Wo bleibt mein Europa?

die mir später bei der Zusammensetzung des großen Target-Puzzles nützlich waren. Und die Bilanzdaten der Bundesbank als solche lagen ja vor.

Am 29. März 2011 wagte ich es erstmals in einem Artikel in der *WirtschaftsWoche* mit dem Titel »Abgründe« zu der Problematik Stellung zu nehmen und erklärte der Öffentlichkeit, dass die Bundesbank unter dem Namen »Target 2« für 320 Milliarden Euro Forderungen aus einem »Kontokorrentkredit« an andere Notenbanken des Eurosystems in ihren Büchern auswies. Der Artikel wurde zeitgleich über das *Project Syndicate* weltweit in vielen verschiedenen Sprachen verbreitet. Kurz danach erschien von dem englischen Ökonomen John Whittaker ein ähnlicher Artikel im Internet.

Was es mit den Target-Krediten freilich wirklich auf sich hatte, war zu dem Zeitpunkt noch nicht völlig klar. Ich hatte nur Dinge aufgeschrieben, von denen ich wusste, dass sie stimmten, aber die Tiefe der Problematik würde weder bei mir noch bei Whittaker durchleuchtet. Das galt auch für einen nachfolgenden Artikel, der am 2. April in der *Süddeutschen Zeitung* herauskam, in dem ich das für Deutschland aus dem Target-Saldo resultierende Haftungsrisiko für den Fall berechnete, dass die Target-Schuldner ihren Verpflichtungen nicht würden nachkommen können. Auch dieser Artikel war hundertprozentig korrekt, führte aber noch nicht sehr weit.

Um tiefer in das Thema einzusteigen, diskutierte ich es mit Mitarbeitern der Bundesbank, der EZB und des ifo Instituts, bekam aber immer nur kleine Puzzleteile geliefert. Ich rief unsere Konjunkturabteilung zusammen und schrieb Hypothesen an die Tafel, welchen Stellenwert die ausgewiesenen Kredite im Gefüge der Zahlungsbilanzstatistik haben und was damit finanziert würde. Allmählich zeigten sich immer mehr Konturen der Target-Problematik im Nebel. Schließlich wagte ich es, in einer Internet-Diskussion mit einigen Dutzend deutscher Fachökonomen die Hypothese zu formulieren, dass die wachsenden Target-Salden aus einer asymmetrischen Geldschöpfung resultieren würden, wie ich sie oben beschrieben habe, und dass einige Länder der Eurozone ihre Leistungsbilanzdefizite, also im Wesentlichen die Defizite im Außenhandel, mittels lokaler Geldschöpfung finanzierten.

Am 4. Mai veröffentlichte ich unter dem Titel »Die riskante Kreditersatzpolitik der EZB« in der *Frankfurter Allgemeinen Zeitung* den entscheidenden Artikel, der die Rolle der Target-Kredite bei der Finanzierung von

Zahlungsbilanzdefiziten, die durch Außenhandelsdefizite oder unzureichende private Kapitalimporte entstehen, klarlegte. Eine Übersetzung dieses Artikels wurde alsbald auch in der englischsprachigen Internet-Zeitung *Vox EU* veröffentlicht.

Der Bereichsleiter der ifo-Konjunkturabteilung, Timo Wollmershäuser, überzeugte mich nach einiger Zeit, dass man nun das Wissen in einem formalen *Working Paper* zusammenschreiben und es dabei am besten durch eine systematische Analyse der Bilanzen der anderen Notenbanken ergänzen solle. Eine sehr gute Idee – die aber gar nicht so einfach umzusetzen war. Es gab ja kein gemeinsames Buchungssystem der Euroländer. Und die EZB selbst wies die Target-Salden nicht aus, weil sie über alle Mitglieder des Euroraums hinweg gerechnet in der Summe Null waren, wie dies bei der Saldierung von Forderungen und Verbindlichkeiten ja stets der Fall ist.

Wir mussten also tief in die Bilanzberichterstattung der nationalen Notenbanken einsteigen. Und es zeigte sich, dass die nationalen Bilanzen die entsprechenden Posten in durchaus sehr unterschiedlichen Rubriken führten. Manche hatten sie zudem mit anderen Posten zusammenaddiert, sodass man komplizierte Rückschlüsse und Überlegungen anstellen musste, um die Target-Salden herauszurechnen. Nach einem Monat mühsamer Kleinarbeit war es im Juni 2011 dann so weit. Zusammen mit Timo Wollmershäuser, der mir unter anderem beim Durchforsten der nationalen Bilanzen sehr geholfen hatte, schrieb ich einen umfassenden wissenschaftlichen Artikel mit all den Daten, die wir gefunden, und mit den Interpretationen, die wir uns dazu überlegt hatten. Der Artikel wurde noch im selben Monat unter dem Titel »Target Loans, Current Account Balances and Capital Flows: The ECB's Rescue Facility« als *CESifo Working Paper* veröffentlicht und dabei sofort in alle Welt verschickt. Auch die Aufnahme in eine Fachzeitschrift mit Begutachtungsverfahren folgte ungewöhnlich schnell, bereits im ersten Halbjahr des darauffolgenden Jahres. Der Artikel war der erste veröffentlichte Artikel zur Rolle der Target-Salden in der Eurokrise überhaupt.

Die Wirkung des Artikels übertraf alle Erwartungen. Nach der Veröffentlichung des Working Papers war nämlich quasi der Teufel los. Telefonanrufe, E-Mails, anderes mehr: Von überall her kamen Anfragen. Und schnell wurde klar: Die Finanzmärkte zeigten sich in hohem Maße nervös. Man wollte sofort mehr wissen.

Und das war auch nicht verwunderlich, denn sauber unterlegt hatten wir in unserem Beitrag prognostiziert, was angesichts der sich verschärfenden Target-Problematik als Nächstes passieren würde: Die gesamte deutsche Geldmenge würde in Kürze bloßes Überweisungsgeld aus den Krisenländern sein, und es würde der Bundesbank schwerfallen, die Überschussliquidität, die sie für die Erfüllung der Überweisungsaufträge der Notenbanken der Euro-Krisenländer schaffen musste, wieder »wegzubringen«. Dann sei mit einem Ende der Toleranz gegenüber der Selbstbedienung mit der Druckerpresse zu rechnen, was die südeuropäischen Länder in ernste Zahlungsschwierigkeiten bringen würde. Wie richtig diese Prognose war, zeigte sich nur wenig später, nämlich ab dem Sommer 2012 und im Jahr 2013, als, wie schon oben erwähnt, das gesamte Kreditgeld der Bundesbank tatsächlich bereits durch Überweisungsgeld aus anderen Ländern der Eurozone verdrängt war. Das Eurosystem stand im Sommer 2012 kurz vor dem Kollaps, doch ich will nicht vorgreifen, sondern zunächst beim Prozess der Verbreitung des Wissens bleiben.

Nach der Veröffentlichung des Working Papers präsentierte ich unsere Ergebnisse auf Vortragsreisen, die mich an manche Universitäten im In- und Ausland und zu verschiedenen Fachkongressen führten. Besonders wichtig war wohl im August 2011 der Jahreskongress des *Weltverbandes der Finanzwissenschaftler* in Ann Arbor in Michigan. Dort trug ich unsere ersten Forschungsergebnisse in einem Plenumsreferat, das auch über das Internet verbreitet wurde, einem breiten Ökonomenpublikum vor.

Wenige Wochen später präsentierte ich unsere Analysen auf dem *Ambrosetti-Forum* in Italien am Comer See, wo die Elite der italienischen Industrie und Finanzwelt geladen war und der damalige Präsident der EZB, Jean-Claude Trichet, als mein Koreferent dazu Stellung nahm. Er wies – im Ton fast schon entschuldigend – darauf hin, dass die Geldmenge insgesamt ja nicht aus dem Ruder gelaufen sei. Das stimmte, aber das hatte auch niemand behauptet. Der Punkt war ja, dass das Geld einseitig durch Kreditvergabe der Notenbanken der Krisenländer geschaffen worden war.

Zugegen war bei meinem Vortrag damals übrigens auch der Mailänder Volkswirtschaftskollege und Ex-EU-Kommissar Mario Monti, mit dem ich intensive Gespräche zum Thema führte. Monti löste kurz darauf Silvio Berlusconi als italienischen Ministerpräsidenten ab, was bei der Konferenz bereits das große Gesprächsthema war.

Aber auch ohne meine Vorträge verstanden viele Experten unser Working Paper sofort und verteilten es elektronisch in die Finanzzentren der Welt. *Bloomberg News* berichtete umgehend über unsere Erkenntnisse, der *Economist* tat es ebenfalls, wenn auch etwas verworren. Auch im *Handelsblatt* und in der *Frankfurter Allgemeinen Zeitung* wurde bald intensiv debattiert, und vor allem die Diskutanten in den Internetforen überschlugen sich in den Wochen und Monaten nach Veröffentlichung unseres Papers. Es kam eine so breite Debatte in den Medien zustande, dass es unmöglich war, die Stellungnahmen im Einzelnen zu verfolgen.

Reaktionen deutscher staatlicher Stellen auf unsere Veröffentlichung gab es auch recht schnell, und sie hatten eines gemeinsam: Die sie formulierenden Personen wirkten allesamt irritiert und verstört. Bundesbank und Bundesregierung sprachen einhellig von irrelevanten Salden, die ohne wirtschaftliche Bedeutung seien.

Die EZB nahm im Herbst 2011 zu den Target-Salden Stellung und publizierte erstmals auch selbst Zahlen dazu. Wie aus einer Fußnote des Textes klar wurde, berechnete sie sie genau so, wie wir es in unserem Working Paper getan hatten. Vor allem aber erklärte sie die hohen Target-Salden zu einer selbstverständlichen Implikation der gemeinsamen Geldpolitik. Das war ein aus meiner Sicht grotesker Beschwichtigungsversuch, der von den Gefahren der hohen Salden gerade für Deutschland ablenken sollte.

Wissenschaftliche Reaktionen in Form anderer Fachartikel folgten naturgemäß erst Monate später, großenteils in ifo-Publikationen unter Beteiligung externer Wissenschaftler, die ich eingeladen hatte, sich mit dem Thema auseinanderzusetzen.

Viele Reaktionen in den Medien und von anderen nichtstaatlichen Institutionen fielen anerkennend und zustimmend aus – zumal wir ja auch eine auf harten Fakten basierende wissenschaftliche Untersuchung vorgelegt hatten. Der Großspekulant und Investor George Soros lobte unsere Analyse, wie mir zugetragen wurde, in den höchsten Tönen.

Einige Reaktionen waren aber negativ und extrem hässlich. So schoss ein *Handelsblatt*-Journalist mit Nachdruck und immer wieder polemisch gegen mich als Person und unsere Erkenntnisse, sowohl in der Printausgabe als auch im Netz, und dort auch auf Englisch. Besonders ärgerlich war, dass er Geschichten darüber erzählte, wie ich angeblich argumentieren würde, um dann Windmühlengefechte gegen die mir unterstellten

13 Wo bleibt mein Europa?

Argumentationsketten zu führen. Entweder verstand er meine Argumente nicht oder er wollte sie nicht verstehen und verfolgte eine Strategie der gezielten Diskreditierung.

Auch manche seiner Kollegen aus anderen europäischen Ländern wandten sich gegen unsere Analyse. Sie verdrehten sie aber zum Teil ins Absurde und boten dafür ihre vermeintlich andere, doch in Wahrheit meistens deckungsgleiche Interpretation der Dinge mit nur leicht veränderten Nuancen dar. Teile der Debatte nahmen so fast skurrile Züge an. Wer sich dafür näher interessiert, sei erneut auf mein mit einem ausführlichen Quellenapparat versehenen Buch *Der Euro. Vom Friedensprojekt zum Zankapfel* verwiesen, erschienen im Herbst 2015.

Mittlerweile ist all das Schnee von gestern. Der *Handelsblatt*-Journalist, der das Hirschgeweih nicht als Trophäe mit nach Hause hatte bringen können, gab seinen Posten auf. Der neue Präsident der Deutschen Bundesbank, Jens Weidmann, korrigierte den Kurs der Bundesbank, indem er einen geharnischten Brief an den neuen EZB-Präsidenten Mario Draghi schrieb. Darin drückte er seine Sorge über die gestiegenen Target-Salden aus und forderte ihn auf, Maßnahmen zur Eindämmung der Geldflut aus Südeuropa zu ergreifen.

Draghi selbst erklärte vor der Presse, er beobachte die Target-Salden »tatsächlich täglich« (»*virtually every day*«). Dabei griff er offenbar auf ein internes Berichtssystem zurück, konkret eine Tabelle mit dem zeitlichen Verlauf der Target-Salden der einzelnen Länder, wie wir sie ja erstmals erstellt hatten und wie sie die EZB dann auch für sich selbst repliziert hatte.

In der Finanzbranche wissen heute alle Analysten, was Target-Salden sind. Viele von ihnen beurteilen die mit ihnen verbundene Problematik so kritisch, wie ich selbst es tue. Andere, häufig Vertreter von Banken, die ihr Geld in Südeuropa angelegt haben, begrüßen die (vor allem zulasten Deutschlands wachsenden) Target-Salden, weil sie wissen, dass die Selbsthilfe ihrer Schuldner mit der nationalen Druckerpresse auch ihnen als Gläubiger zugutekam. Von manchen Schuldnern hätten sie sonst ihr Geld nämlich nicht zurückbekommen.

Die Target-Salden (2): Wertlose Forderungen statt wachsender Goldschatz, der Flügelschlag des Schmetterlings und Mario Draghi beim Papst

Zur Problematik der Target-Salden gibt es heute also eigentlich keine wirklichen Differenzen mehr; sie stellt sich exakt so dar, wie wir sie in unserem Aufsatz dargelegt hatten. Dennoch verschließen einige nicht unwichtige Akteure die Augen nach wie vor beharrlich vor den Gefahren, die von den unbegrenzten Überziehungskrediten zu Nullzinsen bzw. Zinsen, die Schuldner selbst festlegen, ausgehen. Sie übersehen, dass Deutschland seine Waren, Wertpapiere und Firmen gegen bloße Buchforderungen der Bundesbank verkauft und dass die daraus resultierenden Verluste bei der Bundesbank und damit bei der Bundesregierung liegen.

So hat die Bundesregierung bis zum heutigen Tage öffentlich nur mit verharmlosenden Äußerungen zur Target-Problematik Stellung genommen. Ihre hanebüchene Falschbehauptung, es handele sich bei den Target-Salden nicht um Kredite, weil es keine Kreditverträge gebe, illustriert diese diffuse, ja im Kern verantwortungslose Haltung.

Natürlich bilden Target-Salden Kreditverhältnisse ab, auch wenn nicht bei jeder Salden-Veränderung ein expliziter Kreditvertrag abgeschlossen wird. Auch Überziehungskredite bei der Bank sind Kredite, für die man nicht immer wieder neu einen Kreditvertrag unterschreiben muss. Im Falle der Target-Salden wurde die Unterschrift gleich zu Anfang der Währungsunion in dem Moment gesetzt, als die Bundesbank der Errichtung des Target-Zahlungssystems zustimmte, ja es vermutlich sogar selbst empfahl – eine Unterschrift, deren Konsequenzen sie sicherlich nicht einmal ansatzweise voraussah.

Wenn man schon das Überweisungsgeschäft in die Hände staatlicher Institutionen geben und nicht auf private Clearinginstanzen setzen wollte, dann hätte man zumindest ähnlich wie in den USA eine regelmäßige Tilgung der Target-Salden vereinbaren müssen. Dort entstehen zwischen den zwölf Distriktnotenbanken, die halbstaatlichen Charakter haben, ebenfalls Target-ähnliche Salden (dort ISA-Salden genannt). Bis 1975 mussten diese Salden zwischen den US-Notenbanken durch die Hergabe von Gold getilgt werden. Heute geschieht dies einmal im Jahr, jeweils im April, durch Hergabe von marktfähigen Wertpapieren.

13 Wo bleibt mein Europa?

Müssten die Target-Salden zwischen den Notenbanken der Eurozone auch mit Gold getilgt werden, dann wäre es in Europa rasch mit den hohen Salden zu Ende. Jede Notenbank würde sich nun hüten, so viel frisches Geld lokal in Umlauf zu setzen, dass dadurch Nettoüberweisungen in andere Länder möglich werden, denn dann müsste sie dafür Gold hergeben. Bei Finanznöten würden nun die nationalen Zinsen steigen, und bei steigenden Zinsen fänden sich ausländische Anleger vielleicht doch bereit, neue private Kredite in die Südländer zu überweisen. Und wenn nicht, dann müssten diese Länder sich halt einschränken und weniger Importe kaufen. Die Welt ist nun einmal kein Schlaraffenland, in dem man sich einen Lebensstandard jenseits des eigenen Einkommens leisten kann. Beide Maßnahmen würden die Zahlungsbilanz verbessern und die Target-Salden reduzieren.

Übrigens sind die Target-Forderungen der Bundesbank das Analogon der riesigen Bestände an ausländischen Vermögenstiteln in Höhe von etwa 800 Milliarden Schweizer Franken, die die Schweizer Notenbank in den Jahren bis 2017 mit selbst gemachten Schweizer Franken ankaufte, um den Kurs des Franken zu drücken und die Exportwirtschaft zu schützen. Der Unterschied ist nur, dass die Schweizer Notenbank dadurch zum weltweit größten Eigentümer deutscher Staatspapiere geworden ist, also von Papieren, die über eine erstklassige Bonität verfügen und jederzeit in Güter zur Versorgung der Schweizer Bevölkerung umgetauscht werden können, wenn Not am Mann ist. Demgegenüber darf die Bundesbank ihre Target-Forderungen niemals fällig stellen und muss darauf warten, bis die Schuldner-Länder sich gnädigerweise entscheiden, darauf wenigstens Zinsen zu zahlen.

Ach, wäre es doch wenigstens noch so wie zur Zeit des guten alten *Bretton-Woods-Systems*! Das Bretton-Woods-System fungierte in der Nachkriegszeit als ein Festkurssystem, das die Länder der westlichen Welt bzw. ihre Währungen verband und bis Anfang der 1970er-Jahre Bestand hatte. In diesem System war es ebenfalls möglich, dass das Ausland in Deutschland mit selbst gedrucktem Geld auf Shopping-Tour gehen konnte, ähnlich also wie heute. Allerdings brauchte das Ausland dafür D-Mark, die es aber nicht hatte bzw. nicht drucken durfte. So boten also zum Beispiel Franzosen oder Briten der Deutschen Bundesbank französische Franc oder britische Pfund zum Tausch an, um auf diese Weise in den Besitz der begehrten deutschen Währung zu kommen und dann Waren oder Vermögensobjekte zu kaufen. Die Bundesbank musste den Umtausch damals aber nur vorfinanzieren, denn sie konnte verlangen, dass die Franc- und die Pfund-Beträge, die bei ihr angelandet waren, von der französischen bzw. britischen Notenbank zu einer festen Parität im Austausch für US-Dollars oder Gold zurückgenommen wurden. Da diese Notenbanken es angesichts des im Vergleich zur Goldparität niedrigen Marktpreises für Gold vorzogen, mit Gold statt mit Dollars zu bezahlen, sammelte sich im Laufe der Zeit ein immer größerer Goldschatz bei der Bundesbank an.

Dieser Goldschatz ist ökonomisch gesehen das exakte Pendant der Target-Forderungen heute. Beim Untergang des Bretton-Woods-Systems Anfang der 1970er-Jahre betrug der so angesammelte Goldschatz der Bundesbank rund 4.000 Tonnen. Davon waren im Jahr 2017 noch knapp 3.400 Tonnen vorhanden, unter anderem, weil der EZB bei ihrer Gründung ein Teil davon übertragen worden war. Hätte die Bundesbank die Target-Forderungen von 907 Milliarden Euro, die sie Ende 2017 verbuchte, in Gold umtauschen können, dann hätte sie dafür einen weiteren Goldschatz von gut 19.000 Tonnen bekommen, also bald das Sechsfache dessen, was sie noch aus der Bretton-Woods-Zeit besitzt. Eindrucksvoller ist der deutsche Vermögensverlust durch den Tausch von Gütern und Vermögenswerten gegen wertlose Target-Forderungen wohl kaum zu beschreiben.

Meine Sorge mit Blick auf diese Entwicklung ist, das muss ich zugeben, eine sehr deutsche. Aber ich bin ja auch ein vom deutschen Steuerzahler finanzierter Volkswirt. Aus der Sicht der internationalen Finanzmärkte stellen sich die Dinge genau umgekehrt dar, denn bekanntlich führt bei Finanzgeschäften der Verlust des einen zum Gewinn eines anderen. Die Target-Salden wurden – und werden – von den Akteuren auf den Finanzmärkten daher nicht als Problem gesehen, sondern ganz im Gegenteil als willkommene Lösung ihrer eigenen Probleme. Denn in dem Maße, wie die deutschen Steuerzahler – die ja letztlich hinter der Bundesbank stehen – veranlasst werden konnten, den konkursgefährdeten Schuldnern quasi ewige »Ersatzkredite« zu gewähren, blieben den Finanzanlegern Abschreibungslasten für ihre eigenen Fehlinvestitionen erspart. Viele der dubiosen Staatspapiere und Banktitel aus Südeuropa, die sie in ihren Bilanzen hatten, konnten sie schadlos abstoßen, weil den Ländern Südeuropas gestattet wurde, sich die Target-Überziehungskredite im Eurosystem zu besorgen.

Und solche glücklichen Finanzinvestoren saßen nicht nur im Ausland, sondern auch in Deutschland. Das erklärt, warum die EZB von dem ein oder anderen Chefvolkwirt seriöser deutscher Privatbanken so innig geliebt und emphatisch gelobt wird. Wenn ich meinem Nachbarn Geld geliehen habe, weil er in Finanznöten ist, bin ich auch glücklich, wenn ihm jemand anderes einen neuen Kredit zur Verfügung stellt, weil er seine Schulden bei mir mit diesem Kredit wieder zurückzahlen kann und es mir damit erlaubt, mich mit Anstand aus meinem Engagement zu lösen.

Im Lichte dieser Zusammenhänge war unser Working Paper gefährlich für die Gläubiger auf den Finanzmärkten, denn sie sahen nun, dass die Fluchtroute, den der Target-Mechanismus den Anlegern gewährte, die sich verspekuliert hatten, bald nicht mehr zur Verfügung stehen würde. Sie reagierten, indem sie sich aus Angst vor dem möglichen Ende der Selbstfinanzierung mit der Druckerpresse frühzeitig aus dem Staube zu machen versuchten. Das jedoch machte es den Schuldenrepubliken in Südeuropa und Irland immer schwerer, neue Käufer für ihre Schuldpapiere zu finden, und erzwang immer mehr Selbstbedienung mit der Druckerpresse. Die Target-Salden stiegen nun erst recht.

Die Spannungen auf den Finanzmärkten waren damals definitiv riesig, denn sie äußerten sich in einer Kapitalflucht aus Südeuropa, die die dortigen Staaten an den Rand des Staatskonkurses führten, weil sie nicht mehr in der Lage waren, neue Staatspapiere zum Zwecke der Budgetfinanzierung auf den Märkten zu verkaufen.

Die Situation war so brenzlig, dass die Ministerpräsidenten Italiens und Griechenlands, Silvio Berlusconi und Giorgos Papandreou, im Herbst 2011 aus dem Euro austreten wollten. Davon ist in der Öffentlichkeit wenig bekannt geworden, doch gibt es mindestens drei Zeugen. Der erste ist Lorenzo Bini Smaghi, das ehemalige EZB-Direktoriumsmitglied. Nach seinem Ausscheiden aus der EZB, zu dem er gedrängt wurde, weil sein Landsmann Mario Draghi Präsident wurde, schrieb er ein Buch über die Krise. Dort kann man lesen, dass Berlusconi im Herbst des Jahres 2011 bereits Geheimverhandlungen über den Austritt Italiens aus dem Eurosystem geführt hatte. Der zweite Zeuge ist Simeon Djankov, ehemaliges bulgarisches Mitglied im Rat der europäischen Finanzminister und insofern Insider. Er berichtet in seinem Buch *Inside the Euro Crisis*, das er übrigens bei einem von mir geleiteten Münchner Seminar der deutschen Öffentlichkeit vorstellte, dass Papandreou zur gleichen Zeit Ähnliches vorhatte. Der dritte Zeuge bin ich selbst, denn ich hatte die Gelegenheit, Papandreou bei einer gemeinsamen Podiumsdiskussion im kleineren, aber öffentlichen Kreis am Vorabend der *Münchner Sicherheitskonferenz* zu Beginn des Jahres 2016 zu Djankovs Darstellung zu befragen. Papandreou erklärte dort frank und frei, dass es sein Ziel gewesen sei, ein Referendum zu dem aus seiner Sicht zu knappen Hilfsprogramm für Griechenland durchzuführen, um im Falle der Ablehnung aus dem Euro austreten zu können. Der Euroaustritt wäre wirklich besser für Griechenland gewesen, sagte er, weil nur durch eine Abwertung die Wettbewerbsfähigkeit seines Landes hätte gesteigert werden können. Aber bekanntlich konnten weder Berlusconi noch Papandreou damals ihre Pläne durchsetzen, denn die Bankenwelt war entsetzt und ebenso die französische Politik, die ihr Euro-Kartenhaus zusammenbrechen sah. Beide Ministerpräsidenten wurden daraufhin gezwungen, ihre Ämter niederzulegen, übrigens am selben Tag, dem 9. November des Jahres 2011.

In jedem Fall flohen die Anleger in jenem Herbst 2011, als die Debatte um die Target-Salden in den einschlägigen Medien und in den Finanzmärkten schon eine Zeit lang kochte, regelrecht aus den Staatspapieren dieser beiden Länder. Sie wollten ihr Vermögen in Sicherheit bringen und bewirkten damit natürlich, dass die Kurse der Papiere abstürzten und die Zinsen für neue Kredite, die die Staaten dringend brauchten, hochschnellten.

Ich weiß nicht, welchen Anteil die Diskussion der Target-Salden an dieser Entwicklung hatte. Die Publikation unseres Working Papers war ja nur der Flügelschlag eines Schmetterlings. Hier kamen viele Dinge zusammen, und die Sorgen der Anleger hatten sich auch schon aus ganz anderen Gründen aufgebaut. Was am Ende den Ausschlag für die Panik gab, lässt sich nicht mehr feststellen.

Aber nach der mathematischen Chaostheorie kann bekanntlich auch ein Flügelschlag Gewaltiges bewirken, wenn die Dinge Spitz auf Knopf stehen. Womöglich hat unser Flügelschlag doch mehr ausgelöst, als mir bewusst war. So sahen es jedenfalls andere. Die Britische Tageszeitung *The Independent* zählte mich nämlich mit Blick auf die Wirkungen meiner Forschung zur Target-Problematik zu einem der zehn weltweit wichtigsten Menschen des Jahres 2011, eine Einschätzung, die mich vollständig verblüffte. Im folgenden Jahr führte mich die US-amerikanische Nachrichtenagentur *Bloomberg* zudem als einzigen Deutschen in der Jahresliste der fünfzig weltweit wichtigsten Wirtschaftspersönlichkeiten bzw. der zehn in Wirtschaftsdingen weltweit wichtigsten Denker (*Thinkers*) auf, die »die Fähigkeit besitzen, die Märkte zu bewegen oder Ideen und Politiken zu gestalten«. Auch das verblüffte mich. Ich war zwar immer noch nicht überzeugt, dass nun gerade die Entdeckung der Target-Salden den Ausschlag gegeben hatte, doch begann ich erstmals zu ahnen, welchen Wirbel ich hinter den verschlossenen Türen der Finanzinstitute dieser Welt und womöglich auch in manch europäischer Notenbank und Regierung ausgelöst hatte.

Dass mir die *Handelshochschule Leipzig*, in deren Wiedergründung im Jahr 1992 ich bereits als Mitglied des Gründungsrates involviert gewesen war, im Jahr 2013 wegen der Entdeckung der Target-Salden die Ehrendoktorwürde verlieh, hat mich dennoch gefreut. Dort teilte man nicht nur die Interpretation, dass die Entdeckung wichtig war, sondern vertrat auch den Standpunkt, dass ich mit ihr auch wissenschaftliches Neuland betreten hatte.

Einer der Ersten, der auf meine Publikationen aufmerksam geworden war, war Mario Draghi, der damalige Präsident der italienischen Zentralbank und spätere Präsident der EZB. Draghi lud mich bereits im Frühjahr 2011 ein, vor ihm und seinen Leuten in Rom einen Vortrag über die Geschehnisse zu halten, und führte die Diskussion. Danach saßen wir noch sehr lange zu zweit in seinem Büro zusammen und diskutierten den Sachverhalt weiter. Er begriff alles sehr schnell und bezeichnete es als ein Problem, dass die Notenbanken der Eurozone sehr unterschiedlich von der Vollzuteilungspolitik der EZB, also der Abschaffung der vor der Krise üblichen Kontingentierung der Geldschöpfungskredite, Gebrauch machten. Bei dem Gespräch bot er mir an, zum Vornamen zu wechseln, und so verblieben wir seitdem. Es wäre ja auch falsch, ihm persönlich die Schuld an den Verwerfungen zu geben, die die Geldpolitik der EZB erzeugte. Die Entscheidungen werden vom EZB-Rat getroffen, und da haben die Target-Schuldner nun einmal die Mehrheit.

Nach dem Treffen in der italienischen Zentralbank hatte ich noch des Häufigeren persönlichen Kontakt mit Mario Draghi, in seiner Funktion als EZB-Präsident, so wie ich ihn auch mit seinem Vorgänger Jean-Claude Trichet hatte. Wir sahen uns sowohl in seinem Büro als auch bei EZB-internen Konferenzen. Meist diskutierten wir dabei die Geldpolitik im Allgemeinen und die Nullzinspolitik der EZB im Besonderen, die nach meiner

Meinung zu massiven Fehllenkungen von Kapital im Euroraum führt, vor allem zulasten Deutschlands. Draghi hielt sich bei diesen Gesprächen zunehmend bedeckter als noch bei dem Gespräch, das wir in Rom geführt hatten, denn er trug ja nun ein wesentlich höheres Maß an Verantwortung.

Der Kontakt brach dann aber ab, weil ich mich immer kritischer gegenüber der Politik der Europäischen Zentralbank äußerte. Ich bedaure, dass das von den Medien hin und wieder personalisiert wurde, denn ich habe es stets zu vermeiden versucht, ihn ad personam zu kritisieren. Meine Kritik richtete und richtet sich in der Tat nicht gegen ihn persönlich, sondern gegen die Institution und hier speziell gegen den EZB-Rat, der mit der Mehrheit der überschuldeten Volkswirtschaften, die dort das Sagen haben, allzu häufig Entscheidungen trifft, die ich als einseitig interessengeleitet zugunsten der überschuldeten Euroländer interpretiere.

Zuletzt sah ich Mario Draghi übrigens im Jahr 2016 in einem Nebenraum der Sixtinischen Kapelle in Rom bei der Verleihung des Aachener Karlspreises an Papst Franziskus. Als Mitglied des Stiftungsrates des Karlspreiskomitees war auch ich zu dem festlichen Ereignis geladen. Wir wechselten ein paar nette Worte, und dann hieß es, die Plätze einzunehmen, weil der Papst im Anmarsch sei. Als Franziskus eintraf, standen wir auf, setzten uns wieder und defilierten schließlich, einer nach dem anderen, an ihm vorbei. Jeder von der Karlspreis-Delegation wurde mit seinem Beruf und Namen vorgestellt und durfte dem Papst die Hand reichen und ein paar Worte wechseln.

Nach Begrüßung und Laudatio begann der neue Karlspreisträger schließlich mit seiner auf Italienisch gehaltenen Rede. Ich saß recht weit vorne, direkt hinter Mario Draghi und seiner Ehefrau. Bei jener Stelle der Rede, in der der Papst forderte, dass man eine neue Ökonomie brauche, die ihren Profit aus der Ausbildung der Menschen statt aus dem Darlehenszins ziehe, fühlte ich mich nicht nur an das kanonische Zinsverbot seines Amtsvorgängers Innozenz III. aus dem Jahr 1215 erinnert, also an das schließlich viele Jahrhunderte geltende kirchliche Verbot, Darlehenszinsen zu verlangen. Ich meinte zudem, ein leichtes Kopfnicken bei Mario Draghi gesehen zu haben, der sich über die hier wohl kaum erwartete Unterstützung für die Nullzinspolitik der EZB gefreut haben dürfte. Daran, dass die im Raum anwesenden deutschen Sparer – katholisch oder nicht –, ebenfalls mit dem Kopf genickt hätten, kann ich mich nicht erinnern.

13 Wo bleibt mein Europa?

Der OMT-Beschluss der EZB: Wie Kanzlerin und Gerichte es zuließen, dass die Staatspapiere Südeuropas am Bundestag vorbei in Eurobonds verwandelt wurden

Die wachsenden Target-Salden, die entstanden, weil die Krisenländer ihre fällig werdenden Auslandsschulden bei privaten Gläubigern nicht mehr durch neue private Kredite ablösen konnten, sondern mit dem Geld, das sie sich selbst druckten, alarmierten nicht nur die Märkte, sondern auch die Politik und insbesondere die EZB. Sie – bzw. die sie auslösende Kapitalflucht – waren der Grund für den sogenannten OMT-Beschluss der EZB. OMT steht für *Outright Monetary Transactions* (also für »Offene monetäre Transaktionen«). Wieder so ein kryptischer Name, der vernebelt, um was es dabei wirklich geht. Das OMT-Programm wird häufig auch mit dem Ausspruch »*whatever it takes*« (deutsch: »was immer nötig ist«) des EZB-Präsidenten Mario Draghi verbunden.

Den OMT-Beschluss fällte der EZB-Rat im Sommer des Jahres 2012. Im Kern offerierte die EZB den Käufern der Staatspapiere der südlichen Euroländer mit dem OMT-Beschluss eine kostenlose Kreditausfallversicherung, um die Zinsaufschläge zu reduzieren, die diese Länder ihren Gläubigern bieten mussten, damit sie an neues Geld kommen und so der Gefahr eines Staatskonkurses begegnen konnten. Mit dem OMT-Beschluss versprach die EZB, den Investoren die Staatspapiere im Notfall ohne Begrenzung aus ihren Anlageportfolios herauszukaufen und dann auch die Verluste bei einem Staatskonkurs zu übernehmen – anders als noch zu Beginn des Jahres 2012, als sie sich bei den Schuldenschnitten für griechische Staatspapiere durch Umtausch ihrer eigenen griechischen Staatspapiere gegen neue, geschützte Papiere aus der Affäre gezogen hatte.

In der Tat hörte die Flucht aus den Staatspapieren der Euro-Krisenstaaten schlagartig auf, nachdem Mario Draghi seine Deckungszusage gegeben hatte. Die Target-Salden gingen zurück, da nun wieder private Kredite zur Verfügung standen, und neue Kredite aus den nationalen Druckerpressen wurden nicht mehr benötigt. Auch die Zinsen, zu denen sich die Staaten auf den Märkten verschulden konnten, fielen wieder.

Es war auch höchste Zeit, denn wie erwähnt, hatte das Überweisungsgeld zu dem Zeitpunkt in Deutschland und Finnland das Kreditgeld der nationalen Notenbanken bereits vollkommen verdrängt. Im Grunde trugen die Deutschen und Finnen damals, ohne es zu merken, verkappte Drachmen, Pesetas und Lira in ihren Portemonnaies, aber keine verkappten D-Mark- oder Markka-Bestände mehr.

Man kann zur Sinnhaftigkeit des OMT-Beschlusses geteilter Meinung sein. Er hat sicherlich dazu beigetragen, eine weitere Eskalation der Krise zunächst einmal zu verhindern. Doch bedeutete er eine klare Mandatsverletzung der EZB, denn nach den Regeln des Maastrichter Vertrages darf sie keine Wirtschaftspolitik betreiben und schon gar nicht darf sie bei der Staatsfinanzierung helfen. So jedenfalls argumentierten vier von fünf Fachgutachtern, die das Verfassungsgericht geladen hatte, um zu den vielfältigen Klagen gegen den OMT-Beschluss Stellung zu nehmen, die bei ihr eingegangen waren.

Ich war einer dieser Gutachter. Bei meinem Plädoyer vor den Richtern des Zweiten Senats legte ich dar, wie sich die Krise entwickelt hatte, wie es zu den Target-Salden gekommen war und warum nun die EZB nach meiner Meinung den Schritt zur Ankündigung einer Monetisierung der Staatsschulden gegangen war. Ich argumentierte, der Beschluss laufe darauf hinaus, die Krise kurzfristig zu lösen, schaffe aber langfristig ein Fass ohne Boden, weil durch die Hilfen eigene Reformanstrengungen der Krisenländer unterbunden würden. Unter den Titeln »Die Target-Kredite der Deutschen Bundesbank« und »Kurzvortrag zur Eurokrise vor dem Verfassungsgericht« habe ich meine Auffassungen für das Gericht schriftlich niedergelegt. Sie sind im Internet einsehbar.

Zu meiner Freude folgte das Gericht den skeptischen Einschätzungen der überwiegenden Mehrheit der Gutachter und erklärte, dass die EZB seiner Meinung nach ihr Mandat überschritten habe. Es sprach sogar von einer »Machtusurpation«. Es tat das allerdings nicht in einem formellen Urteil, sondern in einer Beschlussvorlage für den *Europäischen Gerichtshof*, den EuGH. Diese Beschlussvorlage wurde dann aber vom EuGH zurückgewiesen, und diese Zurückweisung wiederum wurde in Karlsruhe akzeptiert.

Die Karlsruher Richter hätten der Entscheidung des EuGH widersprechen können, denn es ging bei der Frage nicht nur um Europarecht, sondern insbesondere um die Frage, ob die OMT-Politik in das Budgetrecht des deutschen Bundestages eingreifen würde. Sie redeten sich damit heraus, dass sie sich nur dann gegen den Europäischen Gerichtshof stellen werden, wenn dieser offensichtlich Unrecht gesprochen hätte. Das EuGH-Urteil sei zwar falsch, konnte man zwischen den Zeilen lesen, es liege jedoch noch im Ermessensspielraum des übergeordneten Gerichts.

Ich pflege die langen Stellungnahmen der Gerichte zur Politik der EZB stets sofort durchzulesen, auch die Begleitmaterialien und die Plädoyers der Anwälte. Die Schriftstücke sind für mich spannend wie Kriminalromane. Aber als ich die Stellungnahme des deutschen Verfassungsgerichts zum OMT-Urteil des EuGH las, stockte mir der Atem. Solch eine verwinkelte Argumentation hätte ich von dem deutschen Gericht nicht erwartet.

Nun ist das OMT-Programm in Stein gemeißelt und lässt sich außer durch eine Revision der EU-Verträge nicht mehr verändern. Über das Schutzversprechen der EZB wurden alle Staatspapiere der Eurozone faktisch zu Eurobonds, also zu gemeinschaftlich von den Steuerzahlern der Eurozone abgesicherten Staatspapieren. Im Falle eines drohenden Staatskonkurses müssen die Notenbanken des Eurosystems die Staatspapiere den Anlegern abkaufen und die Abschreibungen auf die Schuldpapiere des pleitegegangenen Staates anteilig tragen. Tritt dieser Fall ein, kommt es zu einer entsprechenden Reduktion der Gewinnausschüttungen der nationalen Notenbanken an den jeweiligen nationalen Fiskus, und die Steuerzahler der Eurozone müssen vollständig für den Verlust aufkommen. Deutschlands Steuerzahler sind auf diese Weise durch die Eigentümerstruktur der EZB zu einem Viertel an solchen Abschreibungsverlusten beteiligt.

Bemerkenswert ist in diesem Zusammenhang die Rolle der deutschen Politik, denn die Kanzlerin hatte ja mehrfach erklärt, dass Deutschland keinen Eurobonds zustimmen werde. Solche gemeinschaftlich gesicherten Anleihen werde es nicht geben, solange sie lebe.

Umso verblüffender ist, dass die Kanzlerin nach gesicherten Erkenntnissen selbst dem OMT-Programm zugestimmt hat. Sie hatte sich in der Nacht vom 29. Juni 2012 von Mario Draghi, dem italienischen Ministerpräsidenten Mario Monti und dem französischen Staatspräsidenten Nikolas Sarkozy dazu bewegen lassen, der EZB Rückendeckung zu geben. Und wie ich weiter erfuhr, tat sie das, weil sie Angst davor hatte, nach den Schwierigkeiten, die sie mit den Rettungsprogrammen im Parlament gehabt hatte, nochmals mit dem Wunsch nach einer Erweiterung der Rettungssummen in den Bundestag ziehen zu müssen. Die EZB schien den einfacheren Weg zu bieten, die deutschen Steuerzahler zu belasten, als den Deutschen Bundestag überzeugen zu müssen.

Die Kanzlerin hat bei dieser Aktion eine für mich obskure und nicht mehr mit dem Geist unserer Demokratie kompatible Rolle gespielt. Was eine solche Haltung und eine solche Art, Politik zu betreiben, mit Blick auf die Glaubwürdigkeit politischen Handelns in einer Demokratie anrichtet, dürfte offenkundig sein. Über den auch von daher betrachtet nicht zufälligen Zuwachs der radikalen Parteien habe ich mich ja schon geäußert.

Eine Diskreditierung und ein Husarenstück namens QE zulasten Deutschlands

Da die beschlossenen Maßnahmen die schon seit Jahren vor allem in Südeuropa darbende Wirtschaft nicht recht ankurbelten, beschloss die Europäische Zentralbank im Jahr 2015 eine neue Großoffensive zur Senkung der langfristigen Zinsen, der sie den wenig erhellenden Namen *Quantitative Easing* (QE) gab. Wörtlich bedeutet das so viel wie »quantitative Erleichterung«, meint aber faktisch den Kauf von staatlichen und privaten Wertpapieren aus den Händen privater Anleger und Emittenten inklusive der Geschäftsbanken durch die EZB. Was beim OMT-Programm nur angekündigt wurde, sollte nun realisiert werden.

Durch einen ersten Beschluss vom Januar 2015 und Folgebeschlüsse legte die EZB fest, dass im Rahmen des QE-Programms bis zum Ende des Jahres 2017 insgesamt für 1.800 Milliarden Euro Staatspapiere und für 500 Milliarden Euro privat emittierte Papiere mit frisch gedrucktem Euro gekauft werden sollten. Bei einer Zentralbankgeldmenge von etwa 1.300 Milliarden Euro zu Beginn des Programms war das ein geradezu gigantisch großes Volumen, das zu einer gewaltigen Aufblähung der Geldmenge auf bald das Dreifache der Ursprungsgeldmenge in innerhalb von weniger als drei Jahren führen musste. Das erinnert mehr an südamerikanische Inflationsstaaten als an eine der Stabilität verpflichtete Währungsunion. Doch damit nicht genug: Im September 2017 beschloss die EZB zudem, den Geldbestand auch noch im Jahr 2018, wenn auch mit verminderter

Geschwindigkeit, weiter zu erhöhen. Die Option auf eine Verlängerung des Programms in der Folgezeit hielt die EZB dabei explizit aufrecht.

Mir ist der erste Beschluss vom Januar 2015 noch sehr gut in Erinnerung, weil das *Handelsblatt* eine Woche vorher mit einer großen Attacke gegen einen scharfen Kritiker der EZB vorgegangen war. Dieser Kritiker war ich. Unter der Überschrift »Der falsche Prophet« füllte das *Handelsblatt* mit einem großen Portrait von mir die Titelseite, und im Anschluss folgten zwölf (!) unmissverständliche Seiten. Im Kern war dies eine groß angelegte Diskreditierungskampagne gegen mich, die darauf abzielte, meine wissenschaftliche Reputation zu beschädigen. Nicht von ungefähr nämlich behandelte das *Handelsblatt* fünf Themenblöcke meiner Forschung, und zwar die Target-Salden, die Basar-Ökonomie, das Grüne Paradoxon, die Zuwanderung und die Kinderrente.

Bis auf das letzte habe ich alle diese Themen in diesem Buch bereits angesprochen. Bei der Kinderrente, dem vierten im *Handelsblatt* behandelten Thema, geht es – verkürzt ausgedrückt – um die Frage, inwieweit die niedrige Geburtenrate der Deutschen durch eine stärkere Berücksichtigung der Erziehungszeiten in der Rentenversicherung gehoben werden könnte.

Zu jedem dieser fünf Themen bot die Zeitung einen Experten auf, der meine Thesen zu widerlegen hatte. Für die Meinung mindestens eines anderen Experten, der meine Argumente hätte verteidigen können und wollen, fand das *Handelsblatt* dagegen am Ende keinen Platz.

Bemerkenswert war zudem, dass vier dieser fünf Experten in der ein oder anderen Form mit einem Konkurrenzinstitut des ifo, dem *Deutschen Institut für Wirtschaftsforschung* (DIW) in Berlin, verbandelt waren, zwei sogar in leitender Funktion. Der fünfte war ein Kollege aus Wuppertal. Er argumentierte, die jüngste Zuwanderung nach Deutschland entlaste den deutschen Sozialstaat, eine Position, die ich bekanntermaßen nicht teile.

Ich gebe zu: Ich war irritiert über die Frontalkritik und die Qualität einer journalistischen Berichterstattung, wie sie sich hier zeigte. War ich nun quasi zum »medialen Abschuss« freigegeben?

So einseitig die Aktion angelegt war, so sehr schlug sie in das Gegenteil der von den Protagonisten beabsichtigten Wirkung um. Mit anderen Worten: Ihr Schuss ging nach hinten los. Sie führte nämlich sofort zu einer heftigen Gegenreaktion in der volkswirtschaftlichen Disziplin, die so stark war, dass sich die Autoren vermutlich selbst keinen guten Dienst erwiesen haben. Zwar blockte das *Handelsblatt* Gegendarstellungen anderer Professoren, die mich unterstützten, doch fanden deren Statements den Weg in andere Zeitungen.

So widmete ihnen zum Beispiel die *FAZ* eine ganze Seite, auf der sie die im *Handelsblatt* dargelegten Argumente zurückwiesen. Ottmar Edenhofer, der schon erwähnte deutsche »Umweltpapst« unter den Ökonomen und Mitglied des *Weltklimarats*, verteidigte meine umweltökonomischen Positionen. Zwei ehemalige Vorsitzende des *Sachverständigenrats zur Begutachtung der gesamtwirtschaftlichen Entwicklung*, Wolfgang Franz und Wolfgang Wiegard, wiesen die Vorhaltungen meiner Kritiker scharf zurück, stellten deren Wissenschaftlichkeit in Frage und hielten geradezu eine Eloge auf meine Forschung. Stefan Homburg, der selbst schon über die Target-Salden publiziert hatte, wandte sich entschieden gegen die vom *Handelsblatt* publizierte Kritik an meinen Target-Forschungen und betonte deren Richtigkeit und Relevanz.

Wie ich schon sagte: Mich wunderte die Oberflächlichkeit dieser versuchten Rufmord-Attacke. Andererseits tröstete es mich, dass die Einlassungen der Kollegen vom DIW argumentativ doch etwas zu offenkundig politisch und inhaltlich schwach waren. Ob am Ende Forschung etwas taugt, entscheidet sich ja nicht an der Frage, ob sie dem politischen Mainstream der Berliner Republik oder gar dessen Widerhall in einem Konkurrenzinstitut entspricht. In der Welt der wissenschaftlichen Forschung wird mit anderer Münze abgerechnet. Ich nutzte also die Gelegenheit zu einer sachlichen Erwiderung, die mir das *Handelsblatt* am Ende dann doch noch bot, und damit war die Sache für mich erledigt. Ich kam mit dem *Handelsblatt* im Übrigen wieder ins Reine, nachdem man mich dort später in vielerlei Hinsicht recht freundlich behandelte und unter anderem später, und zwar bereits im Juli 2015, wieder einen großen Titel mit mir machte, nun aber unter positivem Vorzeichen.

Und Marcel Fratzscher, der Präsident des DIW, erklärte mir, dass er nicht gewusst habe, was da gespielt wurde, und entschuldigte sich. Das hat mich beeindruckt.

Mein kritischer Blick auf die eine Woche später gegen deutschen Widerstand durchgefochtene QE-Entscheidung im EZB-Rat wurde durch diese Begebenheit aber eher noch geschärft. Was da beschlossen wurde, war nämlich wirklich unglaublich, ein Husarenstück sondergleichen, das mir zunächst buchstäblich den Atem verschlug. Der oben erwähnte Kauf von Staatspapieren für 1.800 Milliarden Euro stand für mich ganz offenkundig in einem eklatanten Widerspruch zum Verbot der Monetisierung der Staatsschulden, also der Finanzierung von Staatsschulden mit eigens dafür gedrucktem Geld, einem der tragenden Pfeiler des Maastrichter Vertrages (Artikel 123 AUV). Neben dem Beistandsverbot (Artikel 125 AEUV), also dem Verbot der Übernahme der Haftung für Pleitestaaten der Eurozone, war dieses Verbot eine der beiden zentralen Bedingungen Deutschlands für die Aufgabe der D-Mark gewesen.

Deutschland hatte die Aufnahme beider Regeln in den Vertrag verlangt, um eine Schuldendisziplin der Teilnehmerstaaten zu erzwingen, den deutschen Steuerzahler vor der Übernahme der Haftung für fremde Staatsschulden zu schützen und eine Wiederholung der Hyperinflation auszuschließen, die in den Jahren bis 1923 zur Enteignung großer Teile des deutschen Bürgertums geführt hatte. Die Hyperinflation entstand damals, weil sich der Staat bei der Notenbank finanzierte, die dessen Finanzbedarf mit frisch geschaffenem Geld befriedigte. Die Hyperinflation war nicht nur ungerecht, weil sie Sparer verarmen und die Spekulanten reich werden ließ, sondern sie zerstörte letztlich die Weimarer Republik, weil sie viele der verarmten Bürger radikalisierte und in die Hände der Nazis trieb. Als Helmut Kohl bereit war, den Euro einzuführen, hatten viele seiner Berater große Angst davor gehabt, dass die Staaten Südeuropas, die diese Erfahrungen nicht gemacht hatten und sich schon damals in großen Geldnöten befanden, alles versuchen würden, ihre Staatspapiere der EZB »anzudrehen«. Deshalb hatte Deutschland den genannten Artikel im Maastrichter Vertrag durchgesetzt, doch wie die Geschichte gezeigt hat, wurde dieser Artikel nicht respektiert – wie so vieles nicht respektiert wurde, was man seinerzeit vereinbart hatte.

Meine Bedenken gegen die QE-Entscheidung der EZB wurden von vielen Juristen geteilt. Und so verwunderte es mich auch nicht, dass es in der Folge erneut Klagen gegen das QE-Programm beim Bundesverfassungsgericht hagelte. Das Gericht fasste im August 2017 den Beschluss, die Frage, wie das QE-Programm rechtlich zu beurteilen sei, dem Europäischen Gerichtshof (EuGH) zur Prüfung vorzulegen. Es tat dies aber nicht, ohne dem EuGH in seinem Vorlagenbeschluss akribisch und mit Nachdruck darzulegen, warum die Kläger seiner Meinung nach recht hatten.

Die Karlsruher Richter argumentierten, formalrechtlich sei es zwar nur verboten, dass die EZB die Staatspapiere direkt von den Staaten erwirbt. Ein massenhafter indirekter Erwerb, bei dem die Staaten die Papiere zunächst an Banken verkaufen, die sie dann nach kurzer Frist an die Zentralbanken weiterverkaufen, habe aber die gleichen ökonomischen Wirkungen, bedeute deshalb eine Umgehung und Verletzung des Maastrichter Vertrages und sei deshalb ebenfalls verboten.

In der Tat hatte die Bundesbank dem Bundesverfassungsgericht bereits beim OMT-Verfahren mitgeteilt, dass in der Regel nur wenige Tage vergehen, bis eine Bank erworbene Staatspapiere an die Notenbank weiterverkauft. Was schon für den OMT-Beschluss galt, musste ja nun auch für das QE-Programm gelten.

Aber aus ökonomischer Sicht liegt der Hase beim neuen Kaufprogramm anderswo im Pfeffer, weil – zwar nicht rechtlich, aber doch faktisch – die Bundesbank gefordert ist, die südeuropäischen Staaten zu entschulden und Deutschland auf diese Weise einen Teil seines Industrie- und Wohnvermögens verliert. Damit dieser Satz nicht überlesen wird, wiederhole ich ihn hier noch einmal mit anderen Worten. Ja, in der Tat: Wir geben Wohn- und Industrievermögen an die Gläubiger der südeuropäischen Länder, die in irgendwelchen Drittländern sitzen, damit die so nett sind, die Schulden der Südländer zu streichen. Ein Ammenmärchen? Nein, leider die bittere Realität des QE-Programms. Sie kommt letztlich dadurch zustande, dass die Investoren aus aller Welt die Erlöse aus dem Verkauf der südeuropäischen Papiere in den allermeisten Fällen verwenden, um in Deutschland Aktien, Immobilien und ganze Industriefirmen zu kaufen. Und dabei ist wiederum der Target-Mechanismus im Spiel. In der Tat sind die Target-Forderungen der Bundesbank, welche nach dem OMT-Programm bis zum Sommer 2014 auf 444 Milliarden Euro zurückgingen, nach Auffassung der EZB selbst wegen dieses Programms bis zum Jahresende 2017 wieder auf die schon erwähnten 907 Milliarden Euro hochgeschnellt, weit über die 751 Milliarden Euro hinaus, die im Sommer 2012 auf dem Höhepunkt der Krise erreicht wurden.

Was konkret passiert, ist Folgendes: Alle nationalen Notenbanken kaufen die Papiere ihres Heimatstaates in Proportion zur Landesgröße zurück. So gesehen ist das Programm symmetrisch angelegt. Doch es wirkt nicht symmetrisch, weil die Papiere der Länder Südeuropas *vor* der Lehman-Krise

13 Wo bleibt mein Europa?

des Jahres 2008, also in der Zeit, als diese Länder ihre Kreditblase erlebten, in die weite Welt verkauft wurden, um den wachsenden Überhang ihrer Importe über die Exporte und damit ihren Lebensstandard zu finanzieren. Der mit dem QE-Programm realisierte Rückkauf der damals in die Welt verkauften Papiere führt deshalb zu Überweisungen an die ehemaligen Gläubiger und von ihnen zurück nach Deutschland, um hier Vermögensobjekte zu erwerben.

Betrachten wir ein Beispiel. Die spanische Notenbank will ein spanisches Staatspapier zurückkaufen, das in einem Portfolio eines Investors in Shanghai liegt, und dieser Investor legt den Verkaufserlös in Deutschland an, um sich eine deutsche Firma zu kaufen, sagen wir die Roboterfirma XYZ, um es plastisch zu machen. Das ist kein unrealistisches Beispiel, weil das steigende Angebot von Eurogeld auf den Devisenmärkten im Zuge der Rückkaufaktion den Eurokurs senkt und die deutsche Firma, auf die man wegen ihres Technologievorsprungs ohnehin schon ein Auge geworfen hatte, billiger macht.

Wenn die Transaktion abgeschlossen ist, stellt man fest, dass der Verkäufer der Roboterfirma Geld in den Händen hat, das ja letztlich ein Forderungstitel gegen die Bundesbank darstellt und dort als Verbindlichkeit gegenüber den Eigentümern des Geldes in der Bilanz verbucht wird. Die Roboterfirma indes befindet sich nun in chinesischem Eigentum, und die spanischen Schuldpapiere sind bei der spanischen Notenbank gelandet. Da die spanische Notenbank dem spanischen Staat selbst gehört, sind diese Schulden im Außenverhältnis verschwunden. Die Bundesbank ihrerseits hält nun, da sie ja das Überweisungsgeld hergestellt hat, das der Verkäufer der Roboterfirma haben wollte, eine Target-Ausgleichsforderung gegen das Eurosystem und das hält eine entsprechende Forderung gegen die spanische Notenbank.

Für die Spanier ist das Ganze ein gutes Geschäft, weil eine verbriefte und mit einer Fälligkeit ausgestattete Staatsschuld bei einem privaten Gläubiger gegen eine bloße Target-Buchschuld beim Eurosystem ausgetauscht wurde.

Weniger günstig sieht die Sache für die Deutschen aus. Zwar haben die bisherigen Eigentümer der Roboterfirma für die Hergabe ihres Eigentumsrechts Eurogeld und damit Forderungen gegenüber der Bundesbank erhalten. Aber die Bundesbank und mit ihr die Summe der Deutschen, die als Steuerzahler quasi ihre gewinnberechtigten Aktionäre sind, hat für den Verzicht auf eigene Waren und Vermögenstitel, die in früheren Perioden ins Ausland geliefert wurden, nur noch Target-Forderungen erhalten, die niemals fällig gestellt werden können – Forderungen mit einem Zins von null, der später, abhängig vom Wohlwollen der Mehrheit der Target-Schuldner-Länder im EZB-Rat, vielleicht doch mal wieder einen positiven Zins erwirtschaften wird. Auch hier gilt wieder: Nach geltenden Buchhaltungsregeln der Privatwirtschaft müsste eine solche Forderung eigentlich gleich zu hundert Prozent abgeschrieben werden. Das würde zeigen, dass die Verkäufer der Roboterfirma mit einer Forderung gegen sich selbst bezahlt wurden.

Die Nachteile, die die von der Mehrheit des EZB-Rats durchgekämpfte Interpretation des Eurosystems für Deutschland hat, sind nun offenkundig. Aufgrund des QE-Programms überschwemmen neue Euros die Devisenmärkte, drücken den Eurokurs und machen nicht nur europäische Waren, sondern auch deutsche Firmen für ausländische Käufer preiswert. Die Deutsche Bundesbank erhält eine unverzinsliche Target-Buchforderung für die Finanzierung des Verkaufs deutscher Industriewerte an ausländische Käufer, die selbst wiederum zum Ausgleich ihre südeuropäischen Staatspapiere an die Notenbanken Südeuropas zurückgeben. Somit ist das QE-Programm eine gewaltige Um- und Entschuldung der südeuropäischen Staaten, die in Teilen mit einer Plünderung des deutschen Realkapitalbestands einhergeht. Allein chinesische Käufer hatten zur Mitte des Programms, im Jahr 2016, doppelt so viele Firmen wie im letzten Jahr vor dem Programm, also 2014, erworben und ihren Kapitaleinsatz für die Käufe dabei versiebenfacht, wie die Nachrichtenagentur *Bloomberg* berichtete. Dabei hatten die Käufer es insbesondere auf deutsche Firmen aus dem Bereich des Maschinenbaus abgesehen, die mit ihrem Know-how an der Weltspitze stehen. Man denke nur an Kuka, den weltberühmten Roboter-Hersteller, an dem ein chinesischer Investor, der bereits Aktien besaß, für weitere 1,7 Milliarden Euro die Aktienmehrheit übernahm, oder den traditionsreichen Maschinenbauer KraussMaffei, der für 900 Millionen Euro über die Ladentheke ging.

Die EZB versucht bis heute den Eindruck zu erwecken, dass es bei den Target-Salden nur um harmlose technische Effekte geht. Die Verkäufer der südlichen Wertpapiere seien Investmentgesellschaften, die ihre Konten nun einmal in Deutschland hätten, weil hier die Zentrale des Eurosystems angesiedelt ist. Das ist eine irreführende Halbwahrheit. Dass solche Investmentgesellschaften in Deutschland auch mit im Spiel sind, stimmt natürlich. Nur lassen sie das Geld, das sie durch den Verkauf der südlichen Staatspapiere erhalten, sicherlich nicht auf irgendwelchen Konten in Deutschland herumliegen, sondern legen es großenteils in deutsche Immobilien, Staatspapiere oder Industriewerte an. Das tun sie schon deshalb, weil bloße Geldbestände von Ausländern bei einem Zusammenbruch des Euro die ersten wären, die die Bundesbank nicht in D-Mark umtauschen würde. Angesichts dieser Gefahr haben ausländische Investmentgesellschaften wenig Interesse, in Deutschland allzu viel Geld herumliegen zu lassen, und ziehen es vor, das Geld lieber durch den Erwerb von Vermögensobjekten in deutsche Hände zu geben, wo es vor möglichen Umtauschverlusten geschützt ist. Das erklärt einen wesentlichen Teil der deutschen Aktienhausse und des Immobilienbooms.

Wenn man das alles bedenkt, auch die Massenarbeitslosigkeit, die der Euro in Südeuropa hervorgerufen hat, und all die hässlichen Ausschreitungen gegen Deutschland auf den temporären Höhepunkten der Krise, dann wird es klar, welch großen Schaden der Euro für Deutschland hervorruft. Es wäre wirklich besser gewesen, die D-Mark zu behalten. Dann hätte die Bundesbank bei der Verteidigung eines niedrigen, die Wettbewerbsfähigkeit erhaltenden D-Mark-Kurses, ähnlich wie die Schweizer Notenbank es tut, statt der unverzinslichen und uneinbringlichen Target-Forderung ihr Geld in marktfähige ausländische Wertpapiere investieren können. Oder sie hätte statt der gehaltlosen Target-Forderungen Gold akkumulieren können wie im alten Bretton-Woods-System.

Kai Konrad – Direktor des *Max-Planck-Instituts für Steuerrecht und Öffentliche Finanzen* in München, den ich, wie in Kapitel 10 schon erläutert, 1984 als ersten Assistenten an meinen neuen Lehrstuhl an der LMU München geholt hatte – wies bereits im Jahr 2013 darauf hin, dass Deutschland nach einem möglicherweise von Südeuropa erzwungenen Austritt aus der Eurozone die Aufwertung der D-Mark durch Käufe ausländischer Wertpapiere verhindern könnte. Das sei sogar ein Vorteil für Deutschland. Für diese Einschätzung musste er sehr viel öffentliche Kritik einstecken, war er doch zu jener Zeit der Vorsitzende des

Wissenschaftlichen Beirats beim Bundesministerium der Finanzen. Dass der Chef des Schäuble-Beirats es wagte, einen möglichen – wenn auch von anderer, nämlich südeuropäischer Seite forcierten – Austritt Deutschlands aus der Eurozone nicht als Katastrophe, sondern Vorteil für Deutschland darzustellen, wurde an nicht wenigen Stellen in Berlin als Skandal betrachtet. Die obigen Ausführungen zeigen jedoch, dass das potenziell realisierbare ausländische Vermögensportfolio Deutschlands das exakte Pendant der wertlosen Target-Forderungen ist, die die Bundesbank im Eurosystem nach den mit der Mehrheit des EZB-Rates gegen Deutschlands Interessen getroffenen Entscheidungen anhäufen muss, um Südeuropa zu entschulden. Sie bestätigen Konrads Position.

Es folgt jedoch nach meiner Einschätzung aus dieser Erkenntnis nicht zwingend, dass Deutschland aus dem Euro aussteigen sollte. Sicher, wichtige und in Wirtschaftsdingen erfahrene Persönlichkeiten wie der Gründer einer der größten europäischen Unternehmensberatungsfirmen, Roland Berger, tun das, und wenn sie es tun, muss man ihre Argumente ernst nehmen. Indes sollte nicht jede Ehe, in der ein Partner regelmäßig für sich selbst zu viel Geld aus der gemeinsamen Kasse nimmt, sogleich geschieden werden. Die hohen Scheidungskosten und die Bedeutung der deutsch-französischen Freundschaft sind ein Argument, zunächst ernsthaft zu versuchen, eine Einigung über eine Reform des Eurosystems auf gütlichem Wege zu erreichen.

Insofern ist es an der Zeit, dem ungezügelten Treiben der EZB nun endlich einmal politischen Widerstand entgegenzusetzen, anstatt es bei irgendwelchen Geheimtreffen, von denen die Öffentlichkeit wenig erfährt, abzunicken, damit sich der Deutsche Bundestag damit nicht beschäftigen muss. Wenn die Politiker aus Berlin die Bundesbank nicht im Regen stehen gelassen und sie stattdessen in ihrem Protest gegen die Mandatsüberschreitungen der EZB unterstützt hätten, wäre manches anders gekommen. Davon bin ich überzeugt. Die deutsche Politik, Regierungen wie Parlamente, muss endlich wieder ihrer Aufgabe gegenüber den Bürgern gerecht werden. Denn das Konfliktpotenzial zwischen den Staaten, auch zwischen Deutschland und Frankreich, wächst mit den ohnehin schon hohen und laufend weiter wachsenden Haftungsrisiken quasi täglich.

13 Wo bleibt mein Europa?

Die große Entwertung: Wehe, wenn die Baby-Boomer ihr Geld zurückhaben wollen

Keine Frage, die schlummernden Bilanzrisiken im Eurosystem sind extrem gefährlich. Aber diese Gefahr für die Zukunft wird von vielen nicht gesehen oder ausgeblendet. Während sich jeder die langfristigen Folgen der Flüchtlinge aus fremden Kulturkreisen ausmalen kann, sind die Probleme, die aus dem Missbrauch des Eurosystems resultieren, für viele Bürger zu abstrakt, als dass sie darauf mit konkreten Forderungen an die Politik reagieren würden. Also reagieren sie erst einmal gar nicht. Aber es ist genau diese Abstraktheit und die Komplexität des Geschehens, die cleveren Finanzjongleuren auf den Finanzmärkten und in den Gängen der EZB die Möglichkeit bietet, die Weichen zu den eigenen Gunsten zu stellen, ohne dass dagegen Protest laut wird und ohne dass sich später gegen diese Weichenstellungen noch etwas unternehmen ließe.

Ich habe es Zeit meines Lebens als Wissenschaftler als meine Aufgabe angesehen, auch dem »normalen Bürger« abstrakt und komplex erscheinende Dinge zu erklären, damit sie sich selbst rechtzeitig ein Bild machen und politisch aktiv werden können, um ihre Interessen zu wahren. Zur Erkenntnis und zum politischen Druck wird es im Fall des schon heute maroden Eurosystems vermutlich aber erst dann kommen, wenn viele deutsche Sparer und Rentner gleichzeitig an ihr Geld heranwollen. Dann werden sie nämlich feststellen, dass manche ihrer Ansprüche – die ja letztendlich Forderungen gegen Schuldner im globalen Finanzsystem darstellen – kaum so realisiert werden können, wie sie es sich einmal gedacht haben. Die Stunde der Wahrheit wird wohl spätestens dann kommen, wenn die stärksten Baby-Boomer-Generationen das Rentenalter erreichen, also um das Jahr 2030 herum. Diese Baby-Boomer werden dann feststellen, dass weder der Staat noch die privaten Lebensversicherer in der Lage sind, die einst versprochenen Renten zu liefern.

Ist das übertrieben? Mitnichten. Der Staat wird seine Rentenversprechen schon deshalb nicht erfüllen können, weil er beim gesetzlichen Rentensystem auf das Umlagesystem gesetzt hat, das von der Hand in den Mund lebt und praktisch keine Reserven hat. Die Beiträge der Versicherten werden nicht angelegt, um aus dem so entstandenen Kapitalstock später die Renten zu bezahlen, sondern sie werden direkt für die Finanzierung der Altrenten verwendet. Es gibt kein Deckungskapital zur Finanzierung der Renten, sondern nur die Hoffnung, dass später genug Menschen im Arbeitsleben bereitstehen, um die dann alten Menschen mit zu ernähren. Aber genau das ist das Problem. Die Versicherten wollen Renten von Kindern, die sie nicht haben.

Schon jetzt ist sicher absehbar, dass immer mehr Personen im Rentenalter einer immer kleineren Zahl von Personen im Erwerbsalter gegenüberstehen und dass deshalb die Beitrags- und Steuereinnahmen hinten und vorne nicht reichen, um die Versprechen zu erfüllen, die der Staat den Rentnern einst gegeben hat. Viele Wissenschaftler haben sich hierzulande seit vielen Jahrzehnten mit diesem Thema beschäftigt, angefangen bei Kurt Biedenkopf und Meinhard Miegel, die schon 1982 warnten und einen Wechsel des Rentensystems hin zu einem System mit Kapitaldeckung anmahnten. Auch ich selbst habe seit meinem großen – und später veröffentlichen – Vortrag bei der Jahresfestversammlung der *Bayerischen Akademie der Wissenschaften* im Jahr 1998 immer wieder harte Zahlen zu diesem Thema präsentiert, und auch ein ganzes Kapitel in meinem 2003 erschienenen Buch *Ist Deutschland noch zu retten?*

Was damals schon galt, gilt heute noch sehr viel mehr. Denn wenn zu den ohnehin kaum mehr lösbaren Rentenproblemen auch noch die Langfristwirkungen der Euro-Rettungspolitik hinzutreten, wird es in der Gesellschaft ein Hauen und Stechen um die immer knapper werdenden Finanzmittel geben. Ein hässlicher Generationenkonflikt ist vorprogrammiert. Gerade dann, wenn die Rentenprobleme mit dem Eintritt der Baby-Boomer in das Rentenalter zusammenkommen, werden dem deutschen Staat zusätzlich noch die vielen Bürgschaften und lausigen Kreditforderungen aus dem Eurosystem und den fiskalischen Rettungsschirmen der Staatengemeinschaft auf die Füße fallen. Das viele Geld, das über öffentliche Kanäle nach Südeuropa verliehen wurde – allen voran die Überziehungskredite im Eurosystem – wird schon deshalb nicht zurückkommen, weil die südeuropäischen Länder unter genau den gleichen demografischen Problemen leiden wie Deutschland. Die dort heute schon vorhandenen Finanzprobleme werden sich nur noch verstärken.

Die Konsequenz dieser glasklar absehbaren Entwicklung ist: Der deutsche Staat wird für einen erheblichen Teil der gemeinsamen Schulden einstehen müssen, die die fiskalischen Rettungsschirme und die Staaten Europas unter dem Schutz der Gemeinschaftshaftung gemacht haben. Er wird auf Gewinnausschüttungen der Bundesbank weitgehend verzichten und die Bundesbank vielleicht sogar mit Steuermitteln rekapitalisieren müssen, um die Abschreibungsverluste auf die Staatspapiere südlicher Länder, deren Konsequenzen auch die Bundesbank über die Target-Forderungen spüren wird, auszugleichen.

Viele Bürger setzen darauf, dass sie zur Stabilisierung oder Ergänzung ihrer Rentenansprüche zusätzlich auf ihre Lebensversicherungen, Sparverträge und betrieblichen Renten werden zurückgreifen können. Ich hoffe nur, dass sie nicht ebenfalls böse Überraschungen erleben werden.

Das sage ich durchaus selbstkritisch, denn ich hatte seinerzeit einen gewissen Einfluss auf die Einführung der Riesterrente, die eine staatlich bezuschusste Form von Sparverträgen darstellt. Natürlich sind Sparverträge grundsätzlich kapitalgedeckt und insofern vor demografischen Verwerfungen geschützt. Bei meinem Vortrag vor der Bayerischen Akademie der Wissenschaften und auch in einer Reihe von Publikationen hatte ich deshalb auch nachdrücklich dafür geworben, die umlagefinanzierte Rente durch eine kapitalgedeckte Komponente zu ergänzen. Meinen Vorschlag hatte ich zudem in einem Gutachten des Wissenschaftlichen Beirats beim Bundesministerium für Wirtschaft aus dem Jahre 1998, bei dem ich selbst federführend war, untergebracht. An meinem Münchner Universitätsinstitut CES hatten wir dazu zuvor umfangreiche Berechnungen angestellt, bei denen mich vor allem mein wissenschaftliche Assistent Marcel Thum unterstützte, der heute Professor in Dresden ist.

Über das Gutachten des Beirats fand dieser Vorschlag Eingang in die Politik. Zwar nicht sofort, denn das Bundesministerium für Arbeit und Soziales (BMAS) unter Norbert Blüm hatte vor Abwahl der letzten Kohl-Regierung noch versucht, die Veröffentlichung des Gutachtens zu verhindern. Als dann aber Walter Riester für die SPD Arbeitsminister wurde, übernahm er den Vorschlag in wesentlichen Teilen so, wie ich ihn ausformuliert hatte. Auf Riesters Bitten hin stellte ich ihm temporär sogar meinen Münchner Assistenten Jakob von Weizsäcker zur Verfügung, um ihn bei der Gesetzesfassung helfen zu lassen. Als »Riester-Rente« wurde der Vorschlag schließlich Realität, wenn auch mit vielen Detailausprägungen, die nicht von uns stammten.

Selbstkritisch bin ich beim Thema der kapitalgedeckten Altersvorsorge, weil ich in Sorge bin, dass auch die Lebensversicherungen und Sparpläne, für die die Menschen ihr Geld für ihre Altersversorgung eingesetzt haben, in Schwierigkeit kommen werden. Die Sorge ist zum einen darin begründet, dass die Versicherungsgesellschaften die ihnen anvertrauten Ersparnisse allzu häufig in Staatspapieren der südlichen Länder angelegt haben. Dadurch sind die Finanzierungen der Sparpläne quasi unbemerkt von einem Kapitaldeckungsverfahren zu einer Art neuem, nun aber von privater Hand organisierten Umlageverfahren mutiert, das ähnlich wie die deutsche Rentenversicherung nicht demografiefest ist. Umlageverfahren leben ja – wie oben erläutert – von der Hand in den Mund, was mit Blick auf die Demografiefestigkeit schon problematisch genug ist. In diesem Fall liegen nun aber die Hände sogar teilweise in Ländern, die eher noch größere Finanzprobleme zu bewältigen haben werden als Deutschland.

Zum anderen ist meine Sorge in dem Umstand begründet, dass die Erträge der Anlageportfolios, die zur Absicherung der Ansprüche aus den Lebensversicherungen und Sparplänen gebildet wurden, wegen der Nullzinspolitik der EZB erodieren. Die Erosion wurde zwar durch die Wertzuwächse auf Aktien, Immobilien und langlaufende Altpapiere, über die die Banken und Lebensversicherer verfügen, temporär aufgefangen. Man darf aber nicht übersehen, dass diese Wertzuwächse großenteils nur das Ergebnis der Flucht der Anleger vor den niedrigen Zinsen in Sachwerte und Aktien waren. Wenn die Zinsen wieder ansteigen, werden sich diese Effekte großenteils in ihr Gegenteil verkehren, und man wird dann die Konsequenzen der über viele Jahre fehlenden echten Zinserträge sehen.

Tatsächlich hatte die deutsche Volkswirtschaft in ihrer Gesamtheit wegen der niedrigen Zinsen nach meiner Rechnung bereits in den zehn Jahren von 2008 bis 2017 bei den netto im Ausland angelegten Vermögensbeständen einen Ertragsausfall von etwa 600 Milliarden Euro zu verzeichnen. Auf diese Zahl kam ich, indem ich die tatsächlich netto von Deutschen aus dem Ausland bezogenen Zins- und Kapitaleinkommen mit einem Szenarium verglich, bei dem Deutschland bei unverändertem Verlauf seiner Handelsbilanzüberschüsse in der Lage gewesen wäre, das jeweilige Nettoauslandsvermögen noch zu den Zinsen anzulegen, die es im Jahr 2007, also vor der Krise, tatsächlich realisierte.

13 Wo bleibt mein Europa?

Die hohen Zins- und Gewinnversprechen, die die Lebensversicherer ihren Kunden bei Vertragsabschluss gaben, werden bei einer Fortsetzung der Niedrigzinspolitik kaum noch zu realisieren sein. Früher wurde den Kunden beim Abschluss einer Lebensversicherung ja regelmäßig versprochen, sie würden dauerhaft einen hohen Zins erhalten und zudem noch an den Gewinnausschüttungen der Lebensversicherer beteiligt werden. Die Musterrechnungen, die den Kunden vorgelegt wurden, um sie zum Abschluss zu bewegen, enthielten stets erkleckliche Ausschüttungen, die das prognostizierte Ergebnis maßgeblich mitbestimmten. Doch längst sind diese Musterrechnungen nicht mehr das Papier wert, auf das sie geschrieben wurden. Von Überschussbeteiligungen redet heute kein Mensch mehr.

Und es kann noch viel schlimmer kommen. Schon heute nämlich »entsorgen« manche Lebensversicherer ihre Policen gegen Übergabe des Deckungsvermögens bei dubiosen Firmen aus dem Finanzbereich, die in London oder sonst wo tätig sind. Der Lebensversicherungssparer soll sein Geld im Rentenalter dann nicht von der Versicherung erhalten, bei der er seinen Vertrag abgeschlossen hat, sondern muss sich an irgendeine ausländische Institution wenden. Dafür führt die Lebensversicherungsbranche nicht selten den Grund an, die *ausländischen* Firmen könnten die Abwicklung der Ansprüche mit ihren *deutschen* Kunden kostengünstiger erledigen als sie selbst – ein geradezu lächerliches Argument. Eher scheint es darum zu gehen, die Zahlungsverpflichtungen an Institutionen zu übertragen, die im Zweifel mehr Möglichkeiten haben, sich ihnen zu entziehen, wenn sichtbar wird, dass bei den Deckungsstöcken Luftnummern verbucht wurden, die aus der Null- und Niedrigzinspolitik resultieren.

Der tiefere Grund für die absehbaren Schwierigkeiten bei der staatlichen und privaten Altersvorsorge liegt darin, dass die Verluste auf Kapitalanlagen großenteils bereits stattgefunden haben, doch noch nicht verbucht wurden. Die Mittel, die in der Zeit der südeuropäischen Kreditblase von den deutschen Sparkonten in die Mägen griechischer oder italienischer Rentner und Staatsbediensteter oder in dubiose Immobilienprojekte in Spanien flossen, die heute als Bauruinen überall herumstehen, sind nämlich schon längst weg. Es geht jetzt nur noch um die Frage, wer die Verluste trägt und seinen Konsum zum Ausgleich wird einschränken müssen: die Nachfahren derer, die die Mittel verbrauchten; die Banken und Lebensversicherer, die sie nach Südeuropa transportierten; die

Sparer, die sie in der Hoffnung hergaben, daraus ihren Alterskonsum zu finanzieren; oder die Steuerzahler, die die Finanzlücken werden schließen müssen, wenn sie sichtbar werden. Nach meiner Einschätzung werden die beiden letztgenannten Gruppen auf jeden Fall zur Gruppe der Leidtragenden gehören: die Sparer wegen der beschriebenen Abstoßung von Lebensversicherungsbeständen und wegen der Nullzinspolitik der EZB, und die Steuerzahler wegen all der Haftungsverpflichtungen und Risiken, die sie im Zuge der europäischen Rettungsschirme, allen voran in Form der Bereitstellung von Target-Überziehungskrediten, übernommen haben.

Nach meiner Interpretation kann die gesamte Rettungsarchitektur einschließlich der Maßnahmen der EZB letztlich als Versuch einer Vielzahl von beteiligten privaten und öffentlichen Spielern interpretiert werden, die bereits entstandene Verluste durch vielfältiges Umpacken der Schulden möglichst anderen anzulasten als jenen, die sich bei der Kreditvergabe verspekuliert haben.

Die meisten Bürger können schon heute davon ausgehen, dass sie bei diesem Verwirrspiel zu den Verlierern gehören werden, während andere, die das Spiel sehr viel besser verstehen als sie, in der Lage sind, ihre Vermögenswerte irgendwo auf der Welt in Sicherheit zu bringen. Je lauter die Europahymne zur Übertünchung des Sachverhalts gespielt wird, desto mehr sollten sie aufpassen, ob sie bei der ständigen Umpackerei der Schulden der südeuropäischen Länder nicht unter die Räder kommen.

Die Umpackerei begann damit, dass die Politik tolerierte, wie sich die Krisenländer das Geld druckten und damit im Eurosystem Überziehungskredite zogen, die sie brauchten, um ihre Schulden bei privaten Gläubigern zu bezahlen. Dann kamen die fiskalischen Rettungsschirme ins Spiel, die die Aufgabe hatten, die Überziehungskredite im Eurosystem abzulösen. Dann wurden mit dem OMT-Schutzversprechen der EZB wieder private Kapitalanleger angelockt. Und schließlich wurden diesen Anlegern mit dem QE-Programm die Papiere, die sie erworben hatten, wieder abgekauft, was die Steuerzahler als Quasi-Aktionäre der EZB zu deren Eigentümern machte. Letztlich diente alles dazu, den Schuldnern schmerzliche Einschnitte im Lebensstandard zu ersparen und den privaten Gläubigern die Möglichkeit zu geben, sich aus dem Staub zu machen, indem sie den Anlageschrott den Steuerzahlern andrehten. Sicher, die Sparer gehören indirekt auch zu den Gläubigern, die so gerettet werden. Nur retten sie sich in ihrer Eigenschaft als Steuerzahler selbst, und nicht nur sich, sondern zugleich die Kapitalanleger aus der ganzen Welt. Das ist der Grund, warum die Kapitalmärkte und die von ihnen abhängigen Postillen, die insbesondere im angelsächsischen Bereich angesiedelt sind, die Rettungsarchitektur bejubeln. Ob der Leser in diesen Jubel einstimmen möchte, muss er selbst entscheiden.

Unser Euro? Mein Europa!

Viele deutsche Politiker, zumal solche, die persönlich für die Weichenstellungen der jüngeren Vergangenheit verantwortlich sind, behaupten, der Euro sei eine Erfolgsstory für Deutschland. Sie stilisieren Deutschland zum großen Profiteur des Euro, weil die Konjunktur prächtig läuft, während andere Länder in der Krise sind, weil Deutschland beim Exportüberschuss Weltmeister ist und weil seine Arbeitslosigkeit gering ist. Und sie fügen an, Deutschland sei so reich, dass man den anderen Ländern der Eurozone unter die Arme greifen müsse, damit sie wieder auf die Beine kommen.

Das klingt nach einer guten Gesinnung. An der Realität orientiert und verantwortungsbewusst ist eine solche Sicht nicht. Jene, die sie vertreten, übersehen nämlich zentrale Aspekte:

Erstens übersehen sie, dass Deutschland nach der Einführung des Euro zunächst in eine gewaltige Wirtschaftskrise mit mehr Arbeitslosigkeit geriet, als man in Frankreich oder Italien selbst auf dem Höhepunkt der Krisen dieser Länder verzeichnete. Lange Zeit trug Deutschland sogar die rote Laterne des europäischen Wachstumszugs, eine Problemlage, die erst durch die schmerzlichen und sehr verdienstvollen Reformen der Regierung Schröder, die Agenda 2010, überwunden wurde. Noch bis weit in die 2000er-Jahre hinein gab es kein europäisches Land, das langsamer wuchs als Deutschland.

Zweitens übersehen die Euro-Bejubler, dass Deutschland seit dem Jahr 1995, als die Zinsen für Südeuropa nach der Verkündung des Zeitplans für die Euroeinführung in Südeuropa rapide zu sinken begannen, beim BIP pro Kopf deutlich zurückfiel. Während es damals hinter Luxemburg unter jenen Ländern, die heute den Euro haben, auf dem zweiten Platz lag, bekleidet es nach aktueller Datenlage (2016) den sechsten Platz. Temporär lag es zwischenzeitlich sogar auf dem achten.

Drittens übersehen die Euro-Euphoriker, dass die prächtige Exportkonjunktur auch eine Kehrseite hat. Diese Konjunktur ist nämlich zum einen durch die Unterbewertung des Euro hervorgerufen, die ihre Ursache in der Geldschwemme hat, die die EZB verursachte. Zum anderen ist sie das Ergebnis einer Unterbewertung der deutschen Güter innerhalb der Gruppe der Euroländer, die selbst die unmittelbare Implikation der vom Euro in Südeuropa hervorgerufenen inflationären Kreditblase ist. Die Kehrseite besteht deshalb darin, dass Deutschland für seine Importgüter vergleichsweise viel bezahlen muss. Die Verteuerung der Importgüter hat die Entwicklung der Realeinkommen gedämpft und so den Lebensstandard der allgemeinen Bevölkerung geschmälert. Nur den Exportsektor zu betrachten und sich daran zu laben, Deutschland sei Exportweltmeister, ist eine die Realität sehr verkürzende Sicht der Dinge, die einer ökonomischen Analyse nicht standhält.

Viertens übersehen die Euro-Verteidiger, dass Deutschland auch mit der D-Mark jederzeit in der Lage gewesen wäre, die gleiche Exportentwicklung wie mit dem Euro zu realisieren, wenn die Bundesbank ähnlich, wie es die Schweizer Notenbank mit dem Franken tat, mit selbst gedruckten D-Mark auf den Devisenmärkten interveniert hätte. Das ist das Argument, das Kai Konrad verwendet hatte. Wie schon erläutert, hätte die Bundesbank dann statt der ziemlich wertlosen Target-Forderungen marktfähige ausländische Vermögenstitel erhalten, und es wäre auch nicht nötig gewesen, die Staaten Südeuropas durch Hergabe deutscher Immobilien und Industriewerte gegenüber der ganzen Welt zu entschulden.

Fünftens übersehen sie, dass deutsche Haushalte im europäischen Vergleich nicht sonderlich reich sind. Genau dies war ja das Ergebnis bei den offiziellen Umfragen der Notenbanken des Eurosystems, und es überraschte nicht wenige. So lag das durchschnittliche deutsche Haushaltsvermögen nach der Umfrage aus dem Jahr 2013 bei 195.000 Euro, während französische Haushalte auf 233.000 Euro, italienische auf 275.000 Euro und spanische gar auf 291.000 Euro kamen. Wenn es um die Frage geht, in welchem Umfang Deutschland zur Lösung der Finanzprobleme der südeuropäischen Staaten beitragen sollte, kann man diese Zahlen nicht außer Acht lassen.

Angesichts dieser Grundproblematik kann man die Vorstellung, die manche Politiker hegen, Deutschland sei nicht nur ein Euro-Profiteur, sondern könne Südeuropas Probleme durch immer neue Umverteilungsmaßnahmen lösen, in das Reich der Utopien verweisen. Im Übrigen sind es ziemlich

13 Wo bleibt mein Europa?

gefährliche Utopien, weil sie unser Land noch stärker als ohnehin auf einen Weg bringen würden, den zu verlassen später mit großem politischen Ärger, wenn nicht gar ernsthaften Konflikten zwischen den Ländern einherginge.

So sehr ich der Meinung bin, dass die europäische Integration auf dem Gebiet des Freihandels voranschreiten sollte, so wenig halte ich von der europäischen Rettungsarchitektur und den weitergehenden Vorstellungen, wie sie dazu etwa in Brüssel, Luxemburg und Paris entwickelt werden. Und das tue ich nicht in erster Linie, weil ich sehe, dass Deutschland der Hauptleidtragende sein wird, sondern aus der tiefen Überzeugung, dass eine Transferunion und Vergemeinschaftungsregime, die die Entscheidungsträger von der Haftung für ihre Handlungen befreien, in Europa niemals funktionieren werden.

Wir Europäer sollten von den USA lernen und die dort gemachten Fehler vermeiden. Der erste US-amerikanische Finanzminister Alexander Hamilton hatte 1791 die Schulden der Einzelstaaten, die sich vor allem infolge des Unabhängigkeitskriegs gegen die Briten angesammelt hatten, zu Bundesschulden gemacht und sie damit vergemeinschaftet. Hamilton hoffte so auch, die noch junge Nation auf einen Weg zu größerer Einheit zu bringen. Eine zweite Vergemeinschaftungswelle gab es dann 1813 beim zweiten Krieg gegen die Briten. Die Hoffnung auf die Gemeinschaftshaftung beruhigte die Gläubiger zunächst und senkte die Zinsen. Zugleich ermunterte sie die Einzelstaaten, sich immer mehr zu verschulden. Die Staaten investierten ihr geliehenes Geld dann zwar auch in Infrastruktur und schufen so neue Jobs. Doch wurde ebenfalls eine große Menge des geliehenen Geldes falsch investiert, so zum Beispiel beim aufwendigen Bau von Kanälen, die sich wegen der Eisenbahnen bald als überflüssig erwiesen. Von 1835 bis 1842 gerieten neun von damals 29 Staaten und Territorien in den Konkurs, weil sie sich angesichts der durch die Gemeinschaftshaftung künstlich verringerten Zinsen total übernommen hatten.

Die Bundesregierung in Washington hatte, gestützt auf die anderen Staaten, anfangs noch versucht, zu helfen. Doch war dieser Verbund selbst zu schwach, als dass er die Lasten hätte übernehmen können. Das Resultat war eine gewaltige Finanzkrise, die Hass und Zwietracht säte. Statt als Zement für den neuen Staat zu wirken, wie Hamilton es erhofft hatte, entwickelte sich die Vergemeinschaftung der Schulden zum Sprengstoff. Wie der britisch-amerikanische Historiker Harold James von der *Princeton University* schrieb, trug die über viele Jahre schwelende Schuldenproblematik

Unser Euro? Mein Europa!

maßgeblich zum Sezessionskrieg bei, der von 1861 bis 1865 dauerte und der mehr als einer halben Million Amerikanern das Leben kostete.

Natürlich hatte dieser Krieg viele Ursachen, unter denen die Sklavenfrage die wichtigste war (bei der es im Übrigen auch nicht nur um Humanität ging, sondern vor allem um die billigen Arbeitskräfte, die der Konkurrenz im Norden nicht zur Verfügung standen). Doch der nicht enden wollende Streit um die Schulden verschärfte die Spannungen zwischen den Einzelstaaten noch weiter.

Erst nach dem Sezessionskrieg nahmen die USA von der Idee der Gemeinschaftshaftung bei den Schulden endgültig Abschied. Diese Entscheidung spreizte die Zinsen auf Staatspapiere der Einzelstaaten im Hinblick auf die unterschiedlichen Konkurswahrscheinlichkeiten aus und verhinderte damit Schuldenexzesse, die zu Wirtschaftsblasen führten. Das hat der amerikanischen Föderation bis zum heutigen Tage Stabilität gewährt.

Damit der Euro und Europa ein ähnliches Maß an Stabilität entwickeln, muss auch der Alte Kontinent von der Idee der Gemeinschaftshaftung bei den Schulden schnellstmöglich Abschied nehmen.

Nun könnte man sagen, wenn die Gefahr einer Schuldenlawine aufgrund einer Gemeinschaftshaftung so groß ist, dann solle man die Finanzmittel von vornherein schenken, also eine Transferunion errichten. Aber das wäre im Ergebnis nicht minder schlimm, denn eine solche Transferunion würde ganz Südeuropa in die gleiche Situation bringen, in der sich heute schon der italienische *Mezzogiorno* oder Südspanien befinden. Wer eine Euro-Transferunion propagiert, die große finanzielle Mittel umverteilt, muss wissen, dass er die fehlende Wettbewerbsfähigkeit der Empfängerländer perpetuiert, weil er die durch die Euro-Kreditblase künstlich erzeugten Lohnsteigerungen dauerhaft absichert. Die Empfängerländer bleiben in einem solchen Szenarium dauerhaft zu teuer, um als Industriestandort reüssieren zu können. Sie benötigen die Transfers ohne Unterlass, wie Drogenabhängige, die nicht mehr von der Sucht loskommen. Der italienische Mezzogiorno ist dafür ein mahnendes Beispiel. Er kommt schon länger als ein halbes Jahrhundert nicht vom Fleck, weil seine Löhne von den Gewerkschaften des Nordens mitbestimmt werden und der italienische Sozialstaat die entstehende Arbeitslosigkeit finanziert. Die europäische Transferunion, die besonders in Frankreich und Südeuropa so populär ist, lehne ich daher auf das Schärfste ab.

Europa, wie ich es mir vorstelle und wünsche, darf im Übrigen nicht zum Spielball der Supermächte werden. Deshalb habe ich in meinen Büchern und

13 Wo bleibt mein Europa?

vielen Zeitungsartikeln immer wieder die Schaffung einer europäischen Armee und die Wiederbelebung der 1954 an der französischen Nationalversammlung gescheiterten *Westeuropäischen Union* (WEU) gefordert. Glücklich bin ich deshalb, dass bei der Abfassung dieser Zeilen, am 13. November 2017, von 23 EU-Ländern tatsächlich eine Vereinbarung zur Schaffung einer solchen Verteidigungsunion zustande kam. Schade ist zwar, dass Dänemark, Irland, Malta und Portugal dabei die Trittbrettfahrerposition einnehmen wollen, doch ist diese Vereinbarung ein hoffnungsvoller Schritt in die richtige Richtung.

In meinen Büchern und Beiträgen zu Europa habe ich ebenfalls immer wieder recht differenziert skizziert, wie »Mein Traum von Europa« aussieht. Ich möchte das hier nicht im Detail wiederholen, doch davor warnen, allein nur die Westintegration Deutschlands voranzureiben.

Es ist an der Zeit, das Verhältnis zu Russland auf eine neue Basis zu stellen, um das Potenzial für den Handel mit diesem ressourcenreichen Land auszuschöpfen und eine stabile Basis für einen dauerhaften Frieden zu schaffen. Russland ist ein militärisch mächtiges Land. Es bedroht die Europäische Union im Osten. Doch ist Russland Teil Europas und muss im allseitigen Interesse der europäischen Völker in eine neue Friedens- und Handelsunion integriert werden, die die Europäer untereinander aushandeln, ohne sich dabei von außen stören zu lassen.

Auch auf die osteuropäischen EU-Länder sollte sich der Blick der Deutschen richten, denn sie gehören zum selben Kulturkreis wie Deutschland. Viele von ihnen sind Teil dessen, was die Briten seit jeher als Mitteleuropa bezeichnen. Deutschland ist nicht nur kulturell, sondern auch wirtschaftlich auf das Engste mit den osteuropäischen Ländern verwoben. Es war in den Jahren nach dem Fall des Eisernen Vorhangs dort der bei weitem größte Direktinvestor. Auch deshalb liegt es nicht im deutschen Interesse, der französischen Idee eines Europa der zwei Geschwindigkeiten zu folgen. Das Ergebnis eines solchen Ansatzes wäre nämlich die Schaffung eines neuen Grabens an der Ostgrenze unseres Landes. Der polnische Ratspräsident Donald Tusk hat dazu treffend gesagt, er halte von dem Europa der zwei Geschwindigkeiten nichts, denn das habe es bereits bis 1989 gegeben.

Hinter der französischen Idee steckt der Wunsch, die Eurozone, die ja im Wesentlichen den Mittelmeerraum und die deutschsprachigen Länder umfasst, zu mehr Staatlichkeit zu verdichten. Deshalb der Vorschlag, ein Eurozonenbudget mit einem Finanzminister und einer eigenen Steuerhoheit sowie einem Sozialfonds zur Mitfinanzierung der Arbeitslosigkeit in Südeuropa einzurichten. Dieser Vorschlag läuft aber im Endeffekt darauf hinaus, die lateinische Münzunion des 19. Jahrhunderts, diesmal mit Deutschland als Zahlmeister, zu wiederholen, also jene von Frankreich gegründete Währungsunion, die die Mittelmeerstaaten umfasste und zerbrach, nachdem Italien und Griechenland damit begonnen hatten, ohne hinreichende Deckung auf Münzen der Union besicherte Banknoten auszugeben.

Er ist verständlich, dass Frankreich nach Wegen sucht, sein Hinterland in Südeuropa mit Geld aus dem Norden zu stützen und damit sowohl die Absatzmärkte für seine Produkte als auch die Kredite zu sichern, die die französischen Banken dort vorrangig ausgaben. Doch hat Deutschland in den ost- und nordeuropäischen Ländern, die nicht zum Euroraum gehören, eigene wirtschaftliche und kulturelle Interessen und Verbindungen. Deswegen habe ich nie etwas von den Versuchen der EU gehalten, die Regierungen Osteuropas an den Pranger zu stellen. Auch über die Demokratien Südeuropas ließe sich einiges zusammentragen. Nein, so lässt sich Europa nicht stabilisieren.

Die deutsch-französische Achse, die die Stabilität der kontinentalen Nachkriegsordnung garantiert, ist und bleibt für mich ein unverzichtbarer Teil des Selbstverständnisses der Bundesrepublik Deutschland. Ungeachtet aller Differenzen bei der Eurorettung muss diese Achse halten. Sie darf aber nicht zur Abtrennung Ost- und Nordeuropas führen, wie es die Konsequenz einer Stärkung des Zusammenhalts speziell nur im Euroraum wäre.

Und wir dürfen trotz des Brexit auch Großbritannien nicht vergessen. Weil das Land demnächst vermutlich nicht mehr in der EU ist, müssen neue Wege gefunden werden, eng beieinander zu bleiben: aus ökonomischen, aber auch aus politischen Gründen und aus Gründen der gemeinsamen Sicherheit. Ja, eigentlich müsste eine verantwortliche deusche Regierung versuchen, zusammen mit den vernünftigen Kräften in Großbritannien auf den »Exit vom Brexit« – also den Ausstieg vom Ausstieg – hinzuarbeiten. Dazu könnte die EU Großbritannien entgegenkommen, indem sie zustimmt, dass bei der EU-Binnenwanderung die Ansprüche auf jene Teile der sozialen Leistungen des Gastlands eingeschränkt werden, die an ein Arbeitsverhältnis geknüpft sind. Die anderen Ansprüche könnte man an »ererbte soziale Ansprüche« gegen das Heimatland interpretieren, für die dieses Heimatland auch im Falle einer Auswanderung eines Staatsbürgers zuständig bleibt. Das habe ich in Kapitel 7 schon ausgeführt. Wenn Deutschland einen solchen Vorschlag ernsthaft unterbreiten würde, käme Bewegung in die Debatte, weil die Briten ihre Entscheidung dann gesichtswahrend revidieren könnten. Außerdem hätten wir dann einen ohnehin besser funktionierenden Arbeitsmarkt in der EU.

Die guten und engen Kontakte nach Spanien und Italien, die im Falle Italiens bis zum Heiligen Römischen Reich Deutscher Nation zurückreichen, sind ebenfalls nicht verhandelbar. Sie sollten ausgebaut und vertieft werden, doch anders, als sich das manche wünschen mögen. Der deutsche Staat darf eben nicht zum Gläubiger, Finanzier und Bürgen dieser Länder gemacht werden. Wie das US-amerikanische Beispiel lehrt – und wie wir es in Teilen schon auf dem Höhepunkt der Eurokrise erlebt haben –, wären die Folgen letztlich nur Streit, Zwietracht und Hass. So wird ein friedliches Europa mit freien, selbstbestimmten Völkern nicht Bestand haben.

Das Europa, das mir vorschwebt, ist das Europa gleichberechtigter Vaterländer aus Ost und West, Nord und Süd, die miteinander Handel treiben, ihre Grenzen untereinander öffnen und gemeinsame Projekte von internationaler Bedeutung, allen voran die Verteidigungsunion, betreiben. Von diesem Europa hat jeder etwas. Es ist aber kein Europa mit einem Umverteilungssystem à la Spanien oder einem Zentralstaat wie in Frankreich. Ein solches System würde der Vielfalt der Völker nicht gerecht und liefe Gefahr, seine Daseinsberechtigung nur noch daraus zu ziehen, dass eine Bevölkerungsmehrheit eine Minderheit zur Kasse bittet. Ein solches Europa wäre dem Zerfall geweiht.

Auf diesem bunten Alten Kontinent gibt es großartige Landschaften und Kulturstätten, es gibt interessante, wagemutige, neugierige, fleißige und in ihrer Region, ihrer Nation, ihrer Kultur tiefverwurzelte Europäer. So wie ich als junger Mensch ungezwungen durch die Länder West-, Süd- und Nordeuropas reisen und diese Europäer und ihre Heimat kennenlernen konnte, so möchte ich, dass meine Enkel das ebenfalls können, und zwar dauerhaft.

Im Unterschied zu mir haben sie nun auch die Perspektive, dies ebenfalls schon in jungen Jahren in Osteuropa tun zu können. Und wer weiß, vielleicht irgendwann auch in Russland?

Niemand sollte uns aufhalten können. Niemand sollte meine Enkel aufhalten können.

Epilog – Die Rolle des Ökonomen in einer mündigen Gesellschaft

Josef Knecht, jener Protagonist in Hermann Hesses Spätwerk *Das Glasperlenspiel*, mit dem ich das erste Kapitel dieses Buches begann, stammt aus einfachen Verhältnissen und arbeitet sich mit Talent und Fleiß, doch auch mit etwas Glück in der heilen, straff organisierten, sehr geistigen Ordenswelt Kastaliens nach oben.

Doch dabei belässt er es nicht. Immer aufmerksamer verfolgt er, was außerhalb der Ordensmauern geschieht. Lange ringt der *Magister Ludi* mit sich – der Meister des Glasperlenspiels, der Knecht nun ist. Schließlich entscheidet er sich, die Abgeschlossenheit des Ordens zu verlassen, um fortan die bunte, offene Wirklichkeit zu erkunden und auf andere, wie er findet, umfassendere Weise den wichtigen Werten der Welt zu dienen.

Ein guter Schritt? Das Buch endet damit, dass Knecht in einem kalten Gebirgssee ertrinkt, den er mit seinem neuen, jungen und ungestümen Schüler Tito Designori durchschwimmen wollte. Also ein Irrweg – selbst wenn man in Rechnung stellt, dass Designori tief berührt von Knechts Tod sein Leben ändern will? Hätte der Meister des Glasperlenspiels lieber bleiben sollen, wo er war?

Die streng abgeschirmte Geisteswelt des Josef Knecht, wie sie Hesse in seinem Werk beschreibt, weist Parallelen zu den bisweilen formal und selbstreferenziell arbeitenden Wissenschaften auf, auch zu meinem eigenen Fach, der Volkswirtschaftslehre. Und wie Knecht sprang auch ich irgendwann aus dem Orden heraus, um mich in die Wogen der Wirklichkeit zu stürzen und mich vom Neuanfang bezaubern zu lassen.

13 Epilog – Die Rolle des Ökonomen in einer mündigen Gesellschaft

Aber da hören die Gemeinsamkeiten auch schon auf: Knecht verließ den Orden spät im Leben. Ich hingegen machte mich schon etwas früher auf den Weg, und noch lebe ich ja. Außerdem wollte ich im Gegensatz zu Knecht die Wirklichkeit nicht nur erkunden und verstehen, sondern auch den Menschen zeigen, wie sie es anstellen könnten, die Realität zum Besseren zu wenden.

Im Übrigen brach ich auch nicht mit meinem Orden, der mir noch immer eine warme Stube, theoretischen Rückhalt und geistvolle Gesprächspartner bietet. Warum sollte ich auch? Der ökonomische Orden ist schließlich keine Glaubensgemeinschaft im Sinne Kastaliens, sondern im Kern das genaue Gegenteil davon. Nur hat er, das muss man zugestehen, in Teilen einen gewissen Erschöpfungszustand erreicht, lebt seine Riten und dreht sich inhaltlich bisweilen im Kreise.

Als die DDR in sich zusammenbrach und der Fall des Eisernen Vorhangs eine neue Globalisierungswelle auslöste, als Deutschland zum »kranken Mann Europas« wurde, als die Angst vor der Erderwärmung um sich griff, als die Weltfinanz- und die Eurokrise wütete: Da wollte ich als Wissenschaftler nicht mehr abseitsstehen und mich nur mit zeit- und raumlosen Wahrheiten beschäftigen. Da hielt ich es in meiner Klosterzelle im Elfenbeinturm einfach nicht mehr aus.

Vieles geriet bei diesen und auch weiteren Herausforderungen aus den Fugen. Es gab Eruptionen, Umwälzungen, faszinierende und auch bedrohliche neue Entwicklungen, die die Bürger, die Politiker, die Medien und auch die Volkswirte, die gelegentlich aus dem Seitenfenster des Elfenbeinturms darauf hinunterschauten, recht hilflos erscheinen ließen. Deshalb galt es umzudenken, sich auf den Auftrag des Volkswirts zu besinnen und etwas an die Gesellschaft zurückzugeben, die mich im Turm so lange ernährt hatte. Es galt, meine Bringschuld als Volkswirt gegenüber der Gesellschaft zu erfüllen.

Die Münze, mit der ich zurückzahlen wollte, bestand zum einen in den unzähligen Interviews, Zeitungsartikeln, Gutachten und politischen Texten, die ich seit nun schon mehr als einem Vierteljahrhundert schreibe. Zum anderen bestand sie in meinen Büchern, die ich so zu schreiben bestrebt war, dass nicht nur Fachkollegen und Studenten der Volkswirtschaftslehre sie verstehen würden, sondern auch breit gebildete Menschen mit einer guten Auffassungsgabe und einem gesunden Menschenverstand.

Ich habe meine Tätigkeit als Forscher außerhalb der Mauern Kastaliens als befreiend erlebt. Sie befreite mich, weil sie mich immer wieder mit realen Geschehnissen in Verbindung brachte, die sonst an mir vorbeigezogen wären oder die ich erst mit erheblicher Verzögerung wahrgenommen hätte.

Schemen im Nebel

Aber mein Leben und Arbeiten in der »kastalischen Klausur« war, wie sich zeigte, trotzdem wichtig. Denn die Theorien, die ich dort lernen und zum Teil auch kreieren durfte, halfen mir dabei, reales wirtschaftliches Geschehen zu verstehen und Vorschläge für Politikmaßnahmen zu entwickeln, die eine Verbesserung der Lage versprachen.

Das Muster des Erkenntnisprozesses mit Blick auf die wirtschaftlichen Umbrüche war dabei fast immer das gleiche. Erst sah ich nur sich verändernde Schemen im Nebel. Doch dann ging ich näher heran und glaubte – mithilfe der volkswirtschaftlichen Theorie und durch beharrliches Nachdenken und Suchen – die Schemen deuten und zusammenhängende Konturen ausmachen zu können. Je mehr ich den Nebel durchdrang, desto größer und komplexer wurde freilich das sich bewegende Gebilde, ja die Maschinerie, die sich vor mir auftürmte. Ich verbrachte schlaflose Nächte, in denen mir mögliche Wirkungsketten durch den Kopf wirbelten und unterschiedliche Bilder der Realität erschienen.

Erst wenn ich mich daransetzte, ein Buch zu schreiben, kam, Kapitel für Kapitel, Ordnung in dieses Problem- und Gedankengestrüpp, und es entstand ein kohärentes Gesamtbild, ein Modell des Geschehens. Das Bücherschreiben hat mich zwar immer sehr angestrengt, doch führte es stets auch zur Erlösung von den Qualen, die eine noch nicht aufgelöste Komplexität in meinem Kopf verursachte.

Dabei entwickelte ich nach und nach eine andere Methode der wissenschaftlichen Arbeit. Ich hatte nun nicht mehr vorrangig auf das zu reagieren, was andere Wissenschaftler sich ausgedacht hatten, wie es im »Orden der Ökonomen« üblich und auch notwendig ist. Ich reagierte nun vor allem auf wirtschaftliche Ereignisse, Fehlentwicklungen und Krisen in der Realität, die neu und unerforscht waren und dringend einer Problemlösung bedurften. Erst hielt ich meine Vorträge zu den Bruchstücken, die ich erkannt hatte. Dabei lernte ich aus den Reaktionen auf meine Gedanken und Thesen, wo noch Lücken bestanden oder wo ich mich korrigieren musste. Dann baute ich die Vorträge weiter aus. Sie wurden länger und quollen über – bis ich schließlich so viel Material zusammen hatte, dass sich die Basis für ein Buch ergeben hatte. Das fertige Werk stieß dann sehr oft eine gesellschaftliche Diskussion an, die Rückwirkungen bei den Bürgern und in der Politik entfaltete.

Die meisten Erkenntnisse, die ich in meinen Schriften der letzten zwei Jahrzehnte darlegte, waren keine zeit- und raumlos richtigen Wahrheiten, wie ich sie ein Vierteljahrhundert lang im Elfenbeinturm gesucht hatte. Denn neue Wahrheiten dieser Art zu finden, ist nach zweihundert Jahren der volkswirtschaftlichen Forschung nicht mehr leicht, weil die niedrig hängenden Früchte bereits abgeerntet sind. Aber es waren, so hoffe ich, neue geschichtliche Wahrheiten und zudem für die praktische Wirtschaftspolitik relevante, durchaus theoriegestützte Forschungsergebnisse: zur deutschen Wiedervereinigung, zur Reform des Sozialstaates und des Arbeitsmarktes, zur Umwelt und Energieversorgung, zur Funktionsweise der Finanzmärkte, zu den Ursachen der Eurokrise, zur Migration und vielem anderen mehr.

Wissenschaft kommt in den Fachartikeln der Volkswirtschaftslehre häufig sehr kompliziert und mathematisch daher, in so verwinkelten Argumentationsketten, dass nur noch wenige diese Artikel verstehen. Aber es will mir partout nicht einleuchten, dass nur das ernsthaft betriebene ökonomische Wissenschaft sein soll, was so kompliziert ausgedrückt wird, dass es nur noch die engeren Fachkollegen begreifen können, oder was so wenig aktuell ist, dass es keine Rolle spielt, wenn es erst Jahre nach der Erstellung des Manuskripts veröffentlicht wird. Erkenntnis in der volkswirtschaftlichen Forschung kann auch anders entstehen und kommuniziert werden, davon bin ich überzeugt. Sie kann in der Nähe aktueller Probleme entstehen, und sie kann zugleich so präzise und nachvollziehbar formuliert werden, dass sie von jedem, der allgemein gebildet ist und sich ein wenig konzentriert, verstanden wird.

Im Grunde gilt sogar, dass die extreme mathematische Formalisierung, die in der gleichsam kastalisch betriebenen Forschung der Volkswirte üblich ist, die Gefahr birgt, banale und irrelevante Sachverhalte darzulegen, deren Trivialität nur durch die Camouflage begrifflicher und formaler

Komplexität verborgen bleibt. Ich habe in meinem Leben viele Hunderte mathematisch-technische Fachvorträge gehört, doch in nicht wenigen Fällen fand ich sie langweilig, kompliziert und gehaltlos.

Von der Beratungsresistenz der Politik

Sich zeit- und raumgebundenen, also aktuell relevanten Wirtschaftsthemen zuzuwenden, hat nicht nur den Vorteil, dass man innovativ sein kann. Hinzu kommt, dass es bei ihnen noch die Chance gibt, den Gang der Ereignisse durch Politikempfehlungen zu beeinflussen, die aus den Erkenntnissen abgeleitet waren.

Es ist freilich keineswegs ausgemacht, dass einem Forscher eine solche Einflussnahme gelingt. Denn man muss ja auch Gehör finden bei jenen, die letztlich politische Entscheidungen treffen. Politiker schenken einem Volkswirt ihr Gehör aber nur selten. In den allermeisten Fällen stößt der Ökonom auf eine hartnäckige Beratungsresistenz. Jene meiner Volkswirtschaftskollegen, die sich in Deutschland ebenfalls außerhalb der »kastalischen Mauern« bewegt haben, können Ähnliches berichten.

Der Grund dafür ist nicht Dummheit oder Unwille. Er liegt vielmehr darin, dass Politiker bei ihren Entscheidungen andere Beschränkungen beachten als jene, die der Volkswirt berücksichtigt. Während Volkswirte an die allgemeine Wohlfahrt, die Perspektiven nachfolgender Generationen, wirtschaftliche Stabilität, Wachstum, Inflation, gesicherte Energieversorgung oder die Einkommensverteilung denken – Aspekte, von denen sie annehmen können, dass sie den meisten Menschen wichtig sind –, stehen bei Politikern die nächste Wahl, die Schachzüge ihrer Rivalen in der politischen Arena, die Stimmung in der Partei und das mediale Erscheinungsbild im Vordergrund.

Bisweilen wird allerdings auch der Standpunkt vertreten, die Beratungsresistenz der Politik habe ihre Ursache in der Weltferne der Empfehlungen der Volkswirte. Der Vorwurf ist ernst zu nehmen. Wir Volkswirte sollen eben, so wird uns entgegengehalten, in die Haut des Politikers schlüpfen, um ihm unter Berücksichtigung aller tatsächlichen Beschränkungen, denen er sich ausgesetzt sieht, einen persönlichen Rat zu geben, der seinem Fortkommen bzw. seinem politischen Erfolg am meisten nützt.

13 Epilog – Die Rolle des Ökonomen in einer mündigen Gesellschaft

Davon halte ich überhaupt nichts. Erstens glaube ich nicht, dass die Steuerzahler uns an der Universität oder an anderen öffentlich finanzierten Forschungsinstitutionen dafür ein Gehalt zahlen. Und zweitens verfügen wir auch nicht über das Wissen, um all die Beschränkungen berücksichtigen zu können, denen sich der Politiker gegenübersieht. Dafür sind Kommunikations-, Verhaltens- und Meinungsforscher, ja auch Juristen sehr viel besser geeignet.

Nein, der vom Bürger bezahlte Volkswirt, ja der Sozialwissenschaftler an sich, darf gar nicht alle Beschränkungen berücksichtigen, denen ein Politiker ausgesetzt ist, weil sein Finanzier grundsätzlich nicht daran interessiert ist, *welcher* Politiker die richtige Politik macht, sondern nur daran, *dass* sie gemacht wird. Er muss deshalb jene Beschränkungen, die Politiker für zentral und vorrangig halten, nämlich das eigene Fortkommen und den Erfolg der eigenen Partei – oder gar den Erfolg oder Misserfolg einer bestimmten Partei in einem anderen EU-Land –, beiseitelegen. Was ein Politiker für alternativlos hält, ist es für den Wissenschaftler noch lange nicht.

Es folgt aus diesem Gedankengang, dass es für einen Volkswirt tatsächlich wenig Sinn macht, Politiker direkt beraten zu wollen. Zumindest in der Regel, Ausnahmen habe auch ich erlebt. Besser ist es vielmehr, das Volk, die Bürger, die Menschen zu informieren, damit sie das Problem diskutieren und sich dann eine Meinung bilden können, die in der Folge zu entsprechenden Wahlentscheidungen führt. Dann, und nur dann, bewegt sich die Politik. Das jedenfalls ist meine immer wieder gemachte Erfahrung. Und das genau ist es auch, was mein Bestreben erklärt, belastbare Erkenntnisse in meinen Texten und gesprochenen Worten so auszudrücken, dass möglichst viele sie verstehen.

Wider Ideologie und Denkverbot

Dabei ist mir die Ideologiefreiheit ein hehres Ziel. Ob nationalistisch, sozialistisch oder grün beseelt: Von ideologisch inspirierten Denkverboten habe ich bereits in meiner Studentenzeit genug erlebt. Davon brauche ich keine weiteren. Ich sehe allerdings auch heute immer wieder die Gefahr, dass ideologische Scheuklappen die Wahrnehmung von objektiven Problemen und damit auch ihre rechtzeitige Lösung verhindern: ob in der Frage der Energiewende, der Haftung für Risiken in der Euro-Rettungspolitik, der demografischen Entwicklung, der Flüchtlingsthematik, der Abspaltung Großbritanniens von der EU oder in anderem mehr.

So darf es nicht bleiben. Wenn immer mehr Menschen glauben, sich der Disziplin gesellschaftlicher Gruppierungen unterordnen zu müssen, denen sie angehören, und vor lauter Angst, dem eigenen Lager zu widersprechen, sich nicht mehr frei zu reden getrauen, dann vergrößern sich unsere Probleme. Genau diese Entwicklung aber gibt es heute: in Parteien, Medien, Gewerkschaften, Unternehmensverbänden, Firmen und anderswo. Ich finde sie hochproblematisch, ja manchmal schier unerträglich – und noch dazu sehr gefährlich für unsere Demokratie.

Wir brauchen keine Ideologien, keine Dogmen, keine Denk- und Sprechverbote. Wir brauchen keine Sittenpolizei, die »Haltungen« von der Bevölkerung einfordert und bereit ist, diskreditierend gegen diejenigen vorzugehen, die sich einem wie auch immer gearteten Neusprech verweigern. Wir brauchen Neugier, Offenheit, Pragmatismus und gesunden Menschenverstand im Denken und Handeln. Die richtige Haltung wird in der Demokratie von den Menschen selbst definiert.

Mein Leitmotiv in der volkswirtschaftlichen Forschung ist die Suche nach der Wahrheit. Aber fast würde ich diesen Ansatz auch als Jagd auf alles Ideologische bezeichnen wollen. Denn in der Tat: Wann immer ich einen Ideologieverdacht hege, werde ich nervös und beginne, die Dinge genauer zu untersuchen. Und wenn dann Informationen und Zusammenhänge zutage treten, die meine Skepsis belegen, und wenn mein Adrenalinspiegel noch dazu weit genug angestiegen ist, dann raffe ich mich auf, überwinde meine Trägheit, schreibe auf, was ich gefunden habe, und spreche darüber.

Auf der Suche bleiben

Natürlich gibt es keine volkswirtschaftliche Wahrheit im allumfassenden Sinne, die eine perfekte Alternative zu einer Ideologie wäre. Dazu ist die Realität zu komplex und verändert sich nicht selten zu überraschend. Und eine perfekte Alternative wäre auch nah daran, selbst eine Ideologie zu sein.

Wichtig ist es, auf der Suche zu bleiben und sich offen für Neues zu halten. Mein intellektuelles Leben begreife ich einerseits als die Suche nach dem besseren Gesellschaftssystem. Ich, der arme Junge vom Dorf, der unter sozialistischem und sozialdemokratischem Einfluss groß wurde, habe durch mein Studium, meine Forschung und viele persönlichen Erfahrungen den Wert und die Überlegenheit des marktwirtschaftlichen Systems erfahren und verinnerlicht – und dazu ebenfalls den Wert der freiheitlichen Ordnung in einer offenen Gesellschaft mit möglichst gleichen Chancen für alle, die unlöslich mit der Garantie privater und kollektiver Eigentumsrechte verbunden ist.

Andererseits jedoch bin ich als Wirtschaftswissenschaftler auf der Suche nach härteren, konkreteren Wahrheiten, die sich leichter objektivieren lassen. Denn tatsächlich ist der volkswirtschaftliche Wahrheitsbegriff viel enger gefasst. Dabei geht es meistens um Argumente und Wirkungsketten, die, wenn sie stimmen, sich im Zusammenhang mit anderen Argumenten und als wahr erkannte Wirkungsketten zu einem Gesamtbild zusammenfügen. Wie dieses Gesamtbild aussieht, darüber freilich herrscht unter Ökonomen häufig keine Einigkeit, weil es davon abhängig ist, wie stark man die einzelnen Facetten der Wahrheit gewichtet. Und bei dieser Gewichtung fließt zwangsläufig viel Subjektivität in das Urteil ein.

Weil das aber so ist, sollten Volkswirte keine politische Agenda verfolgen, sondern den Menschen zunächst einmal die richtigen Argumente mitteilen, damit sie sich selbst daraus ein Bild machen können.

Ein aufrichtiger Volkswirt erfreut sich an solchen wahren Argumenten. Und dies selbst dann, wenn sie sein eigenes Gesamturteil zu einem bestimmten Sachverhalt schwächen. Die Revision des bisherigen Standpunkts aufgrund neuer Fakten und wahrer Argumente ist das A und O der Wissenschaft.

Daran mag es auch liegen, dass manch einer in der Öffentlichkeit, in der Politik und in den Medien irritiert ist, wenn es ihm häufig nicht gelingt, einen Volkswirt auf dem »politischen Ideologiestrahl« einzuordnen, der von ganz links bis ganz rechts reicht. Und wenn er gerade deswegen irritiert ist, dann ist es auch gut so. Denn ein guter Volkswirt *darf* sich nicht in ein solches Bezugssystem einordnen lassen. Mehr noch: Er muss damit leben, dass ihn manch ein Nicht-Ökonom als inkonsistent empfindet, wenn aus seinem Munde Aussagen kommen, die mal links, mal rechts, mal in der Mitte verortet erscheinen mögen.

In der Diskussion, die Volkswirte untereinander führen, findet sich im Übrigen meist sehr schnell ein Konsens darüber, ob ein neues Argument richtig oder falsch ist. Ist aber ein neues richtiges, also wahres Argument gefunden, so stellt dieses Argument für jeden von ihnen einen Beitrag zum Fortschritt in der Wissenschaft dar. Und jeder der an der Diskussion beteiligten Volkswirte ist froh, dass er dieses Argument nun verstanden und gelernt hat – ganz unabhängig davon, wohin es politisch führt.

Unter den Politikern habe ich einige getroffen, die auch sehr pragmatisch denken, die nicht in Form von Werbefloskeln reden, die bereit sind, sich vom Korsett ihrer Parteidisziplin zu lösen, und die ebenfalls willens und in der Lage sind, ihre Meinung nach Maßgabe neuer, als wahr erkannter Argumente zu ändern. Tatsächlich sollten sich alle Politiker so frei fühlen. Immerhin sagt der Artikel 38 des Grundgesetzes mit Blick auf das Parlament: »Die Abgeordneten des Deutschen Bundestages ... sind Vertreter des ganzen Volkes, an Aufträge und Weisungen nicht gebunden und nur ihrem Gewissen unterworfen.« Klarer hätte die Botschaft der Verfassung nicht formuliert werden können.

Und unter den Bürgern gibt es ja ohnehin sehr viele, die den Dingen auf den Grund gehen wollen, die der Worthülsen leid sind und die als rationale und mündige Akteure endlich wieder ernst genommen werden wollen.

Ihnen allen wollte ich mit meiner Arbeit helfen und will es noch immer.

Danksagung

Den Anstoß zu diesem Buch gab Jens Schadendorf, mein seit langem vertrauter und geschätzter Lektor, der zuvor schon mehrere meiner Bücher betreut hatte, das erste vor rund fünfzehn Jahren. Er überzeugte mich, dass meine Pensionierung und mein siebzigster Geburtstag ein guter Anlass sein würden, eine Autobiografie zu verfassen.

Ein Leben ist länger als ein Buch. Insofern war ich dankbar, dass Jens Schadendorf mir in einer Vielzahl persönlicher Gespräche half, eine – wie ich hoffe – richtige Auswahl an zentralen Themen zu finden und meine umfangreiche Stoffsammlung zu gliedern. Er unterzog meinen Text einem mehrfachen, höchst professionellen Lektorat. Dabei drängte er mich immer wieder, klarer und verständlicher zu werden und den Text stärker auszuarbeiten, wo ich zu viele Vorkenntnisse voraussetzte, oder ihn zu kürzen, wo ich ausuferte. Ohne seinen Anstoß, seinen umsichtigen Scharfsinn und seine fürsorgliche Unerbittlichkeit hätte es dieses Buch nicht gegeben. Ich danke ihm sehr herzlich.

Auch meine Frau unterstützte mich, wie sie es stets bei meinen Büchern tut. Sie las und redigierte sämtliche Kapitel und gab mir ebenfalls vielfältige Anregungen. Sie half mir zudem, mich an Details zu erinnern, die ich zunächst nicht parat hatte. Ich danke ihr nicht zuletzt für die Ermutigung, dieses doch sehr persönliche Buch wirklich anzugehen.

Mein Dank richtet sich zudem an andere, die verschiedene Kapitel prüften und kommentierten: an Georg Milbradt für die ersten acht Kapitel; an Marcel Thum und Ronnie Schöb für Kapitel 10; an Martina Graß und Alfons Weichenrieder für Kapitel 11; an Anja Hülsewig für Kapitel 12, 13 und den Epilog; an Barbara Hebele für Kapitel 12; und an Meinhard Knoche für Kapitel 11 und 12. Ann Christin Rathje und Susanne Richter unterzogen sämtliche Texte einer technischen Prüfung und erstellten das Namens- und das Werkverzeichnis. Der Herder-Verlag übernahm unter der Leitung von Patrick Oelze und unter Mitarbeit von Katrin Pommer die Endredaktion. Von allen habe ich wertvolle Hinweise bekommen.

Ich danke ferner Manuel Herder: für das Vertrauen, dieses umfassende Buch herauszubringen, sowie für seine Flexibilität bei der Anpassung der Arbeitspläne.

Last but not least danke ich allen Lehrern, Kollegen, Bekannten und Freunden, Familienmitgliedern, Mitarbeitern und Schülern, von denen ich bewusst oder unbewusst im Laufe meines Lebens habe lernen können. Das gilt auch für jene Persönlichkeiten, mit denen ich um die wissenschaftliche Wahrheit und die richtige Politik gerungen habe. Ich bitte um Verständnis, dass ich nur einen Teil von ihnen allen habe würdigen können, doch versichere ich ihnen, dass sie alle einen wichtigen Platz in meinen Erinnerungen, ja vielfach auch in meinem Herzen haben.

Diese Autobiografie ist keine Chronik, sondern ein subjektiver Rückblick, bei dem ich meine eigenen inhaltlichen Schwerpunkte setze und über eigene Befindlichkeiten berichte. Alle Fakten, die ich dabei nenne, habe ich jedoch nach bestem Wissen und Gewissen und häufig auch nach weitergehender Recherche zusammengetragen. Wenn mir Fehler unterlaufen sein sollten, bitte ich schon jetzt um Nachsicht. Die Verantwortung trage ich allein.

Ich habe bei meinen Büchern regelmäßig gedacht, dass ihnen nun aber wirklich kein weiteres mehr folgen würde, und bei einer Autobiografie bietet sich dieser Gedanke natürlich in besonderer Weise an. Doch weil es schon mehrfach anders kam, will ich hier keine Prognose wagen, zumal eine Emeritierung für einen Professor so etwas Ähnliches ist wie ein dauerhaftes Forschungsfreisemester. Ich danke Clemens Fuest und Stephanie Dittmer, die nun den Vorstand des ifo Instituts stellen, sowie insbesondere der Freundesgesellschaft des Instituts unter der Leitung von Roland

Berger, dass sie mich bei diesem großen *Sabbatical* unterstützen, bitte sie aber jetzt schon um Nachsicht, sollte ich am Ende ihre Erwartungen doch nicht mehr erfüllen können. Die Zukunft kennt keiner.

Die wichtigsten Menschen in meinem Leben sind heute meine Frau, meine Kinder und Schwiegerkinder sowie meine Enkel. Ihnen widme ich dieses Buch.

Hans-Werner Sinn   *München, im Januar 2018*

Werkverzeichnis (Auswahl)

»Das Marxsche Gesetz des tendenziellen Falls der Profitrate«, *Zeitschrift für die gesamte Staatswissenschaft* 131, 1975, S. 646–696.

»The Efficiency of Insurance Markets«, *European Economic Review* 11, 1978, S. 321–341.

»A Rehabilitation of the Principle of Insufficient Reason«, *Quarterly Journal of Economics* 94, 1980, S. 493–506.

»The Theory of Temporary Equilibrium and the Keynesian Model«, *Journal of Economics / Zeitschrift für Nationalökonomie* 40, 1980, S. 281–320.

»Besteuerung, Wachstum und Ressourcenabbau. Ein allgemeiner Gleichgewichtsansatz«, in: H. Siebert, Hrsg., *Erschöpfbare Ressourcen* (Schriften des Vereins für Socialpolitik), Duncker & Humblot: Berlin 1980, S. 499–528. Übersetzung: »Taxation, Growth, and Resource Extraction: A General Equilibrium Approach«, *European Economic Review* 19, 1982, S. 357–386.

Ökonomische Entscheidungen bei Ungewißheit, J.C.B. Mohr (Paul Siebeck): Tübingen, 1980, 374 S. (Dissertation, eingereicht 1977. Übersetzung: *Economic Decisions under Uncertainty,* North Holland: Amsterdam, New York und Oxford 1983, 359 S. (zweite Auflage: Physica-Verlag: Heidelberg 1989).

»Capital Income Taxation, Depreciation Allowances and Economic Growth: A Perfect-Foresight General Equilibrium Model«, *Zeitschrift für Nationalökonomie* 41, 1981, S. 295–305.

»Der Haavelmo-Effekt im Wechselkursmechanismus. Zur Interpretation eines populären Ansatzes«, *Jahrbuch für Sozialwissenschaft* 32, 1981, S. 1–16.

»The Theory of Exhaustible Resources«, *Zeitschrift für Nationalökonomie* 41, 1981, S. 183–192.

»Eigentumsrechte, Kompensationsregeln und Marktmacht. Anmerkungen zum Coase Theorem« (zusammen mit U. Schmoltzi), *Jahrbücher für Nationalökonomie und Statistik* 196, 1981, S. 97–117.

Werkverzeichnis (Auswahl)

»Kinked Utility and the Demand for Human Wealth and Liability Insurance«, *European Economic Review* 17, 1982, S. 149–162.

»The Economic Theory of Species Extinction. Comment on Smith«, *Journal of Environmental Economics and Management* 9, 1982, S. 194–198.

»Common Property Resources, Storage Facilities and Ownership Structures: A Cournot Model of the Oil Market«, *Economica* 51, 1984, S. 235–252.

»Rationale Erwartungen, Rationierung und Rezession. Braucht keynesianische Politik dumme Bürger?«, *Jahrbücher für Nationalökonomie und Statistik* 199, 1984, S. 158–178.

»Oligopolistic Extraction of a Common Property Resource: Dynamic Equilibria« (zusammen mit J. McMillan), in: M. C. Kemp und N. V. Long, Hrsg., *Essays in the Economics of Exhaustible Resources,* North Holland: Amsterdam und New York 1984, S. 199–214.

»Psychophysical Laws in Risk Theory«, *Journal of Economic Psychology* 6, 1985, S. 185–206.

»Why Taxes Matter. A Comment on Reagan's Tax Reforms and the US-Trade Deficit«, *Economic Policy* 1, 1985, S. 239–250. Wiederabgedruckt in: E.S. Phelps, Hrsg., *Recent Developments in Macroeconomics,* Vol. II, Elgar: Aldershot 1991, S. 497–507.

Kapitaleinkommensbesteuerung. Eine Analyse der intertemporalen, internationalen und intersektoralen Allokationswirkungen, J. C. B. Mohr (Paul Siebeck): Tübingen 1985, 352 S. (Habilitationsschrift). Übersetzung: *Capital Income Taxation and Resource Allocation,* North Holland: Amsterdam, New York, Oxford und Tokio 1987, 411 S.

»Risiko als Produktionsfaktor« (Antrittsvorlesung in München), *Jahrbücher für Nationalökonomie und Statistik* 201, 1986, S. 557–571.

»Vacant Land and the Role of Government Intervention«, *Regional Science and Urban Economics* 16, 1986, S. 353–385.

»The Policy of Tax-cut-cum-base-broadening: Implications for International Capital Movements«, in: M. Neumann und K. Roskamp, Hrsg., *Public Finance and Performance of Enterprises,* 34. Tagung und Semicentennial des International Institute of Public Finance, Paris, 24.–28. August 1987, Wayne State University Press: Detroit 1989, S. 153–176; *NBER Working Paper* Nr. 1448, September 1990.

»The Sahel Problem«, *Kyklos* 41, 1988, S. 187–213.

»The 1986 U.S. Tax Reform and the World Capital Market«, *European Economic Review* 32, Papers & Proceedings, 1988, S. 325–333.

»Gradual Reforms of Capital Income Taxation« (zusammen mit P. Howitt), *American Economic Review* 79, 1989, S. 106–124.

»Two-moment Decision Models and Expected Utility Maximization«, Kommentar zu J. Meyer, *American Economic Review* 79, 1989, S. 601–602.

»Die Amerikanische Wirtschaftspolitik und die Weltschuldenkrise«, in: G. Bombach, B. Gahlen und A.E. Ott, Hrsg., *Die nationale und die internationale Schuldenproblematik* (Tagungsband des 18. Ottobeurener Seminars), J.C.B. Mohr (Paul Siebeck): Tübingen 1989, S. 45–63.

»Expected Utility, Preferences, and Linear Distribution Classes: A Further Result«, *Journal of Risk and Uncertainty* 3, 1990, S. 277–281; *NBER Working Paper* Nr. 1491, Januar 1991.

»Tax Harmonization and Tax Competition in Europe«, *European Economic Review* 34, 1990, Papers & Proceedings, S. 489–504; *NBER Working Paper* Nr. 3248, Januar 1991.

Kaltstart. Volkswirtschaftliche Aspekte der Deutschen Vereinigung (zusammen mit Gerlinde Sinn), J.C.B. Mohr (Paul Siebeck): Tübingen 1991, 231 S. (zweite Auflage 1992; dritte Auflage bei DTV: München 1993). Übersetzung: *Jumpstart. The Economic Unification of Germany*, MIT Press: Cambridge, Mass. und London, England, 1992, 238 S. (zweite englische Auflage bei MIT Press 1993; französische, koreanische und russische Auflagen 1994; chinesische Auflage 2012).

»The Non-neutrality of Inflation for International Capital Movements«, *European Economic Review* 34, 1991, S. 1–22; *NBER Working Paper* Nr. 3219, August 1991.

»The Vanishing Harberger Triangle«, *Journal of Public Economics* 45, 1991, S. 271–300; *NBER Working Paper* Nr. 3225, Oktober 1991.

»Taxation and the Cost of Capital: The 'Old' View, the 'New' View, and Another View«, in: D. Bradford, Hrsg., *Tax Policy and the Economy* 5, 1991, National Bureau of Economic Research, S. 25–54; *NBER Working Paper* Nr. 3501, Dezember 1991; Woodrow Wilson School – Discussion Paper Nr. 59, Princeton, 1990.

»Macroeconomic Aspects of German Unification«, in: P.J. Welfens, Hrsg., *Economic Aspects of German Unification*, Springer: Berlin, Heidelberg und New York 1992, S. 79–133; *NBER Working Paper* Nr. 3596, Januar 1991.

»Taxation and the Birth of Foreign Subsidiaries«, in: H. Herberg und N.V. Long, Hrsg., *Trade, Welfare, and Economic Policies, Essays in Honour of Murray C. Kemp*, University of Michigan Press: Ann Arbor 1993, S. 325–352; *NBER Working Paper* Nr. 3519, November 1990.

»Die biologische Selektion der Risikopräferenz«, zusammen mit A. Weichenrieder, in: Bayerische Rückversicherung, Hrsg., *Risiko ist ein Konstrukt, Wahrnehmungen zur Risikowahrnehmung*, München 1993, S. 71–88.

Werkverzeichnis (Auswahl)

»Participation, Capitalization and Privatization. Report on Bolivia's Current Privatization Debate« (zusammen mit Gerlind Sinn), *CES Working Paper* Nr. 49, 1993.

»Privatization, Risk-Taking, and the Communist Firm« (zusammen mit D. Demougin), *Journal of Public Economics* 55, 1994, S. 203–231; *CESifo Working Paper* Nr. 16, 1992; *NBER Working Paper* Nr. 4205, März 1995.

»A Theory of the Welfare State«, *Scandinavian Journal of Economics* 97, 1995, S. 495–526; *CESifo Working Paper* Nr. 65, 1994; *NBER Working Paper* Nr. 4856, April 1996.

»Eurowinners and Eurolosers: The Distribution of Seignorage Wealth in EMU« (zusammen mit H. Feist), *European Journal of Political Economy* 13, 1997, S. 665–689; *CESifo Working Paper* Nr. 134, 1997; *NBER Working Paper* Nr. 6072, Mai 1999.

Der Staat im Bankwesen. Zur Rolle der Landesbanken in Deutschland, Beck Verlag: München 1997, 156 S. Übersetzung: *The German State Banks. Global Players in the International Financial Markets,* Edward Elgar: Aldershot 1999, 140 S.

»The Selection Principle and Market Failure in Systems Competition«, *Journal of Public Economics* 66, 1997, S. 247–274; *CESifo Working Paper* Nr. 103, 1996; *NBER Working Paper* Nr. 5411, März 1999.

»Grundlegende Reform der gesetzlichen Rentenversicherung«, Gutachten des Wissenschaftlichen Beirats beim Bundesministerium für Wirtschaft, *BMWi Studienreihe,* Nr. 99, 1998 (Hauptautor).

»Die Krise der Gesetzlichen Rentenversicherung und Wege zu ihrer Lösung«, in: *Jahrbuch 1998 der Bayerischen Akademie der Wissenschaften,* Beck: München 1999, S. 96–119. Wiederabdruck in: *Bitburger Gespräche Jahrbuch 2000: Die Krise der gesetzlichen Rentenversicherung und Wege zu ihrer Überwindung,* C. H. Beck: München 2001, S. 21–42.

»Reformen für Deutschland. Ideen eines Ökonomen«, Otto-von-Guericke-Universität Magdeburg, Verleihung der Ehrendoktorwürde an Professor Dr. Hans-Werner Sinn, 14. Januar 1999.

»Why a Funded Pension System is Useful and Why It is Not Useful«, *International Tax and Public Finance* 7, 2000, S. 389–410; *CESifo Working Paper* Nr. 195, 1999; *NBER Working Paper* Nr. 7592, März 2000.

»Inflation and Welfare, Comment on Robert Lucas«, A. Leijonhufvud, Hrsg., Tagungsband der IEA Konferenz *Monetary Theory as a Basis for Monetary Policy,* Palgrave: New York 2001, S. 132–142; *CESifo Working Paper* Nr. 179, 1999; *NBER Working Paper* Nr. 6979, Februar 1999; *CEPR Discussion Paper* Nr. 2111, 1999

»Aktivierende Sozialhilfe – Ein Weg zu mehr Beschäftigung und Wachstum« (zusammen mit M. Werding, W. Meister et al.), *ifo Schnelldienst* 54, 2002, Nr. 9, Sonderheft, 52 S.

»Pensions and the Path to Gerontocracy in Germany«, *European Journal of Political Economy* 19, 2002, S. 153–158. »When will the Germans Get Trapped in their Pension System?« (zusammen mit S. Übelmesser), *CESifo Working Paper* Nr. 561, September 2001; *NBER Working Paper* Nr. 8503, Oktober 2001.

»EU Enlargement and the Future of the Welfare State«, Stevenson Citizenship Lectures, *Scottish Journal of Political Economy* 49, 2002, S. 104–115; *CESifo Working Paper* Nr. 307, Juni 2000; Working Paper Nr. 2001/5, Department of Economics, University of Glasgow.

»Die rote Laterne – Die Gründe für Deutschlands Wachstumsschwäche und die notwendigen Reformen«, *ifo Schnelldienst 55 (23)*, Sonderheft, 2002, S. 3–32; wieder abgedruckt in: Nordrhein-Westfälische Akademie der Wissenschaften, Hrsg., Ferdinand Schöningh Verlag: Paderborn, München u.a., 2003, 70 S.; in englischer Fassung auch erschienen als *The Laggard of Europe*, *CESifo Forum* 4, 2003, Sonderheft, No. 1, 32 S.

»Der neue Systemwettbewerb«, *Perspektiven der Wirtschaftspolitik* 3, 2002, S. 391-407. Übersetzung: »The New Systems Competition«, *Perspektiven der Wirtschaftspolitik* 5, 2004, S. 23–38; *CESifo Working Paper* Nr. 623, Dezember 2001; *NBER Working Paper* Nr. 8747, Januar 2002.

»Weber's Law and the Biological Evolution of Risk Preferences: The Selective Dominance of the Logarithmic Utility Function«, 2002 Geneva Risk Lecture«, *The Geneva Papers on Risk and Insurance Theory* 28, 2003, S. 87–100; *CESifo Working Paper* Nr. 770, September 2002.

»Der kranke Mann Europas: Diagnose und Therapie eines Kathedersozialisten«, Deutsche Rede, Stiftung Schloß Neuhardenberg, ifo Institut: München 2003; in englischer Sprache erschienen als: »The German Speech: The Sick Man of Europe: A Desk Socialist's Diagnosis and Therapy«, ifo Institut: München 2003. Auf Schwedisch erschienen als »Europas sjuke man: En katedersocialists diagnos och terapi«, *Ekonomiskdebatt*, Nr. 2/2004, S. 6–18. Radioübertragung: *Deutschland Radio Berlin, Dokumente und Debatten,* 15. November 2003, ca. 107 Minuten.

»Asymmetric Information, Bank Failures, and the Rationale for Harmonizing Banking Regulation. A Rejoinder on Comments of Ernst Baltensperger and Peter Spencer«, *FinanzArchiv* 59, 2003, S. 340–346.

»Risk Taking, Limited Liability and the Competition of Bank Regulators«, *Finanzarchiv* 59(3), 2003, S. 305–329; *CESifo Working Paper* Nr. 603, November 2001; *NBER Working Paper* Nr. 8669, Dezember 2001.

Werkverzeichnis (Auswahl)

The New Systems Competition, Yrjö Jahnsson Lectures, Basil Blackwell: Oxford 2003, 228 S., eine gebundene Auflage, eine Taschenbuchauflage.

»Social Union, Convergence and Migration« (zusammen mit W. Ochel), *Journal of Common Market Studies* 41, 2003, S. 869–896; *CESifo Working Paper* Nr. 961, Juni 2003.

Ist Deutschland noch zu retten?, Econ Verlag: München 2003, 496 S. (acht gebundene Auflagen und vier Taschenbuchausgaben bei Ullstein: Berlin seit 2005, Hörbuch bei Radioropa, 2005; eine koreanische Auflage bei Kachi Publishing, 2007). Übersetzung: *Can Germany be Saved? The Malaise of the World's First Welfare State,* MIT Press: Cambridge, Mass., 2007, 356 S. koreanische Auflage 2007.

»The Pay-as-you-go Pension System as a Fertility Insurance and Enforcement Device«, *Journal of Public Economics* 88, 2004, S. 1335–1357; *CESifo Working Paper* Nr. 154, 1998; *NBER Working Paper* Nr. 6610, Juni 1998; *CEPR Discussion Paper* Nr. 2023, 1998.

»Seignorage Wealth in the Eurosystem: Eurowinners and Eurolosers Revisited« (zusammen mit H. Feist), in: M. Köthenbürger, H.-W. Sinn und M. Widgren, Hrsg., *European Monetary Integration,* MIT Press: Cambridge, Mass. 2004, S. 121–136; *CESifo Working Paper* Nr. 353, November 2000.

»Migration and Social Replacement Incomes. How to Protect Low-income Workers in the Industrialized Countries against the Forces of Globalization and Market Integration«, *International Tax and Public Finance* 12, 2005, S. 375–393; *CESifo Working Paper* Nr. 1265, August 2004; *NBER Working Paper* Nr. 10798, September 2004.

»The Euro, Eastern Europe, and Black Markets: The Currency Hypothesis« (zusammen mit F. Westermann), in: P. de Grauwe, Hrsg., *Exchange Rate Economics: Where Do We Stand?,* MIT Press: Cambridge, Mass., 2005, S. 207–238; *NBER Working Paper* Nr. 8352, 2001; *CESifo Working Paper* Nr. 493, 2001.

Die Basar-Ökonomie. Deutschland: Exportweltmeister oder Schlusslicht?, Econ Verlag: Berlin 2005, 249 S. (zwei gebundene und eine Taschenbuchauflage bei Econ, eine Taschenbuchauflage bei der Bundeszentrale für politische Bildung; Hörbuch bei Radioropa, 2005, drei Auflagen).

The Welfare State and the Forces of Globalization, Jelle Zijlstra Lecture, Wassenaar 2006, 20 S. *CESifo Working Paper* Nr. 1925, 2007, sowie *NBER Working Paper* Nr. W12946, März 2007.

»The Pathological Export Boom and the Bazaar Effect. How to Solve the German Puzzle«, *The World Economy* 29, 2006, S. 1157–1175; *CESifo Working Paper* Nr. 1708, April 2006.

Werkverzeichnis (Auswahl)

»The Green Paradox«, *Project Syndicate*, Juni 2007, in den jeweiligen Landessprachen auch in vielen Tageszeitungen der Welt.

»Pareto Optimality in the Extraction of Fossil Fuels and the Greenhouse Effect: A Note«, *CESifo Working Paper* Nr. 2083, August 2007. *NBER Working Paper* Nr. 13453, September 2007.

»Die europäische Klimapolitik hat null Effekt«, *Financial Times Deutschland*, 10. Oktober 2007, S. 18.

»Public Policies against Global Warming: A Supply Side Approach«, *International Tax and Public Finance* 15, 2008, S. 360–394; *CESifo Working Paper* Nr. 2087, August 2007; online unter http://www.springerlink.com/content/c3036751hk1gu711/

»Das grüne Paradoxon«, *Cicero*, 27. Oktober 2008, Nr. 11/2008, S. 74–78.

»Das grüne Paradoxon: Warum man das Angebot bei der Klimapolitik nicht vergessen darf«, *Perspektiven der Wirtschaftspolitik* 9, 2008 (special issue), S. 109–142; *ifo Working Paper* Nr. 54, Januar 2008. Wieder abgedruckt in: Beckenbach, Frank, et al., Hrsg., *Diskurs Klimapolitik. Jahrbuch Ökologische Ökonomik*, Band 6, Metropolis: Marburg 2009, S. 63–108.

Das grüne Paradoxon. Plädoyer für eine illusionsfreie Umweltpolitik, Econ Verlag: Berlin 2008, 480 S., bislang zwei Auflagen, dritte grundlegend überarbeitete Taschenbuch-Auflage bei Ullstein: Berlin, 2012. Übersetzung: *The Green Paradox, A Supply-side Approach to Global Warming*. MIT Press: Cambridge, Mass., 2012, 288 S. Türkische Auflage 2016.

»Please Bring me the New York Times – On the European Roots of Richard Abel Musgrave«, *International Tax and Public Finance* 16, 2009, S. 124–135; *CESifo Working Paper* Nr. 2050, Juli 2007.

Risk Taking, Limited Liability, and the Banking Crisis, Selected Reprints, ifo Institut: München 2009, 200 S.

»Der richtige Dreiklang der VWL«, *Frankfurter Allgemeine Zeitung*, 22. Juni 2009, Nr. 141, S. 12.

»How to Resolve the Green Paradox«, *Financial Times*, 27. August 2009, Nr. 37, S. 7.

»The Green Paradox«, *CESifo Forum* 10, 2009, Nr. 3, S. 10–13.

Kasino-Kapitalismus. Wie es zur Finanzkrise kam, und was jetzt zu tun ist, Econ Verlag: Berlin 2009, 352 S., drei Auflagen. Übersetzung: *Casino Capitalism. How the Financial Crisis Came about and What Needs to Be Done Now,* Oxford University Press: Oxford 2010, 400 S., zweite Auflage (Taschenbuch) 2012, Koreanische Übersetzung, Ecopia, Korea, 2010, 421 S.

»Neue Abgründe«, *WirtschaftsWoche*, 21. Februar 2011, Nr. 8, S. 35, eine englische Übersetzung wurde als internationale Pressemitteilung des Verfassers publiziert als »Deep Chasms«, *Ifo Viewpoint* Nr. 122, 29. März 2011, http://www.cesifo-group.de/ifoHome/policy/Viewpoints/Standpunkte-Archiv/stp-2011/Ifo-Viewpoint-No--122--Deep-Chasms.html.

»The ECB's Secret Bailout Strategy«, *Project Syndicate*, April 2011, in den jeweiligen Landessprachen auch in vielen Tageszeitung der Welt..

»Tickende Zeitbombe«, *Süddeutsche Zeitung*, 2. April 2011, Nr. 77, S. 24.

»Die riskante Kreditersatzpolitik der EZB«, *Frankfurter Allgemeine Zeitung*, 4. Mai 2011, Nr. 103, S. 10, http://www.faz.net/aktuell/wirtschaft/eurokrise/target-kredite-die-riskante-kreditersatzpolitik-der-ezb-1637926.html. Übersetzung: »The ECB's Stealth Bailout«, *VoxEU*, 1. Juni 2011, http://voxeu.org/article/ecb-s-stealth-bailout.

»Target-Kredite, Leistungsbilanzsalden und Kapitalverkehr: Der Rettungsschirm der EZB« (zusammen mit Timo Wollmershäuser), *ifo Schnelldienst* (Monografie, Sonderausgabe) 64, Juni 2011, 29 S.

»Die Target-Kredite der Deutschen Bundesbank«, *ifo Schnelldienst*, März 2012, Sonderausgabe, S. 3–34.

»Target Loans, Current Account Balances and Capital Flows: The ECB's Rescue Facility« (zusammen mit Timo Wollmershäuser), Mai 2012, *International Tax and Public Finance* 19, 2012, S. 468–508; *CESifo Working Paper* Nr. 3500, Juni 2011; *NBER Working Paper* Nr. 17626, November 2011).

»Kurzvortrag zur Eurokrise vor dem Verfassungsgericht«, *ifo Schnelldienst* 15, 2012, Nr. 65, S. 22–26.

»Target-Salden und die deutsche Kapitalbilanz im Zeichen der europäischen Zahlungsbilanzkrise« (zusammen mit Timo Wollmershäuser), *Kredit und Kapital* 45 (4), 2012, S. 465–487; *Ifo Working Paper* Nr 149, Dezember 2012.

»The Green Paradox«, *The World Financial Review*, Mai–Juni 2012, S. 51.

»Die Europäische Fiskalunion«, *Perspektiven der Wirtschaftspolitik* 13, 2012, S. 137–178, zuerst als »Die Europäische Fiskalunion«, *Ifo Working Paper* Nr. 131, Juli 2012.

Die Target-Falle – Gefahren für unser Geld und unsere Kinder, Hanser: München 2012, 418 S.

»Das demographische Defizit – die Fakten, die Folgen, die Ursachen und die Politikimplikationen«, *ifo Schnelldienst* (Monografie, Sonderausgabe), 2013, Nr. 21, 20 S.

»Should Germany Exit the Euro?«, *Project Syndicate*, (Diskussion mit George Soros) April 2013.

»Die Argumente von George Soros stechen nicht«, *Frankfurter Allgemeine Zeitung*, 8. Mai 2013, Nr. 106, S. 10.

»Verantwortung der Staaten und Notenbanken in der Eurokrise«, Gutachten für das Bundesverfassungsgericht, *ifo Schnelldienst* 66 (Monografie, Sonderausgabe)., Juni 2013, 33 S.

Verspielt nicht eure Zukunft!, Redline: München 2013, 112 S.

»Austerity, Growth and Inflation. Remarks on the Eurozone's Unresolved Competitiveness Problem«, *The World Economy* 37, 2014, S. 1–13; *CESifo Working Paper* Nr. 4086, Januar 2013.

»Ökonomische Effekte der Migration«, *Frankfurter Allgemeine Zeitung*, 29. Dezember 2014. Langfassung: »Ökonomische Effekte der Migration«, *ifo Schnelldienst* 68, 2015, Nr. 1, S. 3.

Gefangen im Euro, Redline: München 2014, 224 S. Tschechische Auflage 2016.

The Euro Trap. On Bursting Bubbles, Budgets, and Beliefs, Oxford University Press: Oxford 2014, 416 S., Taschenbuchausgabe 2017, deutsche Übersetzung *Der Euro: Von der Friedensidee zum Zankapfel*, Hanser: München 2015, 480 S.; koreanische Auflage 2015, chinesische Auflage 2016.

»Die griechische Tragödie«, *ifo Schnelldienst* (Monografie, Sonderausgabe), Mai 2015, 33 S. Übersetzung: *The Greek Tragedy*, CESifo Forum, Vol. 16, Special Issue 2015 (Juni), 35 S.

»The Green Paradox: A Supply-side View of the Climate Problem«, *Review of Environmental Economics and Policy* 9, 2015, S. 239–245; *CESifo Working Paper* Nr. 5385, Juni 2015.

»Die deutsche Vereinigung als Vorbild für Europa?« (zusammen mit Gerlinde Sinn), *Frankfurter Allgemeine Zeitung*, 2. Oktober 2015, S. 22.

»Die Risiken der Notkredite« (zusammen mit Clemens Fuest), *www.oekonomenstimme.org*, 13. November 2015

»Land ohne Kinder – die Fakten, die Folgen, die Ursachen und die Politikimplikationen«, in: F.-X. Kaufmann und W. Krämer, Hrsg., *Die demografische Zeitbombe. Fakten und Folgen des Geburtendefizits*, Verlag Ferdinand Schöningh: Paderborn 2015, S. 103–147.

»Non tacemus« (zusammen mit Clemens Fuest), *www.oekonomenstimme.org*, 18. Januar 2016.

»The Fossil Episode« (zusammen mit John Hassler), *Journal of Money Credit and Banking* 83, 2016, S. 14–26; *CESifo Working Paper* Nr. 4016, 2012.

Der Schwarze Juni. Brexit, Flüchtlingswelle, Euro-Desaster – Wie die Neugründung Europas gelingt, Herder: München 2016, 368 S.

»Buffering Volatility. A Study on the Limits of Germany's Energy Revolution«, *European Economic Review* 99, Oktober 2017, S. 130–150, *CESifo Working Paper* Nr. 5950, Juni 2016; *NBER Working Paper* Nr. 22467, Juli 2016.

Personenverzeichnis

A

Aaltonen, Rauno 138
Aaron, Henry 668
Abberger, Klaus 540
Abel, Andrew B. 50
Abel-Musgrave, Curt 259
Adenauer, Konrad 151 f.
Aigner, Ilse 558
Allende, Salvador 242 f.
Al-Sarraj, Fayez 249
Andersen, Torben 489
Arrow, Kenneth J. 38, 222 f., 225 f., 316
Atkinson, Anthony 385
Auerbach, Alan 668

B

Baader, Uto 424
Balcerowicz, Leszek 425
Ballestrem, Ferdinand Graf 554 f.
Baring, Arnulf 204
Barnier, Michel 565
Bayer, Alfred 552
Beck, Volker 209, 215,
Beckenbauer, Franz 362
Becker, Gary S. 450
Becker, Sascha 418
Beckerath, Erwin Emil von 201
Beckmann, Martin J. 462, 668
Beckstein, Günther 670
Behrens, Werner 127
Beise, Marc 555, 558
Berger, Helge 418, 475
Berger, Roland 485, 554 f., 558, 607, 632
Bergman, Ingrid 355
Berlusconi, Silvio 572, 586, 592 f.
Biedenkopf, Kurt 62, 89, 513, 609
Bini Smaghi, Lorenzo 592
Bird, Richard 668
Bismarck, Otto von 430
Blair, Tony 319, 385
Blanchard, Olivier 483
Bleymüller, Josef 70 f.
Blüm, Norbert 289, 610
Boadway, Robin 553, 668
Boettcher, Erik 72, 262
Bogart, Humphrey 355
Böhm-Bawerk, Eugen von 190
Bonin, Holger 247
Borchardt, Knut 413 f., 418, 420
Bös, Dieter 237
Bössmann, Eva 435
Böventer, Edwin von 113, 415, 540
Bradford, David 47, 157, 182–185, 450, 456, 462 f., 470, 553, 668
Bradford, Gundel 47, 182 f.
Brandt, Willy 36, 44, 145, 147, 168, 197, 290

Braun, Oswald 424
Bremer, Heiner 329, 543
Brentano, Lujo 430
Breuel, Birgit 44
Breyer, Friedrich 256
Brok, Elmar 284
Buchanan, James M. 255, 259–264, 462, 667
Burda, Michael C. 450, 668
Buschmann, Emil 118, 657
Bush, George H. W. 47 f.

C
Cameron, David W. D. 288, 564
Carstensen, Kai 551
Carter, Robin 390, 395 f.
Chopin, Frédéric f. 404
Chrobog, Jürgen 485, 671
Cnossen, Sijbren 462, 668
Coase, Ronald H. 244 ff., 253, 286
Corsetti, Giancarlo 489
Costa, António 572
Cour-Thimann, Philippine 668
Crick, Francis 67

D
Dagvan, Ganpurev 382
Dasgupta, Partha 316
Dawkins, Richard 69
De Beauvoir, Simone 364
De Gaulle, Charles 151 f., 564
De Maizière, Thomas 514
De Ménil, George 425 f., 428, 668
Debreu, Gérard 223, 225 f.
Defoe, Daniel 346
Demougin, Dominique 668
Devereux, Michael 493
Dewatripont, Matthias 104
Di Fabio, Udo 579

Diamond, Peter A. 467
Dietze, Constantin von 200 f.
Dittmer, Stefanie 552 f., 632
Dixit, Avinash K. 466
Djankov, Simeon D. 592 f.
Dobzhansky, Theodosius 69
Dönhoff, Marion 147
Dornbusch, Rüdiger 517 f.
Downs, Anthony 261
Doyle, Arthur C. 259
Draghi, Mario 464, 588 f., 592, 594 ff., 598
Drèze, Jacques H. 411 f.
Dschingis Khan 375 f.
Dubček, Alexander 169–172
Dutschke, Rudi 166
Dvořák, Antonín 185

E
Edathy, Sebastian 210
Edenhofer, Ottmar G. 330 f., 386, 601
Edwards, Jeremy 668
Einstein, Albert 48, 410
Ellsberg, Daniel 101
Erhard, Ludwig W. 29, 159, 239, 303, 508
Eucken, Walter 159, 201, 239

F
Falck, Oliver 475, 526
Faltlhauser, Kurt 424
Faynzilberg, Peter 214 f.
Feist, Holger 475
Felbermayr, Gabriel 526, 559
Feld, Lars P. 557
Feldstein, Martin 482, 558
Fenge, Robert 418
Fischer, Joschka 341
Fischer, Stanley 518

Flaig, Gebhard 282, 499, 524, 551, 668
Flemming, John 489, 491
Fogel, Robert W. 420
Forester, Cecil Scott 346
Forrester, Jay Wright 312
Franco, Francisco 352 ff., 356, 571
Frantzman, Seth 214
Franz, Herzog von Bayern 186
Franz, Wolfgang 97, 302, 601
Franziskus, Papst 595
Fratzscher, Marcel 601
Frey, Bruno 262, 653
Friedrich, Peter 89
Friedrich, Wolfgang 543
Fuest, Clemens 97, 429, 455, 478 ff., 544, 552 f., 632, 668
Fürstenberg, Georg M. von 50 f.

G
Gabriel, Sigmar H. 559
Gahlen, Bernhard 71
Gandenberger, Otto 414, 422, 462
Gaschke, Susanne 204
Gehrels, Franz 51, 415, 420, 462
Geiserich 359
Genscher, Hans-Dietrich 513
Giersch, Herbert 97
Globke, Hans 159
Gneist, Rudolf von 430
Göbel, Heike 425
Goldschmidt, Nils 433 f., 439
Gorbatschow, Michail 57
Gordon, Roger 668
Gossen, Hermann Heinrich 437 f.
Graß, Martina 458, 631 f.
Grillo, Beppe 572
Gruppe, Gerd-Achim 501
Guardiola, Josep (»Pep«) 559
Gülicher, Herbert 108

Gysi, Gregor 243, 559

H
Haavelmo, Trygve M. 394
Haber, Bernd
Hamilton, Alexander 616
Hardin, Garrett J. 311 f., 317
Harsanyi, John Charles (eigentlich János Károly Harsányi) 277 f.
Hart, Oliver 467
Hartz, Peter 299
Haselbach, Klaus 137
Hassan
Hassan II., König von Marokko 358, 360
Häuser, Karl 668
Havel, Václav 186
Haveman, Robert 444, 553
Hayek, Friedrich A. von 190, 221, 224 f.
Heal, Geoffrey 316
Hebele, Barbara 443, 540, 631
Hedtkamp, Günther 414, 419
Heiler, Siegfried 78
Heine, Ulrich 135
Heinemann, Gustav 178
Heller, Peter 668
Helmstädter, Ernst 72
Helten, Elmar 105 f.
Herberg, Horst 390, 408
Herrmann, Joachim 559
Hesse, Hermann 26 f., 95, 451, 621
Heydrich, Reinhard 153
Hickel, Rudolf 209, 213
Hildenbrand, Werner 435
Hilton, Paris 339
Hinnendahl, Jürgen 95
Hirschman, Albert O. 55–58, 146
Ho Chi Minh 166
Hoffmann, Lutz 469
Holmström, Bengt 467

Homburg, Stefan 601
Honkapohja, Seppo 489, 492
Horwell, Arnold (vormals Horwitz) 200
Hotelling, Harold 313
Howitt, Peter W. 389
Huber, Bernd 422, 455, 463, 530, 654, 667 f.
Hüfner, Willi 668
Hülsewig, Anja 540
Hutten, Ulrich von 39

I
Iglesias Turrión, Pablo M. 571
Ikävalko, Antti 135
Innozenz III., Papst 595
Isabella I., Königin von Kastilien und León 354
Issing, Otmar 425

J
James, Harold 489, 616
Jayaraman, Rajshri 418
Jevons, William Stanley 438
Jung, Franz J. 303

K
Kafka, Franz 190, 256, 366
Kaiser, Jakob 159
Kant, Immanuel 276
Kantzenbach, Erhard 436
Karl IV., römisch-deutscher Kaiser 189
Käßmann, Margot 209, 211 ff.
Kelders, Christian 475
Kemp, Murray C. 109, 315 f.
Kempen, Bernhard 672
Kempter, Fritz 505
Kenter, Johannes 67
Keynes, John Maynard 79–87, 255, 257, 386, 394
King, Martin Luther 163, 660

King, Mervyn A. 384 f., 427
Kirchhof, Paul 304 f.
Kissinger, Henry A. 567 f.
Kitchener, Herbert, 1. Earl Kitchener 398
Klaus, Václav 187 ff., 191, 555, 671
Kleber, Claus 209
Kleiner, Matthias 558
Knies, Karl 271
Knobloch, Charlotte 202, 205 f., 208, 210 f.
Knoche, Meinhard 210, 443, 474, 499 f., 507, 539, 549–553, 557, 559, 631, 670
Kohl, Helmut 29 f., 34, 38, 43, 57, 196 ff., 485, 602
Köhler, Eva Luise 670
Köhler, Horst 204, 486, 488, 653, 670
Koll, Robert 540
Komlos, John 420 f., 424
König, Heinz 96 f., 99, 237, 434 ff.
Konrad, Kai A. 88 f., 416 f., 606, 615, 666, 668
Köthenbürger, Marko 418, 475, 668
Kramer, Stephan J. 209, 211
Krämer, Walter 105
Krelle, Wilhelm 99 f.
Krugman, Paul 190, 415, 466 f.
Kuenheim, Eberhard von 484
Kullmer. Loro 668
Kühn, Hans 124
Kurz, Mordecai 316

L
Lagarde, Christine 488, 547
Laidler, David 389
Lange, Oskar 170, 222, 225
Langhans, Rainer 176
Laplace, Pierre-Simon 101
Le Pen, Marine 570, 572

Lechner, Angela 458, 464
Leijonhufvud, Axel 236
Leith, Carol Ann 400
Leith, J. Clark 400
Liikanen, Erkki 492
Lindahl, Erik Robert 257 f.
Lindbeck, Assar 668
Lindner, Hedwig 540
Lippmann, Walter 242
Lipponen, Paavo 671
List, D. Friedrich 433
London, Jack 346
Long, Ngo Van 315 f., 332
Lucas, Robert E. 236
Ludewig, Johannes 468, 496, 554
Luther, Martin 190

M

Maas, Heiko 212
Macfarlane, Ian 134 f.
Macron, Emmanuel 151, 521, 571
Mann, Thomas 48, 500, 507
Markusen, James R. 389
Marx, Karl 90–93, 430
Maske, Hedwig, geb. Kummerow 191
Maske, Wilhelm 192
Matschke, Wolfgang 61
Maximilian II. Joseph, König von Bayern 404, 552
Mayer, Peter 505
McAffee, Preston 389
Meadows, Dennis L. 312 ff., 327, 329
Meadows, Donella 312
Meister, Wolfgang 294, 540
Mendel, Gregor Johann 191
Merk, Beate 670
Merkel, Angela 270, 301–306, 338, 568, 669
Merz, Friedrich 204, 304 f.,

Metze, Ingolf 93, 661
Miegel, Meinhard 609
Milbradt, Georg 89 f., 93, 96, 514, 668
Minniti, Marco 249 f.
Mitterand, François 30
Moav, Omer 154 f.
Möller, Hans 29, 55, 57 f., 112, 146, 199 f., 415, 420, 424 f., 462
Moltke, Helmuth J. von 159
Monti, Mario 586, 598,
Morales, Evo 60
Mosdorf, Siegmar 554
Mucha, Alfons 185
Musgrave, Peggy 258, 450, 462, 668
Musgrave, Richard A. 87, 253–260, 264, 425, 442, 450, 462, 509, 667 f.

N

Nachtkamp, Hans Heinrich 26, 89, 95 f., 98, 106, 108, 315 f., 662
Nasse, Erwin 430
Nevermann, Knut 176
Neymar (eigentlich Neymar da Silva Santos Júnior) 268 f., 272
Niehans, Jürg 98 f., 447, 450

O

Oberender, Peter O. 62
Obermaier, Uschi 176
Olson, Mancur L. 262
Oppenländer, Karl Heinrich 468, 497, 499, 552, 554
Ortani, Mohammed 75 ff., 348, 660
Osers, Jan 172, 175, 189 f.

P

Padua-Schioppa, Tommaso 580
Papandreou, Giorgos A. 592 f.
Pareto, Vilfredo f. 221, 224, 239
Parkin, Michael 252 f., 255, 389, 443

Pestieau, Pierre 668
Phlips, Louis 411 f.
Pigou, Arthur C. 229, 310 ff.
Pinochet, Augusto 242 f.
Piper, Nikolaus 425, 555
Pittel, Karin 331, 526
Porak, Gertraud 457
Portes, Richard 425 f., 428, 481–484
Posser, Diether 178
Potrafke, Niklas 526
Poutvaaras, Panu 526, 668
Priks, Mika 418

R

Rachmaninow, Sergei Wassiljewitsch 404
Raffelhüschen, Bernd 247
Rainer, Helmut 526
Ramelow, Bodo 209
Randers, Jørgen 312
Rappe, Hermann 43, 46
Rawls, John 277 f.
Razin, Assaf 157, 215, 553
Reagan, Ronald 38, 52, 240 f., 254, 384, 427
Rees, Ray 419 f., 464, 482, 667 f.
Remsperger, Herrmann 668
Renzi, Matteo 572
Ricardo, David 268, 270
Richter, Rudolf 668
Richter, Wolfram 668
Riester, Walter 610
Rixe, Günter 148
Rohwedder, Detlev 44, 55
Rose, Manfred 256
Rosen, Harvey 668
Rühmkorf, Peter 54
Rüstow, Alexander 241
Rutte, Mark 572

S

Saavedra, Julio 477
Sachs, Jeffrey 59
Sadka, Ephraim 157
Sager, Krista 469
Saint-Paul, Gilles 489
Samuels, Shimon 211
Samuelson, Paul A. 42 f., 45, 56, 223, 257 f.
Sánchez de Lozada, Gonzalo (»Goni«) 58 f.
Sandmo, Agnar 463, 558, 668
Sarkozy, Nicolas 487, 598
Sartre, Jean-Paul 364
Sauernheimer, Karlhans 462
Sax, Emil 257
Schadendorf, Jens 299, 631
Schäfer, Michael 485
Schanz, Georg von 257
Schäuble, Wolfgang 416, 547 ff., 558 f., 607, 653
Schellhaas, Hans-Jürgen 485
Schettler, Jürgen 67, 93
Schiller, Caroline 540
Schiller, Karl 88
Schlesinger, Helmut 424, 580, 583
Schmidt, Helmut 44
Schmidt, Klaus M. 422, 429, 463, 667
Schmoller, Gustav von 430, 433 f.
Schneeweiß, Hans 668
Schneider, Friedrich G. 213
Schneider, Michael 470, 472
Schnitzer, Monika 422
Schöb, Ronnie 417, 436, 457, 631, 666
Schostakowitsch, Dmitri Dmitrijewitsch 404
Schramm, Werner 67

Schröder, Gerhard 299–303, 305 f., 545, 563, 568 f., 614
Schröder, Richard 213
Schüller, Alfred 61 ff.
Schultz, Harald 544
Schumann, Jochen 72
Schumpeter, Joseph A. 91 ff.
Schwaetzer, Irmgard 60
Schwan, Gesine 204
Schwarzenberg, Karel 186 f.
Schweitzer, Albert 142
Seehofer, Horst 558 f.
Seeling, Roland 78
Sheshinsky, Eytan 156
Sheshinsky, Ruth 156
Shoven, John 38
Shultz, George P. 38
Sibert, Anne 215
Siebert, Horst 53, 97 f., 315 f., 435, 449, 454
Šik, Ota 170, 172
Simson, Wilhelm 552, 670
Sinn, Annette 99, 403, 662
Sinn, Gerlinde 22 f., 26, 33, 72 f., 75, 78, 95, 272, 400, 660, 668, 670
Sinn, Hans 122
Sinn, Karl 118
Sinn, Karl-Heinz 116, 657
Sinn, Käte, geb. Maske 116, 191, 657
Sinn, Philipp 33, 106, 403, 463, 662
Sinn, Rüdiger 111, 151, 663
Slemrod, Joel 668
Smetana, Bedřich 185
Smith, Adam 110, 268, 272
Söder, Markus 243, 559
Sohmen, Egon 454
Sohmen, Helmut 454
Sohmen, Regine 454 f.

Solow, Robert M. 216, 333, 483
Sørensen, Peter N. 450, 668
Soros, George 587
Späth, Lothar 62
Spree, Reinhard 422
Stackelberg, Heinrich Freiherr von 199 ff.
Stalin, Josef W. 163, 231, 398
Stark, Jürgen 488, 553
Stauffenberg, Claus Schenk von 159
Stern, Nicholas H. 319, 385
Stiglitz, Joseph E. 38, 223, 333
Stimmelmayr, Michael 417, 475
Stobbe, Alfred 71
Stojadinovic, Zoran 167
Straubhaar, Thomas 469
Strauß, Franz Josef 88, 158, 161
Strauss-Kahn, Dominique 487
Streit, Manfred 61, 63
Sturm, Jan-Egbert 489

T
Tanzi, Vito 51 f.
Teltschik, Horst 485
Thadden, Adolf von 177
Thatcher, Margaret 30, 135, 240 f., 254, 384, 388,
Thimann, Christian 464
Thum, Marcel 417, 436, 513 f., 610, 631
Thünen, Johann H. von 330, 415
Tichy, Roland 425
Tietmeyer, Hans 440
Timm, Herbert 26 f., 66, 79–83, 88 ff., 93–97, 110, 220, 226, 232 f., 254, 661
Tirole, Jean 104, 467
Tito (eigentlich Josip Broz Tito) 172
Trichet, Jean-Claude 464, 486 f., 555, 586, 594, 671
Trittin, Jürgen 213, 243, 559

Trump, Donald J. 49, 163, 566
Tschernig, Rolf 554
Tsipras, Alexis 548, 572
Tucholsky, Kurt 37
Tulkens, Henry 668
Tullock, Gordon 262
Tusk, Donald 618
Twain, Mark 346
Übelmesser, Silke 417, 475
Urosevic, Branko 489

U
Ursprung, Heiner 553

V
Van der Ploeg, Rick 460, 463
Varoufakis, Yanis 548
Vives, Xavier 489
Vosgerau, Hans-Jürgen 511, 668

W
Wacker, Peter-Alexander 552
Waffenschmidt, Walter G. 128
Wagner, Adolph 257, 430
Walras, Léon 438
Walter, Ingo 394
Wambach, Achim 459
Watson, James 67
Weber, Alfred 190, 256
Weber, Axel 488, 555
Weber, Deirdre 475
Weber, Max 244, 250, 297, 307
Weber, Wolfgang 135
Wegner, Manfred 511
Weichenrieder, Alfons 417, 457, 459, 631, 668
Weidenfeld, Werner 554
Weidmann, Jens 425, 555, 588
Weimann, Joachim 293, 325
Weizsäcker, Jakob von 265, 610

Weizsäcker, Richard von 34
Wenzel, Dieter 256, 668
Werding, Martin 282, 294
Westermann, Frank 418
Whalley, John 235, 389
Whittaker, John 584
Wiebe, Betty 398
Wiebe, John 399
Wiegard, Wolfgang 256, 299, 301 f., 601
Wiesenthal, Simon 211, 216
Wiesheu, Otto 467–472, 475, 496, 554, 654
Wildasin, David 450
Wilders, Geert 572
Wilson, Jay 668
Wilson, Edward O. 69
Wolf, Martin H. 425
Wolf, Werner 504
Wolffsohn, Michael 215
Wollmershäuser, Timo 526, 541, 585
Wößmann, Ludger 526, 559
Wutte, Ingrid 457
Wyplosz, Charles 482

Y
Yorck von Wartenburg, Peter 159

Z
Zacher, Hans f. 62 f.
Zapatero Rodríguez, José Luis 487
Zehetmair, Hans 448
Zeiner, Christoph 540
Zeman, Miloš 186
Zimmermann, Hans 446 ff.
Zimmermann, Klaus f. 97, 422, 462, 469 f.
Zumwinkel, Klaus 469
zur Hausen, Harald 404
Zweifel, Peter 112

Stimmen zum Autor

»Hans-Werner Sinn ist der wichtigste und wirksamste Impulsgeber für Wissenschaft, Wirtschaft und Politik in Deutschland.«

    Wolfgang Clement, Bundesminister für Wirtschaft und Arbeit a. D.

»In dieser komplexen Welt kann es in Politik und Ökonomie keine absolute Wahrheit geben. Wer aber auf der Suche nach der Wahrheit ist, der kommt an der Ernsthaftigkeit und Konsequenz von Hans-Werner Sinns Analysen nicht vorbei.«

    Prof. Dr. Horst Köhler, Bundespräsident a. D.

»Die Erinnerungen eines außergewöhnlichen Ökonomen und leidenschaftlichen Intellektuellen. Hans-Werner Sinn ist bei aller profunden Sachkenntnis immer zugleich thesenfreudig, verständlich und – für Politiker nicht immer angenehm – auch ziemlich scharfzüngig.«

    Dr. Wolfgang Schäuble, Präsident des Deutschen Bundestages

Stimmen zum Autor

»Hans-Werner Sinn ist ein absoluter Glücksfall für die deutsche und europäische Ökonomie: immer kompetent, klug und vor allem an der Lösung aktueller Probleme interessiert.«

Prof. Dr. Dr. h.c. mult. Bruno S. Frey, Universität Basel/
Center for Research in Economics and Well-Being

»Hans-Werner Sinn lässt den Leser nicht nur an seinem bemerkenswerten Leben teilnehmen, sondern zugleich auch an der Wirtschaftsentwicklung dieser Zeit – mit dem scharfen Verstand und dem gesellschaftlichen Engagement eines der wichtigsten Ökonomen Europas. Lehrreich und lesenswert.«

Prof. Dr. h.c. Roland Berger, Gründer/Ehrenvorsitzender des
Aufsichtsrates Roland Berger Strategy Consultants

»Intellektuelle Unabhängigkeit, fundierte Analyse, Mut, Kreativität und Gradlinigkeit: Diese Eigenschaften haben Hans-Werner Sinn zu einer hochgeschätzten und einflussreichen, für manche auch unbequemen Autorität in den ökonomischen und politischen Debatten in Deutschland und Europa gemacht.«

Dr. Otto Wiesheu, Präsident Wirtschaftsbeirat Bayern

»Hans-Werner Sinn ist eine außergewöhnliche Persönlichkeit mit vielen Facetten: brillant, durchsetzungsstark, unermüdlich, aber eben auch charmant, voller Idealismus und Humor.«

Prof. Dr. Bernd Huber, Präsident Ludwig-Maximilians-Universität München

Stimmen zum Autor

»Hans-Werner Sinn ist einer der renommiertesten deutschen Volkswirte unserer Zeit. Er blickt zurück auf eine außergewöhnliche Karriere, eine herausragende Lebensleistung und wirtschaftspolitisch bewegte Zeiten, die er entscheidend mitgeprägt hat.«

Prof. Dr. Dr. h.c. Clemens Fuest, Präsident ifo Institut

»Unter den Ökonomen gibt es herausragende Denker und es gibt wortgewaltige politikverändernde Persönlichkeiten. Wie kaum jemand sonst in Deutschland steht Hans-Werner Sinn für die sehr seltene und so wichtige Kombination aus beidem.«

Prof. Matthias Uhlig, PhD, University Chicago

»Hans-Werner Sinn ist nicht nur ein herausragender Wirtschaftswissenschaftler. Vielmehr hat er mit seinen messerscharfen Analysen – vorgetragen mit Leidenschaft und selten in der Absicht, politisch korrekt zu sein – immer wieder wichtige Diskussionen in unserer Gesellschaft angestoßen oder ihnen eine neue, inspirierende Richtung gegeben.«

Dr. Michael Schaefer, Vorsitzender des Vorstands
BMW Foundation Herbert Quandt

»Hans-Werner Sinns profunde ökonomischen Analysen und Ratschläge haben sich für Wirtschaft und Politik immer wieder als unverzichtbar erwiesen. Seine Empfehlungen zur Erneuerung der europäischen Finanzarchitektur gelten in der Fachwelt zu Recht als Grundpfeiler eines erneuerten Europa.«

Prof. Dr. Dr. h.c. mult. Brun-Hagen Hennerkes, Vorsitzender
des Vorstands Stiftung Familienunternehmen

»Hans-Werner Sinn ist mehr als ein herausragender Wissenschaftler. Basierend auf seinen brillanten Analysen scheut er sich nicht, auch vermeintlich Unpopuläres klar zu benennen und die Politik unter Druck zu setzen. Wir bräuchten mehr Ökonomen seines Schlages.«

Dr. Eckhard Cordes, Vorsitzender des Aufsichtsrates Bilfinger SE

»Wie kaum ein anderer hat Hans-Werner Sinn mein Nachdenken über gesellschaftliche Konstellationen geprägt. Seine Analysen, Schlussfolgerungen und Empfehlungen sind immer anregend, inspirierend und atmen einen von Verantwortung geprägten Geist.«

Dirk Roßmann, Gründer/Geschäftsführer Dirk Rossmann GmbH

»Hans-Werner Sinn ist eine Ausnahmepersönlichkeit, ein konsequenter Denker, dessen Erkenntnisse weit über den ökonomischen Horizont hinausreichen. Nie scheut er den Konflikt, und immer geht es ihm um die Vermittlung eines realitätsnahen Bilds komplexer Zusammenhänge als Ausgangspunkt für bessere Politik.«

Heinz Hermann Thiele, Ehrenvorsitzender des Aufsichtsrats Knorr-Bremse AG

»Standhaft, mit messerscharfem Verstand und deutlicher Sprache, dabei nie unfair: Dafür steht Hans-Werner Sinn als Ökonom. Ich möchte ihn einmal – mit großem Respekt – als ›starke Marke‹ beschreiben.«

Dr. Manfred Wittenstein, Gründer/Vorsitzender des Aufsichtsrats Wittenstein SE

Hans-Werner Sinn:
Eine Chronologie – auch in Bildern

Im Kindergarten von Brake (ca. 1952)

1948
- Geburt als einziger Sohn von Karl-Heinz und Käte Sinn, geb. Maske, in Brake/Westfalen bei Bielefeld

1952
- Kindergarten Brake

1954
- Volksschule Brake

Emil Buschmann, unser Nachbar, bei dem ich immer die Milch holen musste, mit seinem Knecht (ca. 1954)

Einschulung in Brake (1954)

Mit meiner Großmutter am Dümmersee (ca. 1957)

Mein Vater. So kam er zum Schulhof, um mir zu sagen, dass ich die Aufnahmeprüfung ins Gymnasium bestanden hatte (1958)

1958–1967
- Helmholtz-Gymnasium Bielefeld

1959–1962
- Konfirmandenunterricht in den Räumen des CVJM Brake

1959–1967
- Mitglied der Falken-Ortsgruppe Brake, später Gruppenleiter, diverse Zeltlager im In- und Ausland

1962–1966
- Regelmäßige Arbeit in der Taxizentrale Bieta, Bielefeld

1965
- Schüleraustausch England

Mit meinen Eltern an der Ostsee (ca. 1959)

Mit den Falken in den Bergen (1962)

Konfirmation (ich stehe oben, vor der rechten Tür; 1962)

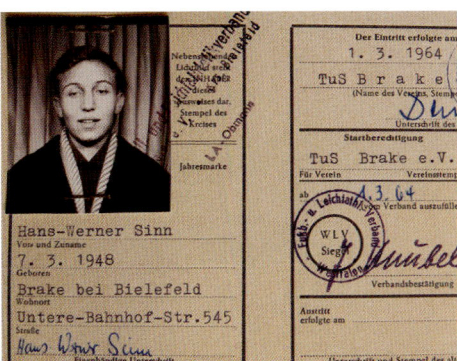

Fast 16 Jahre alt (1964)

1966–1967
- Mitglied der SPD-Ortsgruppe Brake

1966–1971
- Mietwagen-Chauffeur in Brake

1966
- Frankreich-Reise

1967
- Abitur
- Nordkap-Reise
- Beginn des Studiums der Volkswirtschaftslehre an der Universität Münster

1967–1971
- Sozialdemokratischer Hochschulbund (SHB)

Die Großeltern winken zum Abschied bei meiner Frankreich-Reise (1966)

Letzte Klassenfahrt. Auf der Binnenalster in Hamburg mit einer »Villinger Kiel« (1966)

Auf der Rückfahrt aus Frankreich (1966)

Demonstration der Falken in Bielefeld nach der Ermordung Martin Luther Kings, ich ganz rechts am Bildrand (1968)

Mit Mohammed, meinem palästinensischen Studienfreund und Mitbewohner (1969)

Meine große Liebe Gerlinde (1968)

1970
- Verlobung mit Gerlinde Sinn, geb. Zoubek

1971–72
- Taxifahrer in Bielefeld

1971
- Heirat

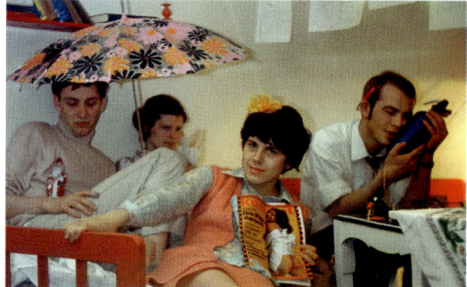

Persiflage auf die Hippie-Bewegung mit Gerlinde, meinem zukünftigen Schwager (rechts) und Freunden, von mir fotografiert (1969)

Im Souk von Marrakesch (1972)

1972
- Diplom-Volkswirt
- Reise in die Maghreb-Staaten
- Wissenschaftlicher Assistent am Institut für Finanzwissenschaft der Universität Münster (Professoren Herbert Timm und Ingolf Metze)

In den Dünen des großen Erg (1972)

Mit Hassan (3. v. l.) und seiner Familie (1972)

In einem Wadi in Tunesien (1972)

Mit Kollegen des Lehrstuhls Timm beim Seminar in Rothenberge, dem Landhaus der Universität Münster (1973)

1974
- Wissenschaftlicher Assistent am Lehrstuhl für Finanzwissenschaft der Universität Mannheim (Professor Hans Heinrich Nachtkamp)
- Japan-Reise

1976
- Geburt der Tochter Annette

1978
- Geburt des Sohnes Philipp
- Promotion an der Universität Mannheim (Abgabe der Dissertation 1977)

Bei einem Ausflug (1974)

Stolzer Vater (1977)

In Kanada (1978)

Unser Zuhause in London, Ontario (1979)

Vor der »Stefan Batory«. Unser Bus ist schon verladen, es geht wieder nach Hause (1979)

In den Alpen (1983)

1978–1979
- Visiting Assistant Professor an der Universität Western Ontario, Kanada

1979
- Erster Preis der Universität Mannheim für die Dissertation (Stiftung Rheinische Hypothekenbank)

1979–1983
- Hochschulassistent an der Universität Mannheim

1982
- Geburt des Sohnes Rüdiger

1983
- Habilitation an der Universität Mannheim
- C2-Professur an der Universität Mannheim

1984
- Erster Preis der Universität Mannheim für die Habilitationsschrift (Schitag-Stiftung)
- Primo loco Lehrstuhl für Finanzwissenschaft, Universität Gießen
- Gastvorlesung, Universität Gießen
- Wechsel auf den Lehrstuhl für Volkswirtschaftslehre und Versicherungswissenschaft an der Ludwig-Maximilians-Universität München (LMU)

1984–1985
- Professor of Economics an der Universität Western Ontario (mit Beurlaubung von der LMU München)

1985
- Beginn Forschung und Lehre an der LMU München

1985–1986
- Economic Policy Panel

1986
- Erstes Meeting der European Economic Association (EEA) in Wien und Budapest

1987
- Forschungsaufenthalt an der Universität Bergen in Norwegen
- EEA Kopenhagen

1988
- Ruf an die Universität Bern (abgelehnt)
- International Institute of Public Finance (IIPF), Istanbul

Seit 1988
- Honorarprofessur an der Universität Wien
- EEA Bologna

1989
- Forschungsaufenthalt an der London School of Economics (LSE)
- Organisator der Jahrestagung der Econometric Society in München

Noch einmal in Kanada (1984)

Frisch berufen als Professor an der LMU München (ca. 1984)

Bei einer Vorlesung (1988)

Endlich ein Loch in der Berliner Mauer
(Anfang Januar 1990)

Seit 1989
- Mitglied im National Bureau of Economic Research (NBER)
- Mitglied des Wissenschaftlichen Beirats beim Bundesministerium für Wirtschaft

1990
- Gastprofessur Universität Stanford (bis zum Sommer)
- Ohlin Visiting Fellow an der Universität Princeton, Woodrow Wilson School (Herbst)
- Visiting Fellow beim Internationalen Währungsfonds (IWF), Washington D.C. (September)

1990–1994
- Council EEA (auch 1997–2002)

1991
- EEA Cambridge
- Gründung Center for Economic Studies (CES)

1991–1992
- Economic Policy Panel

1991–1993
- Dekan der volkswirtschaftlichen Fakultät der LMU München

Unser Trabi: Wer hilft hier wem? – Aus der Fotoserie, die für das Cover der Taschenbuchausgabe unseres Buches »Kaltstart« erwogen wurde (1992)

1992
- Ruf an das Max-Planck-Institut für die Erforschung von Wirtschaftssystemen in Jena (abgelehnt)
- EEA Dublin
- IIPF Seoul

1992–94
- Vorsitzender der Expertenkommission Wohnungspolitik der Bundesregierung

1993
- Berater der bolivianischen Regierung und der Weltbank
- Besuch der Universität Ankara auf Einladung des Dekans der volkswirtschaftlichen Fakultät
- Beginn des Graduiertenprogramms der volkswirtschaftlichen Fakultät der LMU auf der Basis der CES-Vorlesungen

1994–2016
- Lehrstuhl für Nationalökonomie und Finanzwissenschaft, LMU München

Seit 1994
- CES Partner und Miteigentümer der Zeitschrift *Economic Policy*

1995
- Vorträge zur Wiedervereinigung in Südkorea
- EEA Prag
- IIPF Lissabon

1995–2002
- Executive Committee International Economic Association (IEA)

Ein Seminarwochenende in den Alpen mit Ronnie Schöb und Kai Konrad (1992)

Im Hamam in Istanbul, anlässlich eines Besuches der Universität (1993)

1996
- Erste Homepage CES
- EEA Istanbul
- IIPF Tel Aviv
- Ruf an das Hamburgische Welt-Wirtschafts-Archiv (HWWA) (abgelehnt)
- Aufnahme in die Bayerische Akademie der Wissenschaften

1997
- Bogen Guest Professorship der Hebräischen Universität Jerusalem
- Gastprofessur Universität Oslo
- EEA Toulouse
- IIPF Kyoto, Japan

1997–00
- Vorsitzender des Vereins für Socialpolitik

1998
- Beginn der Internet-Videosendungen am CES
- Gastaufenthalt an der Princeton Universität

1999
- Ehrenpromotion Universität Magdeburg
- Yrjö-Jahnsson Lectures, Universität Helsinki
- Präsident des ifo Instituts
- Gründung des internationalen CESifo-Forschungsnetzwerks und Geschäftsführer der CESifo GmbH
- Verdienstkreuz am Bande der Bundesrepublik Deutschland
- IIPF Moskau

2000
- Stevenson Lecture in Citizenship, Universität Glasgow
- IIPF Sevilla (mit allen Kindern)

Die Buchanan-Musgrave-Debatte: »Two Contrasting Visions of the State« (1998)

Das CES-Direktorium. Mit Ray Rees, Bernd Huber und Klaus Schmidt (ca. 2000)

Hundertjähriger Geburtstag: 10 Jahre CES und 90 Jahre Richard Musgrave (2001).
Oberste Reihe (v. l. n. r.): Peter Sørensen, Georges de Ménil, Pierre Pestieau, Peter Heller, Ray Rees, Dominique Demougin, Wolfram Richter, Marko Köthenbürger, Panu Poutvaara, Georg Milbradt, Jay Wilson.
Mittlere Reihe: Karl Häuser, Philippine Cour-Thimann, Hans Schneeweiß, Kai Konrad, Hans-Jürgen Vosgerau, Harvey Rosen, Dieter Wenzel, Clemens Fuest, Herrmann Remsperger, Gebhard Flaig, Michael Burda, Jeremy Edwards, Richard Bird, Assar Lindbeck, Roger Gordon, Alan Auerbach, David Bradford, Henry Aaron, Henry Tulkens, Joel Slemrod, Robin Boadway, Agnar Sandmo.
Erste Reihe: Martin Beckmann, Alfons Weichenrieder, Hans-Werner Sinn, Sijbren Cnossen, Bernd Huber, Gerlinde Sinn, Peggy Musgrave, Richard Musgrave, Willi Hüfner, Lore Kullmer, Rudolf Richter

2001
- Aufnahme in die Nordrhein-Westfälische Akademie der Wissenschaften (korrespondierendes Mitglied)
- IIPF Linz

2002
- IIPF Helsinki
- EEA Venedig

2003
- Wirtschaftsbuchpreis von *Financial Times Deutschland* und getAbstract AG für »Ist Deutschland noch zu retten?«
- IIPF Prag

2004
- Tinbergen Lecture, Royal Netherlands Economic Association, Amsterdam
- Internationaler Buchpreis Corine für »Ist Deutschland noch zu retten?«
- IIPF Mailand

Verleihung des Corine-Preises für das Buch »Ist Deutschland noch zu retten?« mit von Karl Lagerfeld »bekleideter« Porzellanfigur (2004)

Im Gespräch mit Angela Merkel (ca. 2005)

Im Ludwig-Erhard-Saal des ifo Instituts (ca. 2005)

Vor dem Gebäude des ifo Instituts, nun renoviert (ca. 2005)

2005
- World Economy Annual Lectures, Universität Nottingham
- Verdienstkreuz 1. Klasse des Verdienstordens der Bundesrepublik Deutschland
- IIPF Cheju, Südkorea

2006
- Visiting Fellow an der Koninklijke Nederlandse Akademie van Wetenschappen (NIAS/KNAW), Wassenaar, Niederlande
- Yelle-Zijlstra Lecture, Freie Universität Amsterdam
- Reise nach Myanmar, Kambodscha und Thailand
- IIPF Paphos, Zypern

2006–2009
- President IIPF

2007
- von-Thünen-Preis des Vereins für Socialpolitik
- Vortrag an der Universität von Santiago de Chile
- IIPF Warwick, Großbritannien

2008
- Europa-Preis der Universität Maastricht in den Niederlanden
- IIPF Maastricht
- Stolper-Preis des Vereins für Socialpolitik
- Aufnahme in den Bayerischen Maximiliansorden für Wissenschaft und Kunst
- Reise nach Kasachstan und Usbekistan

2009
- Agnar-Sandmo Lecture, Universität Bergen in Norwegen
- *Handelsblatt*-Preis für »Kasino-Kapitalismus« als eines der 50 besten Wirtschaftsbücher aller Zeiten
- Vorträge an den kanadischen Universitäten McGill (Montreal), Queens (Kingston) und Western Ontario
- IIPF Kapstadt

Seit 2009
- Honorary President IIPF

2010
- Doran Lecture, Hebräische Universität Jerusalem

Bei der Aufnahme in den Bayerischen Maximiliansorden für Wissenschaft und Kunst durch Ministerpräsident Günther Beckstein (2008)

In der Bayerischen Akademie der Wissenschaften (2010)

Beim Besuch des Bundespräsidenten, v. l. n. r.: Meinhard Knoche, Willi Simson, Eva Luise Köhler, Bundespräsident Horst Köhler, Ministerin Beate Merk, Gerlinde Sinn, Hans-Werner Sinn (2008)

Mit Jürgen Chrobog und Jean-Claude Trichet beim Munich Economic Summit (2010)

Nach der Ehrenpromotion an der Universität Helsinki mit dem ehemaligen finnischen Ministerpräsidenten Paavo Lipponen (2011)

Ehrenpromotion in Prag mit dem ehemaligen tschechischen Ministerpräsidenten Václav Klaus (2. v. r., 2017)

2011

- Ehrenpromotion Universität Helsinki
- IIPF Ann Arbour, USA
- Heinrich-Heine-Wirtschaftsprofessur, Universität Düsseldorf
- European Economy Lecture, College of Europe, Brügge

2012

- Aufnahme in die Österreichische Akademie der Wissenschaften (korrespondierendes Mitglied)
- IIPF Dresden
- Erich-Schneider-Gedächtnis-Vorlesung am Institut für Weltwirtschaft, Kiel
- Egon-Sohmen Lecture, LMU München
- van-Lanshot Lecture, Universität Tilburg, Niederlande
- Tjalling C. Koopmans Asset Award der Universität Tilburg
- Vorträge an den US-Universitäten Bloomington und Princeton

2013

- Ehrenpromotion Handelshochschule Leipzig
- Ludwig-Erhard-Preis für Wirtschaftspublizistik (Ludwig-Erhard-Stiftung)
- Vorträge an den Universitäten Calgary, Chicago und McGill (Montreal), Bloomington, Western Ontario und Boston
- Booth Lecture, Universität Chicago
- Whitman Lecture, Peterson Institute Washington D.C.
- Julian Hodge Institute of Applied Macroeconomics Annual Lecture an der Universität Cardiff in Wales
- Vortrag an der Universität Taipeh in Taiwan

2014
- Presidential Lecture, Center for Financial Studies, Universität Frankfurt
- Gustav-Schmoller-Medaille des Vereins für Socialpolitik
- Vortrag an der Universität Peking

2015
- Plenumsvortrag bei der Jahresfestversammlung des Alumni-Klubs der Universität Stanford

2016
- Auszeichnung »Hochschullehrer des Jahres«, Deutscher Hochschulverband
- Emeritierung

Seit 2016
- Ständige Gastprofessur an der Universität Luzern

2017
- Ehrenpromotion Wirtschaftsuniversität Prag
- Friedrich-List-Medaille des Bundesverbands Deutscher Volks- und Betriebswirte
- IIPF Tokio Japan
- Mongolei-Reise

Hochschullehrer des Jahres, Preisverleihung durch Bernhard Kempen (2016)

In meinem »neuen« Büro am ifo Institut, das ich nach meinem Abschied beziehen durfte (ca. 2015)

In der Mongolei mit Kampfgefährten (2017)